CATALOGUE

DES

MANUSCRITS DE LA COLLECTION

DES

MÉLANGES DE COLBERT

ABBEVILLE. — IMPRIMERIE F. PAILLART

BIBLIOTHÈQUE NATIONALE

CATALOGUE

DES

MANUSCRITS DE LA COLLECTION

DES

MÉLANGES DE COLBERT

PAR

Paul-M. BONDOIS
Bibliothécaire au Département des Manuscrits

TOME II
(Nᵒˢ 344-424)

ET

TABLE ALPHABÉTIQUE

PARIS
ÉDITIONS ERNEST LEROUX
28, RUE BONAPARTE, VIᵉ

1922

CATALOGUE DE LA COLLECTION

DITE DES

MÉLANGES DE COLBERT

———

CHARTES DE COLBERT

Nos **344-424**

344-373. Actes des rois de France ou relatifs à leurs règnes (1195-1559).

344. Philippe-Auguste, Louis VIII et Louis IX.

Philippe-Auguste. — 1. Don à Baudouin, comte de Flandre, du fief de Mortagne, vers Tournai. Vernon, avril 1195-96. L. Delisle, *Catalogue des actes de Philippe-Auguste*, n° 447. — 2. Traité de Péronne conclu entre Philippe-Auguste et Baudouin, comte de Flandre. Janvier 1200. Avec sceau. L. Delisle, n° 580. — 3. Confirmation du traité fait à propos de la jouissance du comté de Saint-Pol entre Élisabeth, comtesse de Saint-Pol et son fils Gui de Châtillon. Noyon, [25] mai 1229. Avec sceau. L. Delisle, n° 2215.

Louis VIII. — 4. Lettres certifiant la renonciation par Ferrand de Portugal, comte de Flandre, et sa femme Jeanne de tous droits sur les villes et châtellenies de Saint-Omer et d'Aire. Entre Lens et Pont-à-Vendin, [25] février 1212. Avec sceau brisé. — 5. Lettres reconnaissant l'avoué de Béthune comme caution de la paix avec le comte de Flandre. Arras, février 1211. — 6. Confirmation de la vente de la châtellenie de Bruges

par Jean de Nesle à la comtesse ae Flandre. Meaux, février 1225. Avec sceau. — 7. Lettres de garantie de la vente de la châtellenie de Bruges par Jean de Nesle à Jeanne, comtesse de Flandre. Melun, octobre 1224. Avec sceau brisé. Petit-Dutaillis, *Étude sur le règne et la vie de Louis VIII* ; catalogue des actes, n° 170.

Louis IX. — 8. Mandement à l'avoué de Béthune, pour le paiement du douaire de sa femme. Noyon, août 1228. Avec débris de sceau. — 9. Confirmation des lettres de Jeanne, comtesse de Flandre et de Hainaut, portant accord entre Marguerite de Dampierre et Bouchard d'Avesnes. Asnières, janvier 1235. Avec sceau. — 10. Accord conclu par le roi et l'évêque de Tusculum, Eudes entre les enfants de Marguerite, comtesse de Flandre et de Hainaut. Paris, juillet 1246. Avec deux sceaux, dont un est brisé. — 11. Vidimus, sous le sceau de Jean III, abbé de Saint-Pierre de Gand, des lettres de saint Louis et d'Eudes de Châteauroux, évêque de Tusculum, légat apostolique, pour l'accord entre les maisons de Dampierre et d'Avesnes. 1296. Avec sceau. — 12. Lettres qui déclarent réserver les droits de Marguerite, comtesse de Flandre, malgré les règlements faits entre les maisons de Dampierre et d'Avesnes. Pontoise, octobre 1246. Avec sceau. — 13. Lettres de Blanche de Castille, relatives à la féauté de Gui, avoué de Béthune, pour le comte de Flandre. Février 1252. Avec sceau. — 14. Lettres de Louis IX, sur l'hommage de Gui, avoué de Béthune. Datées du camp, près de Jaffa. Juillet 1252. Avec sceau brisé. — 15. Accord conclu par le roi entre Marguerite, comtesse de Flandre, et Charles, comte d'Anjou. Péronne, 24 septembre 1256. Avec sceau brisé. — 16. Ratification du même jour, faite par Charles, fils de France, comte d'Anjou et de Provence, Marguerite, comtesse de Flandre, ses brus, Mahaut de Béthune et Laurette de Dampierre, et ses fils Jean et Baudouin d'Avesnes, du règlement fait par saint Louis au sujet du comté de Hainaut. Avec six sceaux. — 17 Confirmation par Louis IX d'un accord conclu entre la comtesse de Flandre, Marguerite, et le comte de Savoie, Thomas. Août 1257. Avec sceau. — 18. Mandement annulant la somme de 4.000 livres parisis, dûe par Marguerite de Flandre. Saint-Pol, 26 juin 1258.

345. Philippe III et Philippe IV.

Philippe III. — 19. Confirmation d'un accord conclu entre Robert, duc de Bourgogne, et Robert de France, mari de Béatrix de Bourbon. Paris, avril 1277. Avec sceau. — 20. Lettres qui reconnaissent l'investiture de la Flandre, donnée à Guy de Dampierre, marquis de Namur, par la comtesse de Flandre, Marguerite. Paris, février 1279. Avec sceau. — 21. Accord entre Robert, comte de Clermont, et Robert II, duc de Bourgogne, à propos de la succession de Hugues IV. Paris, août 1279. Avec sceau. — 22. Confirmation de la sentence, que Charles, roi de Sicile, avait prononcée, le 13 septembre 1283, sur les différends de Gui, comte de Flandre, et de Béatrix, dame de Courtrai. Paris, mars 1284. Avec sceau brisé. — 23. Mandement au comte de Flandre, Gui de Dampierre, pour forcer les échevins des villes de Flandre à rendre compte de l'administration des biens de ces villes. Paris, 10 juillet 1279. Cf. Ch.-V. Langlois, *Le règne de Philippe III* ; catalogue des mandements, n° 111. — 24. Lettres sur la sentence, prononcée entre le comte de Flandre et plusieurs habitants de Gand. Paris, février 1284. Avec sceau.

Philippe IV. — 25. Lettres réglant l'hommage, à propos des alleux, que le châtelain de Tournai, Jean de Mortagne, doit à l'évêque et non au comte de Flandre. Paris, 29 juin 1287. Avec sceau. Cf. A. d'Herbomez, *Histoire des châtelains de Tournai, de la maison de Mortagne*, t. I, 1895, p. 115. — 26. Lettres autorisant Gui de Dampierre à fortifier son château de Petenquien (Peteghem). Paris, 15 octobre 1289. Avec fragment de sceau. Cf. Fr. Funck-Brentano, *Philippe le Bel en Flandre*, p. 117. — 27. Lettres au sujet des trêves, conclues entre Gui, comte de Flandre, et Jean, duc de Brabant. Pontoise, 20 avril 1289. Avec sceau. Funck-Brentano, *op. cit.*, p. 116. — 28. Commission à l'archidiacre d'Orléans et à Guillaume « de Arblerio » pour informer sur des arrêts rendus contre un bourgeois de Bruges, Robert « de La Bourse » etc. Paris, 26 février 1293. Avec débris de sceau. Funck-Brentano, *op. cit.*, p. 127. — 29. Mandement au bailli de Vermandois pour assigner Robert « de La Bourse », les héritiers de Jean « de La Bourse » et les échevins de Bruges. 10 juillet 1293. Avec débris de sceau.

— 30. Lettres accordant une rente de 1.300 l. t. à Renaud, comte de Gueldre, en échange de ses droits à Harfleur, Montivilliers, Étretat et Fécamp. Lorris, août 1293. Avec sceau. — 31. Lettres, qui accordent des privilèges commerciaux aux villes de Flandre. Paris, 6 janvier 1296. Avec sceau. Funck-Brentano, *op. cit.*, p. 158. — 32. Lettres de répit données aux comte et villes de Flandre, pour acquitter leurs dettes. 6 janvier 1296. — 33 et 34. Mandements au comte de Flandre pour faire crier dans ses états le cours des monnaies royales. Paris, 10 janvier 1296, et Creil, 15 avril 1295.

346-347. Philippe IV (suite).

I. **346**. 35. Déclaration, qui dispense de l'impôt, levé pour la défense du royaume, les prélats et les barons. Creil, 16 avril 1295. Avec débris de sceau. — 36. Mandement au comte de Flandre de rendre les biens saisis à Simon, dit Lauvart (Lauwaerd). Paris, 23 avril 1295. Avec débris de sceau. — 37. Mandement au comte de Flandre pour la restitution de laines saisies injustement sur mer à R. de Saint-Fuscien, bourgeois d'Amiens. 1er juin 1296. Avec sceau. Funck-Brentano, *op. cit.*, p. 171. — 38. Mandement au même pour remettre en liberté le chevalier Perrot de Lalobe. Paris, 15 juin 1296. — 39. Confirmation des privilèges des échevins et des bourgeois de Lille. Paris, juin 1296. Avec sceau. Funck-Brentano, p. 177. — 40. Lettres autorisant l'établissement d'accises à Lille, pour l'extinction des dettes communales. Paris, juin 1296. Avec sceau. Funck-Brentano, p. 177. — 41. Lettres de protection accordées aux Lillois, même contre le comte de Flandre. Paris, juin 1296. — 42 et 43. Lettres de protection accordées aux habitants d'Ypres. Paris, juin 1296. Avec sceaux. Funck-Brentano, p. 177. — 44 et 45. Lettres défendant aux bourgeois de Bruges, Gand, Ypres, Lille et Douai de sortir en armes hors du royaume. Paris, juin 1296. Avec sceaux. Funck-Brentano, p. 180. (Le n° 45 est cancellé.) — 46. Lettres à Gui de Dampierre, lui ordonnant de faire respecter les lettres précédents (n° 44) et de faciliter la mission de deux chevaliers, Simon de Triengnel et Pierre de Monte-Gay. Crépy, 7 juillet 1297. Avec sceau. Funck-Brentano, p. 181. — 47. Mandement pour la restitution de marchandises, achetées en Écosse à des marchands de Lubeck. Saint-Germain-en-Laye,

28 août 1396. Avec sceau brisé. — 48. Mandement au comte de Flandre pour empêcher le commerce avec l'Angleterre. Paris, 17 octobre 1296. — 49. Ordonnance pour la réformation du royaume. Paris, 18 mars 1303. Avec sceau brisé. Cf. *Ordonnances des Rois de France*, t. I, p. 354. — 50. Lettres donnant pouvoir aux archevêque de Narbonne, évêque d'Auxerre, duc de Bourgogne, etc., pour traiter avec les Flamands. Paris, 14 février 1305. Funck-Brentano, p. 492. — 51. Lettres des représentants du roi de France, Gilles, archevêque de Narbonne, Pierre, évêque d'Auxerre, Louis, comte d'Évreux, Robert, duc de Bourgogne, Amé, comte de Savoie, Jean, comte de Dreux, agréant les propositions, faites par les représentants des Flamands. 29 février 1304. Avec six sceaux. — 52. Mandement, pour la prolongation jusqu'au 22 mai 1306 de la trêve conclue avec les Flamands. Corbeil, 8 juin 1305. Avec sceau. Funck-Brentano, p. 499. — 53. Lettres donnant de nouveaux pouvoirs à Louis, comte d'Évreux et aux autres commissaires, pour traiter avec les Flamands. Athis, juin 1305. Funck-Brentano, p. 501. — 54. Traité de paix d'Athis, entre Philippe IV et les enfants de Guy de Dampierre, comte de Flandre. Juin 1305. Avec six sceaux. Funck-Brentano, p. 499. — 55. Lettres de Louis, comte d'Évreux, et des autres commissaires, prolongeant le délai, dans lequel les enfants du comte de Flandre devaient regagner leur prison. Châteauneuf, juillet 1305. Avec trois sceaux. Funck-Brentano, p. 507.

II. **347**. 56. Lettres du roi au comte de Flandre, pour la délivrance des bourgeois de Gand, Waselin et Simon du Puis. Paris, 18 février 1308. Avec sceau. — 57. Ce n° manque. — 58. Mandement au comte de Flandre pour livrer les Templiers au vidame d'Amiens. Paris, 13 novembre 1307. Avec sceau. — 59. Ordonnance pour l'élection des magistrats de Gand. Senlis, novembre 1301. Avec sceau. (Cette pièce a été cancellée le 8 janvier 1468.) Funck-Brentano, p. 365. — 60, 61 et 62. Lettres relatives aux grâces accordées aux Flamands, à la suite du traité d'Athis. Paris, 10 mai 1309. Avec sceaux. Trois exemplaires. Funck-Brentano, p. 550. — 63. Declaration au sujet de l'excommunication, qui frapperait les Flamands, qui ne respecteraient pas les articles du traité. Paris, 10 mai 1309. — 64. Lettres relatives aux étrangers dans la châtellenie de Bruges. Paris, 10 mai 1309. Avec sceau. Funck-Brentano,

p. 552-553. — 65. Déclaration portant que la paix d'Athis n'entraînerait pas pour les Flamands d'autres obligations que celles du traité de Melun. Paris, 10 mai 1309. Avec sceau. Funck-Brentano, p. 549-550. — 66. Règlement entre Mahaut, comtesse d'Artois, et Robert d'Artois, pour le comté. Asnières, 9 octobre 1309. Avec sceau. — 67. Mandement au bailli d'Amiens et au prévôt de Beauquesne, pour contraindre les habitants de « Pichequam » (Pitgam) de fournir leur contingent de bataille. Longpont, 3 novembre 1309. Cf. Th. de Limburg-Stirum, *Codex diplomaticus Flandriæ*, 1885, t. II, p. 199. — 68. Mandement au comte de Flandre d'obéir aux arrêts du Parlement, qui règlent son différend avec la duchesse de Lorraine, Élisabeth. 13 avril 1310. — 69. Mandement à Guillaume de Hangest de veiller à l'exécution de ces arrêts. Maubuisson, 17 juillet 1312. Funck-Brentano, p. 575. — 70. Mandement aux gardes des foires de Champagne, déclarant que les biens de Robert de Béthune ne pourront être saisis jusqu'à la quinzaine de la Pentecôte. Paris, 3 mars 1311. Funck-Brentano, p. 568. — 71. Mandement à Robert de Béthune pour le citer à comparaître. Creil, 6 octobre 1311. Avec sceau. Funck-Brentano, p. 599. — 72. Déclaration du roi, qui prend en sa garde, sans préjudice des parties, des domaines de J. de Namur, de Ger. et de Hugues de Sottegem, dont Louis de Nevers s'était emparés. Tournai, 15 octobre 1311. Avec sceau. Funck-Brentano, p. 599. — 73. Lettres de prolongation de la trêve entre le comte de Flandre et le comte de Hainaut. 30 janvier 1312. Avec sceau. Funck-Brentano, p. 620. — 74. Lettres relatives aux conditions de l'arbitrage du roi entre les comtes de Flandre et de Hainaut. Pontoise, 19 juillet 1312. Avec sceau. Funck-Brentano, p. 625. — 75 et 76. Lettres qui prolongent jusqu'au 17 mars, puis au 5 mai le terme, où le roi prononcera la sentence de son arbitrage. Paris, 1er et 14 janvier 1314. Avec sceaux. Funck-Brentano, p. 640. — 77. Mandement à Robert de Béthune pour se trouver à Arras le jeudi, après la fête de la Madeleine, pour régler son différend avec le comte de Hainaut. Poissy, 3 juillet 1313. Avec sceau. Funck-Brentano, p. 639.

348. PHILIPPE IV (fin) et LOUIS X.

PHILIPPE IV. — 78. Lettres qui retardent jusqu'au 24 février 1314

le terme, où le roi prononcera sur le différend des comtes de Flandre et de Hainaut. Paris, 30 octobre 1313. Avec sceau. Funck-Brentano, p. 640. — 79. Mandement à Robert de Béthune pour comparaître devant la cour des Pairs, le 16 avril 1312. Paris, 7 janvier 1312. Avec sceau. Funck-Brentano, p. 619. — 80. Mandement en faveur des bourgeois de Saint-Omer, qui ont des biens en Flandre et que le comte fait contribuer à la taille. Fontaine-bleau, 15 octobre 1311. Funck-Brentano, p. 571. — 81. Lettres à Robert de Béthune, contenant l'ordre à Louis de Nevers de comparaître au Parlement. Paris, 31 janvier 1313. Avec débris de sceau. Funck-Brentano, p. 629. — 82. Passeport accordé à Robert de Béthune. Paris, 10 février 1313. Avec sceau. — 83. Lettres, autorisant Robert de Béthune à se servir du conseil de ses amis, lors de sa comparution. Paris, 21 mai 1312. Avec sceau. Funck-Brentano, p. 620. — 84. Lettres de rémission accordées au comte de Flandre. Pontoise, 19 juillet 1312. Funck-Brentano, p. 625. — 85. Lettres qui autorisent le comte de Flandre à conclure des traités d'alliance, à condition qu'ils ne soient pas dirigés contre le roi. Pontoise, 19 juillet 1312. Avec sceau. Funck-Brentano, p. 629. — 86. Lettres déclarant que le comte « n'encourra pas la forfaiture de ses biens », à moins de révolte contre le roi. Maubuisson, 19 juillet 1312. Avec sceau. Funck-Brentano, p. 624. — 87. Lettres autorisant les Flamands à prêter, à Tournai, le serment d'observer le traité de paix. Pontoise, 19 juillet 1312. Avec sceau. — 88. Lettres relatives aux bénéfices, dont le roi avait disposé en Flandre et à Béthune, avant la conclusion de la paix. Pontoise, 19 juillet 1312. Avec sceau. Funck-Brentano, p. 625. — 89. Mandement enjoignant à Robert de Béthune de mettre Gaucher de Châtillon en possession du château de « Bèvres » (Beveren). Compiègne, 1er novembre 1312. Avec sceau. Funck-Brentano, p. 575. — 90. Mandement à Robert de Béthune pour rechercher ceux, qui ont pris part au siège du château de Beveren. Royal-Lieu, 1er novembre 1312. Avec sceau. Funck-Brentano, p. 576. — 91. Ce no manque. — 92. Mandement à Robert de Béthune, pour faire procéder à la démolition des fortifications de Gand. Arras, 31 juillet 1313. Avec sceau. Funck-Brentano, p. 631. — 93. Mandement aux bourgeois de Gand, leur enjoignant de faire procéder à la démolition des fortifications de la ville. Arras, 31 juillet 1313. Funck-Brentano, p. 636. — 94. Lettres relatives à la fixation des dépendances des

châteaux, villes, châtellenies et baillies de Lille, Douai et Béthune. Pontoise, 26 avril 1314. Funck-Brentano, p. 644. — 95. Mandement convoquant le comte de Flandres à Arras pour le jeudi après la Saint-Jean. Châteauneuf, 1er juin 1314. Avec sceau. — 96. Articles de paix entre le roi et les Flamands et lettres de Charles de Valois déclarant que le roi ratifiera ledit accord. Tournai, 6 septembre 1314. Avec sceau. Funck-Brentano, pp. 661-662. — 97. Mandement au comte de Flandre, pour établir des gardes en son comté. Poissy, 14 novembre 1314. Avec sceau. Funck-Brentano, p. 670.

Louis X. — 98. Sauf-conduit au comte de Flandre, pour venir aux conférences de Tournai. « Saint-Christofle-en-Halate », 9 avril 1315. Avec sceau. — 99. Ratification du traité conclu par Charles de Valois avec Louis de Nevers. Paris, mai 1315. Avec sceau. — 100. Ratification du traité conclu avec Louis, fils aîné du comte de Flandre. Paris, juillet 1315. Avec sceau. — 101. Déclaration relative à ce traité. Vincennes, juillet 1315. Avec sceau. — 102 et 103. Sauf-conduits aux procureurs des Flamands, pour venir aux conférences de Senlis et de Pontoise. Bourges, 27 mars 1315 et 22 avril 1316. Avec sceaux.

349-350. Philippe V.

I. **349**. 104. Sauf-conduit donné par Philippe, régent du royaume de France, aux procureurs des Flamands pour les conférences de Pontoise et de Paris. Paris, 14 août 1316. (L'acte a été corrigé, pour servir de modèle à un autre acte.) — 105. Pouvoir à R[aoul Rousselet], évêque de Saint-Malo, et à Amé, comte de Savoie, pour traiter au nom du régent avec les Flamands. Paris, 30 août 1316. Avec sceau. — 106. Lettres de Charles, comte de Valois, promettant de garder le sauf-conduit que son neveu Philippe, régent du royaume, avait accordé aux représentants des Flamands. Paris, 18 octobre 1316. Avec sceau. — 107. Mandement au sénéchal et au bailli de Lille, pour faire réparer quelques dommages causés au comte de Flandre. Paris, 30 novembre 1316. Avec sceau. — 108. Mandement aux prieurs et religieux dominicains et cordeliers pour garder la paix conclue avec les Flamands. Paris, 23 mars 1317. Avec sceau. — 109. Ce no manque. — 110.

Pouvoir à Thomas de Marfontaines et à Philippe de Précy
de prolonger la trêve, qui existait avec les Flamands. Paris, 13 mars
1317. Avec sceau. — 111. Sauf-conduit délivré aux députés de
Flandre, qui doivent venir traiter de la paix à la Pentecôte. Paris,
29 avril 1317. Avec sceau. — 112. Prolongation de ce sauf-conduit. Paris, 29 octobre 1317. Avec sceau. — 113. Pouvoirs à Dreux
de La Charité, Hugues de La Celle et Bertrand de Rocquenégade,
pour régler les difficultés du traité avec les Flamands. Nemours,
29 octobre 1317. — 114. Prolongation de la trêve conclue avec les
Flamands. Paris, 4 novembre 1317. Avec sceau. — 115. Sentence,
prononcée par le roi Philippe V sur la succession d'Artois entre
Robert d'Artois et la comtesse Mahaut. Paris, mai 1318. Avec
sceau. — 116. Lettres de Robert d'Artois, comte de Beaumont-
le-Roger et sire de Conches et de Mehun-sur-Yèvre, s'obligeant à
observer la décision du roi sur la succession d'Artois. 28 mai 1318.
A la suite, garantie de Jean de Bretagne, comte de Richemont, et
de Jean, comte de Namur. Avec sceau du comte de Namur. —
117. Lettres de Louis, comte d'Évreux, prolongeant la trêve conclue avec les Flamands. Arras, 11 juin 1318. Avec sceau du comte
d'Évreux. — 118 et 119. Lettres du comte d'Évreux fixant aux
« octaves de la Saint-Remi » (20 janvier) l'entrevue qu'il doit
avoir à Compiègne. Béthune, 10 juillet 1318. Avec sceau du
comte. — 120 et 121. Confirmations de la prolongation de trêve
accordée par le comte d'Évreux aux Flamands. Maubuisson,
24 septembre 1318. Avec sceau. — 122. Ce n° manque. — 123.
Sauf-conduit de Gaucelin de Jean, cardinal des SS. Marcellin et
Pierre, légat, accordé aux Flamands. Tournai, 27 juin 1319. Avec
sceau du cardinal. A cette lettre est attaché l'original des lettres
de Philippe V, lui donnant ce pouvoir. Asnières, 31 mai 1319. —
124. Lettres donnant pouvoir à Guillaume II de Brosse, évêque
de Meaux et au chanoine de Limoges, Pierre Rodier, de veiller
à l'exécution des différents points de l'avis du pape, relativement
à la paix de Flandre. Longpont, 23 juillet 1319. — 125. Sauf-
conduit accordé au comte de France pour venir auprès de
Philippe V. Paris, 11 février 1320. Avec sceau.

II. **350**. 126. Confirmation des dispositions prises par Robert,
comte de Flandre et ses héritiers pour le règlement de la succes-

sion de Flandre. Paris juillet 1320. Avec sceau. Cet acte contient
la transcription de lettres du comte de Flandre, du 2 juin et 1er juillet 1320. — 127. Confirmation du partage fait par le comte de
Flandre de ses biens entre ses fils. Paris, août 1320. Avec sceau.
— 128. Lettres de renonciation du roi en faveur de sa femme Jeanne,
fille d'Eudes de Bourgogne à ses droits à la succession de Bourgogne. Maubuisson, septembre 1318. Avec sceau. — 129. Ratification de l'acte précédent par Charles, comte de Valois, Louis,
comte d'Évreux, et Charles, comte de la Marche. Paris, 30 septembre 1318. Avec sceaux des trois princes. — 130. Ratification par
Jeanne de France, fille de Philippe V, femme du duc de Bourgogne, Eudes IV, comtesse d'Artois et dame de Salins du traité
conclu entre son mari et le comte de Flandre, pour la succession
de sa mère Jeanne. Paris, 11 septembre 1330. Avec sceaux de
Jeanne de France et d'Eudes IV. — 131. Ce n° manque. — 132. Lettre
de Marguerite de France, fille de Philippe V, comtesse de Flandre,
qui reconnaît que son fils Louis lui a assigné certaines terres.
Nevers, 3 septembre 1351. Avec sceau.

351. Charles IV.

133. Mandement au comte de Flandre, au sujet de ses démêlés
avec la comtesse d'Artois. Paris, 19 février 1321. Avec sceau. —
134 et 135. Lettres en faveur de Louis de Nevers, pour la succession
du comté de Flandre. Paris, 29 janvier et 19 février 1322. Avec
sceau. (Le 2e exemplaire est une copie.) — 136. Lettres de décharge
en faveur de Louis de Nevers, par rapport à la paix avec les rebelles.
« Val-Coquatriz », près Corbeil, 18 avril 1326. Avec débris de
sceau. — 137. Lettres de pardon aux habitants de Bruges,
Ypres, Courtrai et autres villes de Flandre. 19 avril 1326.
Avec sceau. — 138. Traité d'alliance entre Charles de France,
comte de Valois, et Louis, comte de Nevers. Paris, 20 mars 1308.
Avec sceaux des deux princes. — 139. Lettres de Charles de Valois
au sujet de ce traité. Paris, 20 mars 1308. Avec sceau. — 140
et 141. Lettres de Charles de Valois promettant de mettre ses
forteresses à la disposition de Louis de Nevers, en cas de besoin
et de lui remettre celles, que Louis lui aurait confiées. Paris,
20 mars 1308. Avec sceaux. — 142. Renonciation de Charles de

Valois aux clauses du traité, conclu par lui avec Louis de Nevers. Villers-Cotterets, 19 mai 1313. Avec débris de sceau. — 143. Lettres de créance, autrefois attachées à la lettre précédente, par lesquelles Charles de Valois a crédité auprès de Louis de Nevers, l'abbé de Lieu-Restauré, Henri. Villers-Cotterets, 23 mai 1313. — 144. Traité conclu entre Charles de Valois et Louis de Nevers. Bonny-sur-Loire, 28 février 1317. Avec les sceaux des deux princes. — 145. Traité complémentaire conclu entre les mêmes. Bonny-sur-Loire, 1er mars 1317. Avec les deux sceaux. — 146. Lettre de Charles de Valois relatives à l'exécution des conventions de ce traité. Bonny-sur-Loire, 1er mars 1317. Avec sceau.

352. PHILIPPE VI.

147. Don de Philippe VI à Guillaume de « Haynaut », son neveu, de la terre de Blaton. Igny, juin 1328. Avec sceau. — 148. Vidimus, sous le sceau de Philippe VI, de lettres du commun de la ville d'Oudenburg (5 septembre 1328), de l'abbé de Saint-Bertin, Henri de Condescure (27 août 1328) et de la commune de Bourbourg (sans date). Paris, 28 novembre 1328. Avec débris de sceau. — 149. Vidimus par Philippe VI, de lettres d'Arnoul, abbé de Saint-Nicolas de Furnes, et de la commune de Furnes (1er septembre 1328). Paris, 28 novembre 1328. — 150. Vidimus par Philippe VI de lettres de la commune de Bruges (3 mai, 8, 9 et 11 septembre 1328). Paris, 28 novembre 1328. Avec sceau brisé. — 151. Vidimus par Philippe VI de lettres de la commune de Lombardie (Lombartzyde, province de Flandre, arrondissement de Furnes) (1er septembre 1328). Paris, 30 novembre 1328. Avec fragments de sceau. — 152. Lettres contenant copie des actes, par lesquels les communes d'Ypres, de Nieuport et de Dunkerque nomment des procureurs pour faire leur soumission au roi. Paris, 2 décembre 1328. Avec sceau brisé. — 153. Lettres de non-préjudice données par Philippe VI à Louis, comte de Flandre, pour les fortifications de Courtrai. Senlis, 4 mars 1329. Avec sceau brisé. — 154. Lettres en faveur de la dame de Havesquerque, des seigneurs de Pesnes, de Watenes, de Montigny, de Heuchin, de Tiennes, de La Bourre, de Surchapelle et de Berquin (de la châtellenie de Cassel), pour leurs droits d'élire des échevins dans leurs

villages, malgré les prétentions de Robert, seigneur de Cassel. Paris, 5 mai 1330. Avec sceau brisé. — 155. Mandement au bailli d'Amiens, touchant les pouvoirs de Jean Palstre, l'un des exécuteurs du testament de Robert de Flandre, seigneur de Cassel. Paris, 5 décembre 1331. Avec débris de sceau. — 156. Mandement au comte de Flandre pour aider les receveurs du roi à percevoir 300.000 l. t., dûs par les Flamands pour le rachat de 3.000 pèlerins. Paris, 7 mars 1332. Avec sceau brisé. — 157. Mandement aux baillis de Vermandois et d'Amiens pour forcer Jean de Zisselles à rendre ses comptes à Jeanne de Bretagne, dame de Cassel, veuve de Robert de Flandre. Paris, 27 novembre 1332. Avec sceau brisé. — 158. Lettres pour l'exécution d'un arrêt entre le comte de Flandre et la dame de Cassel. Paris, 8 avril 1333. Avec débris de sceau. — 159. Mandement au bailli d'Amiens pour le nombre des sergents à laisser dans les terres de la dame de Cassel. Le Jard, près de Melun, 28 juin 1333. Avec débris de sceau. — 160. Lettres déclarant fausses les informations faites pour prouver les droits de Robert d'Artois sur le comté d'Artois. Paris, 13 mai 1335. — 161. Lettres de rémission accordées aux Flamands. Paris, 13 juin 1338. Avec débris de sceau ; pièce cancellée. — 162 et 163. Lettres de garantie accordées à Louis, comte de Flandre et de Nevers, pour le dédommager envers l'évêque et le chapitre de Liège. Saint-Quentin, 5 juin 1347. Deux exemplaires, dont un avec sceau. — 164. Lettres de don de 3.000 et 2.000 livrées de terre dans les comtés de Nevers et de Rethel à Louis, comte de Flandre et de Nevers, à l'occasion de son mariage. Saint-Quentin, juin 1347. Avec sceau. — 165. Quittance de Jean, fils aîné du roi, de 5.000 livrées de terre qu'il possédait en Nivernais et Rethelois pour le don, fait au comte de Flandre. Arras, mai 1347. — 166. Déclaration du même portant que le duché de Bourgogne appartenait à sa femme Jeanne, comtesse de Bourgogne. Léry, 31 janvier 1349. Avec sceau brisé.

353. Jean II et Charles V.

Jean II. — 167. Don à Louis de Male, comte de Flandre, de l'arriéré des décimes, qui lui étaient dûs dans l'évêché de Térouanne. Cormicy, 30 septembre 1350. — 168. Lettres de sauvegarde accordées à Jeanne de Bretagne, dame de Cassel, veuve de

Robert de Flandre. 1er avril 1350. Avec sceau brisé. — 169. Mandement aux échevins de Malines pour leur recommander le comte de Flandre. Paris, 10 janvier 1356. Avec débris de sceau. — 170. Lettres sur un accord entre le comte de Flandre et Arnaud de Cervole, dit l'archiprêtre, au sujet de forteresses des comté de Nevers et baronnie de Donzi (Cosne, La Motte-Josserand, Bléneau et Dammarie). Meaux, 3 juillet 1361. Cf. A. Chérest, *L'archiprêtre*, 1879, p. 384 à 393. — 171. Lettres unissant à la couronne les duchés de Bourgogne et de Normandie et les comtés de Champagne et de Toulouse. Au Louvre, novembre 1361. Avec sceau brisé. — 172. Lettres de don du duché de Bourgogne à Philippe le Hardi. Germigny-sur-Marne, 6 septembre 1363. Avec sceau brisé. — 173. Confirmation de ces lettres par le dauphin Charles. Amiens, décembre 1363. Avec sceau du dauphin. — 174. Mandement du duc de Bourgogne, Philippe au capitaine de Termonde, pour contraindre les habitans de Bornhem à payer un impôt, dû à la comtesse de Bar. Lille, 2 octobre 1384. Avec sceau.

CHARLES V. — 175. Confirmation du don que le roi Jean avait fait à son fils Philippe du duché de Bourgogne. Au Louvre, 2 juin 1364. Avec sceau. Cf. L. Delisle, *Mandements de Charles V*, n° 24. — 176. Lettres de garantie accordant à Philippe le Hardi le duché de Touraine, s'il était troublé dans la possession de la Bourgogne. 2 juin 1364. Avec sceau. Delisle, n° 25. — 177. Lettres relatives au douaire de la comtesse de Bar. Paris, 17 janvier 1368. Avec sceau. Delisle, n° 426. — 178. Don au comte de Flandre des villes et châtellenies de Lille, Douai et Orchies. Paris, 25 avril 1369. Avec sceau. Delisle, n° 523. — 179. Lettres à Galéas, seigneur de Milan, sur la rançon du duc de Bar. Paris, 10 novembre [1369]. Delisle, n° 607. — 180 et 181. Lettres aux cardinaux de Paris (Étienne de Poissy) et de Cluny (Androuin de La Roche, abbé de Cluny) sur le même sujet. Paris, 10 novembre [1369]. Delisle, n°s 605 et 606. — 182. Lettres relatives au pardon donné par la comtesse de Bar à son fils, le duc de Bar, qui l'avait fait emprisonner. 24 novembre 1374. Delisle, n° 1080.

354. CHARLES VI.

183. Accord entre Charles VI et Philippe de Bourgogne, comte

de Flandre, relatif à la ville de Lille. Paris, 16 janvier 1386. — 184. Lettres pour la décharge de Jean Canart, conseiller du duc de Bourgogne, relativement à l'accord précédent. Paris, 16 janvier 1386. Avec sceau brisé. — 185. Lettres pour l'accord entre le duc de Bourgogne et le comte de Saint-Pol, Valéran de Luxembourg, au sujet de la succession d'un bâtard, mort à Lille. Paris, 10 février 1388. Avec sceau. — 186. Confirmation de l'échange fait par Philippe de Bourgogne avec Guillaume de Namur de la ville de Béthune contre celle de l'Écluse. Paris, novembre 1388. Avec sceau. — 187. Lettres de sauvegarde accordées à Yolande de Flandre, comtesse de Bar. Paris, 19 décembre 1388. Avec sceau brisé. — 188. Nomination de Jean de Villaminon, licencié èslois, comme conseiller du roi et maître des requêtes de l'Hôtel. 1390. — 189. Mandement au premier huissier du Parlement relatif à l'ajournement du duc et de la duchesse de Bourgogne pour leur différend avec la comtesse de Bar, relativement à la possession de villes et de châtellenies de Flandre. Paris, 31 octobre 1388. Avec débris de sceau. — 190. Rapport de l'huissier Gobin de Pons, relatif à cette affaire. 6 décembre 1388. — 191. Lettres d'ajournement du duc et de la duchesse de Bourgogne pour cette affaire. Paris, 25 mai 1389. Avec sceau brisé. — 192. Mandement pour forcer Louis, dit La Haze, chevalier, à rendre à la comtesse de Bar les villes et terres d' « Elverdinghe » et « Vlamertinghe ». Paris, 22 février 1391. Avec sceau. — 193. Lettres closes à la comtesse de Bar, pour aider le bailli de Vermandois à faire justice des malfaiteurs, qui portaient préjudice à l'abbaye de Beaulieu en Argonne. Paris, 4 septembre. — 194. Déclaration relative aux permissions de chasser dans les forêts royales. Beauté-sur-Marne, 7 septembre 1393. Vidimus par Jean de Foleville, prévôt de Paris. Avec sceau. — 195. Lettres d'ajournement de Jean Rez, Tassard de l'Estaigne et plusieurs autres habitants de la châtellenie de Cassel. Paris, 22 décembre 1393. — 196. Mandement au prévôt de Paris pour recevoir l'émancipation de Jean et d'Antoine, fils du duc de Bourgogne. Paris, 14 février 1402. Avec sceau brisé. — 197. Déclarations sur les libertés de l'Église gallicane. Paris, 18 février 1407. Avec sceau brisé. — 198. Lettres au sujet de l'accord conclu entre Jean du Quesnoy et le procureur du duc de Bourgogne. Paris, 29 mars 1412. Avec sceau brisé. — 199 et 200. Lettres de don au comte de Charolais et à sa femme Michelle de France des châteaux

et villes de Péronne, Roye et Montdidier. Paris, 8 août 1418. Avec sceau. A cette lettre est attaché un mandement aux gens des Comptes, mandement garni de leurs signets et relatif à ce don. Paris, 12 août 1418. — 201. Ce n° manque.

355. Charles VII.

202. Lettres sous les seings manuels et les sceaux des ambassadeurs de France (Charles, duc de Bourbon ; Artur de Richemont ; Louis de Bourbon ; Regnault, archevêque de Reims ; Christophe de Harcourt ; Gilbert de La Fayette ; Adam de Cambray ; Jehan Tudert ; Guillaume Chartier ; Étienne Moreau ; Jean Chatignier et Robert Mallière), par lesquelles ils donnent au roi d'Angleterre délai jusqu'au 1er janvier, pour accepter les offres faites pour la paix. Arras, 7 septembre 1435. Douze sceaux ou seings manuels, en général mal conservés. — 203. Traité d'Arras entre Charles VII et Philippe le Bon. 21 septembre 1435. Avec les douze sceaux des ambassadeurs de Charles VII. Cf. E. Cosneau, *Les grands traités de la guerre de Cent ans*, 1889, p. 117-151. — 204. Ce n° manque. — 205. Ce n° manque. — 206. Confirmation du traité d'Arras par le dauphin Louis (avec autographe de ce prince). Bruxelles, 28 janvier 1456. Avec sceau. — 207. Lettres de Jean, comte d'Angoulême, promettant de respecter la paix d'Arras. Mons, 30 juillet 1435. Avec sceau brisé. — 208. Lettres de surséance, donnée par Charles VII pour la poursuite des procès entre les sujets du duc de Bourgogne, pendant au Parlement, à cause de la paix d'Arras. Arras, 26 septembre 1435. — 209. Défense à Poton de Xaintrailles, Gautier de Brusac, aux bâtards de Bourbon, de Harcourt, de Vertus et de Culant, à R. de Villandrado, Antoine de Chabannes et Floquet Blanchefort, etc. d'exercer des violences sur les terres du duc de Bourgogne. Saint-Aignan, 15 septembre 1438. Avec sceau brisé. — 210. Lettres de Charles VII contenant « le traité de mariage » entre Charles, comte de Charolais et Catherine de France. Blois, 30 septembre 1438. Cf. Du Fresne de Beaucourt, *Histoire de Charles VII*, t. III, p. 102. — 211. Lettres par lesquelles Charles VII reconnaît avoir reçu des lettres du duc et de la duchesse de Bourgogne, relatives à ce mariage. Tours, 27 janvier 1439. Avec sceau brisé. — 212. Lettres de même teneur.

Gravelines, 11 juillet 1439. — 213. Lettres d'abolition en faveur
de Jean de Bourgogne, comte d'Étampes, et de gens d'armes de
sa compagnie, pour avoir détroussé la troupe de Dimanche de
Court, qui allait rejoindre le dauphin, à Dieppe, en 1443. Tours,
janvier 1449. Avec sceau. Cf. D. de Beaucourt, t. IV, p. 377 et 383.

356. Charles VII et Louis XI.

Charles VII.—214. Lettres d'abolition données par Charles VII,
à la prière du duc de Bourgogne, à propos de l'arrêt rendu contre
Jean de Bourgogne. (Cf. le nº 213.) Tours, janvier 1449. Avec sceau.
— 215. Lettres de Charles VII accordant au duc de Bourgogne
de mettre les mots « par la grâce de Dieu » dans ses actes, étant
donné que, par lettres du 27 novembre 1448, le dit duc par ces
mots n'avait entendu « vouloir avoir ou prétendre, ès pais... qu'il
tient du royaume de France, aucun plus grand droit qu'aupara-
vant. » Tours, 28 janvier 1449. Avec sceau brisé. Cf. D. de Beaucourt,
t. IV, p. 381. — 216. Lettres de Charles VII, au sujet de la juridiction des eaux et forêts dans le Ponthieu. Tours, 28 janvier 1449.
Avec sceau brisé. — 217. Mandement, ordonnant que le duc de
Bourgogne jouisse des aides à Ham. Tours, 28 janvier 1449. Avec
sceau. D. de Beaucourt, t. IV, p. 380 et 384. A cette lettre est attachée
une lettre des généraux des finances du 6 juin 1449. — 218. Lettre
de Charles VII révoquant l'empêchement, mis par lui à la jouissance des aides de Ham et de Bohain par le duc de Bourgogne.
Tours, 28 janvier 1449. Avec sceau. — 219. Lettres de Charles VII
relatives à la reconnaissance des droits du roi et du duc sur les
seigneuries de « Laval » en la ville de Mouscron, et de « la Rousselerie » en la ville de Herseaux (Flandre, arrondissement de Courtrai). Tours, 28 janvier 1449. Avec sceau. — 220. Mandement aux
gens du Parlement et au bailli de Tournai au sujet de la lettre
précédente. Tours, 28 janvier 1449. Avec sceau brisé. A cet acte est
jointe une attache du duc de Bourgogne, adressée au Parlement. —
221. Mandement révoquant les lettres, qui avaient imposé à Tournai l'imposition foraine sur les blés et grains, allant à Gand et venant
de Douai et de Valenciennes. Tours, 28 janvier 1449. Avec sceau.
D. de Beaucourt, t. IV, p. 384. — 222. Mandement renvoyant
par devers le connétable de France ou son lieutenant à la Table

de marbre, le procès d'Évrard de La Marck pendant au Grand-Conseil. Tours, 28 janvier 1449. Avec sceau. D. de Beaucourt, t. IV, p. 383.

Louis XI. — 223. Lettres de Charles, duc de Normandie [puis de Guyenne], pour entretenir la paix de Péronne entre Louis XI et Charles, duc de Bourgogne. Nantes, 21 avril 1469. Avec sceau. — 224. Lettres de ratification par Louis XI du traité fait en son nom par ses ambassadeurs avec ceux des pays de Liège, pour faire la guerre aux ducs de Bourgogne et de Bourbon et au comte de Charolais. Paris, juillet 1475. Avec sceau. — 225. Lettres du même contenant le traité conclu avec le comte de Charolais. Paris, 5 octobre 1465. Avec sceau. — 226. Déclaration touchant le droit de rachat des villes situées sur la Somme, cédées à Charles, comte de Charolais. Paris, 5 octobre 1465. Avec sceau brisé. — 227. Lettres de Louis XI qui déclarent céder au comte de Charolais les prévôtés de Vimeu, de Beauvaisis et de Fouilloy. Paris, 13 octobre 1465. Avec sceau brisé. — 228. Mandement aux gens des comptes, trésoriers, baillis de Vermandois, Amiens et Saint-Quentin, sénéchal de Ponthieu, et à tous les autres justiciers de laisser le comte de Charolais jouir de tous ses droits sur les seigneuries de Picardie, en plus de celles de Péronne, Roye et Montdidier. Saint-Antoine-lès-Paris, 31 octobre 1465. Avec sceau brisé. — 229. Confirmation du don des places de la Somme à Charles, comte de Charolais. Paris, 13 novembre 1465. Avec sceau. — 230. Déclaration touchant une réserve contenue dans ses lettres du 26 novembre 1465, pour faire livrer au comte de Charolais les places situées sur la Somme. Pont-Audemer, 1er février 1466. Avec sceau brisé.

357-358. Louis XI.

I. **357**. 231. Mandement de Louis XI aux baillis de Vermandois, de Senlis et de Vitry pour laisser jouir le comte de Charolais de l'impôt sur le vin, qui se percevait à Saint-Quentin. Meung-sur-Loire, 6 mai 1466. Avec sceau brisé. — 232. Déclaration touchant le droit du duc de Bourgogne, sur les fiefs du comte de Ponthieu et des trois prévôtés de Vimeu, de Beauvaisis et de Fouilloy. Péronne, 14 octobre 1468. Avec sceau. — 233. Déclaration tou-

chant les tailles et les aides dans les prévôtés de Vimeu, de Beauvaisis et de Fouilloy. Péronne, 14 octobre 1468. Avec sceau. — 234. Déclaration portant que les appellations des causes des pays de Flandre ne seraient pas portées au Parlement de Paris en première instance. Péronne, 14 octobre 1463. Avec sceau brisé. — 235. Lettres d'exemption aux « quatre loix de Flandre, Gand, Bruges, Ypre et le Franc » **de** Bruges, pour les détacher du ressort **de ce** Parlement. Péronne, 14 octobre 1468. Avec sceau. — 236. Déclaration portant que les appellations des causes des pays de Lille, Douai et Orchies relèveront en première instance du conseil de Flandre ou de la gouvernance de Lille. Péronne, 14 octobre 1468. Avec sceau. — 237. Lettres relatives aux partisans du duc de Bourgogne. Péronne, 4 octobre 1468. Avec sceau. — 238. Lettres portant suspension pendant huit ans des procès, relatifs à la délimitation de la Flandre et de l'Artois. Péronne, 14 octobre 1468. Avec sceau. — 239. Lettres pour faire régler à l'amiable les différends de Louis XI et de Charles le Téméraire. Péronne, 14 octobre 1468. Avec sceau. — 240. Mandement à Charles d'Anjou, comte du Maine, d'avoir à ratifier le traité de Péronne. Péronne, 14 octobre 1468. Avec sceau. — 241. Déclaration touchant les droits du duc de Bourgogne sur la seigneurie de Château-Regnault. Amboise, 19 mars 1468. Avec sceau brisé. — 242. Déclaration relative aux alliés, qui doivent être compris dans la trêve, que le roi a conclue avec le duc de Bourgogne, à savoir : le roi des Romains, les rois de Castille, d'Angleterre et d'Écosse et les ducs de Calabre, de Milan et de Savoie. Fontaines, 10 avril 1470. Avec sceau.

II. **358**. 243. Lettres promettant d'écarter les gendarmes du roi de la Somme, pendant les trêves conclues avec le duc de Bourgogne. 22 avril 1471. — 244. Déclaration mentionnant les alliés qui doivent être compris dans ces trêves : le roi des Romains, les rois de Castille, d'Écosse, de Danemark, de Jérusalem, Sicile et Aragon, de Hongrie, les ducs de Savoie, de Calabre, de Lorraine, de Milan, l'évêque de Metz, les seigneuries de Florence, de Berne et leurs alliés, la ligue de la Haute-Allemagne et le pays de Liège. Ham, 10 juin 1471. Avec sceau brisé. — 245. Sauf-conduit aux serviteurs du duc de Bourgogne. Ham, 10 juin 1471. Avec sceau brisé. — 246. Lettres certifiant la confirmation de

la trêve conclue avec le duc de Bourgogne. Plessis-lès-Tours, 5 mai 1473. Avec signet du roi. — 247. Confirmation de la prolongation de la trêve conclue avec la Bourgogne. Senlis, 1er mars 1474. Avec sceau. — 248. Confirmation de la prolongation de la trêve conclue avec Maximilien d'Autriche. Plessis-lès-Tours, 3 avril 1480. Avec sceau. — 249. Lettres prolongeant cette trêve d'un an. Plessis-lès-Tours, 27 avril 1481. Avec sceau. — 250. Lettres octroyant à la ville de Gand la liberté de nommer de nouveaux officiers, malgré le comte de Flandre. Plessis-lès-Tours, 22 janvier 1483. Avec sceau. — 251. Lettres de renonciation, au nom du dauphin, de ses droits sur les pays et duchés de Brabant, Limbourg, Luxembourg, Gueldre, les comtés de Flandre, Hainaut, Hollande, etc. Plessis-lès-Tours, 22 janvier 1483. Avec sceau. — 252. Lettres du dauphin Charles, renonçant aux droits, qu'il peut avoir sur les pays mentionnés dans l'acte précédent. Amboise, 26 janvier 1483. Avec sceau du dauphin. — 253. Lettres du dauphin Charles s'engageant à maintenir les anciens droits, des terres du duc Philippe. Amboise, 26 janvier 1483. Avec sceau du dauphin. — 254. Traité d'alliance entre Pierre de Beaujeu, sa femme Anne et « les trois membres du comté de Flandre ». Montargis, 25 octobre 1484. Avec sceaux de Pierre et d'Anne de Beaujeu.

359. Charles VIII.

255. Mandement au premier huissier du Parlement, pour signifier l'appel fait par Maximilien d'Autriche au sujet de son différend avec les « srs de Ravestein (Philippe de Clèves), de La Vère, de La Gruthuyse, de Rassemghem et de Vermisselle, » qui avaient fait saisir ses joyaux. Meung-sur-Loire, 28 novembre 1483. Avec sceau brisé. A ce mandement est attaché le rapport de Jean de La Haye, sergent du Roi. Avec sceau brisé. — 256. Lettres d'alliance avec les Flamands. Paris, 5 février 1485. — 257. Lettres donnant pouvoir à Jean III de Villiers, évêque de Lombez, abbé de Saint-Denis, Jean de Rochechouart, sénéchal de Saintonge, et Pierre de Sacierge, doyen de Langres, maître des requêtes, de traiter avec le roi des Romains. Plessis-lès-Tours, 6 mai 1489. Avec sceau. — 258. Traité conclu entre les ambassadeurs de Charles VIII et ceux du roi des Romains. Francfort, 19 juillet 1489. Cahier de six feuillets, avec les

six sceaux des ambassadeurs : les trois mentionnés en l'acte ci-dessus et Engilbert, comte de Nassau, Philibert, s^r de Veyre, et François de Buslayden, maître des requêtes. — 259. Lettres de Charles VIII sur le traité de paix conclu entre les Flamands et le roi des Romains. Montils-lès-Tours, 30 octobre 1489. Avec sceau. — 260. Mandement au bailli de la Montagne et à tous les autres justiciers de Bourgogne de laisser jouir Georges de Menthon de la seigneurie de Duesme. Lyon, 10 mars 1494. Avec sceau. Voir : E.-A. de Foras, *Armorial de Savoie*, t. III, p. 423.

360-361. Louis XII.

I. **360**. 261. Lettres de Louis XII déclarant que l'archiduc Phi-lippe lui a fait foi et hommage-lige. Arras, 5 juillet 1499. Avec sceau. — 262. Lettres donnant pouvoir à l'archiduc d'Autriche de nommer aux offices d'élu, de greffier et de receveur des aides et tailles de l'élection et des grenetier et autres officiers du grenier à sel de Château-Chinon. Lyon, 11 avril 1500. Avec sceau. A cette lettre est fixée une attache des généraux des finances du 14 août 1500. — 263. Lettres de don à l'archiduc d'Autriche du revenu du grenier à sel de Château-Chinon. Lyon, 11 avril 1500. Avec sceau. A cette lettre est fixée une attache des généraux des finances du 14 août 1500. — 264. Lettres de Louis XII et de la reine Anne pour le mariage de leur fille Claude et du duc de Luxembourg, Charles. Lyon, août 1501. Avec les deux sceaux. — 265 et 266. Let-tres au sujet du mariage entre Claude de France et Charles duc, de Luxembourg. Blois, 22 septembre 1504. Avec sceaux. — 267. Lettres d'Anne de Bretagne, relatives à ce mariage. Orléans, 4 octobre 1504. Avec sceau. — 268. Acte de Maximilien, roi des Romains, pour la concession du duché de Milan à l'archiduc d'Au-triche, Charles. Hagenau, 7 avril 1505. — 269. Mandement de Louis XII à Jacques Hurault, général des finances, sur « un aide accordé » à l'archiduc par les sujets du comte d'Artois. Lyon, 16 juin 1503. Avec sceau. A ce mandement est fixée une attache de Jacques Hurault du 17 juin 1503.

II. **361**. 270. Déclaration de Louis XII, repoussant la demande faite par les ambassadeurs du roi d'Espagne de restituer le royaume

de Naples au roi Frédéric. Blois, 1er septembre 1504. Avec sceau.
— 271 et 272. Lettres accordant un an de répit à Charles et Fernand de Castille, pour la foi et hommage qu'ils devaient pour les
comtés de Flandre, Charolais et Artois. La première de Bourges,
25 octobre 1506, avec sceau, et la seconde de Blois, 29 octobre 1507,
avec sceau. — 273. Lettres donnant pouvoir au cardinal d'Amboise
pour traiter en son nom avec l'empereur et l'archiduc d'Autriche.
Rouen, 20 octobre 1508. Avec sceau. — 274. Articles de la paix
conclue entre l'empereur et Louis XII. Cambrai, 10 décembre 1508.
Cahier de 10 feuillets de papier, avec couverture de parchemin. —
275. Lettres nommant députés et procureurs auprès de l'empereur
Étienne de Poncher, évêque de Paris, et Albert, comte de Carpy.
Landes près Blois, 12 décembre 1508. Avec sceau. — 276. Lettres
au sujet de la paix, conclue entre l'empereur Maximilien et le
roi d'Aragon, Ferdinand. Blois, 12 décembre 1509. Avec sceau.
— 277. Lettres relatives au droit de commettre le receveur des
aides d'Artois. Blois, 13 avril 1512. A ces lettres est fixée une
attache des élus d'Artois, avec trois sceaux. — 278. Lettres pour
comprendre dans la paix de Londres (7 août 1514) le prince de
Castille et sa tante Marguerite. Paris, 7 novembre 1514. Avec
sceau. — 279. Lettres fixant à Péronne l'entrevue entre les commissaires du roi de France et ceux de l'archiduc, pour régler les
rapports commerciaux entre leurs sujets. Abbeville, 22 octobre
1514. Avec sceau.

362-370. François Ier : traités de Cambrai et de Crépy.

I. **362**. 280. Traité de confédération et d'alliance conclu entre
François Ier et l'archiduc Charles, prince de Castille. Paris,
31 mars 1515. Original signé des différents négociateurs de France :
A. du Prat, Jean d'Albret, Odet de Foix, René, bâtard de Savoie,
et Imbert de Batarnay, en cinq feuillets, réunis par le repli.
Les sceaux ont disparu. *Catalogue des actes de François Ier*, n° 15873.
— 281. Actes de procureurs de France à la suite de ce traité,
nommant les alliés de France et ceux d'Espagne. Paris, 31 mars
1515. Cinq sceaux, dont quatre bien conservés. Catalogue, n° 161. —
282. Lettres de François Ier, autorisant la reine, sa femme, à faire
le serment d'observer le traité conclu le 24 mars, au sujet du

mariage de Charles d'Autriche avec Renée de France. Paris, 1er avril 1515. Catalogue, n° 15888. — 283. Acte des protonotaires apostoliques sur le mariage de Charles, prince de Castille, avec Renée de France. Paris, 1er avril 1515. — 284. Lettres de François Ier approuvant ledit mariage. Paris, 15 avril 1515. — 285. Donation à l'archiduc Charles d'Autriche du revenu de l'aide, que le roi prenait en Artois, en considération dudit mariage. Paris, 23 avril 1515. Catalogue, n° 15916. — 286. Mandement de la régente Louise de Savoie aux généraux des finances, pour exécuter les lettres précédentes du roi. Avec sceau de la régente. Catalogue, n° 16003. — 287. Lettres de la même, notifiant aux échevins de Metz qu'elle a reçu la lettre, par laquelle ils adhèrent au traité du 24 mars 1515 (cf. n° 280). Amboise, 10 septembre 1515. Avec sceau de la régente. Catalogue, n° 16007. — 288. Pouvoirs donnés par le roi aux seigneurs, chargés de traiter en son nom entre le roi de Castille et Louise de Savoie. Lyon, 8 juillet 1516. Avec sceau. Cf. Catalogue, n° 498. — 289 et 289 *bis*. Traité de Noyon entre François Ier et Charles Ier, roi de Castille. Noyon, 13 août 1516. Cahier de huit feuillets de parchemin, cartonné, et sur le côté, lacs de soie, avec un seul sceau. Cet original est mal conservé ; une copie sur papier du xviie siècle y est jointe (n° 289 *bis*). Catalogue, n° 503.

II. **363**. 290. Lettres de François Ier autorisant sa femme, Claude de France, à faire le serment requis au sujet du traité de Noyon. Amboise, 29 septembre 1516. Avec sceau. Catalogue, n° 16216. — 291. Pouvoirs au seigneur d'Orval, gouverneur de Champagne, à François de Rochechouart, à Jacques Olivier et Robert Gédoyn, ambassadeurs de François Ier, pour recevoir le serment de Charles Ier, roi de Castille. Amboise, 30 septembre 1516. Avec sceau. Catalogue, n° 16219. — 292. Lettres faisant connaître les alliés qui participent au traité de Noyon. Paris, 13 octobre 1516. Avec sceau brisé. Catalogue, n° 16226. — 293. Lettres, par lesquelles les ambassadeurs du roi (cf. n° 291) certifient avoir reçu toutes les lettres nécessaires à la corroboration du traité de Noyon. Bruxelles, 12 novembre 1516. Avec quatre sceaux, dont trois brisés. — 294. Lettres de François Ier faisant savoir au roi de Castille que Charles, duc de Gueldre, a adhéré au traité de Noyon. Paris,

3 février 1616. Avec sceau. Catalogue, nº 16301. A cet acte est
jointe une lettre du duc de Gueldre. Arnhem, 12 décembre 1516.
Avec sceau. — 295. Traité conclu entre les ambassadeurs de
François Iᵉʳ et ceux de Maximilien Iᵉʳ et de Charles, roi de Castille,
confirmant les traités de Noyon et de Bruxelles. Cambrai, 16 août
1516. Expédition originale, scellée des cinq sceaux des ambassadeurs. Catalogue, nº 16194. — 296. Lettres de ratification du
traité de Cambrai. Abbeville, 10 juillet 1517. Avec sceau. Catalogue, nº 16427. — 297. Mandement autorisant le roi de Castille
à établir en France des postes, pour sa correspondance de Flandre
en Espagne. Paris, 14 janvier 1518. Sceau brisé. Catalogue,
nº 16919. — 298. Lettres, acceptant la déclaration de Charles,
roi de Castille, pour la comprendre dans le traité de Londres.
Paris, 28 janvier 1518. La première partie de l'acte manque.
Catalogue, nº 16953. — 299. Quittance donnée par François Iᵉʳ
à Charles, roi de Castille, pour les sommes qui lui étaient dues
d'après le traité de Noyon. Saint-Germain-en-Laye, 22 mai 1519.
Avec sceau. Catalogue, nº 17103.

III. **364.** 300. Lettres portant quittance et décharge à François
de Vargas, trésorier de Castille, de 50.000 écus d'or soleil. Amboise,
21 octobre 1519. Avec sceau. Catalogue, nº 17192. — 301. Ratification du traité conclu à Calais. Troyes, 16 septembre 1521.
Avec sceau. Catalogue, nº 17419. — 302. Sauf-conduit aux ambassadeurs de Charles-Quint et au légat du pape, venus à Calais
pour la conclusion du traité. Troyes, 16 septembre 1521. Avec
sceau. Catalogue, nº 17420. — 303. Déclaration portant pouvoir
à la duchesse d'Angoulême de gouverner le royaume, en qualité
de régente, pendant l'absence du roi. Gien, 12 août 1523. Avec
sceau. Catalogue, nº 1881. — 304. Pouvoirs, donnés par Louise
de Savoie à Pierre de Warty, gouverneur de Clermont, pour traiter
avec Marguerite d'Autriche. Lyon, 28 juin 1525. Avec sceau de la
régente. Catalogue, nº 18420. — 305. Pouvoirs donnés à François
de Tournon, Jean de Selve et Philippe Chabot pour négocier
une trêve entre François Iᵉʳ, Henri VIII et Charles-Quint. Tournon, 7 septembre 1525. Avec sceau. Cf. Catalogue, nº 2217. —
306. Mandement au sieur de Sercus (Sarcus), capitaine de Hesdin,
pour remettre cette place aux commissaires de Charles-Quint. Bor-

deaux, 17 avril 1526. Avec sceau. Catalogue, n° 18583. — 307. Mandement à Charles, duc de Vendôme, gouverneur de Picardie, lui ordonnant de rendre à leurs possesseurs les biens confisqués pendant la guerre. Bordeaux, 17 avril 1526. A cette expédition sont attachés deux mandements du duc de Vendôme (21 juillet 1526) et un extrait collationné du traité de Madrid. — 308. Lettres portant main-levée des biens, saisis au nom du roi de France, en exécution de la trêve conclue entre la France et Charles-Quint. Fontainebleau, 12 août 1528. Catalogue, n° 19608. — 309. Lettres constatant que le roi a reçu de Marguerite d'Autriche les lettres de ratification de la trêve, conclue le 15 juin 1528 entre la France, l'Angleterre et Charles-Quint. Paris, 25 septembre 1528. Avec sceau. Catalogue, n° 19649.

IV. **365**. 310. Traité de Cambrai ; exemplaire signé de « Marguerite » d'Autriche et de « Loyse » de Savoie. Cambrai, 5 août 1529. Cahier de 20 feuillets. Catalogue, n° 3436. — 311. Lettres contenant le serment, fait par Louise de Savoie pour l'observation de ce traité. Cambrai, 5 août 1529. Catalogue, n° 19834. — 312. Pouvoirs, donnés par François Ier à ses ambassadeurs, pour recevoir le serment de Charles-Quint pour ce traité. La Fère, 18 août 1539. — 313. Ratification du traité de Cambrai. Paris, 20 octobre 1529. Cahier de parchemin de 44 feuillets, avec les différents enregistrements. Avec sceau. Catalogue, n°s 3436 et 3514. — 314. Procuration en blanc de François Ier, pour demander au pape de le relever, pour l'exécution du traité de Cambrai, du serment, par lui fait, de ne pas aliéner ses domaines. Paris, 20 octobre 1529. Duplicata avec sceau brisé. Catalogue, n° 19885. — 315. Pouvoirs en blanc aux ambassadeurs du roi à Rome, pour confirmer au nom du roi, et en présence du pape, le traité de Cambrai. Paris, 20 octobre 1529. Duplicata avec sceau brisé. Catalogue, n° 19884.

V. **366**. 316. Confirmations du traité de Cambrai par les États du comté du Boulonnais. Boulogne, 4 novembre 1529. — 317. Par la sénéchaussée de Ponthieu. 8 novembre 1529. — 318. Par la sénéchaussée des Lannes ou Landes. Dax, 22 novembre 1529. — 319. Ratification du même traité par Jean de La Barre, che-

valier, gouverneur de Paris. 2 décembre 1529. Avec sceau. —
320. Par le tiers-état assemblé en présence de Jean de La Barre.
1529. — 321. Cahier de huit feuillets de parchemin, contenant : 1º la
ratification des traités de Madrid et de Cambrai par les États des
Pays-Bas ; 2º le pouvoir de Gille de La Pommeraye, Antoine Hellin
et Jean Billon, pour transmettre les ratifications de ces traités.
Dijon, 31 janvier 1530. Cf. Catalogue, nº 19967. — 322. Lettres
de François Iᵉʳ, par lesquelles il déclare avoir reçu la quittance
de Charles-Quint de 200.000 écus soleil. Dijon, 7 février 1530,
Avec sceau. Catalogue, nº 3615. — 323. Bulle de Clément VII.
approuvant les articles du traité. Bologne, 13 mars 1530. Avec
bulle. Cahier de 30 feuillets de parchemin. — 324. Lettres contenant promesses du roi aux ambassadeurs de Charles-Quint, de leur
faire délivrer les lettres d'engagement des états du royaume, au
sujet de l'exécution du traité de Madrid. Lusignan, 13 avril 1529.
Avec sceau. Catalogue, nº 20014.

VI. **367.** 325. Lettres de renonciation de la reine de France,
Éléonore d'Autriche à la succession de ses père et mère en faveur
de Charles Quint. Amboise, 16 octobre 1530. Duplicata avec les
sceaux de François Iᵉʳ et d'Éléonore. — 326. Pouvoirs accordés
par François Iᵉʳ à Claude d'Annebaut, Charles de Nully et Gilbert
Bayard pour traiter avec les délégués de l'Empereur. Paris, 10 septembre 1544. Avec sceau. Catalogue, nº .14141. — 327. Lettres de
François Iᵉʳ confirmant la paix de Crépy. Meudon, 19 septembre 1544. Avec sceau. Catalogue, nº 14148. — 328. Commission donnée
par François Iᵉʳ à Barthélemy Gaigne, pour faire ratifier par le
Parlement de Dijon le traité de Crépy. Fontainebleau, 20 décembre 1544. Avec sceau. Catalogue, nº 14269. — 329. Commission
du même à Bertrand Sabatier pour la même mission au Parlement
de Toulouse. Même date. Avec sceau. Catalogue, nº 14270. — 330.
Copie sur cahier de 10 feuillets de parchemin, des lettres de ratification du traité de Crépy par Charles-Quint, suivie de la ratification,
en espagnol, de Philippe, prince d'Espagne (le futur Philippe II).
Valladolid, 27 mars 1545. Avec sceau de Philippe. — 331. Lettres
d'approbation du même traité, par les gens des États du duché
de Brabant. Bruxelles, 6 mai 1545. — 332. Par les États du
comté de Namur. Namur, 13 août 1545. — 333. Par les prélats

et députés des villes du comté d'Artois. Arras, 21 juillet 1545. Avec sceaux de l'abbaye de Saint-Vaast et de la ville d'Arras, celui-ci brisé. — 334. Commission donnée par Charles V à Jacques Chastaigne, pour faire vérifier le traité de Crépy par le conseil de Namur. Bruxelles, 31 juillet 1545. Avec sceau brisé. — 335. Ce n° manque.

VII. **368**. 336. Lettres d'enregistrement du traité de Crépy par le conseil de Namur. Namur, 17 août 1545. Cahier de 20 feuillets de parchemin, avec sceau de Charles-Quint. — 337. Commission de Charles-Quint, députant des procureurs pour recevoir la somme que François Ier devait payer pour le rachat de la dame de Vendômois. 29 octobre 1529. Avec sceau. — 338. Mandement du même à la Chambre des Comptes de Lille, pour enregistrer le traité de Cambrai. Bruxelles, 31 décembre 1529. Avec sceau. — 339. Mandement de Charles-Quint à son procureur-général, pour l'enregistrement du même traité. Bruxelles, 31 décembre 1529. Avec sceau brisé. — 340. Lettres de François Ier prescrivant au Parlement de Bordeaux l'enregistrement du traité de Cambrai. Paris, 4 octobre 1529. Catalogue, n° 3500. — 341. Semblables lettres au Parlement de Toulouse. Avec sceau. Catalogue, n° 3501. — 342 et 343. Aux procureurs-généraux des Parlements de Toulouse et de Bordeaux. Avec sceaux. Catalogue, n° 3502. — 344. Procès-verbal, signé de Jacques Hamelin et de François Bouret, constatant le serment que François Ier a prêté dans la cathédrale de Paris d'observer le traité de Cambrai. 20 octobre 1529. — 345 et 346. Extraits authentiques des registres des Parlements d'Aix et de Bordeaux, contenant les enregistrements du traité de Cambrai (26 février 1530 et 18 novembre 1529).

VIII. **369**. 347. Enregistrements du traité aux Parlements de Bordeaux, 10 février 1530. — 348. De Bourgogne, 20 décembre 1529 — 349. De Dauphiné, 18 janvier 1530. — 350 et 351. De Paris, 18 et 19 novembre 1529. — 352. De Rouen, 7 décembre 1529, — 353. De Toulouse, 4 février 1530. — 354 et 355. Par la Chambre des Comptes de Dijon, 20 décembre 1529, et de Paris, 29 décembre 1529. — 356. Ratification du traité par les trois états de la sénéchaussée d'Agenois, 23 novembre 1529. — 357. Du bail-

liage d'Amiens, 9 novembre 1529, avec sceau. — 358. De la
sénéchaussée d'Anjou, 27 octobre 1529, avec sceau. — 359. Du
bailliage d'Autun, 30 novembre 1529, avec sceau. — 360. Du
bailliage de Berri, 22 novembre 1529, avec sceau. — 361. Du
bailliage de Blois, 7 décembre 1529, avec sceau. — 362. Du duché
de Bourbonnais, 16 décembre 1529, avec sceau plaqué et sceau.
— 363. Du bailliage de Chartres, 23 novembre 1529, cahier de
parchemin. — 364. Du bas-pays de Limousin, 22 novembre 1529.
— 365. Du haut-pays de Limousin, 8 novembre 1529. — 366. Du
bailliage de Melun, 3 novembre 1529.

IX. **370**. 367. Ratifications du traité de Cambrai par le bailliage
de Montargis, 25 novembre 1529, cahier de 4 feuillets de parchemin,
avec sceau. — 368. Du bailliage d'Orléans, 9 novembre 1529,
avec sceau plaqué. — 369 et 370. Des officiers du pays de Périgord,
31 octobre et 21 novembre 1529, cahier de 14 feuillets de papier
et parchemin, avec sceaux plaqués. — 371. Du bailliage de Saint-
Pierre-le-Moutier, 7 décembre 1529. — 372. Du bailliage de
Senlis, 26 octobre 1529, cahier de 4 feuillets de parchemin avec
sceau plaqué. — 373. Du bailliage de Sens, 26 novembre 1529,
cahier de 4 feuillets de parchemin, avec sceau. — 374. Du bailliage
de Vermandois, 9 novembre 1529, avec sceau. — 375. Du bailliage
de Vitri, 17 décembre 1529. — 376. Mandement de François Ier
pour l'exécution des articles des traités de Madrid et de Cambrai.
portant que les sujets du roi et de l'empereur rentreront dans la
jouissance de leurs biens. Fontainebleau, 10 décembre 1529. Avec
sceau. A cette lettre est joint un extrait du traité de Madrid.
Catalogue, n° 19925. — 377. Mandement au Parlement de Paris
d'envoyer au Grand-Conseil de l'empereur toutes les pièces du
procès d'Engilbert de Clèves et de Philippe de Castille. Fontainebleau, 10 décembre 1529. Avec sceau détaché. A ce mandement
est joint un extrait du traité de Cambrai. Catalogue, n° 19926.
— 378. Ratification du traité de Cambrai. Bordeaux, 16 juin 1530.
Avec sceau. Catalogue, n° 20050.

371-372. HENRI II : traité du CATEAU-CAMBRÉSIS.

I. **371**. 379. Commission donnée par le dauphin Henri à

Jacques d'Albon de Saint-André, au président au Parlement du Couldray, et au secrétaire N. Berthereau, pour traiter avec les envoyés du comte de Bueren. Camp d'Aussy, 20 juillet 1537. Avec sceau. Cf. L. Romier, *Jacques... de Saint-André*, p. 26. — 380 et 381. Trêve conclue entre les députés du dauphin Henri et de l'empereur Charles-Quint à Borny, 30 juillet 1537, avec ratifications du dauphin et du comte de Bueren, et signatures des délégués. A cet acte est attaché la confirmation du dauphin Henri, scellée de son sceau, 31 juillet 1537. — 382. Lettres de Henri II, accordant que les habitants des Pays-Bas pourront hériter des biens de leurs parents français, à condition que les Français auront le même avantage. Compiègne, 2 octobre 1549. Avec sceau. — 383 et 384. Ratification de l'accord, conclu avec Charles-Quint au sujet des confiscations opérées sur terre et sur mer. Écouen, 1er mai 1550. Avec sceaux. — 385. Pouvoir donné aux ambassadeurs, le cardinal de Lorraine, le connétable de Montmorency, le maréchal de Saint-André, l'évêque d'Orléans, Jean de Morvilliers et le secrétaire d'État, Cl. de Laubespine, pour traiter la paix avec l'Espagne. Au camp près d'Amiens, 6 octobre 1558. Avec sceau. L. Romier, p. 145-146. — 386. Pouvoir donné par Philippe II, roi d'Espagne, à ses ambassadeurs, le duc d'Albe, Guillaume de Nassau, le comte de Mélito, Ruy Gomez de Sylva, l'évêque d'Arras, Antoine Perrenot de Granvelle et le président Viglius, pour traiter avec la France. Au camp lès-Auchy-le-Château, 14 octobre 1558. Avec sceau. Cf. *Papiers d'État de Granvelle*, t. V, p. 399 ; A. de Ruble, *Traité du Cateau-Cambrésis*, p. 4. — 387. Trêve de Cercamp signée des différents ambassadeurs. Cercamp, 1er décembre 1558. — 388. Prolongation de la trêve, signée des ambassadeurs. Le Cateau-Cambrésis, 6 février 1559.

II. **372**. 389. Traité du Cateau-Cambrésis, 3 avril 1559. Cahier de 16 feuillets de parchemin, signé des ambassadeurs. — 390-392. Ratifications de ce traité par Henri II, avril 1559, cahier de parchemin, de 14 feuillets, avec sceau ; par le dauphin François, roi d'Écosse, 7 avril 1559 ; par Henri II, pour les articles particuliers du traité, avril 1559, cahier de parchemin de 6 feuillets, avec sceau. — 393. Commission donnée par Henri II au maréchal de Saint-André et à Jean de Morvilliers, évêque d'Orléans, pour

assister au serment de Philippe II et faire exécuter le traité du Cateau. Fontainebleau, 27 avril 1559. Avec sceau. L. Romier, p. 159. — 394. Ratification par Henri II de l'accord conclu entre le duc de Savoie et le maréchal de Saint-André, au nom du roi d'Espagne et en son nom, pour la délivrance des prisonniers de guerre. Paris, 1er mai 1559. — 395. Procès-verbal en présence de Claude de Laubespine et de Florimond Robertet, secrétaires d'État, de la prestation de serment de Henri II en l'église Notre-Dame de Paris pour l'observation de ce traité. 18 juin 1559. — 396 et 397. Vérifications du traité du Cateau-Cambrésis au Parlement de Paris (8 mai 1559, avec sceau) et à la Chambre des Comptes de Paris (26 mai 1559, avec sceau). — 398. Enregistrements de ce même traité au Parlement et à la Chambre des Comptes de Paris. 8 et 26 mai 1559. Cahier de parchemin de 12 feuillets, avec sceau.

373. Henri II *(fin)* et François II.

Henri II. — 399 et 400. Ratification du traité du Cateau-Cambrésis au Parlement de Bordeaux. 30 mai 1559. Le second exemplaire est un cahier de parchemin de 14 feuillets, avec sceau.

François II. — 401. Ratifications du traité de Cateau-Cambrésis au Parlement de Toulouse, 11 décembre 1559. — 402. De Grenoble, sous le nom du gouverneur de Dauphiné, François de Lorraine, duc de Guise, 11 janvier 1560, avec sceau. — 403. De Dijon, 24 février 1560, avec sceau. — 404. D'Aix, 24 février 1560. — 405. De Rouen, 22 novembre 1559, avec sceau.

374-377. Bulles de Papes (1215-1594).

I. **374**. 406. Lettre d'Innocent III relative au mariage de Baudouin d'Avesnes et de Marguerite de Flandre. 20 février 1215. Avec bulle. — 407. Vidimus par le notaire Bartholomeus de Heyle (Gand, 25 mars 1298) d'un autre vidimus, d'août 1245, de lettres des papes Innocent III (19 janvier 1216, A. Potthast, *Regesta pontificum romanorum*, 5053), Honorius III (17 juillet 1217 et

24 avril 1219, Potthast, 5581 et 6051), et Grégoire IX (31 mars 1237 Potthast, 10306) au sujet de l'excommunication de Bouchard d'Avesnes. — 408. Vidimus par Gautier [de Marvis], évêque de Tournai, de lettres d'HONORIUS III, adressées à l'abbé de Saint-Aubert, près Cambrai, sur l'excommunication de Bouchard d'Avesnes. 20 décembre 1218. Avec sceau de Gautier. — 409. Lettres de GRÉGOIRE IX au roi de France, pour la confirmation des conventions conclues entre la France et Ferrand, comte de Flandre. Anagni, 7 juillet 1207. — 410. Lettres du même à Marguerite, comtesse de Flandre, veuve de Guillaume de Dampierre, pour assurer la légitimation des enfants dudit Guillaume. Latran, 26 mai 1239. Avec bulle. — 411. Lettres d'INNOCENT IV, qui mande à l'abbé de Clairefontaine de citer devant le siège apostolique Marguerite, mère de Jean et de Baudouin d'Avesnes. Lyon, 18 décembre 1244. Avec bulle. Potthast, 11479. — 412. Lettres à l'évêque de Tournai, pour contraindre les clercs du comté de Flandre à donner des trêves, lorsqu'ils en auront été requis. 2 septembre 1245. Avec bulle. — 413. Lettres à l'évêque d'Utrecht, dans le même but. 5 septembre 1245. Avec bulle. — 414. Lettres au prévôt de l'église d'Arras pour Robert, dit Lavoué, s^r de Béthune, croisé. Lyon, 22 juin 1247. Avec bulle. — 415. Lettres de Jean, prévôt de l'église d'Arras, pour l'exécution de la lettre d'Isabelle, femme de Robert, relative à sa plainte contre Gossuin de Le Val, chevalier. 12 août 1248. Avec sceau. — 416. Lettres d'Innocent IV, qui concède à Béatrice, comtesse de Flandre, quatre monastères de l'Ordre de Citeaux. Lyon, 26 septembre 1248. Avec bulle. — 417. Lettres à la comtesse de Flandre, Béatrice pour le choix de son confesseur. Lyon, 20 novembre 1249. Avec bulle. — 418. Lettres confirmant les lettres du légat Pierre de Colmieu, évêque d'Albano, et la paix conclue entre Marguerite, comtesse de Flandre, et Guillaume, comte de Hollande. Lyon, 14 juillet 1250. Avec bulle. — 419. Vidimus par Gautier [de Marvis], évêque de Tournai, des lettres précédentes d'Innocent IV. 8 avril 1256. Avec sceau de Gautier. — 420. Vidimus par ledit Gautier, évêque de Tournai, et Jacques de Dinant, évêque d'Arras, des lettres d'Innocent IV au sujet de ladite paix. Juillet 1251. Avec sceaux des évêques. — 421. Lettres d'Innocent IV à Nicolas, évêque de Cambrai, à l'abbé de Citeaux et au doyen de l'église de Laon, pour informer au sujet du procès entre Jean et Baudouin d'Avesnes et Guillaume, Gui et

Jean de Dampierre. Pérouse, 20 août 1252. Avec bulle. Potthast, 14690. — 422. Lettres de sauvegarde pour Marguerite, comtesse de Flandre. 13 décembre 1253. Avec bulle. — 423. Lettres d'ALEXAN-DRE IV au doyen de Cambrai et aux archidiacres de Tournai et de Liège, au sujet de l'observation de cette paix. Anagni, 18 octobre 1256. Avec bulle. — 424. Lettres, confirmant le pacte conclu entre Marguerite, comtesse de Flandre, et Charles, comte d'Anjou, au sujet du comté de Hainaut. Viterbe, 18 juillet 1258. Avec bulle. — 425. Lettres aux évêques de Paris, de Senlis et de Cambrai, au sujet des sommes, qui devaient être levées pour eux en Flandre par la comtesse Marguerite. Anagni, 23 juillet 1259. Avec bulle. Potthast, 17640. — 426. Lettres aux évêques de Cambrai et de Tournai, au sujet de la paix conclue entre Guillaume, comte de Flandre, Guillaume et Jean de Dampierre, Baudouin et Jean d'Avesnes. Anagni, 28 août 1259. Avec bulle. Potthast, 17657. — 427. Lettres aux mêmes, sur le même sujet. Anagni, 6 septembre 1259. Avec bulle. — 428. Lettres qui accordent pour cinq ans à Béatrix, veuve du landgrave de Thuringe, l'exemption d'être sujette aux excommunications des légats. Anagni, 31 octobre 1259. Avec bulle. — 429. Lettres, confirmant les décisions prises au sujet des dettes de Marguerite, comtesse de Flandre. Anagni, 9 novembre 1259. Ces lettres contiennent des actes des évêques de Cambrai, de Tournai et d'Arras (9 février 1259), de la comtesse Marguerite, de Jean et Baudouin d'Avesnes, de Gui, comte de Flandre, et de Jean de Dampierre (novembre 1257). — 430. Lettres d'URBAIN IV, confirmant la paix conclue entre Gui, comte de Flandre, et Baudouin d'Avesnes. Viterbe, 1er avril 1262. Avec bulle. — 431. Lettres aux évêques de Cambrai et de Tournai, sur le même sujet. Viterbe, 27 avril 1262. Avec bulle. — 432. Lettres d'indulgence accordées par CLÉMENT IV au comte Gui de Flandre, croisé. Viterbe, 4 août 1266. Avec bulle. Potthast, 19788. — 433. Lettres à l'abbé de Saint-Nicolas de Furnes, du diocèse de Thérouanne, au sujet de l'acte précédent. Viterbe, 4 août 1266. Avec bulle. — 434. Lettres de GRÉGOIRE X accordant à Robert, fils aîné de Gui, comte de Flandre, d'épouser sa parente au quatrième degré. Au Latran, 11 avril 1272. Avec bulle. — 435. Vidimus du 26 mai 1272 par Bartholomé, archidiacre d'Amiens, des lettres de Grégoire X à l'abbé de Saint-Martin de Tournai, au sujet des aliénations des biens du chapitre de Tournai. Au Latran, 21 mai 1272.

II. **375**. 436. Lettres de Grégoire X exemptant Gui, comte de Flandre, et sa femme, Isabelle, des excommunications des légats. Lyon, 5 août 1274. Avec bulle. Potthast, 20888. — 437. Lettres de Jean XXI accordant à Gui, comte de Flandre, la levée d'une dîme sur les biens ecclésiastiques des diocèses de Cambrai, Arras, Tournai, Liège, Utrecht. Viterbe, 4 décembre 1276. Avec bulle. — 438. Lettre à l'abbé du monastère de Vaucelles, à « Renerus de Passiaco », chanoine de Cambrai, et à « Johannes de Brueriis », chantre de la même église, pour l'exécution de la lettre précédente. Viterbe, 19 janvier 1277. Avec bulle. — 439. Lettres de Martin IV à l'archevêque, au doyen et à Rufin, chanoine de l'église de Reims, au sujet de la sentence d'interdit, promulguée sur les terres du comte de Namur par Jean, évêque de Liège. Civita-Vecchia, 30 octobre 1281. Avec bulle. — 440. Lettres d'Honorius IV à Gui, comte de Flandre, pour l'avertir de son élection. 25 mai 1285. Avec bulle. — 441. Lettre, qui exempte Gui, comte de Flandre, de l'excommunication des légats pour cinq ans. Tivoli, 15 juillet 1285. Avec bulle. — 442. Lettres, qui délèguent le prieur des Frères-prêcheurs de Valenciennes et le gardien des Frères-mineurs de Cambrai, pour enquêter sur la vente des biens du monastère de Saint-Corneille de Yda (Inden), au comté de Flandre. Tivoli, 21 août 1285. Avec bulle. Potthast, 22281. — 443. Lettres aux mêmes, pour révoquer et annuler le statut qui déclarait tout non-noble incapable pour la possession des prébendes de l'église d'Andenne (diocèse de Liège). Tivoli, 8 octobre 1285. Potthast, 22305. — 444. Vidimus (du 7 mars 1231) par Jean, doyen de l'église de Saint-Pierre du château de Namur, de deux bulles d'Honorius IV (8 octobre 1285 et 21 mars 1287) relatives au douaire de Marguerite, fille de Gui, comte de Flandre, lors de son mariage avec Alexandre, fils du roi d'Écosse. Potthast, 22304. — 445. Lettres d'Honorius IV à l'évêque et au gardien des Frères-mineurs de Tournai, pour l'absolution de Gui, comte de Flandre, et de son fils Robert. Rome, 4 février 1286. Avec bulle. Potthast, 22366. — 446. Lettres au doyen et à l'archidiacre de Gand au sujet du mariage de Renaut, comte de Gueldre et de Marguerite, fille du comte de Flandre et veuve d'Alexandre d'Écosse. Rome, 4 février 1286. Avec bulle. Potthast, 22368. — 447. Vidimus de cet acte par les doyen et archidiacre de Gand, avec déclaration du procureur de Marguerite. 4 mai 1286. —

448. Lettres à Michel, évêque de Tournai, au prieur des Frères-prêcheurs et au gardien des Frères-mineurs de Lille, au sujet d'un échange de terres, entre le chapitre de Saint-Pierre de Lille et les échevins de la ville. 11 janvier 1287. Avec bulle. Potthast, 22551. — 449. Lettres de Nicolas IV, exemptant Isabelle, femme de Gui, comte de Flandre, de l'excommunication des légats. Rieti, 22 septembre 1288. Avec bulle. — 450. Lettres à l'évêque de Durham et au prieur provincial des Frères-prêcheurs en Angleterre, au sujet du douaire de Marguerite, veuve d'Alexandre, fils aîné du roi d'Écosse. Rome, 13 janvier 1289. Avec bulle. Dans ces lettres sont transcrites les lettres de Honorius IV, du 21 mars 1287 (no 444). — 451. Lettres relatives à la dîme accordée à Gui, comte de Flandre, par Jean XXI (cf. nos 437 et 438) dans les diocèses de Cambrai, de Tournai, d'Arras, de Liège et d'Utrecht. Rome, 24 février 1290. Avec bulle. — 452. Lettres de Célestin V à l'abbé, de Saint-Pierre de Gand, au doyen de Bruges et au chanoine de Tournai, Jacques de Donza au sujet de la dite dîme. Naples, 1er décembre 1294. Avec bulle. — 453. Lettres aux doyens de Tournai et de Courtrai et au chanoine Jacques de Donza au sujet de la dite dîme. Naples, 1er décembre 1294. Avec bulle. — 454. Lettres de Boniface VIII qui confirment la paix conclue entre les fils de la comtesse Marguerite. Anagni, 1er octobre 1295. Avec bulle. — 455. Lettres qui mandent à l'évêque de Tournai de lever l'excommunication fulminée dans son diocèse contre Gui, comte de Flandre. Rome, 13 décembre 1297. Avec bulle.

III. **376.** 456. Lettres de Boniface VIII à l'official de Tournai, pour faire lever l'excommunication portée contre Robert, fils aîné du comte de Flandre, et d'autres chevaliers et laïcs du diocèse de Tournai. Rome, 13 décembre 1297. Avec bulle. — 457. Lettres de Gui, évêque de Soissons (1er avril 1310), contenant le vidimus d'une lettre de Clément V (3 juin 1307) aux archevêques de Narbonne et de Rouen et au chancelier ae l'église de Tournai, Geoffroi du Plessis, au sujet de la dîme accordée au roi Philippe, insérée dans une lettre des archevêques à Guillaume de Gisors, archidiacre d'Auge (6 février 1310). A ce vidimus est joint une lettre de Gazon II, évêque de Laon (2 avril 1310). Avec les sceaux brisés des évêques de Soissons et de Laon. — 458. Vidimus du 12 avril

1317 par Bernard, évêque d'Arras, de lettres de JEAN XXII au prieur de Saint-Martin de Tournai pour Jacques, dit Lauwærd, clerc du diocèse de Thérouanne, contre Eustache Lauwærd, chevalier, et d'autres laïcs. Avignon, 8 mars 1317. Avec sceau. — 459. Vidimus du 20 décembre 1318 par Pierre, archevêque d'Aix, de lettres de Jean XXII aux abbés de Stavelot, de Gembloux, etc., pour le comte de Namur, Jean, contre le comte de Flandre, Robert. Avignon, 31 mars 1318. — 460. Lettres de Jean XXII au cardinal Gaucelin, nonce, au sujet de la paix conclue entre le roi de France et le comte de Flandre. Avignon, 20 mars 1319. Avec bulle. — 461. Lettres au comte de Flandre, Robert, au sujet de cette paix. Même date. Avec bulle. — 462. Vidimus par « Johannes de Rocca », chanoine de Naples (13 novembre 1321) de lettres au comte de Flandre, Robert, aux abbés de Saint-Pierre et de Saint-Bavon de Gand et à « Johannes de Rocca » au sujet de privilèges concédés à huit des clercs du comte. 26 mai 1321. Avec sceau de Johannes de Rocca. — 463. Copie authentique de lettres de MARTIN V au duc de Bourgogne, Philippe le Bon pour la paix conclue entre la France et l'Angleterre. 22 mai 1425. — 464. Lettres d'EUGÈNE IV au duc de Bourgogne, pour laisser passer librement par ses terres les sujets anglais qui vont à Rome. 26 avril 1436. Avec bulle. — 465. Lettres à l'évêque de Tournai pour la dîme perçue pour le duc de Bourgogne. 19 février 1441. Avec bulle. — 466. Lettres révoquant la dîme concédée au dauphin Louis et à Charles, duc d'Orléans. Rome, 1er novembre 1446. Avec bulle. — 467. Lettres de NICOLAS V au duc de Bourgogne, Philippe, relatives à divers articles d'une requête dudit duc. Rome, 21 mai 1447. Avec bulle. — 468. Lettres aux évêques de Liège et d'Utrecht et à l'abbé de Saint-Aubert de Cambrai sur la paix conclue entre le roi de France et le duc de Bourgogne. Rome, 23 mai 1447. Avec bulle. Dans ces lettres sont insérées deux lettres d'Eugène IV à l'évêque de Liège, sur le même sujet, 1er novembre 1446. — 469. Lettres de SIXTE IV à Charles, duc de Bourgogne relatives à l'armée, qu'il faut réunir contre les Turcs. Rome, 24 septembre 1471. Avec sceau. — 470. Lettres au même, au sujet de l'élection au cardinalat de deux de ses parents, du don du prieuré de Gigny à l'évêque de Carpentras et de l'envoi d'un légat en Bourgogne. Rome, 20 avril 1472. Avec bulle. — 471. Bref au même pour « Pierre Grootdume » et la possession d'une prébende

à Ste Walburge de Furnes. Rome, 28 mai 1472. — 472. Bref au même contre les calomnies, répandues à la cour du duc contre la cour de Rome. Tivoli, 21 août 1473. — 473. Vidimus du protonotaire « André de Spiritibus » (Cléry, 13 octobre 1473), de brefs et de bulles de Sixte IV, adressés au roi Louis XI et au duc de Bourgogne, Charles, et au dit André de Spiritibus (16 janvier, 18 janvier et 1er février 1473) au sujet de la paix. Avec sceau brisé d'André de Spiritibus. — 474. Bref d'ALEXANDRE VI à l'archiduc d'Autriche, Philippe, contre certaines ordonnances, publiées contre l'immunité ecclésiastique et l'autorité du siège apostolique. Rome, 17 octobre 1500. — 475. Bulle sur le partage du royaume de Naples entre Louis XII et Ferdinand et Isabelle. Rome, 25 juin 1501. Copie figurée sur papier, en 23 bances, formant autrefois un rouleau. — 476. Bref à l'archiduc d'Autriche, relatif au procès de Pierre Keke (Quicke ou Kuick) et de Louis Pot pour la possession du diocèse de Tournai. 24 juillet 1501.

IV. **377.** 477. Lettres d'ALEXANDRE VI relatives à la dîme à percevoir dans les domaines de l'archiduc d'Autriche, Philippe. Rome, 19 novembre 1501. Avec bulle. — 478. Bref de JULES II priant Philippe, roi de Castille et de Léon, de donner audience à J. Ruffo de Théodolis, évêque de Bertinoro. 27 mars 1506. — 479. Lettres aux évêques de Léon (en Espagne) et de Selymbria (Siliwri) et au prévôt de l'église d'Utrecht au sujet du mariage du roi d'Angleterre, Henri VII et de la duchesse de Savoie, Marguerite. Rome, 14 juin 1506. Avec bulle. — 480. Bref à Maximilien, élu empereur des Romains, au sujet de la promotion à l'évêché d'Arras de François de Melun (de Ameluno) 15 juillet 1510. Avec cachet. — 481. Bulle de LÉON X portant concession des maîtrises des Ordres de Saint-Jacques de Spata, de Calatrava et d'Alcantara, de Saint-Augustin, de Cîteaux, etc. Bologne, 12 décembre 1515. Avec bulle. — 482. Lettres d'ADRIEN VI confirmant les constitutions éditées par Léon X, relatives aux réserves des grâces expectatives pour bénéfices. Rome, 21 juillet 1522. Avec bulle. — 483. Bref de CLÉMENT VII à Charles-Quint relatif à son mariage. Rome, 13 novembre 1525. — 484. Bref à Charles-Quint, au sujet de la naissance de son fils. 24 juin 1527. — 485. Lettres au sujet du traité, conclu avec Charles-Quint. Rome, 26 juillet 1529.

Cahier de parchemin de 24 feuillets. Avec bulle. — 486. Bref à
Marguerite d'Autriche sur l'érection de l'église d'Ypres en cathédrale. 9 novembre 1530. — 487. Acte relatif au divorce de
Henri VIII, roi d'Angleterre, où sont insérées des lettres de Clément VII du 15 janvier 1531. 10 juin 1533. Avec bulle. — 488. Bref
de PAUL III à Charles-Quint au sujet des hérétiques. 10 juin 1535.
— 489. Bref de CLÉMENT VIII à l'archevêque de Tolède, au sujet
du mariage de « Franciscus de Guarnica » avec « Giordana de
Equino ». Rome, 28 novembre 1593. — 490. Bref à l'archiduc
Albert d'Autriche, cardinal du titre de Sainte-Croix de Jérusalem, au sujet de sa légation en Portugal. 12 février 1594.

378-379. Actes des EMPEREURS, rois des ROMAINS,
comtes de HOLLANDE et de LUXEMBOURG (1220-1324).

I. **378**.491. Lettres de FRÉDÉRIC II, roi des Romains, révoquant
une sentence rendue contre Jeanne, comtesse de Flandre et de
Hainaut. 1220. Avec bulle d'or. — 492. Lettre de HENRI, fils de
Frédéric II, roi des Romains, qui révoque le jugement prononcé
à Francfort, contre Jeanne, comtesse de Flandre. Mayence, 6 mai
1221. — 493. Lettres de Frédéric II investissant la comtesse de
Flandre, Marguerite, des fiefs du comté de Namur et de la Flandre
au delà de l'Escaut. Turin, juillet 1245. Böhmer, *Die Regesten des
Kaiserreichs*, 1198-1272 (Éd. Ficker), 3494 — 494. Lettres de
GUILLAUME II, comte de Hollande, roi des Romains, au pape
Innocent IV, pour la confirmation de la paix conclue entre lui et la
comtesse de Flandre. Bruxelles, 19 mai 1250. Avec sceau. Böhmer-
Ficker, 5013. — 495. Lettres à Marguerite, comtesse de Flandre,
pour recevoir l'hommage de son fils. Bruxelles, 19 mai 1250. Avec
sceau brisé. — 496. Lettres déclarant que la comtesse de Flandre
n'est pas obligée de remettre au roi des Romains les otages envoyés
à Bruges par les chevaliers de Zélande. Bruxelles, 19 mai 1250.
Avec sceau. Böhmer-Ficker, 8007. — 497. Lettres d'investiture
de Namur à Jean d'Avesnes. Au camp devant Francfort, 11 juillet 1252. Avec les neuf sceaux, plus ou moins brisés, de l'empereur
et des témoins. Böhmer-Ficker, 5108. — 498. Lettres du même roi
aux vassaux de terres d'Alost, des rives de l'Escaut, de Waes et
des Quatre-Métiers, relativement à cette concession. Au camp près

de Francfort, 12 juillet 1252. Böhmer-Ficker, 5111. — 499. Lettres du même, engageant par rapport à la paix, qu'il a conclue avec Marguerite de Flandre, dans le parti de la dite Marguerite, Henri, évêque de Liège, Henri III, duc de Brabant, Otton II, comte de Gueldre, et Théoderic, comte de Clèves. Bruxelles, 19 mai 1250. Avec sceau. Böhmer-Ficker, 5010. — 500. Lettres au sujet des dommages infligés aux partisans de la comtesse de Flandre. Bruxelles, 19 mai 1250. Avec sceau. — 501. Lettres par lesquelles Guillaume II, roi des Romains, reconnaît devoir hommage à la comtesse de Flandre pour la Zélande. Bruxelles, 19 mai 1250. Avec sceau. Böhmer-Ficker, 5008. — 502. Lettres de RICHARD, roi des Romains, promettant à la comtesse de Flandre de révoquer la sentence rendue contre elle par l'empereur Guillaume. Aix-la-Chapelle, 20 avril 1258. Avec sceau brisé. Böhmer-Ficker, 5343. — 503. Lettres d'investiture des terres d'Alost, des Quatre-Métiers, etc. à la comtesse de Flandre. Cambrai, 27 juin 1260. Avec sceau brisé. Böhmer-Ficker, 5369. — 504. Confirmation de la paix conclue entre les enfants de Marguerite, comtesse de Flandre. Gand, 2 juillet 1262. Avec sceau. Böhmer-Ficker, 5395. — 505. Lettres de HENRI Ier, comte de Luxembourg et de La Roche, à l'empereur Richard pour accepter l'hommage de la comtesse de Flandre pour le comté de Namur. 20 mai 1264. Avec sceau brisé. Böhmer-Ficker-Winkelmann, 11958. — 506. Traité conclu entre Gui, comte de Flandre, et Alphonse, roi des Romains. Ségovie, 6 novembre 1258. Avec les deux sceaux. — 507. Lettres de l'empereur RODOLPHE accordant à Gui, comte de Flandre, un délai pour lui rendre hommage. Vienne, 18 mai 1280. Avec sceau brisé. — 508. Lettres prolongeant ce délai. Vienne, 20 décembre 1250. Avec sceau. — 509. Lettres requérant l'évêque de Cambrai à comparaître pour les différends du comte de Flandre, Gui et de Jean d'Avesnes. Hagenau, 16 avril 1282. — 510. Lettres au comte de Hollande, Florent V, relatives à son héritage. Worms, 19 juin 1282. Avec sceau brisé.

II. **379.** 511. Lettres de créance de Gui de Dampierre pour les procureurs qu'il envoie à l'empereur Rodolphe, « Arnulphus de Hulso » et Gérard d'Audenarde. 29 avril 1287. — 512. Lettres de passeport de l'empereur RODOLPHE à Gui, comte de Flandre.

Hagenau, 15 mars 1288. Avec sceau. — 513. Pouvoirs donnés par l'empereur ADOLPHE DE NASSAU à Jean, duc de Lorraine et Brabant, pour terminer les différenoœ élevés entre lui et le comte de Flandre. 21 avril 1293. Avec sceau. —514. Lettres annulant les sentences de proscription données contre le comte de Flandre. Cologne, 1er juin 1297. Avec sceau. — 515. Lettre relative à la comparution devant l'empereur des comtes de Flandre et de Hainaut. 1er juin 1297. Avec sceau. — 516. Lettres ordonnant le paiement à Henri de Blamont de 10.000 livres de petits deniers tournois. Cologne, 3 juin 1297. Avec sceau. — 517. Lettres d'investiture à Gui, comte de Flandre. 24 août 1298. Avec sceau. — 518. Lettres confirmant les lettres d'absolution données à Gui de Flandre (Cf. nº 514). Cologne, 28 août 1298. Avec sceau. — 519. Lettres à « Johannes de Osseler », seigneur de « Flageio », pour le détourner du parti de Jeanne, fille d'Otton, comte de Bourgogne. Nuremberg, 20 novembre 1298. — 520. Lettres relatives aux procédures faites par l'empereur Rodolphe contre Jean d'Avesnes, comte de Hainaut. Ulm, 2 mars 1299. Avec sceau brisé. — 521. Lettres relatives au compromis fait entre Jean d'Avesnes, comte de Hainaut, et Gui, comte de Flandre. 25 avril 1299. Avec sceau. — 522. Lettres, qui dédommagent Robert, comte de Flandre, au sujet de ses dépenses pour le recouvrement du comté de Hollande. Heilbronn, 12 mars 1300. Avec sceau. — 523. Lettres accordant à Robert, comte de Flandre, d'exercer sa juridiction temporelle sur les fiefs qu'il possédait, et qui étaient mouvants de l'Empire. Francfort, 26 juillet 1306. Avec sceau. — 524. Lettres, reculant la date à laquelle le comte de Flandre devait recevoir l'investiture de ces terres. Schaffhouse, 12 mars 1307. Avec sceau. — 525. Lettres d'Évrard de La Pierre, chancelier de l'empereur Albert, relatives au service de Gui, comte de Flandre, qui lui avait accordé par ses lettres du 22 février 1299 une pension de 50 livres tournois. 26 février 1299. — 526. Lettres de HENRI DE LUXEMBOURG relatives à l'hommage du comte de Flandre, Robert., Cologne, 13 janvier 1308. Avec sceau. — 527. Lettres rétablissant le marché du poisson salé d'Anvers. Colmar, 29 octobre 1329. Avec sceau. — 528. Passeport du comte de Flandre, Robert. Cologne, 15 janvier 1309. Avec sceau. — 529. Confirmation des lettres de l'empereur Albert, du 12 avril 1299. (Cf. nº 521.) Avec sceau. — 530. Vidimus de lettres du comte de Flandre (à l'Écluse,

26 mars 1310) relatives à ses différends avec le comte de Hainaut.
Zurich, 20 avril 1310. — 531. Lettres de l'empereur Louis de
Bavière à Guillaume III, comte de Hainaut, relatives à l'hommage du comte de Flandre, Louis de Nevers. Cologne, 3 mars 1324.

380 - 390. Actes des rois d'Angleterre et d'Écosse
(1338-1551).

I. **380**. 532. Ratification par Édouard III du traité conclu à
Anvers, le 10 juin 1338, par ses ambassadeurs avec les villes de
Flandre. Walton, 26 juin 1338. Avec sceau. Rymer, *Fœdera inter
reges Anglia et alios principes*, éd. de 1711, t. V, p. 53 et 59. —
533. Lettres relatives au mariage de sa fille Isabelle et du fils du
comte de Flandre. 13 mai [1339]. (L'acte est très effacé).—534. Lettres de Henri VI, commettant au duc de Bourgogne, Philippe, le
gouvernement et la garde de la ville et vicomté de Paris. Paris,
13 octobre 1429. Avec sceau brisé. — 535. Lettres, qui donnent
le comté de Champagne et de Brie au duc de Bourgogne, Philippe.
Eltham, 8 mars 1430. Avec sceau brisé. — 536. Lettres donnant
les gabelles et autres impositions ayant cours au comté de Champagne et de Brie au duc de Bourgogne. Eltham, 8 mars 1430.
Avec sceau. — 537. Lettres, au sujet de ces concessions. Westminster, 12 mars 1430. Avec sceau. — 538. Confirmation du traité de
commerce conclu entre Édouard IV et Maximilien d'Autriche.
Lille, 12 juillet 1478. Avec cachet de cire rouge. — 539. Lettres
d'Édouard IV relatives à l'envoi de 6.000 archers à Maximilien.
Londres, 3 août 1480. Avec sceau. — 540. Quittance d'une somme
de 50.000 écus, payée au roi par Maximilien d'Autriche. Londres,
10 août 1480. Sceau brisé.

II. **381**. 541. Lettres de Henri VII promettant de réparer les
préjudices que ses marins pourraient causer aux sujets du roi
des Romains. Westminster, 7 juin 1486. Avec sceau brisé. —
542. Lettres du même donnant pouvoir à John Ryseley et John
Baldeswell de traiter avec les représentants de l'empereur. Westminster, 14 octobre 1488. Avec sceau. — 543. Lettres de Thomas
Lovell et Henry Aynesworth contenant le traité conclu entre
Maximilien et Henri VII. 11 décembre 1488. Avec quatre cachets

de cire. Rymer, éd. de 1711, t. XII, p. 397. — 544. Lettres de Henri VII approuvant le traité conclu à Londres avec Philippe, duc de Bourgogne, le 24 février 1496. Westminster, 26 mars 1496. Deux feuillets de parchemin avec sceau. Rymer, éd. de 1711, t. XII, p. 578. — 545. Lettres de Richard [Fox], évêque de Durham, pour faire respecter le traité. 1er avril 1496. Avec sceau. — 546. Pouvoirs donnés par Henri VII à Richard [Fitz-James], évêque de Rochester, William Warham, Richard Nanfan, Richard Hatton, Jean Turberville, Samson Norton et Adrien Whitehill, pour traiter avec Philippe, archiduc d'Autriche. Westminster, 19 février 1499. Rymer, éd. de 1711, t. XII, p. 718. — 547. Traité conclu entre les ambassadeurs d'Henri VII et ceux de Philippe, archiduc d'Autriche. Calais, 25 avril 1499. Avec sept sceaux. — 548. Lettres de Henri VII, au sujet du traité conclu avec Philippe, roi de Castille. Windsor, 9 février 1506. Avec deux sceaux. Rymer, éd. de 1711, t. XIII, p. 123. — 549. Lettres de rémission, accordées par Henri VII à Edmond de La Pole. Richemont, 17 février 1506. Avec sceau. — 550. Lettres relatives au mariage de la princesse Marie avec Charles de Castille. Westminster, décembre 1507. Rymer, éd. de 1711, t. XIII, p. 185.

III. **382**. 551. Lettres de Henri VII consentant au prêt de 100.000 couronnes d'or à Charles, prince de Castille. Londres, 23 décembre 1507. Avec sceau. — 552. Lettres confirmant le projet de traité de mariage entre sa fille Marie et Charles de Castille. Westminster, 20 mars 1508. 5 feuillets de parchemin avec sceau. Rymer, t. XIII, p. 171. — 553. Confirmation du traité d'alliance conclu avec Maximilien et Charles. Westminster, 20 mars 1508. Avec sceau. Rymer, t. XIII, p. 189. — 554. Lettres au sujet de la dot de 250.000 couronnes d'or de la princesse Marie. Westminster, 21 mars 1508. Avec sceau.

IV. **383**. 555. Lettres de Henri VII relatives à la même question. Westminster, 21 mars 1508. Avec sceau. — 556. Lettres de Henri, prince de Galles, sur la même question. Greenwich, 21 mars 1508. Avec sceau brisé.

V. **384.** 557. Lettres d'obligation des nobles et des communes d'Angleterre pour le mariage de Charles, prince de Castille, avec Marie, fille de Henri VII, 4 mai 1508. Avec vingt-sept sceaux.

VI. **385.** 558. Lettres du chef de l'étaple de Calais relatives à ce mariage. Calais, 27 mai 1508. Avec sceau. — 559. Lettres de Henri VII à ses ambassadeurs nommés pour échanger le traité de confédération et de mariage entre sa fille Marie et Charles de Castille. Westminster, 8 décembre 1508. Avec sceau. — 560. Déclaration de HENRI VIII sur le droit qu'il avait reconnu aux sujets du prince de Castille de trafiquer avec leurs navires en France et en Bretagne. Westminster, 18 janvier 1514. Avec sceau. — 561. Traité conclu par les ambassadeurs de Henri VIII, Cuthbert Tunstal, William Knight et Thomas Spinelli et ceux de Charles de Castille, pour le trafic des marchandises. Bruxelles, 24 janvier 1516. Avec trois sceaux effacés. Rymer, t. XIII, p. 539. — 562. Pouvoir donné à Edward Poninges et Cuthbert Tunstal pour ratifier les traités conclus avec Charles de Castille. Westminster, 19 février 1516. Avec sceau. Rymer, t. XIII, p. 515. — 563. Lettres ratifiant le traité de commerce conclu avec Charles de Castille le 24 janvier 1515. Westminster, 9 mars 1516. Avec sceau. — 564. Confirmation du traité de confédération conclu avec Charles de Castille. Westminster, 9 mars 1516. Avec sceau brisé. Rymer, t. XIII, p. 533. — 565. Lettres relatives à la conclusion d'une ligue avec Léon X. Londres, 20 octobre 1516. Avec sceau. Rymer, t. XIII, p. 555.

VII. **386.** 566. Lettres des ambassadeurs du roi Henri VIII, l'archevêque d'York, Thomas Wolsey, le duc de Norfolk, Thomas et l'évêque de Durham, Thomas Ruthall, relatives à la ligue conclue avec Léon X et Maximilien. Londres, 29 octobre 1516. Avec trois sceaux. Rymer, t. XIII, p. 556. — 567. Confirmation de la ligue conclue avec Léon X et Maximilien. Londres, 15 novembre 1516. Rymer, t. XIII, p. 567. — 568. Lettres de Henri VIII, ratifiant le règlement fait pour la pension de 30.000 florins d'or aux Cantons suisses, pour les maintenir dans la ligue. Londres, 15 novembre 1516. Avec sceau.

VIII. **387.** 569. Lettres de Henri VIII approuvant le traité de ligue conclu contre « le Turc » entre lui, les rois de France et d'Espagne, l'empereur et Léon X. Londres, 19 mars 1519. Rymer, t. XIII, p. 624. — 570. Lettres renouvelant le traité de commerce conclu entre l'Angleterre et les sujets de l'empereur Charles-Quint. Londres, 8 mai 1520. Avec sceau. Rymer, t. XIII, p. 714. — 571. Lettres confirmant le traité conclu avec Charles-Quint. Londres, 8 mai 1520. Avec sceau. — 572. Lettres confirmant le traité conclu avec Charles-Quint. Calais, 15 juillet 1520. Avec sceau. — 573. Lettres relatives au mariage de la fille aînée du roi, Marie, avec Charles-Quint. Londres, 29 juillet 1521. Avec sceau.

IX. **388.** 574. Lettres de Henri VIII, donnant pouvoir à « John Bourghehier », au seigneur de Berners, à William « Sandes », à William « Knyght » et à Thomas « Lemer » de traiter avec les délégués de Charles-Quint, pour l'estimation des nouvelles monnaies. Londres, 26 octobre 1521. Avec sceau. — 575. Lettres ratifiant la trêve conclue entre lui, le roi de France et l'empereur. Hertford, 25 juin 1528. Avec sceau. — 576. Traité de Cambrai entre Charles-Quint et Henri VIII. 5 août 1529. Avec les trois sceaux des ambassadeurs. — 577. Lettres de Henri VIII à ses ambassadeurs Nicolas Carew et Richard Sampson pour le traité de ligue conclu avec l'empereur. Windsor, 26 septembre 1529. Avec sceau. — 578. Lettres ratifiant le traité conclu avec Charles-Quint. Londres, 27 novembre 1529. Avec sceau. — 579. Procès-verbal du serment de Henri VIII, pour l'observation de ce traité. Greenwich, 28 novembre 1529. — 580. Lettres de Henri VIII, contenant le même serment. Hamptoncourt, 27 mai 1543.

X. **389.** 581. Copie des mêmes lettres. Hamptoncourt, 27 mai 1543. 10 feuillets de parchemin, avec encadrement au folio 1. — 582. Lettres de Henri VIII relatives aux sauf-conduits délivrés aux marchands par Charles-Quint, pendant la guerre. Westminster, 10 avril 1544. — 583. Lettres ratifiant la déclaration du 16 janvier 1546, sur les différents articles du traité du 11 février 1542. Hamptoncourt, 26 janvier 1546. — 584. Lettres d'ÉDOUARD VI, donnant pouvoir à William Paulet et William Petre de traiter

avec les délégués de Charles-Quint. Westminster, 12 février 1548. Avec sceau brisé. — 585. Lettres de MARIE TUDOR à l'évêque de Winchester, au comte d'Arundel, etc. pour traiter avec Charles-Quint relativement au projet du mariage avec Philippe d'Autriche. Westminster 1er janvier 1554. Avec sceau. — 586. Lettres ratifiant le traité conclu au sujet du projet de mariage entre la reine et Philippe d'Autriche. Westminster, 6 mars 1554. Copie de 6 feuillets de parchemin.

XI. **390**. 587. Lettres de JACQUES V, roi d'Écosse, sur le traité conclu avec l'archiduchesse d'Autriche, Marguerite. Stirling, 20 mai 1531. Avec sceau. — 588. Lettres, au sujet du traité conclu avec Marguerite, archiduchesse d'Autriche. Stirling, 20 mai 1531. Avec sceau. — 589. Lettres de MARIE STUART donnant pouvoir à Thomas Erskin de traiter avec Charles-Quint. Édimbourg, 8 septembre 1550. Avec sceau. — 590. Lettres ratifiant le traité conclu avec Charles-Quint. Jedburgh, 21 mars 1551. Avec sceau. — 591. Confirmation par Marie Stuart et le Grand-conseil d'Écosse du traité conclu avec Charles-Quint. Édimbourg, 25 juin 1551. Avec 14 sceaux.

391-401. Documents relatifs à la FLANDRE et à la BOURGOGNE. Actes des comtes de Flandre, des ducs de Bourgogne, des empereurs, des archiducs d'Autriche, etc. (1219-1514).

I. **391**. 592. Certificat des échevins de Mardyck à Robert de Flandre, sire de Cassel et de Montmirail-en-Perche, mentionnant différents actes des seigneurs et des villes de Flandre, de 1219, 1245, 1254, 1320, 1325, relatifs à leurs privilèges. 10 avril 1328. — 593. Lettres d'assignation données par l'empereur Baudouin II de Courtenai à son receveur Jean de Valenciennes, pour la somme de 3.433 l. 16 s. t. à prendre sur les revenus du comté de Namur, etc. Chambéry, juillet 1245. Avec débris de bulle de plomb. — 594. Lettres de la comtesse de Flandre, Marguerite à Innocent IV, en faveur de l'abbé de Cîteaux, qui doit assister au procès relatif aux enfants de ses deux mariages. Vers 1252. Cf. le n° 421.

— 595. Lettres de la même au sujet de conventions conclues entre l'église Saint-Pierre de Lobbes et « Balduinus de Condato ». Novembre 1255. — 596. Lettres de l'impératrice Marie mandant au châtelain de Namur d'obéir à la comtesse de Flandre. Bingen, 17 juin 1258. Avec débris de sceau. — 597. Lettre de Charles d'Anjou, roi de Sicile, donnant quittance d'une somme de 80.000 l. t. à la comtesse de Flandre, Marguerite. Vers 1266. Avec trois sceaux brisés. — 598. Quittance donnée par Philippe de Courtenai, fils de Baudouin II, d'une somme de 1.000 l. t. à la comtesse Marguerite. Janvier 1269. Avec sceau. — 599. Lettres de l'empereur Philippe Ier de Courtenai au comte de Flandre, Gui de Dampierre, constituant Rainaut de Magny comme son procureur pour prêter le serment de fidélité. Naples, 10 mai 1280. Avec sceau. — 600. Lettres de Charles Ier d'Anjou, roi de Jérusalem et de Sicile, portant accord pour le différend entre le comte de Flandre, Gui de Dampierre, et sa belle-sœur, Béatrix, dame de Courtrai. Paris, 13 septembre 1283. Avec sceau. — 601. Lettres du même décidant que Béatrix, dame de Courtrai, doit jouir de la justice de certains fiefs situés dans la châtellenie de Courtrai. Paris, 6 mars 1284. Avec sceau. — 602. Lettres de Robert, fils aîné du comte de Flandre, à Boniface VIII, au sujet des tentatives du roi de France contre la Flandre. Vers janvier 1299. — 603. Lettres des fils du comte de Flandre, Robert, Philippe et Jean, à Boniface VIII, relatives au vol commis par les gens du roi de France sur le chevalier Jean de Rodes. Vers 1299 (?) — 604. Lettres des fils du comte de Flandre, Robert, Philippe et Jean, à Boniface VIII, pour le prier de régler le plus tôt possible le différend du comte de Flandre et du roi de France. Vers 1299 (?). — 605. Lettres de Philippe, fils du comte de Flandre, garantissant les privilèges de Gand. 22 août 1302. En flamand. Avec sceau. — 606. Lettres du même et de l'échevinage et des métiers d'Ypres, confiant le jugement d'un procès criminel aux échevins de Gand, Bruges, Lille et Douai. 7 avril 1304. Avec six sceaux. — 607. Transcription de la charte précédente, sous les sceaux de Philippe, fils du comte de Flandre, et de la ville d'Ypres. 9 avril 1304. Avec les deux sceaux. — 608. Lettres du même Philippe relatives à la connaissance des différends, qu'il peut avoir avec les villes de Gand, Lille, Bruges, Ypres et Douai. Ypres, 12 avril 1304. Avec sceau. — 609. Lettres du même relatives aux échevinages des villes de

Flandre. Orchies, 4 août 1304. Avec sceau. — 610. Lettres du même Philippe et de Jean de Flandre, comte de Namur, promettant de maintenir les bons usages des villes de Flandre. Pontoise, 8 mai 1305. Avec les deux sceaux. (Cet acte est cancellé.) — 611. Lettres de Robert de Béthune, comte de Flandre, assignant à « Gosse de Kolenghiem » une somme de 3.607 l. 5 s. monnaie de Flandre, à recevoir sur certains droits par lui perçus à Bruges. Saint-Nicolas-Waes, 15 novembre 1307. Avec débris de sceau. — 612. Lettres du même qui assignent sur ses revenus la rente de 100 l. t., que la comtesse de Flandre, Marguerite, avait donnée à l'abbaye des Cisterciennes de Saint-Dizier. 7 août 1313. Avec débris de sceau. — 613. Copie de lettres de F[oucaud de Rochechouart], évêque de Noyon, relatives à l'observation de certains articles conclus entre Philippe V et les Flamands. Vers 1320 (?) — 614. Lettres de Robert, comte de Flandre, qui s'en remet à l'arbitrage de son frère Jean, comte de Namur, et des échevins de Gand et d'Ypres pour régler les démêlés, qui existent entre lui, son fils Robert et la ville de Bruges. Courtrai, 17 janvier 1322. Avec sceau brisé. — 615. Lettres du même, ordonnant le payement de 36 l. t. à « Ernoul, fil Loys de Marke », pour la vente de la « mayerie du mestier de Ghistelle. » Courtrai, 5 septembre 1322. Avec sceau brisé. — 616. Lettres de Louis, comte de Flandre et de Nevers, reconnaissant avoir reçu de la ville de Gand 12.188 l. p., pour les arrérages d'une rente à lui due. Bruges, 9 avril 1324. Avec sceau. — 617. Lettre de Jean de Flandre, comte de Namur, reconnaissant qu'il doit à la ville de Gand une somme de 72 l. 21 d. t. 2 décembre 1326. Avec sceau brisé. — 618. Lettres de Louis, comte de Flandre et de Nevers, promettant d'asseoir le douaire de sa femme Marguerite sur des biens des comtés de Nevers, de Rethel et de Flandre. Poligny, 18 octobre 1327. Avec sceau. — 619. Lettres de la commune de Bergues, reconnaissant devoir une somme de 100 l. p. à la dame de Cassel. 16 janvier 1339. Avec sceau brisé. — 620. Lettres du roi de Bohême, Jean, d'Adulf, évêque de Liège, de Raoul, duc de Lorraine, d'Amé, comte de Savoie et de Jean, comte d'Armagnac, sur les trêves conclues entre les rois de France et d'Angleterre. Esplechin, 25 septembre 1340. Cinq sceaux. Rymer, nouv. éd., t. II, p. 1135. — 621. Promesses par les villes de Flandre de rester fidèles à l'alliance conclue entre Édouard III, roi d'Angleterre, et Louis,

comte de Flandre. 21 mars 1347. Avec les sceaux des communes de Gand et d'Ypres. (Cette lettre contient le texte d'une lettre d'Édouard III, du 13 mars 1346.)

II. **392**. 622. Lettres de Louis de Male, comte de Flandre, mandant aux échevins de Courtrai de payer 40 florins d'or à son conseiller, Gilles du Boys. Bruges, 20 avril 1350. Avec sceau et traces de sceau plaqué. — 623. Lettres d'Albert Ier, duc de Bavière, palatin du Rhin, s'engageant à observer les alliances conclues avec le Brabant, la Flandre et le Hainaut. Malines, 20 juin 1358. Avec sceau. — 624. Lettres de Yolande de Flandre, comtesse de Bar et dame de Cassel, relatives à la remise du château de Nogent-le-Rotrou entre les mains de Jean la Guogue par Henri de Trousseauville. 17 janvier 1364. Avec sceau. — 625. Lettres de Marguerite de France, comtesse de Flandre et dame de Salins, autorisant le bailli de Cassel à venir en Artois arrêter les malfaiteurs qui auraient commis des excès à Cassel. Paris, 29 décembre 1369. Avec sceau. — 626. Lettres du comte de Flandre, Louis de Male, nommant « Raoul Pagart » gardien de la monnaie de Gand. Gand, 15 juillet 1373. Avec sceau. — 627. Lettres du même, nommant « Jehan Boudin » et « Henry Lippin » bailli et receveur. Gand, 16 juillet 1377. Avec sceau. — 628. « Ce sont les p[ar]ties, deues à plus[ieurs] po[ur] cause des despenz madame, fais à Aluie par Leurequin Le Fèvre cl[e]rc depuis le xxiii[e] jour de septembre, l'an LXXVII, jusques au sabmedi xxvii[e] jour de févr[ier] après ». Avec sceau de la comtesse de Bar. — 628 *bis*. A ce rôle est attaché un mandement de la comtesse de Bar. Alluyes, 26 février 1378. — 629. Lettres de Louis de Male, comte de Flandre, sur la monnaie qu'il a permis à son valet « Jehan de Int[er]minelli » de fabriquer à Malines. Termonde, 31 décembre 1379. Avec sceau. — 630. Lettres du même chargeant le même maître des monnaies de payer des sommes, cautionnées par ses officiers à des marchands de Bruges. Bruges, 28 juillet 1381. Avec sceau. Acte cancellé. — 631. Lettres du même, ordonnant de payer à François de Pollichove ses gages, montant à 200 l. p.. 15 mars 1382. En flamand. Avec sceau. Cette pièce est cancellée. — 632. Lettres du même, mandant à son receveur Henry Lippin de payer une somme dûe au châtelain de Furnes et au gouverneur de Lille. Lille,

8 mai 1383. Avec sceau. Acte cancellé. — 633. Lettres de Yolande de Flandre, comtesse de Bar et dame de Cassel, au sujet des sommes payées à Leurequin, son huissier, par Pierre de Le Hole, son receveur général en Flandre. Alluyes, 18 mai 1383. Avec sceau. — 634. Lettres de la même relative à son procès avec Bertrand Duguesclin au sujet du comté de Longueville, donnant pleins pouvoirs à son maître d'hôtel Tercelet de La Barre et à son bailli Pierre Nuirel, pour transiger sur le douaire qu'elle avait au comté de Longueville. Alluyes, 28 décembre 1384. Avec sceau. — 635. Lettres de la même au sujet de certaines dépenses que son receveur en Flandre a faites sur son ordre. Nieppe, 17 janvier 1389. Avec sceau. — 636. Déclaration de l'échevinage d'Aire, constatant que « Willamez li Clers, bourgois », a reçu 57 l. 5 s. 6 d. du receveur de la comtesse de Bar. 12 octobre 1389. Avec sceau. — 637. Lettres de Robert, duc de Bar, marquis de Pont-à-Mousson, seigneur de Cassel, qui donne à son receveur général en Flandre la charge de châtelain de Nieppe. Bar, 14 mars 1398. Avec sceau. — 638. Vidimus par les échevins de Lille de lettres de Philippe le Hardi, duc de Bourgogne et comte de Flandre, confirmant la charte du 25 juin 1370, que le comte Louis de Male avait accordée à Hannequin Vanier. Lille, 4 mars 1384. Avec sceau. — 639. Vidimus par les échevins de la ville de Douai d'une sentence prononcée par les gens du conseil de Lille en faveur de la collégiale de Saint-Amé de Douai. 28 mars 1384. Avec sceau. — 640. Mandement de Philippe le Hardi à son receveur de « La Gorghe », en faveur de « Perchevaux de Hotron ». Lille, 4 avril 1384. Avec sceau. — 641. Vidimus par les échevins de Douai d'un acte du bailli de Douai relatif aux droits du châtelain sur la rivière (15 août 1371). 21 septembre 1384. Avec sceau. A cet acte sont fixées deux attaches des échevins. — 642. Quittance de Marguerite de Flandre, duchesse de Bourgogne, pour le relief du fief que « Marguerite de Dieweke » possède près de Malines. Arras, 14 janvier 1384. — 643. Mandement de Philippe le Hardi pour l'achat de dix chevaux à Damme Villeneuve-Saint-George, 14 mai 1385. Avec sceau. — 644. Lettres des échevins de Lille sur des sommes payées pour des travaux, faits à l'hôtel du duc de Bourgogne. 23 juillet 1385. Avec sceau. — 645. Lettres de Philippe le Hardi qui amortissent les biens qui doivent doter la chapelle que devaient édifier à Lille « Ernoul, Pierre et Berthelemieu de La Bare, Henry le Preudomme, Jehan et

Berthelemieu Hangouwart », etc., en expiation de la mort de
« Perceval de Primèque ». Arras, janvier 1388. Avec sceau.

III. 393. 646. Dénombrement délivré par « Pierchevaux de
Hotron », chevalier, au duc de Bourgogne, pour un fief qu'il tient
de lui. 18 janvier 1388. Avec sceau. — 647. Lettres de Philippe
le Hardi, pour l'exécution du testament d' « Estienne Gaudet »,
chanoine de Saint-Pierre de Lille. Lille, 29 février 1392. Avec sceau
brisé. — 648. Pouvoirs donnés par Philippe le Hardi et sa femme
Marguerite au bailli Nicaise Monney. Neufchâtel, près de Boulogne,
18 mai, et Dijon, 2 juin 1394. Avec deux sceaux. — 649. Lettres de
Philippe le Hardi, pour le comte de Ligny et Saint-Pol, châtelain
de Lille, en faveur de ses droits à Erquinghem et Armentières.
Lille, 3 août 1394. Avec sceau. — 650. Pouvoirs donnés par
Philippe le Hardi et sa femme Marguerite au bailli d'Ypres, Jean
Hoost. Villeneuve-lès-Avignon et Argilly, 21 et 28 mai 1395.
Avec deux sceaux brisés. — 651. Lettre de Philippe le Hardi en
faveur du seigneur de Montigny-en-Ostrevent. Lille, 9 septembre
1395. Avec sceau brisé. — 652. Lettres de Philippe le Hardi et de
sa femme Marguerite en faveur de l'église Saint-Pierre de Lille.
Hesdin et Mofflaines, août 1399. Avec sceau brisé. — 653. Lettres
de Robert Ier, duc de Bar, seigneur de Cassel, retenant comme
conseiller et avocat de son conseil Thierry Le Roy. Bar, 1er septembre 1402. Avec sceau brisé. — 654. Lettre de Jean-sans-Peur
confirmant les privilèges de Gand. Gand, 20 avril 1405. En flamand. Avec sceau. Pièce cancellée. — 655. Vidimus par Jean de
Révigny, garde du scel du duché de Bar, de lettres du 4 mai 1405 données par le duc de Bar, Robert, à son confesseur Thiébaut Piquart.
3 septembre 1410. Avec sceau. — 656. Lettres de Jean-sans-Peur
à son bailli de Courtrai pour les habitants de Deynze et de Peteghem. Audenarde, 4 juillet 1405. Avec sceau brisé. — 657. Lettres
du même donnant à son premier huissier d'armes « Jehan de
Molin, dit Broquart », l'office du doyenné des petits métiers de
Courtrai. Arras, 14 août 1405. Avec fragment de sceau. — 658.
Quittance de Thierry Le Roy, conseiller du duc de Bar, d'une
somme de 25 l. p.. 24 mars 1405. Avec sceau. — 659. Vidimus
par l'échevinage de la ville de Lille d'une lettre du duc de
Bar, Robert, du 8 octobre 1405, en faveur de Thierry Le Roy.

29 mars 1406. Avec sceau, en partie brisé. — 660. Mandement de Jean-sans-Peur à Thierry Gherbode, garde des chartes à Arras, sur l'inventaire des garnisons du château de Hesdin. Lille, 5 juin 1407. Avec sceau. — 661. Vidimus par les échevins de Bruges de lettres du duc de Bar, Robert, du 13 mars 1408, nommant Thierry de Bièvre son lieutenant en Flandre. 30 juillet 1410. Avec sceau. — 662. Lettres de Jean-sans-Peur, en faveur du métier des tisserands de Courtrai. Courtrai, 31 août 1408. Avec sceau brisé. — 663. Vidimus par les échevins de Montreuil-sur-Mer de lettres de Robert, duc de Bar (30 mai 1409), en faveur de Hue Bersin. 5 juillet 1409. Avec sceau. — 664. Quittance de « Thierry de Bèvre », gouverneur du duc de Bar en ses terres de Flandre. 22 juillet 1410. — 665. Mandement de Jean-sans-Peur au premier huissier de la chambre du Conseil, à Gand, sur les droits de son oncle, le duc de Bar. Lille, 6 février 1411. Avec fragment de sceau. — 666. Vidimus par les échevins de Cassel de lettres du duc de Bar, Robert, nommant Thierry de Bièvre châtelain de La Motte, (17 juin 1410). 16 avril 1411. Avec sceau. — 667. Lettres de Guillaume VI de Bavière, comte de Hainaut, Hollande et Zélande et sire de Frise, relatives à la justice et seigneurie des villes du Quesnoy, Ath, Binche, Baudour, Morlanwelz et Renaut-folie. Le Quesnoy, 26 décembre 1412. — 668. Lettres de Jean-sans-Peur faisant droit aux requêtes des Flamands. Lille, 28 juillet 1417. Avec sceau brisé.

IV. **394**. 669. Lettres de Philippe le Bon, duc de Bourgogne, pour mettre fin à un différend entre les foulons et les drapiers de Courtrai. Lille, 20 janvier 1423. Avec sceau brisé. — 670. Lettres de Jean VII de Léon, abbé de Corbie, pour faire comprendre ses terres dans la trêve que Philippe, duc de Bourgogne, avait conclue avec Charles VII. 7 janvier 1432. Avec sceau brisé. — 671. Lettres de Jean d'Artem, abbé de Saint-Éloi de Noyon, relatives à la même affaire. 7 janvier 1432. Avec sceau brisé. — 672. Lettres identiques des gens d'église et des échevins de Chauny. 8 janvier 1432. Avec deux sceaux, dont l'un brisé. — 673. Lettres identiques des gens d'église et des échevins de Saint-Riquier. 11 janvier 1432. Avec deux sceaux à moitié brisés. — 674. Lettres identiques des gens d'église, capitaine et échevins de Montreuil-sur-Mer.

13 janvier 1432. Avec quatre sceaux. — 675. Lettres de Jacqueline de Bavière, comtesse de Hainaut, relatives à l'abandon du comté de Hainaut au duc de Bourgogne. Middelbourg, 26 avril 1433. — 676. Lettres de Philippe le Bon, pour le métier des tisserands de Courtrai. Gand, 8 juin 1436. Avec sceau brisé. — 677. Vidimus de cette lettre par les échevins de Harlebeke. 28 mai 1440. Avec sceau. — 678. Lettres de Philippe le Bon, relatives à un procès entre Jean de Viseu, receveur général de Bourgogne, et Guillaume Rat, receveur du comté d'Étampes. Bruxelles, 9 août 1446. Avec sceau brisé. — 679. Lettres d'anoblissement accordées par Philippe le Bon à Robert des Préz. Lille, novembre 1450. Avec sceau brisé. — 680. Lettres de Philippe le Bon relatives aux fortifications des faubourgs de Courtrai. Lille, 8 novembre 1453. Avec débris de sceau. — 681. Quittance de 10.000 écus d'or délivrée par Pierre Knoere et Rudolf Schenck, procureurs du duc de Saxe, Guillaume, landgrave de Thuringe, et de sa femme Anne. Bruges, 20 mai 1463. — 682. Lettres de Guillaume, duc de Saxe, landgrave de Thuringe, établissant Jean de Bissinghen et Jean Remde ses procureurs pour recevoir du duc de Bourgogne la somme de 10.000 écus d'or. Leuchtenberg, 1er janvier 1464. Avec sceau. — 683. Quittance de cette somme par lesdits procureurs. 27 février 1464.

V. **395**. 684. Lettres de Guillaume, duc de Saxe, landgrave de Thuringe, qui reconnaît le paiement de cette somme de 10.000 écus d'or. Leuchtenberg, 29 février 1464. Avec sceau. — 685. Lettres du même, constituant « Czilgendorffer » et « Jean Remde » comme ses procureurs. Weimar, 1er janvier 1465. — 686. Acte de reconnaissance de Charles le Téméraire par le clergé, la noblesse et le tiers-état du comté de Hainaut, à Bruxelles. 9 mai 1465. Trente et un sceaux, dont plusieurs brisés, sur cent sept existant autrefois.

VI. **396**. 687. Ordonnance de Charles le Téméraire, duc de Bourgogne, comte de Flandre, sur les monnaies. Bruxelles, 13 octobre 1467. Fragment de sceau. — 688. Lettres closes de Mathias Corvin, roi de Hongrie, à Charles le Téméraire, au sujet de son conseiller Louis de Maisoncel. Pozsony (Presbourg), 6 juillet 1471.

— 689. Lettres closes de Ferdinand Ier, roi de Sicile, à Charles le Téméraire, au sujet du marchand Nicolas Beltean. « In castello novo Neapolis », 8 juillet 1471. — 690 et 691. Lettres du roi d'Aragon, Jean II, approuvant pour lui et son fils les trêves conclues entre Louis XI et Charles le Téméraire. Saragosse, 10 août 1471. Deux exemplaires, avec sceaux. — 692. Lettres closes du doge de Venise Nicolaus Thronus (Nicolo Tron) à Charles le Téméraire en faveur de Gritti, agent de la République à Bruges, qui avait été arrêté sur la plainte d'une certaine Valentine. 17 décembre 1472. Avec bulle. — 693. Lettres du roi de Sicile, de Jérusalem et de Hongrie, Ferdinand Ier, au sujet de la paix qu'il a conclue avec Charles le Téméraire. Naples, 27 janvier 1473. Avec sceau. — 694. Lettres de Charles le Téméraire pour l'abbaye du Saint-Sauveur et de Sainte-Brigitte de Termonde. Bruxelles, mars 1473. — 695. Lettres du doge Nicolo Tron à l'ambassadeur de Venise auprès de Charles le Téméraire, Bernardo Bembo, au sujet des affaires d'Orient. 19 juillet 1473. Avec la bulle du doge.

VII. **397.** 696. Lettres de Marie, duchesse de Bourgogne, pour le monastère vulgairement nommé « Sinte Marien Troene » (Saint-Sauveur et Sainte-Brigitte de Termonde). Termonde, 10 juillet 1477. Avec sceau. — 697. Lettres relatives au mariage de Marie de Bourgogne avec Maximilien. Gand, 18 août 1477. Avec sceau. — 698. Lettres de Marie, duchesse de Bourgogne, comtesse de Flandre, reconnaissant l'accord entre le doyen et les jurés de la draperie de Courtrai et Roland Heykin. Gand, 20 mars 1478. En flamand. Avec sceau brisé. — 699. Lettres de Maximilien et Marie, duc et duchesse d'Autriche et de Bourgogne, qui envoient Jean III de Châlon, prince d'Orange, Philippe de Croy, comte de Chimay, Jean IX de Lannoy, abbé de Saint-Bertin, Pierre Bogart, doyen de Saint-Donat à Bruges et Me Antoine de Brauges demander au roi d'Angleterre, Édouard IV, aide et secours contre Louis XI. Gand, 9 février 1481. Avec sceau. — 700. Lettres de l'archiduc Maximilien à Charles VIII, relatives à la succession de Charles le Téméraire. Bruges, 31 juillet 1486. Copie sur papier, de 4 feuillets. — 701. Lettres de Maximilien et de son fils l'archiduc d'Autriche, Philippe, touchant un accord entre Josse de Hemsrode et le métier des tisserands de Courtrai. Bruges, 25 août 1485.

Avec sceau. — 702. Lettres des mêmes sur la grâce accordée à
« Wulfaert de Crudenare », banni de Courtrai. Bruges, 14 mars 1487.
Avec sceau brisé. — 703. Lettres des mêmes, pour la maison-dieu
de Sainte-Brigitte de l'Ordre de Saint-Sauveur, à Termonde.
Malines, décembre 1492. Avec sceau brisé. — 704. Pouvoirs,
donnés par l'empereur Maximilien à la duchesse douairière de
Savoie, Marguerite d'Autriche, pour la régence des Pays-Bas.
Strasbourg, 18 mars 1507. Avec sceau brisé. — 705. Autres pou-
voirs à la même. « Kaupfueren » (Kaufbeuren), 22 décembre 1507.
Avec sceau brisé.

VIII. **398**. 706. Lettres de l'empereur Maximilien et de son
petit-fils Charles, archiduc d'Autriche, sur le prêt de 50.000 écus
fait par le roi d'Angleterre Henri VII, et la remise en
gage du joyau, nommé « la riche fleur de lis ». Anvers, 19 novembre 1508. Avec sceau. — 707. Lettres des mêmes pour le transport de ce joyau. Même date. Avec sceau brisé. — 708. Pouvoirs
donnés par l'empereur Maximilien à l'archiduchesse Marguerite.
Anvers, 18 mars 1508. — 709. Lettres de Ferdinand, roi d'Aragon,
constituant, comme ses procureurs pour traiter de la paix avec
Maximilien, Jacques d'Albion et Jérôme de Cabanillas, Valladolid, 12 août 1509. Avec sceau. — 710. Traité, conclu entre Ferdinand et Maximilien. Blois, 12 décembre 1509. Avec deux sceaux
et signature de Florimond Robertet. Cahier de 8 feuillets de parchemin. — 711. Ratification du traité de Cambrai par Ferdinand,
roi d'Aragon. Galisteo, 7 janvier 1509. Avec sceau. — 712. Pouvoirs
donnés par l'empereur Maximilien et par l'archiduc Charles à
Marguerite d'Autriche pour traiter avec le roi d Aragon, Ferdinand.
Bergues, 24 mars 1509. — 713. Pouvoirs analogues accordés par
l'empereur Maximilien à la même. Anvers, 28 mars 1509. — 714.
Lettres de Ferdinand, roi d'Aragon, au sujet de ce traité, où sont
insérées les lettres de Maximilien, du 1er janvier 1510. « In opido
Majoreti », 1er avril 1510. Avec sceau brisé. — 715. Lettres de
l'empereur Maximilien, allouant à l'archiduchesse Marguerite
une pension de 20.000 livres. Fribourg, 15 mars 1511.

IX. **399**. 716. Lettres de « Petrus de Urrea, Ludovicus Carroz
et Johannes de Lanuça, » orateurs de Ferdinand, roi d'Aragon,

au sujet de la paix conclue entre Maximilien, Ferdinand et Henri VIII. 17 octobre 1513. Avec trois sceaux. — 717. Lettres de l'empereur Maximilien et de son petit-fils, l'archiduc Charles, relatives au paiement de la dot de l'archiduchesse Élisabeth, femme de Christiern II, roi de Danemark. 1er mai 1514 (cf. n° 748). — 718. Lettres de l'empereur Maximilien donnant pouvoir à l'archiduchesse Marguerite de traiter avec les rois d'Angleterre et d'Aragon. Laufen, 25 août 1515. Avec sceau. — 719. Lettres du même, qui promettent à son petit-fils Charles de l'aider à se faire élire roi des Romains. Bruxelles, 20 février 1516. — 720-729. Dix minutes ou copies sur papier, relatives à l'élection de Charles de Castille à la dignité de roi des Romains. 1er septembre 1518. Dix actes de 4 ou 8 pages. — 730. Lettres de Henri, comte d'Essex, de Jean Horuse, évêque de Ross, de Thomas Stanley, de Thomas Montgomery, de Robert Morton et de John Coke pour le mariage de Philippe, comte de Charolais, et d'Anne, fille d'Édouard IV, roi d'Angleterre. Londres, 8 août 1480. Avec six sceaux (Dans ces lettres, sont insérées celles d'Édouard IV du 1er août 1480.) — 731. Lettres de Philippe le Beau, duc de Bourgogne, comte de Flandre, relatives à l'élection du doyen de la draperie de Courtrai. Gand, 22 décembre 1483. En flamand. — 732. Lettres des archiducs Maximilien et Philippe, nommant Jennin de Pannemakere « weesheere » de Courtrai. Bruxelles, 2 août 1485. Avec sceau.

X. 400. 733. Lettres de l'empereur Maximilien à François de Rojas, orateur de Ferdinand et d'Isabelle, au sujet du mariage de l'archiduc Philippe et de l'infante Jeanne et de celui du prince des Asturies, Jean et de l'archiduchesse Marguerite. Malines, 5 novembre 1495 et Worms, 29 avril 1495. Cahier de parchemin de 12 feuillets, avec quatre sceaux. — 734. Lettres de Henri de Bergues, évêque de Cambrai, relatives à ces mariages. Bruxelles, 16 novembre 1495. Cahier de parchemin, de six feuillets, avec sceau. (Dans ces lettres sont copiés de nombreux actes relatifs à ces mariages.) — 735. « Instrument public », vérifié par deux chanoines de Tournai, pour la prise en possession du comté de Flandre par les procureurs de Philippe, archiduc d'Autriche. Gand, 26 décembre 1495. Cahier de parchemin, de dix feuillets, avec sceau.

(Cet acte contient la trasncription de lettres de Maximilien, du 17 novembre 1494). — 736. Ratification par Jeanne de Castille archiduchesse d'Autriche, de son mariage avec l'archiduc Philippe. Ulldecona, 3 janvier 1496. Avec sceau. — 737. Lettres de l'archiduc Philippe, autorisant don « Ladron de Ghevara » à prendre possession de la seigneurie de Jonvelle (Haute-Saône). Bruxelles, 9 janvier 1496. — 738. Lettres du même, autorisant les doyen et jurés du métier des tisserands de Courtrai à transiger avec les échevins de la dite ville. Bruges, 12 mai 1497. Avec sceau. — 739. Lettre du même, pour le couvent de Saint-Sauveur et de Sainte-Brigitte de Termonde. Gand, 25 février 1501. — 740. Lettres de confirmation du Parlement de Dôle. Bruxelles, 30 septembre 1501.

XI. **401**. 741. Lettres de Philippe le Beau, archiduc d'Autriche, au sujet de la dot de Marguerite d'Autriche, femme de Philibert, duc de Savoie. Bruxelles, septembre 1501. Avec sceau. — 742. Procès-verbal de la prestation de serment de fidélité, fait par les états de Castille, de Léon et de Grenade en l'église de Sainte-Marie-Majeure à Tolède, à Jeanne de Castille et à son mari, Philippe d'Autriche. 22 mai 1502. En espagnol. — 743. Lettres de Philippe le Beau en faveur de la ville de Besançon. Bruxelles, 26 juin 1504. Avec deux sceaux. — 744. Lettres de Philippe le Beau et de Jeanne la Folle, reine de Castille, portant pouvoir à Philippe de Veyre et à André « de Burgo » de traiter avec le roi Ferdinand. Bruxelles, 3 novembre 1505. Avec sceau. — 745. Accord, conclu entre les mêmes et Ferdinand. Salamanque, 24 novembre 1505. Avec signatures et deux sceaux. En espagnol. — 746. Traité de paix entre Ferdinand, roi d'Aragon, et Philippe, roi de Castille. Villafafila, 27 juin 1506. Copie authentique sur papier. 10 feuillets. En espagnol. — 747. Pouvoirs donnés par Christiern II, roi de Danemark, pour traiter de son mariage avec Isabelle, petite-fille de l'empereur Maximilien. 1er janvier 1514. Avec sceau. — 748. Lettres de l'empereur Maximilien au sujet de ce mariage. Ems, 29 avril 1514. Avec quatre sceaux. Cf. le n° 717. — 749. Acte relatif à la célébration du susdit mariage. Bruxelles, 11 juin 1514. Avec le sceau de l'évêque de Cambrai, Jacques de Croy.

402. Actes de Christiern II, roi de Danemark et de princes espagnols et autrichiens (1495-1520).

750. Lettres de Christiern II, roi de Danemark, constituant comme procureurs « Anthonius Michael » et « Hermannus Willemus (?) » au sujet de la dot de sa femme. Copenhague, 21 décembre 1519. Avec sceau. — 751. Lettres sur l'accomplissement du traité de mariage conclu avec Isabelle. Copenhague, 17 mars 1520. Avec sceau. (Avec copie d'une lettre de Charles-Quint, 22 février 1520.) — 752. Lettres de « Franciscus de Rojas », orateur de Ferdinand et d'Isabelle, roi et reine de Castille, pour la dot de Marguerite. Bruxelles, 18 novembre 1495. Avec quittance de Marguerite. Avec deux sceaux. — 753. Ratification par Jean, prince des Asturies, fils de Ferdinand et d'Isabelle, de son mariage avec Marguerite d'Autriche. Ulldecona, 3 janvier 1496. Avec sceau. — 754. Lettres de confirmation par Jean et Marguerite, princes de Castille, du traité de leur mariage. Burgos, 3 avril 1497. Avec sceau. — 755. Traité de mariage de Philibert II le Beau, duc de Savoie, et de Marguerite d'Autriche. Bruxelles, 26 septembre 1501. Avec quatre sceaux. — 756. Lettres de Philibert et de Marguerite d'Autriche, duc et duchesse de Savoie, ratifiant les conditions de ce contrat. Romainmôtier, 3 décembre 1501. Avec deux sceaux.

403-410. Actes relatifs à la maison d'Autriche et à la Flandre (1501-1653).

I. **403**. 757. Lettres de Philibert II, duc de Savoie, sur le douaire de sa femme Marguerite. Romainmôtier, 3 décembre 1501. Avec sceau. — 758. Lettres concédant à la duchesse de Savoie le comté de Villars-les-Dombes et les châteaux de Loyes, Gourdan, Apremont, les Rippes, Boz, etc. Chambéry, 16 juillet 1502. Avec sceau. — 759. Lettres de Marguerite, archiduchesse d'Autriche, duchesse de Bourgogne, douairière de Savoie, qui reçoit la jouissance des comtés de Bourgogne et de Charolais et renonce, au profit de son neveu Charles, à ses droits sur la succession de sa mère. Bruxelles, 18 février 1508. Avec sceau. — 760 et 761. Lettres relatives aux conditions de cette renonciation. Bruxelles, 18 février 1509 (avec sceau), et Louvain, 25 janvier 1515

(avec sceau). (Dans ce dernier acte s'insère une lettre de Charles, prince de Castille, datée de Louvain, janvier 1515). — 762 et 763. Lettres par lesquelles Marguerite d'Autriche renonce à ses droits à la succession de son père, l'empereur Maximilien. Malines, 30 septembre 1520. (Dans cet acte est insérée une lettre de Charles, élu roi des Romains, 18 septembre 1520). Deux exemplaires, dont un scellé. — 764. Lettres révoquant les promesses d'offices et de bénéfices, faites par Marguerite d'Autriche. Bruxelles, 27 septembre 1524. Avec sceau brisé. — 765. Lettres interdisant aux marchands la route de Savoie, dans le Jura, route qui leur permet d'éviter les péages de Salins, Pontarlier, Joux, Jougne et Chalamont. Dôle, 18 mars 1528. Avec sceau.

II. **404.** 766. Procès-verbal de l'entrée de l'archiduc Charles dans son comté de Flandre et sa ville de Gand. 3 mars 1515. Cahier de 6 feuillets de parchemin, sous le sceau du prévôt de la collégiale de Sainte-Pharaïlde de Gand. — 767. Lettres de Charles-Quint légitimant Bastien « Nonbts ». Middelbourg, juillet 1517. Avec sceau. — 768. Lettres allouant à l'archiduchesse Marguerite une pension de 20.000 livres. Valladolid, 7 décembre 1517. — 769. Lettres autorisant l'archiduchesse Marguerite à signer les actes et lettres dépêchées pour ses affaires. Sarragosse, 24 juillet 1518. — 770. Lettres de Germaine de Foix, reine d'Aragon et de Naples, qui cède à Charles-Quint les droits qu'elle pouvait avoir sur le royaume de Navarre. Saragosse, 22 août 1518. En espagnol. Avec sceau. — 771. Lettres de Charles-Quint pour la pension de 8.000 florins qu'il avait promise à Joachim Ier Nestor, margrave de Brandebourg. Saragosse, 19 décembre 1518. Avec sceau. — 772. Lettres sur la forêt de Nieppe. Malines, 12 mars 1520. Avec sceau brisé. — 773. Lettres sur l'accord conclu avec l'archiduchesse Marguerite, pour la succession de l'empereur Maximilien. Bruxelles, 18 septembre 1520. Avec sceau brisé. — 774. Traité entre Charles-Quint et l'archiduc Ferdinand pour la même succession. Bruxelles, 7 février 1522. — 775. Lettres de réunion de Tournai au comté de Flandre. Bruxelles, février 1522. Avec sceau.

III. **405.** 776. Lettres de Charles-Quint qui donnent à l'hôtel

Rihour, sis à Lille, le nom de l'Hôtel de la Salle. Malines, janvier 1515. Avec sceau brisé. — 777. Lettres de Philippe de Clèves et de La Marck, sire de Ravestein, s'engageant à remettre 18.000 livres au bailli de Termonde. 1er juillet 1525. Avec sceau. — 778 et 779. Lettres de Charles-Quint en faveur de Philippe de Clèves. Bruxelles, 7 juillet 1525 et 8 novembre 1525. Deux chartes, avec sceaux. — 780. Ratification par Jean, roi de Portugal, du traité de mariage conclu entre sa sœur Isabelle et Charles-Quint. Almeirim, 8 novembre 1525. Cahier de 10 feuillets de parchemin, avec bulle de plomb. — 781. Pouvoir donné par Charles-Quint à sa tante Marguerite d'Autriche, pour traiter avec Jacques V, roi d'Écosse. Burgos, 7 février 1528. — 782. Mandement prescrivant une enquête sur la valeur des biens de l'abbaye de Clairmarais, près de Saint-Omer. Malines, 12 février 1528. Avec sceau. — 783. Copie de la ratification du traité de mariage conclu entre Alexandre de Médicis et Marguerite d'Autriche. 31 juillet 1529. Cahier de 8 feuillets de parchemin. — 784. « Compte de recepte des douze cens mil escus d'or au soleil, que le Roi très-chrestien, ensuiant le traictié de paix faict à Cambray, doit payer aux commissaires de l'Empereur, nostre sire , pour la délivrance de messieurs ses enfans » (1530). Cahier de papier de 34 feuillets. — 785. « Déclaration, spécification et inventoire des bagues, joyaulx, aournements impériaux et d'église, vaisselle d'or et d'argent, » etc., « qui estoient ès mains de feu Loys de Weerde, en son vivant conseillier et garde des joyaulx de l'empereur Charles-Quint. » A la fin se trouve un mandement de l'empereur (Augsbourg, 13 août 1530) et un certificat du comte de Nassau Henri, de la même date, etc. Cahier de 25 feuillets de parchemin, avec sceau. Cf. un autre inventaire de 1536, dans les Cinq-Cents de Colbert, volume n° 129, qui a été publié par H. Michelant, *Bulletin de la commission d'histoire de Belgique*, 3e série, t. XIII et XIV.

IV. **406**. 786. Lettres de Robert Le Clercq, abbé de Notre-Dame-des-Dunes, au diocèse de Bruges, par lesquelles il s'engage à respecter les termes des lettres de Charles-Quint, du 13 juin 1531, pour le remboursement d'un prêt fait à l'abbaye. 18 juillet 1531. Avec sceaux de l'abbé et de l'abbaye. — 787. Lettres de Charles-Quint, pour la draperie du village de Neuvéglise (châtellenie de Bailleul, actuellement Belgique). Bruxelles, 18 juillet 1532. Avec

sceau brisé. — 788 et 789. Lettres-missives de Marie, reine de Hongrie, aux gens des Comptes à Lille, relatives aux terres de l'évêque de Béziers et au rachat des rentes par le receveur du Brabant. Bruxelles, 11 janvier 1533 et 28 décembre 1534. — 790. Pouvoirs donnés par Charles-Quint à sa sœur Marie, reine de Hongrie, gouvernante des Pays-Bas, pour aliéner et engager certains domaines. Naples, 1er février 1535. Avec sceau. — 791. Pouvoirs à la même, de traiter avec l'électeur et les princes de l'Empire. Madrid, 24 février 1535. Avec sceau brisé. — 792. Lettres closes aux gens des Comptes à Lille, sur une somme de 33.207 écus d'or et 8 patards. Barcelone, 6 mai 1535. — 793. Lettres autorisant la ville de Binche à créer 300 livres de rente. Bruxelles, 31 mai 1535. Avec sceau brisé. — 794. Lettres confirmant l'aliénation des domaines des Pays-Bas. Florence, 4 mai 1536. Avec sceau. — 795. Pouvoirs accordés à Marie, reine de Hongrie, pour traiter avec le roi de France. Savigliano, 28 juin 1536. Avec sceau. — 796. Lettres commettant Jacques de Récourt, baron de Licques, comme bailli de la seigneurie de Blaton. Bruxelles, 7 novembre 1536. Avec sceau. — 797. Commission du même, donnée au même, pour recevoir le serment de Jean d'Apremont, seigneur de Buzancy et de « Lumes ». Bruxelles, 7 novembre 1536. — 798. Lettres nommant des commissaires pour vérifier les comptes d'Antoine Le Brun, trésorier des guerres. Bruxelles, 19 octobre 1537. Avec sceau brisé. — 799. Mandement sur les dégrèvements d'impositions à accorder à certains villages d'Artois. Bruxelles, 31 juillet 1538. Avec sceau brisé. — 800. Pouvoirs à la reine de Hongrie, Marie, pour le gouvernement des Pays-Bas. 1540. (La date a été laissée en blanc.) Avec sceau brisé.

V. **407.** 801. Lettres patentes de Charles-Quint pour le Parlement de Dôle. La Spezzia, 22 septembre 1541. — 802. Confirmation du traité de paix conclu entre Charles-Quint et François Ier. Bruxelles, 22 juillet 1545 (avec acte d'enregistrement à la chambre d'Artois). Cahier de 16 feuillets de parchemin, avec sceau. Cf. *Catalogue des actes de François Ier*, nos 14146-14148. — 803. Lettres de légitimation par Charles-Quint de Jerôme de Rolle, fils de Guillaume de Boulans, dit de Rolle. Bruxelles, décembre 1546. Avec sceau brisé. — 804. Lettres au sujet de la paix

conclue entre la reine de Hongrie, Marie, et Ferdinand, roi des Romains. Augsbourg, 7 mars 1548. Avec sceau. — 805. Charte des religieuses chartreuses du nouveau couvent de Sainte-Anne s'engageant à vendre dans un délai de trois ans une terre, qu'elles tenaient de damoiselle Jeanne Basentyn. 14 septembre 1548. En flamand. Avec sceau. — 806. Cet acte avait disparu dès 1828, d'après une note de Champollion-Figeac dans un inventaire sommaire, conservé dans ce carton.

VI. **408.** 807. Lettres de Ferdinand, roi des Romains, approuvant la nomination faite par Charles-Quint de son fils Philippe comme gouverneur de la citadelle de Cambrai. Augsbourg, 15 décembre 1550. Avec sceau. (Dans cet acte est inséré un acte de Charles-Quint, daté de Bruxelles, 13 mai 1550.) — 808. Pouvoir donné par Charles-Quint à la reine Marie, pour lui permettre d'aliéner des domaines jusqu'à 600.000 livres. Innsbruck, 1er février 1551. Avec sceau. — 809. Lettres de légitimation de Philippe, fils de Ponthus de Lalaing, gouverneur de la citadelle de Cambrai. Bruxelles, novembre 1551. Avec sceau brisé. — 810. Pouvoir donné à la reine Marie pour de nouvelles aliénations. Namur, 13 juillet 1554. — 811. Mandement au garde des chartes du château de Rupelmonde de rendre différents titres à la reine Éléonore. Bruxelles, 1er juillet 1555. Avec sceau. — 812. Mandement de Marguerite de Parme sur le subside accordé par les gens d'église de Lille, Douai et Orchies. Bruxelles, 8 novembre 1559. — 813. Lettres de Philippe II, roi de Castille, accordant à Gérard Kint les droits et privilèges de bourgeois d'Audenarde. Bruxelles, 26 mars 1562. En flamand. Avec sceau brisé. — 814. Lettre de Marguerite, duchesse de Parme, au Parlement de Dôle, relative aux différends du Parlement et de l'Université. 30 juillet 1562. — 815. Ordonnance de Philippe II sur les domaines du comté de Bourgogne. Bruxelles, 4 octobre 1564. — 816. Lettres des prévôt, jurés, etc. de Valenciennes sur des lettres d'octroi du 8 novembre 1564. 25 février 1565.

VII. **409.** 817. Lettres de Philippe II, roi de Castille, légitimant Catherine Temermans, fille de Lucas Munich, dernier abbé de

Saint-Bavon de Gand, à la requête de Viglius de Zuichem d'Aytta,
prévôt de la cathédrale. Bruxelles, février 1569. Avec sceau. —
818. Lettres de légitimation de Lucie Temermans. Même date.
Avec sceau. — 819. Lettres de légitimation de Julien Cleerhaegen.
Bruxelles, mai 1571. — 820. « Ordonnance et instruction faicte
et dressée par... Don Fernando Alvarez de Toledo, duc d'Alve,...
gouverneur... des Pays-Bas,.. sur les confiscations à cause des
troubles » dans les Pays-Bas. Bruxelles, 25 novembre 1573.
Copie sur cahier de papier de 20 feuillets. — 821. « Ordonnance
et instruction [de Don Luis de Requesens y Zuñiga], gouverneur
des Pays-Bas, pour la nouvelle Chambre des Confisca[ti]ons. »
31 août 1574. Copie sur papier de 18 feuillets. — 822. Acte de
Philippe II relatif aux difficultés entre le Parlement et l'Université
de Dôle. Malines, 22 juin 1577. — 823. Lettres affranchissant du
droit d'urbanité Robert Dognyes, seigneur de Philomez (Philio-
mèle.) Messine, 27 septembre 1582. Avec sceau. — 824. Requête
du dit Robert Dognyes à la Chambre des Comptes de Lille. Vers
1582. — 825. Lettres patentes de Philippe II, pour les religieuses
du monastère de Grœninghen, près de Courtrai (diocèse de Tournai). Tournai, octobre 1581. Avec sceau. — 826. Lettres de légitimation de Barbara d'Ayala. Bruxelles, 7 février 1587. Avec sceau.
— 827. Lettres pour la ville de Béthune. Bruxelles, 8 octobre 1588.
Avec sceau. — 828. Lettres des échevins de Béthune à la Chambre
des Comptes de Lille, relatives à la précédente. 6 juin 1560. Avec
cachet. — 829 et 830. Lettres de Philippe II nommant Gilles
Hebberecht receveur de Deynze, Peteghem, etc. Bruxelles,
30 octobre 1596. Avec sceau. Serment du dit Hebberecht le 22 octobre 1598. — 831. Coutumes de la ville de Thielt. En flamand.
Cahier de papier de 38 feuillets.

VIII. **410**. 832. Lettres de légitimation par Albert et Isabelle-
Claire-Eugénie, archiducs d'Autriche, de Jehan du Mont. Bruxelles, avril 1603. Avec sceau. — 833. Lettres de Charles II, duc
de Croy et d'Aerschot, nommant des procureurs pour rendre
compte en son nom des exploits de l'office de grand-bailli de Hainaut. Beaumont, 6 février 1604. Avec sceau. — 834. Lettres de
l'archiduc et de l'archiduchesse d'Autriche, Albert et Isabelle-
Claire-Eugénie, qui accordent aux échevins de la ville de Menin

un droit de tonlieu. Bruxelles, 30 septembre 1610. Avec sceau. —
835. Lettres sur l'administration de la forêt de Nieppe. Bruxelles,
26 octobre 1615. Cahier de 12 feuillets de parchemin, avec sceau.
— 836. « Registre, contenant la déclaration et recœul des payes,
ausquelles ceulx des magistrats de la ville de Lille,... nobles,
bourgeois et inhabitans d'icelle ont résolu de contribuer volon-
tairement... pour subvenir aux nécessitéz présentes de la guerre
contrє les... François et rebelles... » (1641). Cahier de 38 feuillets
de papier. — 837. Lettres de Philippe IV, roi d'Espagne, pour faire
payer les sommes dues à Jean de Sinet, greffier de la Chambre des
Comptes de Lille. Bruxelles, 16 juin 1648. Avec sceau. — 838. Lettres, nommant J.-B. Baude receveur du domaine du Quesnoy.
Bruxelles, 25 février 1650. Avec sceau. — 839 et 840. Lettres,
conférant l'Ordre de la Toison d'or à don Francisco Filomarino,
prince de La Rocca, et à Jean-François Trautzon, comte de Falkenstein. Madrid, 30 août 1653 (la deuxième lettre est scellée.)
[Cf. J. Boisseau, *Les noms des chevaliers de la Toison d'or*, n° 387,
et ms. fr. 12195, n°ˢ 472 et 470.] — 841. Lettres semblables pour
Marcantonio Colonna, duc de Tagliacozzo et Paliano. Même date.
[Cf. Boisseau, n° 388 ; ms. fr. 12195, n° 471.] — 842. Lettres semblables pour George Acace, comte de Losenstein, grand écuyer
de Ferdinand III. 30 août 1653. Avec sceau.

411. Lettres des doges de VENISE, en italien (1620-1641).

843. Lettre d'Antonio Priuli à Jean-Baptiste de Bourbon, **duc**
d'Anjou (Gaston d'Orléans), au sujet de l'ambassadeur Girolamo
Priuli. 1ᵉʳ octobre 1620. — 844. Lettre du même au même, **au**
sujet de l'ambassadeur Giovanni Pesaro. 25 août 1621. Avec
bulle de plomb. — 845-847. Lettres de « Joanes Cornelio » (Giovanni Corner I) au même, au sujet des ambassadeurs Simone Contarini et Giorgio Zorzi et d'offres de service. 18 octobre **1625**,
28 août 1626, 3 septembre 1626. — 848-850. Lettres de « Franciscus Ericio » (Francesco Erizzi) au même, au sujet des **ambassa-**
deurs [Alvise] Contarini, Angelo Correr et de H. du Coudray-Montpensier. 28 octobre 1634, 20 août 1637, 30 mars 1641.

412. Documents relatifs à la famille Du Bois (1546-1675).

851. Lettres d'annoblissement de Quentin du Bois par Charles II (ou III), duc de Lorraine. Nancy, 15 novembre 1546. Avec sceau. — 852. Contrat de mariage de Quentin du Bois et de Louise d'Anglebert. 3 octobre 1548. Cahier de 6 feuillets de papier. — 853. Contrat de mariage de Nicolas du Bois et Anne de Solletz. 4 mai 1591. Cahier de 4 feuillets de papier. — 854. Acte de partage des biens de Nicolas du Bois. 18 avril -18 août 1655. — 855-856. Passeports du sieur [F. de Lévis-Ventadour] de Brion et du colonel Lhuyluier au capitaine du Jard, [François du Bois]. 19 août et 2 septembre 1651. — 857. Passeport du duc de Lorraine, Nicolas-François pour le même. 3 juin 1654. — 858. Contrat de mariage de François du Bois, sieur du Jard, avec Anne-Marie du Plessis. 5 février 1657. — 859. Copie de l'acte de baptême de Catherine-Anne du Bois. 20 avril 1675. — 860. Tableau généalogique de la famille du Bois.

413. Pièces diverses, relatives à l'histoire de France ; actes des rois, papes, et empereurs (1200-1651).

861. « Chou est li declarations des lois en le court et en le conté de Haynnau... » Juillet 1200. — 862. Vidimus par le sénéchal de Carcassonne et de Béziers des statuts de Louis IX (décembre 1254). Narbonne, 2 avril 1340. — 863. Constitutions de Grégoire X au concile de Lyon. 1er novembre 1274. Avec bulle. — 864. Lettres de Philippe IV le Bel à l'abbé de Moissac [Guillelmus de Duroforti] pour la translation des reliques de saint Louis. Paris, 7 mai 1298. — 865. Lettres au sujet des limites des sénéchaussées de Toulouse, Carcassonne, Rodez, Périgueux et Agen. 10 décembre 1300. — 866. Procès-verbal de la lecture des lettres de sauvegarde de Louis X en faveur de l'abbaye de Candeil, diocèse d'Albi, pour les granges « de Marlac, de Badaillac et des Tuileries ». 15 mars 1316. — 867. Mandement de Jean II, relatif à l'envoi du sire de Garancières en Écosse. Saint-Denis, 5 mars 1355. Collation du 11 février 1355. — 868. Lettres de Charles V nommant Enguerrand [VII] de Coucy, comte de Soissons et de Marle, pour traiter avec Gian-Galeazzo Visconti, duc de Milan, comte de Vertus. Paris, 13 no-

vembre 1394. Collation du 29 décembre 1395. — 869. Lettres de Charles VII, nommant les ambassadeurs, qu'il charge d'aller traiter avec ceux du roi d'Angleterre, à Vendôme. 13 avril [1444]. Acte détérioré. — 870. Traité conclu entre Charles VII et Dietrich de Mörs, archevêque de Cologne. Trêves, 13 février 1445. — 871. Lettres de Charles VII sur le traité conclu avec Christiern Ier, roi de Danemark. Saint-Symphorien-d'Ozon, 7 avril 1456. — 872. Vidimus du 21 février 1466 de lettres de Charles, duc de Normandie [le frère de Louis XI], relatives à son apanage. Rouen, 11 janvier 1466. — 873. Lettres de Charles VIII, en son Parlement de Toulouse, au sujet de l'élection de l'abbé de Moissac. Toulouse, 27 avril 1485 (avec deux attaches du 28 avril). — 874. Bulle d'Alexandre VI sur les pouvoirs accordés à Georges d'Amboise, archevêque de Rouen. Rome, 5 avril 1501. — 875. Bulle de Jules II pour le même. Rome, 4 décembre 1503. — 876. Lettres des membres de la « junte » de la vallée de Roncal aux jurés de la vallée de Barétous. 7 février 1568. — 877. Lettres de l'empereur Maximilien à Charles IX au sujet de son mariage avec Isabelle d'Autriche. Presbourg, 9 septembre 1569. Cahier de papier de 4 feuilles. Avec cachet. — 878. Copie authentique sur cahier de parchemin de 4 feuilles, du contrat du mariage de Gaston-Jean-Baptiste, duc d'Orléans, avec Marie de Bourbon, duchesse de Montpensier. 5 août 1626. — 879. Lettres de Louis XIV retirant la lieutenance générale de la Guyenne à Bernard de Nogaret, duc d'Épernon et de La Valette (1651). Expédition non datée.

414. Actes relatifs à Narbonne (871-1436).

880 [1]. Acte d'échange de terres dans le comté de Narbonne par « Andreus » et sa femme « Teuza ». 17 mai 871 (?). — 881 [2]. Vente de terre dans le même comté. 21 novembre 917. — 882 [3]. Vente de terre dans le lieu dit : « Ad Ipsa Condamina ». 22 octobre 925. — 883 [4]. Vente de terres dans les limites de la villa « Scalae » par « Riculfus » et sa femme « Gondeberga ». 30 décembre 944. — 884 [5]. Vente d'un moulin situé près du pont de Narbonne. 19 décembre 955. — 885 [6]. Vente de terre par « Qurtallus » et sa femme « Livulona » à « Quilielmus ». 8 mai 966. — 886 [7]. Don par « Glado » et sa famille à « Glodovara » et à son

frère. 8 février 971. — 887 [8]. Vente de terres situées dans le territoire de Narbonne. Pièce en mauvais état. 11 janvier 978. — 888 et 889 [9 et 10]. Vente de vignes par « Quarinus », son épouse « Sarra » et « Quintol » à « Qualtarius » et « Alba ». 31 mars 980 et 7 juin 994. — 890 [11]. Vente de terre à « Gilabertus » par « Gitardus ». 7 mai 1000. — 891 [12]. Vente de terres au moine « Rainardus » par « Ugbertus » et « Sendredus ». 12 mars 1010. — 892 [13]. Vente de manse situé dans le comté de Narbonne. Acte en mauvais état. Vers 1015. — 893 [14]. Vente par « Segarius » et sa femme « Belluca » de l'alleu, qu'ils avaient dans le comté de Narbonne. 29 décembre 1024. — 894 [15]. Donation faite par « Bernardus » à sa femme « Ermengarda ». 27 août 1031. Publiée dans l'*Histoire du Languedoc*, nouvelle édition, t. V, col. 398. — 895 [16]. Vente par « Gosiefredus » et sa femme « Gilla » au prêtre « Rodlandus »... d'une terre située dans le territoire de Narbonne. 9 juin 1035. — 896 [17]. Vente par « Richillis » et ses enfants à « Deusdet » de terres situées dans le comté de Narbonne. 23 mars 1036. — 897 [18]. Vente par « Ato Raimundo » et sa femme Pontia au prêtre « Bernard » et à son frère Raimond de vignes situées dans le comté de Narbonne. 11 janvier 1041. — 898 [19]. Donation faite par « Raimundus » à sa femme « Arsindis ». 20 avril 1042. — 899 [20]. Vente par « Udalgarus » et sa femme « Aedberga » d'un aleu situé en le territoire de Narbonne. 19 avril 1043. — 900 [21]. Vente par « Petrus » et « Gonberga » à « Pontius Amelius » d'une vigne située dans le comté de Narbonne. 27 avril 1044. — 901 [22] Testament de « Berengarius Bernardi ». Juillet 1061. — 902 [23]. Donation faite par « Teudemarus » à sa femme « Hermengarda ». 16 novembre 1066. — 903 [24]. Acte de guerpissement par « Ugo Adalbertus » à « Raimundus Johannes ». 8 août (1080) — 904 [25]. Vente par « Ava » et son mari « Petrus » à « Petrus Suniari » d'une maison située à Narbonne. Mars 1095. — 905 [26]. Charte illisible du xie siècle. — 906 [27]. Vente par « Sesemundus » à « Rigordus » et à sa femme « Arsinda » d'une portion de champ située dans le comté de Narbonne. 2 avril 1115. — 907 [28]. Transmission par « Aimericus de Narbona » et sa femme « Ermengardis » d'une maison à « Petrus Bocadorli ». 3 décembre 1123. — 908 [29]. Testament de « Guillelmus de Bitterris ». 2 juillet 1129. — 909 [30]. Acte d'accord entre « Raimundus Rohes [?] », « Bernardus Romeus » et « Gillelmus », gendre de « Bernardus Record ». 19 avril 1134. — 910 [31].

Don par les chanoines de Saint-Paul de Narbonne d'une maison
au diacre « Willelmus ». 11 janvier 1137. — 911 [32]. Acte de
« Geraldus de Condomo » relatif aux salines qu'il a données au
chanoine « Richerius ». 20 décembre 1138. — 912 [33]. Don par
« Petrus de Schalas » à sa femme Aladaicis. 21 novembre 1139.
— 913 [34]. Don par « Guillelmus », chapelain « de Eschalis », à
« Petrus Beringarius », son neveu, et à « Bernardus Pilis » de droits
sur son fief. 4 mai 1147. — 914 [35]. Charte de mariage entre
« Benincasa » et « Raimundus Raterius ». 11 mai 1148. — 915 [36].
Acte de « Raimunda » et de ses enfants sur la remise d'une moitié
de vigne à « Petrus Biterrensis ». 1er septembre 1149. — 916 [37].
Don par « Bernardus Pagani » à sa femme « Garsendis ». 27 janvier 1154. — 917 [38]. Acte d' « Ermengardis », vicomtesse de
Narbonne, abandonnant certains biens et privilèges à l'archevêque
Pierre [II de Situlvero]. 15 janvier 1155. — 918 [39]. Vente d'une
vigne par « Martinus » et sa femme « Poncia » à « Guillelmus Fabre ».
29 août 1160. — 919 [40]. Acte d'engagement d'une demi-mesure
de vigne à « Maria » et ses fils par « Dodonus » et sa femme « Poncia ». 1er juin 1162. — 920 [41]. Don par « R. Textor » et sa femme
« Alazat » à « Guillelmus Balbus » et à sa fille « Fisa ». 10 juin 1162.
— 921 [42]. Vente de moulins par « Maria, Mansera et Frances-
cha », sœurs, et leurs maris à « Petrus Agarni » et sa femme
« Adalaïcia ». 8 août 1162. Transcriptions de 1200 et 1235. —
922 [43]. Acte de tradition par Jean Ier, prieur de Notre-Dame
de Cassan, de droits sur certaines localités à « Petrus de Podio ».
21 aout 1162. — 923 [44]. Don par « Petrus de Sancto Juliano »
à « Martina », femme d' « Arnaldus Calvetis de Ferrando ». 3 mai
1164. — 924 [45]. Reconnaissance d'une dette de trois cent sous
de monnaie de Melgueil à « Maria de Raxaco » par « Bernardus
Berengarius » et « Petrus de Corcona ». 24 janvier 1162. — 925 [46].
Hypothèque sur une maison, située « in burgo Montis-Olivi »
(Montolieu), à « Arnoldus Bacia » par « Bernardus Bonusomo ».
Mars 1165. — 926 [47]. Lettres du roi Louis VII, confirmant à l'ar-
chevêque de Narbonne [Pontius d'Arsace] la possession de biens, qui
dépendent de son diocèse. Souvigni, 4-23 avril 1165. Copie de 1433.
Cf. A. Luchaire, *Étude sur les actes de Louis VII*, no 520. — 927 [48]
Lettres de « Guillelmus Arnaldi et Imbertus », sacristes, « Petrus de
Corbania », archidiacre, et autres clercs de Saint-Paul, approuvant
la donation faite par « Bona Casa » à sa nièce « Alesendis », 23 mai

1173. — 928 [49]. Hypothèque d'une maison à « Bertrandus Corregerius » par « Alissendis » et son mari « Petrus Amaroni ». 30 juillet 1173. — 929 [50]. Testament de « Petrus de Sancto Ylario ». Mars 1177. — 930 [51]. Don de « Raimundus Begs » à sa femme « Fabrissa ». 1er décembre 1180 (?). — 931 [52]. Don à « Petrus de Casiliaco » par « Maria » et « Ricsuenc » et leurs maris. Septembre 1187. — 932 [53]. Acte de mariage entre « Petrus de Venres » et « Beatrix », fille de « Ricardus de Malagatio ». Janvier 1191. — 933 [54]. Don par « Ademarius de Lucx » à « Poncius Faber » d'une masure « in castro Montis-Olivae ». 30 septembre 1193. — 934 [55]. Don de « Gillelmus de Villa Mavia » à « Perrona », sa femme. 1er juillet 1196. — 935 [56]. Don de droits sur un fief situé « ad Villam novam » par « Carbonellus » à « Petrus Ugbaudus » et « Gillelmus Arnaldus ». 30 décembre 1195. — 936 [57]. Don de terres par « Geraldus de Brolio » à « Guillelmus Faber » et « Petrus Raimundus Faber ». 30 avril 1197. — 937 [58]. Traité conclu entre « Poncius Furnerius » et sa femme « Poncia ». 3 octobre 1198. — 938 [59]. Reconnaissance par « Arnaldus Faber » d'une lettre de 750 sous de Melgueil, dûe à « Bernardus Faber ». Octobre 1204. — 939 [60]. Acte de livraison d'un champ à « Bernardus de Turre » par « Aladaïcis Cornela ». Décembre 1204. — 940 [61]. Hypothèque de biens possédés à « Aquaveza » (Aiguesvives) par « Ermengardis », son mari « Guillelmus... de Brugairolis » et son fils à « Bernardus de Raisacho ». 13 novembre 1206. — 941 [62]. Vente d'une maison. par « Gillelma Radolsa », sa fille et son gendre à « Petrus Boca » 21 mai 1209. — 942 [63]. Acte de livraison par « Bernardus Raimundi » à « Guillelmus Bernardus de Sancto-Sebastiano » et « Berengarius », son frère, d'un champ situé dans les limites de la cité de Narbonne. 25 septembre 1209. — 943 [64]. Acte d'échange, entre « Petrus Raimundus de Boscho » et « Aimericus Palerius ». 5 octobre 1209. — 944 [65]. Acte de division entre « Gervasius » et ses cinq frères de biens possédés à Narbonne et à Ouveillan. Avril 1210. — 945 [66]. Acte de tradition de terre par « Petrus Boves » et sa sœur « Beatriz » à « Gillelmus Boves ». 15 décembre 1210. — 946 [67]. Acte de tradition de moulin par « Aimericus Bernardus » à « Arnaldus Masia ». 20 juillet 1212. — 947 [68]. Don par « Petrus Peleti » à « Arnaldus Ot ». 10 mars 1213. — 948 [69]. Accord conclu entre l'archevêque de Narbonne, Arnald-Amauri et le vicomte Aimeri. 1213. — 949 [70]. Confirmation de droits

par « Imbertus de Capraria » et sa femme « Aladaïs » à « Imbertus Rubei ». 30 juillet 1215. — 950 [71]. Acte d'accord entre « Arnaldus Vitulus » et « Poncius Stephani ». Novembre 1217. — 951 [72]. Acte de livraison par « Raimundus de Sancto-Johanne » et sa sœur « Auda » à « Johannes Mediumguino » et « Petrus Vitali » de terres qu'ils possédaient « in terminio Montis-Olivi ». 1er janvier 1218. — 952 [73]. Vente par « Stephanus Vacherius » à «Johannes Dazerius » d'une vigne située à Narbonne. 11 février 1218. — 953 [74]. Acte de livraison par « Gillelma », veuve d'«Arnaudus Amelii » d'un arpent de terre à « Ada Radulfi ». 19 novembre 1219. — 954 [75]. Don par « Guillelmus Poncius de Brolio » à « Petrus Raimundus Faber » de droits sur un jardin situé à Narbonne. 11 mars 1222. — 955 [76]. Promesse par le vicomte Aimeri de Narbonne, les consuls et autres citoyens de Narbonne d'observer les lettres du roi de France sur l'extirpation de l'hérésie. 17 mai 1229. — 956 [77]. Lettres de tradition d'un champ par « Margarita », veuve de « Bernardus de Turre de Scalis », au fils de feu « Astruc ». 22 avril 1231. (Copie de 1269.) — 957 [78]. Vente d'un champ par « Salomon de Melgorio », juif, à « Raimundus de Sancto-Ægidio ». 25 juin 1231. — 958 [79]. Engagement de «Guillelmus Alpharicus de Sancto-Nazario », de « Berengarius de Boutenaco », etc. de payer 1.000 marcs d'argent à l'archevêque de Narbonne, si le vicomte de Narbonne, Aimeri, n'observe pas le compromis conclu avec le dit archevêque. 19 avril 1232. — 959 [80]. Composition conclue entre l'archevêque de Narbonne « P[etrus Amelii] » et le vicomte Aimeri. 21 août 1232. — 960 [81]. Quittance par « Ema », femme de « Poncius Magister », d'une somme de 44 sous de Melgueil, payée par « Guillelmus Boetus ». 13 novembre 1234. — 961 [82]. Achat à « Johannes Martinus » d'une terre par « Gillelma de Ameliis » et « Raimundus Revellus ». 1es janvier 1235. — 962 [83]. Hommage à l'archevêque de Narbonne, Pierre, par le vicomte Amauri. Février 1239. — 963 [84]. Vente d'un champ par « Raimundus de Livrano », fils de feu « Isarnus «, 8 juillet 1247. — 964 [85]. Don par « Guillelma Torrada » à «Bernarda », sa fille et à son mari « Johannes Longus » de partie de vigne. 25 janvier 1248. — 965 [86]. Paix conclue entre l'archevêque Guillaume et le vicomte Amauri. 7 juillet 1251. — 966 [87]. Reconnaissance par « Bernardus de Bubaribus » d'une somme de 135 sous de Melgueil au juif « Bondia de Surgeriis ». 27 octobre 1251.

— 967 [88]. Vente d'un champ par le dit « Bondia de Surgeriis » à « Poncius de Turre ». 21 décembre 1252. — 968 [89]. Acte de paix entre l'archevêque de Narbonne et la cour du vicomte Amauri, sur la juridiction de certaines boutiques possédées par « Guillelmus Fabri », fils de « Petrus Raimundi Fabri » et « Guillelmus Raimundi de Monte Pessullano ». 12 septembre 1253. — 969 [90]. Acte de « Poncius de Turre de Scalis » reconnaissant une dette de 30 sous de Melgueil à « Petrus de Graneriis ». 26 avril 1256. — 970 [91]. Traité de mariage entre « Arnaldus de Bagis » et « Jordana », fille d' « Esclarmonda ». 1er mars 1262 (copie de 1277). — 971 [92]. Vente de terre par « Poncius Guiffredi de Mossiano » à « Johannes Faber ». 31 octobre 1265. — 972 [93]. Vente de terre par « Bernardus Jordani » à « Bernardus Barreria ». 3 décembre 1271. — 973 [94]. Accord conclu entre l'archevêque de Narbonne, Pierre, et le vicomte Amauri pour la juridiction des juifs de Narbonne. 20 avril 1276. — 974 [95]. Vente de champ par « Guillelma », veuve de « Bernardus Ventrudi » à « Bernardus Gausberti ». 26 janvier 1277. — 975 [96]. Acte de cession de « Petrus Raimundi de Monte Olivo ». à l'église Saint-Paul de Narbonne de droits de lods et vente sur certaines terres. 12 juillet 1277. — 976 [97]. Lettres du pape Nicolas IV à l'archevêque de Narbonne pour « l'aide pour la Terre-Sainte ». Civita Vecchia, 18 août 1291. Avec bulle. Cf. Potthast, 23786. — 977 et 978 [98 et 99]. Hommage du vicomte Aimeri à l'archevêque Gilles. 3 juillet 1292. (Deux exemplaires.) — 979 [100]. Lettres du roi Philippe IV au sujet de la condamnation de trois sergents archiépiscopaux de Narbonne. Paris, 24 mars 1293. Copie du 16 septembre 1303. — 980 [101]. Reconnaissance par « Jacobus Fabri » et « Guillelmus Fabri », bourgeois de Narbonne de sommes dues à « Boneta Constantini ». 5 octobre 1293. — 981 [102]. Mandement de l'official « Jacobus Faber » aux chapelains et vicaires, relatif à l'excommunication d'Amauri, fils du vicomte de Narbonne. Narbonne, 7 septembre 1294. — 982 [103]. Lettres de Philippe IV relatives à l'hommage d'Amauri, vicomte de Narbonne. Copie. Paris, 13 avril 1302. — 983 [104]. Testament de « Raymunda », femme de « Bernardus Michael de Soricinio ». 31 août 1304. — 984 [105]. Lettres de Philippe IV au sujet de l'hommage du vicomte de Narbonne à l'archevêque de Narbonne. Mars 1304. — 985 [106]. Hommage du vicomte Amauri à l'archevêque Gilles

Aycelin. 11 octobre 1305. — 986 [107]. Bulle de Clément V au sujet du mariage entre « Johannes Vincentii » et « Guillelma Luisa ». Toulouse, 4 janvier 1309. Avec bulle [1]. — 987 [108]. Hommage du vicomte Amauri à l'archevêque Bernard II de Fargis. 17 juillet 1337. — 988 [109]. Arrêt du Parlement pour le droit de marque et les marchands de Gênes. Paris, 19 juillet 1337. — 989 [110]. Fragment du testament de « Guillelmus Parici ». 12 août 1370. — 990 [111]. Lettres de « Petrus de Mornayo », sénéchal de Carcassonne, sur la juridiction de l'archevêque. 31 mai 1403. Cet acte comprend la copie de deux lettres de « Robertus de Chalucio » (1403). — 991 [112]. Acte relatif à une compensation accordée aux marchands de Montpellier. 25 novembre 1406. — 992 [113]. Acte relatif aux indulgences concédées à « Bernarda », femme de « Johannes Gisperti ». Narbonne, 12 mai 1436.

415-416. Boîtes de sceaux détachés et de fragments de sceaux. — 15 sceaux et 19 fragments de sceaux.

417-424. Catalogue de la collection des MÉLANGES DE COLBERT, rédigé après la constitution définitive de la collection.

I (417). Fol. 1. Catalogue des cent premiers volumes. — Fol. 32. Catalogue de la *Correspondance de Colbert* (vol. 101 à 114, de l'année 1649 à février 1663).
>   186 feuillets.

II (418). *Correspondance* (vol. 115 à 126, de mars 1663 à décembre 1664).
>   178 feuillets, numérotés 186 *bis* à 364.

III (419). *Correspondance* (vol. 127 à 140, de janvier 1665 à septembre 1666).
>   178 feuillets, numérotés 364 *bis* à 542.

---

(1) Ici devrait prendre place un rouleau relatif aux bâtons royaux, posés sur certains domaines de l'archevêché de Narbonne, rouleau de l'année 1334 formant aujourd'hui le manuscrit latin 9191.

IV (420). *Correspondance* (vol. 141 à 159, d'octobre 1666 à mai 1672).

178 feuillets, numérotés 542 *bis* à 720.

V. (421). *Correspondance* (vol. 160 à 176 *bis*, de juin 1672 à 1677).

162 feuillets, numérotés 720 *bis* à 832.

VI (422). Catalogue des *Registres d'ordre financier* (vol. 177-343). Fol. 899. Concordance des cotes des *Chartes* et des numéros des cartons. — Fol. 900. Catalogue des *Chartes* de Colbert (n°s 344-416).

197 feuillets, numérotés 832 *bis* à 1029.

VII (423). Table alphabétique de la *Correspondance* (vol. 101-176 *bis*). A.-G.

143 feuillets.

VIII (424). Suite et fin de la table. H.-Z.

146 feuillets, numérotés 143 *bis* à 289.

XIXe siècle. 8 volumes. 320 sur 260 millimètres. Demi-reliure.

TABLE ALPHABÉTIQUE

DES

MÉLANGES DE COLBERT

A. M. De l'emploi de l'armée navale des Chrétiens, 78.

ABANCOURT (Louis D'). Lettres, 212, 282.

ABBAS Ier, shah de Perse. Lettres, 19, 41.

ABBEVILLE. Lettre adressée à la femme du procureur du Roi, 317 ; — Mandement pour le remboursement d'offices de contrôleurs des eaux et forêts à Abbeville, 528.

ABLANCOURT (M. D'). V. FRÉMONT, PERROT.

ABLON (N. D'). V. DABLON.

ABON (Jacques-Auguste D'), 351 ; — Lettres, 185, 188, 192, 348 ; — Lettre à lui adressé, 190 ; — Mémoire sur les dépenses de l'année 1662, 186 ; — Réclamation faite par son commis, 376.

ABORD (Droit d'). Décharge de ce droit en faveur des pêcheurs, 442.

ABRAHAM. Recueil des mémoires sur la renonciation de Marie-Thérèse, 40.

ACACE (George), comte de Losenstein, II, 61.

ACADÉMIE DE FRANCE, à Rome. Note pour ses dépenses, 335.

ACADÉMIE FRANÇAISE, 50, 67.

ACADÉMIE ROYALE DE MUSIQUE. Réparations du local, 471 ; — Requête à son sujet, 484.

ACADIE (L'), 66, 392 ; — Gouverneur, v. BREEDON (Th.).

ACARETE. Propositions pour la conquête de Buenos-Ayres, 42 ; — Voyage à la Plata et au Pérou, 42.

ACHMET-PACHA. Lettre, 351.

ACIER. Essais, à Tulle, en 1665, 294.

ACQS. V. DAX.

ACQUITS, 393.

ACTES. Projet pour les actes, soumis au timbre, 478 ; — V. CHARTES, TIMBRE.

ACUÑA (Christoval D'), 42.

ADA RADULFI, II, 67.

ADALAÏCIA. Vente à elle faite, II, 65 ; — V. ALADAÏCIS, ALADAÏS.

ADALBÉRON, évêque de Laon. 55.

ADALBERTUS (Ugo), II, 64

ADALIA (Turquie). Mémoire sur le Consulat, 494.

ADAM (Léonard). Lettres, 144, 241, 382.

ADAM DE CAMBRAI. Lettres, II, 15.

ADEMARIUS DE LUX. Don, II, 66.

ADEVILLE (Le fr. Marc D'). Lettre, 522.

ADHÉMAR DE MONTEIL DE GRIGNAN (J. D'). V. GRIGNAN.

ADHÉMAR DE MONTEIL DE GRIGNAN (L.-Fr. D'). V. GRIGNAN.

AD IPSA CONDAMINA, lieu dit, II, 63.

ADJUDICATAIRES des fermes. V. FERMES.

ADLERCRON. Note sur une de ses lettres, 525.

ADLER-SALVIUS (Johan). Lettre, 10.

ADOLPHE DE LA MARCK, évêque de Liège. Lettres, II, 54.

ADOLPHE DE NASSAU, empereur. Pouvoirs à lui donnés, II, 38.

ADOLPHE-JEAN, duc de Bavière, 384.

ADON (Fr. Ange D'). Lettre, 346.

ADOUR (L'), 476.

ADRIAN (P.). Lettre, 95.

ADRIEN VI, pape. Bulle, II, 35.

AEDBERGA. Vente d'alleu, II, 64.

AERSCHOT (Charles, duc D'), II, 60.

AERSENS (Corneille), marquis de Sommelsdier [de Sommelsdijck]. V. VAN SOMMELSDIJCK.

AFFOUAGEMENTS, en Provence, 181.

AFRIQUE, 392 ; — Compagnie anglaise d'Afrique, 53.

AGARNI (Petrus), II, 65.

AGDE. Évêque, v. FOUQUET (L.) ; — Lettre des officiers de l'Amirauté, 285.

AGEN. Enregistrement du traité de Cambrai à la sénéchaussée, II, 26 ; — Évêque, v. JOLY (Cl.) ; — Limites de la sénéchaussée, II, 62 ; — Mémoires sur les grêles en Agenois, en 1669, 407.

AGENTS-GÉNÉRAUX du clergé. Actes notariés exposant leurs réclamations, 335 ; — Lettre, 329 ; — Mémoire sur leur établissement, 2 ; — V. CLERGÉ.

AGIER (Jacques). Commission relative à ses différends pour des transports de bois, 456.

AGLIE (Philippe, comte D'). Son arrestation, 5.

AGNÈS DE NEVERS. Son mariage avec Philippe de France, 18.

AGNÈS DE SAINT-DIDACE, 109, 206, 385, 421.

AGNOXER, ou AYNOXER (Comte D'). Lettre à lui adressée, 70.

AGOSTA (Italie), 72.

AGRICULTURE. « De insitionibus », 58 ; — « Nova forma colligendi segetes », 58.

AGUENIN (Famille), 85.

AGUESSEAU (H. D'). V. DAGUESSEAU.

AGUILAR (Joseph de Marguerit, marquis D'). V. MARGUERIT.

AGUIRRA (Bernardo D'). Lettre, 230.

AHMED Ier, sultan. Lettres, 19.

AIDES et entrées, 111, 339, 392, 491, 521, 528, 546 ; — Contestations entre les religieuses de l'Hôtel-Dieu et les fermiers des aides, 363 ; — États des recettes et dépenses, de 1668 à 1680, 542, 543, 544, 545, 546 ; — États, en Lyonnais, 424 ; — Lettre des sous-fermiers, 150 ; — Perceptions indues, 219 ; — V. COURS DES AIDES.

AIGLE D'OR (L'), nom de vaisseau, 140, 166 ; — Journal de pilotage, 77.

AIGLE NOIR (L'), nom de vaisseau, 456.

AIGUEBONNE (Marquis D'). V. URRE (R. D').

AIGUES-MORTES (Gard). Lettre des officiers de l'Amirauté, 285.

AIGUESVIVES (Hérault), II, 66.

AIGUIER (Le Sr). Lettre, 353.

AIGUILLON (Marie de Vignerot, duchesse D'). Lettres, 433, 482, 531 ; — Mémoire sur les dépenses faites au château de Rueil, 343.

AILLY (Antoinette D'), dame de Picquigny. V. ALBERT.

AILLY (Charlotte D'). V. ALBERT.

AILLY (Claire-Charlotte D'), mariée à Honoré d'Albert, duc de Chaulnes. V. CHAULNES.

AILLY (Henri-Louis D'). V. CHAULNES.

AILLY (Pierre, cardinal D'). Résumé du *Libellus de emendatione Ecclesia*, 76.

AIMÉE-DE-JÉSUS (Sœur). V. PAILLOT (H.).

AIMERI II, vicomte de Narbonne. Ventes, II, 64.

AIMERI III, vicomte de Narbonne. Accord et compromis avec l'archevêque, II, 66, 67 ; — Lettre relatives à l'hérésie, II, 67.

AIMERI IV, vicomte de Narbonne. V. AMAURI Ier.

AIMERI V, vicomte de Narbonne, II, 68 ; — Accord avec l'archevêque relatif aux Juifs, II, 68 ; — Hommage à l'archevêque, II, 68.

AIMERI VI, vicomte de Narbonne. V. AMAURI II.

AIMERI VII, vicomte de Narbonne.
V. AMAURI III.
AIMERICUS BERNARDUS. Don de
moulin, II, 66.
AIMERICUS PALERIUS. Échange
avec Petrus de Bosco, II, 66.
AIMON, comte de Savoie. V. AMÉ IV.
AIRE (Pas-de-Calais), 96, II, 1 ; —
Déclaration de l'échevinage, II,
47.
AIROY (Le sr). Lettre, 340.
AIX-EN-PROVENCE. Archevêques.
v. PIERRE AURIOL, COSNAC (D.
DE) ; — Couvent de Saint-Bar-
thélemi, 8 ; — Création d'une
chaire de botanique à la faculté
de médecine, 106 ; — Gages
des officiers de cours souveraines, 544 ; — Généralité, 534,
535, 537, 538, 539 ; — Lettres
des consuls, 154, 176, 210, 216,
226, 230, 255, 294, 525 ; —
Lettres des trésoriers, 114, 123,
136, 139, 155, 163, 176, 179,
200, 212, 233, 260-261, 292, 299,
305, 315, 316 ; — Lettres adressées aux consuls, 31 ; — aux
trésoriers de France, 30 ; — Marbre, donné par la duchesse de
Modène aux religieuses de la Visitation, 147.
AIX (Chambre des Comptes d').
V. PROVENCE.
AIX (Cour des Aides d'). V. PRO-
VENCE.
AIX (Parlement d'). V. PROVENCE.
AIXIER (L.). Lettre, 498.
AKAKIA (Roger), sr du Fresne.
Lettres, 98, 118, 250, 265, 275,
278, 284, 286, 288, 346, 349,
361, 461 ; — Lettres à lui adres-
sées, 31, 307 ; — Mémoires sur
ses négociations en Pologne, 10.
ALADAÏCIS, II, 65.
ALADAÏCIS CORNELIA. Acte de
livraison d'un champ, II, 66.
ALADAÏS, II, 67.
ALAIS (Louis-Emmanuel de Va-
lois, comte D'). Instructions,
35 ; — Contestation de ses héri-
tiers avec le roi, 431.
ALAYS (Frère Athanase). Lettre, 290.
ALAZAT, femme de R. Textor.
Don, II, 65.

ALBA. Vente à elle faite, II, 64.
ALBANO. Évêque, v. PIERRE DE
COLMIERS.
ALBANY (Duc D'), 38 ; — V. CLER-
MONT.
ALBANY (Jean, duc D'). Transac-
tion avec Jean de Chabannes,
20.
ALBE (Fernando Alvarez de To-
ledo, duc D'). Ordonnance, II,
60 ; — Pouvoir à lui donné, II,
28.
ALBEMARLE (Christophe, duc D').
Concession, à lui faite, des îles
Bahama, 66.
ALBEMARLE (Georges, duc D').
Concession, à lui faite, de la
Caroline, 66.
ALBERGATI (Cardinal Pierre-An-
toine), évêque de Besiglia. Let-
tres, 36.
ALBERT Ier D'AUTRICHE, empe-
reur. Lettres, II, 38.
ALBERT, archiduc d'Autriche. Bref
à lui adressé, II, 36 ; — Lettres,
II, 60 ; — Lettres à lui envoyées,
26, 71 ; — Relation de la bataille
d'Ostende, 27.
ALBERT Ier, duc de Bavière, pala-
tin du Rhin. Lettres, II, 46.
ALBERT (Charles D'), duc de
Chaulnes, V. CHAULNES.
ALBERT (Charles D'), duc de Luy-
nes. V. LUYNES.
ALBERT (Claire-Charlotte D'), née
d'Ailly, comtesse, puis duchesse
de Chaulnes. V. CHAULNES.
ALBERT (Claude-Honoré D'), duc
de Chevreuse et de Luynes. V.
CHEVREUSE.
ALBERT (Sœur H. D'). V. CHAUL-
NES.
ALBERT (Henri D'), duc de Chaul-
nes. V. CHAULNES.
ALBERT (Honoré D'). V. LUYNES
(Capitaine).
ALBERT (Louis-Charles D'), duc de
Luynes. V. LUYNES.
ALBERT D'AILLY (Anne), abbesse
de Saint-Pierre de Lyon. Lettre,
531.
ALBERT D'AILLY (Antoinette D').
Lettres, 122, 452, 454, 458, 465,
489, 493, 496.

ALBERT D'AILLY (Charlotte-Eugénie D'). Lettres, 175, 330, 410, 432, 441, 449, 451, 454, 458, 462, 470, 471, 481, 490, 494, 505, 514, 516, 528 ; — Note sur une de ses lettres, 525.

ALBERT D'AILLY (Henri-Louis D'), duc de Chaulnes. V. CHAULNES.

ALBERT D'AILLY (Marie-Louise D'). Lettres, 331, 492.

ALBERTAS (Pierre D'). Lettre, 231.

ALBI. Évêque, v. DAILLON (G. DE).

ALBIGEOISE (Hérésie). Inventaire des pièces du Trésor des chartes à ce sujet, 93 ; — Lettres pour l'extirpation de l'hérésie, II, 67.

ALBINHAC (Le Fr. D'). Lettre, 344.

ALBINI. V. ALBIZZI.

ALBION (Jacques D'), II, 52.

ALBIZZI (Cardinal Francesco). Lettre, 530

ALBO. Lettre, 422.

ALBON (Maison D'). Extrait relatif à cette maison, 20 ; — V. SAINT-ANDRÉ.

ALBRET (César-Phœbus de Miossens, maréchal D'). Lettres, 104, 438, 440, 443, 447, 449, 451, 454, 462, 465-466, 474, 477, 478, 479, 481, 485, 497, 499, 502, 506, 507, 531 ; — Lettres à lui adressées, 450, 476, 504 ; — Revue d'une de ses compagnies, 467-468.

ALBRET (Étienne de Miossens D') Lettres le légitimant, 20.

ALBRET (Jean D'), sʳ d'Orval. Pouvoirs à lui donnés, II, 22 ; — Signature, II, 21.

ALCALA (Université d'), 41.

ALCANTARA (Ordre d'), II, 35.

ALDERNEY (Ile d'). V. AURIGNY.

ALDOBRANDINI (Cardinal Baccio). Lettre, 257.

ALDOBRANDINI (Cardinal Pietro). Lettres à lui adressées, 27, 29.

ALDOBRANDINI (Cardinal Silvestro). Lettres, 36.

ALÈGRE (Claude-Christophe, marquis D'). Lettres, 499, 510.

ALÈGRE (Claude Polge, sʳ D'). Lettre, 202.

ALÈGRE (Claude-Yves, marquis D'), Lettre, 215.

ALÈGRE (Emmanuel, vicomte D'). Lettres, 317, 440, 499, 510, 514.

ALÈGRE (Gaspard D'), sʳ de Beauvoir. Ordonnance, 141.

ALÈGRE (Marie-Marguerite D'). Lettres, à propos de son mariage avec Seignelay, 498, 500.

ALÈGRE (Yves-Emmanuel, comte de Millau et D'). Lettre, 514.

ALEMAGNE (Le sʳ D'). Lettre, 173.

ALENÇON, 314, 532 ; — Acte de publication par devant le lieutenant du bailli, 311 ; — Duché, 18, 20 ; — État des blés 479 ; — Généralité, 535, 537, 538, 539, 541 ; — Impositions de 1661 à 1662, 106 ; — Lettres des trésoriers, 105, 131, 150, 154, 157, 165, 167, 172, 178, 187, 201, 205, 212, 235, 241, 244, 247, 258, 280, 283, 289, 313, 326, 386, 390, 407, 423, 495 ; — Mémoires sur le fauxsaunage dans l'élection, 407 ; — sur le grenier à sel, 407 ; — sur l'office des trésoriers, 141.

ALENÇON (Charles, bâtard D'). Son duel avec Jean de Buno, 20.

ALEP, en Syrie. Assemblée des négociants, 5 ; — Lettre du consul, 402 ; — Nouvelles (1694), 7.

ALESENDIS, II, 66 ; — Don à elle fait, II, 65.

ALET (Aude). Évêque, v. PAVILLON (N.).

ALEXANDRE IV, pape. Bulles, 11, 31.

ALEXANDRE VI, pape. Bref, II, 36 ; — Bulles, II, 36, 63.

ALEXANDRE VII, pape. Brefs, 222 ; — Bulle, 267 ; — Lettre à lui adressée, 33 ; — Son élection, 2.

ALEXANDRE, bâtard de Bourbon, II, 15.

ALEXANDRE, prince d'Écosse, II, 33 ; — Mariage avec Marguerite de Flandre, II, 32.

ALEXANDRE DE MÉDICIS, II, 57.

ALEXANDRE (Le P. Noël). Lettre, 6.

ALEXANDRIE. Lettre du vicaire du patriarche, 368-369.

ALEXIS (Dom), sous-prieur de Saint-Martin-des-Champs. Lettres, 100.

ALEXIS (Le sr d'). Lettres, 230, 296.

ALEXIS (Jean). Mémoire pour abolir la chicane, 45.

ALGE-MARESTE (Antoine d'). V. MARESTE D'ALGE.

ALGÈBRE. Traités, 74.

ALGER, 125, 281, 364, 420, 532 ; — Campagne anglaise contre Alger, 439 ; — Corsaires, 420 ; — Croisière sur la côte, 186 ; — Expédition de 1663, 190 ; — Lettre des membres du divan, 367 ; — Mémoire sur les avantages de l'alliance avec « le roi d'Alger », 5 ; — Paix entre la Hollande et Alger, 134 ; — Pièces diverses sur le « royaume d'Alger », 5 ; — Proposition de création d'un Ordre militaire, 248 ; — Relations avec la France, 4-6 ; — Traité d'Alger (1666), 5 ; — V. BASTION-DE-FRANCE, CHERCHELL, GIGERY, PHILIPPEVILLE.

ALHIMBE DE FILHOT (Mme). V. FILHOT (Anne Chimbaud DE).

ALIBERT (Jacques d'). Lettre, 401.

ALICANTE, 376 ; — Lettre écrite d'Alicante, 457.

ALIDOSI (François), évêque de Léon. Lettre à lui adressée, II, 35.

ALIÉNATIONS. Déclaration sur l'aliénation des droits seigneuriaux, 488.

ALIÈS (Le sr d'). V. DALIÈS.

ALIGRE (Élisabeth d'). Lettre, 331.

ALIGRE (Étienne d'). Lettres, 131, 136, 301, 348, 379, 438, 447 ; — Mémoire à lui remis, 207.

ALIGRE (Michel d'), baron de Saint-Lié. Placet pour obtenir les fonds nécessaires à l'exercice de sa charge, 262.

ALIN (Le sr). Lettre, 342.

ALINCOURT (Charles d'). V. NEUFVILLE.

ALISSENDIS, II, 66.

ALLAIRE (Antoine), 532 ; — Sentence prononcée contre lui, 486.

ALLARD. Lettre, 372.

ALLART (Le fr. Germain). Lettres, 355, 428.

ALLÈGRE (Famille d'). V. ALÈGRE.

ALLÈGRE (Gard). Lettre des habitants, 500.

ALLEMAGNE. 16, 31-33, 34, 90, 94, 398 ; — Discours sur les affaires d'Allemagne, 14 ; — « Guerre d'Allemagne », par A. Servien, 79 ; — Lettres des princes confédérés (1552), 58 ; — Ligue de la Haute-Allemagne, II, 18 ; — Liste des provinces, 13-14 ; — Mémoire pour le voyage d'Allemagne (1667), 384 ; — Mémoire sur la paix (1636), 13 ; — « Pax religionis, » 13 ; — Pensions des ambassadeurs en Allemagne, 551 ; — Projets pour la politique française en Allemagne, 14 ; — Recueil de pièces, 13-14 ; — Voyage en Allemagne, 384 ; — V. GERMANIQUE (Nation), SUISSE.

ALLEN (Thomas). Commission en sa faveur d'office de contrôleur de la marine, 60.

ALLEU. Vente d'alleu à Narbonne, II, 64. — V. FRANC-ALLEU.

ALLEYGUE (Gaspard d'), comte de Beauvoir. V ALÈGRE.

ALLIGRE. V. ALIGRE.

ALLINCOURT (Charles d'). V. NEUFVILLE.

ALLOIS (J.). Lettre, 331.

ALLONNYER DE MON (S.). Lettre, 154.

ALLUY (Nièvre), II, 46.

ALLUYE (Paul d'Escloubleau, marquis d') Lettres, 485, 505.

ALLYOT (G.). Lettre, 375.

ALMANACH. *Almanach perpetuum*, 74.

ALMÉRAS (Françoise d'). Requête, 518.

ALMÉRAS (Guillaume d'). Extraits de ses lettres, 469, 472 ; — Lettres, 165, 179, 185, 187, 198, 201, 209, 210, 219, 223, 348, 363, 383, 390, 395, 397, 417, 420 ; — Lettre à lui adressée, 333 ; — Mémoire, 486.

ALMÉRAS (Pierre d'), sr de La Saulsaye. Supplique à lui adressée, 302.

Aloigny (H.-L. d'). V. Rochefort.

Alost, en Flandre, II, 36, 37.

Alpetragius (Nur-ed-Din Bitrodji). *Planetarum theoria*, 74.

Alpharicus. V Guillelmus.

Alphonse X, le Sage, roi de Castille et roi des Romains, II, 37.

Alsace, 95, 96 ; — Campagne de
1675, 504 ; — Domaine royal,
106 ; — Gouverneur, v. Mancini (Ph.) ; — Lettres des
membres du Conseil provincial,
247, 275, 525 ; — Mémoires sur
les gages de ces officiers, 272 ;
— les garnisons, 101 ; — les
péages, 199, 406 ; — les sommes
délivrées aux officiers prisonniers du régiment d'Alsace, 96 ;
— Revue des régiments, 96.

Altieri (Cardinal G.-B.). Lettres,
432, 436, 438, 443.

Altkirch (Seigneurie d'). Titres
de propriété, 83.

Amalby (Émilie-Angélique d'),
comtesse de Comminges. Lettre,
213.

Amaldus. V. Guillelmus.

Amalvy. V. Amalby.

Amand (Dom). V. Saint-Amand
(Le P. de).

Amar (Le s^r). Prix des poudres
par lui vendues, 361.

Amaroni (Petrus), II, 66.

Amasia, en Hélénopont, près Si-
nope. Archevêque, v. Colonna
(Charles).

Amauri Ier, ou Manrique, vicomte
de Narbonne. Hommages au
roi et à l'archevêque, II, 67 ;
— Paix avec l'archevêque Guillaume, II, 67.

Amauri II, vicomte de Narbonne.
Excommunication, II, 68.

Amauri III, vicomte de Narbonne.
Hommage à l'archevêque, II, 69.

Amat (Benoît). Arrêt pour lui
délivrer une commission, 367.

Ambarès (Pays d'), en Gironde,
271.

Ambassadeurs. Pensions des ambassadeurs, 1606-1656, 551 ; —
Recueil de lettres d'ambassadeurs, 69-71.

« Ambigu » (L'), pièce de vers,
51.

Amboise, 192 ; — Certificat de
l'enregistrement au bailliage de
l'état des notaires, en 1665, 322 ;
— Réparation des ponts, 171.

Amboise (Cardinal Georges d'), II,
63 ; — Correspondance, 20-21 ;
— Pouvoirs à lui donnés, II, 21.

Ambroise (Louis d'). V. Clermont.

Ambres (François de Gélas de
Voisins, marquis d'). Lettres,
164, 328, 474, 503, 505 ; —
Mémoire, 475.

Ambrozin. Lettres, 382, 396, 468,
429.

Amé, ou Amédée IV ou V, comte
de Savoie, II, 45 ; — Lettres,
II, 5 ; — Pouvoirs à lui donnés,
II, 8.

Amé, ou Amédée IX, duc de Savoie
II, 18.

Amelii (Amaldus, Guillelma, Petrus
et Pontius), II, 64, 67.

Amelot (Famille). Notice généalogique, 85.

Amelot (Jacques). Lettres, 108,
136, 145, 264.

Amelot (Marie), née de Lionne.
Lettre, 482.

Amelot (Sœur Marie-Thérèse).
Lettre, 309.

Amelot de Bisseuil (Jean). Lettres, 226, 346.

Amelot de Gournay (Charles).
Lettres, 233, 236, 429.

Amelot de Gournay (Michel),
évêque de Lavaur, puis archevêque de Tours. Lettres, 459,
482, 531.

Amelyne. Lettre, 224.

Amendes. État des charges à
prendre sur les amendes des
juridictions de Paris, Rennes,
Dijon, Aix, Grenoble, Bordeaux,
Montauban, Pau et Rouen, 542-
543.

Amérique, 376, 489 ; — Décharge
pour les marchandises importées
de France, 442 ; — Description,
41 ; — Escadre d'Amérique, 72 ;
— Fondation des colonies anglaises, 66-67 ; — Iles d'Amé-

rique, v. ILES ; — Levées de troupes pour l'Amérique, 361 ; — Mémoires, 40-43 ; — sur les fermiers du domaine d'Occident, 511 ; — sur les missions, 437 ; — V. ANTILLES, CANADA, CAROLINE, CHILI, MEXIQUE, PÉROU, VIRGINIE.

AMFREVILLE (François, marquis D'). Lettres, 477, 480.

AMIENS, 363, 424, 427, 430, 472 ; II, 4 ; — Archidiacre, II, 31 ; — Contestations entre les religieuses de l'Hôtel-Dieu d'Amiens et les fermiers des Aides, 363 ; — Enregistrement au bailliage du traité de Cambrai, II, 26-27 ; — État des marchandises des manufactures d'Amiens, 418; — Évêque, v. FAURE (Fr.) ; — Généralité, v. PICARDIE ; — Lettres des échevins, 150, 211, 237, 245, 271, 365, 391, 402, 412, 429 ; — Lettre des entrepreneurs des manufactures, 373 ; — Liste des baillis, 91 ; — Logement des troupes, 347 ; — Mandements adressés aux baillis, II, 6, 12, 17 ; — au vidame, II, 5 ; — Mémoire des échevins sur les plaintes du s^r Le Cointe, 434 ; — Note sur une lettre des échevins, 525 ; — Placet des communautés religieuses, 363 ; — Requête des intéressés de la manufacture de camelots, 450 ; — Trésoriers, v. PICARDIE.

AMIRAL (Vaisseau). Construction de vaisseau-amiral en Hollande, 79.

AMIRAULT (Le fr. E.). Lettre, 380.

AMIRAUTÉS. Circulaire adressée aux amirautés, 460 ; — Confirmations des offices de greffier, de notaire et d'assesseur de l'amirauté anglaise, 60 ; — Extraits des registres de l'amirauté de Rouen, 484-485 ; — V. AGDE, AIGUES-MORTES, ARLES, AULT, BARFLEUR, CAUDEBEC, DIEPPE, DUNKERQUE, LA ROCHELLE, LE HAVRE, LES SABLES D'OLONNE, NARBONNE, QUILLEBEUF, ROUEN, SAINT-MALO, TOUQUES.

AMITIÉ (L'), nom de vaisseau, 486.

AMONNET (François). Lettres, 412, 416, 422.

AMONCOURT, (Paul Barrillon D'). V. BARRILLON.

AMONTOT (Raoul D'). V. LE SEIGNEUR.

AMOR. V. AMAR.

AMORETTI (Abbé). Lettre, 527.

AMOUR (Famille D'). Notice généalogique, 85.

AMPUS (Marie de Castellane-Brancas, marquise D'). V. BRANCAS.

AMSTERDAM, 347, 384, 403, 532 ; — État sanitaire, 247 ; — Lettres, écrites d'Amsterdam, 222, 256, 353, 373, 457, 468 ; — Lettre des régents, 191 ; — Lettre sur l'épidémie de 1664, 218 ; — Note sur le change, 480 ; — Nouvelles d'Amsterdam, 7, 519 ; — Procès-verbal de la prise d'un navire, venant d'Amsterdam, 491.

ANCEL (G.). Lettre à lui adressée, 25.

ANCELIN (Pierrette). Requête, 222.

ANCRES. Comptes pour « le transport d'ancres » par tartannes, 290.

ANDENNE, au diocèse de Liège. Possession des prébendes, II, 32.

ANDILLY (Arnauld D'), 85.

ANDLAU (Georges-Frédéric D'). Lettre, 95.

ANDRÉ. Lettre, 327.

ANDRÉ (A.). Lettre, 463 ; — Lettre à son sujet, 468.

ANDRÉ DE MARCHIENNES, 56 ; — Chronicon de gestis regum Francorum, 57.

ANDREAS DE SPIRITIBUS. Vidimus, 11, 35.

ANDRES, près d'Ardres. Extraits des chroniques d'Andres, 56.

ANDREUS (sic). Échange de terres, II, 63.

ANDROUIN DE LA ROCHE, abbé de Cluny. Lettres à lui adressées, II, 13.

ANEGADA (Ile). Concession de cette île au comte de Carlisle, 67.

ANET (Mlle D'). V. DU BREUIL.

ANGELI (Laurent D'). Lettre, 413.

ANGENNES (Charles D'), comte du Fargis. V. DU FARGIS.

ANGENNES (Claude D'), évêque du Mans. Discours sur la puissance du pape, 4.

ANGENNES (Jean D'), sʳ de Poigny. Instructions, 5 ; — Lettres à lui adressées, 37 ; — Quittances, 62.

ANGENNES (Julie-Lucie D'). V. MONTAUSIER.

ANGENOUST (Marie) dame de Mairat. Lettre, 146.

ANGERS. Arrêt en faveur des officiers de l'élection, 111 ; — « *Chronicon Andegaveuse breve* » 54, 55 ; — « *Chronicon Sancti Albini* », 54 ; — Extraits de mss. de Saint-Aubin, 56 ; — Fortifications, 106 ; — « *Gesta comitum Andegavensium* », 35 ; — « *Historia consulum Andegavorum* », 55 ; — Lettres des directeurs de l'hôpital, 386 ; — des échevins, 288, 404 ; — des marchands, 251 ; — Liste des évêques, 54 ; — Perception de droits et subventions, 199 ; — Rixe entre la garnison et les archers des gabelles, 203 ; — Travaux de charpente pour le pont-levis du château, 199 ; — Travaux « à faire aux levées de l'élection », 138.

ANGERS (Foulques, comte D'). « *Historia consulum* », 55.

ANGERVILLIERS (Prosper Bauyn D'). V. BAUYN.

ANGEVILLE (Le sʳ D'). Lettre, 145.

ANGILBERT DE CLÈVES. V. CLÈVES.

ANGLAIS (Le gentilhomme). Lettre, 185.

ANGLEBERMER, OU ANGLEBERMES (Anne D'). Lettre, 521 ; — Note sur une de ses lettres, 525.

ANGLEBERT (Louise D'). Mariage avec Quentin du Bois, II, 62.

ANGLES (Abbé D'). Lettre, 181.

ANGLESEY (Arthur, comte D'). Sa nomination de trésorier de la marine, 60.

ANGLETERRE, 25, 27, 30, 33, 35, 36, 37, 50, 94, 156, 166, 218, 231, 247, 306, 500 ; — Actes des rois, II, 39-43 ; — Arrêt interdisant le commerce avec l'Angleterre dans le ressort du parlement de Rouen, 311 ; — Balance du trafic avec la France, 46 ; — Capture de navires de Calais, près de Guernesey, 347 ; — Changement du nom d'Angleterre en celui de Grande-Bretagne, 28 ; — « La Charité française », par un Anglais, 18 ; — Chartes royales pour les compagnies de navigation, 52-53 ; — Colonies, 66-67 ; — Commerce, 46 ; — Courrier d'Angleterre et nouvelles, 262, 354 ; — Édit contre les catholiques (1602), 28 ; — Flotte, 351, 453, 475 ; — Frères-Prêcheurs, II, 33 ; — Guerre avec la Hollande, 222, 276 ; — Grande charte (1215), 17 ; — Impôt levé sur les catholiques, qui n'assistent pas aux prêches, 17 ; — Instructions pour les combats entre les flottes française et anglaise, 72 ; — Interdiction du commerce avec la Flandre, II, 5 ; — Lettres de provisions d'offices, 60-61 ; — Lettres des nobles et des communes pour le mariage de la princesse Marie et de Charles-Quint, II, 41 ; — Listes des prisonniers anglais en France, 120 ; — des vaisseaux de la flotte, 344 ; — Mémoires des seigneurs catholiques, 17 ; — sur la marine, par Seignelay, 89 ; — sur les mauvais traitements, infligés aux marchands français en Angleterre, 46 ; — Note sur les frégates, destinées à l'Amérique, 376 ; — Opérations de la flotte contre Alger, 439 ; — Ordonnance portant des mesures sanitaires, pour les navires venant d'Angleterre, 353 ; — Ordres pour les mouillages d'escadre, 72 ; — « *Pactum sanctum* » contre le papisme, 17 ; — Paix avec la France, II, 34 ; — Parlement, 17 ; — Pensions des ambassadeurs en Angleterre, 551 ; — Pièces relatives aux catholi-

ques, 17 ; — Prises de navires français par les Anglais, 290, 307, 364, 395 ; — Prise de Portobello par les flibustiers anglais, 42 ; — Protecteur, v. CROMWELL ; — Reines, v. ÉLISABETH, HENRIETTE-MARIE, MARIE ; — Relations avec la France, 4, 15 ; — Rois, v. CHARLES Ier, CHARLES II, ÉDOUARD III, ÉDOUARD IV, ÉDOUARD VI, GUILLAUME III, HENRI IV, HENRI V, HENRI VI, HENRI VII, HENRI VIII, JACQUES Ier ; — Signatures des femmes des marins, prisonniers en Angleterre, 347 ; — Traité avec la Hollande, 78 ; — Traité des mariages franco-espagnols, 17 ; — V. ANGLAIS, CATHOLICISME.

ANGLETERRE (Henriette-Anne d'). Mémoire sur les recettes et dépenses de sa maison, 227.

ANGLO-NORMANDES (Iles). V. AURIGNY, GUERNESEY.

ANGLURE (Marne), 414.

ANGLURE (Anne d'). V. CONGIS.

ANGLURE DE BOURLÉMONT (Charles-François d'), évêque de Castres, puis archevêque de Toulouse. Lettres (1661-1664), 98, 113, 122, 126, 130, 135, 140, 146, 150, 155, 160, 162, 167, 173, 180, 183, 201, 204, 208-209, 220, 238, 246, 253, 259, 263 ; — (1665-1669), 268, 273, 279, 285, 297, 304, 309, 345, 356, 362, 366, 368, 371, 378, 382, 387, 389, 408, 413, 416, 423 ; — Lettres à lui adressées, 276, 392 ; — Mémoire, 251.

ANGLURE DE BOURLÉMONT (Henri d'). Lettre, 496.

ANGLURE DE BOURLÉMONT (Louis d'). Lettres (1661-1664), 99, 104, 119, 154, 169, 176, 210, 215, 219, 224, 259 ; — (1665-1669), 268, 277, 285, 300, 306, 310, 323, 371, 386, 391, 401 ; — (1670-1676), 404, 406, 424, 438, 445, 445, 447, 454, 458, 461, 465, 489, 497, 506, 510 ; — Lettres à lui adressées, 33, 332.

ANGLURE DE BOURLÉMONT (Nicolas d'). Lettres, 159, 200, 206.

ANGOLA, 53, 457.

ANGOULÊME, 120 ; — Évêques, v. AUSONE, PÉRICARD (Fr. DE).

ANGOULÊME (Françoise de Nargonne, duchesse d'). Lettres, 242, 348, 509 ; — Lettre à elle adressée, 33 ; — Note sur une de ses lettres, 525.

ANGOULÊME (Henriette de La Guiche, duchesse douairière d'). Lettres, 257, 321, 374, 432, 439, 522.

ANGOULÊME (Jean, comte d'), II, 15.

ANGOULÊME (Louise de Savoie, duchesse d'). V. LOUISE.

ANGUILLA (Ile). Concession de cette île au comte de Carlisle, 67.

ANGUISCIOLA (Légat Charles). Lettres, 466-467, 471.

ANJOU (L'), 137 ; — Enregistrement à la sénéchaussée du traité de Cambrai, II, 27 ; — Travaux à faire « aux levées de la vallée d'Anjou », 137.

ANJOU (Charles Ier, comte d'), II, 2, 31.

ANJOU (Charles II d'), comte de Provence et du Maine, roi de Sicile. V. CHARLES.

ANJOU (Charles IV d'), comte du Maine, II, 18.

ANJOU (Jean d'), duc de Calabre, II, 18.

ANJOU (Jean-Baptiste DE Bourbon, duc d'). V. ORLÉANS (Gaston d').

ANNALES Francorum. Fragments, 55.

ANNAT (Le P. François). Lettres, 114, 188, 259.

ANNE D'ANGLETERRE. Mariage avec Philippe de Charolais, II, 53.

ANNE D'AUTRICHE. Lettre à elle adressée, 24 ; — Oraison funèbre, 67 ; — Projet de contrat de mariage, 22 ; — Renonciation au royaume d'Espagne, 40 ; — Vers latins sur sa mort, 49.

ANNE DE BEAUJEU, II, 19.

ANNE DE BRETAGNE, reine de France. Complainte sur sa mort, 51 ; — Contrat de son mariage avec Louis XII, 18 ; — Lettres, II, 20.

Anne de Clèves, électrice de Brandebourg. Ses droits au duché de Juliers, 14.

Anne de Clèves, comtesse de Neubourg, 15.

Anne de Clèves, princesse palatine, 109.

Anne, duchesse de Saxe, II, 50.

Anne-Isabelle d'Orléans V. Orléans.

Anne-Marie d'Autriche, reine d'Espagne. Ordonnance, 370-371 ; — Réponse de la reine, relative à l'entrevue de Londres, 473.

Anne-Marie-Louise d'Orléans. V. Montpensier.

Annebaut (Claude d'). Pouvoir à lui donné, II, 25.

Annoblissements en Bretagne, 406 ; — Révocation, 281 ; — Supplique des nouveaux annoblis, pour obtenir l'exemption de la taille, 328.

Annonciades célestes. Couvent de Mézières, 162.

Anselme (Le Fr.). Lettre, 259.

Anthoine (Le sr d'). Lettres, 210, 274.

Antigoa, ou Antigua (Ile d'). Concession de cette île au comte de Carlisle, 67.

Antilles, 40-43, 510, 511, 512 ; — Mémoire sur les soldats des Iles, 492,

Antogniossi (Gérard). Lettres, 285, 286.

Antoine (Le sr). Lettre, 226.

Antoine, comte de Rethel. Émancipation, II, 14.

Antoine de Beck, évêque de Durham. Lettre à lui adressée, II, 33.

Antoine de Bourbon, roi de Navarre, 20, 25.

Antoine de Branges, II, 51.

Antoine de Chabannes, II, 15.

Anvers, 48, 55 ; — Marchandises restituées à des marchands d'Anvers, 218 ; — Note sur le change à Anvers, 480 ; — Rétablissement du marché du poisson salé, II, 38 ; — Traité d'Anvers entre l'Angleterre et la Flandre, II, 39 ; — Ville et seigneurie, 16,

Apanages, 19.

Apiarius. Lettre au sujet de son appel au pape, 77.

Aplemont (Dumé d'), V. Dumé.

Apollodore. Épreuves d'une édition d'Apollodore, 68.

Appels. De appellationibus ad Romanum pontificem, 77.

Appenzell (Canton d'). Lettres des conseillers, 177, 185.

Appointements. V. Pensions.

Apremont (Ain). Château, II, 55.

Apremont (Jean d'). Serment, II, 58.

Aquilée. Patriarche, v. Dolfino (J.).

Aquilon (L'), vaisseau. Payement de l'équipage, 465.

Aquin (Antoine d'). Lettres, 471, 502.

Aquin (Abbé Louis d'). Lettres, 3.

Aquitaine, 56.

Arabes (Corsaires), 367.

Aragon, 94 ; — Catalogue des rois, 40 ; — Reine, v. Germaine de Foix ; — Rois, v. Ferdinand Ier, Ferdinand II, Jean II.

Aragon (Jean d'), roi de Sicile, II, 18.

Aragon (Pierre), prieur de Pierrelatte. Lettre, 280.

Aragona (S. d'). V. Secca.

Aragonnez (Antoine). Lettres, 279, 293.

Araya (Venezuela). Lettre du capitaine du fort d'Araya, 42.

Arbaleste (Famille), 85.

Arbaleste (C.). Lettre, 148.

Arbitrages. Avis sur les arbitrages, 45.

Arblerio (Guillelmus de), II, 3.

Arbois (Fyot d'). V. Fyot.

Arbouville (Jean d'). V. Buno.

Arbouze (Gilbert de Vény d'), évêque de Clermont. Lettres, 265, 437.

Arce (Le sr). Lettre, 397.

Arcenant (Côte-d'Or). Enquête sur cette paroisse, 350.

Arche (Jean d'). Lettres (1661-1663), 114, 123, 126, 130, 147, 154, 157, 177, 189, 193, 200 ; — (1664-1667), 206, 210, 214, 217, 222, 240, 245, 259, 264, 266, 270, 272, 291, 297, 300, 304, 339, 345, 383, 387.

ARCHEVÊQUES. Privilèges, 3.

ARCHITECTE naval (Brevet d'), 518.

ARCHITECTURE. Recueil de devis, dessins, gouaches, etc., 68 ; — Recueil de motifs, 68-69.

ARCY (Gouy D'). V. CARTIGNY.

ARDENT (L'), nom de vaisseau, 73.

ARDRES (Maison d'), 56.

AREMBERG (Ernest-Dominique, duc D'). V. CHIMAY.

ARENTHON D'ALEX (Jean), évêque de Genève. Lettres, 304-305, 466.

ARGELOS (Le sᵣ D'). Note sur une de ses lettres, 525.

ARGENSON (Famille D'). V. VOYER.

ARGENSON (René D'). V. VOYER.

ARGENT. État « des matières d'argent, sorties de Lille », en 1670, 434 ; — Interdiction d'exporter les monnaies et objets d'argent, 394 ; — V. MONNAIE.

ARGENTAN. État des blés et autres produits de la terre, dans l'élection, 478-479 ; — Tailles et autres impôts, 478.

ARGENTON, en Berry. Mémoire pour la réparation des routes autour de cette localité, 328.

ARGENTRÉ (Bertrand D'). Extraits de son *Histoire de Bretagne*, 6 ; — Réfutation, 19.

ARGERS. V. ALGER.

ARGOUD (Gabriel). Son entrée en charge, comme garde des livres de la Chambre des Comptes, 43 ; — Lettre, 458.

ARGOUGES (François D'), 31 ; — Lettres (1662-1666), 120, 130, 136, 139, 164, 176, 185, 210, 215, 225, 230, 233, 238, 245, 250, 275, 279, 285, 296, 305, 309, 320 ; — (1666-1668), 334, 346, 354, 355, 360, 365, 370, 372, 383, 391, 394, 400 ; — (1669-1676), 404, 409, 412, 416, 422, 426, 428, 432, 435, 440, 443, 461, 466, 470, 474, 482, 493, 498, 500, 503, 528, 530.

ARGOUGES (Nicolas D'). V. RANES.

ARGOUSINS des galères, 370.

ARGUYAN (Mᵢˢ D'). V. ARQUIEN.

ARISSE. V. AVISSE.

ARISTE (P.). Lettre, 121.

ARISTOTE. Remarques sur sa rhétorique, 67.

ARITHMÉTIQUE. *Tabula numerorum*, 74 ; — Traités, 74.

ARKHANGEL (Russie). Projet « de ce qui peut y être vendu », 423.

ARLES, 518 ; — Archevêques, v. GRIGNAN (Fr. DE), MONTANO (H.) ; — Coadjuteur, v. GRIGNAN (J.-B. DE) ; — Lettre des consuls, 184 ; — Lettres des officiers de l'amirauté, 237 ; — Mémoire sur l'entrepôt, 424 ; — Procès entre les consuls et les fermiers des traites foraines, 177 ; — Rôle d'allèges entreposées à Arles, 396.

ARLINGTON (Henri Bennett, comte D'). Lettres, 460, 480 ; — Lettres à lui adressées, 453, 469 ; — Note, 480.

ARMAGNAC (Pays d'), 93.

ARMAGNAC (Catherine de Neufville, comtesse D'). Lettre, 377.

ARMAGNAC (Jean, comte D'). Lettres, II, 45.

ARMAGNAC (Louis de Lorraine, comte D'). Lettres, 462, 475.

ARMAND (Henri D'). Lettre, 132.

ARMÉE, 380 ; — Aliénation sur la recette des gabelles, pour l'entretien des gens de guerre, 166 ; — Armées de Catalogne, 186 ; — d'Italie, 167, 171, 203 ; — de mer, 78, 127 ; — État des finances, pour le siège de Marsal, 194 ; — État des soldats, qui ont manqué à la garde (1666), 373 ; — Levées de troupes pour l'Amérique, 361 ; — Levée d'une armée régulière, 41 ; — Mémoires sur les commissaires, préposés aux troupes, 393 ; — sur les étapes, 393 ; — Ordre pour le logement des troupes en Provence, 172 ; — Pensions des officiers (1606-1656), 551 ; — Rations du fantassin et du cavalier, 351 ; — Régiments, V. ALSACE, AUVERGNE, CHALOSSE, GARDES, HARCOURT, LA FÈRE,

Royal-Italien, Rozen, Silly, Suisse ; — Troupes de la généralité de Montauban, 167. — V. Artillerie, Cavalerie, Étapes, Garde, Gendarmerie, Infanterie, Italie, Tentes, Troupes, Turenne.

Armement. Armement de vaisseaux, 472. — V. Canons, Munitions et Poudres.

Armenaud. Lettre, 319.

Armentières, II, 48.

Arnald-Amauri, archevêque de Narbonne. Accord avec le vicomte, II, 66.

Arnaldus Amelii, II, 67.

Arnaldus Calvetis de Ferrando. Don à lui fait, II, 65.

Arnaldus de Bagis. Mariage, II, 68.

Arnaldus Faber. Reconnaissance de dette, II, 66.

Arnaldus Maria, II, 66.

Arnaldus Ot, II, 66.

Arnaldus Vitulus. Accord avec Poncius Stephani, II, 67.

Arnaud (Alexandre). Lettres, 379, 517.

Arnaud (Antoine). Lettre, 306.

Arnaud (Jacques). Lettres, 346, 397, 428 ; — Lettre du Roi à lui adressée, 532 ; — Lettre à son sujet, 532 ; — Mémoire, 396.

Arnaud (N.). Lettres, 385, 399.

Arnaud de Cervole. Accord avec le comte de Flandre, II, 13.

Arnauld (Famille). Notice généalogique, 85.

Arnauld (Simon), marquis de Pomponne, 476 ; — Lettres, 363, 374, 381, 391, 401, 441, 443, 452, 466, 470, 474, 503 ; — Lettre à lui adressée, 334, 468 ; — Note à lui adressée, 410.

Arnault (G.). Protestation contre l'arrestation de son vaisseau, 491.

Arnoldus Bacia. Hypothèque sur une maison, II, 65.

Arnolfini (Abbé). « Si se deve España confederar con Francia », 41 ; — Réfutation de ce traité, 41.

Arnoul (Nicolas et Pierre). Extraits des lettres, 469, 506 ; —

Inventaire d'une galère, 71 ; — Lettres (1661-1665), 117, 133, 224, 255, 277, 292, 295 ; — (1666-1668), 336, 349, 350, 352, 355, 358, 362, 365, 368, 371, 382, 386, 389, 392, 394, 396, 399 ; — (1669-1676), 485, 489, 494, 497, 507, 523, 526, 527 ; — Lettres à eux adressées, 332, 343, 351, 354, 398, 399, 402, 528 ; — Lettres « de marine », 469, 498, 508, 511, 514 ; — Mémoires, 396 ; — sur la Méditerranée, 528 ; — Notes sur certaines des lettres, 518, 521, 524 ; — Projet de chargements de navires à Marseille, 418.

Arnoul, abbé de Saint-Nicolas de Furnes. Lettres, II, 11.

Arnoul d'Harescourt (M. d'). Arrêts relatifs à son affaire, 439.

Arnoul de La Barre, II, 47.

Arnoul de Marck, II, 45.

Arnoux de Nouveau. V. Nouveau.

Arnoys (L.). V. Blanques.

Arnulphus de Hulso, II, 37.

Arondeau (Isaac). Confiscation de ses biens, 475.

Arpajon (Charlotte de Vernon de Bonœil, duchesse d'). Lettre, 458.

Arpajon (Louis, duc d'). Lettres, 145, 288, 310, 436 ; — Mémoires, 294.

Arques (Seine-Inférieure). Mémoire sur l'élection, 460.

Arquien (Henri de La Grange, marquis d'). Mémoire, 360.

Arras, 111, 115 ; II, 6, 8, 10, 26 ; — Diocèse, II, 32, 33 ; — État des bois. qui se trouvent dans les magasins, 247 ; — Évêques, v. Bernard Royard, Jacques de Dinant, Melun (Fr. de), Perrenot de Granvelle (A.), Sève de Rochechouart (G. de) ; — Garde des chartes, II, 49 ; — Généralité, 535, 537 ; — Lettres des échevins, 224, 226 ; — Mandement, établissant une quarantaine à Arras, 317 ; — Mémoire sur des pièces de came-

lot, tissées à Arras, 298 ; — Mont-de-piété, 336 ; — Prévôt de l'église, II, 30 ; — « *Te Deum* » d'Arras, 51 ; — Traité, II, 15. — V. SAINT-VAAST.

ARRAS (A. D'). Lettre, 185.

ARRIEUX-SAINT-GERMAIN (Jean D')ₒ Certificats en sa faveur, 473 ; — Lettre, 471.

ARRIGONI (Cardinal Pompeo). Lettres, 36.

ARSACE (Pontius D'), II, 65.

ARSENAUX. Arsenaux de Marseille, 89, 484 ; — Rochefort, 88 ; — Toulon, 375 ; — Mémoire « pour former les magasins des arsenaux », 88.

ARSINDA, ou ARSINDIS. Ventes à elle faites, II, 64.

ARSON (Le Sʳ). Lettres, 271, 353.

ARSON (Marquis D'). V RENART.

ARSY (Gilles D'). Lettre. 386, 388.

ART (Objets d'). V. MÉDAILLES.

ARTAGNAN (Charles de Batz, marquis D'). Lettre, 266.

ARTAGNAN (Henri de Montesquiou D'). Lettres, 97, 117, 182, 193, 207, 215, 221, 235, 292, 313 ; — Procès-verbal, au sujet de la Bidassoa, 24 ; — Réponse à l'abbé de Saint-Martin, 298.

ARTAUD (M. D'). Lettre, 243.

ARTEM (Jean D'), II, 49.

ARTHAUD, d'Angers. Lettre, 386.

ARTHAUD, de Lyon. Lettre, 132.

ARTILLERIE. Écoles, 182, 294 ; — Machine d'artillerie navale, 419, 518 ; — Mémoire sur les boîtes de fonte, pour l'artillerie, 335. — V. BOURG, CANONS, MARINE, TOULON.

ARTOIS, 94, 335 ; II, 12, 20, 21, 46 ; — Actes relatifs à la succession d'Artois, II, 9 ; — Aides, II, 22 ; — Comté, II, 6 ; — Coutumes pour les successions, 39 ; — Défense d'exportation des laines, 294 ; — Dégrèvements d'impôts, II, 58 ; — Délimitation, II, 18 ; — Domaine royal, 106 ; — Droits sur le comté, II, 12 ; — États des finances et impôts, 247, 534 ; — Gabelles, 123 ; — Lettres des élus, II, 21 ; — des membres du conseil provincial, 131, 258 ; — Lettres et suppliques des députés, réunis pour la liquidation des dettes de la province, 270, 335 ; — Receveurs des aides, II, 21 ; — Règlement des frontières (1660), 547 ; — V. ARRAS.

ARTOIS (États d'). 294 ; — Actes, II, 25, 26 ; — Lettres des députés, 130, 134, 139, 225, 249, 378 ; — Placets et remontrances, 141, 328, 370.

ARTOIS (Jeanne de France, comtesse D'), II, 10.

ARTOIS (Mahaut, comtesse D'), II, 6, 9.

ARTOIS (Robert D'), II, 6, 9.

ARTUR DE RICHEMONT, connétable. Lettres, II, 15.

ARUNDEL (Henry Fitz-Allan, comte D'). Lettre à lui adressée, II, 43.

ASA (Elias). V. ASOZ.

ASCOLI. V. CENTINI (Felice).

ASÉMAR (A.). Lettre, 209.

ASHLEY (Lord Antony). Concession, à lui faite, des îles Bahama et de la Caroline, 66.

ASOZ (Elias), 357 ; — Lettres, 212, 336, 355, 358, 368.

ASOZ (P.-F.). Lettre, 250.

ASPREMONT (Comté d'), en Lorraine. Mémoire pour les fermes du comté, 166.

ASPREMONT (Claude D'), marquis de Vandy. V. VANDY.

ASSAY (Pierre D'). Lettre, 129.

ASSEMBLÉES DU CLERGÉ, 1, 2, 3, 9, 46, 88, 281 ; — Assemblée de Saint-Germain-en-Laye, 46 ; — Assemblées de 1656, 9 ; — de 1659, 3 ; — de 1675, 9 ; — de 1680, 9 ; — de 1682, 3, 9 ; — de 1705, 3 ; — Mémoires, 1-3 ; — Procès-verbaux (1616-1698), 3 ; — V. CLERGÉ.

ASSIGNATIONS. Assignations, relatives à la marine, 485, 486.

ASSOMPTION (Sœur D. de l'). V. D. (Sœur).

ASSURANCES (Cⁱᵉ des). Lettre des intéressés à Bordeaux, 284.

ASSY (Ignace Renaut, marquis D'). Lettre, 316.

Astellard-Salières (H.-G. d'). Lettre, 380.

Astemberg (Dorothée d'). Son mariage avec Christophe de Furstemberg, 13.

Astronomie. Problèmes, 14 ; — Questions d'astronomie géométrique, 71 ; — Recueils de traités et de tables, 73, 75.

Astruc, II, 67.

Asturies (Jean, prince des). V. Jean.

Ateliers. Mémoire sur les ateliers établis, pour le pavage de Paris, 415.

Ath (Belgique), 431 ; — Justice de la ville, II, 49.

Athènes (Duc d'), 93.

Athia (M. d'). Lettre, 128-129.

Athis. Traité (1305), II, 5, 6.

Atilly (Marquis d'). V. Bullion.

Ato. V. Melani.

Ato Raimundo. Vente, II, 64.

Attichy (Louis Doni d'). V. Doni d'Attichy.

Attinas (Le s^r). Corderie de cet industriel, à Rouen, 526-527.

Atto. V. Melani.

Aubaine (Droit d'), 16.

Aubert, à Dijon. Lettres, 97, 116, 132, 198, 202.

Aubert (Pierre). Lettres, 149, 205.

Aubert de Cléraunay (Paul). Lettres, 170, 216.

Aubert de La Ferrière. Lettre, 105.

Aubert de Villeserin (Louis-Anne), évêque de Senez. Lettre, 516 ; — Mémoires pour l'affaire du prieuré de Rueil, 8.

Aubery, de Montmirail. Lettre, 225.

Aubery, de Moulins. Lettre, 352 ; — Note sur ses états de service, 172.

Aubery (Claude). Lettres, 147, 160, 379.

Aubery du Maurier (Benjamin). Lettres à lui adressées, 70.

Aubeterre (David Bouchard, vicomte d'). Quittance, 62.

Aubeterre (Léon d'Esparbès de Lussan, chevalier d'). Lettres, 142, 207, 238, 523.

Aubeterre (Louis d'Esparbès de Lussan d'). Lettre, 114.

Aubeville (François de Sève d'). Lettres, 126, 164, 175, 313, 315, 319, 325, 378, 383, 386, 420, 493 ; — Lettre à lui envoyée, 33.

Aubigné (Famille d'). 85.

Aubigny (Stuart). V. Stuart.

Aubinges (Cher). Principal de la taille, 526.

Aubisson (Germain d'). Lettre, 165.

Aubouin (Pierre). Prisée des livres de Colbert, 84.

Aubray (Antoine d'), comte d'Offémont. Lettres, 346, 348, 353, 355, 358, 364, 372, 379, 515 ; — Ordonnances, 360, 361.

Aubray (Denis Dreux d'). Lettres, 101, 105, 112, 129, 139, 143, 176, 226, 230, 237, 338, 342, 349.

Aubry (Famille). Notice généalogique, 85.

Aubry (René). Lettre, 391, 495 ; — Placet, 495.

Aubusson (François d'), duc de La Feuillade. V. La Feuillade.

Aubusson (Georges d'), s^r de La Feuillade, archevêque d'Embrun. V. La Feuillade.

Aubusson (J. d'). Lettres, 135, 154, 159, 168.

Auch. Élection d'un député de la province à l'Assemblée du Clergé, 281.

Auchet. Lettre, 173.

Auchy (Eustache de Conflans, comte d'). V. Conflans.

Auchy-lès-Aumale (Seine-Inférieure). Abbaye de Saint-Martin, 110-111.

Auda, II, 67.

Aude (L'). Mémoire sur un projet de jonction entre l'Aude et la Garonne, 69.

Audebert (Le s^r d'). Lettre, 224.

Audenarde (Belgique), 430 ; — II, 59.

Audenarde (Gérard d'), II, 37.

Audenge de Ruat (J. d'). V. Ruat.

AUDIGUOY (Le sʳ d'). Lettre, 315.

AUDIJOS, 302.

AUDRIS (Le sʳ). Lettre, 337.

AUDRY (J.). Lettre, 272.

AUGE (Pays d'). Archidiacre, II, 33.

AUGEARD (Le président). Lettres, 264, 266.

AUGRARD (Le sʳ). De la réformation de la justice, 45.

AUGSBOURG. Nouvelles, 95-96.

AUGUSTE, électeur de Saxe, 26.

AUGUSTINS (Ordre des). Lettre adressée au chapitre d'Irlande, 18 ; — Lettres adressées au général des Augustins, 30, 33 ; — Travaux qui doivent être exécutés à la chapelle de l'Ordre du Saint-Esprit, à l'église des Augustins à Paris, 64.

AULÈDE (J.-P. d'). Lettres, 330, 503, 506, 507 ; — Note sur une de ses lettres, 525.

AULESENS. Lettre, 255, 313.

AULNAY-CHARNIZAY (M. d'). Mémoire pour ses enfants, 392.

AULT (Somme). Lettres des officiers de l'amirauté, 284.

AUMALE (Seine-Inférieure). Abbaye de Saint-Martin, 110-111.

AUMALE (Charles de Lorraine, duc d'). Lettre, 71.

AUMALE (Claude de Lorraine, duc d'). Lettre à lui adressée, 25.

AUMALE (Marie - Élisabeth - Françoise d'). Lettres, 215.

AUMALE (Marie - Jeanne - Baptiste, duchesse d'). V. NEMOURS.

AUMÔNES. État des aumônes de l'Ordre du Saint-Esprit, 63.

AUMONT (Antoine, maréchal d'). Lettres, 175, 317, 318, 338 ; — Lettre à lui adressée, 334 ; — Quittance, 64.

AUMONT (Louis-Marie, duc d'). Lettres, 353, 439, 452, 454, 457-458, 467, 471, 474, 476, 485, 489, 500, 502, 506, 507, 519, 522 ; — Lettres à lui adressées, 453, 458 ; — Extraits de ses lettres, 469, 474 ; — Munitions, embarquées sur le vaisseau « la Dauphine », 469 ; — Note, 441 ; — Relation de combat naval, 453.

AUNEAUX (J.). Lettre, 197.

AUNEUIL (Nicolas de Frémont d'). V. FRÉMONT.

AUNIS (Province d'). Gouverneur, v. TOIRAS.

AURAY (Morbihan), 156.

AURIGNY (Ile d'), 364.

AURILLAC. Lettres des consuls, 296.

AURILLAC (Abbé d'). V. MANZIERI (H.).

AURIOL (Pierre), II, 34.

AUSONE (Saint), évêque d'Angoulême. Vie, 56.

AUSSONNE (Jacques de Buisson d'), V. BUISSON.

AUTICHAMP (Jean-Claude d'). Lettres, 402, 405.

AUTIÈGE (Le sʳ d'). Lettre, 331.

AUTRICHE (Maison d'), 14 ; — Actes relatifs à la maison d'Autriche, II, 55-61 ; — Contrats de mariage des princesses de la maison d'Autriche, 39-40 ; — Usurpation de la maison sur les duchés de Brabant, Lothier, etc., 16.

AUTRICHE (Albert, archiduc d'). V. ALBERT.

AUTRICHE (Anne d'). V. ANNE.

AUTRICHE (Anne-Marie, archiduchesse d'). V. ANNE-MARIE.

AUTRICHE (Charles, archiduc d'). V. CHARLES.

AUTRICHE (Éléonore d'). V. ÉLÉONORE.

AUTRICHE (Élisabeth d'), reine de Danemark. V. ÉLISABETH.

AUTRICHE (Élisabeth d'), reine de France. V. ÉLISABETH.

AUTRICHE (Ernest, archiduc d'). V. ERNEST.

AUTRICHE (Ferdinand d'). V. FERDINAND.

AUTRICHE (Ferdinand-Charles, archiduc d'). V. INNSBRUCK.

AUTRICHE (Isabelle-Claire-Eugénie, archiduchesse d'). V. ISABELLE.

AUTRICHE (Léopold-Wilhelm, archiduc d'). V. LÉOPOLD.

AUTRICHE (Marguerite d'). V. MARGUERITE.

AUTRICHE (Marie-Anne d'), reine d'Espagne. V. MARIE-ANNE.

AUTRICHE (Marie-Thérèse D'), reine de France. V. MARIE-THÉRÈSE.

AUTRICHE (Matthias, archiduc D'). V. MATHIAS.

AUTRICHE (Maximilien D'). V. MAXIMILIEN.

AUTRICHE (Philippe, archiduc D'). V. PHILIPPE.

AUTRICHE (Wenceslas, archiduc D'). V. WENCESLAS.

AUTUN. Enregistrement au bailliage du traité de Cambrai, II, 27 ; — État du revenu de l'évêché, 247 ; — Évêques, v. DONI D'ATTICHY (L.), ROQUETTE (G. DE).

AUVERGNE, 18 ; — État des compagnies du régiment d'Auvergne, 384 ; — Grands-jours, 49, 367 ; — Lettre des gens de la Cour des Aides, 142 ; — Mémoire sur les abus commis en cette province, 262, 267 ; — Note sur la généralité, 124 ; — Postes, 302 ; — Sommaire des charges, relevées contre les gens de guerre, recouvrant les dîmes en cette province, 133 ; — V. CHANVRE.

AUVERGNE (Famille La Tour D'. V. LA TOUR.

AUVERGNE (Bénigne D'). V. SAINT-MARS.

AUVERGNE (Louis D'). Comparution pour une affaire de faux, 340.

AUVERS (René D'). V. DES MAIRES.

AUVET (Famille D'), 85.

AUVRY (Claude), évêque de Coutances. Lettre, 444.

AUXERRE, 361 ; — Abbaye de Saint-Germain, 83, 145, 156 ; — Catalogue des évêques et notes sur eux, 58 ; — Évêques, v. BROC (P. DE), CAYLUS (Ch. DE), COLBERT (N.), GERMAIN (Saint), MORNAY (P. DE) ; — « Extractum de libro gestorum pontificum », 58 ; — « Gesta abbatum S. Germani », 57, 58 ; — Lettre de la « lieutenante-général », 394 ; — Lettre des échevins, 383, 405 ; — Lettres des officiers de l'élection, 390 ; — Lettres et placet des officiers du grenier à sel, 174, 176 ; — Manufacture de dentelles : arrêt du Conseil d'État à son sujet, 439 ; — facture des travaux, envoyés aux intéressés, 456 ; — rôles des ouvrières, 399, 406, 419, 421, 431, 460 ; — Note sur les offices de la prévôté, 387-388 ; — Octrois, 360 ; — Procès-verbal de visite du « palais » et des prisons du présidial, 388 ; — Représentation au collège des jésuites, 508.

AUXERRE (Héric et Honoré D'). V. HÉRIC, HONORÉ.

AUZANNET (Barthélemi). Plan pour la réformation de la justice, 45.

AUZILLON (Le Sʳ). Lettres, 516, 522; — Note, 506.

AVA. Vente, II, 64.

AVAUGOUR (Charles D'). V. DU BOIS.

AVAUX (Claude de Mesmes, comte D'). Instructions, 6 ; — 34, 35, 36; — Lettres, 10.

AVAUX (Jean-Antoine de Mesmes, comte D'). Lettres, 228, 438, 439, 455, 471.

AVELINE (Jacques). Information, 526.

AVE-MARIA (Couvent de l'), à Paris. V. PARIS.

AVESNES (Nord). Lettre des magistrats, 296 ; — Sommes perçues par le domaine, à Avesnes, 115;

AVESNES (Maison D'). Accord avec la maison de Dampierre, II, 2 ; — V. BAUDOUIN, BOUCHARD, JEAN.

AVIGNON, 213 ; — Certificats des commis de la douane, du bureau de la chapelle Saint-Nicolas, 350 ; — Lettres des consuls, 187, 219 ; — Manufactures, 376 ; — Nomination d'un substitut du vice-légat, 189 ; — Vice-légat, v. BORDINI (J.-Fr.).

AVIGNON (Le Sʳ). Lettres, 235, 245, 260.

AVISSE (A.). Lettres, 132, 180, 185, 398, 401.

AVOINE. Valeur de l'avoine, dans la généralité de Rouen, 123.

AVOINE le jeune (Le Sʳ). Lettre, 283.

AVOUÉS des orphelins, 498.

AVOUST (M. D'). Lettre, 341.

AVRANCHES. Évêques, v. FROUL-
LAY DE TESSÉ (G. DE), HUET
(P.-D.), PÉRICARD (Fr. DE) ; —
Lettre écrite, d'Avranches, 292 ;
— Tentative de révolte et en-
quête à ce sujet, 488.
AVRILLOT (Famille). Notice généa-
logique, 85.
AYALA (Barbara D'). Légitimation,
II, 60.
AYCELIN (Gilles), archevêque de
Narbonne, II, 33, 68 69 ; —
Lettres, II, 5.
AYNESWORTH (Thomas). Lettres,
II, 39.
AZÉGAT (Le sr). Lettre, 184.
AZILLE (Aude), 124.

BAAS-CASTELMORE (Jean-Charles
DE), 511 ; — Lettres, 359, 379,
513.
BABIN (Jean-Baptiste). Lettres, 122,
140, 191, 336, 390 ; — « Porfil de
la Bretagne », 6.
BACHELIER (Henri), sr de Montcel.
Lettres (1661-1664), 118, 131,
158, 163, 165, 170, 175, 179,
183, 187, 191, 195, 196, 202,
205 ; — (1665-1675), 212, 225,
241, 244, 250, 255, 257, 266,
300, 305, 308, 317, 320, 383,
391, 404, 480, 496 ; — Note,
406 ; — Note sur une lettre de
lui, 525 ; — Placet, 406.
BACHOY (Capitaine DE). Lettres,
152, 385.
BACIA (Arnoldus), II, 65.
BACOUE (Le Fr. Léon). Lettre,
531.
BADAILLAC (Cantal). Grange, II,
62.
BADE (Ferdinand, prince DE). Lettre, 315.
BADE (Frédéric, margrave DE).
Lettre, 269.
BADE (Georges DE), évêque de
Metz, II, 18.
BADE (Louise-Chrétienne de Savoie, princesse DE). Attribution
de terres, situées près de la
Seulles, 414 ; — Lettre, 431.
BADOARO (Pietro). Discours pour
la ligue contre le Turc, 4-5.
BADOUX (M. DE). Lettre, 178.

BADOVERO (Federigo). « Relatione
di Carlo Vo », 13.
BAESSENS (Adrien). Lettre, 259.
BAFOY (Le sr). Lettre, 359.
BAGÉ-LE-CHATEL (Ain). Lettres des
députés, 233, 240.
BAGIS (Arnaldus DE), II, 68.
BAGLAN (Jacques). Lettre, 352.
BAGNE. V. FORÇATS.
BAGNI (Nicolo-Guido), nonce. Mé-
moire à lui communiqué, rela-
tivement à ses négociations pour
les Espagnols, 24.
BAGNOLS (Famille Du Gué DE). V.
DU GUÉ.
BAHAMA (Iles). Concession de ces
îles à des lords anglais, 66.
BAIL (Le sr). Lettres, 243, 248,
255.
BAILLEAU-SOUS-GALLARDON (Eure-
et-Loir). Information contre un
maréchal-des-logis, accusé d'in-
cendie dans cette paroisse, 501.
BAILLET (Famille). Notice généa-
logique, 85.
BAILLET (Adrien), 41 ; — V. BEAU-
LIEU.
BAILLEUL (Louis-Dominique DE),
marquis de Château-Gontier.
Lettres, 112, 160, 196, 201, 235,
266, 297, 378.
BAILLIAGES. Liste des baillis, 91 ;
— Mémoire sur les bailliages, 87.
BAILLON (Famille). Notice généa-
logique, 85.
BAILLY, à Amsterdam. Lettres,
342, 346.
BAILLY, à Auxerre. Lettre, 103.
BAILLY l'aîné, à Lyon. Lettre,
198.
BAILLY (Jean DE), 415.
BAILLY (R.). Lettre, 327.
BAIS (Louis-René). Lettres, 287,
301.
BALANCIERS (Maîtres), à Paris,
532.
BALBUS (Guillelmus), II, 65.
BALDESWELL (John). Pouvoir à lui
donné, II, 39.
BALDUINUS DE CONDATO, II, 44.
BALE. Concile (1431), 1 ; — Lettres
des conseillers du canton, 131,
177, 185, 497 ; — Évêque, v.
ROGGENBACH (J.-C. DE) ; —

Service de bateaux, établis sur le Rhin, par les soins des magistrats de Bâle, 262.

BALÉARES (Iles). V. MAJORQUE.

BALKIS, en Mésopotamie, dans le département d'Hiérapolis. V. NÉOCÉSARÉE.

BALLENS (Julien DE). Lettre, 154.

BALLESDENS (Jean), 13 ; — Ex-libris, 88.

BALLET, donné aux noces de Côme III de Médicis, 106.

BALTIMORE (Baron DE). V. CALVERT (Cecil).

BALTIQUE (Mer). Compagnie anglaise de la Baltique, 53.

BALUE (Famille). Notice généalogique, 85.

BALUZE (Étienne), 68 ; — Jugement sur l'origine de Géraud de La Tour, 86 ; — Lettres à lui adressées, 43, 86 ; — Notes, 76 ; — Note de Colbert, à lui adressée, 43.

BAMBERG. Évêque, v. REINECK (Ph. VON).

BANCHAROTTI (Antonio). Lettre, 522.

BANDINI (Cardinal Ottavio). Lettres à lui adressées, 29.

BANJAMIN (Pierre Hannicques DE). Quittances, 64-65.

BANNATYNES (Chevalier Thomas DE). Lettres, 172, 259.

BANNEVILLE (Étienne · Morin, sr DE). Lettre, 184.

BANQUE. Projet de banque à Marseille, 484.

BANTAM (Java). Traité entre la Hollande et l'Angleterre, au sujet de Bantam, 78.

BANVILLE (Capitaine DE). Lettre, 477.

BAR (Duché de), 94, 166 ; II, 48 ; — Aveux, 13 ; — Droits du Roi de France, 13 ; — État des deniers, reçus des fermiers du duché, 152 ; — Recueil de pièces sur le duché, 12-13 ; — Requête au sujet du greffe de Bar, 438 ; — Surséance pour les dettes des communautés du Barrois, 124.

BAR (Guillaume). Note sur des sommes, qu'il doit payer, 481.

BAR (Henri de Lorraine, duc DE). Pièces relatives à son mariage et à l'annulation de son mariage, 13, 28.

BAR (Hugues DE), évêque de Dax. Lettre, 405.

BAR (Robert Ier, duc DE). Actes relatifs à sa rançon, II, 13.

BAR (Yolande, comtesse DE). V. YOLANDE.

BARA, doyen de la Roquette. Lettres à lui adressées, 32.

BARADAT (François DE). Lettres, 114, 123, 131, 178, 206, 269, 309, 349.

BARADAT (Gabrielle DE Coligny, dame DE). V. COLIGNY (G. DE).

BARANJON, fermier de Bretagne. Lettre, 379.

BARAULT (Agnès). Placet, 460.

BARBADES (Iles). Concessions de ces îles au comte de Carlisle, 66 ; — à M. de Montgomery, 67 ; — Prévôt, v. CRADOCK (Fr.) ; — Secrétaire, v. DAWES (J.).

BARBARA, de Dieppe. Lettre, 321.

BARBARAN, de Soissons. Lettre, 224.

BARBARESQUES (États), 79 ; — Compagnie anglaise de la Barbarie du Sud, 53 ; — Expédition hollandaise contre les Barbaresques, 190 ; — Note sur les armements des Barbaresques, 124 ; — Poème sur la rédemption des Français, captifs en Barbarie, 50.

BARBARIGO (Cardinal Gregorio). Lettres, 433, 438.

BARBAULD (Étienne). Lettres, 234, 355, 403, 408 ; — Lettre à lui adressée, 223.

BARBAULD (Gaspard). Lettre, 403, 408.

BARBAULT (Le sr). Lettre, 442.

BARBAUT (Le), nom de vaisseau, 468.

BARBAZAN (Arnauld-Guillaume DE). Épitaphe, 57.

BARBERINI (Cardinal Antonio). Lettres, 109, 119, 315, 320, 322, 395, 410, 435 ; — Lettres à lui adressées, 33, 333 ; — Lettre

de change à lui adressée, 328.

Barberini (Cardinal Antonio le jeune). Lettres, 440, 447, 452, 527.

Barberini (Cardinal Carlo). Lettre à lui adressée, 33.

Barberini (Cardinal Francesco). Relation de son voyage en France, 85.

Barberini (Maffeo). Lettre, 440.

Barberini (Cardinal Maffeo), archevêque de Nazareth. Lettres, 36.

Barbès (Mlle Em.). Lettres, 188, 215.

Barbet (Le s^r). Lettre, 107.

Barbet (Pierre), II, 32.

Barbezières (Jean-Noël de), comte de Chémerault. V. Chémerault (Comte de).

Barbezières (Charlotte de). V. Chémerault.

Barbezières (Méry de), s^r de La Roche - Chémerault. Quittance, 62.

Barbier de La Rivière (Louis), évêque de Langres. Lettre, 348.

Barbuda (Ile). Concession de cette île au comte de Carlisle, 67.

Barby (Wolfgang, comte de). Lettre à lui adressée, 26.

Barcelone, 73, 80, 376.

Barclay (David). Lettre, 510.

Bardet (Le s^r). Mémoire relatif à cet expéditionnaire en cour de Rome, 511.

Barège (François de). Lettre, 319.

Barèges (Hautes-Pyrénées). Note sur l'état des bains, 380.

Barentin (Jacques-Honoré), 357 ; — Lettres (1661-1666), 119, 146, 289, 293, 299, 308, 312, 315, 319, 327 ; — (1667-1675), 337, 345, 349, 355, 358, 362, 365, 369, 371, 374, 383, 385, 397, 404, 408, 412, 416 ; — Lettres à lui adressées, 333, 406, 407, 415 ; — Ordonnances, 367.

Barès (Daniel), abbé de Saint-Martin. V. Saint-Martin.

Barétous (Vallée de), dans les Pyrénées. Lettre adressée aux jurés de cette vallée, II, 63.

Barfleur (Manche). Lettre des officiers de l'amirauté, 283.

Bargellini (Pietro), archevêque de Thèbes. Lettres, 428, 482, 490, 514 ; — Mémoire sur une pension donnée par lui en 1671, 77.

Barillon (François), dit Draguignan. Information contre lui, 504.

Barin de La Galissonnière (Jacques), 437 ; — Lettres (1662-1665), 155, 167, 228, 234, 237, 250, 253, 257, 264, 269, 273, 278, 282, 290, 291, 295, 300, 304, 308, 311, 315, 320, 324, 326, 328 ; — (1666-1668), 338, 346, 348, 352, 355, 359, 362, 365, 370, 371, 374, 375, 383, 385, 388, 390, 394, 397, 400 ; — (1669-1675), 404, 408, 412, 416, 421, 425, 433, 435, 438, 440, 443, 446, 496 ; — Lettres à lui adressées, 329, 332, 376, 399, 403, 406, 410, 411, 414, 415, 436, 445 ; — Ordonnances, 376, 424, 428, 436, 445 ; — Requêtes à lui adressées, 376, 403, 407.

Baritault. V. Darribault.

Barlemont. V. Deshayes.

Barles (M. de). Lettre, 339.

Barn (César). Lettre, 396.

Barnabé (Saint). Épître, 3.

Barneville (Pierre). Lettre, 287.

Baron (Capitaine). Lettre, 227, 235, 287.

Baron (A.). Réflexions sur la réformation de la justice, 45.

Baron (François). Lettres, 258, 397.

Baron (Michel). Lettres, 98, 245, 276, 309.

Baroni - Castellani (Léonora). Lettre, 167.

Baronius (Cardinal César). Note sur une proposition du cardinal Du Perron, 28.

Baroux (Veuve). Supplique adressée à Colbert, 383.

Barrail (Pierre). Lettre à lui adressée, 230.

Barrault (Émery de). Lettres, 30.

Barreria (Bernardin), II, 66.

BARRET (Guillaume). De la réformation de la justice, 45.

BARRICADES (Journée des) à Paris (1588), 82.

BARRILLON D'AMONCOURT (Paul DE). Lettres, 210, 213, 222, 224, 248, 254, 257, 265, 301, 305, 326, 391, 396, 401, 404, 407, 412, 416, 432, 522-523 ; — Notes sur des lettres de lui, 527 ; — Procès-verbal, 393.

BARRILLON DE MORANGIS (Antoine). V. MORANGIS.

BARROIS. V. BAR.

BART (Pierre). Acte d'opposition à l'arrêt du Conseil, rendu en sa faveur, 339 ; — Lettre, 336.

BARTET (Isaac). Lettres, 151, 159, 164, 180, 184, 382.

BARTHÉLEMY (Nicolas). *Ludovici XII vita*, 57.

BARTHÉLEMY HANGOUWART, II, 48.

BARTHÉLEMY DE LA BARRE, II, 47.

BARTHÉLLEMY (François DE). V. GRAMMONT.

BARTHÉLLEMY (Jacques DE). V. GRAMMONT.

BARTHOLOMÉ, archidiacre d'Amiens. Vidimus, II, 31.

BARTHOLOMÉ DE HEYLE. Vidimus, 11, 29.

BARTILLAT (Étienne Jehannot DE). V. JEHANNOT.

BASENTYN (Jeanne), II, 59.

BASQUE (Pays), 155-156 ; — Relations sur les affaires du pays basque, 436.

BASSOMPIERRE (François, maréchal DE), 5 ; — Négociations avec la Suisse, 23.

BASSOMPIERRE (Louis DE), évêque de Saintes. Lettres, 225, 233, 455, 463, 477.

BASTAN D'USSAGE (M. DE). V. DODINE DE HAUTESERRE.

BASTILLE (La), à Paris, 20, 494 ; — Liste de prisonniers, 119.

BASTION-DE-FRANCE (Le), en Algérie, 495, 531, 532 ; — État des profits annuels, 106 ; — Rétablissement, 396.

BASTON (Le sr), 152 ; — Lettre, 424.

BATAILLER. V. BATAILLE.

BATARDS des rois de France, 19.

BATARNAY (Imbert DE), sr du Bouchage, 5 ; — Instructions et lettres, 5 ; — Signature, II, 21.

BATAVIA (Java), 441.

BATIMENTS DU ROI. Appointements des officiers, 551 ; — Comptes, 550-551.

BATTAILLE, ou BATTAILLER (Martin). Lettres, 95, 159, 251, 366.

BATTANDIER (Capitaine A. DE). Lettre, 244.

BATTEN (William). Commission d'intendant de la marine, 60.

BATZ (Charles DE), marquis d'Artagnan. V. ARTAGNAN.

BAUBE (Jean). Lettres, 423, 425.

BAUDE (J.-B.), receveur au Quesnoy, II, 61.

BAUDÉAN (Alexandre DE), comte de Pardaillan-Parabère. V. PARDAILLAN.

BAUDÉAN (Suzanne DE), duchesse de Navailles. V. NAVAILLES.

BAUDET DE BEAUREGARD. Lettre, 300.

BAUDOUIN, à Cherbourg. Lettres, 284, 318, 338, 343, 361, 365, 372.

BAUDOUIN D'AVESNES, II, 30, 31 ; — Lettre, II, 2 ; — Paix avec le comte de Flandre, II, 31 ; — Son mariage avec Marguerite de Flandre, II, 29.

BAUDOUIN II DE COURTENAI, empereur. Lettres, II, 43.

BAUDOUIN, comte de Flandre. Don à lui fait, II, 1.

BAUDOUR, en Belgique. Justice de la ville, II, 49.

BAUDRY (Le sr). Lettre, 198.

BAUFFREMONT (Antoine DE). V. VIENNE.

BAUFFREMONT (Marie-Claire DE), comtesse de Fleix. Lettres, 107.

BAUGÉ-LE-CHATEL. Lettres des députés, 233, 240.

BAUGIER (L.). Lettre, 458.

BAUGY (Nicolas DE). Lettres à lui adressées, 70.

BAULDE (Le fr. Adam). Lettre, 146.

Baulme, ou Baume (Matthieu). Lettres, 132, 133, 139.

Baur (?). Lettre, 359.

Baurneri (Pierre). Plaintes contre le lieutenant de Dôle, 281.

Bausset (Nicolas de). Lettre, 324.

Bautier (Le s^r). Lettre à son sujet, 378.

Bautru de Nogent (Nicolas). V. Vaubrun (Marquis de).

Bautru de Serrant (G.), comte de Serrant. V. Serrant.

Bautru de Serrant (Madeleine). V. Colbert de Maulevrier.

Bauyn d'Angervilliers (Prosper). Lettres, 192, 197, 202, 210, 235, 245, 257, 269, 274, 278, 324, 328, 359, 378, 4C5.

Bauyn de Bersan (André). Lettre, 440 ; — Note sur une de ses lettres, 524.

Bavière (Adolphe-Jean, duc de), comte palatin. Ordonnance, 384.

Bavière (Albert Ier, duc de), II, 46.

Bavière (Charles-Louis Ier de), électeur palatin. Lettres, 467 ; — Lettres à lui adressées, 33.

Bavière (Charlotte-Élisabeth de), princesse palatine, 67.

Bavière (Ernest de). Lettre à lui adressée, 25.

Bavière (Ferdinand de), archevêque de Cologne. Lettre à lui adressée, 70.

Bavière (Ferdinand-Marie, duc de). V. Ferdinand.

Bavière (Gebhard de). Lettre à lui adressée, 25.

Bavière (Guillaume de), comte de Hainaut. V. Hainaut.

Bavière (H.-A. de Savoie, électrice de). V. Savoie.

Bavière (Jacqueline de), comtesse de Hainaut. V. Jacqueline.

Bavière (Jean-Casimir, duc de). V. Jean-Casimir.

Bavière (Louis de). V. Louis.

Bavière (Louise - Marie - Hollandine, princesse palatine de), abbesse de Maubuisson. Lettre, 432.

Bavière (Maximilien-Henri de), électeur de Cologne. Lettres, 179, 256, 435, 462, 482 ; — Lettres à lui adressées, 32 ; — Traité avec Léopold d'Autriche, 15.

Bavière (Robert de), 72 ; — Lettre, 469 ; — Lettre d'un de ses secrétaires, 469.

Bayard (Gilbert). Pouvoir à lui donné, II, 25.

Bayeux. Évêque, v. Nesmond (François de).

Baynaguet (Jean de). Lettre, 165.

Bayol (Jacques). Lettres, 116, 310.

Bayonne, 156, 161, 307 ; — État des deniers, provenant des parties casuelles, 21 ; — Évêque, v. Dolce (J.) ; — Lettres des échevins, 197, 215, 220, 231, 275, 282, 289, 306, 319, 405, 413, 418, 423 ; — Lettres des officiers du Roi, 292 ; — Lettre relative aux mines du Pont-Saint-Esprit, 418 ; — Notes sur un vaisseau, échoué à Bayonne, 464 ; — sur un autre navire, arrêté par les corsaires arabes, 367.

Bazadais (Gironde). Mémoires sur les grêles de 1669, en Bazadais, 407.

Bazin (François-Marie de). Lettres, 340, 343, 417 ; — Mandement, 396.

Bazin de Besons (Claude). Certificat, 377 ; — Interrogatoire, 394 ; — Lettres (1661-1663), 98, 105, 112, 117, 121, 125, 129, 135, 138, 141, 144, 148, 149, 153, 158, 162, 167, 174 ; — (1664), 192, 196, 200, 204, 207, 209, 213, 219, 225, 230, 248, 258, 263 ; — (1665), 268, 272, 273, 277, 282, 288, 292, 295, 299, 301, 303, 305, 308, 309, 312, 313, 314, 315, 316, 319, 320, 321, 324, 326, 327 ; — (1666-1668), 337, 338, 341, 344, 349, 352, 355, 362, 365, 374, 379, 381, 385, 389 ; — (1669-1671), 397, 400, 405, 408, 412, 413, 423, 428, 433, 435, 444 ; — Lettre à lui adressée, 332 ; — Procès-verbal, 158.

Béarn (Principauté de). Liste des gouverneurs et lieutenants-généraux, 91.

Béatrice de Bourbon, II, 3.

Béatrice de Boves. Acte de tradition de terres, II, 66.

Béatrice de Courtrai. Différend avec le comte de Flandre, II, 3, 44.

Béatrice, comtesse de Flandre, II, 30.

Béatrice de Malagatio. Mariage, II, 66.

Béatrice de Thuringe, II, 31.

Beau (François). Lettre, 337.

Beaubrun (Charles). Lettre, 199.

Beaubrun (Henri). Lettre, 199.

Beaucaire (Gard), 350 ; — Construction du pont, 410 ; — Lettre des consuls, 255 ; — Note sur une saisie faite à Beaucaire, 351.

Beaucé. Lettre, 266.

Beauchamps (Philippe de). Informations contre lui, 414 ; — Lettres, 198, 257, 277, 305, 348, 422.

Beaucourt (Le s^r). Lettre « de marine », 515.

Beaufort (Forêt de), en Anjou, 179.

Beaufort (Eustache, abbé de). Lettre, 462.

Beaufort (François de Bourbon-Vendôme, duc de), 50 ; — Certificat, 424 ; — Commissions, 137, 396 ; — Lettres (1661-1665), 119, 121, 125, 130, 135, 184, 189, 194, 195, 229, 256, 260, 269, 294 ; — (1666-1669), 337, 343, 358, 361, 362, 365, 367, 368, 372, 373, 374, 378, 382, 390, 393, 395, 400, 405, 412, 416, 419, 420, 421, 424, 425 ; — Lettres à lui adressées, 332, 357, 393 ; — Mémoire, 376-377 ; — Ordres de marche et de bataille, 71-72, 361, 410 ; — Poésie à lui adressée, 256 ; — Requête à lui adressée, 360 ; — Ravitaillement de son escadre, 194 ; — Sa division navale à La Rochelle, 127.

Beaugency (Loiret). Ordre de logements de troupes, 344 ; — Rapport sur l'état du bâtiment de l'horloge, 317.

Beaujeu (Chevalier de), 473 ; — Note sur une de ses lettres, 501.

Beaujeu (Anne de), II, 19.

Beaujeu (Pierre de), II, 19.

Beaujolais (Le). Liste des gouverneurs, 91.

Beaulac (François de). Lettre, 163.

Beaulieu (M. de). Traductions de « la Découverte des thrésors souterrains » de G. Plattes, 52 ; — de « la Description du Nouveau Monde » de G. Gardyner, 41, 52 ; — de « la Loi des marchands » de G. Malynes, 47, 52.

Beaulieu (M. de), à Sedan. Extraits de ses lettres, 532.

Beaulieu (Capitaine Du Vernay de), 72 ; — Extrait de son journal, 42 ; — Lettre à lui écrite, 42 ; — Ordres et signaux pour les vaisseaux, 73.

Beaulieu (Éléonor de) chevalier de Béthomas. V. Béthomas.

Beaulieu (Girard de). Quittances, 63.

Beaulieu (Martin de). V. Ruzé.

Beaulieu (Sébastien Pontault, s^r de). Lettres, 98, 222, 229, 242 ; — Lettre à lui adressée, 333 ; — Lettre de marine, 515 ; — Placets, à lui relatifs, 517-518.

Beaulieu - en - Argonne (Abbaye de), II, 14.

Beaumanoir (Henri-Charles de), marquis de Lavardin. Lettres, 330, 385, 397, 411, 441, 442, 470, 477, 478, 479, 482, 487, 489, 492, 500, 502, 505, 507, 510, 514, 517, 522, 531 ; — Lettres à lui écrites, 509, 516 ; — Mémoire, 488.

Beaumanoir de Lavardin (Philibert-Emmanuel), évêque du Mans. Lettres, 309, 317, 379.

Beaumarchais (Vincent Bouhier, s^r de). Quittances, 64, 65.

Beaumesnil (Mme de). Lettre, 348.

Beaumont (Terre de), dans l'Yonne, 106.

BEAUMONT (M. DE). Sa veuve, V. LANGRAC (C.).

BEAUMONT (S^rs DE). V. CHASSEPOT, HECQUEVILLE, OUVILLE et RANTOT.

BEAUMONT (Le s^r DE), en Hainaut. Lettre, 427.

BEAUMONT (Le s^r DE), à Paris. Lettres, 517.

BEAUMONT DE HARLAY (Christophe DE). Dépêches et lettres, 30.

BEAUMONT DE MIRABEAU (Chevalier DE). Armement de vaisseaux sous sa direction, 393. — Lettres, 382, 426, 437, 478.

BEAUMONT DE PÉRÉFIXE (Hardouin DE). V. PÉRÉFIXE.

BEAUMONT-LE-ROGER (Eure), II, 9.

BEAUNE (Côte-d'Or). Certificat du directeur de l'Hôtel-Dieu, relatif à des rentes perçues sur des salines, 267.

BEAUNE (Famille DE), 85.

BEAUNE (Renaud DE), archevêque de Bourges. Oraison funèbre de Marie Stuart, 68.

BEAUQUESNE (Somme). Mandement adressé au prévôt, II, 6.

BEAUREGARD (Capitaine DE). Mémoire sur son expédition, 468.

BEAUREGARD (Lieutenant DE). Lettres à lui adressées, 490 ; — Lettres de marine, 514.

BEAUREGARD (Le s^r DE). Mémoire sur ce protestant, 242.

BEAUREGARD (Le s^r DE), à Péronne. Ordonnance, 364.

BEAUREGARD (Baudet DE), 300.

BEAUREGARD (François DE). Instructions, 36.

BEAUREGARD (Philippe-Guillaume de Laurans, marquis DE). Lettre, 144.

BEAUREGARD-CHABRIS (Le s^r DE). Lettres, 270, 304, 308, 363, 393, 496.

BEAUREPAIRE (De Boullongne DE). V. BOULLONGNE.

BEAUSSIER D'AIRAUD, enseigne. Lettre, 523.

BEAUTIRAN (Mme DE). V. PONTAC.

BEAUVAIS, 95 ; — Évêque, v. CHOART DE BUZENVAL (N.) ; — Inventaire des bénéfices de Saint-Lucien, 83 ; — Prieur de Saint-Lucien, 97 ; — Réduction du nombre des notaires à Beauvais, 276.

BEAUVAIS (Catherine - Henriette, baronne DE). Poésie à elle dédiée, 50.

BEAUVAIS (Centurion DE). Lettre, 213.

BEAUVAIS (Mme H.-M. DE). Lettre, 523 ; — Note sur une de ses lettres, 525.

BEAUVAIS-NANGIS (Nicolas de Brichanteau, marquis DE). *Discours des favoris*, 79.

BEAUVAISIS. Prévôté, II, 17, 18.

BEAUVILLIER (Anne-Marie DE). V. BÉTHUNE (Comtesse DE).

BEAUVILLIER (Antoinette et François DE). V. SAINT-AIGNAN.

BEAUVILLIER (François DE), comte de Séry. V. SÉRY (Comte DE).

BEAUVILLIER (Henriette Colbert DE), duchesse de Saint-Aignan. V. SAINT-AIGNAN.

BEAUVILLIER (Paul et Pierre DE). V. SAINT-AIGNAN

BEAUVOIR (Gaspard d'Alègre, comte DE). Ordonnance, 141.

BECATTI (Giuseppe). Lettre, 465.

BECDELIÈVRE (Pierre DE), marquis de Hocqueville. V. HOCQUEVILLE (P. DE).

BÉCHADIE (M. DE), à Brest. Lettre, 520.

BÉCHAMEIL (Louis), marquis de Nointel. Lettres (1662-1665), 144, 148, 173, 187, 226, 228, 235, 236, 246, 254, 277, 287, 291, 299, 320 ; — (1666-1669), 331, 337, 352, 358, 369, 373, 375, 428, 431 ; — Lettre signée « X », 349 ; — Lettres à lui adressées, 334, 428.

BEC-HELLOUIN (Le), abbaye au diocèse de Rouen, 274.

BECK (Antoine DE), II, 33.

BECK (Jean DE). Liste de son armée (1640), 16.

BECODIANUS (Parasitus). V. BONCOURT.

Becquigny (Le s^r de). V. Bréquigny.

Bédarride (Antoine de); 227 ; —
Lettres, 220, 221, 223, 232.

Bégon, à Blois. Lettre, 331.

Bégon, à Bourges. Lettre, 459.

Bégon (François). Lettre, 517.

Begs (Raimundus), II, 66.

Béguin (Charles). Lettre, 383.

Beinwyl (Abbaye de), en Suisse,
96.

Bel de Courville (Le s^r de).
Lettre, 457.

Belair (Le s^r de). Lettre, 402.

Belcier (Fr. de), 515.

Belescare (Jean de), seigneur de
Saint-Ouen. Sentence prononcée
contre lui, 512.

Beleu. V. Delens.

Belez de Mediano (Don Antonio).
Passeport par lui délivré, 478.

Belfort. Donation de la terre de
Belfort au comte de La Suze, 96 ;
— Mines, 234.

Belgique. Descriptio Belgicæ infe-
rioris, 58.

Belin (Le s^r), à Lübeck. Instructions, 10.

Belin (Alard). Lettre, 95.

Belin (Le frère Alfonse). Lettres,
305, 309, 377, 413, 503, 521,
527.

Belin (Edme), 231 ; — Lettres,
229, 238, 271.

Belin (Jean-Albert), évêque de
Belley. Lettre, 355.

Belin (L.), s^r de Lingreville.
Lettre, 366.

Belin de Conchay. V. Le Belin
de Conchay.

Bellac (Haute-Vienne), 171.

Bellan (Louis Gédoyn, s^r de).
V. Gédoyn.

Bellarmin (Cardinal Robert). Ar-
guments contre l'annulation du
mariage du duc de Bar, 28 ; —
Lettres, 36 ; — Lettre à lui
adressée, 29.

Bellay (Le s^r), à Eu. Lettre,
521.

Bellay (R.). Lettres, 122, 193,
467.

Bellechau (M.). Lettre à lui
adressée, 486.

Bellefonds (Bernardin Gigault,
marquis de), 367 ; — Lettres,
450, 467, 470, 503, 505, 509,
531.

Bellefont (B. de). Lettre, 370.

Bellefont-Villars ((Mme de).
Lettres, 423, 454, 514.

Belleforière (M.-A. de). V. Soyécourt.

Bellegarde (Roger de Saint-
Lary, maréchal de). Instructions, 27 ; — Lettres à lui adressées, 25, 26 ; — Quittance, 64.

Bellegrange (Capitaine de). Lettres, 319, 337, 405 ; — Requête,
360.

Belle-Isle, 190, 262, 314, 388,
488 ; — Liste des revenus de
l'île, durant la possession par
Retz et Fouquet, 172 ; — Magasin, 124 ; — Mémoires sur la
rade, 445 ; — sur les canons de
la citadelle, 124.

Belles-Lettres. Mélanges, 67-
68.

Bellettes (Jean). Lettres, 224,
235.

Belleville (Edmond Payot, s^r
de). Délivrance par lui faite de
lettres du grand-maître de l'artillerie, 340.

Belley (Ain). Évêque, v. Belin
(J.-A.) ; — Révocation des prêts
sur les tailles de l'élection de
Belley, 115.

Bellièvre (Famille de), 85.

Bellièvre (Claude de), s^r d'Hautefort. Projet d'ordonnance pour
la réformation de la justice, 45.

Bellièvre (Jean de), s^r d'Hautefort. Lettres à lui adressées,
26.

Bellièvre (Pompone de), 13 ; —
Lettres à lui adressées, 30.

Bellinzani (François). Extraits
de sa correspondance sur Madagascar, 243 ; — Lettres (1660-
1666), 98, 104, 109, 147, 185, 190,
217, 235, 236, 244, 294, 343,
348, 359 ; — (1670-1676), 432,
436, 437, 438, 439, 446, 449,
452, 454, 458, 462, 474, 480,
482, 485, 489, 505, 507, 522 ;
— Lettres à lui adressées, 442,

447, 448, 456, 457, 460; 463, 464, 478, 484, 485, 521, 527 ; — Mémoires, 448, 468 ; — Notes, 450, 456, 457, 463, 464, 484, 491, 511, 520, 531 ; — Notification, par lui faite, d'arrêt du Conseil, 447 ; — Supplique, 463.

BELLINZANI (Louise). Lettre, 109.

BELLON (M. DE). Lettre, 503.

BELLUCA. Vente d'alleu, par elle faite, II, 64.

BELOT-DUCLOS, de Blois. Lettre, 132.

BELSUNCE-HIGUÈRES (Charles DE). Lettres, 186, 227, 409.

BELSUNCE D'OYÉNART (Charles DE). Lettre, 481.

BELTÉAN (Nicolas), II, 51.

BELTIÈRE (M. DE). Lettre, 303.

BEMBO (Bernardo), II, 51.

BÉNAC (Charles, comte DE). Lettres, 98, 482, 497 ; — Lettres de marine, 514, 515.

BÉNAC (Philippe DE).V. NAVAILLES.

BÉNARD (Thomas). V. ROTOT (Sr DE).

BÉNAUGE (Comté de), en Bordelais. Adjudication des bois, 518 ; — Enquête sur un assassinat de maltôtiers en ce comté, 127-128.

BENCE (Adrien). Lettres, 374, 411.

BENEDETTI (Abbé Elpidio), 115 ; — Lettres (1661-1665), 103, 107, 114, 123, 127, 145, 154, 170, 181, 182, 202, 208, 221, 225, 229, 240, 246, 249, 253, 260, 263 ; — (1666-1667), 270, 274, 284, 294, 314, 324, 327, 338, 341, 363, 368, 378, 381 ; — (1672-1676), 454, 459, 461, 480, 482, 499, 506, 514, 520, 531 ; — Lettres à lui adressées, 33, 333 ; — Lettre écrite à son sujet, 195 ; — Lettre de change en sa faveur, 329.

BENEDETTI (Gaudentio). Lettre, 154.

BÉNÉDICTINS. V. SAINT-BENOIT, SAINT-MAUR, SAINT-VANNE.

BÉNÉFICES ecclésiastiques, 3 ; II, 35.

BÉNEMONT (Le Sr DE). Lettre, 228.

BENEYTON (S.). Lettre, 320.

BÉNIN, en Afrique, 53.

BENINCASA. Mariage avec Raimundus Raterius, II, 65.

BENINCASA (Stefano-Antonio). Lettres, 440, 452, 507, 531.

BENJAMIN (Le Sr DE). Lettre, 266.

BENNELLE (Jacques). Lettre, 429.

BENOIST (M. DE), à Beaugency. Lettres, 224.

BENOIST (M. DE), à Montpellier. Lettre, 276.

BENOIST (Antoine DE), 427 ; — Lettres, 228, 232, 242, 243, 349, 402, 425.

BENOIT XI, pape. Bulles, 90.

BENOIT XIII, pape. V. ORSINO (V.-M.)

BENTIVOGLIO (F. A.). Lettre, 492.

BÉRARD (Esprit), 259.

BÉRARD (Honoré). Lettre, 259.

BÉRARDIER (Antoine). Engagement, 47.

BÉRAUD (Nicolas). *Oratio de pace restituta*, 56.

BÉRAUD DE CROISSY (Joachim). Lettres, 239, 251.

BERBIER DU METZ (Gédéon). V. DU METZ.

BERENGARIUS. Acte de livraison de champ, II, 66 ; — V. BERINGARIUS.

BERENGARIUS BERNARDI, II, 65 ; — Testament, II, 64.

BERENGARIUS DE BOUTENACO, II, 67.

BÉRENGEVILLE (Le Sr DE). Lettres, 136, 143, 154, 328.

BERGER (Le Sr). Lettres, 511, 513 ; — Lettres de marine, 515 ; — Note sur une de ses lettres, 525, 526.

BERGÈRE (R. Chertemps DE). V. CHERTEMPS.

BERGERET (G.). Des attributions du Parlement, 43.

BERGERET (Jean-Louis). Lettres, 454, 462.

BERGERON (Antoine). Lettres, 242, 293.

BERGEROTTI (Anna). Lettre, 104.

BERGUES (Henri DE), évêque de Cambrai. Lettres, II, 53.

BERGUES - SAINT - WINOC (Nord), 373 ; — Ordonnance des échevins pour la foire de Saint-Luc, 203 ; — Lettres des échevins,

405 ; II, 45 ; — Supplique, 406.
BERINGARIUS (Petrus), II, 65.
BERINGHEN (Henri, marquis DE).
Lettres, 117, 471, 486 ; — Lettre
à lui adressée, 32.
BERKELEY (Lord John). Conces-
sion à lui faite des îles Bahama
et de la Caroline, 66 ; — Lettre,
372.
BERLENGAS (Iles). Retraite des
Espagnols, aux Berlengas, 51.
BERMOND (Claude DE). Lettres,
295, 378.
BERMOND DE PUISSERGUIER (J.-A.
DE). Lettres, 417, 423.
BERNAGE (Antoine DE), évêque de
Grasse. Lettre, 140.
BERNARD, à Amiens. Lettre, 197.
BERNARD, à Nevers. Lettre, 159.
BERNARD, à Riom. Lettres, 139,
144, 153, 164, 170, 184.
BERNARD (Le Fr.). Lettre, 346.
BERNARD (Charles). Lettres, 132,
145, 149, 263.
BERNARD (J.). Lettre, 279.
BERNARD (Le P. J.-B.). Lettre, 170.
BERNARD (Jacques). Inventaire des
comptes du domaine, 43.
BERNARD (Paul). Certificat des
cautions de cet adjudicataire de
travaux de maçonnerie, 360.
BERNARD DE FARGIS, archevêque
de Rouen. Hommage à lui
rendu, II, 69 ; — Lettre à lui
adressée, II, 33.
BERNARD DE SAXE-WEIMAR. V.
SAXE.
BERNARD ROYARD, évêque d'Ar-
ras. Vidimus, II, 34.
BERNARDA, femme de Johannes
Gisperti. Indulgences, II, 69.
BERNARDA LONGA, II, 57.
BERNARDI (Berengarius), II, 64, 65.
BERNARDIN DE QUIMPER (Le Fr.).
Lettres, 495, 501.
BERNARDO BEMBO. Lettre à lui
adressée, II, 51.
BERNARDUS. V. AIMERICUS, GUIL-
LELMUS.
BERNARDUS. Donation, II, 64.
BERNARDUS BARRERIA. Vente à lui
faite, II, 68.
BERNARDUS BERENGARIUS, II, 64 ;
— Dette par lui dûe, II, 65.

BERNARDUS BONUSOMO. Hypothè-
que par lui faite, II, 65.
BERNARDUS DE BUBARIBUS. Re-
connaissance, II, 67.
BERNARDUS DE RAISACHO, II, 66.
BERNARDUS DE TURRE. Livraison
à lui faite d'un champ, II, 66.
BERNARDUS DE TURRE DE SCALIS,
II, 67.
BERNARDUS FABER. Dette à lui
dûe, II, 66.
BERNARDUS GAUSBERTI. Vente à
lui faite, II, 68.
BERNARDUS JORDANI. Vente, II, 68.
BERNARDUS MICHAEL DE SORICINIO,
II, 68.
BERNARDUS PAGANI. Don, II, 65.
BERNARDUS PILIS. Don à lui fait,
II, 65.
BERNARDUS RAIMUNDI. Acte de
livraison d'un champ, II, 66.
BERNARDUS RECORD, II, 64.
BERNARDUS ROMEUS, II, 64.
BERNARDUS VENTRUDI, II, 68.
BERNARTH (Le sr), à La Haye.
Lettre, 188.
BERNAY (Eure). État des blés de
l'élection, 478-479 ; — Tailles
479.
BERNE, II, 18 ; — Lettres des con-
seillers du canton, 131, 177, 185,
328.
BERNERS (John). Pouvoir à lui
donné, II, 42.
BERNIER (Thomas). Lettres, 99,
229, 233, 237, 285, 327, 362,
373, 378, 386, 409.
BERNIÈRES (Jean DE). V. GAVRUS
(J. DE).
BERNIÈRES (Roland DE). Lettres,
215, 225, 230, 233, 247, 253, 260,
265, 271, 284, 301, 305, 316, 320,
337, 345, 369, 386, 390, 402, 405,
409, 460, 481 ; — Lettre à lui
adressée, 307.
BERNIN D'USSÉ (Louis DE). V.
VALENTINAY (Louis DE).
BERNINI (Cavalier Giovanni-Car-
lo), 50 ; — Lettre, 119 ; —
Lettre à lui adressée, 332 ; —
Sonnet à lui dédié, 50.
BERNINI (Giovanni-Lorenzo). Lettres, 223, 234, 317, 420, 467
490, 531.

BERNINI (Paolo). Lettre, 371.

BERQUIN (Le sr DE), II, 11.

BERRE (Étang de). Canal de Tarascon à l'étang de Berre, 156.

BERRIER, à Chartres. Lettre, 425.

BERRIEUX (Commandeur DE). Lettre, 513.

BERRUYER. Mémoire sur le navire « Le Barbaut », 468.

BERRUYER. V. LE BERRUYER.

BERRY (Le), 18, 243, 328 ; — Enregistrement du traité de Cambrai au bailliage, II, 27.

BERRY (Le sr DE), à Auxerre. Lettre, 174.

BERRYER (Louis), sr de La Ferrière, 434 ; — Lettres (1661-1666), 100, 104, 116, 131, 226, 337, 342, 360, 366 ; — (1669-1677), 409, 426, 432, 435, 437, 440, 443, 446, 449, 452, 458, 471, 477, 510, 527 ; — Lettres signées « X », 288, 295, 299, 352, 354 ; — Sommes reçues par lui, 427.

BERSAN (André Bauyn DE). V. BAUYN.

BERSIN (Hue), II, 49.

BERTAULT (Le sr). Arrêt lui interdisant de quêter, 488.

BERTAUME, ou BERTHEAUME (Fr.). Lettres, 230, 233, 345.

BERTHE, à Nevers. Lettre, 426.

BERTHE (Abbé). Lettre, 398.

BERTHELIER, de Chaumont. Lettre, 279.

BERTHEREAU (Nicolas). Pouvoir à lui donné, II, 28.

BERTHET. Lettre, 414-415.

BERTHELOT (François). Lettres, 129, 179, 208, 215, 338, 379, 382, 385, 462, 472 ; — Lettre à lui adressée, 340 ; — Mémoires, 302, 388.

BERTHELOT (J.). Lettre, 390.

BERTHEMET (Laurent). Lettres, 232, 285.

BERTHIER (Antoine et Pierre DE). V. BERTIER.

BERTHIER (Thomas). Procès-verbal de délivrance de sommes à des commis des finances, 415.

BERTHINET (François). Lettre, 366 ; — Supplique, 367.

BERTIER (Antoine-François DE), évêque de Rieux. Lettres, 265, 275, 321, 433, 444, 446, 459, 479.

BERTIER (Pierre DE), évêque de Montauban. Lettres (1662-1664), 159, 162, 167, 188, 196, 201, 207, 209, 265 ; — (1665-1672), 269, 275, 279, 285, 312, 318, 327, 337, 343, 366, 433, 440, 452, 457 ; — Lettre à lui adressée, 332.

BERTINORO (Italie). Évêque, v. RUFFO (J.).

BERTON (Louis DE), sr de Crillon. V. CRILLON.

BERTOUT - BOISFREMONT (Le sr). Lettre, 246.

BERTRAND (Matthieu DE). Lettre, 404 ; — Procès-verbal, 406.

BERTRAND (René), sr de La Tremblaye. Ordre de rembourser à sa veuve le prix de son office d'élu du Mans, 166.

BERTRAND DE LA BAZINIÈRE (Macé). V. LA BAZINIÈRE.

BERTRAND DE ROCQUENÉGADE. Pouvoir à lui donné, II, 9.

BERTRAND DU GUESCLIN. Procès avec la comtesse de Bar, II, 47.

BERTRANDUS CORREGERIUS. Hypothèque, II, 66.

BERTVILLE (Michel). Passeport à lui délivré, 478.

BÉRULLE (Anne DE). Litige avec l'archevêque d'Aix, 8.

BÉRULLE (Cardinal Pierre DE), 22 ; — Lettre à lui adressée, 70.

BÉRULLE (Thérèse DE). Litige avec l'archevêque d'Aix, 8.

BERZIAU (Famille). Notice généalogique, 85.

BESANÇON (Doubs). Archevêque, v. GRAMONT (A.-P. DE) ; — Mémoire sur le diocèse, 427 ; — Privilèges, II, 54.

BESANÇON (Le Plessis DE). V. DUPLESSIS.

BESCHE (Abraham DE). Acte de société avec S. Daliès, 403 ; — Lettres, 381, 390, 392, 397, 399, 407, 416, 420 ; — Lettre à lui adressée, 333.

BESIGLIA (Italie). V. BISCEGLIE.

BESMAUS (Jean-Baptiste-François de Montlezun, marquis DE). Lettres, 103, 116, 140, 149, 170, 228, 288.

BESNOY (A.-L. DE). V. RESNOY.

BESONS (Claude DE). V. BAZIN.

BESSANCOURT (Jean Mullot DE). Lettres, 338, 346.

BESSAT (Olier DE). V. OLIER.

BESSIN (Le sr), 76.

BÉTELHE, à Marseille. Lettre, 211.

BÉTHENCOURT (Nicolas DE). Lettres, 143, 154, 158, 163, 171, 174, 315 ; — Note, 317.

BÉTHOMAS (Éléonor de Beaulieu, chevalier DE). Lettre, 523 ; — Supplique, 463.

BÉTHOULAT V. BÉTOULAT.

BÉTHUNE, II, 14 ; — Avoué, v. GUI ; — Bénéfices distribués par le Roi, II, 7 ; — Cautionnement de l'avoué pour le comte de Flandre, II, 1 ; — Lettre des bourgeois, 297 ; — Lettres relatives à la fixation des dépendances de la châtellenie, II, 7, 8 ; — Mandement de Louis IX à l'avoué, II, 2 ; — Privilèges, II, 60.

BÉTHUNE (Anne-Marie de Beauvillier, comtesse DE). Lettres, 303, 435.

BÉTHUNE (Armand, duc DE). Lettres, 454, 477.

BÉTHUNE (Armand DE), évêque du Puy. Lettres, 310, 317, 446, 497, 514.

BÉTHUNE (François DE), duc d'Orval. V. ORVAL.

BÉTHUNE (François-Annibal, chevalier DE). Lettres, 15, 479, 510.

BÉTHUNE (Hippolyte DE), comte de Selles. Lettres, 160, 256, 266.

BÉTHUNE (Louis DE), duc de Charost. V. CHAROST.

BÉTHUNE (Mahaut DE), II, 2.

BÉTHUNE (Marguerite - Angélique DE). Lettre, 331.

BÉTHUNE (Maximilien DE), sr de Rosny, duc de Sully. V. SULLY.

BÉTHUNE (Philippe DE). Correspondance diplomatique, 36-37 ; — Dépêches concernant son ambassade en 1601, 29 ; — Lettres, 30 ; — Lettres à lui adressées, 26, 30, 70 ; — Mémoire sur la dispense à obtenir en Cour de Rome, pour le mariage du duc de Bar, 28 ; — Sa femme, v. LE BOUTEILLER (Cath.).

BÉTHUNE (Robert DE), comte de Flandre. V. ROBERT.

BÉTHUNE (Robert Lavoué, sr DE), II, 30.

BÉTOULAT (Charles DE), sr de Lagrange-Petitière. V. LAGRANGE.

BÉTOULAT (Marie DE). V. VOULLEMIN.

BETTENDORF (Théodoric VON, évêque de Worms. Lettre à lui adressée, 26.

BEUF (J.). Lettres, 191, 342, 343, 345, 348, 359, 375, 422, 426.

BEURRE. V. ISIGNY, ŒUFS.

BEUVILLE (M. DE). Lettre, 328.

BEUVRON (Charles d'Harcourt, comte DE). Ex-libris, 82.

BEUVRON (François d'Harcourt, marquis DE). Lettres, 331, 399, 404, 449, 451, 459, 466, 507 ; — Lettre à lui adressée, 468.

BÉVEMONT (M. DE). V. BÉNEMONT.

BEVEREN (Flandre). Château, II, 7.

BEVILACQUA (Cardinal Bonifazio). Lettres, 36.

BEZANÇON (Famille). Notice généalogique, 85.

BÈZE (Abbaye de Saint-Pierre de), au diocèse de Langres, 59.

BÉZIERS (Hérault). Évêques, v. BISCARAS (J.-A. de Rotundis DE), BONZY (P. DE), DUBOIS (Ant.) ; — Terres de l'évêque, II, 58 ; — Vidimus par le sénéchal, II, 62 ; — V. GUILLELMUS, PETRUS.

BÉZOUOTTE, et non Bézolles (Côte-d'Or). Forges, 353.

BIANCHETTI (Cardinal Lorenzo). Lettres, 36.

BIARD (Hyacinthe). Lettre, 215.

BIBAUD (Henri et Jacques). Lettres, 108, 112, 127, 230, 502 ; — Requête contre Henri, 518.

Bible. V. Nouveau Testament.

Bibliothèque. V. Colbert, Dupuy, Mazarin, Molé, Thou.

Bibliothèque du Roi, puis Nationale. Catalogue des Mélanges Colbert, II, 69-70 ; — Lettre de Carcavi relative aux doubles, 68 ; — V. Brienne, Cabinet des Médailles, Clairambault, Colbert, Dupuy, Pithou.

Bicherel (Abbé Michel). Certificat, 504.

Bichi (Cardinal Alexandro). Mémoire à lui adressé, 36.

Bidal (Pierre), baron d'Asfeld. Certificat, 256 ; — Lettres, 220, 280, 344, 355, 358, 362, 368, 372, 374, 381, 385, 389, 394, 396, 400 ; — Lettres à lui adressées, 32, 334, 357, 373, 376.

Bidassoa (La), 24 ; — V. Artagnan (H. d') et Saint-Martin-Barès (Abbé de).

Bidaud (Le s^r), à Gênes. Lettres à lui adressées, 35.

Bidaud, ou Bidault (Le s^r), à Paris. Lettre, 140.

Bidaud (Capitaine Ange-Rodolphe). Lettres, 520, 524.

Bidé de La Grandville (Joseph). Lettre, 489.

Brié (M. de). Lettre, 350.

Bière. Droits sur la bière, à Saint-Venant, 115.

Bière (Forêt de) près de Fontainebleau. Arpentage en 1658, 115.

Bieule (Louis de). V. Bioule.

Bièvre (La). V. Gobelins.

Bièvre (Thierry de), II, 49.

Bigin (Le s^r), à Phalsbourg. Lettre, 214.

Bignicourt (Marie). V. Colbert de Terron.

Bignicourt-Bussy (G. de). Lettres, 108, 159.

Bignon (Jérôme). Lettres, 140, 312 ; — Lettre à lui adressée, 465.

Bigorre (Pays de), 93.

Bigorre (Valentin). Lettres, 109, 284, 310.

Bigot (Le s^r), à Tours. Lettres, 135, 139.

Bigot (Alexandre). Lettres, 264, 355, 372, 387, 390, 402, 404, 408, 412, 413, 416, 422, 425, 429, 450.

Bigot (Jacques). Lettres, 131, 144, 158, 169, 174, 178, 184 ; — Jugement contre lui, 172.

Bigot (Jean-Jacques). Lettre à lui adressée, 70.

Bigot (Nicolas), s^r de La Honville. Lettre, 182.

Bigot de Laizeau, à Amiens. Lettres, 201, 207, 356, 413.

Bijoux, II, 19 ; — Bijoux de la Couronne, 515 ; — V. Diamants, Inventaires, Joyaux, Seignelay.

Bilain (Antoine), 47 ; — Lettres, 214, 221, 237, 244, 263, 292, 295, 314, 316, 343, 405, 423, 449 ; — Recueil sur les renonciations, 40 ; — Réformation de la justice, 45.

Billard (Claude). Lettres, 371, 379, 385, 389, 466, 477, 481.

Billard (J.). Lettre, 459.

Billard (Le Fr. Jean). Lettre, 321.

Billay (M.). Lettre, 298.

Billon (H. de), abbé de Lorgues. Lettres, 105, 129, 142, 176, 210 ; — Vers sur le portrait du Dauphin, 133.

Billon (Jean). Pouvoir à lui donné, II, 25.

Billot (J.). Lettre, 401 ; — Note sur une de ses lettres, 525.

Billy (Guillaume de). Lettres, 312, 352, 358, 362, 365, 405, 426.

Bimorel (Nicolas Cornu, s^r de). Lettres, 158.

Binault (Le s^r). Lettre, 239.

Binche (Belgique). Autorisation de création de rentes, II, 58 ; — Justice de la ville, II, 49.

Binet (Le s^r). Lettre, 421.

Bineteau, médecin. Lettre, 372.

Bioule (Louis de Cardaillac et de Lévis, comte de). Lettres, 293, 324, 327, 328, 337, 338 ; — Lettre à lui adressée, 339.

Biron (Charles de Gontaut, maréchal de), 28.

Biscaras (Jacques de Rotundis de). Lettre, 200.

BISCARAS (Jean-Armand de Rotundis DE), évêque de Lodève, puis de Béziers. Lettres, 444, 446, 459, 477, 479, 490, 493, 496, 514.

BISCEGLIE (Italie). Évêque, v. ALBERGATI (P.-A.).

BISSEUIL (Jean DE). V. AMELOT.

BISSINGHEN (Jean DE). Quittance, II, 50.

BISSON (Bertrand). Articles pour le rachat des rentes en 1629, 22.

BITAUD DE BLÉOR (François). Lettre, 517 ; — Rapport, 476.

BITTON (A.). Lettre, 317.

BIZOT (Pierre). Prisée des médailles de Colbert, 84.

BLAIN (P.). Lettre, 230.

BLAINVILLE (Jules-Armand Colbert, marquis DE). V. COLBERT.

BLAMONT (Henri DE), II, 38.

BLAMPIGNON (Cl. DE). Lettre, 221.

BLANC (Claude DE). Lettre, 324.

BLANC (Louis). Information par lui faite, 502.

BLANC (Président Guillaume DE). Lettres, 166, 283.

BLANCARD (A.). Lettres, 136, 149.

BLANCHANS (Le sr DE). Note sur une de ses lettres, 525.

BLANCHE DE CASTILLE, reine de France, Lettres, II, 2.

BLANCHEFORT (Floquet), II, 15.

BLANCMÉNIL (N. DE). V. POTIER.

BLANQUEFORT DE DURAS (J.). Lettres, 451.

BLANQUES (L. Arnoys, dit DE). Lettres, 423, 426, 452 ; — Mémoire contre lui, 481.

BLANZAC (Charente). Mémoire sur la terre de Blanzac, 329.

BLANZAC (Capitaine DE). Lettre, 319.

BLARY (Le sr DE). Lettre, 320.

BLASCO DE LOYOLA (Don Philippe). Lettre, 190.

BLASONS, 85, 86.

BLATON (Belgique). Bailli, v. RECOURT (J. DE) ; — Don de cette terre, II, 11.

BLAYE (Gironde). Lettre au sujet de l'abbaye de Saint-Romain, 369 ; — Mémoire pour le procès intenté au duc de Saint-Simon, relativement à ce comté, 437.

BLAYS (Charlotte), dame de Montigny. Lettre, 343.

BLÉ. Achat de blés en Guyenne, 127 ; — Arrêts défendant de faire sortir les blés par la Picardie, 492, 512 ; — Arrêts relatifs à l'exportation des blés, 20, 447, 526 ; — Distributions de blés aux pauvres de Paris et Rouen, 133 ; — de Torcy, 424 ; — en Touraine, Anjou et Maine, 137 ; — Droits sur les blés, 20, 171 ; — État des blés, en Normandie en 1673, 478-479 ; — Exécution d'arrêts sur les blés en Bretagne, 133 ; — Exportation de blés en 1520, 20 ; — Exportation en Provence, 177 ; — Imposition foraine, mise sur les blés à Tournay, II, 16 ; — Péages, perçus le long de la Garonne, 95 ; — Prix du blé à Narbonne, 167 ; — à Paris, 526 ; — dans la généralité de Rouen, 123 ; — à Venise, 212 ; — « Réponse à ceux qui veulent débiter le blé dans la province », 403 ; — Transports de blés de Bordeaux à Bayonne, 161 ; — de Bordeaux à Tours, 137 ; — de Nantes à Tours, 137 ; — du Hâvre à Bordeaux, 128 ; — sur la Garonne, 127.

BLÉNAC (Comte DE). V. BÉNAC.

BLÉNEAU (Yonne), II, 13.

BLÉRANCOURT (Aisne). Prieuré des Feuillants, 109.

BLICH (Amable). Lettres, 144, 193, 201, 390.

BLISSON (Jean). Lettre, 356.

BLOCARD (Jacques). Affrètement de navire, 111 ; — Certificat, 243 ; — Lettres, 121, 315, 376.

BLOIS, 192 ; — Arrêt, pour les travaux du pont, 491 ; — Enregistrement du traité de Cambrai au bailliage, II, 27 ; — État des charges, prélevées sur le domaine du comté en 1675, 542 ; — Factum pour les officiers du présidial, 392 ; — Lettre des échevins, 132 ; — Lettre des officiers

de la Chambre des Comptes, 196 ; — Lettres des officiers du présidial, 192, 389 ; — Note sur les poids et mesures de la généralité, 504.

BLOCQ (Fr. DE). V. THILMAN.

BLONDEAU (Jean). Lettres, 154, 375 ; — Lettre à lui adressée, 334.

BLONDEL, à Ribémont. V. GAILLARDON.

BLONDEL (Étienne). Plainte contre le lieutenant de Dôle, 281.

BLONDEL (F.). Lettre, 353.

BLONDOT (François). Lettres (1661-1664), 98, 102, 108, 130, 134, 159, 163, 168, 173, 179, 205, 212, 216, 219, 246 ; — (1665-1674), 275, 295, 342, 371, 394, 462, 490 ; — Lettre en sa faveur, 218 ; — Mémoire, 512 ; — Mémoire à lui adressé, 478 ; — Sommation pour lui faire remettre les caisses, appartenant au cardinal Mazarin et débarquées au Havre, 111.

BLOQUET (Le s^r). Lettre, 414.

BLOT (Claude). Lettres, 178, 289, 445 ; — Mémoire, 290.

BLOUIN (Jérôme). Lettres, 230, 291.

BLUMENTHAL (Baron Christophe-Gaspard DE). Lettre, 410 ; — Supplique, 411.

BOCA (Petrus), II, 64.

BOCADORLI (Petrus), II, 66.

BOCCARDO (Pietro-Francisco). Lettres, 438, 452.

BOCHART (Famille), 85.

BOCHART (François). V. CHAMPIGNY.

BOCHART (Jean). V. CHAMPIGNY.

BOCHETEL (Guillaume). Lettres, 21.

BODIN (Le s^r). Supplique, 335.

BODIN (L.). Lettres, 146, 169, 180, 201, 310.

BŒCLER (Johann Heinrich). Lettre, 405-406.

BOETUS. V. GUILLELMUS.

BOGART (Pierre), II, 51.

BOGNE (L.). Lettre, 299.

BOHAIN (Aisne), II, 16.

BOHAIN (Alexandre), dit Capelain. Certificat de santé, à lui délivré, 384.

BOHÊME. Roi, v. JEAN.

BOIGION (David). Convention avec l'intendant Pellot, 370.

BOILEAU - DESPRÉAUX (Nicolas). Vers à Louis XIV, 49.

BOINET, à Abbeville. Lettre, 283.

BOIS et forêts. Achat de bois en Nivernais, 469 ; — Bois proposés pour les magasins de Soubise, 120 ; — Enquête sur les coupes de bois des domaines de l'abbaye de Cheminon, 194 ; — Mémoire sur le commerce de planches de chêne, en Allemagne orientale, 398 ; — Note sur le bois pour la construction de navires, 456. — V. BOURGOGNE, DAUPHINÉ, FORÊTS.

BOISBAUDRY (C. DE). V. DU BOISBAUDRY.

BOISDAVID (Le s^r). Lettre, 378.

BOISFRANT (Claude DE). Lettre, 143.

BOISLÈVE (Henri DE). Requête pour s'opposer à la réunion du duché de Penthièvre, 281.

BOISOLLIVIER (M. DE). Lettre, 275.

BOISSET (Capitaine DE). Lettres, 252.

BOISSIER (G.). Lettres, 155, 210, 248, 314, 397.

BOISSIÈRE. V. BOISSIEU.

BOISSIEU (Denis de Salvaing DE). Lettres, 165, 215, 259, 266, 273, 284, 306, 369 ; — Lettre à lui adressée, 333.

BOISSONNADE, à Agen. Lettre, 278.

BOISTE, ou BOISTEL (L.). Lettre, 258.

BOISTENET (Le s^r). Lettre, 295, 304.

BOISTERRET. V. BOISTENET.

BOISVILLE (M. DE). Lettre, 266.

BOIVIN (Le s^r). Lettre, 327.

BOIZARD (Dom D.). Lettres, 77.

BOLLAND (Le P. Jean). Fragments d'annales, 55 ; — Lettre, 55.

BOLLION, ou BOLLIOUD. Lettres, 145, 148, 216, 340.

BOLLOSON, s^r du Pontet. V. DU PONTET.

BOLOGNE, 89 ; — Actes relatifs

à l'entrevue de Bologne, 57 ; — Archevêques, v. LUDOVISI (A.), PALACOTI.

BOLOGNETTI (Paolo). V. VICO-VARO.

BOMBOURG (Baron DE). V. BON-BURG.

BOMIS DE CANE (Le s^r). Lettre à lui adressée, 393.

BOMPIANI (Lodovico). Lettre, 440.

BOMPIANI (Orazio). Lettre, 429.

BOMY (Pas-de-Calais). Trève, II, 28.

BON, à Arras. Lettre, 337.

BON (François). Lettres, 122, 193, 201, 217, 238, 261, 300, 310, 366, 387, 426 ; — Lettre à lui adressée, 376.

BONACASA. Donation, II, 65.

BONAMY, à Riom. Lettres, 170, 185.

BONAMY, au Blanc. Lettre, 319.

BONARELLI (Pietro-Gentile). Mémoire, 442.

BONAVENTURE, évêque de Césarée. Lettre, 231.

BONBERINO (Cardinal Carlo). Lettre, 443.

BONBURG (Baron DE). Lettre, 153.

BONCOURT (Collège de), à Paris. *Metamorphosis parasiti Becodiani*, 51 ; — Réunion au collège de Navarre, 9.

BONDELLI (Comte). Instructions, 6.

BONDIA DE SURGERIIS. Somme à lui due, II, 67 ; — Vente, II, 68.

BONDIEU (Le s^r). Lettre, 395.

BONEAU. V. BONNEAU.

BONES (M. DE). V. BESCHE.

BONETA CONSTANTINI, II, 68.

BONGARS (Jacques). Lettres à lui adressées, 27.

BONIFACE VIII, pape. Bulles, 30, 33-34 ; — Lettres à lui adressées, II, 44.

BONIFACE, abbé de Cîteaux, II, 43 ; — Lettre à lui adressée, II, 30.

BONIN, à Marseille. Lettres, 132, 139, 158, 180, 360, 361.

BONIN (Toussaint). Lettre, 314.

BONIN DE LA FOSSE, à Poitiers. Lettre, 338.

BONIPARIS (François DE). Lettre, 128 ; — Versement du prix de sa charge, pour la construction de la citadelle de Marseille, 106, 128.

BONNARD. Lettre, 282.

BONNE (François DE). V. LESDIGUIÈRES.

BONNEAU (J.). Lettres, 100, 103, 321.

BONNEAU (Jacques), s^r de Rubelles. Requête de ses héritiers, 306.

BONNEAU (Thomas). Lettre, 149.

BONNEAU (Victor), s^r de Bréviande. Lettre, 374.

BONNEFOY (Le s^r DE). Lettre, 203.

BONNE-ESPÉRANCE (Cap de). V. CAP (LE).

BONNETIERS, 370 ; — Mémoire des bonnetiers de Paris, 448.

BONNEUIL (MM. DE). V. ARPAJON, HARLAY, THOU.

BONNEVAL (Capitaine DE), 407 ; — Lettres, 407, 408, 423.

BONNEVAL (Guy DE). Lettres, 264, 275, 397, 401.

BONO (Colonel P. DE). Lettre, 249.

BONPORT, abbaye, au diocèse d'Évreux, 399.

BONREPAUS (Fr. d'Usson DE). V. USSON.

BONREPOS (M. DE). V. RIQUET.

BONTEMPS (Alexandre). Lettre, 516.

BONUSOMO (Bernardus), II, 65.

BONVISI (Cardinal Bonviso). Lettres à lui adressées, 29.

BONZERÉ (Le s^r). Note sur une de ses lettres, 525.

BONZY (François DE). Instructions, 34, 36.

BONZY (Cardinal Pierre DE), évêque de Béziers, archevêque de Toulouse. Droits sur Celleneuve, 532 ; — Lettres (1661-1663), 113, 116, 122, 125, 135, 145, 153, 162, 168, 176, 177, 184, 189, 193, 196, 200 ; — (1664-1665), 209, 213, 220, 223, 231, 233, 238, 244, 251, 257, 265, 268, 279, 283, 291, 300, 323 ; — (1666-1672), 363, 389, 408, 423, 432, 436, 444, 445, 452, 454, 458 ; — (1673-1677), 461, 471,

475, 477, 479, 481, 487, 489, 491, 493, 495, 496, 498, 500, 513, 524, 530 ; — Lettre à lui adressée, 491 ; — Liste de ses domestiques, 267 ; — Mémoire, 212 ; — Notes sur certaines de ses lettres, 527.

Bor. V. Bon (François).

Borda (Le sᵣ de), à Dax. Lettres, 302, 305.

Bordeaux, 127, 128, 133, 137, 152, 161, 387, 436 ; — Archevêque, v. Escoubleau de Sourdis (H. d') ; — Arrêt pour les maire et jurats, 414 ; — Arrivée d'un ambassadeur moscovite, 15 ; — Convoi de Bordeaux, 533 ; — États des recettes et dépenses du convoi, 542, 545, 546 ; — Cour des aides, v. Guyenne ; — Délibérations des membres de la maison de ville, 406 ; — Dessin représentant le Palais Gallien, 69 ; — Établissements à créer dans l'étendue de la ferme du convoi, 286 ; — Généralité, v. Guyenne ; — Lettres des bourgeois, 300, 303 ; — des intéressés de la compagnie des assurances, 284 ; — des jurats, 149, 155, 184, 202, 250, 260, 266, 269, 270, 275, 279, 381, 404, 409, 499 ; — du maire, 525 ; — des syndics, 270 ; — Lettre écrite de Bordeaux, 462 ; — Liste des maires, 91 ; — Note sur les vaisseaux, qui y stationnent, 484 ; — Ordonnance des jurats, 353 ; — Parlement, v. Guyenne ; — Plainte des jurats contre É. Jacquemain, 308 ; — Sédition de 1675, 501 ; — Trésoriers, v. Guyenne ; — V. Chateau-Trompette.

Bordeaux de Neufville (Antoine de). Lettre à lui adressée, 17-18.

Bordeaux-Pomereu (Denise de). Lettre, 236.

Bordel (L.). Lettre, 306.

Bordelais (Le), 152.

Bordes (M. de), à Rochefort. Lettre, 524.

Bordes (Guillaume), II, 66.

Bordini (Jean-François), vice-légat d'Avignon. Lettres à lui adressées, 30.

Boreel (Guillaume). Lettres, 149, 175, 188, 192, 198, 199, 202, 216, 220, 239, 250, 265, 289, 293, 323 ; — Lettre à lui adressée, 32 ; — Mémoire, 218.

Borelly, de Marseille. Lettre, 316.

Borghèse (Cardinal Camillo). Lettres, 36 ; — Lettres à lui adressées, 37.

Borie, en Turquie. Instruction à lui donnée, 469.

Bories, à Bordeaux. Lettre, 173.

Bories (Jean), à Cahors. Inventaire de ses médailles, 69.

Borluyt (G. de), II, 34.

Bornard (Le sᵣ). Lettre, 131.

Bornat (Th.). Lettres, 101, 102, 109, 110, 251.

Bornhem (Belgique), II, 13.

Borre (Nord). V. La Bourre.

Borromeo (Cardinal F.). Lettre à lui adressée, 2.

Borros, à Sainte-Foy d'Agenais. Lettre, 253.

Borthon, d'Auxonne. Lettre, 240.

Bosco (Petrus de), II, 66.

Bosquet (François de), évêque de Montpellier. Lettres, 446, 449, 494.

Bossat (M. de), à Rennes. Lettre, 391.

Bosson (J.-B.). Lettre, 300.

Bossuet (Antoine), 415 ; — Lettres, 232, 241, 397.

Bossuet (Jacques-Bénigne), évêque de Condom et de Meaux, 4, 9 ; — Copie de son discours de réception à l'Académie, 67 ; — Lettre, 475 ; — Lettre au pape, 4.

Botanique. Création d'une chaire de botanique à la faculté de médecine d'Aix, 106 ; — V. Greffes.

Bouc (Henri de Séguiran, sᵣ de). V. Séguiran (H. de).

Boucaulmont (Jacques). Lettre, 336.

Bouchard (David). V. Aubeterre.

Bouchard d'Avesnes. Accord

BOUCHEL (J.). Lettre, 222.

BOUCHER (Pierre). État des fonds, ordonnés pour lui comme trésorier de la marine, 78.

BOUCHER D'ORSAY (Famille). Notice généalogique, 85.

BOUCHERAT (Jean). Lettre à lui adressée, 32.

BOUCHERAT (Louis). Lettres, 113, 117, 383, 394, 438, 440, 443, 454.

BOUCHERET, interprète, 492.

BOUCHERS (Corporation des). Arrêt obligeant à payer l'indemnité de pied fourché, 111-112.

BOUCHU (Claude). Avis sur l'établissement d'un hôpital à Dijon, 430 ; — Lettres (1661-1663), 98, 104, 113, 118, 122, 124, 129, 134, 139, 159, 162, 169, 174, 178, 184, 187, 192, 205 ; — (1664-1665), 209, 217, 220, 225, 230, 237, 245, 248, 253, 264, 270, 277, 282, 288, 291, 296, 304, 313, 317, 321, 324, 327 ; — (1666-1667), 331, 338, 341, 348, 352, 359, 366, 372, 382, 385 ; — (1668-1675), 389, 395, 397, 400, 406, 407, 408, 412, 413, 417, 422, 429, 497, 508 ; — Lettres à lui adressées, 333, 353 ; — Ordonnance, 430 ; — Sentence, 247.

BOUCONNE (Forêt de) (Haute-Garonne), 396.

BOUCQUEDALLE. V. BRUCQUEDALLE.

BOUCQUET, d'Arras. Lettres, 328, 337.

BOUDAN (Le P. Louis), procureur de la congrégation de Saint-Maur. Lettre, 522 ; — Note sur une de ses lettres, 525.

BOUDIN (Jean), II, 46.

BOUDON (Ét.). Lettre, 163.

BOUDRY. V. LE BOULTZ.

BOUER-MILLET (Mme). Lettres, 338, 348.

BOUGIE (Algérie), 439.

BOUGLER (Michel). Placet, 398.

BOUGY (Abbé DE). Lettres, 263, 346 ; — Lettre à lui adressée, 267.

BOUGY (Mlle DE). Lettre, 267.

BOUHIER (Vincent), s^r de Beaumarchais. Quittances, 64, 65.

BOUILLÉ (Ph. DE). V. CRÉANCE (Comte DE).

BOUILLÉ (René DE). Quittance, 62.

BOUILLERS (?). V. SERRANT DE BAUTRU.

BOUILLET, à Dijon. Requête pour obtenir la franchise postale, 7.

BOUILLET, à Paris. Lettres, 99.

BOUILLON (Charles de La Marck, duc DE). Quittances, 63.

BOUILLON (Emmanuel-Théodose de La Tour d'Auvergne, cardinal DE). Lettres, 453, 480, 493, 503, 521.

BOUILLON (Frédéric-Jules de La Tour d'Auvergne, chevalier DE). Son duel avec le marquis de Rochecourbon, 529.

BOUILLON (Henri de La Tour d'Auvergne, duc DE), 4, 70, 71.

BOUILLON (Marie-Anne Mancini, duchesse DE). Requête, 467.

BOUIN (Ile de), en Vendée. Revues et garde, 450.

BOULAN (Henri DE), II, 34.

BOULANGER, à Saint-Brieuc. Lettre, 503.

BOULANS (Guillaume DE). V. ROLLE (G. DE).

BOULIERS (Commandeur DE). Prise d'un navire de Marseille, 5.

BOULLAIN (Pierre). Lettres, 132, 175, 198, 205.

BOULLAINVILLIERS (Sœur Catherine DE). Lettres, 481, 493, 499, 503.

BOULLEY (Claude). Lettre, 254.

BOULLONGNE DE BEAUREPAIRE (Le s^r DE). Lettres, 239, 254, 412, 499.

BOULOGNE (Bois de), près Paris, 142.

BOULOGNE (Jean, comte DE). Son mariage avec Jeanne de Bourbon, 20.

BOULOGNE-SUR-MER. Quarantaine créée à Amiens, pour les habitants de Boulogne, 317.

BOULONAIS (Le). Acte des États, II, 24 ; — Budgets des paroisses, 141 ; — Condamnations pour séditions dans le Boulonais, 147 ; — Note sur l'élève des chevaux dans le Boulonais, 441.

BOULTZ (L.). V. LE BOULTZ.

BOUQUET (Le s^r). V. BOUSQUET.

BOURACANS (Manufacture de), à La Ferté-sous-Jouarre, 434.

BOUGUIER (Famille). Notice généalogique, 85.

BOURBON (Ile). V. LA RÉUNION.

BOURBON (Le s^r), à Rochefort. Lettre, 492.

BOURBON (Alexandre, bâtard DE). II, 15.

BOURBON (Anne-Geneviève DE). V. LONGUEVILLE (Duchesse DE).

BOURBON (Antoine DE), duc de Vendôme, roi de Navarre, 20 ; — Lettres, 25.

BOURBON (Armand DE), prince de Conti. V. CONTI.

BOURBON (Béatrice DE), II, 3.

BOURBON (Catherine DE), sœur de Henri IV, 13 ; — Annulation de son mariage avec le duc de Bar, 28.

BOURBON (César DE), duc de Vendôme. Légitimation, 24 ; — Lettres, 118, 122 ; — Ordres, 124, 261.

BOURBON (Charles Ier, duc DE), II, 15 ; — Lettres, II, 15.

BOURBON (Charles DE), comte de Soissons. Quittance, 62.

BOURBON (Charles DE), duc de Vendôme, 20 ; II, 24 ; — Lettres, 25.

BOURBON (Charles DE), évêque de Soissons. V. BOURLON.

BOURBON (Chrétienne ou Christine DE). V. SAVOIE (Duchesse DE).

BOURBON (Gaston - Jean - Baptiste DE). V. ORLÉANS (Gaston, duc D').

BOURBON (Henri II DE), prince de Condé. V. CONDÉ.

BOURBON (Henri DE), duc de Verneuil. V. VERNEUIL.

BOURBON (Henri-Jules DE), duc d'Enghien. V. ENGHIEN.

BOURBON (Jean II, duc DE), II, 17.

BOURBON (Jean - Baptiste DE). V. ORLÉANS (Gaston, duc D').

BOURBON (Jeanne DE). Son mariage avec Jean, comte de Boulogne, 20.

BOURBON (Jeanne-Baptiste DE), abbesse de Fontevrault. Lettres, 219, 277, 297, 341, 378.

BOURBON (Louis DE), le Grand-Dauphin. V. LOUIS.

BOURBON (Louis DE), prince de Condé. V. CONDÉ.

BOURBON (Louis de). V. VENDÔME (Cardinal DE).

BOURBON (Marie DE). V. MONTPENSIER.

BOURBON (Marie-Anne DE). Lettre, 479.

BOURBON-VENDÔME (François DE). V. BEAUFORT.

BOURBONNAIS (Duché de), 262 ; — Enregistrement du traité de Cambrai au siège du duché, II, 27.

BOURBONNE (Charles DE). Lettres, 246, 292.

BOURBOURG (Nord), 177 ; — Lettre des échevins, 325 ; II, 11.

BOURCIER (Pierre). Lettre, 499.

BOURDALOUE (Le s^r). Lettre, 293.

BOURDEILLES (Mme DE). V. NOUVEAU (Ch. DE).

BOURDET (Capitaine). Lettres, 456, 524.

BOURDIN (Famille), 85.

BOURDIN (Le s^r), 76.

BOURDON (B.). Lettre. 366.

BOURDON (Jean). Lettre, 350 ; — Rapport, 351.

BOUREAU (Martin). Supplique, 383.

BOURÉE, à Abbeville. Lettre, 256.

BOURÉE, à Lyon. Lettres 188.

BOURÉE (L.). Lettres, 162, 197.

BOURET, à Mantes. Lettre, 278.

BOURET (François). Procès-verbal, II, 26.

BOURG-EN-BRESSE (Ain). Lettres des députés, 233, 240 ; — Révocation des prêts sur les tailles de l'élection de Bourg, 115.

BOURG - SUR - GIRONDE (Gironde). Artillerie de la citadelle, 199.

BOURGEOIS (Le s^r). Mémoire sur son privilège pour la fabrication des fontes, 376.

BOURGEOIS (B.). Lettres, 337, 341, 345, 350, 355, 363.

Bourgeois (Pierre). Quittances, 63.

Bourges. Archevêques, v. Beaune (R. de), Montpezat (J. de) ; — Assignation par devant le procureur du présidial, 383-384 ; — Eaux et forêts, 176 ; — Généralité, 151, 534, 535, 536, 537, 538, 539, 541 ; — Lettres et ordonnances des échevins, 385, 388, 397 ; — Lettres des trésoriers, 131, 144, 158, 163, 169, 174, 178, 184, 188, 189, 196, 202, 204, 214, 225, 231, 234, 238, 245, 247, 249, 261, 273, 282, 293, 300, 342, 379, 382, 425, 429 ; — Liste des archevêques, 54 ; — Liste pour l'administration locale, 501 ; — Mémoire sur l'affaire des échevins, 384 ; — Procès-verbal pour la signification de lettres aux commis des recettes, 181 ; — Provisions de receveur général, 166 ; — Vente extraordinaire de sel dans les greniers de la généralité, 418 ; — V. Hégry.

Bourghehier (John). Lettre à lui adressée, II, 42.

Bourgogne, 24, 93, 76 ; — Actes relatifs à la Bourgogne, II, 43-54 ; — Bois et forêts, 364, 396 ; — Comté, II, 55, 59 ; — Difficultés entre les secrétaires du Parlement et les secrétaires du roi, 469-470 ; — Don du duché à Philippe le Hardi, II, 13 ; — Ducs, v. Charles le Téméraire, Guillaume, Hugues IV, Jean Sans-Peur, Philippe le Bon, Philippe le Hardi, Robert ; — Duché, II, 12 ; — Duchesses, v. Isabelle de Portugal, Marguerite de Flandre, Marie, Michelle ; — État des charges levées sur les salines, 543, 544, 545 ; — État des recettes, 115, 119, 541 ; — Envoi d'un légat, II, 34 ; — Généralité, v. Dijon ; — Lettres des anciens fermiers des salines, 395 ; — des trésoriers, 98, 110, 116, 127, 142, 150, 157, 162, 178, 183, 188, 201, 204, 211, 214, 227, 270, 272, 280, 295, 306, 325, 390, 422 ; — Lettre relative aux affaires de Bourgogne, 236 ; — Liquidation des dettes de la province, 424 ; — Liste des gouverneurs, 91 ; — Mandement adressé au bailli de la Montagne, II, 20 ; — Procès des trésoriers contre B. Monnod, 112, 119 ; — Receveur-général, II, 50 ; — Requête des officiers des greniers à sel, 213 ; — Requête présentée aux élus des États, 361 ; — Succession de Bourgogne, en 1318, II, 10 ; — Table des traités de paix entre la France et les ducs, 19 ; — Travaux relatifs aux chemins, 189 ; — Union du duché à la couronne, II, 13 ; — Usurpations des ducs sur les duchés de Brabant, Lothier, etc., 16 ; — Voyage du sr Gilbert en Bourgogne, 455 ; — V. Franche-Comté.

Bourgogne (Chambre des Comptes de). V. Dijon.

Bourgogne (États de). Extraits des registres, 519 ; — Lettres des élus, 99, 135, 139, 170, 210, 214, 226, 288, 290, 371, 387, 409, 413 ; — Ordonnance, 486 ; — Requête présentée aux élus, 361 ; — Résolution relative à l'exemption des tailles, pour les travailleurs des manufactures, 439.

Bourgogne (Parlement de). V. Dijon.

Bourgogne (Jean de), comte d'Étampes, II, 15.

Bourgogne (Jeanne de), II, 38.

Bourgogne (Otton, comte de), II, 38.

Bourgoing (Louis). Lettre à lui adressée, 70.

Bourgone (Le sr de), 107 ; — Lettres, 223, 236.

Bourgongne (Anne de), dame de Marcé. Lettre, 219.

Bourguard-Coursac (Le sr de), à Belfort. Lettre, 240.

Bourlémont (Charles-François d'Anglure de). V. Anglure.

Bourlémont (Louis d'Anglure de). V. Anglure.

Bourlémont (Nicolas d'Anglure de). V. Anglure.

Bourlon (Charles), évêque de Soissons. Lettres, 506, 510.

Bourlon (Mme M.). Lettre, 238.

Bournazel (François, marquis de). Lettre, 180.

Bournonville (Alexandre-Hippolyte-Balthazar, duc de). Lettres, 112, 122, 154, 225, 345, 348, 358.

Bourseville-Duhamel (Chevalier de). Lettre, 523.

Bourzéïs (Abbé Amable de). « Escrit sur les ordonnances », 47 ; — Lettres, 100, 108, 122, 164, 176, 228, 233, 237, 250, 288 ; — Lettres à lui adressées, 40, 334 ; — Mémoires, 4 ; — Poésies italiennes et françaises, 50 ; — Recueil de mémoires sur les droits de la reine Marie-Thérèse à la succession d'Espagne et des Pays-Bas, 38-39, 47 ; — Traité de la renonciation, 47.

Bourzone (?). V. Bourgone.

Bouscheix (Abbé B.). Lettre, 327.

Bouschet (Jean de), marquis de Sourches. V. Sourches.

Bouslayden (François de). V. François.

Bousquet (Le sr.) Lettres, 166, 282, 288.

Bousselin (François). Recouvrement des tailles en Poitou. 286.

Boussière (Le sr de). Lettre, 492.

Boussolles, en Bourgogne. Forges, 353, 373.

Boutault (Le P. M.). Lettres, 254, 259, 274, 285, 293, 305, 312, 320 ; — Lettres à lui adressées, 259, 276.

Boutevilain (M. de). Lettre, 198.

Boutenaco (Berengarius de), II, 67.

Boutheroue de Bourgneuf (Hector). Lettre, 289.

Bouthillier (Léon), comte de Chavigny. Correspondance, 36-37.

Bouthillier (Victor), sr de Chavigny, archevêque de Tours. Lettres, 182, 381.

Boutillier (Le sr). Lettre, 154.

Bouton (Érard), comte de Chamilly. V. Chamilly.

Boutteville (François - Henri de Montmorency). V. Montmorency.

Bouvet (Pierre), 380.

Bouvier (Étang de), près Versailles. Mémoire sur le nivellement, fait pour conduire ses eaux à Versailles, 439.

Bouvier (Pierre), nommé président au parlement de Bretagne, 347.

Bouville (A. de). V. Jubert.

Boves (Béatrice et Pierre de), II, 66.

Boyer (Claude). Sonnets, 48.

Boylesve (Claude). Lettre, 126 ; — Recouvrement des tailles en Poitou, 286.

Boylesve (Fr. de). V. Des Aulnays-Boylesve.

Boz (Ain). Château, II, 55.

Brabant, 16 ; II, 19 ; — Acte des États, II, 25 ; — Alliances conclues avec le Brabant, II, 46 ; — Compagnie anglaise, 52 ; — Cour féodale, 39 ; — Droit de dévolution, 39 ; — Rachat de rentes par le receveur, II, 59 ; — Succession des ducs, 38 ; — Traité pour les droits de la reine sur le Brabant, 39.

Brabant (Henri III, duc de), II, 37.

Brabant (Jean, duc de), II, 38.

Brabauld. V. Barbauld.

Braccesi (Abbé). Lettre à lui adressée, 33.

Bracciano (Ferdinando Orsini, duc de) Lettre à lui adressée, 33.

Bracciano (Paolo - Giordano Orsini, duc de), 70.

Brachet (Charles). Lettres, 130, 159.

Bragance (Jean IV de). V. Jean IV.

Bragance (Pierre de). V. Pierre II.

Bragelongne, ou Bragelone (Famille de). Notice généalogique, 85.

Bragelongne (Fr. de). Lettre, 494.

BRAGELONGNE (Jérôme DE). Lettre, 181.

BRAGELONGNE (Mme M. DE). V. MARLE.

BRAGELONGNE (Thomas DE). Lettres, 117, 330, 346, 361, 377, 435, 495, 498, 499, 523 ; — Note sur une de ses lettres, 525.

BRANCAS (Ch. DE). Lettre, 377.

BRANCAS (Marie DE), marquise d'Ampus. Lettre, 158.

BRANDEBOURG, 410 ; — Électeurs, v. FRÉDÉRIC-GUILLAUME, JEAN-SIGISMOND ; — Électrice, v. ANNE ; — Margraves, v. FRÉDÉRIC - GUILLAUME , JOACHIM - NESTOR.

BRANGES (Antoine DE), II, 51.

BRANGES (Paul Barrillon, marquis DE). V. BARRILLON.

BRANGOLLE (Th. DE). V. DONDEL.

BRANTÈS (B. DE), à Avignon. Lettre, 214.

BRANTES (Hans). Factum sur son arrestation, 78.

BRAQUE (François DE). États de service, 231 ; — Lettres, 227, 231, 405, 438.

BRAUX (Louise DE). Lettres, 223, 270, 277, 310, 336, 402.

BRÉANT (Robert) (?). Lettre, 198.

BRÉARD (Le s^r). Lettre, 531.

BRÉAUDAN (Forêt de) en Orléanais. V. BRUADAN.

BRÉAUTÉ (François DE). Lettre, 494.

BRÉBAN (C. DE). Lettre, 104.

BRÉCOUR (Jean DE). Lettre, 346.

BREEDON (Thomas). Commission de gouverneur de l'Acadie, 61.

BRÉGIS, ou BRÉGY (Charlotte DE). V. SAUMAISE-CHASSAN.

BRÉGIS, ou BRÉGY (Nicolas de Flesselles, s^r DE). Son ambassade en Hollande, 16.

BRÉMAND (Michel). Lettres, 387, 389.

BRÉMAND fils (Pierre). Lettre, 524.

BRENIER (Antoine). Lettres, 160, 171, 173.

BRÉQUIGNY (Le s^r DE). Lettres, 372, 389.

BRÉSIL. V. TODOS-SANTOS.

BRESLAU. Évêque, v. HESSE-DARMSTADT (Fr. DE).

BRESSAC (M. DE). Lettre, 422.

BRESSE. Échange avec le marquisat de Saluces, 115 ; — Lettre adressée au gouverneur, 29-30 ; — Lettres des députés et des « peuples » de Bresse et Bugey, 123, 198 ; — Lettres des trésoriers, 98, 110, 116, 127, 142, 150, 157, 178, 183, 188, 201, 204, 214, 226, 247, 270, 272, 280, 295, 306, 325, 390, 422 ; — Procès des trésoriers contre B. Monnod, 112 ; — Répartition d'impôt levé pour des travaux de voirie, 189.

BREST, 72 ; — Liste de vaisseaux du port de Brest, 491 ; — Mémoire « pour la jonction des vaisseaux de Rochefort avec ceux de Brest », 486 ; — Note sur les commissaires de Brest, 519.

BRETAGNE, 93 ; II, 41 ; — Annoblissements, 406 ; — Arrêt fixant les sommes, que doivent payer les procureurs, 478 ; — Commissaires de marine, 457 ; — «Constitutio inter comitem et episcopos,» 55 ; — Exécution des arrêts au sujet des blés, 133 ; — Fermiers généraux, 156 ; — Forêts : note « sur les désordres qui s'y commettent », 166 ; — Généralité, v. RENNES ; — Lettres de jussion ordonnant l'enregistrement des lettres nommant le duc de Chaulnes, gouverneur, 436 ; — Lettre des directeurs de la Compagnie des Indes, 405, 419, 421 ; — Liste des gouverneurs, 91 ; — Mémoires sur les ports, 69 ; — sur l'établissement d'hôpitaux pour marins, 77 ; — Modèles de papier timbré et certificats y relatifs, 504 ; — Note sur les droits sur les vins, 166 ; — « Porfil de la Bretagne » (1663), 6 ; — Recueil de pièces, 6-8 ; — Rôle des annoblis, 406 ; — V. ARGENTRÉ (B. D'), VIGNIER (N.).

BRETAGNE (Chambre des Comptes). V. NANTES, RENNES.

BRETAGNE (Parlement de). V. RENNES.

BRETAGNE (Roi d'armes). V. CHOQUE (P.).

BRETAGNE (Anne DE). V. ANNE.

BRETAGNE (Antoine DE). Lettres, 123, 130, 152, 182, 266, 273, 284, 297.

BRETAGNE (Arthur III, duc DE). V. RICHEMONT.

BRETAGNE (C. DE). Lettre, 496.

BRETAGNE (Jean DE), II, 9.

BRETAGNE (Jeanne DE), dame de Cassel, II, 12.

BRETEL (Sœur Catherine), dite de Sainte-Mathilde. Lettre, 296.

BRETEL (Jacques), chevalier de Grémonville. V. GRÉMONVILLE.

BRETEUIL (Famille DE). V. LE TONNELIER.

BRETEUIL (Antoine Le Tonnelier, chevalier DE). V. LE TONNELIER.

BRETEUIL (François Le Tonnelier DE). V. LE TONNELIER.

BRETEUIL (Louis Le Tonnelier DE). V. LE TONNELIER.

BRÉTINEAU (Le s^r). Lettre, 249.

BRETON (Le), nom de vaisseau. États de sa dépense, 483, 494.

BRETONNIÈRE (P.). Lettre, 375.

BRETTE (Le s^r). Paiement à lui fait, 393.

BREUGNON (M. DE). « Lettre de marine, » 514.

BREUIL (Charles DE). Lettre, 276.

BREULLY D'HUMIÈRES. V. PREUILLY.

BRÉVAL (Michel DE). Lettre, 309.

BRÉVEDENT (Marc-Antoine DE). Lettres, 213, 224, 266, 269, 295, 299, 305, 312, 315, 318, 323, 341, 346, 360, 381, 397, 402, 416, 423, 444, 492 ; — Lettres à lui adressées, 302, 317.

BRÈVES (François-Savary DE). V. SAVARY.

BREVET d'architecte naval, 518

BREVET de la taille. V. TAILLE.

BREVET d'invention, pour apprêter les peaux, 151.

BRÉVIANDE (Victor Bonneau S^r DE), 374.

BRÉZÉ (Jean DE). V. MAILLÉ.

BRIAIS, de Blois. Lettre, 132.

BRIAN (J.). Lettre, 125.

BRIAN DE MIRAVAL (Le s^r). Lettre, 258.

BRIANÇON, 170 ; — Rapport sur les troubles de l'élection, 281 ; — Recette, 95.

BRIAND (Jean DE). Lettre, 323.

BRICE (Jean). Lettres, 325, 349.

BRICHANTEAU (Nicolas DE), marquis de Beauvais-Nangis. V. BEAUVAIS-NANGIS.

BRIÇONNET (Famille). Notice généalogique, 85.

BRIDIEU (Louis DE). Lettres, 118, 153, 158, 161, 169, 179, 257, 274, 290, 313, 314, 386, 398, 496.

BRIE (La). Garde du comté de Brie à Philippe le Bon, II, 39 ; — Liste des gouverneurs, 91.

BRIE (L. et P. DE). V. LA MOTTE, PAIGNON.

BRIENNE (Collection de), 76 ; — Catalogue incomplet, 93.

BRIENNE (Henri-Auguste de Loménie, comte DE). V. LOMÉNIE.

BRIENNE (Henri-Louis DE). V. LOMÉNIE.

BRIENNE (Marie DE). V. MARIE.

BRIÈRE (Gilles). Supplique, 403.

BRIET (Le P. Philippe). Lettres, 98, 149, 259 ; — Requête, 290.

BRIEULLE (M. DE). Lettre, 424.

BRINON (Famille DE). Notice généalogique, 85.

BRIOIX, d'Angoulême. Lettre, 288.

BRION (M. DE). V. LÉVIS-VENTADOUR.

BRION (M. DE), à Rouen. Lettres, 261, 318.

BRION (Léon DE). Lettre, 226.

BRIOU. V. BRION.

BRIOYS, ou BRYOIS (J.). Lettres, 296, 301, 306, 310, 314, 316, 318, 390.

BRISACH (Haut-Rhin). Fortifications, 161, 218, 294, 357 ; — Inscriptions en vers, 50 ; — Lettres des magistrats, 95, 98 ; — du conseil de ville, 271 ; — Revue de la garnison, 95 ; — Sculptures pour la place, 186.

BRISACIER (Guillaume DE). Lettres, 131, 174, 178, 184, 251,

297, 366 ; — Lettre à lui adressée, 32.
BRISSAC (Charles de Cossé-), 64.
BRISSAC (Élisabeth de Cossé-), 480, 520.
BRISSAC (Louis de Cossé, duc DE). Lettre, 443.
BRISSON (Barnabé). Consultation, 39.
BRISSON (F.). Lettres, 152, 159, 161.
BRIVES (Corrèze), 171.
BRIVES (Le Fr. Gabriel DE), capucin. Lettre, 97.
BROC (Pierre DE), évêque d'Auxerre. Lettres, 113, 230, 365, 372.
BROCARD (Le s^r). Procès, 218.
BROCARTS (Manufacture des), à La Ferté-sous-Jouarre, 434.
BROCQUES, du Havre, Lettre, 325.
BRODART (Le s^r), à Rethel. Lettre, 221.
BRODART (Claude), 389 ; — Lettres (1666-1667), 331, 336, 341, 349, 353, 355, 363, 368, 372, 374, 385 ; — (1668-1677), 389, 392, 417, 419, 422, 426, 462, 465, 506, 507, 526, 527 ; — Extraits de ses lettres, 469, 472 ; — Lettres à lui adressées, 333, 467, 479, 509 ; — « Lettres de marine, » 469, 481, 484, 498, 508, 511, 514, 518.
BRODEAU - LALLEMENT (Marie). Lettres, 248, 252.
BROESSE (J. DE). Lettre à lui adressée, 29-30.
BROET (A. DE). Lettre, 408.
BROGLIA (Catherine-Olympe, comtesse DE). Lettres, 187, 485.
BROGLIA (Charles - Marie, comte DE). Lettres, 178, 184, 186, 296, 303, 379, 397, 497.
BROGLIA (François - Marie). Instruction au gentilhomme, qui lui est envoyé, 12.
BROLIO (Geraldus DE), II, 66.
BROLIO (Guillelmus DE), II, 67.
BRÖMSER (Baron). Mémoire sur son fief de Gaulsheim, 14.
BRONSAY (Rodeau DE). V. RODEAU.
BROQUART (Jean), II, 48.

BROSSARDIÈRE (J. du Plessis-). V. DU PLESSIS.
BROSSE (Adrien Tiercelin, s^r DE). Quittance, 62.
BROSSE (Guillaume DE), II, 9, 67, 68.
BROSSIN (G. DE), chevalier de Méré. V. MÉRÉ.
BROUAGE, 78, 94, 154, 384 ; — Éclairage des corps - de - garde, 186 ; — Lettre des officiers de la garnison, 99 ; — Mémoires sur l'abonnement, 119 ; — sur les canons des remparts, 112 ; — Moulins à poudre, 388 ; — Recettes du bureau, 111.
BROUE (Guillaume DE), II, 67.
BROUILLY (Antoine DE), s^r d'Herleville. Lettre, 497.
BROUILLY (Antoine DE), marquis de Piennes. V. PIENNES.
BROUSSEL (P.). Lettre, 243.
BROUSSIN (Le s^r DE). Lettre, 433, 517.
BRUADAN (Forêt de) en Loir-et-Cher, 361, 396.
BRUANT DES CARRIÈRES (Louis). Lettres, 370, 470, 493, 503.
BRUCQUEDALLE (Le s^r DE), à Arques. Lettre, 295.
BRUERIIS (J. DE). V. JOHANNES.
BRUGAIROLIS (Guillelmus DE), II, 66.
BRUGÈRE (M. DE), à Dunkerque. Lettre, 319.
BRUGES, 347 ; II, 3, 18, 36, 46, 51 ; — Démêlés avec Robert de Béthune, II, 45 ; — Droits perçus dans la ville, II, 45 ; — Jugement d'un procès, confié aux échevins, II, 44 ; — Lettre adressée au doyen, II, 33 ; — Lettre de pardon, en faveur des habitants, II, 10 ; — Lettres de la commune, II, 11 ; — Lettres relatives aux étrangers, II, 5 ; — Saint-Donat, II, 51 ; — Sainte-Anne, II, 59 ; — Vente de la châtellenie, II, 1, 2 ; — Vidimus par les échevins, II, 49 ; — V. FRANC (Le).
BRUGES (Basilien DE). Lettres, 290.
BRUGES (Louis DE), II, 19.
BRUGIÈRE (Le s^r). Lettre, 359.

BRUILLART DE COURSAN (Abbé DE). V. COURSAN.

BRULART (Famille). Notice généalogique, 85.

BRULART (Louis), sr du Rancher. Lettres, 496, 498.

BRULART (Louis), marquis de Sillery. Lettre, 212.

BRULART (Marie Cazet de Vautorte). Lettres, 308, 311, 320, 394, 397.

BRULART (Nicolas), marquis de La Borde. Lettres (1661-1663), 100, 103, 112, 117, 122, 130, 135, 139, 184, 187, 191, 207 ; — (1664-1676), 219, 225, 233, 239, 246, 260, 264, 270, 273, 280, 288, 295, 299, 513.

BRULART (Chancelier Nicolas), marquis de Sillery. Lettres à lui adressées, 27, 70.

BRULART (Noël), commandeur de Sillery. Lettre à lui adressée, 70.

BRULART (Pierre), vicomte de Puisieux. Comptes de la trésorerie des Ordres du Roi, 65, 87 ; — Lettres à lui adressées, 37, 70 ; — Sa femme, v. ÉTAMPES - VALENÇAY (Charlotte D').

BRUN (Antoine), 16.

BRUN (Jacques). Lettres, 152, 209.

BRUNEAU. Établissement de magasin à sel à Mouzon, 161.

BRUNEAU (Arnaud), sr de Chabosière. V. CHABOSIÈRE.

BRUNEMONT (Pierre DE), II, 32.

BRUNET (Le sr), à Limoges. Lettres, 154, 233.

BRUNET (Le sr), à Malte. Lettre, 196.

BRUNO (Bénigne). Lettres, 140, 148, 243.

BRUNSWICK-LUNEBURG (Jean-Frédéric II, duc DE). Lettre, 292.

BRUNYER (Abel). Lettre, 220.

BRUSAC (Gautier DE), II, 15.

BRUSAL D'AUTEFORT, à Rethel. Lettre, 471.

BRUXELLES, 79, 267, 529 ; — Nouvelles de Bruxelles, 262 ; — Traité, II, 23.

BRUYANT (Le P.). Lettre à lui adressée, 33.

BRYE (Le sr DE). Lettre, 335.

BUADE (A. DE). V. PALLUAU.

BUAT (Le sr DE). V. RUAT.

BUBALO ((Innocent), évêque de Camerino. Lettres, 36 ; — Lettres à lui adressées, 29.

BUBARIBUS (B. DE), II, 67.

BUC (Seine-et-Oise). V. BOUVIER.

BUCELLI (Jean - François de Trémolet DE). V. MONTPEZAT.

BUCHET, à Mâcon. Lettre, 295.

BUCHIAU (Jean), II, 31.

BUCKINGHAM (Georges Villiers, duc DE), 17, 41 ; — Lettres, 17 ; — Sa présidence du conseil de guerre, en 1625, 60.

BUDÉ (Famille). Notice généalogique, 85.

BUDET (Le sr). Lettres, 103.

BUEIL (Louis de Racan, comte DE). Lettre, 316.

BUEIL (Maurice Grimaldi, sr DE). Lettre, 370.

BUÉNOS-AIRES, 42.

BUGEY. Lettre des « peuples » de Bresse et Bugey, 123, 198.

BUGY, d'Orléans. Lettre, 226.

BUISSON D'AUSSONNE (Jacques DE). Lettre, 181.

BULCY (Nièvre). Dîmes, 242.

BULLART (Isaac). Information faite contre lui, 336 ; — Lettres, 331, 381, 387 ; — Propositions sur les affaires d'Artois, 335.

BULLES. Bulle d'or de Frédéric II, 36 ; — Bulle du doge Nicolo Tron, II, 51.

BULLES des papes, 94 ; II, 29-36, 62, 68, 69 ; — Bulle « Unigenitus », 6.

BULLION (Famille DE). Notice généalogique, 85.

BULLION (Claude DE), marquis d'Atilly. Supplique, relative au don de la terre de Panfou à l'Hôtel-Dieu de Paris, 511.

BULLION (Claude DE), marquis de Gallardon. Lettre à lui adressée, 70.

BULLY (Le sr), à Avesnes. Lettre, 345.

BUNO (Jean d'Arbouville, sr DE). Son duel avec Charles, bâtard d'Alençon, 20.

Bunyer. V. Cuvyer.

Buous (Chevalier de). Instructions à lui données, 111 ; — Lettres, 109, 363, 366, 370, 372, 394.

Buquoy (Marie - Guillemette de Croy-Solre, dame de Longueval, comtesse de). Lettre, 389.

Buralleau, à Angers. Lettre, 386.

Burdelot (Famille). Notice généalogique, 85.

Bureau (Famille). Notice généalogique, 85.

Bureaux des finances. Lettre adressée aux officiers, 333 ; — Ordre aux officiers de présenter leurs titres d'offices, 177.

Bureaux des saisies mobilières. Leur établissement, 335.

Buren (Maximilien, comte d'Egmont et de), II, 28.

Burgo (André de), II, 54.

Burgues du Clos (M. de). Lettre, 523.

Buriau (Jacques). Rapport, 351.

Burin (Rolin). Mémoire relatif à sa succession, 539.

Burst (Flandre). Lettres du camp de Burst, 468.

Busiau (Jacques). V. Buriau.

Buslayden (François de), II, 20.

Bussy-Rabutin (Roger, comte de). Lettre, 531.

Butay (Suzanne). Lettre, 108.

Butely, à Blois. Lettre, 192.

Buteux (Pierre). Lettres, 388, 390.

Buti (Abbé). Lettres, 296, 520, 525 ; — Poésie, 50.

Butler (David). Lettres, 435, 437.

Buzancy (Ardennes), II, 58.

Buzenval (N. Choart de). V. Choart.

By (Le sr de), à Perpignan. Lettre, 497.

Byard (L.). Lettre, 387.

Bynny. V. Bénin.

Bysset (Le sr de). Lettre, 319.

Cabach. V. Jabach.

Cabanillas (Jérôme de), II, 52.

Cabinet des Médailles, 68 ; — Acquisition des collections de Le Charron et Tardieu, 68-69 ; — Mémoire sur les médailles et agathes, 76.

Cabrières (Comté de), au Comtat-Venaissin. Mémoire sur le procès relatif à ce comté, 501.

Cachet (Lettres de), 194.

Cadaval (Marie-Angélique de Lorraine, duchesse de). Lettre, 438.

Cadeau (Jean). Lettres, 178, 193, 197, 200, 229, 242, 252, 259, 263, 302, 303, 310, 314, 360, 365, 367, 373, 383.

Cadillac (Château de), en Rouergue, 128.

Cadix, 13, 367, 438, 473 ; — Lettres de Cadix, 457, 484.

Cady (Charles). Lettre, 226.

Caen. Don de terres dans les marais du bailliage, 222 ; — Draperie de P. Massieu, 325 ; — États des recettes de la généralité, 488 ; — des marchandises, vendues à la foire, 427 ; — de vente de bois de la généralité, 172, 445 ; — Généralité, 535, 536, 537, 538, 539, 541 ; — Lettres des échevins, 235-236, 412, 422 ; — Lettres des trésoriers, 123, 154, 160, 184, 188, 205, 219, 241, 259, 263, 282, 295, 298, 306, 314, 345, 379, 390, 405, 422 ; — Prêt de Caen, 525 ; — Abbaye de Saint-Étienne, 83 ; — Sentence rendue contre le vicomte de Caen, 256 ; — V. La Falaise.

Cæsaropolis, en IIIe Macédoine. Évêque, v. Picquet (Fr.).

Caëtani (Cardinal Bonifazio). Lettres, 36.

Cafaget (Le sr). Décharge des accusations, qui pesaient sur lui, 407.

Cahors. Arrêts de la cour des aides, 166, 281 ; — Évêque, v. Sevin (N.).

Cahouet (Le sr). « Briefve description de la France », 18.

Cahusac (A. de). Lettres, 230, 234.

Caignote (Abbé de). Lettres, 97, 153.

CAILLAT, à Auxerre. Lettre, 234.
CAILLAUD (D.). Sentence prononcée contre lui, 486.
CAILLE DU FOURNY (Honoré). Mémoire sur des manuscrits lui appartenant, 68.
CAILLET, à Dijon. Lettres, 136, 313.
CAILLET, à Metz. Lettres, 338, 352.
CAÏMANES (Iles), 42.
CALABRE (Jean d'Anjou, duc DE), II, 18.
CALAIS, 262, 353, 514 ; — Extraits de lettres, 361 ; — Fermeture du port, 460 ; — Lettres adressées au gouverneur, 70 ; — aux échevins, 70 ; — Lettres des échevins, 185, 205, 250 ; — du chef de l'étaple, II, 41 ; — Liste des Anglais, détenus à Calais ; — Note sur les soldats, soignés à l'hôpital, 453 ; — Nouvelles, 354 ; — Quarantaines, créées à Amiens et en Normandie, contre les habitants de Calais, 317, 322 ; — Rapport de matelots de Calais sur leur capture par les Anglais, près de Guernesey, 347 ; — Traité, II, 23 ; — Visite de la côte, de Calais à Dunkerque, 354.
CALATRAVA (Ordre de), II, 35.
CALEIRAC (Capitaine). Lettre, 260.
CALENDRIER. Traité du calendrier, 74.
CALLAMAND (Barthélemi). Lettre, 319.
CALLOET-QUERBRAT (Sr DE). Lettre, 338.
CALONYMOS (Calo). Traduction de la « *Planetarum theoria* » d'Alpetragius, 74.
CALORIA (Cosmo). Lettres, 490, 492.
CALUAU (Jean), évêque de Senlis. Lettres, 90.
CALUIN, à Valence. Lettre, 223-224.
CALUM. V. CALUIN.
CALVERT (Cecil). Concession à lui faite du Maryland, 66.
CALVET (Le sr), à Toulouse. Lettre, 163.

CALVETIS DE FERRANDO (Arnaldus), II, 65.
CALVIÈRE (M. DE). Lettres, 362, 389.
CALVISSON (Jean-Louis de Louet, marquis DE). Lettre, 524 ; — Note sur une de ses lettres, 525.
CALVISSON (Marie-Madeleine, marquise DE). Lettres, 516, 520, 523 ; — Note sur une de ses lettres, 525.
CAMAZZO (Comte DE). V. GUALDO-PRIORATO.
CAMBOUT (Jacques DU), comte de Carheil. V. CARHEIL.
CAMBOUT (Pierre-César DU), marquis de Coislin. V. DU CAMBOUT.
CAMBRAI, 40 ; — Bulles et brefs, relatifs à la souveraineté de l'archevêque, 267 ; — Diocèse, 11, 32, 33 ; — Évêques et archevêques, v. BERGUES (H. DE), CROY (J. DE), FÉNELON (François de), GUILLAUME DE HAINAUT, NICOLAS DE FONTAINES ; — Frères-Mineurs, II, 32 ; — Gouverneur de la citadelle, II, 59 ; — Lettre adressée au doyen, II, 31 ; — Saint-Aubert, II, 34 ; — Traités du XVIe siècle, 56 ; II, 23, 24, 42, 52, 57 ; — Ratifications, II, 24, 25, 26, 27.
CAMBRAI (Adam DE), II, 15.
CAMELOT, 298 ; — Camelots de Bruxelles, 529 ; — Manufacture de camelots, à Amiens, 450.
CAMERINO (Italie). Évêque, v. BUFALO (D.).
CAMIN (Louis). Extraits de procès-verbal, 411 ; — Lettres, 346, 404, 408, 410, 416, 420, 423, 426, 429 ; — Mémoires sur ce qui s'est passé à Tourville, 406, 410, 417 ; — sur les événements de Dury, 424, 427, 430.
CAMONT (J.). Procès-verbal, 491.
CAMP (Le sr DE), major à Boulogne. Lettre, 266.
CAMP du drap d'or. *Campi, convivii et ludorum descriptio*, 56.
CAMPAGNA (Italie). Évêque, v. GUARNERI (G.-C.).

CAMPAGNOL (L. DE). Lettre, 129.

CAMPANI (Joseph). Notes sur des lunettes, fabriquées par lui, 518.

CAMPARAN (Antoine DE). Lettres, 99, 109, 116, 176, 259, 377.

CAMPMAS (Le trésorier), 314.

CAMPEGGI (Thomas). Mémoire sur le concile de Trente, 1.

CAMUS (Famille). Notice généalogique, 85.

CAMUS DE PONTCARRÉ (Nicolas III) Rapport, 8.

CAMUSET (Jean). Lettres, 296, 378, 383, 386.

CAMYN (Louis). V. CAMIN.

CANADA, 119, 140, 518, 519 ; — Lettre des officiers des troupes du Canada, 309 ; — Munitions envoyées au Canada, 418.

CANAL DE SYLVÉRÉAL, 151.

CANAL DES DEUX-MERS, 69, 251 ; — V. RIQUET.

CANANORE. V. CANNANUR.

CANAPLES (Alphonse DE). Lettre, 451.

CANARIES (Iles). 442.

CANART (Jean), II, 14.

CANAYE (Le P. Jean). Lettres, 186, 278, 383.

CANDAL (A.). Lettre, 476.

CANDALE (Henri de Foix). V. FOIX.

CANDÉ (Le sʳ DE), à Guise. Lettre, 154.

CANDEIL (Abbaye de), au diocèse d'Albi, II, 62.

CANDIE, 411, 419 ; — Lettres écrites de Candie, 373, 393 ; — Nouvelles, 388 ; — Revue des troupes de Candie, 123-124 ; — Troupes destinées « au voyage » de Candie, 424 ; — V. SUDE.

CANE (Bomis DE). V. BOMIS.

CANEL, à Avranches. Lettre, 198.

CANIL (Pierre). Lettre, 328.

CANISY (Hervé de Carbonnel, marquis DE). Lettres, 175, 269, 327, 330, 355.

CANJEURS (Chevalier DE). Lettre, 523.

CANNANUR, dans l'Inde, 41.

CANONS, 124, 182, 340, 376, 377, 392 ; — Artillerie de Brouage, 112 ; — Fabrication et fonderies, 90,

256 ; — Liste des villes, qui peuvent fournir des pièces de canons, 371 ; — Mémoire sur les canons de fer, 424 ; — V. ARTILLERIE.

CANONIQUE (Droit). V. DROIT.

CANORIO (P.). Lettre, 181.

CANTARINI (Lorenzo). Lettres, 98.

CANTERBURY. Archevêque, v. LANFRANC.

CANTHERSTEN (Laurent). Lettre, 10.

CANY (Sœur Louise DE). Lettre, 290.

CANY (Pierre). Lettre, 337.

CAP (Le), en Afrique. Expédition navale contre le Cap, 41.

CAP-VERT (Le). Arrivée de vaisseaux du roi, 529 ; — Journal de l'escadre des Indes orientales, 529 ; — V. SÉNÉGAL.

CAPEL (Le sʳ DE), Lettres, 132, 155, 179, 238.

CAPELAIN. V. BOHAIN.

CAPITULATIONS (Les), 569 ; — Mémoire relatif aux capitulations, signées avec la Porte, 442.

CAPPONI (Cardinal Luigi). Lettres, 36.

CAPTIFS (Rédemption des), 456.

CAPUCINS (Religieux), 290, 396.

CARAFFA (Grégoire). Lettre, 335.

CARAFFA (Abbé L.). Lettre, 509.

CARAFFA (Louis II), prince de Stigliano, 29.

CARALVI (G.-Pietro). V. CAVALOTI.

CARAMAGNE (Marie DE). Son affaire avec l'évêque de Nevers, 469, 472.

CARAMANI (M. DE). Lettres, 391, 416 ; — Note sur ses haras en Espagne, 380.

CARAMANIE. V. KARAMAN.

CARBONNEL (Le sʳ), à Londres. Lettre, 464.

CARBONNEL (Hervé DE). V. CANISY.

CARBONELLUS. Don, II, 66.

CARCASSONNE. Actes des officiers de la ville, 370 ; — Évêque, v. NOGARET DE LA VALETTE (L. DE) ; — Limites de la sénéchaussée, II, 62 ; — Recouvrement de gages, retranchés aux receveurs

des tailles, 194 ; — Lettres et vidimus par le sénéchal, II, 62, 69.

CARCAVY (Pierre DE). Attestation, 76 ; — Lettres, 68, 230, 437, 455, 458, 480 ; — Mémoires, 421 ; — sur l'ambassade de Pedro de Tolède, 68.

CARDAILLAC (Louis DE), comte de Bioule. V BIOULE.

CARDINAUX. Lettre de Sixte IV, au sujet d'élections au cardinalat, II, 34 ; — Mémoires sur la promotion de 1673, 469 ; — sur les cardinaux, candidats à la papauté, 2, 28 ; — Pensions, 551 ; — Privilèges, 3.

CARDINET (J. DE). Lettres, 131, 181, 182.

CARDON (Octave). Lettre, 96.

CARDON (Pierre - Jean - Baptiste). Lettres, 96, 123, 125.

CAREW (Nicolas). Lettre à lui adressée, II, 42.

CARGRES (Le sr DE). Lettres, 108, 339, 349.

CARHEIL (Jacques du Cambout, comte DE). Assignations faites en son nom devant le tribunal des maréchaux, 531.

CARIBBEES (Iles). Capitaine, v. WILLOUGHBY (Fr.) ; — Concession à J. de Carlisle, 66-67.

CARLIER (Capitaine). Lettres, 271, 321.

CARLIER (Antoine), 186.

CARLIER (Mme G.-P.). Lettres, 142, 225, 228.

CARLISLE (James, comte DE). Concession à lui, faite des îles Caribbees, 66-67.

CARMÉLITES (Religieuses). V. PARIS, REIMS.

CARMES (Religieux), 290 ; — V. DUNKERQUE, LOUVAIN, PARIS.

CARNAVALET (François DE). Lettres, 104, 130, 165, 174, 184, 378, 381, 390, 495, 499, 501, 514, 530 ; — Lettres à lui adressées, 32.

CAROLINE (La), en Amérique. Concession de la Caroline à des lords anglais, 66.

CARON (Le sr DE). Lettre à lui adressée, 42.

CARPEAU (Le sr), à Guise. Lettre, 356.

CARPEGNA (Cardinal Gaspard). Lettre, 438.

CARPENTIER, à Coucy. Lettre, 425 ;

CARPENTRAS. Évêque, v. FRÉDÉRIC DE SALUCES ; — Lettre des consuls, 188.

CARPIO (Albert, comte DE), II, 21.

CARRARE (Italie). Lettre écrite de Carrare, au sujet des marbres, 115 ; — V. LAMER (L.-Fr. DE).

CARRARE (A., prince DE). V. MASSA.

CARRARE (A.-A., comte DE). Convention avec M. de Saligni, 6.

CARRÉ (Gui). Lettre, 107.

CARREU (Antoine). Requête de ce marchand d'Ostende, 363.

CARROZ (Lodovico). Lettres, II, 52.

CARS (Des). V. PEYRUSSE.

CARTAULT, à Sens. Lettre, 197.

CARTERET (Sir George). Concession à lui faite des îles Bahama, 66.

CARTES (Jeux de), 437.

CARTES GÉOGRAPHIQUES. Cartes hydrographiques, 78 ; — Inventaires de cartes, 335 ; — Liste des cartes de la Bibliothèque Mazarine, 76 ; — V. INDES, PLANS.

CARTHAGE. « Epistola concilii sexti Carthaginensis », 77.

CARTIGNY (François de Gouy d'Arcy, marquis DE). Lettres, 113, 158.

CASATI (Abbé DE). Lettres, 135, 140, 143, 150, 176, 179, 231, 237, 246, 249 ; — Mémoire à lui adressé, 181.

CASATI (Marquis DE). Lettre, 131.

CASET (Le sr). Lettre, 175.

CASILIACUS (Petrus), II, 66.

CASLIER, à Charleroi. Lettres, 409, 429.

CASSAGNES (Abbé Jacques). Lettres, 215, 348 ; — Poésies, 49.

CASSAN (Hérault), II, 65.

CASSEL (Flandre), II, 14 ; — Châtellenie, II, 11 ; — Méfaits commis dans la ville, II, 46 ; — Seigneurs et dames, v. JEANNE DE BRETAGNE, ROBERT, YOLANDE ; — Vidimus par les échevins, II, 49.

116 COLLECTION DES MÉLANGES

Cassis (Bouches-du-Rhône). Relation d'un patron de barque de Cassis, 419.

Cassini (Jean-Dominique). Lettres, 444, 458, 513 ; — Lettre à lui envoyée, 438.

Castandet (Le s^r). Lettre, 109.

Casteau (Michel). Signification d'arrêt faite par cet huissier, 502.

Casteau, ou Castel ainé (B.). Lettre, 523 ; — Note sur une de ses lettres, 526.

Castelen (J.-L. de). V. Erlach.

Castellan (Jean). Lettres, 184, 245, 254.

Castellane (Henri de), marquis d'Ampus. Sa femme, v. Brancas (Marie de).

Castellani (Léonora Baroni-). V. Baroni.

Castellano (Giovanni). Lettres, 97, 300.

Castelmelhor (Don Luis de Souza-Vasconcellos, comte de). Lettre, 159.

Castelmilhey (Comte de). V. Castelmelhor.

Castelnau (J., baron de). Lettre, 249.

Castelnau (Henriette de). V. Caumont.

Castelnau (Louis de). V. Clermont.

Castelnau (Marie Girard, maréchale de). Lettres, 255, 459.

Castelnau (Michel, marquis de). Lettre, 440.

Castelnau - lès - Lez (Hérault). Note sur ce domaine, 532.

Castelnaudary (Aude). Mémoires sur les taxes des greffiers de la chambre mi-partie de Castelnaudary, 472.

Castelnon, près Montpellier. V. Castelnau.

Castel - Rodrigo (Manuel de Moura, marquis de), 376.

Castelviel (Les s^{rs}). Procédures faites contre eux, 176.

Castille, 50 ; II, 40 ; — Catalogue des rois, 40 ; — Droit de trafic en France et en Bretagne, II, 41 ; — États, II, 54 ; — V.

Ferdinand, Henri, Isabelle, Jean, Marguerite.

Castille (Blanche de), II, 2.

Castille (Charles de), II, 21.

Castille (Fernand de), II, 21.

Castille (Jeanne de), II, 53-54.

Castille (Jeannin de). V. Jeannin.

Castille (Marguerite de), II, 21.

Castille (Philippe de). Procès avec Angilbert de Clèves, II, 27.

Castillon (Jean-Jacques de). Lettres, 21.

Castres (Tarn). Évêques, v. Anglure de Bourlémont (Ch.-Fr. d'), Tubeuf (M.) ; — Pensions des officiers de la chambre de l'édit, 552 ; — Visite de la vieille église, 329.

Castries (René - Gaspard de La Croix, marquis de). Lettres (1661-1663), 114, 123, 125, 140, 143, 150, 153, 158, 161, 162, 167, 183, 197, 200, 206 ; — (1664-1665), 211, 217, 231, 235 242, 259, 265, 269, 280, 308, 313, 320, 325, 329 ; — (1666-1676), 338, 342, 349, 362, 366, 369, 387, 390, 408, 412, 413, 417, 423, 444, 470, 530 ; — Lettres à lui adressées, 332, 334, 344.

Castro (Francesco de), 28.

Castrongne. Lettre, 298.

Catalina (Ile). V. Santa-Catalina (Ilôt de).

Catalan (Pierre). Extraits de ses lettres, 472 ; — Lettre, 475 ; — Mémoire sur ses créanciers, 364 ; — Note sur une de ses lettres, 525.

Catalogne, 31, 80 ; — Catalogue des rois, 40 ; — Payement de l'armée de Catalogne, en 1646, 186.

Catalogues de livres imprimés de l'année 1673, 76 ; — des manuscrits de la collection des Mélanges Colbert, II, 69, 70.

Cataux, ou Catou (M. de). Lettres à lui adressées, 33.

Cateau-Cambrésis (Traité du), II, 28-29.

Catelan (François), 119 ; — Let-

tre, 108, 116 ; — Sa femme, v.
SOUCHAY (E.).

CATHÉDRALES. Dessins de cathédrales, 68.

CATHERINE DE BOURBON, sœur de Henri IV. Son mariage avec le duc de Bar, 13.

CATHERINE DE FRANCE, fille de Charles VII. Mariage avec le comte de Charolais, II, 15.

CATHERINE DE JÉSUS (Sœur), carmélite à Riom. Lettres, 221, 232.

CATHERINE DE MÉDICIS, reine de France, 18, 20, 25, 26, 28, 45.

CATHERINE DE SAXE, reine de Suède. Lettre à elle adressée, 26.

CATHERINE (P.). Lettres, 98, 150.

CATHERINE-HENRIETTE, légitimée de France, duchesse d'Elbeuf. Lettre, 99, 107, 142.

CATHOLICISME. Édit promulgué contre les catholiques en Angleterre, 28 ; — État de la foi catholique en Écosse, 18 ; — en Irlande, 18 ; — Griefs des catholiques anglais, et sommaire des avantages à eux accordés, 17.

CATILHON, à Grenoble. Lettre, 273.

CATILLON, à Châtellerault. Lettre à lui adressée, 344.

CATOU. V. CATAUX.

CAUCHON (Henri). V. LHÉRY.

CAUCHON-MAUPAS (Famille). Notice, 85.

CAUCHON DE MAUPAS DU TOUR (Henri), évêque d'Évreux. Lettre, 268.

CAUDEBEC (Seine-Inférieure). Lettre des officiers de l'amirauté, 285.

CAULET (François - Étienne DE), évêque de Pamiers. Lettres, 206, 482, 500, 520.

CAUMARTIN (Famille Le Fèvre DE). Notice généalogique, 85.

CAUMARTIN (François - Louis Le Fèvre DE). Lettres, 313, 369, 371, 374, 385, 391, 395, 401, 404, 407, 412, 416, 459.

CAUMARTIN (Jacques Le Fèvre DE). Instructions, 34-35.

CAUMONT (Commandeur DE). Lettre, 381.

CAUMONT (Gabriel Nompar DE). Quittance, 62.

CAUMONT (Gaspard Nompar DE). Quittance, 62.

CAUMONT (Henriette DE), demoiselle de Castelnau. Lettre, 223.

CAUMONT DE FIEUBET (Bernard DE). Lettres, 145, 204.

CAUMONT DE FIEUBET (Gaspard DE), 460 ; — Commission à lui donnée, 456 ; — Lettres (1661-1664), 99, 104, 107, 108, 129, 136, 164, 169, 176, 202, 219, 226, 229, 256, 261, 264 ; — (1665-1668), 270, 272, 278, 301, 303, 309, 317, 320, 359, 362, 364, 365, 382, 390 ; — (1669-1676), 405, 407, 408, 423, 426, 432, 454, 477, 483, 497, 503, 517.

CAUPOS (Jean-Marc DE). Lettre, 255.

CAUTIONNEMENTS, 367.

CAUVILLE (Grenier DE). V. GRENIER.

CAVA (C. DE). V. PATRAS (Archevêque de).

CAVAGNOLE (Le P.). Instructions, 34.

CAVALERIE, 172 ; — Rations du fantassin et du cavalier, 351 ; — V. ARMÉE.

CAVALOTI (Abbé G.-Pietro). Lettre, 452.

CAVOLLE (Orazio). Lettre, 375.

CAYENNE. Mémoires sur Cayenne, 453 ; — Nouvelles de Cayenne, 515.

CAYLUS (Charles DE), évêque d'Auxerre. Mandement, 6.

CAZE (César). Lettres, 188, 224, 227, 239, 283 ; — Projet d'établir une banque à Marseille, 484.

CAZES (Le sᵣ DE). V. DECAZES.

CAZET DE VAUTORTE (François). Lettres, 10 ; — Mémoire à lui adressé, 15.

CAZET DE VAUTORTE (Marie). V. BRULART.

CÉBERET (Claude). Établissement de fermes dans les Antilles, 511.

CÉLESTIN Iᵉʳ, pape, 77.

CÉLESTIN V, pape. Bulles, 33.

Celle (Gilles de), II, 31.
Celleneuve (Hérault). Notes sur les droits du cardinal de Bonzy sur ce lieu, 532.
Cénamy (G.). Lettres, 175, 225, 232, 246.
Centini (Felice), cardinal d'Ascoli. Lettres, 37.
Centurion (Marquis Hippolyte de). Lettre à lui écrite, 424 ; — Lettre de marine, 515.
Céphalonie (Ile de). Évêque, v. Commendone (G.-Fr.).
Cercamp (Pas-de-Calais). Inventaire des titres de l'abbaye, 83 ; — Trêve, II, 28.
Cerdagne, 94.
Céréales. V. Avoine, Blé, Orge, Seigle.
Céri (Duchesse de). Lettres à elle adressées, 30.
Cernay. V. Les Vaux-de-Cernay.
Certificats de santé, 424, 504 ; — Modèle, 403.
Certondaus (M. de) (?). Lettre, 350.
Cervole (Arnaud de), II, 13.
César, commis de Colbert. Bordereau de l'argent compté par lui à Ensisheim, 115 ; — Lettres, 97, 113, 531.
César de Bourbon, duc de Vendôme. V. Bourbon.
Césarée. Évêque, v. Bonaventure.
Césarée de Mauritanie (aujourd'hui Cherchell). Archevêque, v. Piccolomini (C.).
Cesarini (Duc Tommaso). Lettres, 237, 249.
Cesi (Cardinal Bartolommeo). Lettres, 37.
Césy (Philippe et Roger de Harlay de). V. Harlay.
Ceylan (Ile de), 441.
Chabannes (Antoine de), II, 15.
Chabannes (Jean de). Transaction avec le duc d'Albany, 205.
Chabert, à Aix. Lettre, 170.
Chabert, à Amsterdam. Lettre, 331.
Chabert, à Arles. Lettres, 180, 254.

Chabert (Cyprien). Lettre, 524.
Chabert (Honoré). Lettres, 152, 178, 523.
Chabod (Thomas - François). V. Saint-Maurice (Marquis de).
Chaboisseau (E.). Sentence prononcée contre lui, 486.
Chabons (Jean-Baptiste de). Lettres, 131. 136, 142, 217, 227, 245, 259, 271, 274, 276, 278, 280, 282, 292, 296, 300, 306, 311, 314.
Chabosière (Armand Bruneau, sr de). Lettres, 339, 346, 356, 362, 365, 369, 371 ; — Lettre à lui adressée, 334 ; — Mémoire, 364.
Chabot (Henri de Rohan-). V. Rohan.
Chabot (Louis de Rohan-). V. Rohan.
Chabot (Philippe). Pouvoir à lui donné, II, 23.
Chabot de Brion (François de), marquis de Mirebeau. Quittance, 62.
Chabot de Mirebeau (Jacques). Quittance, 64.
Chabouère (A. de). V. Chabosière.
Chabousière (A. de). V. Chabosière.
Chabre (Antoine). Lettre, 208.
Chabreire (M. de). V. Chabosière.
Chahu (Christine). Supplique en faveur de son mari, 314.
Chahu (Claude). Lettre, 235 ; — Supplique en sa faveur, 314.
Chaillot, près Paris, 68.
Chailly (Jean). Lettre, 258.
Chaines de forçats. V. Forçats.
Chaise-Dieu (La), en Haute-Loire. Inventaire des bénéfices de l'abbaye, 83 ; — Lettre des consuls, 99.
Chaize (François). Lettres, 253, 280, 313, 317, 337, 346, 420.
Chalamont (Ain). Péage, II, 56.
Chalas (Le Fr.). Lettre, 310.
Chalcédoine. Archevêque, v. Durazzo (Marcel).
Chalineau (Fr. de). V. Chaliveau.

Chaliou (David). Privilège à lui accordé, pour la fabrication du chocolat, 445.

Chaliveau (François de). Lettre, 240.

Challet (Jacques). Lettres, 77.

Challine (Paul). Lettre, 166.

Chalmault, ou Chalmeau (Le sr). Lettres, 145, 188.

Chalon-sur-Saone. Évêque, v. Maupeou (Jean de).

Chalon (Jean de), prince d'Orange. V. Jean.

Chalons - sur - Marne, 387 ; — Évêque, v. Vialar de Hesse (F.) ; — Généralité, 534, 535, 536, 537, 538, 539, 541 ; — Instructions, pour remettre l'ordre dans la ville, 171 ; — Lettres des jésuites du collège, 236 ; — des gens du conseil, 363 ; — des officiers de l'élection et du bailliage, 128.

Chalosse (Pays de), dans les Basses-Pyrénées et Landes. Contrôle des troupes, 272 ; — Jugement contre les séditieux, 302.

Chaloupe, 476 ; — Dessin représentant une chaloupe, 512.

Chalucet (Le sr de). Lettre, 386.

Chalucio (Robertus de), II, 69.

Chaludet (Pierre de). Extrait de son cabinet, 20.

Chambellé (D. de), 357 ; — Lettres, 119, 342, 345, 350, 382.

Chambéry. Accord des magistrats de la ville avec Henri IV, 28.

Chambiche. V. Chambige.

Chambige (Pierre). Quittances, 63.

Chambly (Val de), dans le Jura, 93.

Chambly (Le sr). Note sur une de ses lettres, 526.

Chambour (?), à Limoges. Lettre, 336.

Chambre aux deniers. Mémoires sur l'affaire de la chambre aux deniers, 298, 364.

Chambre de justice, 133, 427, 525 ; — Décharge en faveur du président Lamoignon, 380 ; — Jugement relatif du présidial de Valence, 218 ; — Chambre de justice du Languedoc, 414 ; — de Moulins, 228 ; — Ordonnance pour les informations sur les concussions, 134 ; — « Plan de la Chambre de justice », 44.

Chambre de l'Édit, 15 ; — Rôle, 231.

Chambre des Comptes, 8 ; — V. Blois, Montpellier, Nantes, Nevers, Pau, Rennes, Rouen.

Chambre des Comptes de Paris, 43, 367, 411, 542, 543 ; — Analyse de quittances, 86 ; — Arrêts, 298, 339 ; — Différend avec le Parlement, 22 ; — État des comptes de l'année 1664, 218 ; — Extraits des registres, 9 ; — Mandement aux gens des comptes, II, 17 ; — Ordre d'accorder des délais aux veuves pour les payements, 176-177 ; — Lettres de Colbert et L. Bruant aux gens des Comptes, 334, 370 ; — Pensions des officiers (1606-1656), 552 ; — Supplique adressée aux gens des comptes, 360 ; — Vérification du traité de Cateau-Cambrésis, II, 29.

Chambre des décimes, 3.

Chambre du Roi. Pensions de gentilshommes de la Chambre, 552.

Chambre royale de 1597. Liste des membres de cette Chambre, 115.

Chambré (A. de). Lettre, 326.

Chambrette (E.). Lettre, 508.

Chambriand (M. de). Lettres, 215, 413.

Chamillart (Gui). Lettres (1660-1664), 3, 100, 147, 150, 154, 157, 169, 174, 183, 187, 196, 200, 206, 225, 228, 232, 253 ; — (1665-1666), 285, 289, 328, 338, 341, 346, 347, 352, 358, 361, 363, 364, 368, 371 ; — (1667-1670), 374, 377, 389, 394, 397, 401, 405, 407, 412, 423, 426, 429 ; — (1671-1775), 447, 471, 485, 487, 488, 490, 496 ; — Lettres à lui adressées, 287, 334, 367, 380, 490 ; — Supplique à lui adressée, 373.

Chamilly (Érard-Noël Bouton, comte de), 139, 170 ; — Lettres, 305, 398.

CHAMLAY (Charles DE). Lettre, 513.

CHAMOIS, ingénieur. Lettres, 358, 361.

CHAMPAGNE, 93, 356, 512 ; — Décharge pour le reliquat des tailles de 1647 à 1656, 166 ; — Finances, 276 ; — Gardes des foires, II, 6 ; — Garde du comté confiée à Philippe le Bon, II, 39 ; — Généralité, v. CHALONS ; — Lettres des trésoriers, 131, 143, 151, 159, 165, 170, 174, 179, 183, 200, 216, 233, 235, 248, 265, 273, 282, 292, 298, 310, 337, 356, 369, 390, 401, 417, 423, 426 ; — Liste des gouverneurs, 91 ; — Mémoire sur les fortifications des places-frontières, 68 ; — Taxes des tailles, 181 ; — Union du comté à la couronne, II, 13.

CHAMPAGNE (Le sr). Somme qui doit lui être payée, 414.

CHAMPAGNE (Gazon DE), II, 33.

CHAMPAGNE (Pierre DE). Traité avec Jacques Lambert, 351.

CHAMPAIGNE (Louis DE), comte de La Suze. Don à lui fait des terres de Belfort, Delle et Grand-villars, 96 ; — Quittance, 62.

CHAMPAIGNE (Philippe DE). Lettres, 99, 103.

CHAMPIGNY (François Bochart de Saron DE). Arrêté, 106 ; — Lettres (1661-1662), 104, 112, 121, 125, 132, 135, 140, 144, 148, 152, 158, 162 ; — (1663-1664), 168, 173, 183, 187, 191, 196, 200, 204, 206, 209, 210, 214, 219, 223, 229, 233, 237, 240, 244, 248, 252, 265 ; — (1665-1668), 268, 273, 276, 277, 289, 291, 294, 296, 304, 311, 312, 316, 319, 323, 328, 368 ; — Lettre à lui adressée, 203 ; — Ordonnances, 141, 306.

CHAMPIGNY (Jean Bochart de Saron DE). Lettres (1661-1663), 104, 113, 122, 125, 131, 134, 142, 151, 154, 160, 163, 169, 173, 179, 183, 188, 195, 200 ; — (1664-1666), 214, 257, 277, 283, 300, 310, 319, 355 ; — Lettre à lui adressée, 322 ; —

Mémoire sur ses intérêts, 127 ; — Ordonnance pour le département de l'impôt dans la généralité de Rouen, 156.

CHAMPION, à Lyon. Lettre, 314.

CHAMPION (Antoine). Lettre, 257.

CHAMPION DE CICÉ (Charles). V. CICÉ.

CHAMPLATREUX (MM. DE). V. MOLÉ (Fr. et J.).

CHAMPMARTIN (Le sr DE), à Calais. Lettres, 482, 484.

CHAMPOLLION-FIGEAC (J.-J.). Note, II, 59.

CHAMPROND (Famille DE). Notice généalogique, 85.

CHAMPROND (Gaspard de Vichy, comte DE). Lettre, 363.

CHAMPVALLON (Fr. Harlay DE). V. HARLAY.

CHAMPVALLON (Fr.-B. Harlay DE), à Rennes. Lettres, 292, 296.

CHANCELIERS, 18, 19.

CHANCELLERIE. Des lettres du sceau, 87 ; — Lettres des officiers, 252, 263 ; — V. SECRÉTAIRES.

CHANCOURT (M. DE). V. LAVAL.

CHANDENIER (François de Rochechouart, marquis DE). Lettres, 237, 428, 497, 513.

CHANDENIER (Sœur Marie-Henriette de Rochechouart DE). Lettres, 494, 505, 506.

CHANGE. Note sur le change, 480 ; — V. LETTRES DE CHANGE, MONNAIES.

CHANGRIMON (Capitaine). Lettre, 319.

CHANGY-LES-BOIS (Loiret). État des impositions de cette paroisse, 182.

CHANNEVELLE (Le P. Jacques). Lettres, 361, 490.

CHANRON (Saône-et-Loire). Note sur cette terre, 325.

CHANTELOU (Paul Fréart DE). Lettres, 118, 231, 328, 287, 294, 298, 303, 326, 338.

CHANTEREAU-LEFEBVRE (Pierre). Lettres, 103, 118, 131, 315, 160, 162, 183, 192, 245, 273, 324, 397, 413, 417, 432.

CHANTEREINE (Capitaine). Lettre, 319.

Chanut, à Blois. Lettre, 132.

Chanut (Hector-Pierre). Lettres, 103, 117, 348.

Chanut (Martial), abbé d'Issoire, 117.

Chanut (Pierre). Instructions, 10, 11, 16 ; — Lettres à lui adressées, 14 ; — Mémoire sur sa médiation entre la Suède et la Pologne, 10.

Chanut de La Haye (Adrien). Lettre, 200.

Chanvres. Achat, 491 ; — Fourniture des chanvres, 456 ; — Vente de chanvres d'Auvergne, 460.

Chapelain (Jean). Lettre à Colbert, 50 ; — Poésie à lui dédiée, 49.

Chapelas, ou Chapelat. Lettres, 131, 151, 159.

Chappellain, au Port-Louis. Lettre, 503.

Chappellier (Le sr). Lettre, 405.

Chappolaz (M. de). Lettre, 168.

Chappuis (Le sr). Lettre, 136.

Charbon de terre, 393 ; — V. Hainaut.

Charbonnier (Le sr). Lettre, 167.

Chardon, à Riom. Lettre, 153.

Charente (La). Dégagement de cette rivière, 227 ; — Levées sur les traites de Charente, 141 ; — Note sur les péages, 383 ; — Restitutions, que doivent faire les riverains, qui avaient mis des péages, 148 ; — Supplique des fermiers, 528 ; — V. Tonnay-Charente.

Charenton, près Paris. Synode, 468.

Charité (Hôpital de la), à Paris. Lettre à la prieure, 32.

Charité (La). V. La Charité.

« Charité (La) Françoise », 18.

Charlemagne, empereur. Épitaphe, 56.

Charles (Le sr), à Meaux. Lettre, 273.

Charles IV, empereur. Entrevue avec le roi de France, 18.

Charles-Quint, empereur, 13, 25 ; II, 22, 23, 28, 35, 36, 41 ; — Actes, II, 26, 58 ; — Actes le concernant, II, 22, 25 ; —

Assignation au conseil de la ville de Strasbourg, 14 ; — Dialogue, en latin, sur son rôle, lors de la captivité de François Ier, 58 ; — Dons à lui faits des comtés de Bourgogne et Charolais, II, 55 ; — du duché de Milan, II, 20 ; — Entrée à Gand, II, 56 ; — Inventaire de ses joyaux, II, 57 ; — Lettres, 58 ; II, 52, 53, 55, 56, 57, 58, 59 ; — Lettres de son grand-père Maximilien, pour son élection comme roi des Romains, II, 53 ; — Ligue contre le Turc, II, 42 ; — Mariage, II, 57 ; — Négociations au sujet de la prison de François Ier, 21 ; — Privilège par lui accordé, 15 ; — Pouvoirs, II, 59 ; — Projets de mariage avec Marie d'Angleterre, II, 40, 41, 42 ; — avec Renée de France, II, 22 ; — Rapports avec François Ier, 58 ; — Relation de Badovero, 13 ; — Traités avec François Ier, II, 21 ; — avec Henri VII, II, 40 ; — avec Marie Stuart, II, 43 ; — Traités de Cambrai, II, 23, 24, 42 ; — de Paris, II, 21.

Charles Ier, roi d'Angleterre. Lettre, 19 ; — Lettre à lui adressée, 17 ; — Son mariage avec Henriette-Marie de France, 17.

Charles II, roi d'Angleterre. Chartes octroyées aux compagnies de Hollande et de Turquie, 52, 53 ; — Conseil de guerre tenu en sa présence, 473 ; — Contrat avec Denis Gawden, 60 ; — Déclaration contre les Hollandais, 281 ; — Harangue au Parlement, 267 ; — Lettres, 97, 340 ; — Nominations de conseils des colonies et du commerce, 60.

Charles II le Chauve, roi de France. Fragments relatifs à ce roi, 57.

Charles III le Simple, roi de France. « Constitutio », 56.

Charles IV Le Bel, roi de France. Actes, II, 10, 11 ; — Lettres, 12.

CHARLES V, roi de France. Actes,
II, 13 ; — Entrevue avec l'Empereur, 18 ; — Lettres, II, 62-63 ; — Traité d'alliance avec Wenceslas, 55.

CHARLES VI, roi de France. Actes, II, 13-15 ; — Lit de justice, 18 ; — Sacre, 18.

CHARLES VII, roi de France, II, 49 ; — Actes, II, 15, 16, 17, 43 ; — Lettres, 12 ; II, 63 ; — Traité d'Arras, II, 15.

CHARLES VIII, roi de France, 19 ; II, 51 ; — Actes, II, 19, 20 ; — Épitaphe, 57 ; — Lettres, 13 ; II, 60 ; — Ordonnance, 43.

CHARLES IX, roi de France, II, 63 ; — Déclaration, 19 ; — *Historia Caroli IX*, 55 ; — Panégyrique par Jean Vatel, 81.

CHARLES Ier D'ANJOU, roi de Sicile et de Jérusalem. Lettres, II, 44 ; — Sentence sur les différends du comte de Flandre et de la dame de Courtrai, II, 3.

CHARLES II le Boiteux, roi de Sicile et de Jérusalem. Convention avec Gênes, 5-6.

CHARLES XI, roi de Suède. Lettre à son ambassadeur, 476.

CHARLES, comte d'Anjou, II, 31 ; — Accord avec la comtesse de Flandre, II, 2.

CHARLES, archiduc d'Autriche. V. CHARLES-QUINT.

CHARLES, archiduc d'Autriche (de Gratz). Lettre à lui adressée, 26.

CHARLES, duc de Bourbon. Lettres II, 15.

CHARLES LE TÉMÉRAIRE, duc de Bourgogne, II, 34, 35 ; — Différends avec Louis XI, II, 8 ; — Lettres, II, 51 ; — Lettres à lui adressées, II, 34, 50, 51 ; — Mariage avec Catherine de France, II, 15 ; — Ordonnance, II, 50 ; — Sauf-conduit pour ses serviteurs, II, 18 ; — Succession, II, 51 ; — Traités et trêves conclus avec lui, II, 17, 18, 19 ; — Villes de la Somme à lui cédées, II, 17.

CHARLES DE CASTILLE, II, 21.

CHARLES, duc de Gueldre, II, 22, 23.

CHARLES, duc de Guyenne et de Normandie. Lettre, II, 17 ; — Son apanage, 19 ; II, 63.

CHARLES II, duc de Lorraine. Lettre, 12 ; II, 62 ; — Lettre à lui adressée, 30 ; — Procès avec le comte de Nassau, pour le comté de Saarwerden, 12.

CHARLES III ou IV, duc de Lorraine. Lettre, 12 ; — Lettres à lui adressées, 32 ; — Relations de négociations de 1641, 35 ; — Traité avec Louis XIII, 22.

CHARLES VI, duc de Lorraine. Lettre à lui adressée, 406 ; — Mandement, 101.

CHARLES, duc de Luxembourg. Mariage avec Claude de France, II, 20.

CHARLES D'ANJOU, comte du Maine. Mandement à lui adressé, II, 18.

CHARLES, comte de la Marche, II, 10.

CHARLES, duc de Normandie et de Guyenne. Lettres, II, 17 ; — Son apanage, 19 ; II, 63.

CHARLES, duc d'Orléans. Dîme à lui accordée, II, 34.

CHARLES DE BOURBON, comte de Soissons. Quittance, 62.

CHARLES, comte de Valois. Lettres, II, 8, 10, 11 ; — Ratification, II, 10 ; — Traité d'alliance avec Louis de Nevers, II, 8, 10, 11.

CHARLES DE BOURBON, duc de Vendôme, 20, 24, 25.

CHARLES-AMÉDÉE DE SAVOIE, duc de Nemours, 23.

CHARLES-EMMANUEL Ier, duc de Savoie, 6, 28, 37.

CHARLES-EMMANUEL II, duc de Savoie. Lettres, 251, 375, 451.

CHARLES-LOUIS DE BAVIÈRE, prince palatin, 33, 467.

CHARLES-ORLAND, dauphin de Viennois. État de sa maison 19.

CHARLET (Famille). Notice généalogique, 85.

CHARLET (Jacques). Lettres, 163, 174.

CHARLETTE (?), au Havre. Lettre, 360.

CHARLOT, à Puiseaux. Lettre, 187.

CHARLOT (Pierre). Lettres, 230, 250, 400 ; — Lettre à lui adressée 402.

CHARLOTTE D'ORLÉANS, 19.

CHARLOTTE - ÉLISABETH DE BA-VIÈRE, princesse palatine. Compliment pour son mariage, 67.

CHARLUS (Roger de Lévis, comte DE). V. LÉVIS.

CHARMES (Claude DE). Vers latins à sa louange, 59.

CHARMOLUE DE LA GARDE (Pierre-Antoine). Lettres, 103, 141, 167, 183, 184, 219, 355, 387.

CHARMOY (J.-P. DE). Lettre, 351.

CHARNACÉ (Jacques-Philippe de Girard, marquis DE). Lettre, 428.

CHARNES (Gilbert DE). Lettre, 298 ; — Supplique, 302.

CHARNES (Rolin DE). Supplique, 302.

CHARNY (Famille DE). V. LOTIN.

CHAROLAIS, II, 21 ; — Comté, II, 55 ; — Comtes, v. CHARLES LE TÉMÉRAIRE, PHILIPPE LE BON.

CHARONNE près Paris. Mémoire sur l'établissement et les affaires de l'abbaye, 1 ; — Requête des religieuses, 471.

CHAROST (Louis de Béthune, duc DE). Extraits de ses lettres, 472 ; — Lettres (1665-1672), 314, 345, 352, 452, 454, 458 ; — (1673-1677), 466, 470, 474, 477, 480, 485, 487, 489, 503, 505, 507, 520 ; — Lettre à lui adressée, 469.

CHARPENTIER (François). *De imagine solis, in symbolo regis Ludovici XIV*, 48 ; — Discours, 67 ; — Lettres, 251, 259, 290, 292 ; — Poèmes latins et français à la gloire de Louis XIV, 48.

CHARPENTIER (Madeleine). Lettre, 217.

CHARPY (Don Gaëtan). Lettres, 447, 452.

CHARPY DE SAINTE-CROIX (Jean). Lettres, 107, 185, 200.

CHARPY DE SAINTE-CROIX (Nicolas). Éloge de Mazarin, 51, 52 ; — Lettre, 52.

CHARRIER (Antoine). Lettres, 131, 179, 184.

CHARRIER (Abbé Guillaume). Relation du conclave de 1655, 2.

CHARRIER (Jacques). Lettres, 119, 187, 264, 268, 272, 277, 283, 304, 317, 318, 319, 348, 373, 383, 389 ; — Lettres à lui adressées, 504.

CHARRIER (Nicolas). Lettres, 125, 144, 175, 177, 257, 312, 325, 346, 397, 404, 407, 426 ; — Lettre à lui adressée, 332.

CHARRON (C.). Lettre, 513.

CHARRON (Élisabeth). V. Cossé (Comtesse DE).

CHARRON (M\(^{me}\) J.). Lettre, 454.

CHARRON (Jacques), s\(^r\) de La Barre. Factum contre lui, 186.

CHARRON (Jacques), s\(^r\) de Nozieux. Lettres, 116, 121, 125, 163, 211, 274, 288, 405, 409.

CHARRON (Jean). Lettres, 146-147, 159, 170, 241 ; — Lettre à lui adressée, 298.

CHARRON (Jean-Jacques), marquis de Ménars. Copie de sa lettre aux receveurs, 488 ; — Information, 561 ; — Lettres (1661-1663), 103, 137, 140, 142 ; — (1664-1666), 227, 240, 246, 263, 295, 335 ; — (1667-1676), 485, 487, 489, 499, 501, 503, 505, 507, 513, 523 ; — Note sur ses lettres, 484, 533 ; — Ordonnances 500, 501, 517 ; — Sentence, 485 ; — Supplique, 297.

CHARRON (Sœur M.-X.). Lettre, 499.

CHARRON (Marie). V. COLBERT (Marie).

CHARRON (T.). Lettre, 248, 295-296.

CHARTES, 20 ; — Grande charte, 17 ; — Inventaire de chartes, 76 ; — Trésor des chartes, v. TRÉSOR.

CHARTES DE COLBERT, II 1-69.

CHARTIER (Famille), 85.

CHARTIER (Guillaume), II, 15.

CHARTIER (Pierre). Lettre, 150.

CHARTON, à Niort. Décharge en sa faveur, 428.

CHARTRES. Enregistrement au bailliage du traité de Cambrai, II, 27 ; — Évêque, v. NEUFVILLE DE VILLEROY (F. DE) ; — Présidial, 222.

CHARTRES (Renaud DE), II, 15.

CHARTREUX (Ordre des). Copies relatives à cet ordre, 77.

CHARUEL (Jacques DE). Lettres, 193, 227, 241, 259, 400, 409, 411, 417, 423, 429.

CHASAN (Mme DE). V. SAUMAISE-CHASSAN.

CHASOT (Jean DE). Lettre 123.

CHASSAN (Mme DE). V. SAUMAISE-CHASSAN.

CHASSAN (Bénigne, ou Pierre (?) de Saumaise, s^r DE). Lettres 100, 144, 159, 170, 187, 191, 196, 211, 217, 250, 260, 378, 381, 386, 391, 400, 409, 413, 417, 431 ; — Lettres à lui adressées, 32.

CHASSE (Droit de). Permission de chasser dans les forêts royales, II, 14.

CHASSE (Pierre). Lettres, 292, 301, 315, 318, 328, 337.

CHASSEING. V. NAPOING.

CHASSENEUIL (Louis DE). Lettre, 353.

CHASSENEUIL (Picon DE). Lettres, 423, 426, 428.

CHASSEPOT-BEAUMONT (François DE). Commission à lui accordée pour percevoir le droit annuel, 261 ; — Lettres, 224-225, 231, 238, 257.

CHASSEUNE (L. DE). V. CHASSENEUIL.

CHASSON (DE). V. BASTON.

CHASTAGNAT (Léonard). Lettres, 131, 165, 169, 183, 193, 207.

CHASTAIGNE (Jacques). Commission à lui donnée, II, 26.

CHASTANIER (Le s^r). Note sur une de ses lettres, 525.

CHASTEAUNEUF. V. CHATEAUNEUF.

CHASTEIGNER DES ESTANGS (Louis). Lettre, 142.

CHASTELAIN (Sœur). Lettre, 440.

CHASTELLET-THON (Jean DE). Quittance, 62.

CHASTELLIER (Jean). Lettres, 173, 321.

CHASTILLON. V. CHATILLON.

CHASTILLON (B. DE). Lettres, 131, 159, 165, 170, 174, 183.

CHASTILLON (Claude, comte DE). Lettre, 466.

CHASTILLON DE LOUVIGNY (Pierre). Lettres (1661-1663), 102, 116, 131, 140, 144, 158, 163, 168, 173, 177-178, 189, 192, 196, 201, 204 ; — (1664), 221, 228-229, 232, 249, 257, 266 ; — (1665-1667), 269, 279, 296, 300, 305, 310, 316, 319, 323, 328, 337, 343, 345, 379 ; — Lettre à lui adressée, 333.

CHASTILLON-REYNEVILLE (Mme Claude DE). Lettre, 126.

CHATHAM, en Angleterre. Note sur l'arsenal, 89.

CHATEAU-CHINON. Grenier à sel, II, 20.

CHATEAU D'OLÉRON, en Charente-Inférieure. Exportation des blés, 20.

CHATEAU-GONTIER (Mis DE). V. BAILLEUL (L.-D. DE).

CHATEAU-LANDON (Seine-et-Marne), 194.

CHATEAUNEUF (Vienne). Réparation des ponts, 357.

CHATEAUNEUF (Balthasar Phélypeaux de La Vrillière, marquis DE). — Lettres, 329, 425, 446, 483, 502, 517, 520.

CHATEAUNEUF (Charles DE). Lettre, 474.

CHATEAUNEUF (Claude DE), II, 28, 29.

CHATEAUNEUF (Guillaume de Laubespine, s^r DE). Quittances, 64.

CHATEAUNEUF (Jean-Charles de Pierrebuffière, marquis DE). Arrêt qui casse son testament, 4.

CHATEAUNEUF-RUFFEC (Ph. DE). Lettres, 517, 522.

CHATEAU-PORCIEN (Ardennes), 93.

CHATEAU-REGNAULT (Ardennes). Seigneurs, II, 18.

CHATEAURENAULT (François-Louis,

marquis DE). Extraits de ses lettres, 472 ; — Lettres, 390, 482, 526 ; — Lettres à lui adressées, 457, 473 ; — Mémoire sur ses prises, 442 ; — Notes sur certaines de ses lettres, 519, 524.

CHATEAUROUX (Indre), 511.

CHATEAUROUX (Eudes DE), évêque de Tusculum, II, 2.

CHATEAU-THIERRY (Aisne). État des notaires royaux nommés en 1664, 280.

CHATEAU-TROMPETTE (Le), à Bordeaux, 161 ; — Défense d'édifier une boucherie, à l'intérieur des fortifications, 322 ; — Démolition de maisons, construites dans l'enceinte, 137 ; — Dépenses, 101, 106, 128, 138, 147 ; — Inscriptions en vers, 50.

CHATEAUVERT (M. DE). Note sur une de ses lettres, 525.

CHATELET (Le), à Paris. Arrêts, 427, 434, 467 ; — Aumônes aux prisonniers, 63 ; — Pensions des officiers (1606-1656), 552.

CHATELLE DU BREUIL (M. DE). Lettres, 228, 291.

CHATELLE DU BREUIL (Mme DE). Lettre, 228.

CHATELLERAULT (Vienne). Arrêt de prise de corps, prononcé par les élus de Chatellerault, 181 ; — Lettre du procureur du roi, 223 ; — Manufacture de cuirs, 344.

CHATELLERAULT (Jacques Hamilton, duc DE). Lettre à lui adressée, 18.

CHATELLOY (Chevalier DE). Lettre, 315.

CHATENOY (Prieuré de), au diocèse de Toul). Inventaire de bénéfices, 83.

CHATIGNIER (Jean), II, 15.

CHATIGNONVILLE. V. LE BOISTEL.

CHATILLON (Cardinal Odet DE). V. COLIGNY (Odet DE).

CHATILLON (Duchesse DE). V. MONTMORENCY.

CHATILLON (Gaspard III DE), maréchal de Coligny. V. COLIGNY.

CHATILLON (Gaucher DE), II, 7.

CHATILLON (Gui DE), II, 1.

CHATILLON - EN - BAZOIS (Nièvre). Requêtes au sujet de cette terre, 226, 256.

CHATILLON-SUR-CHALARONNE (Ain). Lettres des députés, 233, 240.

CHAUDRON, à Pierrefonds. Lettre, 240.

CHAUFFAGE. « Mémoire des chauffages » accordés aux diverses maisons religieuses de Paris, 172.

CHAULNES (Somme). Usages, 529.

CHAULNES (Antoinette, duchesse DE). V. ALBERT D'AILLY.

CHAULNES (Charles, comte DE). V. RAISSE.

CHAULNES (Charles d'Albert d'Ailly, duc DE). Lettres, 118, 160.

CHAULNES (Claire-Charlotte d'Albert DE), prieure. Lettres, 330, 477, 480, 490.

CHAULNES (Élisabeth Le Féron, duchesse DE). Lettres, 454, 505.

CHAULNES (Sœur H. d'Albert DE). Lettres, 470, 504.

CHAULNES (Henri d'Albert, duc DE). Lettre à lui adressée, 70.

CHAULNES (Henri-Louis d'Albert d'Ailly, duc DE). Lettres (1666-1672), 372, 379, 431, 435, 438, 439, 443, 447, 449, 451, 454, 456, 457, 458 ; — (1673-1677), 462, 466, 470, 474, 477, 480, 481, 482, 485, 487, 489, 490, 499, 501, 502, 505, 506, 507, 508, 517, 520, 521, 530 ; — Extraits de ses lettres, 514, 524 ; — Lettres à lui adressées, 442, 480, 506, 532 ; — Lettres le nommant gouverneur de Bretagne, 436 ; — Mémoire, 457 ; — Ordonnance et mandement, 504 ; — Relation, 488 ; — Supplique, 465.

CHAULNES (J. DE), trésorier de France. Lettres, 168, 173, 180.

CHAUME (Château de la). V. LA CHAUME.

CHAUMEJAN (M.-D. DE), marquis de Fourille. V. FOURILLE.

CHAUMONT (Abbé DE). Lettre, 280 ; — Mémoire, 281.

CHAUMONT (Charles DE). Lettre à lui adressée, 20.

CHAUMONT (Gui DE). V. GUITRY (Marquis DE).

CHAUMONT (Henri DE). Lettre, 103.

CHAUMONT (Michel DE). Lettre, 243.

CHAUMONT-EN-BASSIGNY. Lettre venant du couvent de Sainte-Ursule, 409.

CHAUMONT-EN-VEXIN. Lettre des habitants, 343.

CHAUMONTEL (Michel DE). Lettre, 251.

CHAUNY (Aisne), 69 ; — Devis pour une écluse projetée, 69 ; — Lettres des échevins et des gens d'église, II, 49.

CHAUTANE, à Toulon. Lettre, 179.

CHAUVEAU (Claude). Lettre, 149.

CHAUVEL (Daniel). Lettres à lui adressées, 388.

CHAUVELIN (Famille). Notice généalogique, 85.

CHAUVIGNY (Le sʳ DE). Lettres, 477, 478 ; — Lettre à lui adressée, 402-403.

CHAVAGNE. V. DESCARTES.

CHAVIGNY (Léon Bouthillier, comte DE). V. BOUTHILLIER.

CHAVIGNY (Victor Bouthillier DE). V. BOUTHILLIER.

CHEF-DE-BAYE, près La Rochelle, 72.

CHELLES (Abbaye de), en Seine-et-Marne, 290 ; — V. LONG-CHAMP.

CHELLOT (Charles). Suppliques, 361, 414.

CHELLOT (Gilles). Supplique, 414.

CHÉMERAULT (Charlotte DE). Lettres, 142, 185, 193, 287, 294, 446.

CHÉMERAULT (J.-N. de Barbezières, comte DE). Lettres, 417, 451.

CHÉMERAULT (Méry de Barbezières, sʳ DE), 62.

CHEMINON (Abbaye de), au diocèse de Châlons. Coupe des bois de l'abbaye, 194.

CHENAILLES (Sʳ DE). V. MIRON (Robert).

CHÉNEDÉ (V. DE). Lettres, 100, 104, 116, 121, 125, 132, 149, 358, 447.

CHENEVIÈRES (Charles DE). Lettres, 450, 452, 460, 466, 475, 477.

CHERBONNIER, à Nevers. Lettres, 141, 232, 250.

CHERBONNIER, à Tours. Lettres, 197, 273.

CHERCHELL, en Algérie. V. CÉSARÉE.

CHÉRISEY (Sʳ DE). Lettre, 527.

CHERRÉ (Pierre). Lettre, 238 ; — Requête, 484.

CHERRIÈRE, à Péronne. Lettre, 174.

CHERTEMPS (Charles). Lettres, 159, 226, 349, 452 ; — Sa femme, v. COLBERT (Marie).

CHERTEMPS (Le Fr. Charles). Lettre, 327.

CHERTEMPS DE BERGÈRE (René). Lettre, 196.

CHERTEMPS DE SEUIL (P.). V. SEUIL.

CHERTEMPS DE VAUX (Pierre). Lettres, 107, 108, 118.

CHERTEMPS DU MOUSSET (Pierre). Lettres (1662-1663), 158, 163, 170, 175, 183, 187, 191, 196, 198, 202, 205 ; — (1664-1665), 209, 212, 225, 250, 255, 257, 266, 306, 308, 316, 320.

CHÉRY (Eustache DE), évêque de Nevers. Lettres, 96, 157, 174, 180, 299.

CHÉSANE (?), à Béziers. Lettre, 365.

CHESAPEAKE (Baie de), 66.

CHESNEAU (Le P. J.). Lettre, 228.

CHESNEAUX (Mathurin). Lettre, 316.

CHEUSSES (Henri DE). Lettre, 523.

CHEVALIER (Famille). Notice généalogique, 85.

CHEVALIER (E.). Lettre, 523.

CHEVALIER (J.). Lettre, 284.

CHEVALIER (L.). Lettres, 130, 188, 426 ; — Projet de compte rendu par lui, 152.

CHEVALIER du Guet. V. PARIS.

CHEVALLIER (Le président). Lettres à lui adressées, 70.

CHEVAL-MARIN (Le), nom de vaisseau, 73.

CHEVAU-LÉGERS (Cⁱᵉ des). Ordres

de logements à Beaugency, 344.

CHEVAUX. Liste de chevaux barbes achetés pour le Roi à Marseille, 396 ; — V. BOULONAIS, CARAMANI, GARSAULT, MARTIN.

CHEVERNY (Famille Hurault de), 85.

CHEVERNY (Philippe Hurault, comte DE). Quittance, 62.

CHEVERRY (David DE). Lettres (1664-1665), 228, 239, 245, 249, 257, 270, 284, 291, 296, 299, 306, 307, 313, 316, 321 ; — (1666-1667), 343, 349, 355, 358, 362, 366, 368, 372, 381 ; — Lettres à lui adressées, 298, 302, 311 ; — Rapport, 350.

CHEVIGNARD (J.). Lettre, 238.

CHEVIGNÉ (François DE). Lettre, 522.

CHEVIGNY DU BELLAY (Le sr DE). Lettres, 331, 429.

CHEVREUSE (Claude - Honoré de Lorraine, duc DE), et duc de Luynes. Lettres, 382, 466, 470.

CHEVREUSE (Marie de Rohan-Montbazon, duchesse DE). Lettres, 122, 268 ; — Mémoire pour son payement, 133 ; — Note, 402.

CHEVRIÈRES (Jean de La Croix DE). V. LA CROIX.

CHEVRIÈRES (Melchior DE). V. SAINT-CHAMOND (Marquis DE).

CHICHAUD (C. DE). Lettre, 246.

CHIGARAY (Le sr), à Bordeaux, 208.

CHIGI (Agostino). Lettre à lui adressée, 33.

CHIGI (Cardinal Flavio). Lettres, 217, 444 ; — Mémoire sur le traitement, à lui fait par la Maison du roi (1664), 65 ; — Réponse à une lettre du duc de Bavière, 14.

CHIGI (Mario). Lettre à lui adressée, 33.

CHILI. Protection des Indiens du Chili, 42.

CHIMAY (Ernest-Dominique, duc d'Aremberg et prince DE). Mandement, 388.

CHIMAY (Philippe, prince DE), II, 51 ; — Refus d'accorder la neutralité au comte de Vianden, 16.

CHIMBAUD (Anne DE), V. FILHOT.

CHINE. Commerce, 469.

CHINIGO (Antonio). Lettre, 490.

CHINON. Ouvrages à faire aux « levées » de l'élection, 138 ; — Suppression d'offices de secrétaires et notaires du siège royal, 222.

CHINY (Luxembourg). Coutumes du comté, 44.

CHIOGGIA. Lettres du podestat de Chioggia, 82.

CHIOURMES, 79 ; — V. FORÇATS, GALÈRES.

CHIRAT (Le sr). Lettre, 370 ; — Ordonnance en sa faveur, 373.

CHIVAC (Capitaine). Lettre, 319.

CHOART (François). Lettres, 117, 185, 191, 201, 231, 253 ; — Lettre à lui adressée, 105.

CHOART DE BUZENVAL (Nicolas), évêque de Beauvais. Lettres, 366, 466, 501, 507.

CHOCOLAT. V. CHALIOU.

CHOIN (Jean-Melchior de Joly, baron DE). Copie d'une de ses lettres, 504.

CHOISEUL (César DE), comte du Plessis-Praslain. Lettres, 212, 251, 252, 405.

CHOISEUL (Claude DE), marquis de Francières. Lettres, 127, 245.

CHOISEUL (Gilbert DE), évêque de Tournai, puis de Comminges, Lettres, 330, 361, 395, 439, 443. 459, 530.

CHOISEUL - PRASLIN (Charles DE). Quittance, 64.

CHOISY. V. CHANGY.

CHOISY (Cl. DE). Lettre, 320.

CHOISY (Jean-Paul DE), 12 ; — Commission à lui donnée, 272 ; — Lettres (1661-1663), 118, 159, 162, 167, 174, 179, 183, 187, 191, 196, 201, 206 ; — (1664-1665), 211, 215, 219, 223, 230, 233, 238, 245, 255, 258, 264, 269, 273, 280, 312, 315, 325, 326 ; — (1666-1669), 348, 352, 363, 365, 371, 374, 378, 382, 385, 390, 401, 404, 409, 413, 416, 422, 426, 429 ; — Lettre à lui adressée, 334.

CHOMALUS (Jérôme), 467.

CHOPIN (René). Extraits de son livre sur le domaine, 43.

CHOQUE (Pierre), roi d'armes. Complainte sur la mort d'Anne de Bretagne, 51.

CHOQUET (M.). Lettre, 324.

CHOTARD, à Angers. Lettre, 386.

CHOUET (D.). Lettre, 178.

CHOUPPES (Aimar, marquis DE). Lettres, 168, 175, 266, 301, 348, 498.

CHRÉTIENNE. V. CHRISTINE.

CHRISTIAN. V. CHRISTIERN.

CHRISTIERN Ier, roi de Danemark, II, 18, 63.

CHRISTIERN II, roi de Danemark, II, 53 ; — Lettre, II, 55 ; — Pouvoirs, II, 54.

CHRISTIERN V, roi de Danemark. Lettre à lui adressée, 468.

CHRISTINE DE FRANCE, duchesse de Savoie, 5 ; — Lettre, 150.

CHRISTINE DE LORRAINE, grande-duchesse de Toscane, 27, 28, 29.

CHRISTINE-ALEXANDRINE, reine de Suède. Correspondance, 10 ; — Discours, 11 ; — Lettres, 95, 97, 145, 151 ; — Lettre à elle adressée, 10 ; — Lettre à son propos, 79 ; — Mémoire à elle présenté, 11 ; — Mémoire sur son projet de mariage avec l'électeur de Brandebourg, 11 ; — « Oratio ad Sueciæ reginam », 11.

CHRISTOPHE DE HARCOURT. Lettres, II, 15.

CHRONICA abbatum Sancti Benigni Divionensis, 59.

CHRONICA Rainaldi, archidiaconi Sancti Mauricii Andegavensis, 54.

CHRONICON Andegavense breve, 54.

CHRONICON breve (400-1132) (de Saint-Victor), 57.

CHRONICON breve comitum Andegavensium, 55.

CHRONICON de Aquaria, 54.

CHRONICON Sancti-Albini Andegavensis, 54.

CHRONICON Sancti-Benigni Divionensis, 59.

CHRONICON Senonense, 59.

CHRONICON Turonense breve, 54.

CHRONICON Vindocinense, 54.

CHRONICON Vizeliacense breve, 59.

CHRONIQUE de Saint-Martin de Tournai, 56.

CHRONIQUE de Hersfeld, 57.

CHRONIQUES. Copies de fragments et d'annales, par A. Duchesne, 54-59.

CHRONIQUES d'Andres. Extraits, 56.

CHRONOLOGIE. V. ALMANACH, CALENDRIER.

CHUIGNOLLES (Somme), 364.

CIBO (G.) (?). Lettre, 490.

CIBO (Alberico). V. MASSA (Duca di).

CIBO (Cardinal Alderon). Lettre, 513.

CIBOURE (Basses-Pyrénées). Lettre des jurats, 207, 240, 319, 337.

CICÉ (Charles Champion DE). Lettre, 270.

CINTHIO. Supplique à Perrault, 335.

CIOTAT (La). V. LA CIOTAT.

CIRON (G. DE). Lettre, 457.

CITEAUX (Ordre de), II, 30, 35, 43 ; — Abbaye de Cisterciennes de Saint-Dizier, II, 45 ; — Réformation, 3.

CITOYS (René). Lettre, 246.

CITTADINO (Girolamo). Lettre, 126.

CIUBBI (G.). Lettre, 447.

CIVITA-VECCHIA, 133, 424.

CIZE (Benoît DE), marquis de Greizy. V. GREIZY.

« CLADES PICTONICA », 51.

CLAIRAMBAULT (Collection), 65, 87.

CLAIRAMBAULT (Mme DE). Lettre, 335.

CLAIRAMBAULT (Le maréchal DE). V. PALLUAU (Ph. DE).

CLAIRAMBAULT (Charles DE). Lettre à lui adressée, 448.

CLAIRAMBAULT (Gilbert DE), évêque de Poitiers. Lettres, 122, 160, 193, 197, 233, 301, 379, 436, 471, 499.

CLAIRÉ (Le P. Jean-Anselme). Lettres, 96, 145.

CLAIREFONTAINE (Abbaye de), au diocèse de Chartres, II, 30.

CLAIRMARAIS (Abbaye de), près Saint-Omer. Valeur des biens, II, 57.

Claix (Charente). Mémoire sur cette terre, 329

Clappisson d'Ulin (Capitaine). Lettre, 239.

Claret (Blaise). Lettres, 229, 234.

Clarius. *Cronicon Sancti-Petri Senonensis*, 59.

Claude, reine de France, II, 21, 22 ; — Projet de mariage avec le duc de Luxembourg, II, 20.

Clausel (Michel de). V. Du Clausel.

Clausse de Fleury (Henri). Lettres à lui adressées, 26.

Claveau (E.). Sentence rendue contre lui, 488.

Clavière, à Grenoble. Lettre, 129.

Claye. V. Claix.

Cleerhaegen (Julien). Légitimation, II, 60.

Clefs d'écritures secrètes, 67.

Clémandot, à Dijon. Lettre, 336.

Clément IV, pape. Bulle, II, 31.

Clément V, pape. Bulles, 90 ; II, 69 ; — Lettres, II, 33.

Clément VII, pape. Brefs, II, 25, 35, 36 ; — Lettres, 55.

Clément VIII, pape, 28 ; — Bref, II, 36 ; — Lettres, 13 ; — Lettres à lui adressées, 27, 28 ; — Rescrit, 28.

Clément IX, pape. Bref, 411 ; — Lettre, 265.

Clément XI, pape, 6 ; — Bref, 3 ; — Lettre de Louis XIV à lui adressée, 6.

Clément (Nicolas), 76.

Clérambault. V. Clairambault.

Cléraunay (Paul Aubert de). V. Aubert.

Clères-Martel (Charles de). Lettre, 368.

Clergé. Agents généraux, 2, 329, 335 ; — Assemblées, 1, 2, 3, 9, 46, 88, 281 ; — Cahiers du clergé sur le protestantisme, 7 ; — Comptes, 77 ; — Mémoires pour la conservation des privilèges, 2 ; — sur les contributions du clergé, 90 ; — sur la visite des paroisses, 76 ; — sur le clergé, 88 ; — Notes pour les propriétaires de rentes sur le clergé, 77 ; — Receveurs géné-

raux, 77 ; — Règlements, 76 ; — Remontrances de l'assemblée du clergé de Saint-Germain, 46.

Clermont (Comte de), 39 ; — Mariage d'un comte de Clermont supposé avec la fille d'un duc d'Albany, 38.

Clermont (Cardinal François de). Lettres, 25.

Clermont (Louis Gnilhem de Castelnau, marquis de Seyssac, comte de). Lettres, 404, 412, 496, 531 ; — Mémoire en sa faveur, 414.

Clermont (Robert de France, comte de), II, 3.

Clermont (Roger de). Lettre, 193.

Clermont (Mme X. de). Lettre, 301.

Clermont d'Amboise (Louis de), marquis de Renel. Lettres, 173, 196.

Clermont d'Argonne (Meuse), 439.

Clermont-Ferrand (Puy-de-Dôme). Évêque, v. Arbouze (G. d') ; — Lettre de la Cour des Aides, 296 ; — Lettre des échevins, 249, 258 ; — Lettres des habitants, 300 ; — Notes sur la Cour des Aides et sur les Grands-Jours, 8, 142 ; — V. Saint-André-lès-Clermont.

Clermont-Tonnerre (François, comte de). Lettre, 142.

Clermont-Tonnerre (François de), évêque de Noyon. Lettres, 330, 444, 450, 467, 510 ; — Mandements, 450, 469.

Clermont-Tonnerre (Louis-Claude, chevalier de). Lettres, 220, 230, 315, 323, 370, 382.

Clerselier (Claude). Lettres, 276, 321.

Clerville (Louis-Nicolas, chevalier de). Lettres (1661-1662), 102, 110, 113, 116, 121, 131, 134, 138, 144, 149, 153 ; — (1664-1669), 178, 188, 192, 274, 341, 353, 368, 408 ; — Lettre à lui adressée, 332 ; — Mémoire, 387 ; — Requête, 392.

CLÉRY (Loiret). Aumônes faites à l'œuvre de réédification de Notre-Dame de Cléry, 63.

CLÈVES (Angilbert DE). Procès avec Philippe de Castille, II, 27.

CLÈVES (Anne DE). Renonciation à ses droits sur Juliers, 14.

CLÈVES (Anne DE), princesse palatine. Lettre, 109.

CLÈVES (Charles DE GONZAGUE-), duc de Nevers, 110, 153, 165.

CLÈVES (Marie-Léonore DE). Son mariage avec le duc de Prusse, 14-15.

CLÈVES (Philippe DE), sʳ de Ravestein, II, 19 ; — Lettres, 11, 57 ; — Lettres en sa faveur, 11, 57.

CLÈVES (Théoderic, comte DE), II. 37.

CLIEU (Jean DE). Lettre, 132.

CLIGNANCOURT, près Paris. Réunions de Clignancourt en 1644, 39.

CLODORÉ (Capitaine Robert Le Frichot DE). Lettres, 193, 353.

CLUNY (Abbaye de). Abbé, v. MAZARIN ; — Arrêt confiant l'administration au grand-prieur, 111 ; — Délibération des moines. 101 ; — Élection de l'abbé (1661), 101 ; — Inventaire des bénéfices, 83 ; — Lettre adressée aux religieux, 106 ; — Lettre des religieux, 492 ; — Listes et notices, 106, 111 ; — Placet, 494 ; — Saisie des revenus, 106.

CLUNY (Ordre de). Mémoire sur l'Ordre, 494 ; — Réformation, 3.

CLUSA (Matthieu DE). Lettre, 388.

CLUSEL (Léonard DE). Lettre, 123.

CLUTIN (Famille). Notice généalogique, 85.

COAILLIER (M.). Lettre, 266.

COCHES de Marseille à Arles, 518 ; — V. TRANSPORTS.

COCHEFILET DE VAUCELLAS (Anne-Madeleine DE), abbesse de Saint-Jean de Royal-Lieu. Lettre, 157.

COCHIN, dans l'Inde, 41.

COCHOIS, à Soissons. Lettre, 279.

CODERC. Lettres, 180, 319.

COEFFIER D'EFFIAT (Famille). V. RUZÉ.

COETLOGON (Chevalier DE). Lettre, 522.

COETLOGON (François DE), évêque de Quimper. Lettres, 363, 368, 524 ; — Note sur une de ses lettres, 525.

COETLOGON (René, marquis DE). Lettres, 338, 409, 412, 416, 419, 489, 496 ; — Lettres de marine, 514.

COETQUEN (Malo, marquis DE). Lettres, 122, 148, 235, 239, 326, 383, 447 ; — Lettre à lui adressée, 333.

CŒURDEROY, à Coucy. Lettre, 425.

CŒUVRES (François-Annibal d'Estrées, marquis DE). Instructions, 2 ; — Lettre, 353 ; — Lettre à lui adressée, 70.

COGNAC (Charente). Contraintes pour tailles arriérées, dues par des paroisses de l'élection, 172 ; — État des notaires royaux nommés en 1664, 280 ; — Lettre des officiers de l'élection, 154 ; — Note sur une des lettres des officiers de l'élection, 525.

COGNIEL (Théodore DE). Informations contre des forçats, 361.

COGOLIN, ou CONGOLIN (Chevalier de Cuers DE), 410.

COHON (Anthime-Denis), évêque de Nîmes. Lettres, 167, 395.

COHORNES (M. DE). Lettres de marine, 514.

COIFFIER (Ant.). Lettre, 349.

COIFFIER (J.). Lettres, 100, 103, 108, 136, 143, 149, 185, 216, 228, 232, 239, 297, 310. 389.

COIFFIER (Sœur Marie). Lettre, 290.

COIFFIER-RUZÉ D'EFFIAT (Famille). V. RUZÉ.

COIGNET (L.), dame de Parant. Lettre, 354.

COIGNET (M.). Lettre, 144-145.

COIGNET DE LA THUILLERIE (Gaspard). Correspondance, 31 ; — Mémoire, 11 ; — Instructions, 34, 35, 36.

COIGNET DE LA THUILLERIE (Henri). V. COURSON.

COIGNET DE LA THUILLERIE (Lucie). V. COURSON.

COINTEREAU (Claude). Lettres, 312, 390.

COISLIN (Pierre DE). V. DU CAMBOUST.

COISSARD, à Dijon. Lettre, 319.

COKE (John). Lettres, II, 53.

COKE (William). Commission pour l'une des maîtrises de la flotte, à lui donnée, 60.

COLARD (Antoine). *Commentaria rerum Remensium*, 56.

COLAS (François). Quittance, 512.

COLBERT (Agnès), abbesse de Sainte-Claire de Reims. **Lettres,** 152, 190, 243, 248, 257, 266, 270, 278, 286, 311, 323, 330, 357, 495.

COLBERT (Antoine-Martin), chevalier de Boncourt. Création de pension en sa faveur, 483 ; — Lettres, 330, 496, 507 ; — Lettre à lui adressée, 334.

COLBERT (Charles), président au présidial de Reims, oncle du ministre. Lettres, 98, 103 ; — Sa femme, v. MESVILLIERS-COLBERT.

COLBERT (Charles), procureur au Conseil d'Alsace, dit Colbert d'Alsace ou de Brisach cousin du ministre. Apostilles à un devis de Vauban, 218 ; — Lettres (1661-1663), 96, 104, 109, 113, 118, 122, 142, 154, 165, 170, 180, 183, 191, 195, 201, 204 ; — (1664-1665), 214, 220, 224, 229, 233, 238, 244, 250, 252, 259, 264, 268, 280, 283, 288, 293, 296, 298-299, 304, 308, 313, 316, 318, 328 ; — (1666-1668), 336, 341, 353, 355, 363, 365, 368, 371, 377, 390, 395, 397, 400 ; — (1669-1673), 408, 413, 422, 425, 429, 438, 446, 449, 461 ; — Lettres à lui adressées, 314, 332, 398, 410 ; — Mémoire, 199 ; — Procès-verbal de sa visite à Mouzon, 156.

COLBERT (Charles), marquis de Croissy, frère du ministre, 6 ; — État de ses appointements comme ambassadeur en Angleterre, 439 ; — Extraits de ses lettres, 469 ; — Instructions, 11-12 ; — Lettres (1661-1662), 95, 96, 99, 101, 108, 112, 116, 120, 125, 129, 134, 138, 143, 151, 153, 158, 164 ; — (1663-1664), 168, 173, 178, 187, 189, 191, 196, 202, 205, 208, 216, 221, 239, 244, 249, 252, 258, 264 ; — (1665-1666), 268, 272, 273, 277, 282, 288, 306, 309, 318, 324, 330, 337, 341, 345, 348, 353, 356, 358, 361, 365, 370, 372 ; — (1667-1672), 374, 377, 382, 384, 385, 394, 400, 402, 403, 408, 417, 429, 440, 444, 447, 448, 449, 450, 451, 453, 454, 458 ; — (1673-1677), 461, 465, 469, 471, 473, 474, 475, 476, 478, 479, 480, 482, 483, 489, 499, 500, 507, 517, 527, 530 ; — (1691), 3 ; — Lettres à lui adressées, 32, 332, 453, 460, 463, 478, 480 ; — Note, 472-473 ; — Ordonnances, 356, 364, 500 ; — Procès-verbal, 363 ; — Réponse à des remarques sur un traité de commerce, 46 ; — Sommes à lui payées, 347.

COLBERT (Claire), abbesse de Sainte-Claire de Reims. Lettres, 97, 107, 130, 151, 157, 175, 182, 200, 255, 423, 432, 440, 447, 516.

COLBERT (Sœur Claire-Cécile). Lettres, 331, 451, 470, 479, 487, 494, 495, 509.

COLBERT (Édouard), marquis de Villacerf. Lettres, 98, 100, 104, 155, 257, 288, 354, 460, 467, 470, 474, 523 ; — Note sur une de ses lettres, 525.

COLBERT (Édouard-François), comte de Maulevrier. Lettres, 331, 417, 422, 426-427, 432, 440, 442, 451, 454, 481, 500, 503, 506, 507, 513 ; — Lettre à lui adressée, 488 ; — Note, 484 ; — Nouvelles de l'armée, 472.

COLBERT (Chevalier François). Journal de la campagne du

vaisseau *le Fougueux*, 73 ; — Ordre à lui donné, 73.

COLBERT (Henriette). V. SAINT-AIGNAN (Duchesse DE).

COLBERT (Jacques-Nicolas), archevêque de Rouen, 6-8 ; — Catalogue de sa bibliothèque, 92 ; — Correspondance, 77 ; — Lettres, 330, 467 ; — Lettre à lui adressée, 7 ; — Liste des personnes, à qui on a remis des exemplaires de sa thèse, 455 ; — Litiges avec l'abbesse de Montivilliers, le primat des Gaules et les échevins de Pontoise, 7 ; — Note sur une pension, par lui créée, 483.

COLBERT (Jean-Baptiste), 4, 17, 24, 39, 68, 76, 111, 186, 314, 329, 431, 451, 528 ; — Circulaire, 460 ; — Correspondance, 94-533 ; — Lettres, 40, 94, 206, 258, 353, 354, 373, 387, 418, 448, 457, 529, 531 ; — Lettres à lui adressées, 15, 43, 50, 94-533 ; — Minutes, 105, 118, 331-334, 351, 376, 407, 410 442, 453. — Discours au Conseil de justice, 120 ; — Épigramme à lui dédiée, 48 ; — Fournitures pour ses bureaux, 512 ; — Instructions à Seignelay, 89 ; — Inventaires de sa bibliothèque, 84 ; — de ses biens, meubles, livres et objets d'art, 83-84 ; — Legs à lui fait par Mazarin, 83 ; — Liste des compagnies de justice, 8 ; — Listes et mémoires des papiers de marine, qu'il garde, 335, 472, 486, 501 ; — Liste des personnes, qui ont écrit pour sa maladie, 335 ; — Mémoires à lui adressés, 44, 46-47, 119, 152, 218, 297, 303, 321, 396, 398, 444, 453, 475, 476 ; — Mémoire d'expéditions, signées par lui, 512 ; — Mémoires sur la fonderie des canons, 90 ; — sur la justice, 120 ; — sur les galères, 473 ; — sur le synode de Charenton, 468 ; — sur l'expédition de Messine, 495 ; — sur lesquels son fils le consulte, 526 ; — Notes, 7, 38, 42, 43, 44, 87, 88, 97, 103, 290, 302, 410, 429, 445, 464, 465, 469, 471, 475, 476, 486, 491, 492, 501, 502, 509, 513, 515, 518, 545, 550 ; — Notes sur des corsaires d'Alger, 420 ; — sur certaines listes, dont il a besoin, 335 ; — Placets, suppliques et requêtes à lui adressés, 46, 47, 128, 277, 286-287, 302, 306, 340, 343, 350, 351, 360, 361, 367, 370, 373, 376, 383, 392, 396, 406, 414, 427, 483, 495, 517, 532 ; — Plan de son appartement au Louvre, 115 ; — Recueils de mémoires et de documents, formés par lui, 44, 46 ; — Supplique au Parlement, 106 ; — Traité avec Jacques Prévost, 529.

COLBERT (Jean-Baptiste), marquis de Seignelay. V. SEIGNELAY.

COLBERT (Jules-Armand), marquis d'Ormoy et de Blainville. Lettre, 331.

COLBERT (Louis-Charles). V. MAULEVRIER (Abbé DE).

COLBERT (Sœur Louise-Antoinette). Lettres (1661-1666), 98, 109, 143, 184, 193, 200, 223, 236, 245, 253, 258, 277, 311, 361 ; — (1669-1677), 431, 438, 454, 458, 466, 471, 474, 477, 482, 493, 495, 516, 520, 521, 522, 527 ; — Notes sur une de ses lettres, 525.

COLBERT (Marguerite). V. HOTMAN-DE-FONTENAY.

COLBERT (Marie Charron), femme de J.-B. Colbert. Lettres à elle adressées, 311, 335, 370, 472, 517, 532 ; — Mémoire à elle adressé, 468 ; — Supplique à elle adressée, 414.

COLBERT (Marie), dame Chertemps Lettres, 150, 155, 219, 275 311, 362, 385 ; — Lettre à elle adressée, 332.

COLBERT (Marie), dame de Marle. V. MARLE.

COLBERT (Marie), dame de Saint-Mars. Lettre, 98.

COLBERT (Michel). Lettres, 443 450, 454, 458, 461, 466, 470,

474, 476, 480, 482, 485, 498, 499, 501, 515, 530.

COLBERT (Nicolas), évêque de Luçon, puis d'Auxerre. Lettres, 76 : — Notes sur des livres par lui achetés, 76.

COLBERT DE MAULEVRIER (Madeleine de Bautru, Mme). Lettre, 507.

COLBERT DE SAINT-MARD, ou MARS (Charles). Lettre, 524.

COLBERT DE SAINT-MARD, ou MARS (François). Lettre, 331.

COLBERT DE SAINT-MARD, ou MARS (Jean). Lettres, 507, 509.

COLBERT DE SAINT-MARD, ou MARS (Marie). Lettre, 98.

COLBERT DE SAINT-POUENGES (Gilbert). Lettre, 319.

COLBERT DE SAINT-POUENGES (Jean-Baptiste). Lettres, 98, 104, 121, 129, 134, 139, 143, 158, 161, 168.

COLBERT DE SAINT-POUENGES (Madeleine), abbesse de Saint-Saëns. Lettres, 181, 197, 209, 426.

COLBERT DE SAINT-POUENGES (Michel), évêque de Mâcon. Lettres, 386, 449, 471, 494.

COLBERT-DESMARETS (Marie). Lettres, 140, 193, 196, 246, 346, 349, 352, 457 ; — Lettres à elle adressées, 334, 347, 350.

COLBERT DE TERRON (Charles), 307, 532 ; — Assiette du département de Saintonge, 516 ; — Bordereau des sommes, portées par lui à Tonnay-Charente, 120 ; — Instructions, 354 ; — Lettres (1661-1664), 94, 100, 109, 116, 129, 197, 200, 205, 208, 214, 221, 223, 259, 263 ; — (1665), 268, 272, 273, 277, 284, 288, 292, 295, 297, 298, 299, 304, 307, 312, 315, 318, 324, 326. 329 ; — (1666-1667), 336, 341, 345, 347, 349, 352, 355, 357, 358, 362, 364, 370, 371, 374, 389 ; — (1668-1671), 397, 410, 412, 416, 419, 421, 425, 431, 435, 437, 440, 442, 443 ; — (1672-1673), 446, 449, 452, 454 458, 461, 463, 464, 465 471, 474 477, 479 ; — (1674-1677).

480-481, 482, 487, 490, 505, 513, 517, 527, 529, 530, 533 ; — Extraits de ses lettres, 469 ; — Lettres à lui adressées, 89, 211, 322, 329, 333, 353, 436, 464 480, 530, 531 ; — Mémoires, 441, 444, 447, 450, 453, 456 460, 463, 478, 481, 484-485, 486, 487, 492, 528 ; — Mémoires à lui adressés, 339, 468, 529 ; — Mémoires sur les affaires de Messine, 509 ; — sur les escadres des Indes, 531 ; — Notes, 480, 487, 508 ; — Note sur sa maladie, 464 ; — Procès-verbal de refus, à lui fait par le receveur des tailles de La Rochelle, 112.

COLBERT DE TERRON (Mme Marie BIGNICOURT-). Lettres, 421, 494.

COLBERT DE TURGIS (Nicolas). Lettres, 100, 102.

COLBERT DE VANDIÈRES (Nicolas). Lettres, 103, 112, 116, 123, 127, 129, 135, 139, 144, 154, 159, 162, 210, 316, 319, 325, 326, 342, 345, 359, 395 ; — Lettre à lui adressée, 332.

COLBERT DE VILLACERF (Jean-Baptiste-Michel), évêque de Montauban. Lettres, 514.

COLBERT-PELLOT (Madeleine). Lettre, 494.

COLIGNY (Maison DE). Extrait relatif à cette maison, 20.

COLIGNY (Gabrielle DE), dame de Baradat. Lettre, 135.

COLIGNY (Gaspard, amiral DE). Lettres, 25.

COLIGNY (Gaspard III DE), maréchal de Châtillon. Lettre à lui adressée, 22.

COLIGNY (Isabelle DE). Lettre à elle adressée, 518.

COLIGNY (Odet DE), cardinal de Châtillon. Extraits à lui relatifs, 9.

COLIGNY-SALIGNY (Gaspard DE). Lettre, 518.

COLIGNY-SALIGNY (Jean DE). Lettres, 230, 245, 252, 257, 327, 499.

COLIN (Jacques). « Le débat d'Ajax et d'Ulysse », 51.

COLINS (Antoine). Procès-verbal du règlement des frontières d'Artois et Flandre, 547.

COLLARDEAU (Julien). Lettre, 306.

COLLÈGE DE FRANCE. Lettres de provision de lecteur à P. Valens, 67 ; — Pensions des professeurs, 552.

COLLETON (Sir Peter). Concession à lui faite des îles Bahama, 66.

COLLIN, à Amiens. État des deniers payés par son commis, 329 ; — Lettres, 297, 338, 394.

COLLIN, à Avignon. Lettre, 366.

COLLIN (Michel). Lettres, 145, 225, 230.

COLLOT (Abbé). Lettre, 227.

COLMIEU (Pierre DE), II, 30.

COLOGNE, 31, 35, 36, 70 ; — Archevêques, v. BAVIÈRE (F. et M. H. DE), DIETRICH DE MORS, ISENBURG (S. v.) ; — Note sur le change à Cologne, 480 ; — Nouvelles (1638), 14.

COLOMBET (Ingénieur). Lettre, 382.

COLONIES, 515 ; — Colonies anglaises, 66, 67 ; — Lettres de commission d'offices des colonies britanniques, 60-62 ; — Répartition des colons, par délibération de la Compagnie des Indes, 339 ; — V. AMÉRIQUE, ANTILLES, INDES.

COLONNA (Alessandro). Lettre, 250.

COLONNA (Charles), archevêque d'Amasie (en religion frère Gilles). Lettres, 100, 104, 113, 126, 177, 206, 249, 283.

COLONNA (Laurent-Onuphre, connétable). Lettre, 454.

COLONNA (Marc-Antoine), duc de Tagliacozzo, II, 61.

COLONNA (Marie Mancini, connétable). Lettres (1661-1664), 108, 160, 175, 179, 184, 190, 212, 215, 230, 240, 255, 263 ; — (1665-1674), 269, 279, 402, 412, 416, 429, 455, 457, 461, 475 ; — Lettre à elle adressée, 457.

COLONNA (Nicolas). Lettre, 493.

COLPORTAGE. V. GONNET.

COLSONNET, à Metz, 12.

COMBABESSOUDRE, ou COMBABESSOUZE (M. DE). Lettres, 261, 326 ; — Lettre à lui adressée, 298.

COMBARIEU (A. DE). Lettre, 234.

COMBAUD (Gilbert). Quittances, 61.

COMBES (Le sr DE), à La Charité. Lettre, 158.

COMBES (Le chevalier DE), à La Rochelle. Lettre, 520 ; — Note sur une de ses lettres, 526.

CÔME, vicaire du patriarche d'Alexandrie. Lettre. 368-369.

CÔME III DE MÉDICIS, grand-duc de Toscane. V. MÉDICIS.

COMÉDIENS, 335, 483 ; — V. FRANÇAIS et ITALIENS (Comédiens).

COMENGE. V. COMMINGES.

COMMENDONE (Giovanni-Francisco), évêque de Zante et Céphalonie. « Discorso sopra la corte di Roma », 2.

COMMERCE, 484-485 ; II, 40, 42 ; — Commerce du Levant, 439 ; — Exemptions des impositions foraines, 280-281 ; — Libertés. 410 ; — Marchandises de France débitées en Espagne, 418 ; — en Prusse, 399 ; — Mémoires sur le commerce avec l'Angleterre, 46, 311 ; — avec la Hollande, 199, 262, 271, 410 ; — avec la Suède, 120 ; — en France, 47 ; — en Sénégal, 329, 525 ; — Projet de commerce en Chine, 469 ; — Projets de traités, 46 ; — V. ARKANGEL, COMPAGNIES, TRANSIT, VIRGINIE.

COMMINGES (Comté de). Évêque, v. CHOISEUL (G. DE).

COMMINGES (Anne DE). Lettre, 450.

COMMINGES (Émilie-Angélique d'Amalby, comtesse DE). Lettre, 213.

COMMINGES (François DE). Lettres, 180, 295.

COMMINGES (Gaston-Jean-Baptiste, comte DE). Lettres, 188, 191, 201, 208, 214, 225, 252 ; — Relation du Parlement d'Angleterre, 17.

COMMINGES (Guillaume de Pechpeyrou DE). V. GUITAUT (Comte DE).

COMMINGES (Nicolas DE). Lettre, 225.

COMMIS des recettes des bureaux de finances. à Poitiers et Bourges, 181.

COMMISSAIRES. Commissaires de marine, 457 ; — Liste des commissaires, départis dans les provinces, 414 ; — Lettres à eux adressés, 334 ; — Mémoires sur les charges des commissaires, préposés aux troupes, 393.

COMMISSIONS pour la taille et les impositions (1663-1681), 539-541.

COMMITTIMUS (Droit de). Arrêt accordant ce droit aux évêques du Languedoc, 448.

COMPAGNIE DE JÉSUS. V. JÉSUITES.

COMPAGNIES DE COMMERCE. Lettres hostiles à ces compagnies, 234 ; — Compagnies anglaises d'Afrique, 53 ; — de la Baltique, 53 ; — de Hollande, 53-54 ; — de la baie d'Hudson, 53 ; — des Indes orientales, 53 ; — du Levant ou de Turquie, 53 ; — de Moscovie, 53, 231 ; — Compagnies françaises du Levant, 335, 485, 490-491 ; — de Madagascar, 243 ; — de Moscovie, 231 ; — de Sénégal, 329, 525 ; — du Nord, 456, 531.

COMPAGNIES DES INDES. V. INDES.

COMPAGNIES SOUVERAINES. V. CHAMBRE DES COMPTES, CONSEIL, COUR DES MONNAIES, COURS DES AIDES, COURS SOUVERAINES, PARLEMENTS.

COMPAIN (G.). Lettres, 324, 352.

COMPANS (Nicolas DE), 430 ; — Lettres, 194, 239, 346, 348, 417, 419, 428 ; — Lettre à lui adressée, 332.

COMPENDIUM de gestis archiepiscoporum Senonensium, 59.

COMPIÈGNE, 190 ; II, 9 ; — États des payements, faits pour les réparations du château, 343.

COMPIÈGNE (Le sr), à Fontainebleau. Lettre, 215.

« COMPTANT » (Le). Registres du « Comptant » de 1661 à 1681, 547-550.

COMPTES DES BATIMENTS du Roi. Registres (1664-1670), 550-551.

COMPTES DU CLERGÉ. Mémoires, 77.

COMPTES DU DOMAINE, 43.

COMPTES (Chambres des). V. CHAMBRES.

COMPUT. Traité, 74.

COMTAT-VENAISSIN (Le). Lettres des élus des États, 187.

CONCARNEAU, 156.

CONCHAY. V. LE BELIN.

CONCHES (Eure), II, 9 ; — État des blés dans l'élection, 479.

CONCILES, 4 ; — Concile de Lyon (1274), II, 62 ; — de Paris (1580), 9 ; — de Trente (1562), 90 ; — Mémoires et traités sur les conciles, 7, 88 ; — Traités sur les conciles de Bâle (1431), Ferrare (1438), Florence (1438) et Trente (1562), 1.

CONCLAVES. Mémoires sur les conclaves, 2 ; — V. PAPAUTÉ.

CONCORDE (La), vaisseau, 464.

CONDAMINA (Ad Ipsa), lieu-dit, II, 63.

CONDATO (Balduinus DE), II, 44.

CONDÉ (Henri II de Bourbon, prince DE). Quittance, 64.

CONDÉ (Louis II de Bourbon, prince DE). Lettres, 136, 169, 175, 293, 387, 467, 475, 505, 514 ; — Quittance, 415.

CONDÉ (Le fr. Martin DE). Lettre, 356.

CONDESCURE (Henri DE), II, 11.

CONDOM, 213 ; — Épitaphes de l'église, 56 ; — Évêque, v. BOSSUET (J.-B.) ; — Note sur une lettre des officiers de l'élection, 525 ; — V. GERALDUS.

CONFESSION (Droit de). Litige au sujet de ce droit, 9 ; — Mémoires sur les confesseurs, 77.

CONFLANS (Eustache DE), comte d'Auchy. Quittance, 64.

CONFRÉRIE. V. MONTFERRAT.

CONGIS (Anne d'Anglure, dame DE). Lettre, 148.

CONGOLIN (Chevalier DE). V. COGOLIN.

CONJONCTIONS d'astres. Tables, v. ASTRONOMIE.

CONNÉTABLIE (La), II, 16.

CONPAGNER. V. COUPAGNET.

CONRAD (C.). Lettre, 193.

CONRART (Valentin). Lettre, 237.

Conseil (Grand), II, 17.
Conseil d'État, 8, 133, 247, 363 ;
II, 17 ; — Arrêts (1661-1664),
77, 95, 101, 106, 111, 112, 119,
123, 151, 166, 176, 177, 181,
190, 194, 199, 207, 208, 217,
227, 243, 251, 256, 261 ; —
(1665-1666), 272, 276, 280, 286,
294, 298, 311, 325, 326, 339,
344, 350, 351, 360, 364 ; —
(1667-1671), 384, 392, 393, 394,
403, 406, 407, 410, 414, 415,
418, 424, 430, 438, 442 ; —
(1672-1677), 445, 447, 448, 467,
478, 486, 488, 491, 492, 495,
500, 502, 512, 521, 526, 527,
532 ; — Arrêt contre le Parlement, 43 ; — Extraits des
registres, 360, 456 ; — Mémoires,
110, 281 ; — Note sur les jours
et heures de séance, 286 ; —
Pensions des officiers (1606-
1656), 551-552 ; — Registres
d'arrêts (1582-1583), 92 ; — Registre du Conseil des Parties
de 1555, 81 ; — Requêtes adressées au Conseil, 455, 468 ; —
Saisie d'actes, conservés par les
secrétaires, 119 ; — Secrétaires,
307, 367.
Conseil de justice. Discours de
Colbert en 1665, 120 ; — « Distribution des matières », 120.
Conseil de marine. Mémoire, 78.
Conseillers d'État, 262 ; — Liste,
473.
Conserans (Pays de). V. Couserans.
Constant (François). Arrêt de
condamnation contre lui, 434.
Constantin (G.). Lettres, 180,
185, 398.
Constantinople, 5, 94, 529 ; —
Lettre écrite de Constantinople,
393 ; — Mémoires relatifs au
patriarche, 442.
Constitutions de rentes. Recueils (1537-1649), 546.
Constructions navales, 399 ; —
V. Vaisseaux.
Consulats. Lettre adressée aux
consuls français des côtes d'Es-
pagne, 333 ; — Liste des consuls
français en Espagne, 418.

Consultations diverses, sur les
droits de Marie-Thésèse, 39.
Contagion. V. Maladies conta-
gieuses.
Contarini (Alvise), II, 61.
Contarini (Simone), II, 61.
Conti (Anne - Marie Martinozzi,
princesse de). V. Martinozzi.
Conti (Armand de Bourbon,
prince de). Discours, 322 ; —
Lettres, 113, 121, 125, 149, 151,
160, 164, 168, 173, 207, 209,
242, 303, 321, 324, 327 ; —
Lettre à lui adressée, 334.
Conti (Cardinal Carlo). Lettres, 37.
Conti (Paolo), duc de Poli. V.
Poli.
Continuatio gestorum comitum
Andegavensium, 55.
Contorio degli Hortensii (Asca-
nio). Extraits de ses *Commen-
tarii della guerra di Transylva-
nia*, 15.
Contrôle-général des finances.
Extrait des registres, 540 ; —
V. Colbert.
Contrôleurs des gabelles. Ar-
rêt les établissant, 106.
Convoi de Bordeaux. V. Bor-
deaux.
Coolens (François). Commission
d' « aman », pour la ville de
Thielt, 414.
Copenhague, 73.
Coppart (N.). Prise de son navire
par les Anglais, 290.
Coppens (Philippe). Lettre, 387.
Coquart de La Mothe (Pierre).
V. La Mothe.
Coquebert (André). Lettre, 107 ;
— Supplique, 137.
Coquerel (Claude de). Lettres,
183, 208.
Coquille (Claude). Lettres, 98,
125, 132, 150, 202, 249, 269,
280, 363, 377 ; — Mémoire, 407.
Coquille (M.). Lettre à lui adres-
sée, 340.
Corail. Dessins de branches de
corail, 392.
Corbeau de Fontenelles, à Be-
sançon. Lettre, 378.
Corbenin de Vauhalan, à Fon-
tainebleau. Lettre, 103.

CORBEIL (Renaud DE), II, 31.

CORBEVILLE (J. DE). Lettre, 292.

CORBIE (Somme). Inventaire des bénéfices de l'abbaye de Saint-Pierre, 83 ; — Plaintes des habitants pour l'emprisonnement des échevins, 356 ; — V. JEAN de LÉON.

CORBIE (Famille DE), 85.

CORBONIA (Petrus DE), II, 65.

CORCONA (Petrus DE), II, 65.

CORDELIERS. Aumône au couvent des Cordeliers de Paris, 63 ; — Mandement aux Cordeliers pour garder la paix avec les Flamands, II, 8.

CORDELLIER (Famille), 85.

CORDERIES. Corderie du sr Attinas à Rouen, 527 ; — Corderie de Solidor, à Saint-Malo, 364.

CORDES (G.-M., douairière DE). V. RODOAN.

CORDIER (Pierre). « Processus-verbalis de legatione apud Scotiæ, Norvegiæ, Sclavoniæ et Gothorum reges, » 57.

CORDOUAN (Tour de), à l'embouchure de la Gironde, 184 ; — Réparation de la tour, 124.

CORDOUE (Espagne). Catalogue des rois maures de Cordoue, 40.

CORES (Abbaye de Saint-Martin de). Abbé, v. BOURZÉÏS (A. DE).

CORIOLIS - LABASTIDE (Alexandre DE). Lettre, 280 ; — Placet, 280.

CORLÆUS (Franciscus). V. CORLIEU.

CORLIEU (François DE). Vita sancti Ausonii, 56.

CORNAS (Ardèche). Avis sur les vins de cette localité, 448.

CORNEILLE (Thomas). Remerciement au Roi, 50.

CORNER (Giovanni). Lettres, II, 61.

CORNU DE BIMOREL (Nicolas). V. BIMOREL.

CORNUEL (Germaine). Pièces relatives à son héritage, 399.

CORNUEL (Marie). Lettre, 340.

CORNUEL (Robert), sr de Granval. Lettre, 313 ; — Requête, 399.

CORPS (Étienne). Lettre, 217.

CORRADI (Cardinal Jacques). Lettres, 240, 273.

CORRANI (Le sr). Mémoire à lui adressé, 344.

CORREGERIUS (Bert.), II, 66.

CORRER (Angelo), II, 61.

CORREUR (Robert). Lettres, 315, 318 ; — Lettre à lui adressée, 322.

CORSAIRES. Commission donnée aux flibustiers anglais pour la course, 43 ; — Corsaires d'Alger, 420 ; — arabes, 367 ; — Création d'une compagnie de corsaires espagnols, 370-371 ; — Demandes de marins, pour armer en course, 448.

CORTESIA (Le sr). Lettre à lui adressée, 332.

CORTINEL (Jean). Lettre, 329.

CORVIN (Matthias), II, 90 ; 18, 50.

COSENZA. Archevêque, v. PALOTTI (G.).

COSNAC (Daniel DE), archevêque d'Aix, évêque de Valence et de Die. Lettres, 224, 514 ; — Litige avec les religieuses du couvent de Saint-Barthélemy, 8.

COSNE (Nièvre), II, 13 ; — Travaux du pont, 235.

COSSART (Abraham). Lettre, 355.

COSSART (Le P. Gabriel). Lettre, 241.

COSSART (Noël). Lettre, 355.

COSSART (Pierre). Lettre, 271.

COSSÉ (Élisabeth Charron, comtesse DE), dame d'Ormeilles. Lettres, 480, 520.

COSSÉ (Louis DE), duc de Brissac. Lettre, 443.

COSSÉ-BRISSAC (Charles DE). Quittance, 64.

COSSIN, à Rennes. Lettre, 338.

COSTA (Chanoine Giulio-Antonio). Lettre, 255 ; — Prospectus d'une publication en l'honneur de Mazarin, 256.

COSTART (Claude). Lettre, 150.

COSTÉ (Pierre), sr du Mesnil-Saint-Suplix. Lettres, 173, 352 ; — Supplique, 463.

COSTENTIN (Jacques DE). Lettre, 155.

COTENTIN (Bailliage de). Don de terres, dans les marais, 222 ; — État des ventes du bois, 172.

COTENTIN (Anne-Hilarion DE), che-

valier de Tourville. V. Tourville.

Côte-Rôtie (Vins de), dans le
Rhône. Avis sur ces vins, 448.

Cotignon (Gabriel). Quittances,
64, 65.

Cotin (Abbé Charles). Odes et
sonnets en l'honneur de Louis
XIV, 48 ; — Réflexions sur
Louis XIV, 67.

Cotolendy (François). Lettres,
335, 458, 490 ; — Notes sur
une de ses lettres, 460, 515.

Cotoner (Nicolas). Lettres, 118,
341, 507, 510, 511, 516-517,
519, 531.

Cottereau (Le sr). État des bois
dans sa « vente », située dans la
forêt de Montfort, 484.

Cottin (Le sr). Lettre, 522.

Cotton. V. La Fuye de Cotton.

Coubert (Seine-et-Marne), 521.

Coucy (Enguerand VII de), II, 62.

Coudreau, à Tours. Lettre, 229.

Couesquen, ou Couetquen (Malo,
marquis de). V. Coetquen.

Coullomb (François). Description
des pièces d'un vaisseau de premier rang, 78.

Coullon, à Nantes. Lettres, 358,
362, 386 ; — Mémoire de son
compte, 388.

Coulonges (M. de). Lettres, 97,
126.

Coupagnet (A.). Lettre, 283.

Cour de France. Assemblées des
prélats en cour de France (1642-
1651), 3 ; — Pensions des courtisans et des dames de la Cour,
552.

Cour de Rome. 28, 511 ; — Différends avec la Cour de France, 3 ;
— Instruction des courtisans, qui
se mettent à la suite des grands
de la cour romaine, 2 ; — Mémoires sur la Cour de Rome, 1-2.

Cour de Vienne, 12.

Cour des Aides, 8.

Cour des Aides d'Auvergne, 8,
142, 296.

Cour des Aides de Cahors, 166,
281.

Cour des aides de Guyenne,
114, 160, 173, 252, 267.

Cour des aides de Lyon, 115.

Cour des aides de Montauban,
8, 178, 278, 364, 392, 525,
543.

Cour des aides de Normandie,
124, 307, 451.

Cour des aides de Paris, 290 ;
— Arrêts, 137, 302, 430 ; —
Lettre des conseillers, 181 ; —
Pensions des officiers (1606-
1656), 552 ; — Remontrances,
243.

Cour des monnaies de Paris.
Pensions des officiers (1606-
1656), 552.

Cours souveraines. Pensions des
officiers, 552.

Courbon (A.-E. de). V. La Roche-
corbon.

Courbon-Blénac (Charles de). Lettres, 93, 482, 497, 514, 515.

Courbons (Jean-Henri Grimaldi,
marquis de). Instructions, 35 ;
— Lettre, 251.

Courcelles (M. de), à Alençon.
Lettre réinsérée, en 1921, au vol.
115, fol. 404 bis.

Courcelles (Daniel de Rémy de).
V. Rémy.

Courcelles (Jean de). Lettres,
382, 391, 417, 421, 426.

Courchamp (Jean de). Lettres,
140, 395.

Courlande, 523 ; — Duc, v.
Kettler (J.).

Courlon (Geoffroi de), 59.

Courmenin (Louis Deshayes, sr
de). V. Deshayes.

Cournut (J.). Lettre, 278.

Cours-les-Barres (Cher). État
des impositions de cette paroisse,
156.

Coursan (Abbé Claude de Bruillart de). Lettres, 97.

Course (La). V. Corsaires.

Courson (Henri Coignet, comte
de). Lettre, 229.

Courson (Lucie Coignet de Puigeolet, comtesse de). Lettre,
168.

Court (Dimanche de), II, 15.

Courtage (Droit de). Levée de
ce droit, 491.

Court-aux-Bois (La), 111.

Courteborne (Charles, marquis de). Lettre à lui adressée, 453.

Courtenai (Baudouin de), II, 43.

Courtenai (Marie de), II, 44.

Courtenai (Philippe de), II, 44.

Courtier. Facture de bijoux, par lui fournis, 515.

Courtin (Famille). Notice généalogique, 85.

Courtin, à Roanne. Lettre, 185.

Courtin (Antoine de). Lettres, 118, 132, 195, 211, 225, 319, 328, 378, 400 ; — Lettre à lui adressée, 332 ; — Requête, 11.

Courtin (Bonne). Lettre, 200.

Courtin (Georges). Lettre, 119.

Courtin (Honoré). État des adjudications du domaine du roi en Artois, faites par devant lui, 106 ; — Lettres (1660-1664), 117, 122, 135, 139, 143, 153, 185, 187, 191, 200, 205 ; — (1664-1665), 221, 223, 225, 228, 235, 241, 244, 248, 254, 258, 265, 268, 283, 287, 292, 295, 300, 304, 308, 311, 315, 319, 321, 327 ; — (1666-1673), 338, 341, 345, 355, 358, 365, 372, 376, 409, 428, 431, 452, 460, 481 ; — Lettres à lui adressées, 32 ; — Note sur une de ses lettres, 524 ; — Procès-verbal du règlement des frontières d'Artois et de Flandre, 547 ; — Supplique, 411.

Courtin de Nanteuil (J.). Lettres, 239, 258, 268.

Courtois (Abbé de). Lettre, 416.

Courtrai, II, 46, 52 ; — Bailli, II, 48 ; — Châtellenie, II, 44 ; — Différend entre les foulons et les drapiers, II, 49 ; — Doyens de l'église, II, 33 ; — des petits métiers, II, 48 ; — Drapiers, II, 51, 53, 54 ; — Fortifications, II, 11, 50 ; — Lettres de pardon, en faveur des habitants, II, 10 ; — Lettres des échevins, 427 ; — Nomination de « weesheere », II, 53 ; — Tisserands, II, 49, 50, 51.

Courtrai (Béatrice, dame de), II, 3 ; — Différend avec le comte de Flandre, II, 44.

Courville (Le sr de Bel de). V. Bel.

Courvon, à Paris. Lettre, 147.

Couserans (Évêché de). V. Marmiesse (B. de).

Cousin (Philibert). Lettre, 318, 331, 335.

Cousinot (Jacques). Delphinus Gallicus, 49 ; — Ode sur la convalescence du Roi, 49.

Coussaud (Le sr), 529.

Cousture (G. de). V. Gabaret.

Coutances. Évêques, v. Auvry (Cl.), Le Clerc (E.), Loménie (Cl. de).

Coutras (Gironde). Clades Pictonica (1583), 51.

Coutton (L.). Lettre, 528.

Coutumes. Traité sur les coutumes, 47 ; — Usages de Chaulnes, 529 ; — V. Verdun.

Coye (M. de). Lettre, 522.

Cozet, à Tours. Lettre, 135.

Cradock (Francis). Commission de prévôt des Barbades, 60.

Cramoisy (André). Lettre, 395 ; — Note sur une de ses lettres, 525.

Cramoisy (Sébastien Mabre-), 76; — Lettres, 146, 220, 289.

Crausson (?). Lettre, 311.

Craven (Comte William de). Concession à lui faite des îles Bahama et de la Caroline, 66.

Créance (Philippe de Bouillé, comte de). Lettres, 325, 326.

Crécy (Louis de Verjus, comte de). V. Verjus.

Creil (Famille de). Notice généalogique, 85.

Creil (Jean de). Avis, 456 ; — Lettres, 323, 369, 454, 457, 465, 469, 471, 489 ; — Mémoires, 460 ; — Notes sur des lettres de lui, 484.

Crêmé (Alexandre). Lettre, 165.

Crêmé (H.). Lettre, 230.

Crémeaulx (Chevalier de). Lettre, 256.

Crenan (Pierre de Perrier, marquis de). Lettre, 329.

Crépy (M. de), à Angers. Lettre, 222.

CRÉPY-EN-LAONNOIS (Aisne). Traité, 13 ; II, 25, 26, 27, 58.

CRÉQUY (Catherine, marquise DE). Note sur une de ses lettres, 525.

CRÉQUY (Charles, duc DE). Lettres, 118, 130, 136, 138, 145, 151, 221, 224, 230, 235, 244, 254, 259, 263, 269 ; — Mémoire sur l'armement des galères, qui doivent le transporter à Rome, 127, 133 ; — Poésies sur l'attentat, commis contre lui à Rome, 49, 50.

CRÉQUY (François, marquis DE). Lettres, 217, 226, 255, 286, 404, 406, 433, 435, 444, 447, 449, 454, 463, 474, 496, 524 ; — Lettres à lui adressées, 32 ; — Note sur ses appointements, 445.

CRÉQUI (Jean, marquis DE). Lettres, 269, 360.

CRESNAY (J. DE). Lettres, 107, 126, 129.

CRESPY (Le sr DE). V. CRÉPY.

CRESTEAU, à Crépy-en-Valois. Lettre, 227.

CRÊTE. V. CANDIE.

CRÉTEUIL (Le sr DE). Lettres, 170.

CRÉTHÉ (Pierre). Lettres, 234, 352.

CREVANT (Louis DE), maréchal d'Humières. Lettres, 413, 432, 441, 450, 463 ; — Lettre à lui adressée, 30 ; — Placet, 518.

CREVANT D'HUMIÈRES (Jacob DE), marquis de Preuilly. Lettres, 266, 397.

CREVANT D'HUMIÈRES (Louise, maréchale DE). V. LA CHASTRE.

CRÉVECŒUR (Charles Martin DE). Lettre, 242.

CREYSSEL, à Marseille. Lettre, 331.

CRITIVILLE (J. DE). Lettres, 409, 412, 425.

CRILLON (Louis de Berton, sr DE). Quittance, 62.

CRITTI. V. GRITTI.

CROISADES, 93.

CROISSANT (Le), nom de vaisseau, 72.

CROISSY (MM. DE). V. BÉRAUD et COLBERT.

CROMWELL (Olivier), 16.

CROPPET (Le sr). Extrait d'une de ses lettres, 514.

CROY (Charles II, duc DE). Lettres, II, 60.

CROY (Geneviève d'Urfé, duchesse DE). Lettre à elle adressée, 71.

CROY (Jacques DE), évêque de Cambrai, II, 54.

CROY (Philippe DE), prince de Chimay, 16 ; II, 51.

CROY-SOLRE (Marie-Guillemette DE). V. BUQUOY.

CRUCHAUD (Saône-et-Loire). Forges, 353.

CRUDENARE (Wulfart DE), II, 52.

CRUES. Droit de crue, 478.

CRUES et inondations. V. DRAC, GOBELINS, LOIRE, SEINE.

CRUSSOL (Emmanuel DE), duc d'Uzès. Lettres, 492, 498.

CRUSSOL (Marguerite d'Apchier, duchesse DE). Lettre, 329.

CUGES (Commandeur DE). V. GLANDEVÈS.

CUIRS, 151 ; — Gabelles des cuirs, 376 ; — Manufactures, à Châtellerault, 344 ; — Nouvelles manufactures, 350 ; — V. PEAUX.

CUIVRE. Prix à Amsterdam, 403 ; — Transport, 290.

CULANT (Pierre, bâtard DE), II, 15.

CULPEPER (Lord John). Concession, à lui faite, de terres en Amérique, 66.

CULTOT (David DE). Procès-verbal de sa comparution, 526.

CURAÇAO (Antilles), 43.

CUREAU DE LA CHAMBRE (François). Lettres, 470, 472, 502.

CURÉS. Règlements pour les curés, 76.

CURET, à Sancoins. Lettre, 293.

CUVIER, ou CUVYER. Lettres, 106, 212, 217, 229, 240, 317.

CUZCO, 42.

CZILGENDORF, II, 50.

D. G. H. D. R. Table des traités de la république de Genève, 5.

D. DE L'ASSOMPTION (Sœur). Lettre, 409.

DABANCOURT (Louis). V. ABANCOURT (Louis D').

DABLON (Nicolas). Lettres, 398, 401.

DAGNEAU, à Marle. Lettre, 200.

DAGUESSEAU (Henri). Lettres, 421, 491, 511, 515 ; — Note pour lui, 414 ; — Procès-verbaux, 418 ; — Sentence par lui rendue, 421.

DAGUESSEAU (Jean). Lettre, 175.

DAIGNEAUX, à Caen. Lettre, 287.

DAILLON (Gaspard DE), évêque d'Albi. Lettres, 122, 178, 297, 310, 341, 346, 369, 470.

DAILLON (Henri DE), comte du Lude, 227, 437, 459, 461, 499.

DALBINHAC (Le Fr.). V. ALBINHAC.

DALESME (J.). Lettre, 131.

DALIBERT. V. ALIBERT.

DALIÈS (Jean). Lettre, 255.

DALIÈS DE LA TOUR (Samuel), 325, 491 ; — Acte de société avec A. de Besche, 403 ; — Lettres (1662-1663), 123, 125, 126, 130, 134, 145, 154, 165, 171, 176, 177, 192, 196, 205 ; — (1664-1665), 215, 221, 232, 236, 245, 253, 289, 292, 296, 299, 304, 310, 325, 329 ; — (1666-1668), 337, 341, 345, 346, 352, 353, 359, 362, 369, 372, 375, 377, 382, 385, 390, 400 ; — (1669-1677), 404, 413, 416, 420, 421, 422, 425, 478, 496, 497, 509, 523 ; — Extraits de ses lettres, 469 ; — Lettres à lui adressées, 333, 376, 392 ; — Mémoire sur la généralité de Dauphine, 360-361.

DALLET (Gabriel). Lettres, 292.

DALLIER (Nicolas). Lettre, 499.

DAL MONTTE (Cardinal Francesco-Maria). Lettres, 37.

DALON (Raimond). Lettres, 255, 260 ; — Note sur une de ses lettres, 525.

DAMARD. V. DUMAIS.

DAMAS (Manufactures de). Manufacture de La Ferté-sous-Jouarre, 434.

DAMAS (Vital). Acte d'affrètement, 415.

DAMAY (Vincent). Supplique, 529.

DAMBRIER (Louise). Lettres, 303, 308.

DAMME, en Flandre. Achat de chevaux dans cette ville, II, 47.

DAMORESAN à Pignerol. Lettres, 280, 503.

DAMPIERRE (Maison DE). Accords avec la maison d'Avesnes, II, 2 ; — V. GUI, GUILLAUME, JEAN, LAURETTE, MARGUERITE.

DAMPIERRE (Marie Fourré DE). V. FOUCAULD (M^{ale}).

DANEMARK, 11, 392, 407 ; — Pensions des ambassadeurs en Danemark, 551 ; — Projet de trafic entre le Danemark et la France, 436 ; — Rapports avec la France, 15 ; — Reine, v. ÉLISABETH ; — Rois, v. CHRISTIERN Ier, CHRISTIERN II, CHRISTIERN V, FRÉDÉRIC II, FRÉDÉRIC III ; — Traités avec les Pays-Bas, 16 ; — V. GRÖNESTEYN (B. DE).

DANGEVILLE. Lettre, 145.

DANIETS (P.). Lettre, 317.

DANNEMARIE (Haut-Rhin), II, 13.

DA NOVA (Mauro). Instruction, 21.

DANTIZ (Michel). Lettres, 201, 306.

DANTY, à Carcassonne. Note sur une de ses lettres, 525.

DANTZIG, 398. Mémoire contre la ville, 11 ; — Négociations avec l'Empereur (1627), 10.

DANZAY (Charles DE). Lettres à lui adressées, 26.

DANUBE (Le). Sa source, 58.

DAREMBACH (M. DE). Lettre, 393.

DARIA (J.). Lettre, 168.

DARIDOLE, ou DARIDOT (Le s^{r}). Instruction, 35.

DARIE, au Hâvre. État des ordonnances, dont a besoin ce comptable, 147.

DARMAND. V. ARMAND.

DARRAS (Le s^{r}). Adjudication de bois à lui faite, 518.

DARRIBAULT, à Bordeaux. Lettres, 260, 264.

DARRIEUX (Jean). V. ARRIEUX.

DASSAGE, à Bergues. Lettre, 387.

DATHIA. Lettre, 128-129.

DATI (Carlo). Lettres, 381, 383, 527 ; — Sonnet sur la conquête des Flandres, 50.

DAUDET, à Grenoble. Lettre, 211.

DAULPHIN (Jérôme). Lettre, 143.

DAUPHINE (La), nom de vaisseau, 469.

DAUPHINÉ, 93, 203-204, 391 ; — Amendes payées par les usurpateurs des titres de noblesse, en Dauphiné, 419 ; — Domaine royal, 286 ; — Exploits d'huissier sur la recette de ce pays, 303; — Extraits des registres du bureau des finances, 222-223, 383 ; — Gabelles, 545 ; — Gabelles des cuirs, 376 ; — Généralité, v. GRENOBLE ; — Lettres des commis du pays, 167 ; — des consuls de villes du Dauphiné, 170 ; — des trésoriers, 131, 168, 173, 180, 192, 198, 216, 220, 275, 283, 292, 301, 321, 325, 381, 497 ; — Liste des gouverneurs, 91 ; — Mémoire des trésoriers, 171 ; — Mémoires sur les tailles, 127 ; — sur l'état du Dauphiné, 18, 361 ; — Note sur les sapins du Dauphiné, 456 ; — Ordonnances des trésoriers, 194, 322 ; — Requête au sujet des étapes, 172.

DAUPHINÉ (Chambre des Comptes de). Lettres, 139, 211, 215, 217, 497 ; — Pensions et gages des officiers, 535, 541, 544, 552.

DAUPHINÉ (États de). Lettres à eux adressées 26 ; — Règlement, 272.

DAUPHINÉ (Parlement de), 8 ; — Gages des officiers, 535, 541, 544 ; — Lettres des membres du Parlement, 124, 131, 139, 146, 170, 181, 224, 271 ; — des membres de la Chambre des vacations, 254 ; — Liste des conseillers, 156 ; — Paquet, apporté au procureur, 276 ; — Pensions (1606-1656), 552 ; — Procès-verbal des délégués pour examiner les ruines d'une porte de Grenoble, 281 ; — Requête des consuls de Grenoble aux membres du Parlement, 123 ; — Vérification du traité de Cateau, II, 29.

DAUPHINS. V. CHARLES-ORLAND, FRANÇOIS, VIENNOIS ; — Le Grand Dauphin, v. LOUIS.

DAURAT (Étienne). Lettre, 287.

DAURAT (Mme M.). V. DU TILLET.

DAUVAT, à Alençon. Lettre, 131.

DAVALLEAU (Charles). Lettre, 169.

DAVID, à Châlons. Lettre, 499.

DAVID, à Dijon. Lettre, 162.

DAVID (Antoine). Sommation à lui faite, pour débarquer des marchandises à Dieppe, 403.

DAVID (H.). Lettre, 377.

DAVIERS (Abel). Lettres, 240, 283, 290.

DAVOULT (F.). Lettre, 306.

DAVOUST (Le sr). Supplique, 380.

DAVY (Jacques). V. DU PERRON.

DAWES (John). Commission de secrétaire aux îles Barbades, 60.

DAX (Landes). Évêques, v. BAR (H. DE), LE BOUX (G.) ; — Résistance des habitants aux troupes du roi, 375.

DAZYN, à Bergues. Lettre, 386.

DÉAGEANT DE SAINT-MARTIN (Guichard). Lettres de chevalerie, 22.

DEANE (A.). Lettres, 463, 504.

DECAUX (Daniel). Lettre à lui adressée, 344.

DECAZES, à Libourne. Lettre, 358.

DECHARNES (G.). V. CHARNES.

DÉCIMES. Décimes du pays de Lescar, 528 ; — Observations sur la création des officiers des bureaux des décimes, 3 ; — V. DÎMES.

DECIZE (Nièvre). Couvent de Sainte-Claire, 101 ; — Lettre des échevins, 97 ; — Note sur une lettre du procureur, 525.

DECOMBE (Benjamin). Lettre, 158.

DECLUSELLES (L.). V. CLUSEL.

DECOPIS (Fr.). Lettre, 380.

DECOMMINGES. V. COMMINGES.

DECOURCELLES. V. COURCELLES (D. et J. DE).

DECOURRES. V. TOURREIL.

DÉCRI de monnaies, 492.

« DEFENSIO FRANCISCI I », 55.

DEFOL. V. FOL.

DEFONTENILLES. V. FONTENILLES.

DEFRÉMONT. V. FRÉMONT.

DEGUERS. V. GUERS.

DEHONTABAT. V. HONTABAT.

DEI VITTORI (Cardinal Roberto). Lettre, 530.

DEJOAN. V. JOAN.

DELACHÈZE. V. LACHÈZE.

DELACOUR. V. LACOUR.

DELACROIX. V. LACROIX et PÉTIS.

DELAFIN DE SALLIN (Charlotte). V. DU TILLET.

DELAFITTE. V. LAFITTE.

DELAFOND, à Paris. Lettre, 246.

DELAFOND (Étienne), dit le Bordelais. Information contre lui, 504.

DELAGNY. V. LAGNY.

DELAGRANGE, à Bordeaux. Lettre, 319.

DELAGRANGE, à Rouen. Lettres, 235, 242, 258.

DELAGRANGE, au Port-Louis. Lettre, 440.

DELAHAYE. V. LAHAYE.

DELAIRE, à Arras. Lettres, 328, 337.

DELAIRE (A.). Lettre, 322.

DELALAIN, à Lyon. Lettres, 260, 263, 274, 279, 296.

DELALANDE, à Riom. Lettre, 164.

DELAMEI. V. LA MER.

DELAPLACE (Ch.). V. LA PLACE.

DELAPLACE (J.). V. FUMECHON.

DELARAMISSE. V. LA RAMISSE.

DELARESSE, à Nevers. Lettres, 170, 373.

DELARUE. V. LA RUE.

DELATOUR. Lettre, 259.

DELAULNE (Ch.). Lettre, 323.

DELAUNAY. V. LAUNAY.

DELAVANNE. V. LANAUVE.

DELAVEICHE (Laurent). Lettre, 341.

DELAVOYE, à Toulon. Lettre, 417 ; — Lettre de marine, 514.

DEL BENE. V. ELBENE.

DELBÈS, à Carthagène. Lettres, 151, 189.

DELEBAR, à Marseille. Lettre, 223.

DELÉLÈS. V. LÉLÈS.

DELENS, à Langres. Lettre, 382.

DELESSAU (Nicolas). Lettre, 323.

DELFINO (Cardinal Giovanni). Relation de son ambassade, 27-28.

DELFT, 239.

DELIGNY (Ed.). Lettre, 379.

DELISLE, à Marseille. Lettres, 99, 109, 117, 135, 380.

DELISLE (Pierre). Commission à lui donnée, 492.

DELLE (Haut-Rhin). Don au comte de la Suze, 96 ; — Titres de propriétés de la seigneurie, 83.

DELOBEL. Supplique pour une invention, relative aux monnaies, 511.

DELOM, à Montpellier. Lettre, 126, 179.

DELONG (Cl.). V. LONG.

DELORY, à La Rochelle. Lettre, 371.

DELPECH (Arnaud). Lettre, 221.

DELPECH (Samuel), 302.

DELRION, à Gravelines. Lettre, 319.

DEMANOIS. V. DESNANOTS.

DEMANS (L.). Lettre, 498.

DÉMAREZ. V. MARCQ.

DEMARLE (Mme). V. MARLE.

DEMAUX (Jacques), 351.

DEMÉNEZ. V. MÉNESEZ.

DEMENOUR. Lettres, 201, 204.

DÉMÉRY, à Dunkerque, 396.

DEMOLIN, à Châteauneuf, près Roanne. V. MOLIN.

DEMONCEAUX. V. MONCEAUX.

DEMONS. V. MONS.

DEMUIN (Lucas DE). Analyses de ses lettres, 486, 498, 519, 521, 524 ; — Lettres, 211, 223, 304, 312, 381, 389, 398, 400, 403, 405, 407, 413, 416, 422, 426, 428, 482, 507, 526 ; — Lettres de marine, 508, 511, 514, 518 ; — Note sur ce personnage, 518.

DEMUSY (Pierre). 533.

DENAYS (Gérard). Lettre, 387.

DENCOURT (A.). Lettre, 245.

DENIERS. Grands deniers, en Périgord, 317 ; — Lettre, au sujet des deniers revenant bon, 236 ; — Requête des intéressés, 251.

DENIS (Abbé S.). Lettres, 288, 292, 312, 321, 323, 327, 338,

365, 368, 381, 386, 400, 409, 423, 482, 523, 531 ; — Note sur une de ses lettres, 526.

DENISET (N.). Lettres, 253-254, 300.

DENORT (J.). Lettres, 164, 272.

DENTELLES. Manufactures d'Auxerre, 399, 406, 419, 421, 431, 439, 456, 460 ; — de Montargis, 403 ; — de Reims, 307, 388 ; — de Sedan, 373 ; — V. MARCQ, PLUYMERS, VOULLEMIN.

DÉPENSES. États des recettes et finances pour 1661-1664, 534-539, 541, 544.

DÉPENSES DE LA COUR. Cahier du quartier de janvier 1666, 347.

DEPINS. V. PINS.

DERATTE. V. RATTES.

DERBAUD. V. ERBAUD.

DERICHEMONT. V. RICHEMONT.

DERIEU (Bernard). Lettres, 114, 225, 239, 280, 397, 401, 413, 417.

DERION (P.). Lettres, 188, 227, 239, 283.

DER LEYEN (Karl-Kaspar VON), archevêque de Trêves. Lettres, 15, 266, 339 ; — Lettre à lui adressée, 33.

DERREVIN. V. VRÉVIN.

DERUCLOY. V. DERVELOY.

DERUS (Mme). V. RUS.

DERVELOY (J.). Lettres, 264, 319, 387, 394.

DÉS (Jeu de). V. JEUX.

DESACHY (J.). Lettre, 323.

DES ADRETS (Charles de Vaussère, chevalier). Lettre, 524.

DES ADRETS (Jean de Vaussère, sr). Lettre, 524.

DES ARDENS (Hector). Lettres, 136, 205, 269, 285, 299, 482.

DES ARPENTILS (Louis). V. DU BOIS.

DES ARSIS (René Martel). V. MARTEL.

DES AULNAYS-BOYLESVE (François). Lettre, 343.

DES BARRES (B.). Lettre, 142.

DESBORDES. Lettres, 177, 202, 204 ; — Mémoire, 207.

DES BROSSES (Claude de Guénégaud). V. GUÉNÉGAUD.

DES CARRIÈRES-BRUANT (L.). V. BRUANT DES CARRIÈRES.

DESCARTES DE CHAVAGNE (J.). Lettre, 359 ; — Liste de ceux qui ont été condamnés par lui, 415 ; — Note sur une de ses lettres, 515.

DESCHAMPS DU RAUSSET. Lettre, 257.

DESCHANEL (Président). V. DESCHIENS.

DESCHIENS (Pierre). Arrêt lui confiant l'adjudication des domaines du Hainaut, 112 ; — Lettres, 104, 149, 287, 305, 480 ; — Mémoire sur les états des trésoriers de France d'Alençon, 141.

DESCLOUZEAUX (H.). Extraits de ses lettres, 472, 498, 510, 514, 519, 521, 524, 526 ; — Lettres, 366, 464, 529 ; — Lettres à lui adressées, 332, 357, 527 ; — Lettre de marine, 518 ; — Mémoire, 464 ; — Notes sur certaines de ses lettres, 524.

DESCONTERIES-BOUILLON. Lettre, 404.

DES CORNETS. V. DU PRAT.

DES DORMANS. V. DORMANS.

DESEADA (Ile de la). V. DÉSIRADE (Ile de la).

DES ENFFANS (Barbe). Lettre, 217.

DES ESCHERNES (Le sr). Ordre à lui donner, 252.

DESESSARS (J.). Lettres, 304, 360, 363.

DES ESSARTS (Adrien du Houlley, sr). V. DU HOULLEY.

DESFONTAINES (Le sr). Lettre, 352.

DESFORGETTES (Capitaine). Lettre, 523.

DESFORGETTES (Jean). V. TRUCHOT.

DESFRANS (Lieutenant). Lettre, 522.

DESGORY (Capitaine). Journal d'un de ses voyages, 529.

DESGRANGES (Louis). Extraits de ses lettres, 469, 472 ; — Note sur une lettre de lui, 525 ; — Procès-verbal, 491.

DESHAYES, à Falaise. Lettre, 303.

DESHAYES (Louis), baron de Courmenin. Instruction, 15 ; — Lettres, 11.

DESHAYES - BARLEMONT. Lettre, 304.

DESHÉRY (Comte). V. LHÉRY.

DES HOULLEY (Jacques). Lettre, 284.

DES INNOCENS (Pierre). Lettre, 271.

DÉSIRADE (Ile de la). Concession de cette île au comte de Carlisle, 66.

DESJARDINS, ingénieur. Lettres, 244, 249, 253, 258, 265, 268, 273, 275, 277, 282, 288, 297, 299, 304, 309, 312, 315, 325, 326, 342, 362, 364, 368, 385, 397 ; — Lettre à lui adressée, 333.

DESJARDINS (François), dit Saint-Val. Enquête sur sa conduite, 307.

DESJOBARS, à Dijon. Lettre, 413.

DESLANDES (Capitaine). Lettre, 197.

DESLAURIÉS-CHAUDET (Capitaine). Lettre, 266.

DESLIS, à Marseille. Lettres, 136, 320, 384 ; — Lettre à lui adressée, 333.

DES LOYÈRES, à Mayenne. Lettre, 390.

DES MAIRES (René), sr d'Auvers. Supplique, 463.

DESMARAYS, à Paris. Lettres, 151, 159, 168, 248.

DESMARETS (G.), 138.

DESMARETS (Jean). Lettres, 141, 165, 192, 193, 235, 238, 253, 258.

DESMARETS (Marie). V. COLBERT.

DESMARETS (Nicolas). Lettres, 3, 103, 105, 145, 149, 157, 175, 226, 309, 319, 324, 337, 356, 377, 463 ; — Lettre à lui adressée, 332 ; — Papiers remis entre ses mains, 512.

DESMARETS (Sébastien). Lettre, 136.

DESMARETS DE SAINT-SORLIN (Jean). « Indignation », vers dédiés au cardinal, 51.

DESMARETS DE VAUBOURG (Jean-Baptiste). Lettre à lui adressée, 334.

DES MONSTIERS (François), comte de Mérinville. V. MÉRINVILLE.

DESMONTRE, au Havre. Lettre, 387.

DESMOULINS (Jean). Arrêt en sa faveur, 384 ; — Lettre, 382.

DESNANOTS (Daniel). Lettres, 258, 283, 288, 291, 296, 305, 312, 320, 327, 433.

DESNOTS (Charles). Lettre, 464.

DESNOTS (Nicolas). Lettre, 174.

DESPÈCE, à Montauban. Lettre, 132.

DESPINOI (Charles). Lettre, 118.

DESPLACES, à Béthune. Lettre, 378.

DES PONTS (Claude). Lettre, 255.

DESPRÉS (Renée). Lettre, 213.

DES PRÉZ (Robert). Lettres d'anoblissement, II, 50.

DES RÉAUX. V. RAMBOUILLET et TALLEMANT.

DESRIULS, ou DESRUIS. V. PINS-MONTBRUN.

DES ROCHES, à Saumur. Lettre, 117.

DES ROCHES (Capitaine). Lettre, 480.

DES ROCHES DE VILLARS. Lettres, 219, 313.

DES ROCHES D'ORANGE. Lettre, 321.

DES ROCHES-LEBEUF. Lettre, 122.

DES ROSIERS (Guillaume). Information contre lui, 504.

DESSÈCHEMENT. Dessèchement des marais, 95 ; — V. MARAIS.

DESSINS. Dessins d'ornement, 69 ; — dessins géométriques, 69 ; — V. ARCHITECTURE, CARTES, CATHÉDRALES, CHALOUPE, CORAIL, FENÊTRES, GOUACHE, PLANS.

DESURE. V. SERRE.

DES URSINS (Famille). V. ORSINI.

DES URSINS (Ferdinand et Paul). V. BRACCIANO.

DES URSINS (François), marquis de Treignel. Quittance, 64.

DES VIGNOLES (Ch.). Lettre, 136.

DETI (Cardinal Giovanni-Battista). Lettres, 37.

DEUX-PONTS (Frédéric-Louis, duc DES). Lettre, 287, 288.

DEUSDET. Vente à lui faite, II, 64.

DEUX-MERS (Canal des). Projet, 251.

Deux-Ponts (Jean Iᵉʳ, duc des). Lettres à lui adressées, 25, 26.
Deux-Ponts (Philippe-Louis, duc des). Lettre à lui adressée, 26.
Devaulx (Le sʳ). Certificat, 504.
Devoaine (Jean), 298.
Dévolution, 37-40, 47 ; — Droit de dévolution en Brabant, 39. V. Droits de la Reine.
Dey (Robert). Lettre, 331.
Dey de Séraucourt (François-Louis). Extraits de ses lettres, 469, 521 ; — Lettres, 428, 470, 524, 527.
Deynze (Flandre), II, 60 ; — Lettres pour les habitants. II, 48.
Dialogues suédois (Les), 67.
Dialogus Galli et Hispani, 58.
Diamants. Facture des diamants à vendre en la Chambre de Zélande, 322 ; — V. Joyaux.
Dibusty (L.). Lettre, 223.
Die (Drôme), 170 ; — V. Cosnac (D. de).
Diepholt (Rod. de), II, 34.
Dieppe, 78, 322, 351, 456 ; II, 15 ; — Arrestation de navires anglais à Dieppe, 395 ; — Avis écrit de Dieppe, sur l'arrivée de navires hollandais, 335 ; — Défense aux habitants de venir à Rouen, sans certificats de santé, 424 ; — Fermeture du port, 461 ; — Lettres des échevins, 132, 180, 185, 198, 209, 214, 220, 228, 233, 260, 307, 312, 406, 411, 415, 445 ; — des officiers de l'amirauté, 280 ; — des officiers de « l'hôtel commun », 400, 432, 459 ; — Lettres écrites de Dieppe, 357, 361 ; — Liste des élèves de l'école d'hydrographie, 388 ; — Mémoire des marchands de Dieppe, 437 ; — Mise à l'index des habitants, 424 ; — Pilotes engagés à Dieppe, pour le service de la compagnie des Indes, 434 ; — Réclamations des habitants, pour faire rétablir leurs maisons, détruites par les Anglais, 25 ; — Recueil de pièces sur le protestantisme à Dieppe, 6 ; — Requête des marchands, 47 ; — Rôle des convertis, 7 ; — Supplique des pêcheurs, 351.
Diès (Manuel). Lettre, 402.
Dietrich de Mors, archevêque de Cologne, II, 63.
Dietrichstein (Cardinal François von). Lettres, 37.
Dieulamant (M. de Marcilly, sʳ de). Lettre, 443 ; — Note sur une de ses lettres, 524.
Dieweke (Marguerite de), II, 47.
Digne. Évêque, v. Forbin-Janson (T. de).
Digoin (Le fr. Paul de). Lettre, 265.
Dijon (Côte-d'Or). Abbaye de Saint-Bénigne, 96 ; — Chronique des abbés, 59 ; — Inventaire des bénéfices, 59 ; — Abbaye de Saint-Étienne : « gesta præpositi Garnerii », 59 ; — Assemblée des ordres et communautés, 430 ; — Création de procureurs-postulants au bailliage, 242 ; — Dépenses faites pour l'entrée des ambassadeurs suisses, 208 ; — Extraits des registres du bureau des finances, 430 ; — du Conseil de ville, 430 ; — Généralité, 534, 535, 537, 538, 539, 541, 544 ; — Hôpital, 430 ; — Lettres des échevins, 429 ; — d'un secrétaire du roi, à Dijon, 221-222 ; — Lettre écrite de Dijon, 429 ; — Ordre d'informer sur un crime, commis à Dijon, 208 ; — Réflexions d'un habitant de Dijon, sur la réforme de la justice, 45 ; — Travaux du château, 186 ; — Trésoriers généraux, v. Bourgogne.
Dijon (Chambre des Comptes de), 542, 543 ; — Enregistrement du traité de Cambrai, II, 26 ; — Extraits des registres, 430 ; — Lettres des membres, 182, 220, 273, 391 ; — Mémoire des présidents, 464 ; — Pensions des officiers, 552 ; — Préséance sur les Parlements, 464.
Dijon (Parlement de), II, 25 ; —

Arrêt de la Chambre des vacations, pour la prise des fonctions de cette chambre, 194 ; — Difficultés entre les secrétaires du Parlement et les secrétaires du Roi, 469-470 ; — Enregistrement du traité de Cambrai, II, 26, 29 ; — Extraits des registres, 190, 430 ; — Lettres, 264, 274 ; — Notes sur le Parlement, 8 ; — Obligations pour les procureurs de se munir de lettres de provision, 190 ; — Pensions des officiers, 1606-1656, 552 ; — Recherches des francs-fiefs, dans le ressort du Parlement, 128.

DILIGENTE (La), nom de vaisseau. Relation de son voyage, 406.

DIMANCHE DE COURT, II, 15.

DIMES, 242.

DINAN (Côtes-du-Nord). Lettre du procureur du Roi, 515.

DINANT (Jacques DE), II, 30.

DINI (Bartolomeo). Lettre, 126.

DIPY (Pierre). Traduction de lettre arabe, 99.

DIPLOMATIQUE. Critique diplomatique des actes d'un manuscrit de l'abbaye de Fécamp, 7.

DIRCK (Sulpice). Lettres, 284, 302.

« DISCOURS (Le) d'un fidelle subjet du Roy » (1665), 45.

DISSANETCHE, ou DISSANTCHE (Catherine). Lettres, 196, 224.

DJIDJELLI (Algérie). V. GIGERY.

DOAT (Jean DE). Lettres, 279, 284, 299, 309, 436 ; — Lettre à lui adressée, 334.

DODINE DE HAUTESERRE (M.), procureur de la Cour des aides de Montauban. Lettre, 279.

DODONUS. Engagement de vigne à lui fait, II, 65.

DOGNYES (Charles), sr de Raisse. Quittance, 62.

DOGNYES (Robert), sr de Philiomèl. Lettres l'affranchissant de droit d'urbanité, II, 60.

DOL (Ille-et-Vilaine). Évêque, v. THOREAU (Mathieu).

DOLCE (Jean), évêque de Bayonne. Lettre, 471.

DÔLE (Chambre des Comptes de). Lettre des membres de la Chambre, 391.

DÔLE (Parlement de), II, 58 ; — Confirmation, II, 54 ; — Différend avec l'Université, II, 59, 60 ; — Lettres des membres du Parlement, 391 ; — Lettres à eux adressées, 32 ; II, 59.

DÔLE (Université de), II, 59, 60.

DOLFINO (Giovanni), cardinal de Vicence. Lettres, 37.

DOLFINO (Johannes), patriarche d'Aquilée. Lettre, 339.

DOLU (J.). Lettre, 183.

DOMAINES. Aliénation, II, 24 ; — Annexion au domaine du greffe des avoués des orphelins, 498 ; — Arrêt contre les acquéreurs et engagistes du domaine, 110 ; — Bail des domaines réservés, 322 ; — Comptes du domaine, 43 ; — Domaine royal en Alsace, 106 ; — en Artois, 106 ; — en Dauphiné, 286 ; — en Languedoc, 286 ; — État des charges assignées sur les domaines, en 1675, 542-543 ; — État des intérêts de la finance des domaines, en 1675, 543 ; — Lettres, prescrivant la restitution de chartes, relatives au domaine, 20 ; — Mémoire sur les difficultés que font les engagistes pour payer les pensions sur le domaine, 171 ; — Recettes du domaine au Quesnoy, à Landrecies et à Avesnes, 115 ; — Titres de propriété de bois, à seize lieues de Paris, 172 ; — V. OCCIDENT.

DOMBES (Principauté des). Monnaie, 393.

DOMFRONT. État des blés, 479 ; — Vicomté, 311.

DOMINICAINS (Ordre des), 33, 63 ; II, 8, 32 ; — Liste des couvents en France, 486 ; — V. FLOREAU.

DOMINIQUE (Ile de la). Concession de cette île au comte de Carlisle, 66.

DONDEL DE BRANGOLLE (Thomas). Lettre, 531 ; — Requête au parlement de Bretagne, 156.

DONEVILLE, à Aumale. Lettre, 483.

DONEVILLE (Jean-François DE). Lettres, 174, 330.

DON GRATUIT, 133, 147, 172, 528 ; — Ordonnance y relative, 486.

DONGO (Jean, roi de), en Angola, 457.

DONI D'ATTICHY (Louis), évêque d'Autun. Lettres, 139, 157, 170, 178, 211, 222, 229.

DONNAREL (Le sr). Lettres, 146, 359.

DONNEVILLE. V. DONEVILLE.

DONZA (Jacques DE), II, 33.

DONZY (Nièvre). Forteresses de la baronnie, II, 13 ; — Lettre des officiers, 324.

DORBESSAN (A.). Pièces relatives à son affaire, 287.

DORÉ (Gosselin). Lettre, 499.

DORIEU (Nicolas). Lettres, 225, 369, 371, 374, 386, 390, 395, 397, 400, 404, 407. 412, 417, 421, 425, 529.

DORIGNY-SORBON. Lettre, 193.

DORIOLLE (Pierre). Lettres à lui adressées, 20.

DORINGBERG (Baron DE). Lettre, 389.

DORINVILLE. Lettre de « marine », 515.

DORMANS (Famille DE). Notice généalogique, 85.

DORSON (Nicolas). Lettres, 327, 391, 401, 460.

DORTY (Le sr). Note sur une de ses lettres, 525.

DORVILLE (Nicole). Lettre, 426.

DOT. Consultations sur les questions de dot des femmes, 38.

DOTTE (Mme M.). Lettres, 317, 387, 402, 405.

DOUAI, II, 13, 16, 18 ; — Bailli, II, 47 ; — Dépendances de la châtellenie de Douai, II, 8 ; — Jugement d'un procès, confié aux échevins, II, 44 ; — Lettres défendant aux habitants de sortir en armes, II, 4 ; — Saint-Amé, II, 47 : — Subsides des gens d'église, II, 59 ; — « Vidimus » par les échevins, II, 47.

DOUANES. Certificat du commis de la douane d'Avignon, 350 ; — Douane de Valence, 133 ; — Lettre adressée au fermier des douanes, 71 ; — Receveur des douanes, à Calais, 262.

DOUBLET (Nicolas). Lettres, 100, 113, 132, 139, 173, 193, 219, 251.

DOUGLAS (Georges), de Dumbarton. Lettre, 141-142.

DOUGLAS (Jacques), comte de Morton. Lettre à lui adressée, 18.

DOUILLY (Pierre Rioult-). Lettres, 228, 239, 379, 404, 407, 412, 416, 424, 425, 494.

DOUJAT (Jean). Lettre, 358 ; — Plan de la réformation de la justice, 44-45 ; — Poésies en l'honneur de Louis XIV et du grand Dauphin, 50.

DOULLENS. Plaintes des habitants sur l'emprisonnement des échevins, 356.

DOULMET, à Stockholm. Lettres, 288, 391.

DOURDAN (Seine-et-Oise), 20.

DOURNEL (Claude). Lettre, 253.

DOUVRELEUL (Jacques). Procès-verbal, 276.

DOUVRES, en Angleterre. Nouvelles, 267, 507, 508.

DOUVRIER (Louis). Lettres, 136, 144, 149, 323.

DOUZON, à Agen. Lettre, 278.

DOYLEY (Edward). Commissions de gouverneur de la Jamaïque, 60.

DRAC (Le), rivière. Machines contre les inondations, 212.

DRAGUIGNAN (Fr.). V. BARILLON.

DRAMBON (Côte-d'Or). Forges, 373.

DRAPS. Instructions aux drapiers des villes, où existent des manufactures, 431 ; — Nouvelles manufactures, 350 ; — Règlement des manufactures de drap, 272 ; — Réglementation des draps d'or et d'argent, venant d'Italie, 194 ; — Saisie de draps de Hollande, 347 ; — V. CAEN, NEUVÉGLISE, ROMORANTIN.

DRÉCHOT (M. DE). Lettre, 316.

DREUX (B.). Lettre, 178.

DREUX (Claude-Antoine DE), comte

de Nancré. Lettres, 123, 145, 159, 163, 167, 182, 249, 260, 310, 313, 317, 318, 359, 379, 526.

Dreux (Jean, comte de). Lettres, II, 5.

Dreux (Guillaume). Lettre, 228.

Dreux de la Charité. Pouvoir à lui donné, II, 9.

Droit. Origines du droit français, 87-88 ; — Droits d'abord, 442 ; — de *committimus*, 448 ; — de courtage, 491 ; — de dévolution, 39 ; — de louage, 177, 203, 267 ; — de jauge, 491 ; — de pêche, 427, 442 ; — de tiers et danger, 435, 453, 486, 495 ; —Droits seigneuriaux, 442, 488 ; — V. Coutumes, Dot, Écoles.

Droit canonique, 1-4, 9, 76-77, 88, 281 ; II, 14.

Droits de la Reine Marie-Thérèse sur les Pays-Bas espagnols, 37-47.

Drolin (Le Fr. Robert). Lettre, 254.

Drouard (B.). Supplique, 335.

Drouet de Villeneuve (Gabriel). Sa thèse sur l'infaillibilité du pape, 4.

Drouillon (Guillaume). Lettre, 138.

Drouin (Charles). Lettres, 131, 135, 144, 162, 168, 180, 228.

Drouin (Louis). Lettres, 118, 131, 183.

Droup (Jean de Mairat, sr de). Sa veuve, v. Angenoust (M.).

Drouy (Henri). Lettre, 477.

Druel, ou Druet (Michel). Lettre, 366 ; — Note sur une de ses lettres, 525.

Druy (Eustache Marion, comte de). Lettres, 97, 221.

Dryas (Jacques). Sentence de condamnation, prononcée contre lui, 387.

Dryburg (Lord). Lettre à lui adressée, 18.

Du Ballet. V. Du Basset.

Du Barrieu (Le sr). Note sur une de ses lettres, 525.

Du Basset. Lettres, 136, 149, 171, 328.

Du Bec (François-René). Voir Vardes (Mis de).

Du Bellay (Guillaume). Fragments de la «première Ogdoade», 57.

Du Bellay (Jean), évêque de Paris, 58 ; — Lettre, 25.

Dubers (Guillaume). Lettres, 300, 302, 317.

Du Biez (Oudard). Son transfert de la Bastille au Palais, 20.

Dubin (Le sr). Lettre, 518.

Dublet, à Bayonne. Lettre à lui adressée, 384.

Dublet, à Paris. Lettre, 109.

Dublin (Irlande), 491.

Du Bocage. V. Du Boscage.

Dubocq (Le sr). Recette des affaires de la marquise de Seignelay (1691-1694), 84-85.

Du Bois (Famille). Documents généalogiques, II, 62.

Dubois, à Chauny. Lettre, 113.

Du Bois, à Paris. Lettres, 148, 229, 232, 283, 344, 492, 502.

Du Bois, gouverneur de Sainte-Croix. « Mémoires des choses rapportées par son envoyé », 42.

Dubois (Antoine), évêque de Béziers, II, 58.

Du Bois (Catherine-Anne). Acte de baptême, II, 62.

Du Bois (Charles), baron d'Avaugour. Instructions, II, 36 ; — Lettres, 11, 14.

Du Bois (Sœur Élisabeth). Lettre, 178.

Du Bois (François), capitaine du Jard. Mariage, II, 62 ; — Passeports à lui délivrés, II, 62.

Du Bois (Gilles), II, 46.

Du Bois (Louis). V. Givry.

Du Bois (Nicolas). Mariage, II, 62 ; — Partage des biens, II, 62.

Du Bois (Pierre). Mémoire sur la paye des Suisses, 354.

Du Bois (Quentin). Annoblissement, II, 62 ; — Mariage, II, 62.

Du Bois de Faremont (Jacques). Lettre, 200.

Dubois de Lamusse, à Nantes. Lettres, 261, 264, 275, 279.

Du Bois des Arpentils (Louis). Quittance, 62.

Du Boisbaudry (Gilles). Lettres, 400, 405.

Du Boisgelin de Mesneuf (Jean). Lettres, 316.

Du Bois-Mutigny (P.). Lettre, 255.

Du Bosc, à Pont-Audemer. Lettre, 260.

Du Bosc (Chevalier), à Lodève. Mémoire sur son différend avec l'évêque de Lodève, 469.

Dubosc (Le Fr.). Lettre, 303.

Du Bosc (Vicomte), à Lodève. Mémoire sur son différend avec l'évêque de Lodève, 469.

Dubosc-Regnoult (Fr.). Lettre, 303.

Du Boscage (Nicolas Hellouin, s^r). Lettres, 123, 154, 160.

Du Bouchage (Imbert de Batarnay, s^r). V. Batarnay.

Du Bouchet, à La Rochelle. Lettre, 505.

Dubouchet (A.). État des affaires, où il a été intéressé, de 1644 à 1660, 123.

Du Bouchet (Jean). V. Sourches (Marquis de).

Du Boulay-Favier (Jacques). Lettres (1660-1663), 105, 107, 112, 140, 142, 149, 155, 164, 176, 184, 187, 191, 198, 204 ; — (1664-1668), 216, 246, 250, 264, 277, 283, 301, 309, 317, 235, 398 ; — Ordonnances, 151, 152.

Dubourdieu (J.). Lettres, 397, 528 ; — Lettre à lui adressée, 532.

Dubourg, à Paris. Lettre, 218.

Du Bourg (Antoine). Lettres à lui adressées, 21.

Du Breuil, à Alençon. Lettre, 325.

Du Breuil (Chatelle). V. Chatelle.

Du Breuil (S.). Lettre, 284.

Du Breuil d'Anet (Mlle). Lettre, 100.

Du Brouil (D.). Lettre, 344.

Dubuc (N.). Lettre, 193 ; — « Quartier d'or de proportion et de réduction », 78.

Du Bucquoy. Lettre, 246.

Du Buisson (Abbé). Lettre, 401.

Du Buisson (Capitaine). Lettre, 323.

Du Buisson (Nicolas). Lettres, 165, 183.

Du Burg, à Bordeaux. Lettre, 186.

Du Burg, à Paris. Lettre, 103.

Du Burg, à Toulouse. Lettre, 495.

Du Busc (Abraham). Remontrance, 190.

Dubusc-Saint-Martin (Fr.). Lettres, 304, 424.

Du Buysson du Beyrat. Lettre, 175.

Du Cambout (Jacques), comte de Carheil. Assignation à lui faite, 531.

Du Cambout (Pierre), s^r de Coislin, évêque d'Orléans. Lettres, 330, 523.

Du Cambout (Pierre-César), marquis de Coislin. Lettres à lui adressées, 32.

Du Caron (Fr.). Lettres, 338, 350, 362, 374, 398, 401.

Du Carouge (Jacques). Différend avec M. de Silly, 434 ; — Lettres, 372, 425, 429 ; — Note sur lui, 373.

Du Cassé, à Brest. Lettre, 523.

Du Caylar (Vicomte). Lettre, 96.

Du Cayron, à Marseille. Lettre, 319.

Duchaland (M.). Lettre à son sujet, 292.

Duchalard (Capitaine). Lettre, 524.

Duché (Antoine). Lettres, 303, 401, 402, 405.

Duchemin (Placide-Louis), évêque de Néocésarée. Lettre, 338.

Duchesnay (J.). Lettre, 357.

Duchesne (André). Copies de fragments de chroniques et d'annales, 54-59.

Duchesne (C.). Lettre, 320.

Duchesne (Jean). Lettres, 283, 287, 387.

Du Chesneau (Jacques). Lettres, 159, 165, 175, 180, 183, 315, 336, 372, 401, 495 ; — Lettre à lui ordonnée, 333 ; — Ordonnance, 340.

Duchesse (La), caravelle, 120.

Duchon (Chevalier). Lettre, 516.

Du Clausel (Michel). Négociation pour son arrestation, 37.

Duclos, à Paris. Lettre, 174.
Duclos (Le P.). Lettre, 380.
Duclos-Bossard. Lettre, 467.
Duclouseau (Alexandre). Défense d'exporter d'Oléron des légumes et des grains, 112.
Du Costé (Jacques). Quittances, 63.
Du Coudray, à la Martinique. Lettre, 190.
Du Coudray (Président P.). Pouvoir à lui donné, II, 28.
Du Coudray-Montpensier (Henri d'Escoubleau, marquis), II, 61.
Du Deffand (Louis). Lettre, 132.
Du Deffand-Lalande (Jean-Baptiste). Lettres, 152-153, 309, 337, 459, 497.
Du Dognon (Louis Foucauld, s'). V. Foucauld.
Du Drac (Famille). Notice généalogique, 85.
Dudrot, à Guise. Lettre, 366.
Duduit (Charles-François). Lettres, 260, 286, 365 ; — Placet, 287.
Duels, 4, 45, 363, 515, 529.
Duesme (Côte-d'Or), II, 20.
Du Fargis (Charles d'Angennes, comte). Lettres à lui adressées, 70.
Dufau (Julien). Lettre, 416.
Du Faur (Silvestre). Lettre, 182.
Du Faur de Pibrac (Guy). Lettre à lui adressée, 25.
Du Fief, 242 ; — Lettres, 98.
Dufiérard, à Calais. Lettre, 317.
Dufloquet. Lettre, 257, 264, 306.
Du Fouilloux (Bénigne de Meaux, demoiselle). Lettres, 147, 192.
Dufour, fermier de domaines, 322.
Dufour (Jean). Lettre, 164.
Du Four (Marguerite). Lettres, 337, 428.
Dufour (Philippe). Lettre, 107.
Dufranc, à Paris. Lettre, 181.
Dufresne, à Chambon. Lettre, 278.
Dufresne, à Paris. Lettres, 323, 241 ; — Lettre à lui adressée, 231.
Dufresne (A.-J.). Lettre, 247.
Du Fresne (François). Lettres, 143, 164.

Dufresne (Honoré). Lettre, 159.
Du Fresne (Roger Akakia, s'). V. Akakia.
Du Gardin (P.). Lettre, 283.
Du Garo. Voir Du Gart.
Du Gart, à Paris. Lettres, 109, 169.
Du Gast (Claude-Marie). V. Du Roure.
Dugolen, à Seillans. Lettre, 240.
Du Grand-Hostel. Lettres, 270, 318, 323.
Du Gravier, à Blois. Lettre, 212.
Du Guay (Henri). Lettre, 108 ; — Note sur une de ses lettres, 526.
Du Guay (Nicolas-Bénigne). Lettres, 161, 330, 339, 405, 420 ; — Lettre à lui adressée, 333.
Duguay-Trouin (René). Lettre, 531.
Dugué (Charles). Lettres, 234, 241, 258, 274, 312, 317, 358 ; — Lettre à lui adressée, 318.
Dugué (François). Lettres, 416, 421, 425, 429, 498.
Du Gué (Jacques de La Herissaye, s'). Lettre, 344.
Du Gué de Bagnols (Famille). Notice généalogique, 85.
Du Gué de Bagnols (François). Lettres (1661-1664), 114, 119, 121, 125, 146, 158, 162, 170, 173, 201-202, 205, 211, 216, 221, 225, 230, 263 ; — (1665-1667), 268, 285, 295, 305, 308, 321, 323, 326, 330, 341, 348, 352, 355, 361, 366, 369, 372 ; — (1668-1669), 374, 382, 387, 395, 406, 412.
Du Guémadeuc (Abbé). V. Guémadeuc.
Du Gué-Saint-Jean, à Saumur. Lettre, 276.
Du Guesclin (Bertrand), II, 47.
Du Haut de Sallies (Jean), évêque de Lescar. Lettres, 202, 232, 310.
Du Hole (Pierre), II, 47.
Du Houlley (Adrien), s' des Essarts. Lettres, 320, 432, 445 ; — Rôle de matelots de la généralité de Rouen, 120.
Du Houlley (Jacques). Lettre, 284.

Duhulquo (J.). Sentence prononcée contre lui, 486.

Du Jard (Capitaine). V. Du Bois (Fr.).

Du Jardin (François). Quittances, 63.

Du Lac de Maumeschin. Lettres, 217, 297.

Du Lac-Talon (Isabelle). Lettres, 198, 216, 398, 425.

Dulaurens (François). Lettre, 311.

Du Lhumière (?). V. Duquesne.

Duliès. Lettre, 237.

Du Lieu (Jean-Baptiste). Lettres (1660-1663), 97, 102, 117, 123, 125, 144, 150, 153, 158, 163, 168, 173, 179, 183, 186, 191, 196, 200, 206 ; — (1664-1665), 209, 214, 220, 224, 229, 232, 237, 244, 249, 252, 258, 264, 270, 272, 278, 282, 288, 291, 296, 300, 303, 308.

Du Lion (A.). Lettres, 98, 144, 193, 202, 210.

Du Lion (Claude-François). Lettres, 42, 232, 285, 339, 423, 425, 459.

Du Lude (Henri de Daillon, comte). Lettres, 227, 437, 459, 499 ; — Lettre à lui adressée, 461.

Dumais. V. Dumars.

Dumaissier (J.). V. Du Moustier.

Du Manoir-Hadibert. V. Le Manoir.

Dumard. V. Du Mars.

Dumarche. V. Du Moustier.

Dumaret, ou Dumarez. V. Du Mars.

Du Marle. V. Marle.

Du Mars (B.). Lettres, 98, 104, 114, 143, 169, 213, 275, 289-290, 373, 391, 402, 404, 425.

Dumas. Lettre, 349.

Dumas (J.-J. de). Lettres, 152, 160, 166, 173.

Dumas (P.). Lettre, 123.

Dumas (V.). État des \res envoyés à Dunkerque, 536 ; — Lettres, 312, 314, 338, 342, 353, 355, 358, 374, 396, 398, 412, 416, 419, 421, 425 ; — Lettres à lui adressées, 333, 354, 376, 399 ; — Marchandises, qu'il doit faire venir de Hollande, 351.

Dumasa et Dumaset. V. Dumas.

Du Maurier (B.). V. Aubery.

Dumay (Louis), 39.

Dumay (Pierre). Arrêt relatif à son procès avec J.-B. Hurez, 276 ; — Lettres, 168, 185, 193, 197, 203, 226, 320.

Dumé, à Rouen. Lettre, 268.

Dumé d'Aplemont (Nicolas Leroy). Journal de voyage, 529 ; — Lettres, 375, 376, 382, 422, 438.

Dumesnil, à La Guadeloupe. Lettre, 190.

Du Mesnil-Costé. V. Costé.

Du Metz (Gédéon Berbier). Enregistrement de ses quittances, 491 ; — Lettres (1661-1665), 99, 103, 136, 145, 149, 164, 195, 226, 229, 235, 250, 286, 289, 292, 297 ; — (1666-1677), 339, 343, 346, 350, 352, 356, 358, 426, 438, 444, 458, 462, 477, 523.

Dumolin (J.). Lettres, 250, 342, 345, 348, 359.

Du Molinet (Claude). Prisée des médailles de Colbert, 84.

Du Molinet (Pierre). Lettres, 210, 211, 238, 245, 248, 273, 277, 282, 288, 301, 316, 319, 324, 326, 346, 356, 375, 377, 405, 417, 482 ; — Lettre à lui adressée, 333.

Dumonliet (P.). V. Dumolinet.

Dumont (Le s^r). Arrêt le condamnant à mort, 236.

Dumont (Le s^r). Fournitures de marine, par lui faites, 484 ; — Lettre, 435.

Dumont (C.). Lettres, 207, 249, 366, 395, 423 ; — Lettres de marine, 515.

Du Mont (Jean). Légitimation, II, 60.

Du Mont de Blargnac. V. Clermont (R. de).

Dumoulin (P.). Lettre à lui adressée, 334.

Du Moustier (Nicolas). Lettres, 254, 275, 278, 321, 323.

Dun-le-Roi (Cher). Mémoire sur l'affaire des officiers du grenier à sel, 357.

Duneau (Le P.). Lettres à lui adressées, 33.

Dunes (Abbaye de Notre-Dame des), en Flandre, II, 57.

Dunkerque, 48, 49, 50, 177, 247, 329, 356, 396, 404, 406, 407, 488 ; — Concessions accordées à la suite d'un raz-de-marée, 222 ; — Couvent des Récollets, 322 ; — Devis pour les maçonneries des fortifications, 166 ; — Épidémie de 1666, 373 ; — Lettre de soumission au roi de France, II, 11 ; — Lettres des Carmes déchaussés, 312 ; — du commissaire de la ville, 511 ; — des échevins, 171, 207, 218, 235, 254, 282, 400 ; — des habitants, 400 ; — des officiers de la garnison, 319 ; — Lettres écrites de Dunkerque, 263, 353, 448 ; — Listes des Anglais, détenus à Dunkerque, 120 ; — des vaisseaux du port, 491 ; — Mémoire sur la citadelle, 69 ; — Procès-verbal du procureur-général de l'amirauté, 388 ; — Proclamation interdisant d'inquiéter les particuliers, venus à la foire, 199 ; — Requête des magistrats, 498 ; — Visite de la côte, de Calais à Dunkerque, 354.

Dunkerquoise (La), vaisseau, 466.

Dunoyer (Nicolas). Avis sur la fabrication des glaces, 370 ; — Lettres, 338, 341.

Du Parc (Pierre). V. Farcy.

Du Parc-Vallée. Lettre, 435.

Du Paty (Th.). V. Thibaud.

Du Pelletier (Pierre). Lettre, 323 ; — Sonnet, 48.

Du Périer (Charles). « Parnassi plausus, ob restitutam Regis sanitatem », 49.

Du Péron-La-Tour, à Terre-Neuve. Lettres, 150, 171.

Du Perron (Jacques Davy, cardinal), 28 ; — Quittances, 61.

Dupeyrat, à Limoges. Lettre, 305.

Du Pilles (J.-A.). V. Pilles.

Dupin (P.). Lettres, 285, 296, 300, 302, 310, 315, 341.

Du Pin (Jean Chaudesolle, sr). Lettres (1661-1664), 99, 134, 148, 154, 157, 161, 169, 178, 188, 206, 220, 237, 246, 250, 259 ; — (1665-1675), 318, 319, 321, 324, 344, 348, 353, 389, 496 ; — Mémoire sur son affaire, 407.

Dupire (Le Fr. Jean-Baptiste). Lettre, 255.

Du Plessis (Anne-Marie). Mariage avec Fr. du Bois, II, 62.

Du Plessis (Armand-Jean), cardinal, duc de Richelieu. V. Richelieu.

Duplessis (Chr.). Lettre, 359.

Du Plessis (Claude). V. Guénégaud.

Du Plessis (G.). Lettre, 389.

Du Plessis (Geoffroi), II, 33.

Du Plessis (Henri). V. Guénégaud.

Du Plessis (Henri), à Vendôme. Lettre, 221.

Du Plessis-Brossardière (Jacques de Laye), 133 ; — Lettres, 135, 154, 159, 197 ; — Lettres de marine, 511, 515.

Duplessis de Besançon, à Auxonne. Lettres, 191, 202, 206, 217, 252-253, 299, 378, 426.

Du Plessis de Gessé (Commandeur). Lettre, 503.

Du Plessis-Liancourt (Charles, duc). Quittance, 64.

Du Plessis-Liancourt (Jeanne de Schomberg, duchesse). Lettre, 109.

Du Plessis-Liancourt (Roger). V. La Rocheguyon (Duc de).

Du Plessis-Praslin (César de Choiseul, maréchal-comte). Lettres, 212, 251, 252, 465.

Du Plessis-Richelieu (François). V. Richelieu.

Du Plessis-Saint-Falier (Sr). V. Vincent (Charles).

Dupont, à Alep. Lettres, 420, 429.

Dupont de Neuville (Nicolas). Lettre, 517 ; — Supplique, 519.

Du Pont-Martineau (Mathurin). Quittance, 64-65.

Du Pontet (Bolloson, sr). Con-

fiscation des biens d'Arondeau, en sa faveur, 415.

Du Poulpry (Yves). Lettre, 234.

Du Prat (Famille). Notice, 85.

Du Prat (Cardinal Antoine). Correspondance, 20-21 ; — Lettres, 57 ; — Signature, II, 21.

Duprat des Cornets (Famille). Généalogie, 373.

Dupray (René), 529.

Dupré, pseudonyme du marquis de Castries. V. Castries.

Dupré, à Aumale. Lettre, 198.

Du Pré, à Béziers. Lettres, 114, 155, 207.

Du Pré (Étienne). Lettre, 527.

Du Pré (François). Lettres, 357, 380, 399, 403, 411, 420, 423, 426.

Dupréau-Hélot, à Saint-Malo. Lettre, 229.

Dupui, à Condom. Appel interjetté contre son élection, comme consul à Condom, 212-213.

Du Puis, à Gournay. Lettre, 197.

Du Puis (Simon), II, 5.

Du Puis (Waselin), II, 5.

Dupuy (Collection). Catalogue incomplet, 93.

Du Puy (Antoinette). Lettre, 404.

Dupuy (Augustin). Lettres, 314, 398.

Du Puy (Henri). Lettre, 420.

Dupuy (Pierre). Inventaire du Trésor des Chartes, 93-94 ; — Note, 82.

Du Puy-Montbrun (Alexandre), marquis de Saint-André. Lettres, 153, 265, 366, 416, 428.

Du Puys (Antoine). Lettre, 289.

Du Puys (Jean-Matthieu). Lettre, 345 ; — Note à lui relative, 343.

Duquesne (Abraham), 367 ; — Instructions, 354 ; — Lettres (1661-1663), 104, 113, 116, 127, 136, 138, 175, 184 ; — (1666-1677), 336, 352, 362, 372, 379, 381, 391, 413, 420, 423, 426, 435, 461, 493, 507, 511, 528 ; — Lettres à lui adressées, 32, 333, 334, 529 ; — Lettres de marine, 514, 519 ; — Liste des vaisseaux de sa flotte, 510 ; — Ordres de marche et de bataille, 71, 72, 73.

Duquesnel, à Boulogne. Lettre, 211.

Du Quesnoy (Jean), II, 14.

Du Rancher. V. Brûlart.

Durand (Abbé). Lettres, 425, 463.

Durand, à Angers. Lettres, 201, 202 ; — Rapport, 203.

Durant, à Tunis. Lettre, 399 ; — Note sur son exécution, 418.

Duras (Gui-Aldonce, comte, puis duc de Lorge de). Lettre, 506.

Duras (J. de). V. Blanquefort.

Duras (Jacques-Henri de Durfort, duc de). Lettres, 490, 506.

Durazzo (Marcel), archevêque de Chalcédoine. Lettre, 452.

Du Rest (Pierre). V. Guydo.

Durfort (Charles-Henri de), comte de Montgommery, 434.

Durfort (Guillaume de), II, 62.

Durfort (Jacques-Henri de), duc de Duras. Lettres, 490, 506.

Durham, en Angleterre. Évêques, v. Antoine de Beck, Fox (R.), Ruthall (Th.).

Du Richaud (G.). Lettre, 225.

Du Rivau-Huet (F.-P.). Lettre, 523 ; — Lettre de marine, 515.

Duroc, à Montauban. Lettres, 215, 271, 275, 363, 366, 389, 496 ; — Mémoire, 364.

Duroforti (Guillelmus de), II, 62.

Du Roure (Claude-Marie Du Gast, comtesse.) Lettre, 454.

Du Roure (Scipion de Grimoard, comte). Lettres, 180, 263, 268, 269, 272, 273, 278, 383, 390, 433, 480.

Du Roux de Révillon, 405.

Du Roy (J.-J.). Lettres, 131, 164.

Durré (V.). Lettre, 378.

Durribaud (Raymond). Certificats de sommes payées par lui, 418 ; — Lettres, 417, 448.

Durson (B.). Lettre, 359.

Duru. Lettres, 103.

Du Ruau-Pallu (Bertrand). Lettre, 477.

Dury (Somme). Mémoires sur les événements, qui s'y sont passés, 424, 427, 430.

Du Sault (F.). Lettres, 170, 202, 207, 210, 227, 235, 255, 507 ; — Lettre à lui écrite, 509.

Du Saussay (André), évêque de Toul. Lettre à lui adressée, 33.

Du Saussey (J.-G. Le Portyer, sr). V. Le Portyer.

Du Sauzet, ou Sauzey (Marc-Antoine). Lettres, 132, 170, 273.

Dusègue, à Marseille. Lettre, 194.

Dusoul, à Saumur. Lettre, 321.

Dusson (J.). Lettres, 123, 337.

Dutast. Lettre. 523.

Du Teilloys. Lettres, 253, 260, 346, 348, 352, 356, 362, 377, 452 ; — Lettres à lui adressées, 350, 356.

Du Tilloys. V. Du Teilloys.

Du Tillet (Famille). Notice généalogique, 86.

Du Tillet (Charlotte). Requête, 468.

Du Tillet (François). Sa veuve. V. Du Tillet (Charlotte).

Du Tillet (Isidore). Requête, 468.

Du Tillet (Jacqueline), veuve Marin. Mémoire sur ses revendications, 380.

Du Tillet (Mme M.), née Daurat. Lettre, 378.

Du Tillet de Gouaix (Jean). Lettres, 117, 366.

Du Tillon. Note sur une de ses lettres, 525.

Du Tremblay (Famille). V. Leclerc du Tremblay.

Du Tremblay, en Hollande. Lettre, 369.

Du Troncq (M.). Lettres, 195, 266, 309, 417, 496.

Du Vair (Guillaume). Lettres à lui adressées, 30.

Duval (Abraham). Lettre, 274.

Du Val (François). V. Fontenay.

Du Val (Gossuin), II, 30.

Duval de Lanchal, à Alençon. Lettres, 150, 157, 172.

Du Vaumeslé, à Alençon. Lettre, 165, 167, 172.

Du Vergier, à Bayonne. Lettre, 215.

Duvergier de Hauranne (Jean), abbé de Saint-Cyran. Protestation de fidélité à l'Église, 8.

Du Vernay de Beaulieu (Capitaine). V. Beaulieu.

Du Vernet. Lettre à lui adressée, 70.

Du Vignault (Pompée). Lettres, 99, 160.

Duvigne (Edmée). Circulaire sur sa mort, 508.

Duvivier. Lettre à lui adressée, 480.

Dyel des Hameaux (Jean). Instructions, 35.

E. de Y (Mme). Lettre, 107.

Earnley (John). Commission d'intendant de la marine, 60.

Eaux et Forêts. V. Enquêteurs, Forêts.

Eberstein (Le P. Georges d'). Mémoire à lui adressé, 36.

Ebo (M.-A.). Lettre, 383.

Ecclésiastiques (Affaires). Juridiction, 9 ; — Listes, 436 ; — Mémoires et documents, 3, 76-77 ; — Pensions, 552.

Échelles (Les), 469, 494.

Échiquier (L'). Commission de baron de l'Échiquier, 60.

Écoles. De canonniers, 182 ; — de droit, à Padoue, 39 ; — à Paris, 44 ; — d'hydrographie au Havre et à Dieppe, 294, 388.

Écosse, 57, 156 ; II, 4, 32, 33, 62 ; — Actes des rois, II, 43 ; — Catholicisme en Écosse, 18 ; — Changement du nom en celui de Grande-Bretagne, 28 ; — Grand-Conseil, II, 43 ; — Pouvoirs donnés par les rois pour traiter avec la France, 18 ; — Relations avec la France, 15 ; — Rois et reines, v. Jacques III, Jacques V, Jacques VI, Marie Stuart.

Écriture. Clefs d'écritures, 67.

Écureuil (L'), nom de vaisseau, 72.

Écurie du Roi, 551.

Édit. Chambre de l'Édit, 15 ; — Rôle, 231 ; — Édit de Nantes, v. Nantes.

Edmée de la Visitation (Sœur), supérieure des Ursulines d'Auxerre. Circulaire sur la mort de sœurs, 508.

Édouard III, roi d'Angleterre, II, 45 ; — Actes, II, 39 ; — « Donatio principatus Aquita-

niæ Eduardo, principi Walliæ »,
56 ; — Lettres, II, 46 ; — Lettres
à lui adressées, II, 15.

ÉDOUARD IV, roi d'Angleterre,
II, 18, 51 ; — Actes, II, 39 ; —
Lettres, II, 53.

ÉDOUARD VI, roi d'Angleterre.
Lettres, II, 42, 43 ; — Privilèges par lui accordés, 52.

ÉDOUARD, prince de Galles, fils
d'Édouard III, 56.

EFFIAT (Famille D'). V. RUZÉ.

EFFIAT (Le Sr D'). V. FITA.

EFFIAT (Antoine de Ruzé, marquis D'). V. RUZÉ.

EFFIAT (Abbé Jean D'). V. RUZÉ.

EGIDIO, archevêque d'Amasie. V.
COLONNA (Charles).

ÉGLISE. Déclaration sur les li-
bertés de l'Église gallicane, 9 ;
II, 14 ; — V. ECCLÉSIASTIQUES
(Affaires).

ÉGLISES. Arrêt sur la réparation
des églises, 484 ; — Églises fortifiées, 128 ; — Note sur des
fournitures d'ornements d'église,
76 ; — V. CATHÉDRALES.

EGMONT (Maximilien D'), comte de
Büren. V. BUREN.

ÉGON DE FURSTEMBERG (F. et G.).
V. FURSTEMBERG.

EHRENSTEIN (Édouard - Philippe).
Lettre à lui adressée, 476.

ELBÈNE (B. D'). Lettres, 493, 500.

ELBÈS (Le Sr D'). V. DELBÈS.

ELBEUF. Requête des habitants de
la paroisse Saint-Étienne, 376.

ELBEUF (Catherine-Henriette de
France, duchesse D'). Lettres,
99, 107, 142.

ELBEUF (Charles de Lorraine, duc
D'). Certificat, 147 ; — Lettres
(1662-1668), 136, 139, 143, 288,
293, 331, 373, 391, 400 ; —
(1669-1676), 421, 429, 438, 444,
446, 451, 454, 461, 467, 503, 505,
509.

ELBEUF (Marie-Marguerite-Ignace
de Lorraine, duchesse D'). Lettres, 108, 474, 505 ; — Mémoire
sur son affaire, 427.

ÉLECTIONS. Avis pour l'abrévia-
tion des procès, dans les élections et greniers à sel, 45 ; —

Arrêt contre un élu, 388 ; —
Modèle de statistique de paroisses d'une élection, 373.

ÉLÉONORE D'AUTRICHE, reine de
France. Mandement en sa faveur, II, 59 ; — Renonciation
à la succession de ses parents, II
25.

ELEUTHERA (Ile). Concession de
cette île à des lords anglais, 66.

ELIAS. V. ASOZ.

ÉLISABETH. V. ISABELLE.

ÉLISABETH, reine d'Angleterre.
Épitaphe, 68 ; — Privilèges par
elle accordés, 53.

ÉLISABETH D'ANGLETERRE. Projet de mariage avec Louis de
Mâle, II, 39.

ÉLISABETH, archiduchesse d'Autriche, reine de Danemarck, II,
55 ; — Sa dot, II, 53, 55 ; —
Son mariage, II, 54.

ÉLISABETH D'AUTRICHE, reine de
France. Lettre à elle adressée,
26.

ÉLISABETH, duchesse de Lorraine,
II, 6.

ÉLISABETH, comtesse de Saint-
Pol, II, 1.

ÉLISABETH DE VENDÔME, duchesse
de Nemours, 23.

ELNE (Pyrénées-Orientales). Épitaphe de la chapelle, 56.

ÉLOQUENCE. Notes sur l'éloquence,
67.

ELVERDINGHE, en Flandre, II, 14.

EMBRUN, 170 ; — Archevêques,
v. : LA FEUILLADE (G. D'AUBUS-
SON DE), TOURNON (Fr. DE) : —
Rapports sur les troubles finan-
ciers de l'élection, 281.

ÉMERIC. Note sur un canon par
lui inventé, 340.

ÉMERY (F.). Lettre, 252.

EMMA. Quittance, II, 67.

EMMANUEL-PHILIBERT, duc de Savoie, II, 29.

EMPIRE, 14, II, 58 ; — Baronnie
d'Herstal, 16 ; — Empereurs,
v. CHARLES IV, FERDINAND II,
FERDINAND III, LÉOPOLD Ier ;
— Grand-Conseil, II, 27 ; —
Pensions des ambassadeurs, près
l'Empereur, 551.

Emprunt. Emprunt de 1672 en Languedoc, 532 ; — Emprunt en Provence, 402.

Enegada (Ile). V. Anegada.

Engagistes, 393.

Enghien (Henri-Jules de Bourbon, duc d'). Lettres, 437-438, 452, 467, 485.

Enghien (Jean d'), II, 32.

Engilbert, comte de Nassau, II, 20.

English (Le sr). Interdiction à lui faite de lever un droit de 2 % sur les marchandises, venant de Grande-Bretagne, 156.

Enguerand VII de Coucy, II, 62.

Enlart, à Montreuil. Lettre, 279.

Enquêteurs-réformateurs des eaux et forêts. Suppression de ces offices, 388.

Entragues (J.-B. d'). Lettres, 211, 214, 230.

Entre-deux-Mers (Pays de l'). Note sur les églises fortifiées de ce pays, 128.

Éon (Guillaume). Comptes, 290 ; — Lettres, 102, 103, 118, 153, 193, 202, 282, 289, 300, 308, 312, 316, 327, 341, 355, 362, 368, 374, 377, 382, 395, 398, 408, 419 ; — Lettres à lui adressées, 333, 380.

Éon (Julien). Lettres, 104, 207, 462 ; — Rapport, 384.

Éon (Nicolas). Lettres, 104, 207, 365, 382 ; — Rapport, 384.

Éon (Pierre). Lettre, 365.

Épargne (L'), 166, 203 ; — Billets de l'Épargne, 297, 350 ; — États 547-550 ; — Rôles des dépenses de l'Épargne, 547-550.

Épée (Port de l'), dans l'île de Ré, 111.

Épernon (Bernard de Nogaret, duc d'), 23 ; — Lettres lui retirant la lieutenance de Guyenne, II, 63 ; — Quittance, 62.

Épernon (Louis de La Valette d'), 62.

Épernon (Louis d'), cardinal de La Valette, 70.

Épiciers. Requête des épiciers de Rouen, 488.

Épidémies, 218, 247, 256, 373, 396, 398, 403, 407, 411, 419, 424, 504.

Épinal (Vosges). Inventaire des titres, conservés au Trésor des chartes de Metz, concernant Épinal, 12 ; — Recueil de pièces, 12-13.

Épinay (François d'), marquis de Saint-Luc. V. Saint-Luc.

« Epinicion Gallis, Britannorum victoribus », 49.

Épinoy (Princesse Jeanne-Pélagie d'). Supplique, 483.

Épipédométrie. V. Planimétrie.

Épitaphes, 67-68 ; — à Condom, 56 ; — à Dijon, 59 ; — à Elne, 56.

Equino (Giordana de). Son mariage, II, 36.

Erbaud (Armand d'). Lettres, 145, 165, 206, 409 ; — Lettres à lui adressées, 410.

Erbaud (Bertrand d'). Lettres, 145, 155, 253, 285.

Erfurt, en Saxe. Lettres des magistrats, 257.

Erizzi (Francesco). Lettres, II, 61.

Erlach de Castelen (J.-L. d'), 389.

Ermengarde, vicomtesse de Narbonne, II, 64 ; — Acte, II, 65 ; — Hypothèque de ses biens, II, 66.

Ermitage (L'). V. Hermitage.

Ernest, archiduc d'Autriche, 26.

Ernest de Bavière, 25.

Erquinghem (Nord), II, 48.

Errard (Charles). Lettres, 412, 514.

Erskine (Anabella). V. Mar.

Erskine (Thomas). Lettres à lui adressées, 18 ; — Pouvoir à lui donné, II, 43.

Esbaupin (Jacques). Lettres, 149, 178, 292.

Escadres, 472 ; — Escadre du duc de Beaufort, 127, 194 ; — Liste d'escadres, 517.

Escars (A. d'). V. Peyrusse.

Escaut (L'), II, 36 ; — Droit perçu sur l'Escaut, 483.

Eschalis (G. de), II, 65 ; — V. Scalis.

Esclarmonde, II, 68.

Esclavonie, 57.

Escoubleau (Charles d'), marquis de Sourdis. V. Sourdis.

Escoubleau (Cardinal François d'). V. Sourdis.

Escoubleau (François d'), chevalier de Sourdis. V. Sourdis.

Escoubleau de Sourdis (Henri d'), archevêque de Bordeaux. V. Sourdis.

Escoubleau de Sourdis (Henri d'). V. Du Coudray-Montpensier.

Escoubleau de Sourdis (Paul d'). V. Alluye (Marquis d').

Escouis (Le s^r d'), 357.

Escoussens (Tarn), 137.

Escurolles (Allier), 302.

Eslys, à Baugé. Lettre, 324.

Espagne, 6, 14, 28, 30, 33, 50, 51, 90, 94, 190, 267, 430 ; — Catalogue des rois, 40 ; — Comptes des officiers en mission en Espagne (1664), 267 ; — Contrats de mariages de souverains espagnols, 40 ; — Correspondance entre la Flandre et l'Espagne, II, 23 ; — Cours des monnaies d'Espagne, 208 ; — Décharge sur les marchandises, venant d'Espagne, 430 ; — Échange de prisonniers avec la France, 498 ; — « Estado della monarquia », 41 ; — Frontières d'Espagne, 155 ; — Lettre adressée aux consuls français des côtes d'Espagne, 333 ; — Lettres d'administrateurs espagnols de la Franche-Comté, 231 ; — Liste des consuls français en Espagne, 418 ; — Mémoires de Launay-Razilly, pour conclure un traité avec l'Espagne, 78 ; — sur les droits de la reine Marie-Thérèse à la succession d'Espagne, 37-40 ; — sur les lois successorales en Espagne, 38 ; — sur les armées navales d'Espagne, 445 ; — sur les pistoles, 472 ; — Notes sur la correspondance aux frontières, 500 ; — sur le commerce français en Espagne, 418 ; — sur le retour de Marie-Thérèse en Espagne. en cas de dissolution du mariage, 40 ; — Ordre pour recevoir les navires de France, 450 ; — Pensions des ambassadeurs en Espagne, 551 ; — Pièce imprimée en espagnol, 370-371 ; — Reines, v. Anne-Marie, Germaine, Isabelle, Marguerite ; — « Relatione di Spagna », 40 ; — Relations diverses, 40-43 ; — Relations d'ambassadeurs vénitiens, 40, 41 ; — Réponse de la reine, 473 ; — Rois, v. Ferdinand Ier, Ferdinand II, Ferdinand V, Henri, Jean II, Philippe II, Philippe IV ; — Saisie par les Espagnols de marchandises hollandaises, 189 ; — Supplique pour des marchandises françaises, retenues en Espagne, 414 ; — Table des traités de paix avec la France, 19 ; — Traités avec la France, 16, 24-25 ; — Traités des mariages franco-espagnols, 17 ; — V. Pays-Bas.

Esparc (Capitaine). Lettre, 125.

Esparbès de Lussan (Léon d'), V. Aubeterre.

Esparbès de Lussan (Louis d'). V. La-Serre-Aubeterre.

Espeisses, ou Espesses (Famille d'). V. Faye d'Espesses.

Espence (P. d'). Lettre, 164.

Espérance (L'), nom de vaisseau. Dépenses, pour l'armement de cette « flûte », 106.

Espillet (Antoine). Lettre, 140.

Espincha (Jean d'), marquis de Ternes. V. Ternes.

Espinoy (Charles d'). Lettre, 118.

Espinoy (René d'), sieur de Lonny. Lettre, 346.

Espionnage, 218.

Essex (Henri, comte d'). Lettres, II, 53.

Estampes (François d'), marquis de Maulny. Lettres, 142, 157, 186, 310, 355.

Estampes (Henri d'), grand-prieur de Valençay. Lettres, 132, 359, 368, 432.

Estampes (Jacques, maréchal d'), marquis de Maulny. Lettre, 160.

ESTAMPES (Jacques D'), marquis de La Ferté-Imbault. Instructions, 35.

ESTAMPES (Chevalier Louis D'). Lettre, 343.

ESTAMPES-VALENÇAY (Charlotte D'), marquise de Puisieux. Lettre, 138.

ESTAMPES-VALENÇAY (Marie-Louise de Montmorency, dame D'). Lettres, 218, 361, 466.

ESTE (Alessandro, cardinal D'). Lettres, 37 ; — Lettre à lui adressée, 29.

ESTE (Alfonso D'), duc de Ferrare. Lettre en sa faveur, 57-58.

ESTE (Francesco D'), duc de Modène. Lettre, 520.

ESTE (Marie-Béatr.-Él. D'). V. YORK.

ESTE (Rinaldo, cardinal D'), 140 ; — Lettres, 99, 122, 126, 176, 178, 239, 438 ; — Lettre à lui adressée, 33 ; — Mémoire, 181 ; — Mémoire sur son cardinalat, 468.

ESTIENNE (M.). Lettres, 114, 123, 163, 176, 179.

ESTINBRIEUC (André D'). Lettres, 244, 285.

ESTIVAL, ou ESTIVALLE (Henri D'). Lettre, 409 ; — Relation sur son affaire avec l'amiral de Hollande, 529 ; — Relation de son voyage, 529.

ESTOGES (Comte M.-A.-S. D'). Ses droits d'usage en forêt de La Traconne, 414.

ESTRADES (Godefroy, comte D'), 16 ; — Créances sur le Trésor, 166 ; — Instructions, 34, 35, 36 ; — Lettres (1660-1663), 100, 102, 117, 121, 130, 136, 140, 146, 149, 153, 158, 163, 169, 173, 178, 185, 187, 192, 195, 200, 205 ; — (1664-1665), 212, 216, 220, 226, 229, 232, 245, 249, 252, 256, 264, 273, 308 ; — (1666-1667), 338, 342, 346, 348, 353, 355, 358, 361-362, 366, 369, 372, 375, 379, 385 ; — (1668-1676), 390, 395, 402, 420, 435, 443, 459, 462, 506 ; — Lettres à lui adressées, 33, 190, 332 ; — Mémoire, 392 ; —

Sommes payées aux États des Pays-Bas, 347.

ESTRADES (Abbé Jean-François D'). Lettre, 520, 524.

ESTRADES (Louis, marquis D'), 234 ; — Lettre, 261.

ESTRAN (Le Sʳ), 203.

ESTRÉES (César, cardinal D'), évêque de Laon. Démêlés avec la cour de Rome, 2 ; — Lettres (1605-1672), 328, 348, 437, 440, 442, 443, 446, 449, 450, 451, 453, 455, 460 ; — (1673-1677), 461, 466, 475, 477, 478, 479, 483, 490, 500, 505, 513, 515, 516, 523, 530 ; — Mémoires, 453 ; — sur des sommes à lui dues, 483-484 ; — Notes, 445.

ESTRÉES (François-Annibal, maréchal-duc D'), 472 ; — Instructions, 34-35 ; — Lettres (1664-1673), 228, 258, 330, 428, 443, 446, 451, 462, 466, 472, 474, 476-477, 479 ; — (1674-1677), 482, 497, 500, 506, 513, 519, 522, 530 ; — Lettres à lui adressées, 424, 442, 449 ; — Mémoires, 21 ; — Note sur une de ses lettres, 525.

ESTRÉES (François-Annibal D'), marquis de Cœuvres. Instructions, 2 ; — Lettres, 353 ; — Lettre à lui adressée, 70.

ESTRÉES (Jean, comte D'). Instructions, 89 ; — Lettres (1668-1671), 391, 397, 400, 420, 435, 438, 439, 443, 445 ; — (1672-1677), 446, 449, 451, 457, 462, 467, 471, 474, 477, 487, 489, 508, 513, 520, 527, 528, 529, 530 ; — Extraits de ses lettres, 469, 472, 508, 509, 514, 521 ; — Lettres à lui adressées, 448, 509 ; — Liste des vaisseaux de son escadre, 488 ; — Mémoires, 442, 451, 460, 488, 515, 531 ; — sur le voyage de son escadre, 431 ; — Note sur une lettre de son secrétaire, 524 ; — Ordre de marche des navires de sa flotte, 71, 72, 73.

ESTREHAN (Giovacchino D'). Lettres, 409, 412.

ESTROPIÉS. V. MUTILÉS.

Estut de Tracy (François d').
V. Tracy.

Étain. Déclaration et libelle sur
la marque de la vaisselle d'étain,
491, 504.

Étampes. Comte, v. Jean de
Bourgogne ; — Frères de la
Rédemption des Captifs, 456 ;
— Receveur du comté, II, 50.

Étampes (Famille d'). V. Estampes.

Étapes, 329, 393 ; — Droit, 478 ;
— Lettres des commissaires des
étapes, 518 ; — Ordonnances
pour la fourniture et le remboursement des étapes, 329, 393,
410 ; — Règlement, 172 ; —
Requête, au sujet des étapes en
Dauphiné, 172.

Étaple (L'). Droit d'étaple à Arras,
115 ; — Lettre du chef de l'étaple
à Calais, II, 41.

État-civil. Ordonnances sur les
registres des mariages, nais-
sances et décès, 46.

États des finances, 534-536, 537-
538, 539, 541, 544 ; — V. Aides,
Amendes, Caen, Comptant,
Convoi de Bordeaux, Do-
maines, Fermes, Franc-Salé,
Gabelles, Patente de Lan-
guedoc, Rentes, Trésor, Vin.

États-Généraux des Pays-Bas.
V. Pays-Bas.

États-Généraux, en France. Mémoires sur les États, 87.

États provinciaux. V. Artois,
Boulonais, Bourgogne, Dau-
phiné, Languedoc, Limousin.
Nébouzan, Provence.

Étemare (Capitaine). Lettre, 381.

Étienne de Poissy, cardinal de
Paris. Lettres à lui adressées, II,
13.

Étienne Gaudet. Son testament,
II, 48.

Étienne Moreau. Lettres, II,
15.

Étoile (L'), nom de vaisseau, 72.

Étoile dorée (L'), vaisseau de
Hambourg. Inventaire des marchandises sauvées lors de son
naufrage, 133.

Étretat, II, 4.

Eu (Comté d'), 24 ; — Dons à
Louis de Luxembourg, 20.

Euclide. Traduction latine de ses
Éléments, 74.

Eudel, à Corbie. Lettre, 97.

Eudes III, duc de Bourgogne, II,
10.

Eudes IV, duc de Bourgogne, II,
10.

Eudes de Chateauroux, évêque
de Tusculum, II, 2.

Eudes (Jean). Lettre, 485.

Eugène IV, pape. Bulle, II, 34.

Europe (État de l'), vers 1661, 80.

Europe (L'), nom de vaisseau,
392.

Eustache (Pierre), 351.

Eustache Lauwaerd, II, 34.

Ève (Clovis). Quittances, 63.

Évêchés (Les Trois). Droits du
Roi sur les Trois évêchés, 272.

Évêques. Bulle sur leur obligation
de résidence, 4 ; — Juridiction,
2 ; — Privilèges, 3.

Évrard de La Marck. Son procès, II, 17.

Évrard de La Pierre. Lettres,
II, 38.

Évreux (Eure). Évêque, v. Cauchon de Maupas du Tour (H.).

Évreux (Louis, comte d'). V.
Louis.

Examen d'une traduction du Nouveau Testament, 516.

Excommunication. Mémoire sur
l'excommunication, 77.

Exemption. Poésie sur l'exemption des logements des gens de
guerre, 48.

« Exhortatio ad laudes Ludovici XIV », 48.

Exportation, 112 ; — Exportation
de marchandises en Amérique,
442 ; — V. Blé.

Fabbry (Abbé A.). Lettre, 107.

Faber. V. Arnaldus, Bernardus,
Jacobus, Johannes, Petrus,
Pontius.

Fabert (Maréchal Abraham), 152 ;
— Lettres, 98, 131.

Fabre (Joseph). Lettre, 404.

Fabrezan (Domaine de) dans
l'Aude, 406.

Fabri (D.). Lettre, 161.

Fabrissa. Don à elle fait, II, 66.

Faesch (Louis). Lettres, 328, 379.

Faget (Abbé Paul de). Lettre, 412.

Faïences, 193.

Faille (F.). Lettres, 99, 216, 394, 438.

Failly (Ph. de). Lettre, 524.

Falaise (Calvados). État des blés de l'élection, 479 ; — Tailles, 478.

Falcombel (Barthélemy). Lettre, 341.

Falcon, à Toulouse. Lettre, 175.

Falguérolles (Guillaume de). Restitution de sommes relatives aux gabelles, 213.

Falguérolles (Paul de). Lettre à son sujet, 203.

Falkenstein (Comte de). Voir Trautzon.

Famin (Noël). Lettre, 107.

Famars-le-Vieil (Jacob de). Lettre, 271.

Farcy (Pierre de), sieur du Parc. Lettres, 131, 165.

Fargis (Bernard de), II, 33, 69.

Fargis (Charles d'Angennes du), 70.

Farnèse (Cardinal Francesco-Maria), 501.

Farnèse (Cardinal Odoardo). 37.

Farnèse (Odoardo), duc de Parme. Lettres à lui adressées, 34, 35 ; — Réception à Orléans, 22.

Farnèse (Ranuccio Ier), duc de Parme. Lettre à lui adressée, 29.

Farnèse (Ranuccio II), duc de Parme. Lettres, 217, 343, 356.

Faronville (A. de). Lettre, 210.

Fatio, à Belfort. Lettres, 234, 355 ; — Lettre à lui adressée, 223 ; — V. Barbauld.

Faucon de Ris (Charles). Lettres, 121, 132, 139, 188.

Faudoas (Mme M. de). Lettre, 398.

Faulconnier (Denis). Lettres, 353, 395.

Faulconnier (Pierre). Lettre, 226.

Faultrier (J.-B.). Lettres, 170-171, 245.

Faure (Charles). Mémoires sur la thèse de Gabriel Drouët, 4.

Faure (François), évêque d'Amiens. Lettre, 522 ; — Note sur une de ses lettres, 525.

Faure (Louis de). Lettres, 245, 301.

Fausse monnaie, 203, 227, 393.

Fauvelet de Monthars (F.). Lettre, 517.

Faux. Ordonnances contre ce crime, 479 ; — V. Monnaies.

Faux Sauniers, 137 ; — V. Alençon, Fresnay, Séez, Sel.

Faverolles (Jean de). Lettres, 254, 263, 297.

Favenne de Montchult (M. de). Lettre, 479.

Favery (Alph. de). Lettres, 202, 232, 278, 324, 345, 386, 409.

Favier (Jean). Lettres, 98.

Favier du Boulay (Jacques). V. Du Boulay.

Favoux (Guillaume). Placet au sujet de sa succession, 398.

Faye (Jacques), sr d'Espesses. Lettres à lui adressées, 25.

Fé (Philippe). Lettre, 154.

Fécamp (Seine-Inférieure), II, 4 ; — Arrestation de navire dans ce port, 481 ; — Critique diplomatique des titres de l'abbaye, 7.

Fédalle (Ile), 29.

Feideau (Famille), 85.

Félix (J.). Lettre, 158.

Fénelon (François de Salignac, sr de La Mothe-), archevêque de Cambrai. Condamnation de son livre sur les Maximes des Saints, 4.

Fenêtres. Dessins de fenêtres, 69.

Fénis (Antoine de). V. La Boissière.

Fénis (Chevalier Pierre de). Lettre, 378.

Fer des forges de Bourgogne, 353.

Féraud, à Paris. Lettre, 246.

Fercourt (Charles de). V. Perrot.

Ferdinand II, empereur. Négociations avec la ville de Dantzig, 10.

Ferdinand III, empereur, II,

59 ; — Propositions pour la paix, 14.

FERDINAND V LE CATHOLIQUE, roi d'Aragon et de Castille, 6 ; II, 20, 21, 35, 53, 55 ; — Accord avec la Castille, II, 54 ; — Lettres, II, 52 ; — Ratification du traité de Cambrai, II, 52 ; — Traités avec l'empereur, II, 21 ; — avec le roi de Castille, II, 54 ; — Traités divers, II, 52, 53.

FERDINAND Ier, roi de Hongrie. Extraits des ordonnances, 90.

FERDINAND, roi des Romains, II, 59 ; — Lettres, II, 59.

FERDINAND Ier, roi de Sicile. Lettres, II, 50.

FERDINAND D'AUTRICHE (Archiduc). Accord avec Charles-Quint, II, 56 ; — Lettre à lui adressée, 26.

FERDINAND Ier DE MÉDICIS, grand-duc de Toscane. V. MÉDICIS.

FERDINAND-MARIE, duc de Bavière, 14.

FERMANEL D'ÉPINAY (Lucas). Lettres (1664-1665), 209, 213, 219, 224, 237, 250, 251, 263, 266, 269, 272, 278, 284, 289, 292, 297, 300, 304, 313, 315 ; — (1666-1671), 338, 362, 366, 368, 385, 391, 394, 398, 400, 422, 425, 429, 442 ; — Lettres à lui adressées, 281, 301, 332-333, 404.

FERMAT (Samuel DE). Lettre, 483.

FERMES. États des fermes unies en 1669, 542 ; — de la recette des cinq grosses fermes (1668-1680), 542, 543, 544, 545, 546 ; — Lettres des fermiers des cinq grosses fermes, 229, 239, 244, 314 ; — Traités des fermiers avec les Hollandais, 363 ; — v. CHARENTE, GABELLES, OCCIDENT, TRAITES.

FERNAND DE CASTILLE, II, 21.

FERNIER (Joachim). Lettres, 118.

FÉRON. V. LE FÉRON.

FERRAND, à Nice. Lettre, 463 ; — Supplique, 465.

FERRAND (Antoine). Lettres, 287, 304, 320.

FERRAND (Pierre). Lettres, 131, 144, 179, 340.

FERRAND DE PORTUGAL, comte de Flandre, II, 30 ; — Renonciation à ses droits sur Saint-Omer, II, 1.

FERRANT, à Bordeaux. Relation de la sédition de Bordeaux, 501.

FERRARE, en Italie, 89 ; — Concile (1438), 1 ; — Duc, v. ESTE (A. D').

FERRARI (C.). Conditions par lui proposées, au nom de l'archiduc d'Innsbruck, 138 ; — Lettres à lui adressées, 141.

FERRARI (D.-G.-B.), comte d'Ochieppo. Lettres, 143, 150, 171, 194.

FERRARI (Ottavio). Lettres, 527, 528.

FERRÉ, à Auxerre. Lettre, 109.

FERRET, à Rennes. Lettre, 279.

FERRETTE (Comté de), en Alsace. Don au comte de La Suze, 96 ; — Titres de propriété, 83.

FERRETTI (Gio-Baptista). Lettre, 440 ; — Mémoire, 442.

FERRETTI (Lorenzo). Lettre, 113.

FERRIÈRE (M. DE). Lettre, 518 ; — Mémoire sur une de ses inventions, 518 ; — Note sur une de ses lettres, 525.

FERRIOL (Jacques DE). Lettres, 136, 360.

FERRIOLLES (Pierre DE). Lettres, 164, 175.

FERRON (Le sr). Lettres, 192, 261 ; — Placet pour sa délivrance, 194.

FERRON (A. DE). Lettre, 215.

FERRY (D.). Lettre, 310.

FERVESSIAU (Mme F.). V. GERVESSIAU.

FERVILLE (Fr. DE). Lettre, 462.

« FÊTES (Les) de l'Amour et de Baccus, » pastorale de Lulli, représentée à Versailles, 483.

FEU (François). Lettre, 331.

FEUILLET (Le Fr. Jean-Baptiste). Lettre, 522.

FEUQUIÈRES (Antoine DE). V. PAS.

FEUQUIÈRES (François, abbé DE). V. PAS.

FEUQUIÈRES (Henri DE). V. PAS.

FEUQUIÈRES (Isaac DE). V. PAS.

Feuquières (Manassès de). V. Pas.

Feydeau (Antoine). Lettres, 140, 146, 150, 165, 173, 179.

Feydeau (Denis), 339.

Fiani (Alessandro). Lettre de réhabilitation à lui accordée, 347.

Fiani (Jérôme). Lettre de réhabilitation à lui accordée, 347.

Fidèle (La), nom de vaisseau, 488.

Fiefs, 465 ; — Traité de l'origine des fiefs, 46 ; — Recherche de francs-fiefs en Bourgogne, 128.

Fiennes (Catherine-Cécile de). Lettre, 532.

Fieschi (Paolo). Instructions, 34.

Fieschi (Sinibaldo), 226 ; — Lettres, 221, 271.

Fier (Le), nom de vaisseau, 73.

Fieubet (Bernard de). V. Caumont.

Fieubet (Gaspard de). V. Caumont.

Fieux (Edm. de). Lettres, 294, 301.

Filastre (Guillaume), II, 34.

Filhot (Anne de Chimbaud de). Lettre, 328.

Fillancourt (François de). Lettre, 324.

Fillesac-Dotte (Marie de). Lettres, 317, 402, 405.

Filles-Dieu (Couvent des), à Paris. V. Paris.

Filles-Pénitentes (Couvent des), à Paris. V. Paris.

Filling (Heinrich). Lettre, 399.

Filomarino (Francisco). V. La Rocca.

Filzian. Lettres, 99, 116, 127, 142, 178, 183.

Finances, 533-554 ; — États, 534-536, 537-538, 539, 541, 544 ; — Lettre adressée aux officiers des bureaux des finances, 332 ; — Mémoires sur la dissipation des finances et autres sujets, 44 ; — sur l'état financier de la France en 1665, 311 ; — V. Comptant, États. Impositions.

Fintanus (F.), abbé de Beinwyl. Lettre, 96.

Firma. V. Fermat.

Fisa. Don à elle fait, II, 65.

Fismes (Marne). Lettre des échevins, 397 ; — Lettre des habitants, 405.

Fita (Jacques de). Lettres, 188, 243, 353, 369, 377, 420, 423, 426, 432, 441, 445, 467, 483, 492, 499, 517, 522 ; — Note sur une de ses lettres, 525 ; — Procès-verbal, 434.

Fitte (L.). V. La Fitte.

Fitz-Alan (Henri). comte d'Arundel. V. Arundel.

Fitzjames (Richard), évêque de Rochester. Pouvoir à lui donné, II, 40.

Flacourt (Charles de). Lettre, 297.

Flagnac (Aveyron). Sédition de 1662, 128.

« Flambeau (Le) de la Mer ». Extrait de cet ouvrage, 529.

Flande. V. Flandy.

Flandre, 30, 50, 94, 267 ; II, 19, 21, 36 ; — Actes relatifs à la Flandre, II, 43-54, 55-61 ; — Actes des rois de France pour la Flandre, II, 1-29 ; — Alliances avec l'Angleterre, II, 45-46 ; — avec Pierre de Beaujeu, II, 19 ; — avec le Brabant, II, 46 ; — Bénéfices, II, 7 ; — Campagne de Flandre (1676), 511 ; — Différends entre le duc de Bourgogne et la comtesse de Bar, II, 14 ; — Échevinages, II, 44-45 ; — Gardes à établir dans le comté, II, 8 ; — Interdiction du commerce avec l'Angleterre, II, 5 ; — Investiture à Gui de Dampierre, II, 8 ; — Lettres de rémission et de répit pour les Flamands, II, 4, 12 ; — Compagnie anglaise, 52 ; — Comté, II, 45 ; — Comtes, v. Baudouin, Ferrand, Gui de Dampierre, Louis de Male, Louis de Nevers, Robert de Béthune ; — Comtesses, v. Béatrice, Marguerite ; — Conseil de Flandre, II, 18 ; — Correspondance avec l'Espagne, II, 23 ; — Délimitation avec l'Artois, II, 18 ; — Déclarations sur les

affaires judiciaires, II, 18 ; — sur
les « quatre lois », II, 18; — Mandement relatif au compte-rendu
par les échevins des villes de leur
gestion, II, 3; — Négociations de
1304, II, 5 ; — de 1316, II, 8, 9 ;
— Nouvelles de 1666, 353 ; —
Pensions des agents envoyés en
Flandre, 551 ; — Prise en possession du comté par les procureurs de l'archiduc Philippe,
II, 53 ; — Privilèges, II, 4,
43 ; — Règlements des frontières (1660), 547 ; — du différend avec le Hainaut, II, 6, 7 ;
— Sauf-conduit pour les procureurs des Flamands, II, 8 ; —
Succession de Flandre, en 1322,
II, 10 ; — Traités avec l'Angleterre, II, 39 ; — avec la
France, II, 8 ; — Trêves, II,
30 ; — « Usages » des villes, II,
45.

FLANDRE (Robert DE), seigneur de
Cassel. V. ROBERT.

FLANDRE (Yolande DE), comtesse
de Bar. V. YOLANDE.

FLANDY (Jean-André DE). Lettres,
178, 188, 196, 273, 306.

FLANHAC. V. FLAGNAC.

FLAVACOURT (Mme A.-V. DE). Lettre, 257.

FLÉCELLES (Nicolas DE), sr de
Brégy. Remarques sur son ambassade en Hollande, 16.

FLÈCHE, à Arles. Lettre, 184.

FLÉCHIER (Esprit), évêque de Lavaur, puis de Nîmes. Poésies
latines et françaises, 49.

FLEIX (Marie-Claire de Baufremont, comtesse DE). Lettres,
107.

FLESSINGUE (Hollande). Attaque
de navire par une frégate de
Flessingue, 526; — Extrait d'une
lettre du bourgmestre, 302 ; —
Flotte « des Indes » à Flessingue,
276.

FLEU (M.) (?). Lettre, 490.

FLEURANCE (Ambroise DE), 58.

FLEUREAU (Charles). Lettre, 105.

FLEUREAU (Jacques). Quittances,
63.

FLEURETEAU (Ch.). Lettre, 136.

FLEURY (François). Lettres, 257,
292, 315.

FLEURIGNY (DE). V. LECLERC.

FLEURY (Thomas). Supplique, 414.

FLEURY (H. DE). V. CLAUSSE.

FLEUVES. « Ortus fluminum », 58;
— V. INONDATIONS, PÊCHE et
aux noms des fleuves et rivières.

FLI (Dominique). Lettres, 102,
160, 163, 168, 174, 178, 185,
193, 204, 210, 220, 225, 258,
317, 379, 385, 394, 426.

FLIBUSTIERS, 42, 43, 370-371, 420,
448.

FLOCQUET, à la Ferté-en-Bray.
V. MAILLARD.

FLON (Jean DE), 415.

FLOQUET BLANCHEFORT, II, 15.

FLOREAU (Le P. Jean-Louis), provincial des Dominicains, 486.

FLORENCE, 55, 89, 434 ; II, 18;
— Cardinal, v. MÉDICIS (A. DE);
— Concile de 1438, 1 ; — État
du grand-duché, en 1606, 6.

FLORENCEAU, à Angoulême, 120.

FLORENT V, comte de Hollande.
Lettres à lui adressées, II, 37.

FLORENTIUS. V. FLEURANCE.

FLOTTES. Bref pour le commandement de la flotte pontificale,
411 ; — Combat de Kamperduin, 475 ; — Comparaison des
flottes anglaise et française,
475 ; — Flottes anglaise, 231,
344, 351, 376, 453 ; — hollandaise, 469 ; — pontificale, 411;
— Listes des escadres en 1647
et 1648, 78 ; — Mémoire sur la
flotte royale, 447 ; — Notes sur
le désarmement de la flotte
pour l'hiver, 367 ; — sur l'état
de la flotte, 101 ; — sur les
vaisseaux, partis d'Alicante et
de Marseille, 376 ; — sur une
évasion de matelots, 376 ; —
V. ESCADRES, MARINE, VAISSEAUX.

FLOUREAU, à Coucy. Lettre, 425.

FLUCELLES, et non FLUDEL, à La
Rochelle. Lettre, 476.

FOËZ (Bertrand). Mémoire en sa
faveur, 476.

FOI ET HOMMAGE. Droits en Bourbonnais, 262.

FOIRES, à Bergues, 203 ; — à Caen, 427 ; — à Dunkerque, 199 ; — à Francfort, 156, 450.

FOIX (Jean-Roger DE), vicomte de Rabat. Lettre, 356.

FOIX (Germaine DE), reine d'Aragon, II, 56.

FOIX (Odet DE). Signature, II, 21.

FOIX-CANDALE (Henri-François DE), duc de Randan-Foix. Lettre, 518.

FOL (M. DE), à Toulon. Lettre, 320.

FOLLEVILLE (Fr. DE), 501.

FOLLEVILLE (Jean DE), II, 14.

FOLLIN. V. COLLIN.

FONEL, à Péronne. Lettre, 274.

FONSECA (Ile de). V. SAINT-BERNARD.

FONTAINE, à Dunkerque. Supplique pour lui faire obtenir le greffe de l'amirauté de Dunkerque, 463-464.

FONTAINE (M. DE), à Toulon. Lettre, 524.

FONTAINE (J.). Lettre, 185.

FONTAINEBLEAU. Procès-verbal de l'arpentage de la forêt en 1658, 115.

FONTAINE-FRANÇAISE (Côte-d'Or). Forges, 353.

FONTAINES (Jean). Quittances, 63.

FONTAINES (Nicolas DE), II, 30.

FONTAINES (Siméon DE). V. NEUILLY (Sr DE).

FONTANARI (Domenico). Lettre, 184.

FONTANELLA (Don Joseph). Lettre, 178.

FONTANIER-PELLISSON (Jeanne DE). Lettres, 185, 235, 239, 246, 283, 353.

FONTARABIE. Siège, 23.

FONTENAILLES (R. DE). Lettre, 234.

FONTEINES (Sœur Louise-Eugénie DE). Lettre, 514.

FONTENAY (M. DE), à Cherbourg. Lettre, 377.

FONTENAY (M. DE), à Paris. Lettre, 288, 383.

FONTENAY (Hotman DE). V. HOTMAN.

FONTENAY (Philippe-Clément, sr DE). Lettres, 154, 184.

FONTENAY-LE-COMTE, 395, 414.

FONTENAY-MAREUIL (François du Val, marquis DE), Instructions, 35, 36.

FONTENELLES (C. DE). V. CORBEAU.

FONTENELLES (G. DE). Lettres, 99, 108.

FONTENILLES (Fr. DE). V. RIBEYRE.

FONTENILLES (Pierre DE). Lettre, 286.

FONTES. Fabrication, 376.

FONTFREYDE (Bernard DE). Lettre, 142.

FONTFROIDE (Abbaye de), dans l'Aude. Revenus, 350-351.

FONTRAILLES (Louis DE). Lettre, 271.

FORANT (Job). Lettres, 165, 211, 336, 343, 345, 350, 358, 365, 369, 372, 404, 517, 526 ; — Lettre de marine, 515.

FORBIN (Bernard DE), 22-23.

FORBIN (Chevalier Charles DE). Lettre, 245.

FORBIN (Louis DE), commandeur de Gardane. Lettre, 221.

FORBIN D'OPPÈDE (Henri DE). V. OPPÈDE.

FORBIN D'OPPÈDE (Louis DE). V. OPPÈDE.

FORBIN-JANSON (Marquis Laurent DE). Lettre, 162.

FORBIN-JANSON (Toussaint DE), évêque de Digne, puis de Marseille. Harangue, 486 ; — Lettres (1662-1666), 140, 147, 176, 271, 277, 296, 300, 358, 362 ; — (1667-1673), 382, 394, 401, 431, 435, 437, 439-440, 443, 446, 459, 461, 471, 479 ; — (1674-1677), 481-482, 485, 487, 489, 493, 499, 505, 508, 513, 524, 527, 530 ; — Mandement, le nommant procureur de Provence, 395 ; — Mémoire contre lui, 424 ; — Note sur une de ses lettres, 525 ; — Son voyage à Varsovie, 486.

FORÇATS (Chaînes de), 79 ; — État de forçats malades, 357 ; — Informations contre des forçats, 361 ; — Laissez-passer donné à une chaîne le long du cours du Rhône, 120 ; — Listes de forçats, 152, 396 ; — Sentence rendue contre des officiers, qui

ont laissé échapper des forçats, 247.

FORCE (La), vaisseau du Roi. Journal de pilotage, 77.

FORÊTS, 94, 398, 456 ; II, 14, 16 ; — Certificats des grands-maîtres des eaux et forêts, 396 ; — État des forêts de Normandie, 123 ; — Forêts de Beaufort, 179 ; — de Bénauge, 518 ; — de Bouconne, 396 ; — de Bourgogne, 364, 396 ; — de Bretagne, 166, 298 ; — de Bruadan, 361, 396 ; — de Cheminon, 194 ; — de Fontainebleau, 115 ; — des généralités de Bourges, 176 ; — et d'Orléans, 176 ; — de Hédé, 218 ; — de Livry, 484 ; — de Lyons, 128 ; — de la Marche, 414 ; — de Maubec, 421 ; — de Montfort, 484 ; — de Mormal, 373 ; — de Nieppe, II, 57, 61 ; — de Nivernais, 469 ; — de Normandie, 123, 167, 172, 445 ; — de Pont-de-l'Arche, 203 ; — de Saint-Germain-en-Laye, 231 ; — de la Savoie, 389 ; — de Tanouarn, 298 ; — de la Traconne, 414 ; — Grand-maître des eaux et forêts, au Canada, 519 ; — Juridiction des forêts, en Ponthieu, II, 16 ; — Mémoire sur les maîtrises des eaux et forêts, 445 ; — Offices appartenant à des particuliers condamnés pour la réformation des forêts, 427 ; — Office de contrôleur à Abbeville, 528 ; — Permission de chasser, II, 14 ; — Suppression des offices de grand-maîtres enquêteurs-réformateurs, 388.

FOREZ (Le). Liste des gouverneurs, 91.

FORGET (Pierre), s^r de La Picardière. V. LA PICARDIÈRE.

FOR-L'ÉVÊQUE (Le). Aumônes faites aux prisonniers, 63.

FORMAGES (Jean DE), s^r de Nogean. Rapport sur la poursuite d'Audijos, 302.

FORMENTERA (Ile), aux Baléares, 73.

FORMENTIN (Pierre Morel, s^r DE). Lettres, 123, 154.

FORMEVILLE (Président DE). Lettre, 254.

FORMONT (Daniel). Lettres, 368, 396, 417.

FORMONT (Jean). Lettres, 396, 417, 422.

FORMONT (Pierre), 415 ; — Lettres (1660-1666), 206, 230, 239, 297, 303, 339, 343, 348, 349, 352, 358, 361 ; — (1667-1677), 377, 383, 387, 389, 394, 398, 401, 405, 411, 417, 428, 432, 482, 514, 520, 522, 528 ; — Lettres à lui adressées, 350, 356, 388 ; — Note, 351.

FORMONT fils (Pierre). Lettres, 510, 514, 522.

FORMULAIRE. V. PROTOCOLE.

FORNE (Jean-Jacques). Lettre, 146.

FORNIER (Cl.). Lettre, 359.

FORNOUE, en Italie, 57.

FORTERESSES. Liste de plans de villes fortes, 76.

FORTIA (Bernard DE), 176 ; — Lettres (1660-1663), 98, 105, 110, 113, 127, 129, 134, 140, 143, 144, 148, 154, 159, 163, 168, 173, 179, 185, 186, 192, 195, 201, 205, 211, 213, 220, 224, 229-230 ; — (1664-1665), 234, 237, 245, 248, 254, 258, 263, 269, 275, 277, 283, 288, 291, 295, 298, 300, 304, 307, 312, 316, 318, 323, 327 ; — (1666-1667), 336, 341, 345, 348, 355, 360, 361, 365, 368, 371, 374, 385 ; — (1668-1669), 390, 395, 400, 406, 408, 420, 423, 425, 428 ; — Lettres à lui adressées, 321, 332 ; — Ordonnance, 151.

FORTIER (Le s^r), 396.

FORTIFICATIONS. Fortifications des places frontières de Champagne, 68 ; — Traité sur les fortifications, 74 ; — V. VAUBAN.

FORTIN, à Avranches. Lettre, 305.

FORTIN, à Bordeaux. Lettres, 271.

FORTIN DE LA HOGUETTE (Hardouin), évêque de Saint-Brieuc. Lettre, 522.

FORTUNE (La), vaisseau de Dieppe. Nom des intéressés, 351.

FORTUNE (La), vaisseau de Dunkerque. Mémoire sur sa perte, 329.

FORTUNE (La), vaisseau du Havre, 415.

FOSSIER. Lettres, 228, 235.

FOU (Un). Lettre d'un fou (mato), 117.

FOUAGES, 177, 203 ; — Note sur les fermiers des droits de fouage, en Provence, 267.

FOUCAUD DE ROCHECHOUART, évêque de Noyon. Lettres, II, 45.

FOUCAULD (Maréchal Louis), s^r du Dognon. « Détail des sommes assignées sur lui », 110.

FOUCAULD (Marie Fourré de Dampierre, maréchale). Lettre, 377.

FOUCAULT (Famille). Notice généalogique, 85.

FOUCAULT (Sœur Claude). Lettre, 466.

FOUCAULT (Joseph). Billet à lui adressé, 343 ; — Lettres (1660-1664), 104, 108, 117, 149, 152, 157, 199, 213, 225, 228 ; — (1665-1677), 311, 318, 344, 379, 381, 471, 515, 517, 531 ; — Notes, 414, 478 ; — Notes sur des lettres de lui, 484 ; — Plan pour la réformation de la justice, 45.

FOUCAULT (Louis). Lettres, 131, 144, 158, 169, 184.

FOUCAULT (Nicolas-Joseph). Lettres, 498, 521.

FOUCHERAINNE. V. RAPINE.

FOUCQUET (Nicolas). V. FOUQUET.

FOUCQUET DE LA VARENNE. V. LA VARENNE.

FOUGEAU (Jean). Lettre, 104.

FOUGUEUX (Le), vaisseau du Roi. Journal de la campagne de ce vaisseau en 1686, 73.

FOUILLEN, ou FOUILLEU (Le P. Bernard). Lettres, 490.

FOUILLOY (Somme). Prévôté, II, 17, 18.

FOULLÉ DE PRUNEVAULX (Étienne). Lettres, 323, 339, 342, 346, 433.

FOULLON, à Saumur. Lettre, 432.

FOULQUES, comte d'Angers. *Historia consulum comitum Andegavensium et Turonensium*, 55.

FOULQUES DE RICKE, abbé de Saint-Pierre de Gand, II, 34.

FOUQUET (Christophe). Lettres, 279, 516.

FOUQUET (François), archevêque de Narbonne. Lettre, 278.

FOUQUET (Louis II,), évêque d'Agde. Lettres, 356, 429, 430-431, 451 ; — Mémoire, 431.

FOUQUET (Madeleine), dame de La Boulaye. Lettres, 228, 240.

FOUQUET (Nicolas), 111, 115, 208 ; — Billets à M. Husson, 136 ; — Épître à lui adressée, 172 ; — Lettres, 105, 106, 109, 163 ; — Lettre à lui relative, 237 ; — Liste de ses créatures dans la marine, 128 ; — Mémoire sur lui, 213 ; — Note sur ses papiers, 104 ; — Procès, 156 ; — Réponse à l'acte d'accusation, 43-44 ; — Revenus de Belle-Isle, 172 ; — Saisie d'un vaisseau espagnol, opérée sur son ordre, comme gouverneur de Belle-Isle, 190 ; — V. BELLE-ISLE.

FOURBIN. V. FORBIN.

FOURCHÉ (J.). Lettre, 377.

FOURCROY (Barthélemy DE). « Plan pour l'édit des duels », 45-46.

FOURCROY (Bonaventure DE). Mémoires sur l'établissement d'une faculté de droit, à Paris, 44.

FOURCY (Famille DE). Notice généalogique, 85.

FOURCY (Henri DE). Lettre, 122.

FOURILLE (Michel-Denis de Chaumejan, marquis DE). Lettres, 109, 250.

FOURMENTIN. V. FORMENTIN.

FOURNERET (Nicolas). Lettres, 116, 150, 162.

FOURNIER. V. TOURNIER.

FOURNIER (Famille). Notice généalogique, 85.

FOURNIER (Michel), 415.

FOURNIER (Pierre). Fourniture de toile, 347.

FOURRAGES, 167.

FOURRÉ DE DAMPIERRE (Marie). V. FOUCAULT (Maréchale).

FOX (Richard), évêque de Durham. Lettres, 11, 40.

FRADIN, à Saint-Maixent. Lettre, 237 ; — Projet de réforme par lui proposé, 242.

Fragnier (Nicolas). Lettre, 107.

Franc de Bruges (Le), loi de Flandre, II, 18.

Franc-alleu, 495.

Franc-salé, 504 ; — États (1670-1680), 542, 543, 544, 545 ; — V. Sel.

Français (Comédiens). Différend avec les comédiens italiens, 483 ; — Lettre à eux adressée, 71.

France, 46 ; II, 41 ; — Description (1607), 18 ; — Enfants naturels des rois, 19 ; — Jonction des mers, qui entourent la France, 18 ; — Maisons des rois et reines, 68 ; — « Sur la nécessité des roys », 19 ; — V. Maison, Paroisses, Provinces.

France (Maison de). V. Bourbon, Condé, Conti, Vendôme.

France (Reines de). V. Anne de Bretagne, Catherine de Médicis, Fréderune, Jeanne de Bourgogne, Louise de Vaudémont, Marguerite de Valois, Marie de Médicis, Marie-Thérèse.

France (Rois de), 19, 93 ; — Voir Charles II, Charles III, Charles IV, Charles V, Charles VI, Charles VII, Charles VIII, Charles IX, François Ier, François II, Henri II, Henri III, Henri IV, Hugues Capet, Jean II, Louis VI, Louis VII, Louis VIII, Louis IX, Louis X, Louis XI, Louis XII, Louis XIII, Louis XIV, Pharamond, Philippe II Auguste, Philippe III, Philippe IV, Philippe V, Philippe VI.

France (A. de). Lettre, 220.

France (Catherine-Henriette de). V. Elbeuf (Duchesse d').

Francesca. Vente de moulins, II, 65.

Franceschi (Capitaine). Mémoire, 297.

Francfort-sur-le-Mein, 14 ; II, 36 ; — Foire, 156, 450 ; — Note sur le change à Francfort, 480 ; — Nouvelles, 243, 450.

Franche-Comté. Copies de lettres d'administrateurs de la Franche-Comté, 231 ; — V. Bourgogne.

Franchiscou (Baptiste). Lettres, 132, 133, 139.

Franchy, ou Franco (Famiano). Lettre, 108 ; — Projet de compte, pour son administration de l'abbaye de Saint-Martin d'Auchy, 110-111.

Franchy (P. de). Lettre à lui adressée, 30.

Francières (Claude de Choiseul, marquis de). Lettres, 127, 245.

Francini (Francesco de), sr de Grandmaison. Lettres, 226, 346, 362, 391.

Francini (Pietro de). Lettre, 343.

Franciscains. Mémoire sur les Franciscains de Terre-Sainte, 518.

Franciscaines (Religieuses). Urbanistes, 502.

François (Duc). V. Lorraine (N.-Fr. de).

François (L'Ingénieur). Lettres (1660-1664), 119, 231, 235, 242, 245, 249, 254, 258, 264 ; — (1665-1666), 274, 279 284, 290, 293, 297, 304, 308, 338, 341, 361, 365, 371 ; — (1667-1669), 374, 377, 382, 385, 390, 394 ; — Lettre à lui adressée, 332.

François (Ordre de Saint-). Voir Franciscains et Franciscaines.

François Ier, roi de France, 13, 56, 57 ; II, 42, 58 ; — Actes, 8, 18-19, 20, 21 ; — II, 21-27 ; — Conférences de Tolède, 21 ; — Dialogue latin sur sa captivité, 58 ; — Lettres, 13, 57, 58, 90 ; — Lettres à lui adressées, 25 ; — Lettre aux électeurs, 58 ; — Mémoire sur ses rapports avec Charles-Quint, 58 ; — Négociations au sujet de son emprisonnement, 21 ; — Pièces relatives à son règne, 55-56 ; — Traités, 57-58 ; — avec la Suède, 11 ; — Traités de Cambrai, II, 23, 24 ; — de Noyon, II, 22 ; — de Paris, 19 ; II, 21.

François II, roi de France. Actes, 20 ; II, 28, 29 ; — Privilèges accordés aux Suédois, 11.

FRANÇOIS, dauphin, fils de François Ier. Vers en l'honneur de son mariage, 55, 56.

FRANÇOIS, duc de Lorraine. V. NICOLAS-FRANÇOIS.

FRANÇOIS DE BOUSLAYDEN, II, 20.

FRANÇOIS D'ORLÉANS. V. ORLÉANS.

FRANÇOIS DE POITIERS. V. POITIERS.

FRANÇOIS DE POLLICHOVE, II, 46.

FRANÇOIS, BATARD DE VERTUS, II, 15.

FRANÇOIS-XAVIER (Saint). Lettre sur sa canonisation, 70-71.

FRANCQUETOT (Robert DE). Lettres (1663-1664), 176, 214, 227, 230, 242, 244, 248, 261, 265 ; — (1665-1666), 271, 274, 279, 284, 300, 304, 313, 316, 321, 346, 362.

FRANCS-FIEFS, 465 ; — Recherche de francs-fiefs, dans le ressort du parlement de Dijon, 128.

FRÉART (Paul). V. CHANTELOU.

FRÉDÉRIC II, empereur. Bulle, 11, 36.

FRÉDÉRIC III, empereur. Lettres, 12.

FRÉDÉRIC II, roi de Danemark. Lettre à lui adressée, 26.

FRÉDÉRIC III, roi de Danemark. 195 ; — Lettre, 193.

FRÉDÉRIC III, roi de Naples, II, 21.

FRÉDÉRIC IV, électeur palatin. « Justificatio administrationis electoris palatini », 14 ; — Lettre à lui adressée, 25.

FRÉDÉRIC DE SALUCES, évêque de Carpentras. Don à lui fait du prieuré de Gigny, II, 34.

FRÉDÉRIC-GUILLAUME Ier, électeur de Brandebourg. Lettres, 10, 465, 468 ; — Manifeste, 15 ; — Projet de mariage avec la reine Christine, 11.

FRÉDÉRIC-LOUIS, électeur palatin, duc des Deux-Ponts. Lettre, 287-288.

FRÉDÉRUNE, reine de France. Son mariage avec Charles III le Simple, 56.

FRÉJUS (Var). Évêque, v. ONDEDEI (J.-Z.).

FRÉJUS (Chanoine). Lettre, 205.

FRÉJUS (Em.). Lettre, 205.

FRÉJUS (Roland). Lettres, 193, 212, 291.

FRÉMONT (P. DE). Lettres, 296, 297, 356.

FRÉMONT (Robert DE). Lettre, 223.

FRÉMONT D'ABLANCOURT (Nicolas). Lettres, 207, 221, 228, 500.

FRÉMONT D'AUNEUIL (Nicolas DE). Lettres, 108, 215, 217, 218, 219, 233, 241, 243, 249, 259, 264, 280, 284, 318, 328, 358, 375, 382, 390, 438.

FRÉMYN (Louis). Lettres, 118, 122, 197.

FRÈRES - PRÊCHEURS. V. PRÊCHEURS.

FRÉSALS (Victor DE). Lettre, 129.

FRESNAY (S. DE). Lettres, 96, 150.

FRESNAY - SUR - SARTHE (Sarthe). Mémoires sur le faux-saunage dans l'élection, 407 ; — sur le grenier à sel, 407.

FRESNES (François DE). V. O (Fr. D').

FRET. Lettres sur le fret en France, 199.

FRÉVILLE (Loiret). Mémoire sur les impositions de cette paroisse, 182.

FRIART, à Metz. Lettre, 336.

FRIBOURG (Canton de), en Suisse. Déclaration du conseil de la ville, 410 ; — Lettres des conseillers, 177, 198, 325.

FRICAMBAULT (Capitaine DE), 124 ; — Lettres, 118, 169, 212, 216, 226, 234, 270 ; — Lettre à lui adressée, 334.

FRISCHMANN (Jean). Lettres, 104, 289, 312, 315, 404, 424 ; — Lettres à lui adressées, 32, 424 ; — Note sur une de ses lettres, 525.

FRIES (Diodore). Lettres, 244, 343 ; — Lettre à lui adressée, 334.

FRISE (La), II, 49 ; — Blâme des députés de Frise, adressé à J. de Witt, 16 ; — V. WESTFRISE.

FROIDOUR DE SÉRIZY (Louis DE). Lettres, 100, 150, 158, 210, 257, 280, 288, 291, 316, 336, 364, 368, 381, 423, 425, 429.

FROISSART, à Toulon. État des sommes, qu'il retient sur le fonds des galères, 115 ; — Lettre, 206.

FROMENT (Abbé), à Luçon. Lettre, 359.

FROMENT (A.-G.). Lettres, 99, 103, 109, 146, 309.

FRONDE (La), 43 ; — Rôle du Parlement, durant la Fronde, 13 ; — Voyage du roi en Normandie et en Bourgogne, 24 ; — V. MAZARIN.

FRONTENAC (L. DE). Lettres, 452, 500.

FRONTIGNAN (Hérault). Lettre des officiers de l'amirauté, 225.

FROULAY DE TESSÉ (Gabriel-Philippe DE), évêque d'Avranches. Lettres, 279, 303.

FRUS. V. FRIES.

FUCHSAMBERG (Charles DE). V. RENART.

FUMECHON (Jean Delaplace DE). Lettres, 250, 327, 496 ; — Relations avec les Hollandais, 525.

FURNERIUS (Pontius), II, 66.

FURNES, 290, 373 ; II, 46 ; — Lettres de la commune, II, 11 ; — Lettres des échevins, 525 ; — Saint-Nicolas, II, 31 ; — Sainte-Walburge, II, 35.

FURSTEMBERG (Christophe DE). Dispense pour épouser Dorothée d'Astemberg, 13.

FURSTENBERG (François Égon DE), évêque de Strasbourg. Lettres, 174, 179, 270, 408, 483.

FURSTENBERG (Guillaume Égon, prince DE). Lettres, 136, 169, 330, 377, 433, 438, 462, 467, 471, 476, 482.

FYOT (Abbé Claude). Lettre, 241.

FYOT D'ARBOIS (Philippe). Lettres, 100, 186, 202, 206, 210, 214, 260, 270, 275.

GABARET (Louis). Lettres, 390, 405.

GABARET (Mathurin), 72-73, 124 ; — Analyses de lettres, 498, 515 ; — Lettres, 230, 358, 376, 408, 420 ; — Lettre à lui écrite, 519 ; — Note sur une de ses lettres, 525.

GABARET DE COUSTURE. Lettre, 523.

GABELL (Frédéric DE). Lettres, 402, 408.

GABELLES, 126, 166, 392, 430, 528, 546 ; II, 39 ; — Aliénation sur les recettes des gabelles, pour l'entretien des gens de guerre, 166 ; — Archers des gabelles à Angers, 203 ; — à Caen, 267 ; — Arrêt établissant des contrôleurs des gabelles, 106 ; — Arrêt prescrivant aux fermiers des gabelles de verser à l'Épargne les rentes qui leur appartiennent sous des noms empruntés, 166 ; — Baux (1662), 123 ; — États de recettes et dépenses (1668-1680), 542, 543-546 ; — États des rentes, assignées sur les gabelles (1670-1680), 542, 543 ; — Fermiers, 194, 370, 384 ; — Gabelles en Languedoc, 213, 545 ; — en Lyonnais, 222, 224, 411 ; — à Saint-Sever, 194 ; — Gages des officiers (1669-1672), 546 ; — Lettres des intéressés, 239, 257, 340 ; — Ordonnance pour les gabelles, dans les Trois-Évêchés, 101 ; — Registres relatifs aux gabelles (1677-1680), 545-546 ; — Requête et supplique des fermiers, 370, 384 ; — Suppliques des intéressés, 314, 384 ; — Suppression d'offices en Lyonnais, 208 ; — V. HAINAUT, LYON, TOUL.

GABELLES DES CUIRS, 376.

GABRIELLE DE SAINT-MICHEL, 383.

GACÉ (Charles-Auguste de Matignon, comte DE). Lettre, 527.

GADAGNE (Charles-Félix de Galéan, duc DE). Lettres, 479, 489, 493, 531 ; — Lettre à lui adressée, 533.

GAIGNE (Barthélemy). Commission à lui donnée, II, 25.

GAILLARD (Famille), 85.

GAILLARD, à Lyon. Lettre, 125.

GAILLARD, à Montbéliard. Lettre, 95.

GAILLARD (François). Lettres, 119, 287.

GAILLARD (Mme M. DE), dame de Venel. Lettres, 101, 143.

GAILLARD (Nicolas), 411.

GAILLARD-RENEL. V. GAILLARD (Mme M. DE).

GAILLARDON-BLONDEL (M. DE), à Ribémont. Lettres, 155, 229

GALANT (Le), vaisseau, 473, 501.

GALÉAN (Ch.-F. DE). V. GADAGNE (Duc DE).

GALÉAS II VISCONTI. Lettre à lui adressée, II, 13.

GALÉAS-MARIE SFORZA, duc de Milan, II, 18.

GALEN (Christophe - Bernard - Mathieu VON), évêque de Munster. Guerre de l'évêque de Munster contre les habitants de cette ville, 51 ; — Lettre, 462.

GALÈRES, 115, 332, 473 ; — Argousin des galères, 370 ; — Dépenses des galères, 78, 515 ; — Description d'une galère, 89 ; — Exercice des galères, 71 ; — États des troupes, embarquées sur les galères, 424 ; — Général des galères, 78, 89 ; — Hôpital, à Marseille, 133 ; — Lettres relatives aux galères, 32 ; — Lieutenants des galères, 463 ; — Listes de galères, 79, 128 ; — Mémoires, 106, 478, 481, 483, 484 ; — sur la construction d'une galère, 89 ; — sur la solde de l'infanterie des galères, 483 ; — sur les fonctions des officiers des galères, 89 ; — sur les galères, qui doivent transporter le duc de Créqui en Italie, 127, 133 ; — Noms à donner à des galères, 491 ; — Prix d'une galère, 137 ; — Projet de création d'un régiment des galères, 79 ; — Provisions nécessaires pour vingt galères, 89 ; — Recrutement de la chiourme, 137 ; — « Rendez-vous pour les galères, en Méditerranée », 147 ; — « Tarif » d'une galère-capitaine, 78 ; — Voyage de la galère du Roi à Civita-Vecchia, 424.

GALÉRIENS. V. FORÇATS.

GALIMARDET DE LA FLESCHE (Jean Baptiste). Lettre, 368 ; — Mémoire sur un accord conclu par lui avec Fr. de Mirabeau, 370.

GALLARDON (Claude de Bullion, marquis DE). V. BULLION.

GALLES (Édouard, prince de), 56.

GALLICANISME, II, 14 ; — Mémoire sur le gallicanisme, 9.

GALLIFFET (Jacques - Alexandre DE). Lettres, 97.

GALLINGER (J.-J. DE). Lettre, 95.

GALLO (Cardinal Antonio-Maria). Lettre, 37.

GALLOIS (Abbé Jean), 43.

GALLON, à La Rochelle. Lettre, 454 ; — Mémoire sur les droits perçus à tort sur des chanvres, achetés par lui, 460 ; — Note sur une de ses lettres, 525.

GALLUS, à Romorantin. Lettre, 379.

GALLYOT. V. ALLYOT.

GALOPIN, à Haraucourt (Ardennes). Lettres, 180, 316.

GALTIER. V. VALTIER.

GALVAGNO (Giacinto). Lettres, 123, 125.

GAMARE, ou GAMART (Hubert). Lettre, 503.

GAMARRA (Don Estevan DE). Note aux États des Provinces-Unies, 344.

GAMBEROTIUS HIRCHENSTIERN (Étienne). Lettres, 178, 236.

GAMBIE (La), rivière, 529.

GAMERON (C.). Lettre, 147.

GANAY (Claude DE). Lettre, 116.

GAND, 414 ; II, 3, 5, 16, 18, 19, 46, 49 ; — Archidiacre, II, 32 ; — Bailli, II, 46 ; — Démolition des fortifications, II, 7 ; — Doyen, II, 32 ; — Échevins, II, 45 ; — Entrée de Charles-Quint, II, 56 ; — Gardien de la monnaie, II, 46 ; — Jugement d'un procès confié aux échevins, II, 44 ; — Lettre des échevins, 399 ; — Lettres, défendant aux habitants de sortir en armes, II, 4 ; — Mandement aux bourgeois de Gand, II, 7 ; — Nouvelles du camp devant Gand, 335 ; — Ordonnance pour l'élection des magistrats, II, 5 ; — Privilèges, II, 44, 48 ; — Receveur, II, 46 ; — Saint-Bavon, II, 34, 60 ; — Saint-Pierre, II, 33, 34 ; —

Sainte-Pharaïlde, II, 56 ; — Sommes déboursées par les échevins, II, 45.

GAND (François DE). Lettre, 247.

GAND (Louise Vilain DE). V. ISENGHIEN.

GANNAT, 415.

GANTÈS (François DE). Lettres, 126, 128.

GAP. Rapport sur les troubles, 281.

GARANCIÈRES (M. DE), II, 62.

GARCEVAL. V. LA ROQUE.

GARCY (M. DE), à Saintes. Lettres, 342, 482.

GARD (Notre-Dame du), dans la Somme, 83.

GARDANE (Louis de Forbin, commandeur DE). Lettre, 221.

GARDE. État des soldats, qui ont manqué à la garde en 1666, 373.

GARDE-CÔTES. Expéditions des vaisseaux garde-côtes, 510 ; — Ordres pour ces vaisseaux, 512.

GARDES. État des compagnies demandées pour fournir aux gardes, 322.

GARDES DE MARINE, 73.

GARDES DES SCEAUX, 19.

GARDES-SUISSES (Régiment des). Assignations données au régiment, de 1646 à 1653, 110 ; — V. SUISSE.

GARDINER (Étienne), évêque de Winchester. Lettre à lui adressée, II, 43.

GARDYNER DE PECKAM (Georges). Description du Nouveau-Monde, 41, 52.

GARGANT (Pierre). Lettres, 189, 346, 348, 370, 397, 412.

GARGANT (Veuve), 414.

GARGOT. V. LA ROCHETFE.

GARGOT, à Lyon. Lettre, 144.

GARIBAL (Gabrielle DE). V. LA REYNIE.

GARIBAL (Jean DE), 464.

GARIEL (Fr.-L.). Lettre, 421.

GARNIER, à Dôle. Plaintes portées contre lui, 281.

GARNIER (Chevalier). Instructions, 36.

GARNIER (Lieutenant). Lettre, 523.

GARNIER, prévôt de Saint-Etienne de Dijon. Gesta Warnerii, 59.

GARNIER (François), à Auxerre. Procès-verbal de son interrogatoire, 508.

GARNIER (François), à Orléans. Lettres, 152, 181.

GARNIER (Louis). Acte, pour s'opposer à la réunion du duché de Penthièvre, 287.

GARNISAIRES pour le paiement de la taille, 204.

GARONNE (La). Mémoire sur un projet de canal de jonction entre la Garonne et l'Aude, 69 ; — Péages, qui se payent sur la Garonne pour le transport du blé, 95, 127.

GARSAULT (Mme DE). Supplique pour les haras de Saint-Léger, 437.

GARSAULT (Alain DE). Lettres (1660-1666), 108, 185, 193, 206, 234, 236, 295, 299, 304, 317, 320, 327, 330, 337, 341, 345, 352 ; — (1667-1672), 377, 382, 390, 397, 401, 404-405, 409, 411, 421, 435, 437, 439, 443, 447, 449 ; — (1673-1677), 462, 470, 474, 478, 480, 482, 493, 499, 503, 505, 510, 522 ; — Lettres à lui adressées, 392, 419 ; — Note sur une de ses lettres, 484.

GARSENDIS. Lettre à elle envoyée, II, 65.

GASCOGNE. V. GUYENNE.

GASCOING, à Nevers. Lettre, 146.

GASCY (M. DE). V. GARCY.

GASPARINI. Lettre, 270.

GAST (M. DE). Lettre, 289.

GASTON D'ORLÉANS. V. ORLÉANS.

GATINE (M. DE), à Rennes. Lettre, 271.

GAUCELIN DE JEAN, cardinal. Lettres, II, 9 ; — Lettre à lui adressée, II, 34.

GAUCHER (Le sr). Lettres, 77.

GAUCHER (Pierre). V. SAINTE-MARTHE.

GAUCHER DE CHATILLON. Mandement lui donnant le château de Beveren, II, 7.

GAUDAIS-DUPONT (Charles). Lettres, 180, 184, 270, 349.

GAUDART (Jacques). Lettres, 147, 510 ; — Pièces à lui relatives, 148.

GAUDET (Étienne). Testament, II, 48.

GAUFRIDI (Jacques DE). Lettre, 213.

GAULSHEIM, en Palatinat, 14.

GAUMONT. V. GOMONT.

GAUNTHELIARD (M.-J.). Lettre, 381.

GAURUS (M. DE). V. GAVRUS.

GAUSBERTI (Bernardus), II, 68.

GAUTHIER, à Clermont-Ferrand. Lettre, 383.

GAUTIER, à Montauban. Lettre, 295.

GAUTIER (F. DE). Lettres, 126, 128.

GAUTIER DE BRUSAC, II, 15.

GAUTIER DE MARVIS, évêque de Tournai. Vidimus, II, 30.

GAUVILLE (Sœur Anne DE). Lettres, 101.

GAVOTTI (Abbé G.-C.). Lettres, 102.

GAVRUS (Jean de Bernières, sr DE). Lettre, 123.

GAWDEN (Denis). Commission de munitionnaire de la flotte en sa faveur, 60 ; — Contrat avec le roi d'Angleterre, 60.

GAYOT (J.-J.). Lettres, 309, 319, 346, 383, 389, 397, 404, 407, 426, 429.

GAYROSSE (M. DE), à Bordeaux. Lettre, 220.

GAZON DE CHAMPAGNE, évêque de Laon. Lettre, II, 33.

GÉBELIN DE CONCHEY. V. LE BELIN.

GEBHARD DE BAVIÈRE, 25.

GEDEÏHOUSE (Rodolph). Lettre, 369.

GÉDIMIN, grand-duc de Lithuanie. Généalogie, 10.

GÉDOYN, à La Rochelle. Lettre, 344.

GÉDOYN (Louis), sr de Bellan, 5 ; — Lettre, 344.

GÉDOYN (Robert). Pouvoir à lui donné, II, 22.

GÉLAS DE VOISINS (François DE), marquis d'Ambres. V. AMBRES.

GELDERN (Henri DE), II, 37.

GELÉE, ou GELLÉE, à Lille. Lettres, 420, 425, 428, 456 ; — Lettre à lui adressée, 427.

GEMBLOUX (Abbaye de), II, 34.

GENDARMERIE. Etat de la gendarmerie, 25.

GENDRON (Armand). Déposition sur des fraudes, commises au détriment du fisc, 124.

GÉNÉALOGIES. Familles de Paris, 85-86.

GÉNÉRALITÉS, 540 ; — V. ALENÇON, AMIENS, AUVERGNE, BOURGES, CAEN, CHALONS, DIJON, GRENOBLE, GUYENNE, LIMOGES, LYON, MARSEILLE, METZ, MONTAUBAN, MONTPELLIER, MOULINS, ORLÉANS, PARIS, POITIERS, RENNES, RIOM, ROUEN, SOISSONS, TOULOUSE, TOURS.

GÊNES, 34-35, 36, 37, 94 ; — Convention avec Charles II (1307), 5-6 ; — Doge, v. FRANCHI (P. DE) ; — Lettre adressée au gonfalonier, 30 ; — Lettre relative aux marchands, II, 69 ; — Nouvelles de Gênes, 430, 437, 533 ; — Pensions des agents envoyés à Gênes, 551 ; — République, 33, 89.

GENÈVE, 36-37 ; — Évêque, v. ARENTHON D'ALEX (J.) ; — Lettres des syndics, 117-118, 136, 386, 510, 513 ; — Table des traités, 5 ; — Traité avec la France, 19.

GÉNEVOIS (Duc DE). V. SAVOIE (Henri DE).

GENNES (Jean DE). Lettres, 265, 321-322.

GENS (Chevalier DE). V. JANT.

GENTÉ (Charente). Mémoire sur cette terre, 329.

GENTILHOMME ANGLAIS (Le), 185.

GENTILLOT, au Château-Trompette. Lettres, 121, 282.

GEOFFROI, abbé de Gembloux. Lettre à lui accordée, II, 34.

GEOFFROI DE COURLON. *Libellus super actibus Senonensium archiepiscoporum*, 59.

GEOFFROI DU PLESSIS. Lettre à lui adressée, II, 33.

GEOFFROI LE BEL, comte d'Anjou, 55.

GÉOGRAPHIE. V. CARTES, FLEUVES, HYDROGRAPHIE, PLANS, PORTS,

GÉOMÉTRIE. Dessins géométriques.

69 ; — « De isoperimetris figuris », 74 ; — Eléments d'Euclide, 74 ; — Questions de géométrie astronomique, 74 ; — Questions sur diverses propositions, 74 ; — V. PLANIMÉTRIE.

GEORGES DE BADE, évêque de Metz, II, 18.

GEORGES DE MENTHON, II, 20.

GEORGES, duc de Saxe. Lettre, 57.

GERALDUS. V. GÉRARD.

GERALDUS DE BROLIO. Don de terres, II, 66.

GERALDUS DE CONDOMO. Don, II, 65.

GÉRARD (Saint), abbé de La Sauve-Majeure. Vie, 55.

GÉRARD (M. DE), à Dunkerque. Lettres, 285, 375, 402, 420 ; — Mémoire, 403.

GÉRARD (Fr. DE), à Arles. Lettres, 196, 233, 395, 528.

GÉRARD D'AUDENARDE, II, 37.

GÉRAUD DE LA TOUR, 86.

GÉRAUD DE SOTTEGEM, II, 6.

GÉRAUDIÈRE (M.), à Rouen. Lettre, 266.

GERELINUS DE BORLUYT, abbé de Saint-Bavon de Gand, II, 34.

GÉRÈS (Le sr DE), à Avesnes. Lettre, 314.

GÉRÈS DE PUJOL. Lettre, 395.

GERMAIN (Saint), évêque d'Auxerre. *Opusculum de vita et virtutibus*, 58.

GERMAIN-LESCALOPIER (Mme C.). Lettre, 216.

GERMAINCOUR (M. DE), à Saint-Dizier. Lettres, 213, 287.

GERMAINE DE FOIX, reine d'Aragon. Lettres, II, 56.

GERMANIQUE (Nation). Privilèges pour les marchands, 47.

GERS (Le). Travaux faits sur le cours de cette rivière, 370.

GERSANT, à Vendôme. Lettre, 287.

GERSANT (Veuve). Lettre, 422.

GERVAISE. Traducteur du « Héros » de B. Gracian, 81.

GERVAISOT (Le sr). Requête de ce fermier du convoi de Bordeaux, 208.

GERVASIUS, II, 66.

GERVESSIAU (Mme F.), veuve de Lavallée-Gatineau. Lettre, 255.

GESSÉ (Du Plessis-). V. DU PLESSIS.

GESTA comitum Andegavensium, 55.

GESTA Francorum. Extraits, 57.

GESTA Warnerii, præpositi Sancti Stephani Divionensis, 59.

GESTART (B.). Lettres, 411, 426, 429.

GESUALDO (Cardinal Alphonse). Lettres à lui adressées, 29.

GESVRES (Léon Potier, duc DE). Lettre, 455 ; — Note sur une de ses lettres, 525.

GEX (Ain). Note sur le protestantisme dans le pays de Gex (1664), 7.

GHENT (Jean DE). Lettre, 216.

GHERBODE (Thierry), II, 49.

GHEVARA (Don L. DE), II, 54.

GHISSELING (Evrard). Lettre, 302.

GHISTELLES, en Flandre, II, 45.

GIAN-GALEAZZO VISCONTI, II, 62-63.

GIAULT. V. GOAULT.

GIGAULT (Bernardin), marquis de Bellefonds. V. BELLEFONDS.

GIGERY (Djidjelli), en Algérie. Mémoire sur la prise de cette ville, 281.

GIGNY (Abbaye de), dans le Jura. Don, II, 34.

GIGOT, à Tours, Lettre, 168.

GILABERTUS. Vente à lui faite, II, 64.

GILAS. V. GÉLAS.

GILBERT (Famille). Notice généalogique, 85.

GILBERT, inspecteur des manufactures. Mémoire sur son voyage en Bourgogne, 455.

GILBERT (Raleigh). Concession à lui faite, de territoires américains, 66.

GILBERT DE LA FAYETTE. Lettres, II, 15.

GILLA. Vente, II, 64.

GILLES Ier, abbé de Saint-Nicolas de Furnes. Lettre à lui adressée, II, 31.

GILLES AYCELIN, archevêque de Narbonne, II, 68 ; — Hommages

à lui rendus, II, 68, 69 ; — Lettre à lui adressée, II, 33 ; — Lettre pour la paix avec les Flamands, II, 5.

GILLES DE CELLE, abbé de Saint-Martin de Tournai. Lettre à lui adressée, II, 31.

GILLES DU BOIS, II, 46.

GILLES HEBBERECHT, II, 60.

GILLIER (M. DE). Lettre, 187.

GILLY (Dom). Lettre, 97.

GINETTI (Cardinal M.). Lettre, 429.

GINNASIO (Cardinal Domenico). Lettres, 37.

GIOACCHINO. V. JOACHIN.

GIORDANA DE EQUINO, II, 36.

GIOVANNINO, 242.

GIOVO (Pier-Giuseppe). Lettres, 175, 226.

GIRARD (Antoine). Lettres, 145, 149.

GIRARD (Charles). Lettre, 140.

GIRARD (Claude). Lettres, 150, 237, 503.

GIRARD (Jacques-Philippe DE), marquis de Charnacé. V. CHARNACÉ.

GIRARD (Jean). Lettres, 228, 237, 244.

GIRARD (Joseph). Lettres, 240, 246.

GIRARD (Louis). Lettres (1660-1664), 117, 173, 183-184, 197, 207, 214, 248 ; — (1665-1669), 277, 285, 353, 358, 366, 368, 373, 398, 425.

GIRARD (Marie). V. CASTELNAU.

GIRARDIN, à Pont-l'Évêque. Lettre, 241.

GIRARDIN (Anne). V. VILLERS.

GIRARDIN (Claude). État des sommes payées par lui, 114, 115 ; — Lettres, 112, 252 ; — Lettre à lui adressée, 252.

GIRARDIN (Jean-Louis). V. VAUVRÉ.

GIRAULT. V. GOAULT.

GIRAULT, à Moulins. Lettre, 341.

GIRAULT (André). Quittances, 63.

GIRIER, à Lyon. Lettre, 341.

GIROMAGNY (Haut-Rhin), 252.

GIRON. V. GIROULT.

GIRON-FRANÇOISVILLE. V. VILLA, ou VILLE.

GIROULT (Claude). Lettres, 118, 131, 135, 141, 355.

GISORS. V. GIROULT.

GISORS (Eure). Mémoire sur les abus des gens de guerre dans l'élection, 495 ; — Procès-verbal des maîtres-maçons pour la visite d'un pont en pierre, 415.

GISORS (Guillaume DE), II, 33.

GISPERTUS (Johannes), II, 60.

GITARDUS. Vente de terre, II, 64.

GIUSTINIANI (Cardinal Benedetto). Lettres, 37.

GIUSTINIANI (Francesco). Lettre à lui adressée, 33.

GIUSTINIANI (Marquis Giannetino), 453 ; — Lettres, 184, 216, 225, 230, 266, 331, 382, 386, 409.

GIVET (Le P.). V. RUET.

GIVRET, à Grenoble. Lettre, 240.

GIVRY (A., cardinal DE). V. PEYRUSSE DES CARS.

GIVRY (Louis du Bois, marquis DE). Lettre, 328.

GIVRY (P. DE). Lettre, 159.

GIVRY (Simon DE). Lettres à lui accordées, 340 ; — Placet, 393.

GLACES (Fabrication des), 370.

GLABER (Raoul), 59.

GLADO. Vente, II, 63.

GLANDEVÈS-CUGES (Chevalier J.-B. DE). Lettres, 277, 283 ; — Mémoire pour F. de Niozelles, 280.

GLARGUES (M. DE). V. MONTIGNY.

GLARIS (Canton de). Lettres des conseillers, 177, 185.

GLODOVARA. Vente à elle faite, II, 63.

GLORIEUX (Le), navire danois, 73.

GNESEN, ou GNIEZNO (Pologne). V. LESNO.

GOAULT, à Montpellier. Lettres, 113, 126, 305 ; — Sommation à lui adressée, 305.

GOAVE (Haïti), 43.

GOBELINS (Manufacture des), 145.

GOBELINS (Rivière des). Notes sur l'inondation de 1677, 519.

GOBERT (A.). Lettres, 318, 323, 337, 341, 344, 348, 358, 498 ; — Lettre à lui adressée, 334.

GOBIN DE PONS. Rapport, II, 14.

GOBRAS (M. DE). Son différend avec le sr de Lau, 418.

GODEFFROY (N.). Lettre, 492.

GODEFROY (Denis). Lettres, 43,

451, 457 ; — Note sur certaines de ses lettres, 525 ; — Requête pour sa maison du faubourg du Temple, 475.

GODEFROY (Jacques). Lettre, 441 ; — Note, 480.

GODEFROY (Pierre), 460.

GODEFROY (Théodore). Inventaire du Trésor des chartes, 93-94.

GODET (F. DE), marquise de Piennes. Lettres, 383, 517.

GODET (J.-M. DE), dame de Moreinville. Lettre, 384.

GOËSBRIAND (Louis-Vincent DE). Lettre, 323.

GOGUET, à Beauvais. Lettre, 260.

GOHIER (Ch.). Lettre, 380.

GOLLARD (Louise). Quittances, 512.

GOMBAUD (Capitaine). Extraits de ses lettres, 460 ; — Lettres, 318, 339, 467.

GOMBAULD (Antoine). V. MÉRÉ.

GOMBAULT (Sébastien DE). Lettres, 114, 230, 263.

GOMEZ DE SYLVA (Don Ruy). Pouvoir à lui donné, II, 28.

GOMONT (Antoine DE), 218 ; — Lettres, 129, 135, 138, 198, 275 ; — Mémoire, 384 ; — Transaction, 137.

GOMONT (Jean DE). Lettres, 98, 103, 113, 117, 121, 142, 188, 191, 212, 223, 239, 284, 371, 530 ; — Plan pour la réforme judiciaire, 45 ; — Procès-verbal des réunions préparatoires, pour discuter les droits de la reine, 39.

GOMONT (Nicolas DE), vicomte de Portien. Certificat, 106 ; — Lettres, 101, 102, 126, 170, 314, 458 ; — Lettre à lui adressée, 460.

GOMONT (Oudard DE). Lettres, 103, 154, 171, 261.

GON (Jacques). Lettres, 236, 259, 318.

GONBERGA. Vente, II, 64.

GONDEBERGA. Vente, II, 63.

GONDI (Catherine DE). V. RETZ.

GONDI (Henri DE), duc de Retz. V. RETZ.

GONDI (Jean-Paul DE), cardinal de Retz. V. RETZ.

GONDI (Paul DE). V. RETZ.

GONDI (Pierre DE), comte de Joigny, puis duc de Retz. « Démission de la duché de Retz » en sa faveur, 22 ; — Lettres, 413, 443, 489, 493.

GONDI (Pierre DE), évêque de Paris. Quittance, 62.

GONDOAS (Sœur Marie-Marguerite DE). Lettre, 509.

GONDOUIN (Josué). Projet pour rendre l'Orne navigable, 69.

GONDRIN (Hector de Pardaillan DE). V. PARDAILLAN.

GONDRIN (Louis-Henri de Pardaillan DE). V. PARDAILLAN.

GONDRIN (Roger de Termes DE). V. PARDAILLAN.

GONION. V. GOUION.

GONNET (Nicolas). Condamnation de ce colporteur, 508, 512.

GONTAUT (Charles DE). V. BRION.

GONTIER (Jean-Baptiste). Lettre, 296.

GONZAGA (Prospero). Lettre, 447.

GONZAGUE (Charles III DE), duc de Mantoue. Lettres, 153, 165 ; — Paiements qui doit lui être fait, 110.

GONZAGUE (Isabelle-Claire DE), duchesse de Mantoue. Lettres, 306, 362.

GONZAGUE (Vincent Ier DE), duc de Mantoue. Lettre à lui adressée, 29.

GONZAGUE DE CLÈVES (Anne DE), princesse palatine. Lettre, 109.

GONZAGUE DE CLÈVES (Charles DE), duc de Nevers. V. NEVERS (Duc DE).

GOOSENS (Jean). Lettre, 409 ; — Mémoire, 423.

GORAÏSKI (Z.). Lettre, 10.

GORDES (Louis-Marie-Armand de Simiane DE). V. SIMIANE.

GORDES-CARCES (François, marquis DE), V. SIMIANE DE PONTÉVÈS.

GORDON (M. DE), à Grasse. Lettre, 187.

GORÉE (Ile de). Plan, 529.

GORING (George). Affaire qu'il doit proposer, 18.

GORREVOD (Charles - Emmanuel DE). V. PONT-DE-VAUX.

Gorris de La Guerche (Paul de). Lettre, 422.

Gosiefredus. Vente, II, 64.

Gosse de Kolenghiem. Assignation de somme à lui faite, II, 44.

Gosselin-Doré. V. Doré (G.).

Gossuin du Val, II, 30.

Goteborg (Suède), 421.

Gothie, 57 ; — Catalogue des rois goths d'Espagne, 40.

Gottenburg. V. Goteborg.

Gouache (Dessins à la), 68, 81.

Goudron, 212, 221, 347, 356.

Gouaix (J. de). V. Du Tillet.

Goué (D.-J. de). Lettres, 97, 107, 147, 176, 180, 227.

Gouëllo (C.). Lettre, 290.

Gouffier (Artus). V. Roannès.

Gougy (Abbé de). V. Bougy.

Goujon de Thuisy (Jérôme). Lettres, 151, 159, 165, 170, 174, 179.

Goulart, à Tours. Lettre, 235.

Goulet, contrôleur. Lettre, 165.

Gourdan (Géraud de). V. Mauléon.

Gourdan (Le P. Pierre de). Lettre, 401.

Gourdans (Ain). Château, II, 55.

Gourgues (J. de), 271 ; — Lettre, 497.

Gournay (M. de), à Metz. Lettre, 301.

Gournay (Henri de). V. Marcheville.

Gournay (Michel. Amelot, marquis de). V. Amelot.

Gourville (G. de), à Bordeaux. Lettre, 263.

Gourville (Jean Hérault de). Lettres, 131, 304, 435.

Goussonville (M. de). Lettres de marine, 514.

Goût, et non Gouz (F., chevalier de), 227 ; — Lettres, 96, 104, 121, 125, 129, 135, 139, 144, 149, 152, 157, 163, 209, 230, 232, 293.

Gouverneurs de province. Appointements (1606-1656), 552 ; — Liste, 91.

Gouy d'Arcy (François de), marquis de Cartigny. V. Cartigny.

Gouyon (Charles), baron de Marcé. Factum contre lui, 478.

Gouyon (Claude), chevalier de Touraude. Factum, 478.

Goyon de Matignon (Amaury), marquis de La Moussaye. Lettre, 191.

Goyon de Matignon (François). Lettres, 331, 435, 449, 451, 458, 467, 471, 479 ; — Lettre à lui adressée, 460.

Goyon de Matignon (Jacques), comte de Torigny. Lettres, 449, 452.

Goyon de Matignon (Léonor Ier de), évêque de Lisieux. Lettres, 108, 433, 494.

Goyré (M. de). V. Loygette.

Goyrot. V. Soyrot.

Graces expectatives, II, 35.

Gracian (Balthasar). Extraits traduits d' « El Heroe », 81.

Graffenried (Nicolas de). Lettre, 320.

Graffin (Louis). Procès-verbal, 418.

Grafton (Henry, duc de). Commission de vice-amiral, 60.

Graime (Pierre de), sieur de La Gautrie. Placet, 290.

Grammont (Barbe de). Supplique, 511.

Grammont (François de Barthéllemy de), abbé, puis évêque de Saint-Papoul. Lettres, 438, 503, 514 ; — Oraison funèbre d'Anne d'Autriche, 67.

Grammont (Jacques de Barthéllemy de), baron de Lanta, 460 ; — Lettres, 200, 261, 274.

Gramon de Larzac (M. de). Lettres, 163, 372.

Gramont (Antoine de), comte de Guiche. Lettres, 408, 433, 434, 435, 437, 440, 476 ; — Mandement à lui donné, 528 ; — Relations sur les affaires du pays basque, 436.

Gramont (Antoine III, duc de). Lettres, 130, 159, 164, 168, 175, 198, 207, 422, 475, 477, 487, 531 ; — Lettres à lui adressées, 434, 476.

Gramont (Antoine-Pierre de), archevêque de Besançon. Lettres, 391, 426, 510.

GRAMONT (Catherine-Charlotte DE), duchesse de Valentinois. Lettre, 117.

GRAMONT (Élisabeth Hamilton, comtesse DE). Lettre, 248.

GRAMONT (Maréchale Françoise-Marguerite DE). Lettre, 353.

GRAMONT (Henri DE), comte de Toulonjon. Affaire avec l'évêque de Tarbes, 456 ; — Lettre, 436 ; — Pouvoir par lui donné au marquis de Feuquières, 456.

GRAMONT (Philibert, comte DE). Lettre, 433.

GRANCEY (François Rouxel de Médavy, marquis DE). V. ROUXEL.

GRANCEY (Jean Rouxel, maréchal-comte DE). V. ROUXEL.

GRAND (Le), nom de vaisseau, 73.

GRAND (J.). Lettre, 105.

GRAND-CHAMBELLAN (Le). Droits de cet office, 43.

GRAND-CHAMBRIER (Le). Suppression de cet office, 43.

GRAND-CONSEIL. V. CONSEIL.

GRAND-HENRY (Le), nom de vaisseau, 72.

GRAND-PRIEURÉ DE FRANCE (Ordre de Malte). 434.

GRANDS-JOURS, 367 ; — Mémoire sur les grands-jours, 364 ; — V. CLERMONT.

GRANDS-MAÎTRES enquêteurs des eaux et forêts. V. ENQUÊTEURS.

GRANDE-BRETAGNE, 28 ; — V. ANGLETERRE, ÉCOSSE, IRLANDE.

GRANDE CHARTE de 1215, 17.

GRANDE-ÉCURIE (La). V. ÉCURIE.

GRANDFONTAINE (Chevalier DE). Requête, 526.

GRANDMAISON (François DE). V. FRANCINI.

GRANDMONT (Ordre de), 171.

GRANDPRÉ (Ch.-Fr. de Joyeuse, comte DE). V. JOYEUSE (Ch.-Fr. DE).

GRANDSAIGNE (Martial DE). Lettres, 316, 365.

GRANDSELVE (Abbaye de Notre-Dame de), au diocèse de Toulouse. Inventaire des bénéfices, 83 ; — Lettre des religieux, 95.

GRANDVILLARS (Haut-Rhin). 96.

GRANERIIS (Petrus DE), II, 68.

GRANGIER DE LIVERDIS (Jean). Lettres à lui adressées, 26.

GRANJON DE LARZAC. V. GRAMON.

GRANVAL (M. DE). V. CORNUEL (R.).

GRANVAL (Le sʳ DE). Lettre, 313.

GRANVELLE (A. DE). V. PERRENOT.

GRANVILLE Supplique des habitants, 373.

GRANVILLE. Note sur ce prisonnier en Zélande, 472.

GRASSE. Évêque, v. BERNAGE (A. DE).

GRASSE (Abbé Jean DE). Lettres, 144, 151, 157, 162, 168, 177, 184, 189, 193, 217, 223, 242, 277, 287, 309 ; — Résignation du prieuré de Saint-André, 194.

GRASSE-SAINT-TROPÈZ (F. DE). Lettres, 125, 353, 372.

GRASSI (Paris DE), 55.

GRASSON. Lettre, 264.

GRATIANI (Girolamo). *Hercole Gallico*, 51 ; — Lettres, 188 404, 408, 449, 450, 527.

GRATTET (Abbé). Lettre, 274.

GRAVANÇON. Lettre à lui adressée, 456.

GRAVE (Guillaume). Mémoire, 367.

GRAVE (Jean DE). Lettres, 243, 270, 275.

GRAVÉ (Jean). V. LAUNAY.

GRAVEL (Abbé Jacques DE). Lettres, 193, 195, 202, 205, 229, 270, 382, 386, 392, 397, 419, 422, 424, 449, 488.

GRAVEL (Jacques DE), dit Gravel le Jeune. Lettre, 104.

GRAVEL (Robert DE). État de ses dépenses en 1662, 156 ; — Lettres, 100, 104, 126, 132, 135, 139, 146, 155, 169, 174, 221, 233, 248, 252, 275, 295, 299, 304, 309, 316, 320, 327, 337, 343, 357, 362, 370, 372, 404, 409, 428, 503 ; — Lettres à lui adressées, 32, 332.

GRAVELINES. Concession de droits, à cause du raz-de-marée, 222 ; — Couvent des Récollets, 322 ; — Épidémie de 1667, 373 ; — Lettres des échevins, 202, 278, 325, 390 ; — des officiers de la garnison, 319, 324 ; — Placet des échevins, 203 ; — Requête des habitants, 325.

GRAVES (Marie DE). Lettre, 303.

GRAVIER (Capitaine). Lettres, 327, 379.

GRAVIER (A.). Lettre, 274 ; — Lettres de change, souscrites en son nom, 307, 347 ; — Reçu par lui signé, 357.

GRAVIER (Hugues). Lettres, 508, 524.

GRAVIER (Le Fr. J.). Lettre, 487.

GRAVIER (Pierre). Lettres, 118, 120, 168, 209, 363, 373, 381, 397, 420.

GRAVIGNAN (M. DE). Lettres, 108, 152.

GREBEL (Jean-Conrad). Lettre, 322.

GRECQUE (Langue), au collège de France. Lecteur, 67.

GRÉCY. V. GRESSY.

GREFFES. Etats des gages des greffiers, créés dans le ressort du parlement de Rennes, 543 ; — État des intérêts de la finance des greffes, 543 ; — Greffiers consulaires de Provence, 402.

GREFFES des plantes. « De insitionibus », 58.

GRÉGOIRE IX, pape. Bulles, II, 30.

GRÉGOIRE X, pape. Constitutions, II, 62 ; — Bulles, 31, 32.

GRÉGOIRE XIV, pape. Son couronnement, 2.

GRÉGOIRE XV, pape. Bref, 3 ; — Lettre à lui adressée, 70.

GREIZY (Benoît de Cize, marquis DE). Lettre à lui adressée, 367.

GRÊLES, 294 ; — Mémoires sur les grêles en Agenais, etc., 407.

GRÉMONVILLE (Jacques Bretel, chevalier DE), Dépêche, 267 ; — Lettres, 97, 254, 259, 264, 269, 280, 286, 297, 301, 319-320, 349, 360, 379, 389, 400, 408, 431, 434.

GRENADA (Ile). Concession de cette île au comte de Carlisle, 66, 67.

GRENADE (Espagne). Catalogue des rois maures de Grenade, 40 ; — États, II, 54.

GRÉNEAU (Pierre). Lettre, 369.

GRENET (J.). Lettre, 222.

GRENIER (Jean DE). Lettre, 403.

GRENIER DE CAUVILLE. Lettres, 358, 433, 455 ; — Lettre à lui adressée, 415.

GRENIERS A SEL. Avis pour l'aliénation des procès relatifs aux greniers à sel, 45 ; — Commis, 340 ; — État des greniers à sel en mai 1582, 92 ; — V. ALENÇON, AUXERRE, BOURGES, BOURGOGNE, CHATEAU-CHINON, DUN-LE-ROI, FRESNAY, HARFLEUR, MANTES, ORLÉANS, SAINT-FLORENTIN, SÉEZ.

GRENOBLE, 7 ; — Certificats en faveur des consuls, 243 ; — Cours souveraines, v. DAUPHINÉ ; — Diocèse, 7 ; — Enregistrement du traité de Cambrai, II, 26 ; — Évêques, v. LE CAMUS (E.), SCARRON (P.) ; — Généralités, 534, 535, 537, 538, 539, 541 ; — Requête des consuls au parlement du Dauphiné, 123 ; — Visite de la « porte de France », 281 ; — Visite du « palais royal », 127.

GRESSY (Jérôme Lescuyer, sʳ DE). Instructions, 35.

GRÉZÉ. V. YSARN DE GRÉZÉ.

GRIFFET, à Moulins. Lettre, 386.

GRIFIN (Capitaine). Commission donnée à ce corsaire, 43.

GRIGNAN (François-Adhémar de Monteil DE), archevêque d'Arles, Lettres, 275, 401, 497.

GRIGNAN (Jacques-Adhémar de Monteil DE), évêque d'Uzès. Lettres, 184, 187, 202, 274, 369, 401, 454, 458, 466, 479 ; — Mémoire sur son arbitrage dans l'affaire de M. de Toulonjon, 456.

GRIGNAN (Jean-Baptiste de Monteil DE), coadjuteur d'Arles. Lettre, 498.

GRIGNAN (Louis-François-Adhémar de Monteil, comte DE). Lettres, 209, 369, 432, 435, 438, 443, 446, 449, 459, 461, 497, 514, 530 ; — Lettres à lui adressées, 476.

GRIMALDI (Jean-Henri DE), marquis de Courbons. V. COURBONS.

GRIMALDI (Louis), prince de Monaco. V. MONACO.

GRIMALDI (Maurice), seigneur de Bueil. V. BUEIL.

GRIMANI (Alvise). Lettres, 105, 110, 113.

GRIMANI (Antoine), évêque de Torcello. Lettres à lui adressées, 30.

GRIMARD (Louis DE). Lettre, 259.

GRIMAUD (Le sr). Examen de son cadavre, 434.

GRIMAUDET (Louis), sr de La Varanne. Arrêt du Parlement, rejetant sa requête, 251.

GRIMAUDET (Mme V.-E. DE). Lettre, 510.

GRIMAUDET DE MOTHEUX (Michel). V. MOTHEUX.

GRIMOARD (Sc. DE). V. DU ROURE.

GRIMPEREL (J.). Lettre, 499.

GRINGUENIÈRE. V. LAUNAY.

GRISONS (Canton des), 27 ; — Lettre des confédérés, 351 ; — Pensions des agents, envoyés auprès de ce canton, 551.

GRITTI (A.), II, 51.

GRITTI (J.) (?). Lettre, 318.

GRŒNENSTEIN (Barthélemy DE). Mémoire, 392 ; — Rapport sur une affaire avec M. d'Hailly, 436.

GRŒNINGHEN, près Courtrai. Monastère, II, 60.

GROGNARD (Président). Lettre, 176.

GROIGNET (J.). V. VASSÉ.

GROLIER DE SERVIÈRES (Antoine). Lettres, 30.

GROOTDUME (Pierre), II, 34.

GROSBOIS (Michel). Lettre à lui adressée, 328.

GROUÏN-DESBORDES (Ch.). Sommes à lui dues, 414.

GROVE. V. IVON (Pierre).

GRUGE (Le sr). Supplique, 370.

GRYMAUDET (Mme V.-E. DE). V. GRIMAUDET.

GUADELOUPE (Ile de la), 42 ; — Concession de cette île au comte de Carlisle, 67.

GUALDI, ou GUALDO (Chevalier), 148 ; — Inventaire de ses collections, 115.

GUALDO - PRIORATO (Galeazzo), comte de Camazzo. Lettres, 105, 122, 127.

GUALDO-PRIORATO (Galeotto). Lettre, 458.

GUARNERI (Giulio-Cesare), évêque de Campagna. Lettre à lui adressée, 29.

GUARNICA (Francesco DI). Son mariage, II, 36.

GUASPARINI (Pompeo). Lettres, 153, 165, 199, 210 ; — Lettres à lui adressées, 195, 199.

GUASTALLA (Maison DE), 181.

GUEFFIER (Étienne), 29 ; — Lettre à lui adressée, 71.

GUELDRE (La), 94 ; II, 19 ; — Duché, 33.

GUELDRE (Charles, duc DE), II, 22 ; — Lettres, II, 23.

GUELDRE (Renaud, comte DE), II, 4, 32.

GUELDRE (Otton II, comte DE), II, 37.

GUÉMADEUC (Sébastien DE), évêque de Saint-Malo. Lettre circulaire, 464 ; — Lettres (1664-1672), 253, 301, 311, 441, 446, 448, 449, 454 ; — (1673-1677), 463, 465, 480, 483, 496, 498, 500, 501, 503, 505, 507, 510, 522, 530.

GUÉMÉNÉ (Anne de Rohan, princesse DE). V. ROHAN.

GUÉMÉNÉ (Charles de Rohan, comte DE). V. ROHAN.

GUÉNEAU, à Paris. Lettres, 220, 225.

GUÉNÉGAUD (Famille DE). Notice généalogique, 85.

GUÉNÉGAUD (Claude du Plessis DE), 115, 370 ; — Lettres, 145, 265 ; — Mémoire sur son affaire, 530 ; — Requête, 335.

GUÉNÉGAUD (Mme Claude-Alphonsine DE), née Martel. Lettres, 378, 433.

GUÉNÉGAUD (Henri du Plessis, sr DE). Lettres, 117, 458.

GUÉNÉGAUD DES BROSSES (Claude DE). Lettres, 457, 509, 521.

GUÉNET (J.). Lettres, 198, 214.

GUÉPERROUX (M. DE). Extraits de lettres, 364, 460.

GUER (Jean DE). Lettres, 238.

GUÉRARD (Nicolas). Lettres, 398, 401.

GUERCHOYS (Pierre DE). Lettre, 250.

GUERCHY (L. DE). Lettres, 163, 205, 323.

GUÉRIN (Claude). Lettre, 181 ; —

Conflit avec les trésoriers du Dauphiné, 194.

GUÉRIN DE BOUSCAL (Guyon). Réformation de la justice, 45.

GUÉRIN DE CHERMON, à Moulins. Lettres, 170, 179.

GUERNESEY (Ile de), 347 ; — Droits d'entrée sur les marchandises, venant d'Angleterre, 46.

GUERRAN (Marquis DE). V. KERJEAN.

GUERRIER, à Bordeaux. Lettre, 278.

GUERS (M. DE), à Arles. Lettres, 184, 382.

GUESTON (Jacques). Lettre, 425.

GUET. Chevalier du guet, à Paris, 469.

GUI, avoué de Béthune. Lettres relatives à sa féauté, II, 2.

GUI DE CHATILLON, II, 1.

GUI DE DAMPIERRE, comte de Flandre, II, 5, 30, 32, 33 ; — Absolution, II, 32 ; — Actes II, 31 ; — Actes le concernant, II, 31, 37, 38 ; — Autorisation à lui donner de fortifier Peteghem, II, 3 ; — Différend avec le Hainaut, II, 38, 39 ; — Dîme à lui accordée, II, 32, 33 ; — Investiture de la Flandre, II, 3 ; — Lettres à lui adressées, II, 44 ; — Lettres en sa faveur, II, 32 ; — Mandements à lui adressés, II, 4, 6 ; — Pièces le concernant, II, 44 ; — Sentence relative à son différend avec la dame de Courtrai, II, 3 ; — Traités avec Baudouin d'Avesnes, II, 31 ; — avec le roi des Romains, II, 37 ; — Trève avec le duc de Brabant, II, 3.

GUI DE LA CHARITÉ, évêque de Soissons. Lettre, II, 33.

GUI DE MUNOIS. *Gesta abbatum S. Germani Autissiodiorensis*, 57, 58.

GUI DE ROCHEFORT, 16.

GUIBERT. Lettres, 233, 270, 297, 308, 369, 373, 383, 394.

GUICHARD, prisonnier au Châtelet. Lettre, 240.

GUICHE (Comte DE). V. GRAMONT (A. DE).

GUIDY (Dominique). Lettres, 238, 244, 428.

GUILLAIN (Charles DE), s^r de La Roche. Requête pour sa verrerie, 448.

GUILLARD (François). Lettre, 325.

GUILLAUME (Artus), s^r de La Cour. Lettres, 151, 159, 165, 179, 183.

GUILLAUME (Jean). Lettres, 131, 135, 143, 154, 172.

GUILLAUME, abbé d'Andres. Extrait de sa Chronique, 56.

GUILLAUME III, roi d'Angleterre, 190.

GUILLAUME III, comte de Hainaut, II, 39 ; — Don de terre à lui fait, II, 11.

GUILLAUME VI DE BAVIÈRE, comte de Hainaut. Lettres, II, 49.

GUILLAUME IV, langrave de Hesse-Cassel. Lettres à lui adressées, 25, 26, 32.

GUILLAUME II, comte de Hollande. Lettres, II, 36, 37 ; — Paix avec la comtesse de Flandre, II, 30.

GUILLAUME, duc de Saxe, II, 50 ; — Lettres, II, 50.

GUILLAUME CHARTIER. Lettres, II, 15.

GUILLAUME DE BROSSE, évêque de Meaux. Pouvoir à lui donné, II, 9.

GUILLAUME DE BROSSE, archevêque de Narbonne. Paix avec le vicomte de Narbonne, II, 67, 68.

GUILLAUME DE DAMPIERRE, II, 30, 31.

GUILLAUME DE GISORS. Lettre à lui adressée, II, 33.

GUILLAUME DE HAINAUT, évêque de Cambrai. Lettres à lui adressées, II, 37.

GUILLAUME DE HANGEST. Mandement à lui adressé, II, 6.

GUILLAUME DE NAMUR. Échange avec le duc de Bourgogne, II, 14.

GUILLAUME FILASTRE, évêque de Tournai. Lettres à lui adressées, II, 34.

GUILLAUME LE CLERC, II, 47.

GUILLAUME RAT. Procès avec Jean de Vison, II, 49.

GUILLAUME - ODON, duc de Bourgogne. Épitaphe, 59.

GUILLEBERT, à Calais. Lettre, 185.

GUILLELMA. Acte de livraison de terre, II, 67.

GUILLELMA DE AMELIIS. Vente à elle faite, II, 67.

GUILLELMA LUISA. Mariage, II, 69.

GUILLELMA RADOLSA. Vente, II, 66.

GUILLELMA TORRADA. Don, II, 67.

GUILLELMA VENTRUDI. Vente, II, 68.

GUILLELMUS, II, 63.

GUILLELMUS ALPHARICUS DE SANCTO-NAZARIO. Engagement, II, 67.

GUILLELMUS AMALDUS. Don à lui fait, II, 66 ; — Lettres, II, 65.

GUILLELMUS BALBUS. Don à lui fait, II, 65.

GUILLELMUS BERNARDUS DE SANCTO-SEBASTIANO. Acte de livraison de champ, II, 66.

GUILLELMUS BOETUS, II, 67.

GUILLELMUS BORDES. Acte de tradition de terre à lui faite, II, 66.

GUILLELMUS DE ARBLERIO. Lettre à lui donnée, II, 3.

GUILLELMUS DE BITTERRIS. Testament, II, 64.

GUILLELMUS DE BRUGAIROLIS, II, 66.

GUILLELMUS DE DUROFORTI, II, 62.

GUILLELMUS DE ESCHALIS. Don, II, 65.

GUILLELMUS DE VILLAMARIA. Don, II, 66.

GUILLELMUS FABER, ou FABRE. Boutique par lui possédée, II, 68 ; — Don à lui fait, II, 66 ; — Reconnaissance, II, 68 ; — Vente à lui faite, II, 65.

GUILLELMUS PARICI. Testament, II, 69.

GUILLELMUS PONCIUS DE BROLIO. Don, II, 67.

GUILLELMUS RAIMUNDI DE MONTE PESSULLANO, II, 68.

GUILLEMIN (J.). Lettre, 405.

GUILLEMIN (François). Lettre de ses frères, 391.

GUILLEMIN (Joseph). Lettre, 235.

GUILLEMIN (Philibert). Lettre, 228.

GUILLERAGUES (Charles-Joseph de La Vergne DE). Lettres, 121, 126, 155, 165, 316, 321, 324, 346, 500, 519.

GUILLERMIN, à Agen. Lettre, 131.

GUILLERY (Le P. François). Lettre, 506.

GUILLET. Lettre de marine, 515.

GUILLET DE LA TREMBLADE (Étienne). Plainte contre les jurats de Bordeaux, 367.

GUILLOTIN, à Dunkerque. Lettre, 524.

GUILLON (Ytier). Déposition, 141 ; — Lettres, 136-137, 144.

GUILLOYRE. Lettre, 377.

GUINAUT (N. DE). V. GUYNANT.

GUINÉE, 53, 384, 434 ; — Voyage du chevalier d'Hailly, 436.

GUINES (Maison DE), 56.

GUINGAMP, 251.

GUISAIN, avocat. Lettre, 225.

GUISCARD (Georges DE). V. LA BOURLIE.

GUISE. Lettres des officiers de l'élection, 222, 248.

GUISE (Maison DE). Domaine vendu en 1640, 203 ; — Succession, 364.

GUISE (Charles IV, duc DE). Lettre à lui adressée, 29.

GUISE (Élisabeth d'Orléans, duchesse DE), 24, 176.

GUISE (François de Lorraine, 1er duc DE), II, 29 ; — Lettre lui permettant de nommer à certaines châtellenies, 20.

GUISE (Françoise-Renée de Lorraine, delle DE), abbesse de Montmartre. Lettres, 139-140, 435, 499, 508, 509.

GUISE (Henri de Lorraine, 5e duc DE). Lettre d'un de ses créanciers, 252 ; — État de ses biens, 441-442 ; — Exploit de saisie fait à la requête des créanciers, 256.

GUISE (Henriette de Lorraine, duchesse DE). Lettres, 389, 432, 435, 451, 496.

Guise (Louis III de Lorraine, cardinal de). Lettre à lui adressée, 71.

Guise (Louis-Joseph de Lorraine, 6e duc de). Mariage, 24.

Guise (Marie, duchesse de Joyeuse et de). Lettres, 449, 451, 470 ; — Mémoire contre elle, 464 ; — Requête, 363.

Guise (Marie de Lorraine, dite Melle de), 464 ; — Lettres, 104, 449, 451 ; — Requête, 363.

Guitaut (Guillaume de Pechpeyrou de Cominges, chevalier de). Lettres, 215, 216, 221, 269.

Guitry (Gui de Chaumont, marquis de). Lettres, 229, 368, 435.

Guron. V. Rechignevoisin.

Gustave Ier, roi de Suède. Traités avec François Ier, 11.

Guy, à La Ciotat. Lettre, 428.

Guyard (Le Fr. Bernard). Lettre, 175.

Guydo du Rest (Pierre). Lettres, 127, 143, 157, 163, 175, 188.

Guyenne, 56, 93, 393 ; — Achat de blés en Guyenne, 127 ; — Dessèchement des landes, 350 ; — Duc, v. Charles ; — Entretien des ponts et chaussées, 286 ; — État des troupes nécessaires pour le recouvrement des impôts, 127 ; — Gages des officiers des cours souveraines, 544 ; — Généralité, 393, 418, 534, 535, 536, 537, 538, 539, 541 ; — Lettres des trésoriers, 131, 144, 151, 155, 159, 164, 188, 197, 204, 207, 219, 241, 260, 261, 282, 293, 299, 305, 337, 363, 372, 387, 391, 422, 497 ; — Lieutenance-générale, II, 63 ; — Liste des gouverneurs, 91 ; — Mandement des trésoriers, 286 ; — Mémoire sur la charge de prévôt-général, 447 ; — Trafic de la province, 485.

Guyenne (Cour des Aides de). Délibération, 160 ; — Lettres de membres de la cour, 114, 173, 252 ; — Projet d'achats de maison pour la cour, 267.

Guyenne (Parlement de). Appel interjetté par le procureur-général, 212, 213 ; — Arrêts, 156, 293, 322 ; — Certificat du greffier de la chambre de l'Édit, 271 ; — Enregistrement et vérification du traité de Cambrai, II, 26, 29 ; — État de paiements faits aux membres, 414 ; — Extraits des registres, 189 ; — Notes sur le Parlement, 8 ; — Pensions des membres (1606-1656), 552.

Guynant (M. de). Lettres, 339, 342, 346, 362, 397 ; — Lettre à lui adressée, 331.

Guyon, à Avallon. Lettre, 382.

Guyot (Ch). Lettre, 242.

Guyton. Lettres, 170, 362, 398.

Gylly (Dom). V. Gilly.

Haab (Jean-Jacques). Lettre à lui écrite, 311.

Habert, à La Rochelle. Lettres, 97.

Habert de Montmor (Jean-Louis) Épigramme, 48.

Habsbourg (Rodolphe de), II, 37.

Hache, à Rome. Lettres, 236, 271, 280.

Hachette (François). Lettres, 123, 187, 191, 383 ; — Note à lui relative, 402.

Hacqueville (Famille de). Notice généalogique, 85.

Hadrien. V. Adrien.

Hagetmau (Landes). Procès-verbaux de la sédition de 1664, 247, 256.

Hailly (Chevalier Jacques d'). Rapport de B. de Grœnenstein contre lui, 436 ; — Voyage en Guinée, 436.

Hainaut, 39 ; II, 19, 49, 50 ; — Acte du clergé, de la noblesse et du tiers état du Hainaut, reconnaissant la suzeraineté du Téméraire, II, 50 ; — Adjudication des domaines du Hainaut, confiée à P. Deschiens, 112 ; — Alliance conclue avec le Brabant, II, 46 ; — Commerce du charbon de terre, 427 ; — Comté, II, 31 ; — Comtes, v. Guillaume et Jean ; — « Déclaration des

lois en le court », II, 62 ; — Grand-bailli, II, 60 ; — Prolongation de trêve conclue en 1312 avec la Flandre, II, 6, 7 ; — Règlement pour le comté, II, 2.

HAINAUT (Guillaume DE), évêque de Cambrai, II, 37.

HALE (Mathieu). Commission à lui donnée de « chef-justice des plaidoyers », 60-61.

HALLE-AUX-VINS (La), à Paris, 6.

HALLEVILLE (M. D'). Lettre, 306.

HALLY (Abbé Nicolas D'). Lettres, 331, 516.

HAM (Somme), II, 16 ; — Titres des propriétés de Mazarin, 83.

HAMBOURG, 11, 35, 78, 133, 256 ; — Compagnie anglaise, 52 ; — Lettres des sénateurs, 257, 285, 286, 356, 375, 376, 522, 524 ; — Note sur le change à Hambourg, 480 ; — Nouvelles, 95, 243 ; — Permission donnée à des capitaines de vaisseaux d'Hambourg, « pour obtenir libre pratique » à Rouen, 262.

HAMEAU (Mme R.). Lettres, 98.

HAMELIN (Jacques). Procès-verbal, II, 28.

HAMILTON (Élisabeth). V. GRAMONT.

HAMILTON (Jacques), duc de Châtellerault. V. CHATELLERAULT.

HAMILTON (James, marquis D'). Concession à lui faite de Terre-Neuve, 66.

HAMON (Thomas). Concession à lui faite, de territoires américains, 66.

HAMONYN (Daniel). Lettres, 104, 109, 237.

HANAU (Amélie - Élisabeth DE), princesse de Hesse-Cassel. Lettre à elle adressée, 33.

HANAU (Johann-Reinhard II, comte DE). Ses prétentions sur les péages d'Alsace, 199.

HANEDOUCHE (Henri). Lettre, 133-134.

HANGEST (Guillaume DE), II, 6.

HANGOUWART (Barthélemy), II, 48.

HANGOUWART (Jean), II, 47.

HANNEQUIN-VANIER, II, 47.

HANNICQUES DE BANJAMIN (Pierre). Quittance, 64-65.

HANNIVEL (Pierre DE). V. MANNEVILLETTE.

HANOVRE (Jean-Frédéric, duc DE). Lettre, 505 ; — Réponse à une proposition de la France, 473.

HANSÉATIQUES (Villes). Traité entre la France et les villes hanséatiques, 13 ; — entre la Hollande et les villes hanséatiques, 16 ; — V. HAMBOURG et LÜBECK.

HARAUCOURT (Forges de), près Sedan, 180.

HARAUCOURT (Charles, marquis DE). Placet, 475.

HARCOURT (Régiment d'). Meurtre d'un soldat, 148.

HARCOURT (Alphonse-Henri-Charles de Lorraine, prince D'). Mémoire contre lui, 367.

HARCOURT (Anne d'Ornano, comtesse douairière D'). Lettres, 270, 375, 401, 411, 440.

HARCOURT (Armande de Lorraine D'), abbesse de Notre-Dame de Soissons. Lettres, 455, 475.

HARCOURT (Charles, chevalier D'), comte de Beuvron. Ex-libris, 82.

HARCOURT (Christophe D'). Lettres, II, 15.

HARCOURT (François D'), marquis de Beuvron, 468 ; — Lettres, 331, 399, 404, 449, 451, 459, 466, 507.

HARCOURT (Henri de Lorraine, comte D'). Instructions, 34, 35 ; — Lettres, 109, 112, 113, 139, 236, 240, 266, 293, 311, 420, 482.

HARCOURT (Jean, bâtard D'), II, 15.

HARDY, à Limoges. Lettres, 135, 162, 168, 172, 180.

HARDY (Adrien). Lettres, 273, 378.

HARENG (Pêche du), 457.

HARESCOURT (M. D'). V. ARNOUL.

HARFLEUR, II, 4 ; — Jugements rendus contre les officiers du grenier à sel, 189 ; — Liquidation des terres du sr du Mesnil de Saint-Suplix, 463.

HARISTEGUY. V. SAUBA-HARISTEGUY.

HARLAY (Famille DE). Notice généalogique, 85.

HARLAY (J.). Lettre, 269.

HARLAY (Achille Ier DE). Discours, 67.

HARLAY (Achille II DE). Lettres (1663-1664), 167, 178, 188, 193, 205, 209, 214, 229, 237, 244, 254, 257, 263, 267 ; — (1665), 268, 269, 285, 289, 301, 305, 310, 316, 321, 225, 325 ; — (1666-1671) 331, 342, 345, 348-349, 353, 360, 365, 369, 372, 379, 382, 425, 428 ; — Lettre à lui adressée, 287 ; — Sur la réformation de la justice, 45.

HARLAY (Achille III DE), Lettres, 39 ; — (1671-1672) 432, 437, 439, 444, 446, 450, 452, 454, 459, 461 ; — (1673-1677), 470, 474, 480, 483, 485, 496, 499, 507, 510, 513, 520, 522, 531.

HARLAY (Christophe de Beaumont DE). Dépêches, 30.

HARLAY DE BONNEUIL (Nicolas-Auguste DE). Lettres, 189, 191, 226.

HARLAY DE CÉSY (Philippe DE), 5 ; — Lettre à lui adressée, 70.

HARLAY DE CÉSY (Roger DE) évêque de Lodève . Lettres, 201, 207, 252, 266, 274, 279-280, 356, 368, 373, 433.

HARLAY DE CHAMPVALLON (François II DE), archevêque de Rouen, puis de Paris. Lettres, (1662-1665), 135, 143, 183, 200, 229, 235, 249, 251, 260, 263, 285, 289, 293, 296, 309, 317 ; — (1666-1667) 330, 353, 385, 400, 432, 433, 438, 440, 443, 446, 449, 452, 460. 461, 475, 497, 500, 517, 524.

FARLAY DE CHAMPVALLON (François-Bonaventure DE). Lettres, 292, 296.

HARLEBEKE (Flandre). Vidimus par les échevins, II, 50.

HARO (Don Luis DE), 40.

HAROD (Melchior DE). V. SAINT-ROMAIN.

HAROUYS (Guillaume DE). Lettres, 105, 355-356.

HARMAN (William). Lettre, 490.

HARVILLE (Meuse). Impositions, 124.

HARVILLE (Claude DE), sr de Palloiseau. Quittance, 64.

HASION. V. GASCOING.

HASTEUIL-BALLANT (C.). Lettre, 440.

HATTENSTEIN (Marquard VON), évêque de Spire. Lettre à lui adressée, 26.

HATTON (Richard). Pouvoir à lui donné, II, 40.

HAUDECOUR (Jean D'). Lettre, 382.

HAUSSONVILLE (Jean, baron D'). Sa juridiction comme gouverneur de Verdun, 13.

HAUSSY (Robert DE). Lettre, 275.

HAUTEFEUILLE (Étienne Texier, chevalier DE). Lettre, 230.

HAUTEFORT (Claude de Bellièvre, sr DE), 45.

HAUTEFORT (Jacques-François, marquis DE). Lettre, 127.

HAUTEFORT (Jean de Bellièvre, sr DE), 26.

HAUTEFORT (Marie DE), maréchale de Schomberg, 100, 509, 520.

HAUTEMAN (Vincent). V. HOTMAN.

HAUTESERRE (M. DE). V. DODINE.

HAUTIER. V. GAUTIER.

HAVARD (Pierre). Requête de sa veuve, pour la suppression de sa charge d'élu à Montreuil-Bellay, 307.

HAVESQUERQUE (Dame DE), II, 11.

HAVRE (Le). V. LE HAVRE.

HAYE (La). V. LA HAYE.

HAYS, à Calais. Lettre, 185.

HAZON (Michel). Lettres, 286, 358.

HEBBERECHT (Gilles). Sa nomination comme receveur, II, 60.

HÉBERVILLE (M. D'). Lettres, 355, 387, 412.

HÉBERVILLE-TOUSTAIN (N. D'). Lettres, 338, 402, 408.

HÉDÉ (Ille-et-Vilaine). Titres concernant la forêt, 298.

HÉDELIN, à Nemours. Lettre, 356.

HÉDICOURT, à Amiens. Lettre, 221.

HÉGRY (Affaire), à Bourges. Procès-verbaux sur cette affaire, 380.

HEINSIUS (Nicolas). Sonnets et poésies, 49.

HELDERSEN (Peter). Arrêt du Conseil en sa faveur, 532.

HÉLIOPOLIS (Égypte). Évêque, v. PALLU (Fr.).

HELLIN (Antoine). Pouvoir à lui donné, II, 25.

HELLOUIN (Charles). V. REUILLY.

HELLOUIN (Nicolas). V. DU BOSCAGE.

HELM (Le Fr. Léonard). Lettre, 77.

HELMENSIS (Castellanus). V. GORAÏSKI.

HÉLYOT (Gilles). Lettre, 306.

HÉMERY, à Nantes. Lettre, 447.

HÉMINES, 119, 167.

HEMSRODE (JOSSE DE), II, 51.

HENDAYE (Pays basque). Travaux de la tour et de la plate-forme, 247.

HENNEQUIN (Famille). Généalogie, 290.

HENNEQUIN (N.). Lettres, 391, 416, 405, 443.

HENNING (Barthélemy). Lettre, 240.

HENRI IV, roi d'Angleterre. Privilèges par lui accordés, 52.

HENRI V, roi d'Angleterre. Privilèges par lui accordés, 52.

HENRI VI, roi d'Angleterre, II, 63; — Actes, II, 39; — Privilèges par lui accordés, 52-53.

HENRI VII, roi d'Angleterre. Actes, II, 39, 40, 41; — Mariage avec la duchesse de Savoie, II, 35; — Prêt à l'Empereur, II, 52; — Privilèges par lui accordés, 53.

HENRI VIII, roi d'Angleterre, 56; II, 23, 53; — Actes, II, 40, 41, 42; — Acte relatif à son divorce, II, 36; — Discours latin contre lui, 58; — Privilèges par lui accordés, 53; — Traité de Cambrai, II, 42.

HENRI IV, roi de Castille, II, 18.

HENRI II, roi de France, 13; — Actes, II, 27-29; — Contrat de mariage, 28; — Lettres, 25, 58; — Traité du Cateau-Cambrésis, 28-29.

HENRI III, roi de France, 92; — Acte de dispense, 52; — Commissions, 61; — Correspondance, 5; — Lettres, 13, 18, 25, 26.

HENRI IV, roi de France, 13, 18, 28; — Actes, 16, 24, 47; — Commission du Parlement, pour le jugement du maréchal de Biron, 28; — Correspondance, 27, 29, 30, 31; — Fondations de chaires en Sorbonne, 9; — Instructions aux ambassadeurs, 27, 29, 30; — « Mémoire des jours de naissance de ses enfants », 19; — Protocole de lettres royales, 19; — Rescrit pour la dissolution du mariage, 28; — Traités avec le duc de Mercœur, 19; — avec la Savoie, 28.

HENRI VII, roi des Romains, fils de Frédéric II. Lettre, II, 36.

HENRI III, duc de Brabant, II, 37.

HENRI DE BLAMONT. Lettre de don, II, 38.

HENRI DE BOULAN, abbé de Stavelot. Lettre à lui adressée, II, 34.

HENRI DE CONDESCURE, abbé de Saint-Bertin. Lettres, II, 11.

HENRI DE GELDERN, évêque de Liège, II, 37.

HENRI, abbé de Lieu-Restauré, II, 11.

HENRI DE LUXEMBOURG, empereur. Lettres, II, 38.

HENRI Ier, comte de Luxembourg. Lettres, II, 37.

HENRI D'ORLÉANS. V. LONGUEVILLE.

HENRI DE SAVOIE, duc de Genevois, 22.

HENRI DE TROUSSEAUVILLE, II, 46.

HENRI LE PRUDHOMME, II, 47.

HENRI LIPPIN, II, 46.

HENRIETTA (Ile). V. SAN-ANDRES.

HENRIETTE-ADÉLAÏDE DE SAVOIE, électrice de Bavière, 14.

HENRIETTE-ANNE D'ANGLETERRE

(Madame). Budget de sa maison, 227.

HENRIETTE-MARIE DE FRANCE, reine d'Angleterre. Instructions de sa mère à elle adressées, 22 ; — Sa maison, 17 ; — Son mariage, 17.

HENRIQUETTE (Jean), pseudonyme. V. REGNAULD.

HENRIQUEZ DE SARMIENTO-SALVATIERA (Louise). V. ISENGHIEN.

HÉRAULT, fermier des domaines en Bretagne. Lettre, 379.

HÉRAULT (Jean). V. GOURVILLE.

HERBERT (Arthur). Commission de contre-amiral, 60.

HERBIGNY (Sœur A. Lambert D'). Lettre, 502.

HERBIGNY (Henri Lambert, marquis D'). Lettres (1665), 305, 309, 313, 315, 320, 324, 326 ; — (1666-1667), 341, 345, 348, 353, 356, 358, 365, 374, 379, 381, 385 ; — (1667-1677), 390, 402, 490, 510, 522 ; — Lettres à lui adressées, 332, 388 ; — Ordonnance, 360 ; — Sentence par lui prononcée, 512 ; — Supplique, 383.

HERBIGNY (Marie Lambert, marquise D'). Lettres, 234, 236-237, 317.

HERBINGHEN (Pas-de-Calais), II, 14.

HERBOUVILLE (Chevalier Adrien D'). Lettre, 523.

HÉRÉSIES, II, 36 ; — Dispense pour épouser une hérétique, 13; — V. ALBIGEOISE (Hérésie).

HÉRIC D'AUXERRE. Vie de saint Germain, 58.

HÉRICOURT (M. D'). Lettre de marine, 518.

HÉRINX (J.). Lettres, 117, 147, 149, 152, 158, 212, 237, 246.

HÉRISSON (Pierre). Lettre, 221.

HÉRISTAL. V. HERSTAL.

HERLEVILLE (Ant. D'). V. BROUILLY.

HERMANNUS CONTRACTUS, moine de Reichenau. Excerptum chronici, 57.

HERMANNUS WILLELMUS, II, 55.

HERMITAGE (Vins de l'). Avis sur ces vins, 448.

HÉRON, à La Rochelle. Lettres, 323, 460.

HÉRON, à Moulins. Lettres, 140, 183.

HERPIN (Jean). Note sur une de ses lettres, 526.

HERRY (Pierre). Lettre, 320 ; — Note sur son emprisonnement, 528.

HERSANT. V. GERSANT.

HERSEAUX (Flandre), II, 16.

HERSFELD (Prusse), 57.

HERSTAL (Baronnie DE), dans la province de Liège. « Raisons, qui prouvent que la baronnie d'Herstal fait partie de l'Empire », 16.

HERTFORD (Édouard II Seymour, comte DE). Lettres à lui adressées, 30.

HERVART (Barthélemy). Lettres, 136, 154, 174.

HERVÉ, à Saint-Germain. Son procès, 231.

HERVÉ (Jean). Supplique, 340.

HESDIN (Pas-de-Calais), 134 ; — Inventaire des garnisons du château, II, 49 ; — Réparation des fortifications, 134.

HESSE, 34, 36, 37.

HESSE (Émilie DE), princesse de Tarente, 480.

HESSE-CASSEL (Amélie-Élisabeth de Hanau, princesse DE), 32.

HESSE-CASSEL (Guillaume IV, landgrave DE), 25, 26, 32.

HESSE-DARMSTADT (Frédéric DE), cardinal-évêque de Breslau. Lettres, 114, 119, 170, 184, 198, 215, 291 ; — Lettres à lui adressées, 32.

HESSE-HOMBOURG, 96, 106.

HESSE-HOMBOURG (Guillaume-Christophe, landgrave DE), 14.

HESSELIN (Louis). Lettre, 348.

HEUCHIN (Pas-de-Calais), II, 11.

HEUDICOURT (Michel Sublet, marquis DE). Sa femme, v. PONS (Bonne DE).

HEUËS O'NEIL. V. BEAULIEU (Sʳ DE) et BAILLET (Ad.).

HEUFT, ou HEUST (Gérard). Mémoire de ses héritiers, 218, 222.

HEURTAULT (Marguerite). Lettre, 356.

HEUZÉ (H.). Lettre, 198.

HEVELKE, ou HEVELIUS (Jean). Lettre, 474.

HEYKIN (Roland), II, 51.

HEYLE (Bartholomé DE), II, 29.

HIBERNIE. V. IRLANDE.

HINART (Louis). Lettres, 248, 356, 379, 422.

HINDOUSTAN. V. INDE.

HINOJOSA (Marquis DE). V. LA HINOJOSA.

HINSELIN (Jean). Lettre, 183.

HISTORIOGRAPHIE. Discours pour prouver le grand dessein de l'histoire de Louis XIV, 67.

HISTOIRE LITTÉRAIRE. Mélanges, 67-68.

HISTORIA consulum comitum Andegavensium. V. FOULQUES, comte d'Angers.

HISTORIA consulum Turonensium. V. TOURS.

HOCA (Jeu de). V. JEUX.

HOCHEREAU (G.). Lettre, 236.

HOCQUART (Jean). Lettres, 130, 192, 240, 285.

HOCQUEBERT (A.). V. HOQUEBERT.

HOCQUEVILLE (Pierre de Becdelièvre, marquis DE). Lettres (1661-1664), 105, 121, 130, 158, 163, 173, 180, 185, 197, 205, 210, 214, 234, 254, 263 ; — (1665-1677), 270, 274, 282, 288, 291, 299, 303, 338, 345, 404, 436, 441, 450, 462, 496, 531 ; — Note sur une de ses lettres, 525.

HOCQUEVILLE-BEAUMONT (M. DE). Placet pour armer en course un de ses navires, 448.

HOCQUINCOURT (Charles de Monchy, maréchal D'). Entrevue avec Mazarin, 24.

HOCQUINCOURT (Georges de Monchy, marquis D'). Lettres, 211, 398, 482 ; — Son procès avec le marquis de Grancey, 501.

HŒUFF, ou HŒUFT. V. HEUFT.

HOFMANN (Benedict). Lettre, 196.

HOGHOTREM (?) (Comte D'). Lettre à lui adressée, 70.

HOHENZOLLERN (Eitel - Frédéric, comte DE). Lettre à lui adressée, 70.

HOLLAND (Henri DE). Concession à lui faite des Antilles et de Terre-Neuve, 66.

HOLLANDE. V. PAYS-BAS.

HOLLANDE (Florent V, comte DE), II, 37.

HOLLANDE (Guillaume, comte DE), II, 30.

HOLLES (Denzil, lord). Lettres, 225, 237, 301.

HOMBOURG (Haut-Rhin). Comté, 96 ; — Droit du Roi sur cette ville, 106.

HOMBOURG (Guillaume-Christophe, landgrave DE). Mémoire remis par lui en 1655, 14.

HOMME D'AFFAIRES (Un). Lettre, 174.

HONFLEUR. Lettre des échevins, 263 ; — Liste des Anglais, détenus à Honfleur, 120.

HONGRIE, 90 ; — Reine, v. MARIE ; — Rois, v. FERDINAND, LADISLAS, LOUIS, MATTHIAS CORVIN, SIGISMOND.

HONORÉ D'AUXERRE (Le Fr.). Lettres, 494, 500 ; — Lettre à lui adressée, 501.

HONORIUS III, pape. Brefs, II, 29, 30.

HONORIUS IV, pape. Bulles, II, 32, 33.

HONTABAT (François DE). Lettres, 291, 323, 327.

HOOST (Jean), II, 48.

HÔPITAUX. à Dijon, 430 ; — Laon, 4 ; — Marseille : hôpital des galères, 133 ; — Moulins, 386 ; — Poitiers : hôpital maritime de la généralité, 484 ; — Pontoise, 285, 289, 303 ; — Hôpital du roi, à Paris, 380 ; — Hôpital-général, à Paris, 4, 101, 473 ; — Hôpital Saint-Louis, à Paris, 516 ; — Hôtel-Dieu, à Paris, 20, 511, 516 ; — Autres hôpitaux de Paris, 18, 20, 32, 524, 544-546.

HOPTON (Lord Ralph). Concession à lui faite de terres en Amérique, 66.

HOQUEBERT (André). Lettres, 214, 224, 234, 255, 258, 269, 274, 278, 283, 296, 299, 310, 314, 317, 319.

Hoquincourt. V. Hocquincourt.

Horbourg (Haut-Rhin). Relation de ce qui s'est passé dans ce « pays », 14.

Horloge marine, 272.

Horn (Comte E. de). Lettre, 488.

Horuse (Jean), évêque de Ross. Lettres, II, 53.

Hosdier (Pierre). Lettre, 335 ; — Supplique, 532.

Hostein (Président d'). Lettre, 171.

Hôtel. Plan d'un hôtel, 86.

Hôtel-de-Ville de Paris. Rentes, 22, 491, 546.

Hôtel-Dieu de Paris, 20 ; — Don de la terre de Panfou à l'Hôtel-Dieu, 511 ; — Échange avec l'hôpital de la Trinité, 20 ; — Permission de conduire les malades à l'hôpital Saint-Louis, 516.

Hotman (Famille). Notice généalogique, 85.

Hotman de Fontenay (Marguerite), née Colbert. Lettre, 440.

Hotman de Fontenay (Vincent). Avis, 137 ; — Lettres (1661-1662), 98, 103, 114, 116, 121, 126, 129, 134, 139, 143, 149, 154, 158, 162 ; — (1663-1665), 168, 173, 179, 188, 191, 195, 201, 205, 211, 215, 219, 224, 232, 268, 303, 320, 328 ; — Lettre à lui adressée, 203 ; — Ordonnances et jugement, 127, 141, 199.

Hotron (Perceval de), II, 47, 48.

Houdancourt (Famille de). V. La Motte.

Houlbrat. État des bois de sa « vente », dans la forêt de Montfort, 484.

Houmain de Courbeville (Michel). Lettres, 200, 210, 219, 229.

Houssaye, au Havre. Lettre, 373.

Howard d'Effingham (Charles), 60.

Hubac (Étienne). Lettres, 420, 425.

Hubac (Laurent). Lettres, 154, 162, 243, 422.

Hubac (Louis). Lettre, 358.

Hubert, à La Rochelle. Lettres, 147, 254, 265, 287, 341, 463.

Hubert (Hugo). Lettres, 216, 348, 368, 378, 382, 386, 411, 496 ; — Extraits de ses lettres, 469, 472. 519 ; — Lettre à lui adressée, 527 ; — Lettres de « marine », 469, 481, 509, 511, 514, 518 ; — Note sur une de ses lettres, 526.

Hubin, à Montargis. Lettre, 197.

Huchard. Sommation, 307.

Huchet de La Bédoyère (André). Lettres (1661-1664), 113, 130, 136, 154, 164, 198, 203, 230, 235, 239, 250, 261 ; — (1665-1669), 284, 287, 346, 348, 369, 387, 391, 395, 405, 413, 417, 421, 501 ; — Lettre à lui adressée, 332.

Huchier (Pas-de-Calais). État des prisonniers, faits dans cette localité, 147.

Hudson (Baie d'). Compagnie anglaise, 53.

Hue Bersin. Lettres en sa faveur, II, 49.

Hue de Miromesnil (Th.). V. Miromesnil.

Huet (F.-P. du Rivau-), 515, 523.

Huet (Pierre - Daniel), évêque d'Avranches. « In Ludovicum XIV », 48 ; — Lettres, 2, 188, 325.

Hugon (Michel). Lettre, 109.

Hugonis (D.). Lettre, 523.

Hugues IV, duc de Bourgogne. Acte relatif à sa succession, II, 3.

Hugues, procureur de l'abbé de Grasse. Lettre, 231.

Hugues Capet, roi de France, 19.

Hugues de La Celle. Pouvoir à lui donné, II, 9.

Hugues de Poitiers. *Historia Vizeliacensis monasterii*, 59.

Hugues de Sottegem, II, 6.

Huguet (François-Bertrand), sr de Sémonville. État de sommes à lui dues, 347 ; — Lettres, 148, 346.

Huissiers. Suppressions d'offices d'huissiers, 222.

Huitième (Impôt du). Formules de quittances, 508 ; — Lettres des commissaires, nommés pour le recouvrement, 515.

Hulso (Arnulphus de), II, 37.

Humbert, à Dijon. Lettre, 170.

Humbligny (Cher). Principal de la taille, 526.

Humières (Jacob de Preuilly d'). V. Crevant.

Humières (Louis, maréchal d'). V. Crevant.

Humières (Louise, maréchale d'). V. La Chastre.

Hurault (Élisabeth). Lettre, 377.

Hurault (Jacques). Mandement à lui adressé, II, 20.

Hurault de Cheverny (Famille). Notice généalogique, 85.

Hurault de Cheverny (Philippe). Quittance, 62.

Hurault de Saint-Denis (Sœur E.). Lettre, 478.

Hurault de Saint-Denis (François). Lettre, 523.

Hureaux (Ch. de). V. Lespès.

Hurez (Jean-Baptiste), 363 ; — Arrêt dans son procès avec P. Dumay, 276 ; — Lettres, 207, 211, 255, 257, 311, 323 ; — Requête pour son élargissement, 262.

Hurtado (D.). V. Mendoza.

Husson (M.). Lettre, 136.

Huxelles (Marie, marquise d'). Lettre, 517.

Huygens (Antoine). Lettre, 459.

Huygens de Zulichem (Christian). Lettres, 146, 301, 341, 372 ; — Note sur une de ses lettres, 525 ; — Requête pour son invention d'horloge marine, 272.

Huyn (César), 12.

Hydrographie. Cartes hydrographiques, 78 ; — Écoles d'hydrographie, 294, 388.

Ibrahim, sultan. Lettres à Louis XIII et Louis XIV, 5.

Icard (Dominique d'). Lettres, 520, 523.

Ignace de Loyola (Saint). Lettre relative à sa canonisation, 70-71 ; — Vie, 1.

Ile-de-France. Liste des capitaines et gouverneurs, 91 ; — Prévôt, v. Lasnier de Liembrune.

Iles (Les Antilles), 510, 511 ; — Note sur les soldats des Iles, 492 ; — Mémoires sur l'organisation des Iles, 40-43, 511, 512.

Illiers (L.). Lettre, 377.

Imbauld (P.). Lettre, 157.

Imbertus. Lettres, II, 65.

Imbertus de Capraria. Confirmation de droits, II, 67.

Imbertus Rubei, II, 67.

Immunité ecclésiastique, II, 35.

Impositions, 101, 115, 151, 152, 156, 247, 329, 388, 392, 532 ; — Abus dans la levée de l'impôt, 45, 392 ; — Brevet des impositions, 106 ; — Collecteurs, 360-361, 402 ; — Dispense d'impôt en faveur des nobles (1295), II, 4 ; — Registres divers, 533-554 ; — V. Aides, Décimes, Gabelles, Huitième, Quatrième, Tailles, Taillon.

Imprimerie, 76 ; — Imprimeur royal, 328 ; — Livres imprimés en Hollande, et saisis à Bordeaux, 436 ; — V. Lamotte, Librairie.

Inagua (Iles). Concession de ces îles à des lords anglais, 66.

Inard. V. Hinart et Isnard.

Inde. V. Indes.

Inden, en Flandre. Monastère de Saint-Corneille, II, 32.

Indes (Les), 48, 77 ; — Carte, 41 ; — Commerce, 286 ; — Expédition navale aux Indes, 41 ; — Mémoire sur les Indes, 41 ; — «Routes qui doivent tenir ceux qui y sont envoyés », 47.

Indes occidentales (Les). Chartes de fondation des colonies anglaises aux Indes Occidentales, 66-67 ; — Notes sur des soulèvements, 42 ; — Propositions pour y fonder une compagnie, 41 ; — Relation sur les Indes Occidentales, 42.

Indes Occidentales (Compagnie des), 41 ; — Circulaire d'évêques en sa faveur, 271 ; — Commerce, 460.

Indes Orientales (Les), 88 ; — Cargaisons de navires, qui en viennent, 243, 441 ; — État des dépenses de vaisseaux à desti-

nation des Indes, 483 ; — Mémoires sur les escadres, 531 ; — Relations et mémoires, 40-43.

INDES ORIENTALES (Compagnie des), 46, 77, 271, 276, 392, 489 ; — Circulaire d'évêques, en sa faveur, 271 ; — Compagnie anglaise, 53 ; — Délibérations, 307, 339 ; — Délibérations, à son sujet, 242-243 ; — Flotte, 276 ; — Journal de voyage d'escadre (1670), 529 ; — Lettres, à propos des dettes de la Compagnie, 437 ; — Lettres des directeurs, 398 ; — des directeurs de Lyon, 315, 401, 413, 417 ; — des directeurs de Nantes, 405, 419, 421 ; — Lettres adressées aux directeurs, 302, 384, 399 ; — des employés, 357 ; — des syndics, 233, 251, 275 ; — Listes de capitaines, 469 ; — d'intéressés, à Lyon, 47 ; — Mémoire des directeurs, 387 ; — pour faire entrer les riches dans la compagnie, 47 ; — Note sur des vaisseaux de la Compagnie, 340 ; — Pilotes, engagés à Dieppe, 434 ; — Plan des bâtiments de la Compagnie, au Havre, 256 ; — Reçus des caissiers, 357 ; — Répartition des colons, 339 ; — Vente de marchandises, 434, 435.

INDIENS. V. CHILI.

INDULGENCES. Arrêts relatifs aux indulgences, 8.

INFAILLIBILITÉ du pape. Thèse à ce sujet, 4.

INFANTE (L'), nom de vaisseau, 43, 364.

INFANTERIE, 354 ; — V. ARMÉE.

INFREVILLE (L. D'). V. LEROUX.

INGRANDE (Maine-et-Loire). Quittances des commis à la recette et contrôle des traités au bureau d'Ingrande, 442.

INNOCENT III, pape. Bref, II, 29.

INNOCENT IV, pape. Bulles, II, 30 ; — Lettres à lui adressées, II, 36, 43.

INNOCENT X, pape, 6 ; — Son élection, 24.

INNOCENT XI, pape. Brefs, 3-4, 77 ; — Lettres, 3-4.

INNOCENT XII, pape. Bulle, 4.

INNSBRUCK (Tyrol), 141, 153.

INNSBRUCK (Ferdinand-Charles, archiduc D'), 138 ; — Négociations entreprises avec lui, 199 ; — Sommes à lui payées, 161, 194, 199.

INONDATIONS. V. DRAC, GOBELINS, LOIRE, SEINE.

INSPRUCK. V. INNSBRUCK.

INSTRUCTION CRIMINELLE (Ordonnance sur l'), 45.

INTÉRESSÉS AUX GABELLES, V. GABELLES.

INTÉRESSÉS DE LA COMPAGNIE DES INDES. V. INDES.

INTERMINELLI (Jean D'), II, 46.

INTERVILLE (Famille D'). V. LUILLIER.

INTRODUCTEURS DES AMBASSADEURS. Pensions (1606-1656), 551.

INVALIDES. Du droit que le Roi a de mettre les soldats estropiés dans les abbayes, 24 ; — V. MUTILÉS.

INVENTAIRES. Inventaire de chartes de Bourgogne, 76 ; — des joyaux de Charles-Quint, II, 57 ; — Inventaire de la collection des Mélanges Colbert, II, 69, 70.

IRLANDE, 156 ; — Description, 18 ; — Expédition d'Irlande en 1691, 7 ; — Mémoires des armes nécessaires « au dessein d'Irlande », 354 ; — sur les affaires d'Irlande, 356 ; — Misères des catholiques, 13 ; — Relations avec la France, 15.

IRVAL (J.-A. de Mesmes D'), 105.

ISABELLE, femme de Robert Lavoué, II, 30.

ISABELLE D'ANGLETERRE. Projet de mariage avec Louis de Mâle, II, 39.

ISABELLE D'AUTRICHE. Mariage avec Maximilien, II, 63.

ISABELLE D'AUTRICHE, reine de Danemark, II, 53, 54, 55.

ISABELLE LA CATHOLIQUE, reine de Castille, II, 35, 53, 55.

ISABELLE, comtesse de Flandre, II,

33 ; — Lettre en sa faveur, II, 32.

ISABELLE DE FRANCE, fille de Jean II le Bon. Contrat de son mariage avec Jean Galéas Visconti, 55.

ISABELLE d'ORLÉANS, duchesse de Guise. V. ORLÉANS.

ISABELLE DE PORTUGAL, duchesse de Bourgogne, II, 15.

ISABELLE DE PORTUGAL, impératrice. Mariage avec Charles-Quint, II, 57.

ISABELLE-CLAIRE DE GONZAGUE, duchesse de Mantoue, 306, 362.

ISABELLE-CLAIRE-EUGÉNIE, archi-, duchesse d'Autriche. Lettres II, 60.

ISARN DE GREZÉ (Samuel). Lettres, 432, 435, 441.

ISARN DE VARAIGNES (Jean), 472 ; — Extrait de ses lettres, 472, 514 ; — Lettres, 452, 459, 471, 477, 482, 505.

ISARNUS, II, 67.

ISENBURG (Salentin VON), archevêque de Cologne. Lettre à lui adressée, 26.

ISENGHIEN (Louise Henriquez de Sarmiento - Salvatiera - Vilain de Gand, comtesse d'). Procès avec le prince d'Orange, 190.

ISENHEIM. V. ISSENHEIM.

ISIGNY (Calvados). Protection de navires, chargés de beurre d'Isigny, 488.

ISLE-SAINT-HONORAT. V. LÉRINS.

ISNARD (Claude). Supplique au sujet des manufactures de soie, 343.

ISNARD (Jean). Lettres, 406, 409, 410 ; — Mémoire, 406 ; — Supplique à J. Barin de La Gallissonnière, 403.

ISNARDON (Jean). Rapport sur des vaisseaux mouillés en Candie, 427.

ISPAHAN (Perse). Coadjuteur, v. DUCHEMIN (Ph.-L.).

ISSENHEIM (Seigneurie d') (Haut-Rhin). Titres de propriétés, 83.

ISSOUDUN. Placet des échevins, 381.

ITALIE, 23, 27, 34, 90, 94 ; — Mémoire sur les pistoles d'Italie, 472 ; — Réglementation des draps, venant d'Italie, 194 ; — Relations avec la France, 4-6 ; — Voyage de Seignelay, 89.

ITALIE (Armée d'). Dépenses du camp, établi devant Marsal (1661), 194 ; — Journal (1642), 23 ; — Ordre du président du parlement du Dauphiné, pour les fourrages de cette armée, 166-167 ; — Ordre des trésoriers de Limoges pour le vin, 171 ; — Projet de payement, pour la subsistance, 203 ; — Route de l'armée, 176 ; — V. MESSINE.

ITALIENS (Comédiens-). Mémoire pour cette troupe contre les Comédiens - français, 483 ; — Recrutement de comédiens en Italie, 335.

ITHIER, de Bordeaux. Observations sur son placet, 161.

ITURRIETA (Miguel DE). Lettre, 173.

IVON (Pierre). Lettre, 395.

JABACH (Évrard). Lettres, 356, 372, 398, 428.

JABIN (Michel). V. LAVAUD.

JACOB (Bon). Lettres, 345, 397.

JACOB KETTLER. V. KETTLER.

JACOBINS (Ordre des). V. DOMINICAINS.

JACOBSEN (Capitaine). Mémoire à lui adressé, 392 ; — Pièces relatives à son affaire, 376.

JACOBUS FABRI. Mandement et reconnaissance, II, 68.

JACQUELINE DE BAVIÈRE, comtesse de Hainaut. Lettres, II, 49, 50.

JACQUEMAIN (Élie). Passeport, 303.

JACQUES, commis des fermes. Lettres, 145, 246, 374, 385, 405, 407, 433.

JACQUES Ier, roi d'Angleterre. Défense à ses sujets de combattre l'Espagne, 14 ; — Entrée à Londres, 28 ; — Lettre, 17 ; — Ordonnance contre les non-catholiques, 28 ; — Privilèges par lui accordés, 53.

JACQUES III, roi d'Écosse, II, 18.

JACQUES V, roi d'Écosse, II, 57 ; — Lettres, II, 43.

Jacques VI, roi d'Écosse. Lettre à lui adressée, 18.

Jacques de Dinant, évêque d'Arras. Acte, II, 31 ; — Vidimus, II, 30.

Jacques de Donza. Lettres à lui adressées, II, 33.

Jacques de Sainte-Marie, 108, 109, 403, 493.

Jacques II de Savoie, roi de Jérusalem, II, 18.

Jacques Lauwaerd, II, 34.

Jacquesson, à Sedan. Lettres, 398, 401, 403.

Jacquier, au For-l'Évêque. Lettres, 150, 230.

Jacquier, à Marseille. Lettres, 410, 416, 420, 422, 487, 503 ; — Projet de chargements de vaisseaux à Marseille, 418.

Jacquin (Louis). Lettres, 340, 343.

Jajolet (Gilles). Lettres, 223, 228, 313, 405.

Jamaïque (Ile de la), 43, 60, 66.

Jamard, à Sens. Lettres, 227, 404.

Jameron, à Beaufort. Lettres, 179, 326.

Jamin, à Paris. Lettre, 203.

Jandeguer. V. Guer (J. de).

Janguerd (Guillaume), 526.

Jannart (Jacques). Lettres, 209, 283, 293, 310, 317, 337.

Janot (Louis). Lettres (1661-1665), 119, 160, 164, 258, 264, 268, 274, 278, 284, 292, 306, 308, 312, 316, 319, 324, 328 ; — (1666-1667), 338, 342, 345, 349, 355, 359, 361, 362, 365, 368, 372, 375, 378, 382 ; — Lettres à lui adressées, 302, 333 ; — Mémoire, 79.

Janse. V. Jansse.

Jansénisme, 3 ; — V. Duvergier de Hauranne.

Janson (Laurent et Toussaint de). V. Forbin-Janson.

Jansse. Lettre, 374 ; — Supplique, 376.

Jansse (Régnier). V. Régnier-Jansse.

Jant (Chevalier Jacques de). Lettre, 121.

Jaquin, à Belfort. Lettre, 355.

Jaquinot (Pierre). Lettre, 248.

Jarjailles. V. Montauban.

Jars (François de Rochechouart, chevalier de). Lettres, 105, 227,

Jasse, à Paris. Lettres, 149, 194, 339.

Jaubert (V.). Lettre, 244.

Jauge (Droit de). Levée de ce droit, 491.

Javelleau (P.). Lettre, 361.

Jean (E.). Lettre, 404.

Jean (Gaucelin de), 4, 9.

Jean XXI, pape. Bulles, II, 32, 33.

Jean XXII, pape. Lettres, II, 34.

Jean II, roi d'Aragon. Lettres, II, 51.

Jean de Luxembourg (l'Aveugle), roi de Bohême. Lettres, II, 45,

Jean II, roi de France. Actes, 281 ; II, 12-13 ; — Don du Berry à son fils, 18 ; — Mandement, II, 62.

Jean III, roi de Portugal. Lettres, II, 57.

Jean IV de Bragance, roi de Portugal. Ses prétentions sur le Brésil, 35.

Jean III, roi de Suède. Lettre à lui adressée, 26.

Jean d'Aragon, roi de Sicile, II. 18.

Jean, comte d'Angoulême. Lettres, II, 15.

Jean, comte d'Armagnac. Lettres, II, 45.

Jean, prince des Asturies. Mariage avec l'archiduchesse Marguerite, II, 53, 55.

Jean II, duc de Bourbon, II, 17.

Jean sans Peur, duc de Bourgogne. Émancipation, II, 14 ; — Lettres, II, 48, 49 ; — Mandement, II, 49.

Jean, duc de Brabant II, 37 ; — Lettre à lui adressée, II, 38 ; — Trêve avec le comte de Flandre, II, 3.

Jean Ier d'Anjou, duc de Calabre, II, 18.

Jean Ier, duc des Deux-Ponts, 25.

Jean, comte de Dreux, Lettres, II, 5.

JEAN DE BOURGOGNE, comte d'Étampes. Lettres d'abolition en sa faveur, II, 16.

JEAN DE FRANCE, fils de Jean II. Don à lui fait du Berry, 18.

JEAN D'AVESNES, comte de Hainaut, II, 30, 31, 37, 38 ; — Différend avec le comte de Flandre, II, 38, 39 ; — Lettres d'investiture du comté de Namur, II, 36 ; — Lettres relatives à des procédures engagées contre lui, II, 38 ; — Ratification de règlement relatif au Hainaut, II, 2.

JEAN, duc de Lorraine et de Brabant, II, 37 ; — Lettre à lui adressée, II, 38 ; — Trêve avec le comte de Flandre, II, 3.

JEAN, comte de Namur, II, 6, 34 ; — Garantie, II, 9 ; — Lettres, II, 44, 45.

JEAN DE CHALON, prince d'Orange, II, 51.

JEAN DE BRETAGNE, comte de Richemont. Garantie, II, 9.

JEAN, prévôt de l'église d'Arras. Lettres, II, 30.

JEAN, prieur de Notre-Dame de Cassan. Acte, II, 65.

JEAN III, abbé de Saint-Pierre de Gand, II, 2.

JEAN, doyen de Saint-Pierre de Namur. Vidimus, II, 32.

JEAN, évêque d'Olena. Lettres, 482, 510.

JEAN-BAPTISTE. Sentence prononcée contre lui, 486.

JEAN BOUDIN, II, 46.

JEAN BUCHIAU, évêque de Tournai. Lettre à lui adressée, II, 31.

JEAN CANART. Lettres pour sa décharge, II, 14.

JEAN-CASIMIR, duc de Bavière. Lettre à lui adressée, 26.

JEAN-CASIMIR, roi de Pologne. Lettre, 1.

JEAN CHATIGNIER. Lettres, II, 15.

JEAX d'APREMONT, II, 58.

JEAN D'ARTEM, abbé de Saint-Eloi de Noyon. Lettres, II, 49.

JEAN DE BÈZE. Extraits de sa Chronique, 59.

JEAN DE BISSINGHEN. Quittance, II, 50.

JEAN DE DAMPIERRE, II, 31.

JEAN D'ENGHIEN, évêque de Liège, II, 32.

JEAN DE FOLLEVILLE. Vidimus, II, 14.

JEAN, batard D'HARCOURT, II, 15.

JEAN D'INTERMINELLI, II, 46.

JEAN DE LA BOURSE, II, 3.

JEAN DE LA HAYE. Rapport, II, 19.

JEAN IX DE LANNOY, abbé de Saint-Bertin, II, 51.

JEAN VII DE LÉON, abbé de Corbie. Lettres, II, 49.

JEAN DE MARMOUTIER. *Historia abbreviata consulum Andegavorum*, 57.

JEAN DE MOLIN, dit BROQUART, II, 48.

JEAN DE MORTAGNE, châtelain de Tournai. Lettres réglant son hommage à l'évêque, II, 3.

JEAN DE NAMUR, II, 6, 9, 34, 44, 45.

JEAN DE NESLE. Confirmation de la vente de la châtellenie de Bruges, II, 2.

JEAN DE RÉVIGNY, II, 48.

JEAN DE RICHEMONT, II, 9.

JEAN DE ROCHECHOUART. Pouvoir à lui donné, II, 19.

JEAN DE RODES, II, 44.

JEAN DE SARCUS, II, 23-24.

JEAN DE VALENCIENNES, Lettre à lui adressée, II, 43.

JEAN DE VILLAMINON. Nomination de maître des requêtes, II, 14.

JEAN DE VILLIERS, évêque de Lombez. Pouvoirs à lui donnés, II, 19.

JEAN DE VISEU. Procès avec Guillaume Rat, II, 50.

JEAN DE ZISSELLES, II, 12.

JEAN DU QUESNOY. Accord avec le duc de Bourgogne, II, 14.

JEAN-GALÉAS SFORZA. Contrat de mariage, 55.

JEAN-GALÉAS VISCONTI, duc de Milan, II, 62, 63 ; — Contrat de son mariage avec Isabelle de France, 55.

JEAN HANGOUWART, II, 47-48.

JEAN HOOST. Pouvoir à lui donné, II, 48.

JEAN HORUSE. II, 53.

JEAN-JEAN, dit LA BRUYÈRE. Arrêt de condamnation prononcé contre lui, 434.

JEAN LA GUOGUE, II, 46.

JEAN PALSTRE, II, 12.

JEAN REMDE. Quittance, II, 50.

JEAN REZ. Lettres d'ajournement à lui adressées, II, 14.

JEAN-SIGISMOND, électeur de Brandebourg. Différend avec le duc de Neubourg, pour Juliers, 14.

JEAN TUDERT. Lettres, II, 15.

JEAN TURBERVILLE, II, 40.

JEAN VAN HEINSBERG, évêque de Liège. Lettre à lui adressée, II, 34.

JEANNE DE BOURGOGNE, reine de France, II, 12 ; — Droits sur la succession de Bourgogne, II, 10.

JEANNE DE BOURGOGNE, fille du comte Otton, II, 38.

JEANNE DE BRETAGNE, dame de Cassel, II, 12 ; — Lettres de sauvegarde en sa faveur, II, 12, 13 ; — Mandements divers à elle relatifs, II, 12 ; — Somme à elle due par la commune de Bergues, II, 45.

JEANNE DE CASTILLE, archiduchesse d'Autriche. Lettres, II, 54 ; — Mariage avec l'archiduc Philippe, II, 53, 54.

JEANNE, comtesse de Flandre et de Hainaut. Actes, II, 2, 36 ; — Renonciation à ses droits sur Saint-Omer, II, 1 ; — Vente à elle faite de la châtellenie de Bruges, II, 2.

JEANNE DE FRANCE, comtesse d'Artois. Ratification, II, 10.

JEANNIN (Président Pierre), 13 ; — Devis des travaux, pour sa fontaine du jardin de Chaillot, 68 ; — Négociations, 16.

JEANNIN DE CASTILLE (Nicolas), 111, 350, 380 ; — État des dépenses à faire par lui, pour les pensions en 1661, 110 ; — Lettres, 134, 145, 150, 165, 175, 210, 327, 366, 379.

JEHANNOT DE BARTILLAT (Étienne), 415 ; — Lettres, 118, 226, 438 ; — Ordre de paiement à lui donné, 439 ; — Quittance, 480.

JERMYN (Henry). V. SAINT-ALBANS.

JÉRÔME DE SAINTE-MENNE, général des Augustins. Lettre, 18.

JÉRUSALEM (Royaume de). Rois, v. FERDINAND Ier, JACQUES II, SICILE.

JERVAIS, à Caen. Lettre, 301.

JÉSUITES (Compagnie des). Collèges d'Auxerre, 508 ; — de Chalons, 236 ; — de Paris, 350 ; — de Watten, 436 ; — Condamnation de la doctrine du P. Santarel, 9 ; — Lettre adressée au général, 33 ; — Supplique des Jésuites du Canada, 518 ; — V. LOYOLA.

JÉSUS (Catherine et Louise DE). V. CATHERINE et LOUISE.

JÉSUS (Marie-Madeleine DE), abbesse du Lis. V. L'ÉCUYER DE LA PAPAUTIÈRE.

JEURE-MILLET (Guillaume DE). V. MILET DE JEURE.

JEUX. Mémoire pour prévenir les tromperies aux jeux de cartes et de dés, 437.

JOACHIM Ier NESTOR, margrave de Brandebourg, 21 ; — Pension, II, 56.

JOAN (M. DE). Lettre, 162.

JOANNES. V. JOHANNES.

JOBART, intendant de Mazarin, 76.

JODET (Le P. Nicolas). Lettre, 204.

JODIN, à Périgueux. Lettres, 316, 409.

JODON, à La Ferté-Bernard. Lettre, 193-194.

JOHANNE DE LA CARRE (Jacques), marquis de Saumery. V. SAUMERY.

JOHANNES. Bellum gestum apud Fornovium, 57.

JOHANNES (R.) V. RAIMUNDUS,

JOHANNES DAZERIUS. Vente à lui faite, II, 67.

JOHANNES DE BRUERIIS. Lettre à lui adressée, II, 32.

JOHANNES DE LIVERIIS. « Canones super magica almanacha », 74.

JOHANNES DE OSSELER. Lettre à lui adressée, II, 38.

JOHANNES DE ROCCA. Vidimus, II, 34.

JOHANNES FABER. Vente à lui faite, II, 68.

JOHANNES GISPERTI, II, 69.

JOHANNES LONGI, II, 67.

JOHANNES MARTINUS, II, 67.

JOHANNES MEDIUMGUINO, II, 67.

JOHANNES VINCENTII. Mariage, II, 69.

JOIEUSE. V. JOYEUSE.

JOIGNEAU, à Amiens, 418 ; — Lettres, 407, 413, 417, 421.

JOIGNY. État du vin, qui passe sous le pont de Joigny, pour les hôpitaux, 542, 544, 545, 546 ; — Lettre des échevins, 373.

JOIGNY (Comte DE). V. RETZ (P. de Gondi, duc DE).

JOLY, contrôleur en Auvergne. Lettres, 166, 186, 205.

JOLY (C.). Lettres, 321, 324, 336, 349, 353, 366.

JOLY (Claude), évêque d'Agen. Lettres, 299, 463, 466, 498.

JOLY (Denis). Lettres, 226, 352.

JOLY (Gui), 47.

JOLY (Jacques). Lettre, 244.

JOLY (Jean). Lettres, 183, 214.

JOLY (J.-M. DE). V. CHOIN.

JOLLY DE SAINT-PICQ (Nicolas). Information, 414 ; — Lettre, 415 ; — Supplique, 395.

JONCOUX (Le s^r), 441.

JONQUOY, à Noyon. Lettre, 219

JONVELLE (Haute-Saône), II. 54.

JONVILLE (P. DE). Lettre, 523.

JONZAC (Alexis de Sainte-Maure, comte DE). Lettres, 119, 130, 142, 150, 154, 232, 240.

JONZAC (Léon de Sainte-Maure, marquis DE). Lettres, 97, 107.

JORDANA. Mariage avec Arnoldus de Bagis, II, 68.

JORDANI (Bernardus), II, 68.

JORIEU, à Coucy. Lettres, 193, 425.

JOSSE (Michel). Lettre, 390.

JOSSE DE HEMSRODE. Accord avec le métier des tisserands de Courtrai, II, 51.

JOUAUD (Le P. Jean). Lettres, 97, 165.

JOUBERT, à Cognac. Lettres, 154.

JOUBERT (A.). Lettre, 344.

JOUENNE, à Vire. Lettre, 405.

JOUGLA (Antoine). Lettres, 99, 179.

JOUGNE (Doubs). Péage, II, 56.

JOULLY, à la Charité. Lettres, 365, 378.

JOURDAIN, à Rouen. Lettre, 304.

JOURDAIN (L.). Lettre, 263.

JOUX (Jura). Péage, II, 56.

JOUX (P. DE). Lettre, 153.

JOVE (Paul). Éloge de François Ier, 57.

JOYAUX. Joyaux de Maximilien d'Autriche, II, 19 ; — La « riche fleur de lis », II, 52.

JOYEUSE (Anne DE). Vers latins sur sa mort, 51.

JOYEUSE (Charles de Lorraine, duc DE), 442 ; — Contrat de son mariage avec A.-M. de Luynes, 22.

JOYEUSE (Charles-François DE), comte de Grandpré. Lettres, 132, 158, 164, 168, 176, 215, 232, 316, 345, 374.

JOYEUSE (Cardinal François DE), 5 ; — Lettres à lui adressées, 29.

JOYEUSE (Marie de Lorraine, duchesse DE). Lettres, 449, 451, 470 ; — Mémoire contre elle, 464 ; — Requête, 363.

JUBERT DE BOUVILLE (André). Lettres, 246, 303, 317, 440, 457, 513, 515.

JUÉL (Amiral Niels). Ordres et signaux, 73.

JUGEMENT sur le livre intitulé « Remarques » et relatif aux droits de Marie-Thérèse, 39.

JULES II, pape. Bref, II, 35 ; — Bulle, II, 63.

JULIERS (Duché DE). Différend entre l'électeur de Brandebourg et le duc de Neubourg, 14.

JULLIEN (Capitaine). Lettre, 419.

JUMEL (M. DE). Lettre, 169.

JUNCA (M. DE). Lettre à lui adressée, 307.

JUPITER, planète. Tables, 75.

JURA (Le). Route de Savoie par le Jura, II, 56.

JUSSAC (Claude DE). Lettre, 441.

JUSTICE. Des juridictions du royaume, 87 ; — De l'honneur du magistrat, 67 ; — Mémoire sur les abus, 248 ; — Mémoire de Colbert, sur l'administration de la justice ; 120 ; — Réforme, 43-46, 294 ; — V. DROIT.

JUSTICE (La), nom de vaisseau, 261.

JUSTICE ÉCCLÉSIASTIQUE, 9 ; — « De forma judiciorum ecclesiasticorum », 77 ; — V. DROIT CANONIQUE.

JUSTINIANO (Fr.). V. GIUSTINIANI.

JUVENIS, à Gap. Lettre, 322.

KAMPERDUIN (Hollande). Combat, 475.

KARAMAN (Turquie). Mémoire sur le consulat, 494.

KARASÉNIC (Alexandre), préfet de Lezno. Lettre, 10.

KEKE, ou KUICK (Pierre). Son procès, II, 35.

KERGORLAY. V. KERSALAUN.

KERGUZ (Hamon DE). Rapport, 357.

KERJEAN (Marquis DE). Instruction à lui remise, 72 ; — Lettre à lui adressée, 469.

KERSALAUN-KERGORLAY (Capitaine C. DE). Lettre, 348.

KETTLER (Jacob), duc de Courlande. Lettre, 523 ; — Lettres à lui adressées, 32 ; — Note sur une de ses lettres, 525.

KHAMAD, fils de Nucira. Lettre, 99.

KILLINGWORTH (S.). Copies, 53, 60, 61, 66, 67.

KINT (Gérard). Privilèges de bourgeois d'Audenarde, II, 59.

KIRKE (David). Concession à lui faite de Terre-Neuve, 66.

KLEKLER, de Munchenstein. Lettre 410.

KNŒRE (Pierre). Quittance, II, 50.

KNYGHT (William). Pouvoir à lui donné, II, 42 ; — Traité par lui conclu, II, 41.

KŒNIGSBERG (Prusse), 398.

KOLENGHIEM (Gosse DE). II, 44.

KRONBORG, sur le Sund. Plan, 15.

KRONENBERG (J. Schweikard VON). V. SCHWEIKARD.

KUICK (Pierre), II, 35.

L. ·P. Lettre, 107.

LABADIE (Marie DE). Lettre, 311.

LA BARDE (Jean DE). Lettres, 114, 122, 153, 164, 183 ; — Lettres à lui adressées, 32.

LA BARRE (Antoine Lefebvre DE). V. LEFEBVRE.

LA BARRE (Arnoul DE), II, 47.

LA BARRE (Barthélemy DE), II, 47.

LA BARRE (François DE). Lettre, 131.

LA BARRE (Jacques Charron, sr DE). V. CHARRON.

LA BARRE (Jean DE). Confirmation du traité de Cambrai, II, 24-25.

LA BARRE (Pierre DE), II, 47.

LA BARRE (Tercelet DE), II, 47.

LA BASINIÈRE (Macé Bertrand DE). V. LA BAZINIÈRE.

LA BASTIDE (Abbé DE). Lettres, 217, 257.

LA BASTIDE (Alexandre DE). V. CORIOLIS.

LABAT (Jacques DE). Lettre, 428.

LA BAUME D'AUTUN, ou D'HOSTUN (Roger, marquis DE). Lettre, 346.

LA BAUME DE SUZE (Comte J. DE). Lettre, 224.

LA BAUME DE SUZE (Louis-François DE), évêque de Viviers. Lettres, 121, 125, 164, 263, 320, 323, 327, 368, 373, 405, 408, 417, 433, 435, 436, 459, 462, 479, 490, 498, 514 ; — Lettre à lui adressée, 332 ; — Note sur une de ses lettres, 460.

LA BAUME-LE-BLANC (Gilles DE), évêque de Nantes. Lettre, 443.

LA BAUME-LE-BLANC (Louise DE). V. LA VALLIÈRE (Duchesse DE).

LA BAZINIÈRE (Macé Bertrand DE), 380 ; — Lettres, 149, 329, 338, 445, 503.

LABBÉ (Claude). Congé à lui accordé, 363.

LA BÉDOYÈRE (A. DE). V. HUCHET.

LA BELLEGRANGE (Capitaine DE). Lettres, 278, 293 ; — Lettre à lui adressée, 333 ; — V. TRUCHOT.

La Bénazie, à Agen. Lettre, 255.

La Berchère (Denis Le Goux de). Lettres (1660-1664), 104, 127, 129, 135, 144, 154, 162, 171, 175, 179, 184, 189, 202, 214, 219, 260 ; — (1665-1677), 260, 277, 282, 300, 306, 309, 313, 320, 324, 352, 355, 390, 397, 401, 419-420, 478 ; — Extraits de ses lettres, 469 ; — Ordonnances, 166-167, 203.

La Berchère (Urbain Le Goux de). Lettres, 140, 206, 210, 223, 228, 235, 244, 254, 263, 274, 288, 291.

Labertonnière, à Pignerol. Lettre, 303.

La Béziade de Saint-Costhès, à Casteljaloux. Lettre, 382.

La Bistrate (G. de). Lettre, 382.

La Boderie (Antoine de). V. Le Fèvre.

La Boisselerie (M. de), à Saintes. Lettre, 248.

Laboissière, à Paris. Lettre, 192.

Laboissière de Fénis (Antoine de). Lettre, 316.

La Binneraye de Santo-Domingo (Y. de). V. La Bouveraye.

La Bonnière-Micheau (M. de). Lettre, 406.

La Borde, à Lille. Lettre, 306

Laborde, à Marseille. Lettres, 261, 318, 361, 383 ; — Lettre de marine, 514.

La Borde (Nicolas, marquis de). V. Brulart.

La Boudre (M. de), à Calais. Lettres, 159.

La Bouère (M. de). V. Ogeron.

La Boulaye (Madeleine Fouquet, marquise de). Lettres, 228, 240.

La Boullaye-Le-Gouz (François de). Lettres, 260, 263, 275, 279, 296 ; — Note sur des munitions à fournir en Nivernais, 511.

Labour (Pays de). Lettre des syndics, 506 ; — Requête des habitants, 329.

La Bouraudaye (M. de), à Dinan. Lettre, 423.

La Boublie (Georges de Guiscard, comte de). Lettres, 150, 175, 187, 200, 206, 237, 245, 259, 264,

277, 299, 305, 313, 325, 370 ; — Supplique, 302.

La Bourre (Le sr de), II, 11.

La Bourse (Jean de), II, 3.

La Bourse (Robert de), II, 3.

Labousquette (M. de), à la Bastille. Lettres, 259, 311 ; — Placet, 262.

La Bousquette (Le sr de), à Bayonne. Lettre, 366.

La Bouveraye de Santo-Domingo (Yves de). Lettres, 143, 162.

La Bouverie (Pierre de). Extraits relatifs à ses procès, 335.

La Brède (Jean de Secondat de). V. Montesquieu.

La Bretèche (A. R. de). V. Pomereu.

La Brossardière (Jacques de Laye du Plessis, sr de). V. Du Plessis.

La Brosse, à La Fère. Lettres, 372, 379.

La Brosse (Cl. Thoumazeau, sr de). Lettres, 221, 224, 238, 283, 323.

La Brouet (J.). Lettre, 109.

La Bruyère. V. Jean-Jean.

La Buissière (M. de). à Rome. Lettre, 404.

Labye. V. Lavie.

La Cafinière. Rapport sur le duel de M. de Bouillon et du marquis de La Rochecourbon, 529.

La Carre (Jacques Johanne de), marquis de Saumery. V. Saumery.

La Caute (Anne de). Lettre, 326.

La Celle (Hugues de). II, 9.

La Chablère (M. de). Lettre, 297.

La Chaise-Dieu (Abbaye de) au diocèse de Clermont, 83, 99.

La Chambre (Fr. de). V. Cureau de La Chambre.

La Chapelle-Deyron (J. de). Lettres, 251, 394.

La Chappelle (M. de), à Thionville. Lettre, 207.

La Charité. Dîmes dues au prieuré, 242 ; — Lettres des échevins, 275, 314, 366, 370, 401 ; — Lettres des religieuses

bénédictines du Mont-de-Piété, 289 ; — Liste des candidats aux charges municipales, 370 ; — Mémoire du receveur de l'élection, 156 ; — Travaux du chemin, menant à Saint-Pierre-le-Moutier, 235, 427.

La Charité (Dreux de), II, 9.

La Charité (Gui de), II, 33.

La Chasserie (J. de). Lettre, 224.

La Chassetière-Candé (M. de), au Mont Saint-Michel. Lettres, 149, 155, 310, 342, 373.

La Chastaigneraye (M. de), à Rouen. Lettre, 350.

La Chastre (M. de), à Bourges. Lettre, 158.

La Chastre (Claude de). Quittance, 62.

La Chastre (Edme, comte de). « Discours sur sa destitution de colonel des Suisses », 79.

La Chastre (Louis, marquis de). comte de Nançay. Lettres, 185, 400, 407 ; — Quittance, 64.

La Chastre (Louise-Antoinette-Thérèse de), maréchale d'Humières. Lettres, 413, 437, 440, 452, 458, 462, 466, 470-471, 499, 510, 524.

La Chaume (Château de), en Vendée, 133, 414 ; — Construction de vaisseaux, 481.

La Chaussée-Apvril (M. de), à Angers. Lettre, 386.

La Chesnaye (M. de). Lettre, 521.

La Chesnaye (Mme de). Requête, 222.

Lachèze (M. de), à Bordeaux. Lettres, 264, 308.

La Chèze (M. de), à Montauban. Mémoire à lui relatif, 393 ; — Sentence rendue contre lui, 421.

La Ciotat (Bouches-du-Rhône). Lettres des consuls, 237, 417.

La Claye. V. Claix.

La Clochetterie (Capitaine de). Lettre de marine, 515.

La Cointe, à Amiens. Mémoire sur ses réclamations, 434.

Lacombe (Jean de). Lettre, 95.

La Condamine. V. Condamina.

La Contour (M. de), à Metz. Lettres, 146, 151.

La Cornière (Pierre de). État des poulies à employer dans les navires de guerre, 77-78 ; — Note sur certaines de ses lettres, 527.

Lacoste, à Bordeaux. Décharge des accusations, qui pesaient sur lui, 407.

La Coste, à Landerneau. Lettres, 364, 370.

La Coste (André de). Brevet d'imprimeur royal, 328 ; — Lettres, 317, 319, 324, 327 ; — Lettre à lui adressée, 334 ; — Mémoire sur les fortifications de Philippeville, 328.

La Coste (Jean, marquis de). Lettres, 119, 397, 497 ; — Requête, 375.

La Cour (Président de). Lettre, 441.

Lacour (Le sr de). Lettre, 144.

Lacour (Antoine de). Quittance, 418.

La Cour (Artus de). V. Guillaume.

La Cour (Ch. de). Lettres, 105, 113, 125.

La Court-aux-Bois, grange près d'Arras, 111.

Lacrénonière (Capitaine de). Lettre, 371.

La Croisette (Le Blanc de). Lettres, 143, 274, 278, 287, 292 ; — Requête contre lui, 367.

La Croix (Famille). Notice généalogique, 85.

La Croix (Capitaine de), à Dunkerque. Lettre, 319.

La Croix (Mme de), à Paris. Lettres, 191, 211, 229.

La Croix (Charles de). Lettres, 348, 373.

La Croix (Claude de). Lettres, 140, 169, 173, 179, 277, 285, 305, 307, 386, 388 ; — Lettre à lui adressée, 334.

La Croix (François Pétis de). V. Pétis.

La Croix (Jean de). Supplique, 360.

La Croix (Louis de), à Dijon. Lettre, 234.

La Croix (Louis de), à Montpellier. Lettre, 160.

La Croix (René-Gaspard de), marquis de Castries. V. Castries.

La Croix de Chevrières (Jean de). Lettres à lui adressées, 27.

Ladislas, roi de Hongrie. Extraits de ses ordonnances, 90.

Ladmirault. V. Suduiraut.

Ladornat, à Phalsbourg. Lettre, 301.

Ladvocat (L.-Fr.). Lettres, 379, 516.

Læsö (Ile de) en Danemark, 407.

La Fage. De la réformation de la justice, 45.

Lafaigne-Lucarre, à Pau. Lettre, 273.

La Falaise (M. de). Altercation, avec des archers de la gabelle, à Caen, 267.

La Fare (Gabrielle de). Lettre, 95.

Lafarge (Antoine de). Lettre, 198.

La Fayette (François de), évêque de Limoges. Lettre, 210.

La Fayette (Gilbert II de). Lettres, II, 15.

La Fayette (Louise-Angélique de). Lettre, 153.

La Fère (Aisne), 69 ; — État des dépenses du régiment de La Fère, 95 ; — Inventaire du château en 1661, 82 ; — Lettre des échevins, 398 ; — Lettre des jurés, 168 ; — Titres des propriétés de Mazarin à La Fère, 83.

La Ferrière, à Granville. Lettres, 342, 382.

La Ferrière (Aubert de), 105.

La Ferrière (Louis Berryer de). V. Berryer.

La Ferronnais, à Vincennes. Lettre, 233.

La Ferté-Bernard. Lettre des échevins, 234.

La Ferté-Imbaut (Jacques, marquis de). V. Étampes.

La Ferté-Senectère, ou Senne-terre (Henri, abbé de). Lettre, 367 ; — Mémoire contre lui, 367.

La Ferté-Senectère, ou Senne-terre (Henri, maréchal de).

Lettres, 36-37, 149, 153, 226, 309, 319, 444, 462 ; — Lettres à lui adressées, 32.

La Ferté - sous - Jouarre. Mémoire sur la manufacture de bouracans, 434 ; — Supplique des entrepreneurs de cette manufacture, 525.

La Feuillade (François d'Aubusson, duc de). Érection du duché de Roannais en sa faveur, 24 ; — Lettres, 107, 211, 219, 246, 250, 252, 257, 264, 358.

La Feuillade (Georges d'Aubusson de), évêque de Metz, puis archevêque d'Embrun, 39, 370 ; — Certificat, 376 ; — Lettres (1661-1663), 39, 119, 126, 130, 135, 147, 155, 165, 170, 174, 178, 197, 200, 205-206 ; — (1664-1665), 211, 219, 224, 237, 250, 255, 260, 265, 268, 279, 285, 299, 305, 308, 313, 323 ; — (1666-1675), 330, 337, 356, 365, 370, 374, 443, 471, 496, 519 ; — Lettres à lui adressées, 33, 333 ; — Mémoire par lui envoyé, comme ambassadeur, au roi d'Espagne, sur le payement de Madame de Chevreuse, 133 ; — Placet, 9.

La Fitte (M. de), à Rouen. Lettres, 145, 155, 253, 265.

La Flesche (J.-B. de). V. Galimardet.

La Fleur (Le sr de). Lettres, 103, 107.

Lafons (Simon de). Lettre, 240.

La Fontaine (M. de), à Cherbourg. Lettres, 242, 283, 346.

La Fontaine (M. de), à La Rochelle. Lettre, 404.

La Fontaine (M. de), à Marseille. Lettre à lui adressée, 495.

La Fontaine (M. de), à Poitiers. Lettres, 163, 174.

La Forest, à Paris. Lettre, 343.

La Forge (M. de), à Néronde. Lettre, 317.

La Forse (M. de), à Belle-Isle. Lettres, 324, 325.

La Fosse, à Saint-Mandé. Lettre, 117 ; — Arrêt le chargeant de saisie, 119.

La Framboisière (Abraham de). Lettre, 234.

La Frédière (M. de), prisonnier. Lettres, 175, 277.

Lafrette, à Rome. Lettre, 293.

La Frette (Madame de). Lettre, 213 ; — Supplique, 294.

La Fuente (Gaspar Telles-Tello y Gusman, marquis de). Réponse de l'Empereur à lui adressée, 11.

La Fuye de Cotton. Lettres, 104, 274.

Lagache, à Grenoble. Lettre, 131.

La Gahandière (Prieuré de), dans le Loir-et-Cher, 326.

La Galaisière. V. Ryantz (J.-A. de).

La Galissonnière (J.-B. de). V. Barin.

Lagarde (Les^r), à Lyon. Lettre, 482.

La Garde (M. de), commis de Colbert. Lettres, 100 ; — Lettres à lui adressées, 464, 478.

La Garde (Pierre de). V. Charmolue.

La Garde-Belin (M. de), à Amsterdam. Lettres, 117, 135, 176, 178, 211, 215, 220, 227, 234, 242, 247, 249, 251, 253, 258, 264, 292, 312, 316, 317, 321, 339, 346 ; — Lettres à lui adressées, 251, 332.

La Garde de Chambonas (Charles-Antoine de), abbé, puis évêque de Lodève. Lettres (1663-1667), 200, 260, 312, 318, 331, 340, 345, 350, 378 ; — (1671-1675), 444, 446, 455, 459, 462, 466, 468, 470, 481, 489, 494, 498 ; — Mémoire sur son différend avec MM. du Bosc, 468-469.

La Gardie (Pontus de). Lettre à lui adressée, 26.

La Garenterie (M. de), à Caen. Lettre, 154.

Lagarra, à Perpignan. Lettre, 165.

La Gauterie, ou Gautrie (Pierre de). V. Graime.

La Géraudière (M. de). Lettre à lui adressée, 333.

La Giraudière (M. de). V. Longuet.

La Glassonnière (M. de). Requête, 463.

Lagny (M. de), à La Rochelle. Lettres, 412, 413, 422, 423, 426, 473.

Lagny (Le Fr. Paul de). Lettre, 221.

La Gorgue (Nord), II, 47.

La Granville (B. de). V. Bidé.

La Grange (François de). Lettres, 132, 135, 138, 346, 401.

Lagrange (Jean de). Lettre, 503.

La Grange-Petitière (Charles de Bétoulat, s^r de). Lettres, 382, 387, 390.

La Gruthuyse (M. de). V. Louis de Bruges.

Laguaist (François). Lettre, 245.

La Guerche (P. de). V. Gorris.

La Guette (Louis de). V. Testard de la Guette.

La Guiche (Henriette de). V. Angoulème (Duchesse d').

La Guogue (Jean), II, 46.

Laguyoles (J.). Lettre, 423.

La Hague (Calvados). Lettre écrite de La Hague, 348.

La Haize (M. de). Lettre, 327.

La Hamayde (J. de). Lettre, 402.

La Haye, 79 ; — Lettre écrite de La Haye à Louis XIV, 329 ; — Nouvelles, 14, 525 ; — Traité de 1669, entre le Portugal et les Pays-Bas, 41.

La Haye (Adrien de). V. Chanut.

La Haye (D. de). V. Montholon.

La Haye (J. de). Lettres, 316, 336, 342, 362, 369, 372, 378, 422.

La Haye (Jean de), II, 19.

La Haye (Pierre de). Lettre, 492.

La Haye-Ventelet (Denis de). Lettres, 310, 313, 316, 327, 350, 500 ; — Lettres à lui adressées, 33, 351 ; — Mémoire, 442 ; — Note sur une de ses lettres, 525 ; — Ordonnance, 394.

La Haze (Louis), II, 14.

La Hinojosa (Juan de Mendoza, marquis de). Lettre contre le duc de Buckingham, 17.

La Hoguette (Abbé de). Lettre, 433.

La Hoguette (H. Fortin de). V. Fortin.

La Hoguette (Pierre de). Lettre, 97.

La Houssaye (Famille de). V. Le Pelletier.

La Houssaye (Le sr de), à Dieppe. Lettres, 185, 241.

La Houssaye (Jacques de). V. Saint-Victor.

La Houssaye (Nicolas de). V. Le Pelletier.

La Houssaye (Robert de), II, 31.

Laigle (Jacques, marquis de). Lettre, 438 ; — Ordre de remboursement en sa faveur, 439.

Laigneau. Lettre, 348.

Laignon de Brie, à Limoges. Lettres, 280, 284.

Laignes (Marquis de). V. Laigle.

Lainé de La Margrie (Louis). Lettres, 159, 167, 176, 180, 318, 346, 360, 365, 373, 394, 500.

Laines, 294 ; II, 4 ; — Manufactures de laine du pays de Liège, 436.

Laire, à Pau. Lettre, 170.

Laisné (J.). Lettre, 528.

Laisné (Jeanne). V. Levau (Veuve).

Laizeau (P. de). V. Lefèvre.

La Jasnière, à Tours (Capitaine). Lettre, 324.

La Joux. V. Joux.

La Jugye du Puy (François), baron de Rieux. Quittance, 62.

Lalaing (Philippe de). Légitimation, II, 59.

Lalaing (Ponthus de), II, 59.

La Lande (Capitaine de). Voyage en Guinée, 434.

Lalande (Chevalier de), à Messine. Lettres, 493, 496 ; — Note sur une de ses lettres, 434.

Lalande (M. de), à Bayonne. Lettre, 298.

La Lande (M. de), à Blaye. Lettre, 97.

Lalande (M. de), à Riom. Lettre, 139.

Lalande (J.-B. du Deffand-). V. Du Deffand.

Lalane (J.-Salomon de). V. Salomon.

Lalanne (M. de), à Rouen. Lettre, 387.

Lalanne de Pontac-Beautiran (Mme O. de). Lettre, 449.

Lalemant, à La Ferté-sous-Jouarre. Lettre, 434.

Lalemant, à Paris. Lettre, 239.

Lalive (M. de). Lettre, 520.

Lallart (B.). Lettre, 337.

Lallemant, à Saint-Valéry-sur-Somme. Lettre, 194.

Lallement (Pierre). Sa femme, v. Brodeau (Marie).

Lalobe (Perrot de), II, 4.

La Londe (Seine-Inférieure). Arpentage de la forêt, 148.

La Londe (Louis de). Lettres, 151, 160, 181, 201, 230, 249, 311.

La Loüarrié (M. de), à Guérande. Lettre, 285.

Lalouat, à Paris, Lettres, 224, 240, 359.

La Louvière (M. de), à Pamiers. Supplique, 414.

La Luthumière (Mme de). V. Le Tellier

La Luzerne-Amanville (M. de). Lettre, 490.

La Madeleine-Ragny (Anne de), 432.

La Madeleine-Ragny (François de), 64.

La Malmaison (Famille). V. Luillier.

La Malmaison (Terre de), dans l'Yonne, 106.

La Marck (Adolphe de), II, 45.

La Marck (Charles de), duc de Bouillon. Quittances, 63.

La Marck (Évrard de). Son procès, II, 17.

La Marck (Henri-Robert II, comte de). Lettre, 310.

La Marck (Philippe de). Voir Clèves.

La Margrie, ou La Marguerie (L. Lainé de). V. Lainé.

Lamassonnière (Claude de). Lettres, 216-217.

Lambert, à Saint-Jean-d'Angély. Lettre, 258.

Lambert, à Vire. Lettre, 405.

Lambert (Claude). Lettres, 136, 159, 161, 169.

Lambert (Henri). V. Herbigny (Marquis d').

Lambert (Jacques). 351.

Lambert (Marie). V. Herbigny (Marquise d').

Lambert (Thomas), 439 ; — Let-

tres, 134, 146, 340, 348, 438.

LAMBERT D'ARDRES. *Prologus super Ghisnensium historiam*, 56.

LAMBESC (Bouches - du - Rhône), 533.

LA MÉHÉROLLES (P. DE). V. RONCHEROLLES.

LA MEILLERAYE (Famille DE). V. LA PORTE (DE).

LA MEILLERAYE (Armand-Charles, duc DE). V. MAZARIN (Duc).

LA MEILLERAYE (Charles de La Porte, marquis, puis duc DE). Lettres, 95, 100, 164 ; — Lettre à lui adressée, 32.

LA MEILLERAYE (Marie de Cossé, duchesse DE), Note sur une de ses lettres, 525.

LA MÉNARDIÈRE (M. DE), à Sedan. Lettres, 359, 369, 429-430.

LA MER (Louis-François DE). Lettres, 114, 132.

LA MEYNARDIÈRE. V. LA MÉNARDIÈRE.

LA MICHODIÈRE (M. DE). Lettres, 99, 116, 127, 142, 157, 162, 183.

LA MIRANDOLE (Maison DE), 181.

LA MIRANDOLE (Alexandre Pic, prince DE). Lettre à lui adressée, 29.

LAMIRAULT (Joseph-Michel). Protestation par devant notaire, 326.

LAMOIGNON (Famille DE). Notice, 85.

LAMOIGNON (Président Guillaume DE). Décharge en sa faveur, 380 ; — Lettre, 496.

LA MONTA (Abbé DE). Instructions, 34.

LA MONTAGNE DE MONTIGNY. Avis sur les perfectionnements du Havre, 475 ; — Commission à lui accordée ; — 476 ; — Lettre, 473.

LA MOTHE (M. Coquart DE), le cadet. Lettre, 206.

LA MOTHE (Pierre Coquart DE). Lettres, 99.

LA MOTHE-FÉNELON (Fr. DE). V. FÉNELON.

LAMOTHE DE LAMYRE, à Dunkerque. Lettres, 292, 304, 306.

LAMOTHE DE LAMYRE (Gabriel). V. LAMYRE.

LA MOTTE, agent de Colbert. Lettres, 176, 286, 301, 303, 350.

LA MOTTE (Madame). Lettres, 145, 180.

LA MOTTE (Louise de Brie, maréchale DE). Lettre, 205.

LAMOTTE (Pierre). Condamnation de cet imprimeur, 508, 512.

LAMOTTE-GURGY (M. DE), à Seignelay. Lettres, 237, 301.

LA-MOTTE-AU-BOIS, en Flandre, II, 49.

LA MOTTE-HOUDANCOURT (Jérôme DE), évêque de Saint-Flour. Circulaire, 271 ; — Lettre, 269.

LA MOTTE-HOUDANCOURT (Philippe DE), maréchal de France. Lettres, 98.

LA MOTTE-JOSSERAND (Nièvre), II, 13.

LA MOUSSAYE (Amaury Goyon, marquis DE). Lettre, 191.

LAMUSSE (M. DE). V. DU BOIS.

LAMY (Guillaume). Lettres, 212, 319.

LAMYRE - ESTERPIGNEUL (Gabriel DE). Lettres, 169, 173, 201, 205, 221, 342.

LANAIZE, à Caen. Lettre, 209.

LANAUVE (Th. DE). Lettre, 223.

LANÇAY (M. DE), à Gravelines. Lettre, 319.

LANCELLOTI (Cardinal Orazio). Lettres, 37.

LANCHAL (Duval DE). V. DUVAL.

LANCHENU (Ch.). Lettres, 250, 353, 378.

LANDES (Famille DE). Notice, 85.

LANDES (Pays des). Acte de la sénéchaussée, II, 24.

LANDOUILLETTE (René). Lettres, 397, 413.

LANDRECIES (Nord). Sommes provenant de la recette du domaine à Landrecies, 115.

LANDRES. V. LANGRES.

LANDRIAU. Lettre, 110.

LANEL (Rossignol DE). V. ROSSIGNOL.

LA NERBOUNIÈRE (M. DE). V. NERBOUNIÈRE.

LA NEUVELLE (M. DE), à Brisach. Lettres, 95, 97, 149, 222.

LANFRANC, archevêque de Canterbury. Lettre, 58.

LANGAN (Pierre DE). Lettre, 232.

LANGE (Le Sʳ). V. SANVITANI.

LANGHEAC (Marquise DE). V. LA ROCHEFOUCAULD (Marie - Françoise DE).

LANGLADE (Jacques DE). Lettres, 342, 379, 397.

LANGLADE (Simon DE). Supplique de ses héritiers, 380.

LANGLAT-BOURYAN, de Noirmoutier. Lettre, 490.

LANGLOIS. Mémoire sur la renonciation de la reine et réflexion sur ce mémoire, 40.

LANGLOIS (Georges). V. MOTTEVILLE.

LANGLOIS (Nicolas). État des dépenses pour le canal de Sauveréal, 151.

LANGLOIS (P.). Lettres, 301, 343, 366.

LANGONNET (Abbaye DE), au diocèse de Quimper. Transaction entre les religieux et les vassaux de l'abbaye, 506.

LANGRAC (Mᵐᵉ C.). Lettres, 336, 340.

LANGRES, II, 19 ; — Évêques, v. BARBIER DE LA RIVIÈRE et SIMIANE (L.-M.-A. DE) ; — Lettre des officiers de l'élection, 146 ; — Lettre des échevins, 197, 211 ; — Mémoire adressé au maire, 242 ; — Réception des ambassadeurs suisses, 199.

LANGUEDOC, 93, 396 ; — Arrêt maintenant les évêques de Languedoc, dans la jouissance du droit de *committimus*, 448 ; — Chambre de justice, 414 ; — Création de bureaux pour les recouvrements, 464 ; — Dettes des communautés, 251 ; — Domaine royal, 286 ; — Don gratuit, 172 ; — Gabelles, 213, 545 ; — Lettres des intendants des gabelles, 292, 346, 374, 395, 423, 497 ; — Levée des deniers pour la réparation des ports, 127 ; — Liste des gouverneurs, 91 ; — Mémoires contre les fermiers de la traite foraine, 138 ; — sur les affaires financières de la province, 383 ; — sur les mines, 383 ; — Suppression de la charge d'agent de la province, 460 ; — Trésoriers-généraux, 99, 126, 160, 163, 179, 215, 253, 261, 285, 286, 292, 346, 374, 395, 423, 497 ; — Visiteurs des gabelles, 213.

LANGUEDOC (Canal de), 69, 251 ; — V. RIQUET.

LANGUEDOC (États de). Cahiers de doléances (1583), 92 (1648), 141 ; — Contrôle des logements des membres, 166 ; — Discours du prince de Conti à l'ouverture, 322 ; — Extraits des registres, 364, 448, 460 ; — Instructions données aux commissaires royaux (1669), 410 ; — Lettres adressées aux commissaires du Roi, 332 ; — Lettres de commissaires pour l'emprunt, 532 ; — — Lettres des membres des États, 268 ; — Mémoires sur les délibérations, 464 ; — sur les États, 340 ; — Note sur une demande des États, 418 ; — Paiement du don gratuit, 133 ; — Réponse du Roi au cahier de remontrances de 1583, 92 ; — Rôle de ceux, qui sont contre le projet de don gratuit, 166 ; — Rôle des titulaires de la session de 1664, 267 ; — Supplique des États, 511.

LANGUEDOC (Parlement DE). V. TOULOUSE.

LANGUEDOC (Patente de). États des recettes et dépenses (1668-1680), 542, 545, 546.

LANGUEDOC, maréchal - des - logis. Information contre lui, 501.

LANGUET (G.). Lettres, 184, 201, 207, 210, 214, 229, 232, 249, 306.

LANGUILLET (P.). Lettres, 378, 417, 523.

LANIER. V. LASNIER.

LANITRÉ (L. DE). V. LARSAN.

LANNOY, à Eu. Lettre, 266.

LANNOY (Charlotte de Villiers, comtesse DE). Lettre à elle adressée, 70.

Lannoy (Jean de), II, 51.

La Noiraye. V. Voysin de La Noiraye.

Lanores (Capitaine de). Lettres, 174, 179.

La Noue (Charles de). Lettre, 105.

La Noue (Odet de). Lettre à lui adressée, 70.

Lanson (Le sr). Lettres, 456.

Lanta (Baron de). V. Grammont.

Lante (Cardinal Marcello). Lettres, 37.

Lanuça (Johannes de). Lettres, II, 52.

Laon. Coadjuteur, v. Jean, évêque d'Olone ; — Copie d'ordonnance des échevins, 398 ; — Évêques, v. Adalbéron, Estrées (C. d'), Gazon ; — Grâces pour les pauvres de l'hôpital Saint-Louis, 4 ; — Inventaire des bénéfices de l'abbaye Saint-Martin, 83 ; — Lettre au doyen de l'église, II, 30 ; — Lettres du maire, 399, 401 ; — Mémoires sur la maladie contagieuse, 398 ; — Réduction du nombre des notaires, 272.

La Palisse (Allier), 261 ; — Entretien du chemin de Varennes à La Palisse, 427.

La Palu (M. de), à Fontainebleau. Lettres, 217, 219, 249.

La Papautière. V. Lécuyer.

Laparre. Lettre, 352.

La Passion (Sœur Madeleine de). V. Madeleine.

La Payre, à La Martinique. Lettre, 183.

La Perraudière (M. de), à Tours. Lettre, 386.

La Petite-Pierre (Georges-Jean, duc de), 26.

La Petitière (M. de). V. Lagrange-Petitière.

La Petitière (Mme de). V. Voullemin (Marie de Bétoulat de).

La Picardière (Pierre Forget, sr de). Instructions, 15.

La Pierre (M. de), à Cadillac. Lettre, 251.

La Pierre (M. de), à Port-Louis. Lettre, 531.

La Pierre (Évrard de), II, 38.

La Pierre (Gabriel de). Requête au parlement de Bretagne, 156.

La Pierre de Leyen (Charles-Gaspard de). V. Der Leyen (K.-K. von).

La Piquetière (M. de), agent en Suède. Lettre, 331.

La Place (Charles de). Lettres, 121, 159, 182 ; — Procès devant la Cour des Aides de Normandie, 124.

La Planche (Sébastien-François de). Lettres, 173-174.

La Plata. V. Plata.

La Plisse de Laval (Marquise Françoise de Sesmaisons de). Lettre, 317.

La Pole (Edmund de). Lettre de rémission à lui accordée, II, 40.

La Pommeraye (Gilles de). Pouvoir à lui donné, II, 25.

La Porrade (P. de). V. Porrade.

La Porte (G. de). Lettre, 289.

La Porte (Armand-Charles de), duc Mazarin. V. Mazarin.

La Porte de la Meilleraye (Famille de). Notice généalogique, 86.

La Porte de La Meilleraye (Charles de). V. La Meilleraye.

Laporte de Vézins (Anne-Ursule de Cossé-Brissac, marquise de). Lettre, 411.

Laporte de Vézins (Charles, marquis de). Lettre, 522.

La Potherye, ou La Poterie (Ch. de). V. Le Roy.

La Prée (Fort de), dans l'île de Ré. Éclairage du corps de garde, 186.

La Prée (François de). Lettres, 223, 225, 245, 305, 382.

La Primaudaye (P. de). Lettres, 292, 321.

La Quintinye (Jean de). Lettres, 330, 461.

Laramée-Matropt (Gilles de). Lettres, 249, 284, 293.

La Ramisse (Jacques de). Procès-verbal des dépositions contre le lieutenant du bailliage de Dôle, 281.

L'Archevesque (Jacques). Arrêts refusant de le recevoir maître des Comptes, à Rouen, 445.

La Réole. Troubles, 504.

La Réunion (Ile de), 77.

La Reynarde (Chevalier Félix de). Lettres, 391, 408, 420.

La Reynie (Gabriel Nicolas de). Lettres, 313, 378, 397, 402, 433, 436, 437, 441, 446, 463, 480, 482, 485, 489, 493, 499, 502, 505, 507, 514, 517, 522 ; — Mémoire, 464 ; — Requête, 484.

La Reynie (Gabrielle de Garibal, dame de). Mémoire, 464.

Largentier (M.). Lettre, 339.

La Ribe (M. de). Lettre, 107.

La Rivière (Famille de). V. Poncet.

La Rivière (François de). Lettre, 289.

La Rivière (Mme J. de). Lettres, 253, 300.

La Rivière (Louis Barbier de). V. Barbier.

La Rocca (Francesco Filomarino, prince de), II, 61.

La Roche (Androuin de), II, 13.

La Roche (Abbé C. de). Lettre, 482.

La Roche (Ch. de). V. Guillain (Ch. de).

La Roche-Chémerault (Famille). V. Barbezières, Chémerault.

La Roche-Chémerault (Méry de Barbezières, s^r de), 62.

La Roche-Courbon (A.-E. de Courbon, marquis de). Duels, 515, 529 ; — Lettre, 446.

La Roche-Saint-André (Louis de). Lettres, 207, 219, 273, 280, 309, 363, 372, 374, 377, 387.

La Rochefoucauld (Cardinal François de). Quittance, 3, 64.

La Rochefoucauld (François V, comte, puis duc de). Quittances, 65.

La Rochefoucauld (Marie-Françoise de Lascaris d'Urfé de), marquise de Langheac. Lettre, 492.

La Rocheguyon (Henri, comte de). V. Silly.

La Rocheguyon (Roger du Plessis-Liancourt, comte, puis duc de). Lettre à lui adressée, 70.

La Rochelle, 72, 95, 112, 127, 357, 392, 410, 468, 528, 531, 532 ; — Dépenses faites pour la marine à La Rochelle, 343 ; — Évêque, v. Laval (H. de) ; — Garnisons de l'élection, 111 ; — Inventaire des espèces, trouvées chez le receveur des tailles de La Rochelle, 120 ; — Lettres des officiers de l'amirauté, 507, 514-515, 525 ; — des syndics, 533 ; — Lettre, écrite de La Rochelle, 341 ; — Liste des prisonniers anglais, à La Rochelle, 354 ; — Mémoires de Seignelay, pendant son séjour à La Rochelle, 88 ; — sur les maîtrises de métier, 484 ; — Placet des élus, 518 ; — Procès-verbal du refus du receveur des tailles de montrer ses registres à l'intendant, 111 ; — Sommation faite aux habitants, le 6 août 1628, 22 ; — Supplique des protestants, 442.

La Rochepot (Antoine de Silly, comte de). Information sur les violences commises en sa maison par des alguazils, 28 ; — Lettre, 28.

La Rochette-Gargot (Capitaine de). Lettres, 140, 166.

La Rocque (Président de). Lettres, 134, 204, 300, 337, 404.

Larocque (J.-B. de). Lettres, 296, 354.

La Roque (Terre de) (Gers), 418.

Laroque (J. de). Copie d'un billet le déchargeant, au sujet d'escorte de navires marchands, 489 ; — Mémoires sur sa conduite dans le voyage d'Alger, 364.

La Roque de Miromesnil. V. Miromesnil.

La Roque-Garceval (Chevalier de). Lettre, 523.

La Roquette (M. de). Lettre à lui adressée, 32.

La Rose (De). Lettre, 117.

La Rousselerie, seigneurie à Herseaux, II, 16.

La Rouère (Mᵐᵉ N. de). Lettre, 107.

La Rovère (Jeanne-Baptiste de). Lettre, 256.

La Rovère (Victoire de), grande-duchesse de Toscane. Lettre à elle adressée, 34.

La Rozière (M. de). Lettre, 379.

Larré (René de). Lettre, 324.

Larrsen (Laurent). Lettre, 10.

Larsan de Lanitré (M. de), au Havre. Lettre, 319.

Larson (Capitaine de). Journal d'un de ses voyages, 529 ; — Lettres, 412, 422, 424, 425.

Lartigny (M. de). Lettre, 383.

Lartigue (Jean de). « Conduite pour les chrétiens contre le Turc », 79 ; — « La seconde partie de la politique des conquérans », 80.

La Rue (M. de), à Alençon. Lettres 320, 368.

La Rue (Didier de). Lettres, 121, 129.

Larzac (Gramon de). Lettres, 163, 372.

La Salle-Buignon (M. de). Lettre, 308.

La Saussaye (Jean Le Rabois de). Lettres, 289, 359, 363, 365, 373, 400.

La Sauve-Majeure (Abbaye de), au diocèse de Bordeaux, 55.

La Scala (Joseph-Juste de). V. Scaliger.

Lascaris (Charles-Emmanuel de), marquis d'Urfé. V. Urfé.

Lascaris d'Urfé (Marie-Françoise de). V. La Rochefoucauld.

La Serre-Aubeterre (Léon d'Esparbès de Lussan, chevalier de). Lettres, 142, 207, 238, 523.

La Serre-Aubeterre (Louis d'Esparbès de Lussan, comte de). Lettre, 114.

Lasnier, à Craon. Lettre, 234.

Lasnier de Liembrune (Jean). Envoi d'une sentence du Châtelet, à lui adressée, 467 ; — Lettres, 229, 245, 352, 359, 366, 369, 375, 377, 465.

Lassudrie, à Dunkerque. Lettre, 319.

Lassus (R. de). Lettres, 405-407, 421, 426.

Lastrongue. V. Castrongue.

La Sude (Candie), 427.

La Suze (Comte de). V. Champaigne.

La Tesserie (M. de), à Dieppe. Lettre, 217.

La Thuillerie (MM. de). V. Coignet et Courson.

La Touche (M. de), au Quesnoy. Lettres, 293, 323, 349, 355, 361.

La Tour (M. de), à Gênes. Lettres, 165.

La Tour (M. de), au Havre. Lettre à lui adressée, 333.

La Tour (M. de), à Reims. Lettres, 524, 346, 385 ; — Note sur une de ses lettres, 525.

La Tour (Veuve). Lettre, 270.

La Tour (Du Péron-), 150, 171.

La Tour (A. de). Lettre, 107.

La Tour (Fidèle De). Lettres, 326, 328.

La Tour (G. de). Lettre, 336.

La Tour (Géraud Iᵉʳ de). Son origine, 86.

La Tour (M. Meurset De). V. Meurset.

La Tour (Marie de). Lettres, 113, 210.

La Tour (Michel de). Lettres, 228, 301.

La Tour (S. Dalliès de). V. Dalliès.

La Tour d'Auvergne (Famille de). Arbre généalogique, 86 ; — Observations sur cette maison et défense de ces observations, 86 ; — Recueil de mémoires sur cette maison, 85-86.

La Tour d'Auvergne (Emmanuel de), cardinal de Bouillon, 453, 480, 493, 503, 521.

La Tour d'Auvergne (Frédéric-Jules de), chevalier de Bouillon, 529.

La Tour d'Auvergne (Henri de), maréchal-duc de Bouillon. Lettre, 71 ; — Lettre à lui adressée, 70 ; — Mémoires, 4.

La Tour d'Auvergne (Henri de), maréchal de Turenne, 185, 475, 483, 502 504 ; — Lettres, 142, 188, 274, 387.

La Tour de Mars (Le s^r), à Argenton-en-Berry. Lettres, 242, 295, 365.

La Tour-Gérauld (Colonel de). Lettres, 114, 170, 245, 310.

La Tournelle (X. de). Lettre, 155.

La Traconne (Forêt de). V. Traconne.

La Tremblade. V. Guillet.

La Tremblaye (René Bertrand, s^r de). V. Bertrand.

La Trémouille (Charles-Belgique-Hollande de), prince de Tarente. V. Tarente.

La Trémouille (Émilie de). V. Tarente.

La Trémouille (Henri - Charles - Belgique - Hollande de). V. Tarente.

La Trémouille (Louis de), duc de Noirmoutier. V. Noirmoutier.

La Trémouille (Louis-Maurice de). V. Laval.

La Trémouille (Marianne de). Lettre, 492.

La Trémouille (Marie de), duchesse de Thouars. V. Laval.

Lau (M. de). Différend avec M. de Gobras, 418.

Laubenx (Jacques de). Quittance, 62.

L'Aubépin (Charles-Achille, comte de). Lettre, 394.

Laubespine (Famille de). Notice généalogique, 86.

Laubespine (Charles de). Articles du traité, conclu entre lui et les ambassadeurs suisses, 110.

Laubespine (Claude de), baron de Châteauneuf, II, 29 ; — Pouvoir à lui donné, II, 28.

Laubespine (Claude de), s^r de Verderone. Quittance, 62.

Laubespine-Chateauneuf (Guillaume de). Quittances, 64.

Laubespine-Préaux (Charles de). Quittance, 64.

Laubia (M. de). Lettre, 448.

Laugeiret, à Arles. Lettre, 162.

L'Aulnay (V. de). V. Vaudricour.

Launay (M. de), à Nemours. Lettre, 298.

Launay (M. de), à La Prée. Lettre à lui adressée, 451.

Launay (François de). Lettre, 239.

Launay (Jean de). Lettre, 187.

Launay (Jean Gravé de). Lettre, 294.

Launay (P. de). Lettre, 270 ; — Placet, 280.

Launay (R. de). Lettre, 227.

Launay du Maz (Guillaume de). Lettres, 95, 163, 221, 226, 229 ; — Lettre à lui adressée, 231.

Launay-Durand (M. de). Lettre, 365.

Launay-Gringuenière (M. de). Lettres, 95.

Launay-Moreau (M.). Requête, pour obtenir la restitution de marchandises confisquées en Angleterre, 306 ; — Sommaire de procédures, relatives à sa contestation avec les bonnetiers, 448.

Launay-Razilly (Claude de). Mémoire sur la marine, 78.

Launenquen (Le s^r). Lettre, 469.

Launois (Nicolas-Guilbert de). Lettre, 455.

Laurans (Philippe-Guillaume de), marquis de Beauregard. V. Beauregard.

Laurence (J.). *De sideribus et stellis*, 74.

Laurens, à Béziers. Lettres, 321.

Laurens (Claude). Lettres, 147, 161, 342.

Laurent de Hersfeld. *Extractum chronici Herveldensis*, 57.

Laurette de Dampierre. Lettres, II, 2.

Laurier (Le), nom de vaisseau, 464.

Laurouède (Capitaine), à Bordeaux. Lettre, 105.

Lauson (J. de). Lettre, 117.

Lauson de Charny (C. de). Lettre, 371.

Lautier (Philippe). État des prix des objets du cabinet, 491.

Lautrec (Vicomté de). Mémoire sur la justice de la vicomté, 475.

Lauverjat (L. de), à Auxerre. Lettres, 97, 127, 160, 204, 241 ; — Lettre à lui adressée, 332.

Lauwaerd (Eustache et Jacques). II, 34.

Lauwaerd (Simon), II, 4.

Lauy. V. Lavit.

Lauzun (Comte de). V. Nompar de Caumont.

La Vaissière (J. de). Lettres, 240, 241, 313, 338, 360, 369, 397, 401, 404, 405, 412, 417, 436, 461 ; — Lettre à lui adressée, 333.

Lavaissière (M. de). V. La Buissière.

Laval (Mayenne). Lettre des échevins, 198.

Laval (Seigneurie de), dans la ville de Mouscron, II, 16.

Laval (Françoise de Sesmaisons, marquise de). V. La Plisse. (Marquise de).

Laval (Louis-Maurice de La Trémoille, comte de). Mémoire en sa faveur, 465.

Laval (Marie de La Tour, comtesse de), duchesse de La Trémouille. Lettre à elle adressée, 70.

Laval de Boisdauphin (Henri-Méric de), évêque de La Rochelle. Lettres, 261, 453, 502.

Laval de Chancourt (Lieutenant) Lettre, 244.

Laval - Montmorency (François de), abbé de Montigny, évêque de Petrée. Lettres, 181, 465, 528.

La Valée-Corné (M. de). Lettres, 173, 246, 308.

La Valette (Baptiste Pianello de). V. Pianello.

La Valette (Bernard de Nogaret, duc d'Épernon et de), 63 ; — Son procès en 1639, 23 ; — Quittance, 62.

La Valette (Jean-Louis de). Lettre, 96.

La Valette (Louis d'Épernon, cardinal de). Lettre à lui adressée, 70.

La Valette (Louis de Nogaret de). Quittance, 62.

La Valette (Louis de Nogaret de), évêque de Carcassonne. Lettres, 305, 494.

Lavallée-Gatineau (M. de). Sa femme, v. Gervaisseau (F.).

La Vallière (Loir-et-Cher). Duché, 24, 453 ; — État de vente des bois du duché, 406.

La Vallière (Louise de La Baume-Le Blanc, duchesse de). Érection du duché de La Vallière en sa faveur, 24 ; — Légitimation de sa fille, 24 ; — Note sur des aumônes, projetées par elle, 453.

La Varane (M. de), à La Flèche. Lettre, 192.

La Varanne (L. Grimaudet, sr de). V. Grimaudet.

Lavardin (Henri-Charles de Beaumanoir, marquis de). V. Beaumanoir.

Lavardin (Marguerite-Renée de Rostaing, douairière de). Lettre, 397.

Lavardin (Philibert-Emmanuel de Beaumanoir de). V. Beaumanoir.

La Varenne (Guillaume Foucquet de). Lettre, 391.

Lavarrène. V. Lavaissière.

Lavaud (Michel Jabin, sr de). Requête, 468.

Lavaur. Évêques, v. : Amelot (M.) ; Anglure de Bourlémont (L.) ; Fléchier (E.) et Tulles (J.-V. de).

La Vère. V. Vère.

La Vergne de Guilleragues (Ch.-J. de). V. Guilleragues.

La Vergne de Monténard de Tressan (Louis de), évêque du Mans. Lettres, 276, 452, 503, 506.

Lavernot (M. de), à Gisors. Lettre 197.

La Verrière (Honoré de Mauroy, sr de). Lettre à lui adressée, 25.

La Verrière (Jacques et Jean-Jacob Séguier de). V. Séguier.

Laverrière (P. Mascranni de). V. Mascranni.

Lavie (Le sr de), à Nuits. Lettre, 193.

Lavie (G. de). Lettres, 263, 269.

La Vie (Thibaut de). Lettres, 209, 213, 288, 304, 307, 319, 377, 408, 420 ; — Note sur une de ses lettres, 525.

La Vieuville (Charles, duc de). Lettres, 286, 309, 312, 321, 405,

481, 482, 500, 503, 521 ; — Lettres à lui adressées, 70, 333.

LA VIEUVILLE (Charles-François DE), évêque de Rennes. Lettres, 305, 307, 321, 380, 435, 441, 443, 461, 478, 480, 530.

LAVIGNE (Capitaine), à Gigery. Lettre, 250.

LA VIGNE (André DE). Rondeaux sur la mort d'Anne de Bretagne, 51.

LA VILLARMOIS (M. DE). Lettres à lui envoyées, 227.

LAVILLE, à Dunkerque. Lettre, 319.

LA VILLE-AUX-CLERCS (H.-A. de Loménie, sr DE). V. LOMÉNIE.

LA VILLENEUVE (Mme DE). Lettre, 422.

LA VILLETTE (Chevalier DE). Lettres, 104 ; — Mémoire sur son différend avec le gouverneur de l'île de Ré, 111.

LA VIOLAYE (M. DE). Lettres, 164, 211, 426.

LAVIT (Tarn-et-Garonne). Plan pour l'église, 68.

LAVOUÉ (Robert), II, 30.

LAVOYE (M. DE). V. DELAVOYE.

LA VRILLIÈRE (Balthasar Phélypeaux DE). V. CHATEAUNEUF.

LA VRILLIÈRE (Louis Phélypeaux, marquis DE), 155 ; — Lettres, 98, 255, 282, 324, 343, 452, 471, 474 ; — Lettres à lui adressées, 290, 314, 332.

LA VRILLIÈRE le jeune (Louis Phélypeaux, marquis DE). Lettre, 389.

LA VRILLIÈRE (Pierre Phélypeaux, chevalier DE). Lettres, 463, 530.

LAVYE (M. DE), à Nuits. V. LAVIE.

LAYE (Jacques DE). V. DU PLESSIS-BROSSARDIÈRE.

LAYÉ (M. DE), à Belfort. Lettres, 98.

LE BACLE (Charles). Confirmation de son office de secrétaire-général des galères, 138.

LE BAS, à Bourges. Lettre, 422.

LEBAS (François). Lettres, 99, 102, 145, 158, 165, 167, 175, 179, 229, 232, 238, 245, 250, 253, 258, 284, 300, 305.

LE BÉ (Madame M.). V. VAUROSE.

LE BEAU, à Château-Thierry. Lettre, 283.

LE BEAU (Guillaume), 512.

LE BEC-HELLOUIN, abbaye, au diocèse de Rouen, 274.

LE BELIN (Jean-Jacques). Lettre, 250.

LE BELIN DE CONCHAY (Jacques). Lettres, 104, 169, 363.

LE BERRUYER (Famille). Notice généalogique, 85.

LEBESGUE, et non LÉVESQUE. Lettre, 349.

LE BEUF (M.) V. DES ROCHES.

LE BLANC, à Breteuil. Lettre, 209.

LE BLANC (La Baume-). V. LA BAUME.

LE BLANC (Président). Liquidation de sa succession, 141.

LE BLANC DE LA CROISETTE. V. LA CROISETTE.

LEBLANC DU ROLLET. Lettres, 510, 513, 515, 520.

LEBOISTEL. V. BOISTE, ou BOISTEL (L.).

LE BOISTEL DE CHATIGNONVILLE (Denis). Lettre, 496 ; — Requête à lui adressée, 498.

LE BON (C.). Lettre, 150.

LE BORGNE fils. Lettre, 423.

LE BORGNE père. Lettres, 198, 381, 454.

LE BOULENGER (Famille). Notice généalogique, 85.

LE BOULTZ (A.). Lettres, 100, 102, 234, 317, 320, 324, 400.

LE BOUTEILLER (Catherine), femme de Philippe de Béthune. Lettres 30.

LE BOUTHILLIER (Victor), archevêque de Tours. V. BOUTHILLIER.

LE BOUX (Guillaume), évêque de Dax. Lettres, 112, 134, 159, 232, 238, 258.

LE BRET, à Paris. Lettre, 500.

LEBRET, à Perpignan. Lettre, 206.

LE BRET (Le Fr. Charles). Lettres, 345, 347, 412.

LE BRETON (Pierre). Lettre, 214.

LE BRUN (Antoine). Nomination de commissaires pour vérifier ses comptes, II, 58.

Le Brun (Charles). Mémoire de la dépense « pour accommoder quatre de ses estampes », 76 ; — Lettres, 104.

Le Brun (Jean), 469.

Le Caire (Égypte), 5, 473 ; — Nouvelles du Caire (1694), 7.

Le Camus (E.). Lettre, 493.

Le Camus (Étienne), évêque de Grenoble. Lettres, 7, 474, 506, 507, 510 ; — Mémoire sur un projet de séminaire, 506.

Le Camus (François). Lettre, 260.

Le Camus (Jean). Lettres, 198, 460, 517.

Le Camus (Nicolas). Lettres (1661-1663), 98, 103, 107, 113, 116, 121, 126, 136, 139, 143, 148, 167, 178, 184, 186, 190, 204 ; — (1664-1665), 215, 219, 224, 234, 237, 246, 250, 254, 257, 265, 272, 279, 286, 288, 300, 302, 305, 308, 312 ; — (1666-1668), 330, 338, 345, 355, 369, 377, 383, 394, 397, 401 ; — (1669-1675), 405, 423, 431, 433, 454, 481, 490 ; — (1675-1677), 497, 503, 505, 506, 508, 510, 514, 520, 522, 531 ; — Lettres à lui adressées, 287, 314, 356.

Le Camus-Pellot (Mme Claude). Lettre, 209.

Le Cap, en Afrique, 41.

Le Cap Vert, 529 ; — V. Sénégal.

Le Capel (Fr.). Lettres, 114, 123, 139.

Le Caron, à Beauvais. Lettre, 272.

Le Cat, à Middelbourg. Lettre, 390.

Le Cateau - Cambrésis (Nord). Traité, II, 28-29.

Lecey (J. de), à Langres. Lettre, 272.

Le Charron (François). État de la valeur de sa collection de médailles, 68-69.

Le Cheila-Raoules. V. Du Caylar.

Le Clair (François). Lettre, 153.

Le Clerc, à Châlons. Lettres, 184, 196.

Leclerc (Claude). Remontrance, 398.

Le Clerc (Eustache), évêque de Coutances. Lettre, 231.

Le Clerc (Guillaume), II, 47.

Le Clerc (Michel). Odes pour le Roi et le Grand-Dauphin, 49.

Leclerc-Defresne, à Paris. Lettre, 301.

Leclerc des Barres (J.). Lettres, 102, 145, 278.

Leclerc du Tremblay (Famille). Notice généalogique, 85.

Leclerc-Fleurigny (Famille). Notice généalogique, 85.

Le Clercq (Abbé Robert). Lettres, II, 57.

L'Écluse (Nord), II, 14.

Le Cocq (Famille). Notice généalogique, 85.

Le Coigneux (Famille). Notice généalogique, 85.

Le Coigneux (Président Jacques). Lettres, 254, 366.

Lecointe, à Aumale. Lettres, 320, 379, 422.

Lecointe (Le P. Ch.). Lettre, 292 ; — Mémoires, 4.

Le Cointre (Thomas). Inventaire des médailles du lieutenant-criminel Tardieu, 68.

Lecomte, à Aumale. V. Lecointe.

Leconte, à Saintes. Lettre, 343.

Le Cordier (J.). Lettre, 283.

Le Cormier de Sainte-Hélène (Jacques). Lettres, 130, 285 ; — Lettre à lui adressée, 286.

Le Court (Guillaume). Lettre, 427 ; — Note à lui relative, 336.

Le Courtoix, à Bayeux. Lettre, 197.

Lectoure. Mémoire sur cette ville, 431.

Le Cueil. V. Créteuil.

L'Écuyer de Gressy (J.). V. Gressy.

L'Écuyer de La Papautière (Marie-Madeleine), abbesse du Lis. Lettres, 375, 433, 455, 457, 462, 505, 516, 518 ; — Note sur une de ses lettres, 525.

Ledeienski. Relation d'un combat entre Polonais et Moscovites, 10.

Ledoux. Lettre, 282.

Ledroit (Jean). Supplique, 532.

Ledure (?) V. Adan.

Lefébure. V. Lefebvre.

LEFÉBURE, ou LEFEBVRE (Jean), à Marseille. Lettres, 132, 139, 158, 180.

LEFEBVRE, à Metz. Lettre, 204.

LEFEBVRE, à Neufchatel. Lettres, 130, 429.

LEFEBVRE, à Paris. Lettres, 216, 226.

LEFEBVRE, à Riom. Lettres, 170, 193, 195.

LEFEBVRE, à Troyes. Lettre, 238.

LEFEBVRE (Le Fr. Hyacinthe). Lettre, 499 ; — Lettre à lui adressée, 500.

LEFEBVRE (Jean), à Dieppe. Déposition, 455.

LEFEBVRE (Nicolas). Lettre, 426 ; — Placet, 427.

LEFEBVRE DE LA BARRE (Antoine), 450 ; — Lettres, 97, 104, 105, 112, 120, 125, 131, 134, 139, 146, 156, 210, 216, 246, 341. 348, 350, 455, 456 ; — Pièces relatives à son procès, 127.

LE FÉE (Le Fr. André). Lettre, 522.

LEFER (Charles). Lettres, 224, 273, 324.

LE FÉRON (Élisabeth). V. CHAULNES (Duchesse DE).

LE FÉRON (Jean). Arrêt le rétablissant, comme procureur des eaux et forêts, à Compiègne, 190 ; — Lettre, 401.

LE FÉRON (Jérôme). Lettres, 213, 397, 403, 422, 490, 522 ; — Note sur une de ses lettres, 525.

LEFEUVRE (J.). Lettre, 358.

LE FÈVRE (Leurequin), II, 46.

LE FÈVRE DE CAUMARTIN (Famille). V. CAUMARTIN.

LE FÈVRE DE CAUMARTIN (Fr.-L.). V. CAUMARTIN.

LE FÈVRE DE CAUMARTIN (Jacques). V. CAUMARTIN.

LE FÈVRE DE LA BODERIE (Antoine). Lettres, 30.

LEFÈVRE DE LAIZEAU (P.). Mémoire sur son différend avec le comte de Serrant, 511.

LE FÈVRE D'ORMESSON (Famille). Notice généalogique, 85.

LE FÈVRE D'ORMESSON (André). Lettre, 104.

LE FOUIN (François). Lettres, 104,

228, 232, 452, 463, 464, 467, 487, 507, 513, 522.

LE FRANC, écrivain sur un navire du Roi. Instruction à lui donnée, 376 ; — Note sur une de ses lettres, 525.

LEFRANC, à Tours. Lettres, 143, 297, 375.

LE FRANC DE BRUGES, « loi de Flandre », II, 18.

LE FRICHOT. V. CLODORÉ.

LÉGATS DU PAPE, II, 23 ; — V. BORDINI, BOURGOGNE, CHIGI, NONCES.

LEGENDRE, à Metz. Lettre, 108.

LE GENDRE (François). Sommaire des procédures pour les contestations qui s'élèvent entre lui et les bonnetiers de Paris, 448.

LE GENDRE (Jacques). Lettres, 279, 293, 296, 301, 316, 324, 402, 426.

LE GENDRE (Nicolas). V. VILLEROY.

LE GENDRE (Paul). Lettres, 122, 126, 132, 138.

LEGENDRE (Pierre). Succession, 445.

LE GENTIL (J.). Lettres, 245, 373, 395.

LÉGER (J. DE). Lettre, 365.

LÉGER (Jean). Lettres, 165, 258, 269.

LÉGER (Louis). V. SÉDILHAC DE SAINT-LÉONARD.

LÉGERET (Le P.). Requête au sujet du scandale, causé par lui, 280.

LÉGITIMATION. Taxes pour les lettres de légitimation de 1606 à 1662, 160 ; — V. LONGUEVILLE, ROLLE et TEMERMANS.

LE GOUPIL (Guillaume). Lettre, 314 ; — Supplique, 314.

LE GOVELLO. V. GOUELLO (C.).

LE GOUX DE LA BERCHÈRE (Denis). V. LA BERCHÈRE.

LEGOUZ, à Lyon. V. LA BOULLAYE.

LE GRAND (Famille). Notice généalogique, 85.

LE GRAND, à Rennes. Lettres, 353, 355, 366, 397.

LEGRAND (André). Lettre, 231.

LE GRAND (Pierre). Quittances, 63.

Legrand (Thomas). Lettres, 320, 363 ; — Extrait de la revue, faite par lui, 322.

Le Griel, à Eu. Lettres, 287, 338, 419.

Le Guerchois (Pierre). Lettre, 336.

Le Havre-de-Grace, 72, 111, 128, 262, 384, 434, 438, 447, 480 ; — Achats pour les magasins 464 ; — Avis sur les améliorations du port, 476 ; — Commerce, 393 ; — Commission pour le commandant de la tour du port, 476 ; — Délibérations de l'Hôtel de Ville, 473, 476 ; — École d'hydrographie, 294 ; — Extraits de registres de l'amirauté, 376 ; — Lettre de Colbert aux officiers de l'amirauté, 333 ; — Lettres des échevins, 185, 454 ; — Liste des prisonniers anglais de la citadelle, 120 ; — — Mémoires pour l'entretien de la citadelle, 403 ; — sur la ville, 403, 460 ; — sur les travaux à exécuter, 388 ; — Note sur le prix des matières premières 445 ; — Ordre de laisser passer une chaloupe, 476 ; — Plans des bâtiments de la Compagnie des Indes, 256 ; — du canal, 456 ; — Requêtes des échevins, 128 ; — des maîtres de bateaux, 436 ; — Rôle des matelots, nés ou mariés au Havre, 453 ; — Vente de marchandises provenant des Indes Orientales, 434.

Le Hayer du Breuil, à Alençon. Lettre, 305.

Lehoulx. Lettre, 198.

Lehoupe, à Gravelines. Lettre, 319.

Le Jacobin (J.-E.). Lettre, 346.

Le Jariel (Mathurin). Lettres, 96, 102, 159, 177, 202, 205, 237, 261, 343, 344, 387 ; — Requête, 360.

Le Jay (Famille). Notice généalogique, 85.

Le Jay (Charles). Lettres (1661-1662), 108, 112, 121, 125, 129, 134, 139, 144, 158, 164 ; — (1663-1667), 169, 178, 184, 187,

191, 195, 200, 205, 210, 219, 227, 233, 248, 379 ; — Ordonnances, 137, 172, 208, 227.

Le Jeune (Commissaire). Lettre, 113.

Le Jeune (Suzanne). V. Pittan (Mme de).

Le Juge, à Lyon, Lettres, 277, 312, 329, 348.

Lejuge, à Rouen. Lettre, 471 ; — Note sur une lettre, 473.

Le Lacombe (J.). V. Lacombe.

Lelarge, à Amboise. Lettre, 320.

Lelarge de Parassay, à Bourges. Lettres, 352, 404.

Lelarge de Saint-Charles (Anne). Lettre, 459.

Lélès (Ambroise de). Lettres, 123, 139, 400, 413, 417 ; — Note à lui relative, 415.

Le Liepvre (E.). Lettres, 102, 180, 183.

Le Lièvre (François). Lettre, 241.

Le Lièvre (Président Thomas). Lettres, 105, 112.

Le Lis, abbaye au diocèse de Sens. Placet des religieuses, 518.

Le Maigre (Ch.), 350 ; — Lettres, 171, 175, 188, 206, 287, 341, 349, 372, 405, 411 ; — Lettres à lui adressées, 334, 501.

Le Mairat (Jean), sr de Droup. V. Droup.

Le Mairat (Mme M.), dame Mazel. Lettre, 346.

Le Mairat (Marie), dame de Linières. Lettres, 103, 222, 225, 233, 237, 317, 342.

Lemaire (Nicolas). Lettres, 131, 154.

Lemaistre (François). Lettre, 233.

Le Maistre (Gilles). Traité de la Régale, 3.

Lemaistre (Louis). Lettre, 155.

Le Maître (Famille). Notice généalogique, 86.

Le Maître (Abbé Claude). Lettre, 499.

Le Manoir-Hadibert. Lettre, 174.

Le Mans. Évêques, v. Angennes (Cl. d'), Beaumanoir de Lavardin (Ph.-Em. de), La Vergne de Monténard de Tressan (L. de) ; — Liste des évêques,

54 ; — Lettres des échevins, 97 ; — des officiers de l'élection, 223.

Le Marais, à Dives. Lettre, 223.

Le Marchand (Madeleine). Supplique, 518.

Le Masle (Michel), prieur des Roches, 69.

Lemasuyer (Louis). Lettres, 417, 423, 426, 428.

Lemer (Thomas). Pouvoir à lui donné, II, 42.

Lemercier, aux Andelys. Lettres, 197, 341.

Lemercier, à Châlons. Lettre, 394.

Le Mercier (Le P. François). Lettre, 368.

Le Merre (Pierre). Lettres, 2, 13.

Lemoine-Bournonville. V. Bournonville.

Le Mont-Saint-Éloi, abbaye au diocèse d'Arras, 326, 328.

Le Moyne, notaire. Lettre, 117.

Lemoyne (Capitaine). Lettre, 463.

Lemoyne (Jean-Baptiste). Mémoire sur sa succession, 322.

Le Moyne (Pierre). Lettre, 318.

Lempereur (Lieutenant). Lettre, 444.

Lempereur fils (Fr.). Lettre, 336.

Lempereur (J.-B.). Lettre, 197.

Lemuet (J.). Lettre, 395.

Le Musnier (René). Lettre, 140.

Le Naguot de Bouilly. V. Lépagnol.

Le Nain (J.). Mémoire sur son arbitrage, dans l'affaire du comte de Toulonjon, 456.

Lengaigne (Philippe de). Lettre, 168.

Lenglée (M. de), à Rouen. Lettres, 143, 149.

Lengrené (Le sr). Lettre, 476.

Leni (Cardinal Giovanni-Battista). Lettre, 37.

Lénin, à Saint-Quentin. Lettres, 145, 150, 180.

Le Noble, à Bordeaux. Lettre, 266.

Le Noble, à Gênes. Lettre, 201.

Le Noble (Pierre). Lettres, 159, 176, 326, 481.

Lenoble-Ténelière (Eustache). Lettres, 468, 495.

Lenoir, prisonnier à la Conciergerie. Lettres, 174, 184, 198, 208.

Lenoir, à Seignelay. Lettre, 160.

Lenoir (Simon). Lettres, 145, 217.

Le Normant (Abbé Jacques). Lettre, 109.

Le Nostre (André). Lettre, 240.

Léon, en Bretagne. États, II, 54 ; — Évêques, v. Montigny (J. De) et Visdelou (Fr.).

Léon, en Espagne. Catalogue des rois de Léon, 40 ; — Évêques, v. Alidosi (Fr.) et Vera (J. de).

Léon X, pape. Bulle, II, 35 ; — « Consistorium pio conclusione recessus Leonis X versus Florentiam », 55 ; — Lettres, 57 ; — Ligue avec le roi d'Angleterre et Maximilien, II, 41 ; — Ligue contre le Turc, II, 42.

Léon XI, pape, 28.

Léon (Jean de), II, 49.

Léon de Saint-Jean (Le P.), Carme. Lettres, 99, 103, 127, 164, 223, 237.

Léonard (Claude). Lettre, 243.

Léonset (Le Fr. de). Lettre, 356.

Léopold Ier, empereur. Réponse au marquis de La Fuente, 11.

Léopold-Wilhelm, archiduc d'Autriche. Traité avec l'archevêque de Cologne, 15.

Le Page (Nicolas), sieur de Saint-Loup. Factum pour lui, 185-186 ; — Lettre, 182.

Lépagnol (Sœur C.). Lettre, 440.

Lépagnol (Louis). Lettres, 105, 185, 240 ; — Requête, 137.

Lépagnol (Sœur Marie). Lettres, 384-385.

Le Peletier (Claude). Lettres (1661-1664), 97, 104, 119, 123, 137, 146, 154, 167, 191, 208, 223 ; — (1665-1677), 352, 375, 401, 425, 428, 431, 438, 447, 454, 466, 471, 475, 485, 489, 498, 506.

Le Peletier (Sœur L.). Lettre, 466.

Le Peletier de Souzy (Michel). Lettres, 235, 238, 297, 308.

Le Pellé (Jean). Lettre, 401.

Le Pelletier (Famille). Notice généalogique, 86.

Le Pelletier de La Houssaye (Famille). Notice généalogique, 86.

Le Pelletier de La Houssaye (Nicolas). Lettres, 287, 292, 391.

Le Petit (Claude). Réquisitoire contre ses livres « impies », 147.

Le Picard (Famille). Notice généalogique, 86.

Le Plessis-Brossardière (Jacques). V. Duplessis.

Le Plessis de Besançon. V. Du Plessis.

Le Pollet, près Dieppe. Mise à l'index des habitants, atteints de la maladie contagieuse, 424.

Le Pont. V. Pont.

Le Portyer (Josué-Georges), s^r du Saussey. Lettre, 340.

Le Prêtre (Sébastien). V. Vauban.

Le Prévost (Jean), 347.

Leprévost (Sabinet). Lettres, 246, 247.

Le Prou. V. Prou (D.).

Le Prudhomme (Henri), II, 47.

Le Puy-en-Velay (Haute-Loire). Évêques, v. Béthune (Arm. de).

Le Quesnoy. Justice de la ville, II, 49 ; — Lettre des habitants, 112 ; — Mémoires des députés à Colbert, 111 ; — Receveur du domaine, II, 61 ; — Sommes provenant de la recette du domaine, 115.

Le Rabois de La Saussaye (Jean). V. La Saussaye.

Le Rat (Le s^r). Lettre, 507.

Le Rebours (A.). Lettre, 306.

Le Ribault, à Vitré. Lettre, 265.

Le Relin de Conchey (Jacques). V. Le Belin.

Le Riche (Michel). Lettre, 258.

Lérins (Abbaye de Saint-Honorat de). Inventaire des bénéfices, 83, 97.

Lermo (Le P.). Lettres à lui adressées, 30.

Le Rossignol, à Carteret. Lettres, 349, 490.

Le Rouge de Thury (Sœur). Lettre, 460.

Le Roure, ou Le Roux (Famille). V. Du Roure.

Le Roux, à Tours. Lettre, 165.

Le Roux (Guillaume), évêque de Dax. V. Le Boux.

Le Roux (Noël). Rapport sur un voyage de sa frégate, 354.

Leroux d'Escroville (L.). V. Saint-Aubin.

Leroux d'Infreville (Louis), 375 ; — Instructions à lui données, 95 ; — Lettres, 261, 313, 318, 336, 345, 349, 352, 355, 359, 362, 369, 371, 374, 387, 389, 402, 413, 416, 419, 422, 425 ; — Lettres à lui adressées, 333, 373, 424 ; — Ordre, 354 ; — Procès-verbaux, 357, 420.

Le Roy, à Damvilliers. Lettres, 130, 379.

Leroy, à Marseille. Lettre, 480.

Le Roy, à Poitiers. Lettre, 138.

Leroy (Commissaire). Lettres, 142, 216, 226, 241, 255, 325, 389.

Le Roy (Barthélemy), s^r du Quesnel. Lettre, 285.

Le Roy (Charles), s^r de la Poterie. Information sur le siège de Fontarabie, 23.

Leroy (Michel). Lettres, 359, 363.

Le Roy (Abbé Pierre). Lettre, 326.

Le Roy (Thierry), II, 48.

Leroy (Timoléon). Lettre, 322.

Le Sauvage, à Granville. Lettre, 238.

Lescazes (J. de). Lettre, 354.

Leschassier (Famille). Notice généalogique, 86.

Leschassier (Robert). Lettre, 165.

Lescalopier (Famille). Notice généalogique, 86.

Lescalopier (Mme C. Germain-). V. Germain.

Lescalopier (Abbé Nicolas). Lettre, 210.

Lescar, 528 ; — Évêques, v. : Du Haut de Sallies (J.). ; — Mémoires sur les décimes du clergé, 528.

Lescollier (Le Fr. Augustin). Lettre, 297.

Lescot, orfèvre. Lettres, 102.

Lescot (Président de). Lettres,

260, 271, 275 ; — Plans dessinés pour lui, 68.

LESCOT (Madame M.). Lettres, 232, 241.

LESCUYER DE GRESSY (Jérôme). V. GRESSY.

LESCUYER DE LA PAPAUTIÈRE (M.-M.). V. LÉCUYER.

LESDIAUX. Lettre, 274.

LESDIGUIÈRES (François de Bonne, duc DE). Lettres, 230, 237, 299, 325, 432, 435, 441, 443, 447, 455, 459, 461, 466, 482, 493, 497, 500, 503, 530 ; — Lettres à lui adressées, 370.

LE SECQ, à Montpellier, 137 ; — Lettres, 303, 337.

LE SEIGNEUR D'AMONTOT (Raoul). Instructions, 34, 35, 36.

LE SELLIER (Le Fr. Augustin). Lettre, 276.

LESEMELIER, à Rouen. Lettre, 482.

LE SEURRE, à la Conciergerie. Lettre, 282.

LESGALLERY DU TAILLO (Denis-François). Lettre, 289.

LESLIE, à Paris. Lettres, 311, 318.

LESLIE (Robert). Lettre, 161.

LES MONTILS (Loir-et-Cher), 411.

LESPAGNOL. V. LÉPAGNOL.

LES PENNES (Bouches-du-Rhône). Arrestation de vagabonds aux Pennes, 373.

LESPÈS DE HUREAUX (Ch. DE). Lettre, 324.

LESPIC DU SAUSSAY (M. DE), à Toul. Lettre, 277.

LESPINE-BEAUREGARD, à Péronne. Lettre, 315.

LESPINGOLAS (François). Lettre, 462.

LESPINOY, à Soissons. Lettre, 131.

LESQUEN (Joseph DE). Lettres, 284, 337.

LES RIPPES (Ain). Château, II, 55.

LES SABLES-D'OLONNE, 95, 124, 414 ; — Construction de vaisseaux, 481 ; — Construction d'un fort, 101 ; — Lettre des officiers de l'Amirauté, 226 ; — Observations sur les classes de marins, 511.

LESSAU (M. DE). V. DELESSAU.

LESSEINS (Abbé Ch. DE). Lettres, 317, 342.

L'ESTAIGNE (T. DE), II, 14.

LESTOILLE (Capitaine DE). Lettre de marine, 515.

LESTRÉE (H.). Lettres, 241, 250, 289, 298, 319.

LESTRILLE (Paul DE). Certificats, 418 ; — Lettre, 308.

LES TUILERIES, en Languedoc. Grange, II, 62.

LES TUILERIES, palais à Paris, v. PARIS.

LE SUEUR (Famille). Notice généalogique, 86.

LES VAUX-DE-CERNAY, abbaye, au diocèse de Paris, 399.

LE TALART, près Saint-Malo, 364.

LE TARDIF. Lettre, 131.

LE TARTIER DE MONCEL (Mme H.). Lettre, 331.

LE TELLIER (Famille). Notice généalogique, 86.

LE TELLIER (Abbé Charles-Maurice), coadjuteur, puis archevêque de Reims. Lettres, 160, 293, 301, 386, 437, 474.

LE TELLIER (François-Michel). V. LOUVOIS (Marquis DE).

LE TELLIER (Jacques). Lettre, 197.

LE TELLIER (Sœur Louise). Lettres, 180, 184.

LE TELLIER (Michel). Lettres, 98, 144, 176, 191, 202, 203, 216, 234, 340, 385, 400, 405, 475, 489, 506, 510 ; — Lettres à lui adressées, 24, 101, 194, 264, 314, 339.

LE TELLIER DE LA LUTHUMIÈRE (Françoise-Marie), dame de Matignon. Lettres, 331, 391, 395.

LE TONNELIER DE BRETEUIL (Famille). Notice généalogique, 86.

LE TONNELIER DE BRETEUIL (Chevalier Antoine). Lettres, 216, 229, 255, 291, 310, 330.

LE TONNELIER DE BRETEUIL (François). Lettres, 108, 349, 352, 365, 485, 496, 505, 515, 519.

LE TONNELIER DE BRETEUIL (Louis). Fourniture de registre à ces bureaux, 513 ; — Lettres, 114, 127, 254.

LETTRES. Lettres de cachet, 194 ;

— Lettres de change, 307, 347, 434, 435, 472 ; — Lettres de noblesse, 281 ; — Lettres du sceau, 87 ; — Lettres de « vétéran », 484 ; — Lettre de voiture, 262.

LEULLIER (Abbé). Observations sur les propositions de sa thèse, 9.

LEUREQUIN LE FÈVRE, II, 46, 47.

LE VACHER (Abbé Jean). Lettre, 409.

LE VAL (Gossuin), II, 30.

LE VAL-DE-GRACE, abbaye, à Paris, v. PARIS.

LE VALASSE, abbaye au diocèse de Rouen, 399.

LE VALOIS (Le P. Louis). Lettre, 180.

LEVANT (Le), 34 ; — Budget des troupes françaises du Levant, 111 ; — Expédition, 511 ; — Mémoire sur le commerce du Levant, 439 ; — Nouvelles, 384 ; — Pensions des agents envoyés dans le Levant, 151 ; — V. CONSTANTINOPLE, TURQUIE.

LEVANT (Compagnie du), 53, 335, 485 ; — Lettres des directeurs, 490-491.

LEVASSEUR, au Hâvre. Lettre, 482 ; — Lettre de marine, 515.

LEVASSEUR, à Joigny. Lettre, 284.

LEVASSEUR (Éloi). Quittance, 513.

LEVASSEUR DE BEAUPLAN (C.). Lettres, 301, 310, 316, 337, 349.

LEVASSOR (Antoine). Lettre, 213.

LE VAU le jeune (François). Lettres, 142-143, 150, 171, 176, 179, 216, 235, 244, 248, 254, 264, 287, 296, 319, 352, 359, 363, 365, 378, 387, 413, 417, 422.

LEVAU (Jeanne Laisné, veuve). Lettre, 476.

LE VAU (Louis). Gages et pensions, 110 ; — Lettres, 113, 136, 149, 416 ; — Plan de l'appartement de Colbert, 115.

LE VAYER (Jacques). Lettres, 270, 368, 426.

LE VAYER (René). Autorisation aux habitants d'Arras pour leurs droits d'étape, 115.

LE VAYER DE BOUTIGNY (Roland). Lettre, 330.

LEVÉ (François). Lettres, 269, 270, 278, 279, 284, 300, 303, 308, 314, 316, 319, 325 ; — Lettre à lui adressée, 332.

LE VENEUR DE CAROUGE (Tanneguy). V. TILLIÈRES (Comte DE).

LE VENT (Charles). Lettres, 102, 270, 362.

LÉVESQUE. V. LEBESGUE.

LÉVESQUE, à Orléans. Lettres, 136, 181.

LEVIEIL. Notes, 402.

LÉVIS (Louis DE), comte de Bioule. V. BIOULE.

LÉVIS (Roger DE), comte de Charlus. Lettre, 378.

LÉVIS-VENTADOUR (Anne DE). Quittance, 64.

LÉVIS-VENTADOUR (F. DE), sr de Brion. Passeport, II, 62.

LÉVIS-VENTADOUR (Louis-Hercule DE), évêque de Mirepoix. Lettres (1661-1667), 114, 210, 266, 270, 285, 343, 349, 368 ; — (1668-1677), 377, 401, 404, 413, 429, 432, 436, 440, 444, 446, 455, 459, 466, 479, 494.

LE VOYER D'ARGENSON (Famille). V. VOYER.

LÉZEAU (M. DE). Lettre, 176.

LEZNO (A. Karasénic, préfet de), 10.

LEZNO (Jean, comte DE), châtelain de Gniezno. Lettre, 10.

LEZOUX (Puy-de-Dôme). Baux du domaine de Lezoux, 199.

L'HÉRITIER (Nicolas). Ode pour le Roi, 49.

LHERMINIÈRE (Le sr). Sa femme, v. NOËL (Marguerite).

LHÉRY (Vicomte DE). V. MÉRY.

LHÉRY (Henri Cauchon, chevalier DE). Lettres, 331, 470, 520.

LHÉRY (Jean, comte DE). Lettre, 497.

LHOMME, à Beauvoisin-sur-le-Doubs. Lettres, 296, 370, 385.

LHONORÉ (Germain). Lettre, 285.

LHONORÉ (P.). Lettres, 232, 285.

L'HOSPITAL (Comte François DE). Lettre, 213.

L'HOSPITAL (Marie-Élisabeth-Aimée, maréchale DE). Lettres, 108, 193, 321, 345, 348.

L'HOSPITAL (Nicolas, maréchal

DE), duc de Vitry. Lettres, 449, 452, 514 ; — Lettre de don à lui fait ; 516, — Sommes à lui payées, 360 ; — Supplique, 360.

LHOSPITAL (X. DE). Lettre, 296.

LHOSTE (Claude). Quittances, 61-62.

L'HOSTE (Jean-Marie). Lettre, 100; — Plan pour la réformation de la justice, 45.

LHUYLUIER (Colonel). Passeport, II, 62.

LIANCOURT (Charles, duc DU PLESSIS-), 64.

LIANCOURT (Jeanne de Schomberg, duchesse DU PLESSIS-). Lettre, 109.

LIANCOURT (Roger DU PLESSIS-). V. LA ROCHEGUYON.

LIBER gestorum pontificum Autissiodorensium, 58.

LIBER liliorum 90.

LIBOURNE, 196, 360.

LIBRAIRIE, 76 ; — V. GONNET, IMPRIMERIE , LAMOTTE , LIVRES , PARIS, PAYS-BAS.

LICQUES (Pas-de-Calais). Bailli, v. RECOURT (J. DE).

LIEDEKERKE (Camp de), en Brabant. Lettres écrites de ce camp, 466, 468.

LIÉGAULT (Le Fr. Basile). Lettre, 412.

LIÈGE, II, 12, 17, 18 ; — Diocèse, II, 32, 33 ; — Évêques, v. ADOLPHE DE LA MARCK, HENRI DE GELDERN, JEAN D'ENGHIEN, JEAN VAN HEINSBERG ; — Lettre à l'archidiacre, II, 31 ; — Note sur les manufactures de laine du pays de Liège, 436.

LIEMBRUNE (L. DE). V. LASNIER.

LIEU-RESTAURÉ, abbaye du diocèse de Soissons, II, 11.

LIEUTENANTS-GÉNÉRAUX des provinces. Liste, 91.

LIGER (F.). Lettre, 103.

LIGNEVILLE (Philippe-Emmanuel DE). Instruction au gentilhomme qui lui est envoyé, 12.

LIGNY (Dominique DE), évêque de Meaux. Lettre, 423.

LIGNY (Valéran, comte DE). V. VALÉRAN.

LIGNY DE RENTILLY (Famille). Notice généalogique, 86.

LIGUE (La). Relation de la journée des Barricades, 82.

LIGUES. Ligue « contre le Turc » (1519), II, 42 ; — (1571), 4, 5 ; — Ligue de Cambrai, II, 41, 42 ; — Projet de ligue entre le Pape, la France et la Savoie, 6.

LIGUES GRISES (Conseil des). Lettre adressée aux membres des conseils, 347.

LIKERKE. V. LIEDEKERKE.

LILLE, 430, II, 13, 14, 18, 46 ; — Chambre des Comptes, 134 ; II, 60, 61 ; — Lettres adressées aux gens des Comptes, II, 58 ; — Chapelle expiatoire, II, 47-48 ; — Chapitre Saint-Pierre, II, 33, 48 ; — Châtellenie et dépendances, II, 8, 48 ; — Contribution pour la guerre, en 1641, II, 61 ; — Délibération des magistrats, 428 ; — Établissement d'assises, II, 4 ; — État des « matières d'argent », sorties de Lille en 1670, 434 ; — Frères-Mineurs, II, 33 ; — Frères-Prêcheurs, II, 33 ; — Hôtel Rihour, II, 57 ; — Hôtel de la Salle, II, 56, 57 ; — Hôtel du duc de Bourgogne, II, 47 ; — Jugement d'un procès confié aux échevins, II, 44 ; — Lettre de protection, II, 4 ; — Lettre des échevins, 426 ; — Lettres défendant aux habitants de sortir en armes, II, 4 ; — Mandement à la Chambre des Comptes, II, 26 ; — Mandement au sénéchal de Lille, II, 8 ; — Privilèges, II, 4 ; — Requête des marchands, 421 ; — Sentence du Conseil, II, 47 ; — Subsides des gens d'Église, II, 59 ; — Tarifs des voyages, de Lille à Paris, Lyon, Orléans et Metz, 421 ; — de Lille au Hâvre, 434 ; — Transit des marchandises, à Lille en octobre 1669, 430 ; — *Vidimus* par les échevins, II, 47.

LILLEBONNE (Anne de Lorraine, princesse DE). Lettres, 438, 516 ; — Note sur le payement de ses officiers, 518.

LILIORUM (Liber), 90.

LILLI (Camillo). Lettre, 109.

LIMBOURG (Duché DE), 16 ; II, 19.

LIMERICK (Irlande). Déclaration des habitants, 417-418.

LIMOGES, II, 9 ; — Évêque, v. LA FAYETTE (Fr. de) ; — Extrait d'un ancien livre de Saint-Martial, 55 ; — Généralité, 534, 535, 536, 537, 538, 539, 541,; — Lettres des officiers de l'élection, 264 ; — Lettres des trésoriers généraux, 131, 135, 154, 159, 162, 168, 172, 180, 183, 187, 195, 205, 220, 233, 242, 261, 272, 282, 289, 292, 295, 299, 355, 369, 372, 386, 391, 423, 425, 426 ; — Octrois, 418 ; — Ordonnances des trésoriers généraux, 171 ; — Recette générale des finances, 414.

LIMOUSIN (États du). Enregistrement du traité de Cambrai, II, 27.

LIN (Baron DE). V. LUX.

LINIÈRES (Marie Le Mairat, dame DE). Lettres, 103, 222, 225, 233, 237, 317, 342.

LINVILLE-COUTHENAN (M. DE). Lettres, 127.

LIONNE (Hugues DE). Instructions, 35, 36 ; — Lettres, 101, 178, 185, 187, 343, 381, 384, 393, 428, 506 ; — Lettres à lui adressées, 5, 265, 298, 322, 333, 340, 367, 380, 402, 411 ; — Mémoire à lui adressé, 350.

LIONNE (Marie Amelot, née DE). Lettre, 482.

LIPPIN (Henri), II, 46.

LIS, ou LYS (Notre-Dame DU), 518.

LISBONNE, 354, 531 ; — Lettre envoyée de Lisbonne, 100.

LISIEUX. État des blés, 479 ; — Évêque, v. GOYON DE MATIGNON (H. DE) ; — Tailles, 478.

L'ISLE (M. DE). V. DELISLE.

LISSA. V. LEZNO.

LISSANIDE (M. DE). Lettre, 109.

LITHUANIE. Grand-duc ; v. V. GÉDIMIN.

LITTÉRATURE. Mélanges d'histoire littéraire, 67-68.

LIVERDIS. V. GRANGIER.

LIVERIIS (Joh. DE). V. JOHANNES.

LIVONIE, 523.

LIVOURNE (Toscane), 111 ; — Extrait de lettre, écrite de Livourne, 335 ; — Requête des habitants français à Arnoul, 398.

LIVRANO (Raimundus DE), II, 67.

LIVRES. Mémoire sur les livres de contrebande, saisis à Paris en 1666, 76 ; — Note sur des livres d'église, 76 ; — V. LIBRAIRIE.

LIVRY (Famille DE). V. BOURBONNE, SANGUIN.

LIVRY (Forêt de), dans la Seine-et-Marne. Procès-verbal, pour le percement d'une route 484.

LIVULONA. Vente, II, 63.

LOBBES, en Hainaut. Église Saint-Pierre, 44.

LOCHES. Lettres des habitants, 467, 469.

LODÈVE. Évêques, v. BISCARAS (J.-A. de Rotundis DE), HARLAY DE CÉSY (R. DE), LA GARDE DE CHAMBONAS (Ch.-A. DE).

LODS et ventes, II, 68 ; — Droits en Bourbonnais, 262.

LOGÈRE (Mme Y. DE). Lettre, 265.

LOGERIE (Louis DE). Copies de lettres, 488, 514 ; — Lettres, 349, 355, 359, 372, 379, 384, 388, 394, 401, 405, 408, 417, 423, 425, 489, 504, 509, 511 ; — Lettre à lui adressée, 334 ; — Lettre de marine, 518 ; — Note, 403.

LOGNE (A. DE). V. SCARRON.

LOI SALIQUE, 79.

LOIRE (La). Inondations à Amboise, 171 ; — Mémoire à propos des droits, perçus sur la Loire, 442 ; — Val de Loire, 137.

LOIS DE FLANDRE (Les), II, 18.

LOMBARD (Joseph). Lettres (1661-1663), 97, 102, 114, 120, 121, 145, 150, 154, 158, 162, 186, 191 ; — (1664-1665), 234, 240, 244, 250, 254, 257, 265, 273, 275, 278, 282, 287, 296, 300, 304, 312, 315, 318, 328 ; — (1666-1667), 337, 341, 346, 349, 355, 361, 365, 378, 380, 381, 387 ; — (1668-1677), 390, 397,

401, 404, 409, 419, 425, 429, 497, 499, 506, 517 ; — Lettres à lui adressées, 212, 333 ; — Lettre de marine, 515 ; — Note sur certaines de ses lettres, 526.

LOMBARTZYDE, en Flandre. Lettres de la commune, II, 11.

LOMBEZ. Évêques, v. JEAN DE VILLIERS et SÉGUIER DE LA VERRIÈRE (J.).

LOMBRAIL (J. DE). Lettres, 163, 169, 175, 179.

LOMELLINO (Le Fr. Stephano). Lettres, 297, 303.

LOMÉNIE (Famille DE). Notice généalogique, 86.

LOMÉNIE (Antoine DE), s^r de La-Ville-aux-Clercs. Lettre à lui adressée, 71 ; — Quittance, 64.

LOMÉNIE (Charles-François DE), évêque de Coutances. Lettres, 436, 466.

LOMÉNIE (Henri-Auguste DE), comte de Brienne. Lettres, 11, 132, 171, 174, 185, 271, 273, 309-310, 321 ; — Lettres à lui adressées, 11, 32 ; — Mémoire à lui adressé, 106.

LOMÉNIE (Henri-Louis DE), comte de Brienne. Dépêches diplomatiques, 31, 33, 34 ; — Lettre, 477 ; — Ordre de transfert à Saint-Benoît-sur-Loire, 468.

LONDE (Forêt de la), en Normandie. Arpentage, 148.

LONDRES, 243, 473 ; — Entrée de Jacques Ier, 28 ; — Lettres et nouvelles de Londres, 7, 222, 231, 344, 351, 448, 525 ; — Note sur le change, 480 ; — Parlement, 28 ; — Poésies sur l'incendie de Londres, 49, 50 ; — Traités, 56 ; II, 21, 23, 40.

LONEUIL (M. DE). Lettre, 294.

LONG (Clément DE). Supplique relative à une somme, qui lui était due, 406.

LONGCHAMP (Abbaye de), et non CHELLES, près Paris. Lettre de l'abbesse, 168.

LONGI (B. et J.). V. BERNADA et JOHANNES.

LONG-ISLAND, près New-York. Concession au duc d'York, 66.

LONGNE (A. DE). V. SCARRON.

LONGUEIL (René DE). V. MAISONS.

LONGUEMARE (Pierre DE). Enquête, 388.

LONGUET DE LA GIRAULDIÈRE, à Orléans. Lettre, 159.

LONGUEVAL (C. DE). Lettre, 318.

LONGUEVAL (Marie-Guillemette DE). V. BUQUOY.

LONGUEVILLE (Comté de), II, 47.

LONGUEVILLE (Anne-Geneviève de Bourbon, duchesse DE). Lettres, 309, 312, 384 ; — Placet, 460.

LONGUEVILLE (Charles-Louis DE). Lettres de légitimation, 532.

LONGUEVILLE (Henri d'Orléans, duc DE). Lettres, 23, 107, 134, 146, 163 ; — Requête pour le comté de Neufchâtel, 439.

LONGUEVILLE (Léonor, duc DE). Déclaration en sa faveur, 19.

LONTAUD (Chevalier DE). Élégie au duc de Beaufort, 256.

LOPIS DE MONDEVERGUE (François DE). V. MONDEVERGUE.

LORBIÈRE. V. SORBIÈRE.

LORETTE (Marches). Dessin de la Santa-Casa, 68.

LORFÈVRE (Famille). Notice généalogique, 86.

LORGE DE DURAS (Gui-Aldonce DE). V. DURAS.

LORGUES (Var), 129.

LORIN (J.). Lettre, 211.

LORRAINE, 31-35, 94, 166, 410 ; — Armée de Lorraine en 1654, 12 ; — Duché, 16, 152 ; — Ducs, V. CHARLES II, CHARLES III, CHARLES IV, CHARLES VI, JEAN, NICOLAS ; — Gabelles, 123 ; — Salines, 127, 152, 154, 475 ; — État des charges, levées sur les salines, 543, 544, 545 ; — Surséances, pour les dettes des communautés, 124 ; — V. ÉVÊCHÉS (Les Trois).

LORRAINE (Anne DE), princesse de Lillebonne. V. LILLEBONNE.

LORRAINE (Sœur Armande DE). V. HARCOURT.

LORRAINE (Charles, cardinal DE). Pouvoir à lui donné, II, 28.

LORRAINE (Charles DE), duc d'Aumale. V. AUMALE.

LORRAINE (Charles DE), duc d'Elbeuf. V. ELBEUF.

LORRAINE (Charles DE), duc de Joyeuse. V. JOYEUSE.

LORRAINE (Charles DE), comte de Marsan. V. MARSAN.

LORRAINE (Christine DE), grande-duchesse de Toscane. Lettres à elle adressées, 27, 28, 29.

LORRAINE (Claude DE), duc d'Aumale. V. AUMALE.

LORRAINE (Claude DE), duc de Chevreuse. V. CHEVREUSE.

LORRAINE (Élisabeth, duchesse DE). Différend avec le comte de Flandre, II, 6.

LORRAINE (François DE), duc de Guise. V. GUISE.

LORRAINE (Françoise DE), abbesse de Montmartre. V. GUISE.

LORRAINE (Henri DE), duc de Bar. V. BAR.

LORRAINE (Henri DE), duc de Guise. V. GUISE.

LORRAINE (Henri DE), comte d'Harcourt. V. HARCOURT.

LORRAINE (Henriette DE), duchesse de Guise. V. GUISE.

LORRAINE (Joseph-Louis DE). V. GUISE.

LORRAINE (Louis DE), comte d'Armagnac, grand-prieur. V. ARMAGNAC.

LORRAINE (Louis III DE). V. GUISE (Cardinal DE).

LORRAINE (Louis DE), duc de Guise. V. GUISE.

LORRAINE (Marguerite DE), duchesse douairière d'Orléans. V. ORLÉANS.

LORRAINE (Marie DE), dite Mlle de Guise. V. GUISE.

LORRAINE (Marie DE), duchesse de Joyeuse et de Guise. V. JOYEUSE.

LORRAINE (Marie-Angélique DE), duchesse de Cadaval. V. CADAVAL.

LORRAINE (Marie-Marguerite-Ignace DE), dite Mlle d'Elbeuf. V. ELBEUF.

LORRAINE (Philippe, chevalier DE). Lettre, 329.

LORRIEUX (Madeleine DE). Lettres, 298, 313 ; — Supplique, 302.

LORRY (Denis DE), abbé de Valsery. Lettre, 492.

LORTIE. Lettre, 427.

LOSANGES, à Lyon, 448.

LOSENSTEIN (Comte DE). V. ACACE.

LOSSENDIÈRE (L.-G. DE). Lettres, 239, 402.

LOSTANGE DE MONTAUSIER (Chevalier DE). Lettre, 253 ; — Note sur une de ses lettres, 526.

LOT (Le), 393.

LOTHIER (Duché de). V. LORRAINE.

LOTIN DE CHARNY (Famille). Notice généalogique, 86.

LOTIN DE CHARNY (François). Lettres, 192, 216.

LOUAT (Philippe DE). Lettres, 96, 148, 163, 168, 178, 219, 229, 249, 306, 314, 321, 368, 379, 400.

LOUBAT (Barthélemi). Lettres, 131, 153, 164, 169, 183.

LOUËT (J.-L. DE). V. CALVISSON.

LOUIS (Le P.). V. BOUDAN.

LOUIS VII, roi de France. Lettres, II, 65.

LOUIS VIII, roi de France. Actes, II, 1.

LOUIS IX, roi de France, II, 67 ; — Actes, II, 2 ; — Statuts, II, 62 ; — Translation de ses reliques, II, 62.

LOUIS X, roi de France. Actes, II, 8 ; — Lettres de sauvegarde, II, 62.

LOUIS XI, roi de France, II, 34, 35, 51, 63 ; — Actes, II, 15, 17-19 ; — Lettres, 19, 20 ; — Sacre, 18 ; — Traité de Péronne, II, 17.

LOUIS XII, roi de France, II, 35 ; — Actes, II, 20-21 ; — Contrat de son mariage avec Anne de Bretagne, 18 ; — Hommage à lui rendu par l'archiduc d'Autriche, 16 ; — Lettre, 20 ; — Lettres à lui adressées, 21 ; — Vie, 57.

LOUIS XIII, roi de France, 5, 6, 9, 23, 37 ; — Actes, 21, 22 ; — Bulle relative à son baptême, 19 ; — Commissions, 128 ; —

Convention avec le duc de Nemours, 22 ; — Lettres et dépêches, 22, 37, 71 ; — Mandement, 516 ; — Mémoire à lui adressé sur les affaires d'Europe, 41 ; — Ordonnance, 402 ; — Ordonnancements, 63, 64, 65 ; — Politique de la France, en 1627, 41 ; — Projet de contrat de mariage, 22 ; — Recueil de mémoires et instructions, 34-36 ; — Traités avec le duc de Lorraine, 22 ; — avec le duc de Savoie, 22 ; — Voyage en Normandie et en Bourgogne, 24.

Louis XIV, roi de France, 5, 23, 79-80, 96, 195, 515 ; — Actes, ordonnances et lettres, 8, 101, 106, 127, 155, 160, 161, 176, 177, 213, 218, 222, 262, 335, 347, 364, 367, 394, 395, 430, 451, 488, 491 ; II, 63 ; — De son « affection » pour les belles-lettres, 67 ; — Brevets et commission, 128, 272, 314, 430, 492 ; — Déclarations et édits, 111, 243, 247, 388, 427, 488 ; — Dépêches, 31-34 ; — Don, 156 ; — Droits du roi sur les Trois-Évêchés, 272 ; — Horoscope, 453 ; — Lettres, 6, 7, 17, 33, 105, 106, 177, 231, 254, 297, 376, 457, 473, 476, 494, 532 ; — Lettres à lui adressées (1660-1668), 24, 203, 265, 280, 286, 290, 298, 302, 328, 329, 348, 364, 375, 376, 380, 383, 381, 393 ; — (1669-1671), 410, 413, 418, 419, 420, 424, 427, 431, 434, 436, 437, 439, 445 ; — (1672-1677), 447, 448, 450, 453, 461, 463, 478, 481, 492, 495, 498, 501, 511, 515, 518, 524, 526, 528 ; — Lettre prétendue au grand-pensionnaire de Hollande, 453 ; — Lunettes et microscopes, commandés par lui, 518 ; — Maison, V. Maison du Roi ; — Mandements, 486, 528 ; — Mémoires à lui adressés, 441, 442, 444, 447, 450, 451, 456, 460, 463, 531 ; — Mémoire sur la contestation avec les héritiers du comte d'Alais, 431 ; — sur les ordonnances, 487 ;

— sur le protestantisme, 7, 487 ; — Notes, 478 ; — Ordres, 124, 367 ; — Placard sur sa naissance, 128 ; — Placets, requêtes et suppliques, à lui adressés (1661-1666), 286, 287, 290, 306, 325, 326, 328, 329, 335, 354, 363, 370 ; — (1667-1677), 406, 411, 460, 463, 475, 488, 494, 501, 511, 518 ; — Poésies françaises et latines en son honneur, 48-52 ; — Procuration pour son mariage, 40 ; — Projet d'inscription en son honneur, 527 ; — Projet d'ordonnance, 44 ; — Règlement, 272 ; — Remontrances à lui adressées, 376 ; — Traduction d'une relation sur les Indes Occidentales, à lui dédiée, 42.

Louis II, roi de Hongrie. Extraits des ordonnances, 90.

Louis de Bavière, empereur. Lettres, II, 39.

Louis de Bruges, sr de La Gruthuyse, II, 19.

Louis, comte d'Évreux, II, 5, 10 ; — Acte de ratification, II, 10 ; — Lettres, II, 5, 9.

Louis Ier, comte de Flandre, dit de Nevers, II, 10, 39 ; — Actes le concernant, II, 6, 7, 10 ; — Lettres, II, 45 ; — Lettres de non-préjudice et de garantie en sa faveur, II, 11, 12 ; — Mandements à lui adressés, II, 6, 7, 10, 12 ; — Traité d'alliance avec Charles de Valois, II, 8, 10, 11.

Louis II, comte de Flandre, dit de Male, II, 47 ; — Accord avec Arnaud de Cervole, II, 13 ; — Actes le concernant, II, 12-13 ; — Alliance avec l'Angleterre, II, 46 ; — Don à lui fait, II, 13 ; — Lettres, II, 46 ; — Projet de mariage avec Isabelle d'Angleterre, II, 39.

Louis de France, le Grand-Dauphin. *Delphinus Gallicus*, par J. Cousinot, 49 ; — Horoscope, 49 ; — Maison, V. Maison du Dauphin ; — Odes pour sa naissance, 49-50 ; — Vers sur son portrait, 133.

Louis de Maisoncel, II, 56.
Louis de Marck, II, 45.
Louis de Sainte-Marie. Lettres, 224, 231.
Louis de Saint-Pol, 20.
Louis de Vendôme. V. Vendôme.
Louis La Haze. Mandement relatif à la prise de possession de localités appartenant à la comtesse de Bar, II, 14.
Louis Pot, II, 35.
Louise de Jésus (Sœur). Lettre, 385.
Louise de Savoie, duchesse d'Angoulême, 21, 55 ; — Actes, II, 22, 23, 24 ; — Pouvoirs de régente, à elle donnés, II, 23 ; — Traité de Cambrai, II, 24.
Louise de Vaudémont, reine de France. Lettres, 18.
Louise-Chrétienne de Savoie, princesse de Bade, 414, 431.
Louise-Marie de Bavière, 432.
Louise-Marie-Christine de Savoie, 114.
Lourcetière, à Brisach. Lettre, 105.
Lourdet (Philippe). Lettre, 238.
Lourdet (Simon). Lettre, 238.
Lourdin (Jean). V. Saligny.
Louvain. Carmes déchaussés, 290 ; — Lettre écrite de Louvain, 392-393 ; — Université, 259.
Louvat (Ch. de). Lettre, 497.
Louvet, à Noyon. Lettre, 246.
Louvet (François). Permission à lui donnée de charger du sel sur son navire, 347.
Louvigny (Pierre Chastillon de). V. Chastillon.
Louvois (François-Michel Le Tellier, marquis de). Lettres (1661-1666), 151, 189, 200, 206, 239, 257, 288, 314, 317, 327, 359, 361 ; — (1667-1671), 373, 397, 398, 405, 408, 410, 417, 419, 429, 433, 436, 443 ; — (1672-1677), 449, 465, 470, 475, 489, 491, 501, 506, 507, 510, 511, 517, 522, 524, 526, 527 ; — Mémoire, 380.
Louvre (Le), à Paris, 82 ; — Plan de l'appartement de J.-B.

Colbert, 115 ; — Travaux exécutés au Louvre en 1667 et 1668, 550 ; — La « Varenne » du Louvre, 142.
Louys, à Vernon. Lettre, 342.
Louys (Le père). V. Boudan.
Lovell (Thomas). Lettres, II, 39.
Loyes (Ain). Château, II, 55.
Loyola (Ignace de). Vie, 1.
Loyola (Don Ph. Blasco de), 190.
Loygette-Goyré (M. de), à la Charité, 370 ; — Lettres, 321, 363, 366, 370.
Loynes (Famille de). Notice généalogique, 86.
Loyseau. Lettre, 379.
Lübeck, 10 ; II, 4.
Lubert (Le sr de). Lettre, 458.
Lubomirski (Prince Stanislas). Lettres à lui adressées, 32.
Lucarre. V. Lafaigne.
Lucas (François). Lettre, 163.
Lucas (Jean-Antoine). Lettres, 151, 192, 205, 280.
Lucaya (Iles). Concession de ces îles à des lords anglais, 66.
Luce (Abbé). Lettre, 465.
Lucerne (Canton de). Déclaration des conseillers, 418 ; — Lettres des conseillers, 177, 185, 357 ; — Traité de paix avec la France, 418.
Luché, à Toulon. Lettres, 324, 327.
Luçon (Vendée). Mémoire sur la chute du clocher, 276 ; — Requête des habitants, 106.
Lucques. République, 33.
Lude (Comte du). V. Du Lude.
Ludovic-Marie Sforza, 509.
Ludovisi (Cardinal Alexandro), archevêque de Bologne. Lettre, 2 ; — Lettres à lui adressées, 37.
Luez (Le sr de), à Tours. Lettre, 372.
Luillier. V. Lhuylvier.
Luillier. Lettre, 160.
Luillier d'Interville (Famille). Notice généalogique, 86.
Luillier de La Malmaison (Famille). Notice généalogique, 86.
Luisa. V. Guillelma.
Lulli (Jean-Baptiste). Sa pastorale : Les Fêtes de l'Amour et

de Bacchus, 483 ; — Requête,
471.

Lumague (François). Lettre, 170.

Lumbres (Antoine de). Lettre,
175 ; — Lettres à lui adressées,
32.

Lumes (Ardennes), II, 58.

Lune (La). « Tabulæ oppositionum lunæ », 74-75.

Lunettes, 518.

Lupy, à La Charité. Jugement prononcé contre lui, 156.

Lussac (Paul de). V. Tallemant.

Lussan (L. d'Esparbès de). V.
Aubeterre.

Lusta (M. de), à Brisach. Lettre,
242.

Lux (Edme de Malain, baron de).
Lettre à lui adressée, 29.

Luxembourg (Duché de), 94, 547 ;
II, 19 ; — Coutumes du pays,
44 ; — Gabelles, 123 ; — Gouverneur, v. Chimay (Prince de).

Luxembourg (Maison de). Généalogies, 16 ; — V. Piney.

Luxembourg (Charles, duc de),
II, 20.

Luxembourg (François-Henri, maréchal de). V. Montmorency.

Luxembourg (Henri Ier, comte
de), II, 37, 38.

Luxembourg (Jean de). V. Jean.

Luxembourg (Louis de), comte
de Saint-Pol. Don à lui fait du
comté d'Eu, 20.

Luxembourg (Madeleine, duchesse
de). Lettre, 531.

Luxembourg (Valéran de), II, 14,
48.

Luxeuil, 93.

Luymers (P.). V. Pluymers (J.).

Luynes (Anne-Marie de). Contrat de mariage avec le duc de
Joyeuse, 22.

Luynes (Charles d'Albert, duc de).
Lettre à lui adressée, 70.

Luynes (Charles Honoré d'Albert
duc de). V. Chaulnes.

Luynes (Honoré d'Albert, dit le
capitaine). Lettre à lui adressée,
26.

Luynes (Louis-Charles d'Albert,
duc de). Lettres, 315, 331, 379,
520.

Luz (Claude de). Quittances, 63.

Lyon, 93, 133, 152, 276, 434 ; —
Aides, 424 ; — Archevêque, v.
Neufville de Villeroy (Camille de) ; — Conciles, 77 ; II, 62 ;
— Douane, 212 ; — Extraits de
comptes de rentes, sur les gabelles du Lyonnais, 411 ; —
Gabelles, 545 ; — Généralité,
534, 535, 536, 538, 539, 541 ; —
Intéressés de la ville de Lyon
à la Compagnie des Indes, 47 ;
— Lettres de Colbert sur l'arrestation d'un banquier à Lyon,
334 ; — Lettres des directeurs
de la Chambre particulière
de la Cie des Indes à Lyon,
315, 401, 413, 417 ; — Lettres
des échevins, 132, 170, 192, 263,
409, 413 ; — Lettre des syndics de la Cie des Indes à Lyon,
275 ; — Lettres des trésoriers,
114, 125, 139, 140, 144, 153,
164, 169, 177, 183, 191, 204,
206, 209, 215, 220, 235, 241-
242, 261, 288, 297, 309, 321,
324, 328, 349, 357, 391, 393,
404, 409, 426 ; — Lettres et requêtes des fermiers des gabelles,
222, 224, 306 ; — Listes des
gouverneurs, 91 ; — des sénéchaux, 91 ; — Mandement de
trésoriers, 410 ; — Manufacture
d'or filé, 410 ; — Note sur des
abus commis dans la levée des
impôts, 511 ; — Ordonnances
des trésoriers, 212, 393 ; —
Procédures de noblesses, pardevant le lieutenant-criminel,
380 ; — Reçu des cahiers
de la Cie des Indes, 357 ; —
Réparation de la route de Lyon
à Paris, 199 ; — Requête des
maîtres-quartiers contre un impôt, 357 ; — Révocation de la
création d'une cour des Aides
à Lyon, 115 ; — Routes de Lyon
à Lille, 421 ; — à Suze, 176 ; —
Sentence des juges de Lyon dans
le procès Merlin, 457 ; —
Suppression d'offices des gabelles, 208 ; — Traité de 1661,
115.

Lyonnais. V. Lyon.

Lyonne. V. Lionne.

Lyons (Forêt de), dans l'Eure. État des taxes des officiers de la forêt, 128.

Lyvet (J. de). Lettres, 131, 167, 178.

Mabillon (Dom Jean). Jugement sur l'origine de Géraud de la Tour, 86.

Macaire (Jean). Lettres, 266, 274, 288, 293, 301, 308, 314, 320, 338, 353, 361, 416.

Macarini (Paolo). Lettres, 100.

Mabre-Cramoisy (S.). V. Cramoisy.

Machault (Famille de). Notice généalogique, 86.

Machault (Charles de). Information sur le siège de Fontarabie, 23.

Machault (Louis de), 329 ; — Arrêt le chargeant d'opérer des saisies, 119 ; — Instructions à lui données, 171 ; — Jugement contre des marchands de la forêt de Bruadan, 396 ; — Lettres (1661-1664), 102, 110, 112, 116, 139, 143, 166, 168, 179, 182, 185, 192, 202, 205, 226, 232, 244, 250, 253, 258, 265 ; — (1665-1666), 269, 279, 282, 288, 291, 293, 296, 299, 304, 313, 317, 319, 323, 327, 337, 342, 345, 353, 355, 359, 365 ; — (1667-1677), 375, 383, 386, 388, 395, 401, 404, 407, 413, 422, 423, 490, 520 ; — Extraits de ses lettres, 514, 528 ; — Lettres à lui adressées, 32, 333, 347, 456 ; — Mandement et ordonnance, 294, 298 ; — Procès verbal, 194 ; — Remontrances à lui faites par les États d'Artois, 294.

Machault-Belmont (Capitaine de). Lettres, 489.

Macon. Évêque, v. Colbert de Saint-Pouanges (Michel) ; — Liste des baillis, 91 ; — Mémoire des échevins, 218.

Maconnais, 18 ; — Enregistrement au bailliage de l'arrêt diminuant le nombre des notaires, 298.

Macqueron (Charles). Lettres, 104, 113, 117, 122, 126, 146, 151, 153, 158, 183, 256, 275, 310, 350, 356, 365, 378, 381, 389, 395, 396, 400, 408, 412, 416 ; — Lettre à lui adressée, 332.

Madagascar (Ile de), 77, 243.

Madaillan (M. de), à Philippeville. Lettre, 391.

Madame. V. Henriette-Anne-d'Angleterre.

Madeleine de la Passion (Sœur), prieure de La Fidélité à Saumur, Lettre, 467.

Mademoiselle (La grande). V. Montpensier (A.-M.-L. de).

Madère (Ile de), 529.

Madiot (Nicolas). Lettres, 166, 169, 174, 216, 239 ; — Mémoire, 403.

Madras. Plan, 495.

Madrid, 39 ; — « Apologia Madiritiæ conventionis », 58 ; — Lettres écrites de Madrid, 341, 376, 515 ; — Traités, 5 ; II, 24, 25, 27.

Madron (P. de). Lettres, 159, 169, 175, 179.

Madruzzi (Cardinal Carlo). Lettres, 37.

Madrys (François de). Lettres, 95, 330 ; — Lettre à lui adressée, 332.

Mægoire. V. Malgoire.

Maëstricht. Documents sur le siège et la prise (1673), 468 ; — État des troupes de la garnison et des assiégeants, 467 ; — Lettres du camp, 467 ; — Ode sur la prise, 50.

Maffei (Ugo). Lettres, 237, 387, 419, 455, 457, 479.

Mafflier (Famille de). V. Sanguin.

Magalotti (Bardo de Bardi, comte), 519.

Magien (E.). V. Mayeu.

Magister (Pontius), II, 67.

Magna Carta. V. Grande charte.

Magnifique (Le), nom de vaisseau, 73.

Magny (Rainaut de), II, 44.

Magny-en-Vexin (Seine-et-Oise). Lettres des officiers des eaux et forêts, 113 ; — Procès-verbal

pour l'enregistrement d'un arrêt relatif à la coupe des bois, 115.

MAGY (Augustin). Lettre à Fr. Bellinzani, 485.

MAHAUT, comtesse d'Artois. Règlements avec Robert d'Artois, 11, 56, 9.

MAHAUT DE BÉTHUNE. Lettres, II, 2.

MAHÉ, à Blois. Lettre, 198.

MAHOMET IV, sultan. Lettre à lui adressée, 34.

MAHOMET-BEY. Lettre, 399.

MAICHIN (Armand). Lettre, 413.

MAIDALCHINI (Cardinal Francesco), 177 ; — Lettres (1661-1665), 177, 223, 239, 246, 248, 253, 257, 265, 268, 279, 286, 292, 301, 306, 310, 313, 316, 326 ; — (1666-1677), 337, 342, 356, 360, 362, 368, 374, 377, 381, 386, 391, 413, 431, 450, 462, 465, 480, 490, 494, 513, 520 ; — Lettre à lui adressée, 33 ; — Ordonnance pour sa pension en 1664, 262.

MAILHOT. Lettre, 497.

MAILLARD DE FLOCQUE, à La Ferté-en-Braye. Lettres, 233, 239, 261, 340.

MAILLÉ-BRÉZÉ (Jean-Armand DE). Instructions, 35.

MAILLÉ-BRÉZÉ (Urbain DE). Mémoire à lui adressé, 35.

MAILLEBOIS (François, sʳ DE). V. O.

MAILLET (C.). Lettre, 323.

MAILLET (F.). Lettre, 323.

MAILLY (Claude-Élisabeth DE), abbesse de Longchamp, et non de Chelles. Lettre, 107.

MAILLY (Louis, comte DE). Lettres, 436, 437 ; — Réclamations contre le contrôleur de son domaine, 472.

MAILLY (Anne-Marie-Françoise, comtesse DE). Lettre, 289.

MAINE (Le), 137 ; — Comte, v. CHARLES D'ANJOU.

MAISON DU DAUPHIN. Appointements des officiers, 551 ; — États des dépenses, 1676, 553.

MAISON DE MADAME, 227.

MAISON DE MONSIEUR. Appointements des officiers, 551.

MAISON DE LA REINE, 551.

MAISON DU ROI, 509, 551 ; — État des dépenses (1676), 552 ; — Autres états, 18 ; — Lettres des trésoriers et contrôleurs, 298, 303 ; — Mémoires sur la Maison du Roi, 88 ; — V. CHAMBRE, ÉCURIE, VÉNERIE.

MAISONCEL (Louis DE), II, 50.

MAISONS (René de Longueil, président DE). Lettre, 522.

MAISONVILLE (Capitaine DE). 375.

MAÎTRES DES FORÊTS. V. FORÊTS.

MAÎTRES DES POSTES. V. POSTES.

MAÎTRES DES REQUÊTES. Articles arrêtés en l'assemblée des maîtres de requêtes, pour la discipline de la Compagnie, 45 ; — Listes, 247, 384, 473 ; — Réduction, 43.

MAIOU (Capitaine), 124.

MAJORQUE (Ile), 73, 137, 194.

MALADIES CONTAGIEUSES, 218, 247; — à Amsterdam, 256 ; — à Dieppe, 424 ; — à Dunkerque, 373 ; — à Gravelines, 373 ; — à Hambourg, 256 ; — à Laon, 398 ; — à Ostende, 353 ; — au Pollet, 424 ; — à Pont-l'Évêque, 504 ; — à Rouen, 403, 407, 411, 415, 418, 424, 504; — à Soissons, 396 ; — à Torcy, 419 ; — à Tourville, 411 ; — V. CERTIFICATS.

MALAGA. Combat naval de Malaga, 533.

MALAGATIO (Beatrix et Ricardus DE), II, 66.

MALAIN (Edme DE), baron de Lux, 29.

MALE (Louis DE). V. LOUIS.

MALEDEN (Étienne). Lettres, 159, 162, 183.

MALENFANT-PRESSAC (P. DE). Lettre, 368.

MALET, à Caen. Lettre, 202.

MALET (Y.). Lettres, 296, 379.

MALGOIRE (Pierre). Lettre, 136 ; — Sommes à lui remises, 138.

MALIGNE (La), vaisseau, 464.

MALINES (Belgique), II, 47 ; — Mandement aux échevins, II, 13 ; — Monnaie, II, 46.

MALLIER DU HOUSSAY (Claude), évêque de Tarbes. Lettres, 207, 216, 278.

MALLIER DU HOUSSAY (Marc), évêque de Tarbes. Accommodement avec le comte de Toulonjon, 456 ; — Lettres, 433, 438, 440, 454, 463, 467, 474, 482.

MALLIER DU HOUSSAY-MONNERVILLE (Claude). Lettre à lui adressée, 32.

MALLIÈRE (Robert), II, 15.

MALON DE BERCY (Anne DE), douairière de Matignon. Lettres, 330, 495-496, 506.

MALORTIE DE LONGUEIL (Mme H. DE). Lettre, 475.

MALTE (Ile de), 485.

MALTE (Ordre DE), 255 ; — Grand-Prieuré de France, 434 ; — Lettre du grand-maître, 335 ; — Statuts, 81.

MALTESTE. Lettre, 249.

MALTÔTE. Assassinat de maltôtiers dans le comté de Bénauge, 128.

MALUIN (P. DE). V. PRIMET.

MALYNES (Girard). Traduction de son ouvrage intitulé : *Lex mercatoria*, 47, 52.

MAMAIN, à Angoulême. Lettre, 258 ; — Pièces à l'appui de ses dénonciations, 262.

MANCEL (Nicolas DE). Lettre, 288.

MANCHE (La), 69, 351 ; — Arrivée en Manche de frégates turques, 347.

MANCHINE, ou MANCHINI (G.). Lettre, 290.

MANCHON (Jean), 512.

MANCINI (Alphonse). Lettre, 95.

MANCINI (Cardinal François-Marie). Lettres, 99, 103, 109, 117, 132, 145, 152, 160, 171, 186, 206, 211, 217, 230, 237, 246, 254, 263-264, 279, 297, 386, 413, 431, 438, 444 ; — Lettre à lui adressée, 298, 339.

MANCINI (Hortense), duchesse Mazarin. « Condizioni, che demanda la duchessa al suo marito, » 430 ; — Lettres, 166, 228, 433, 452, 490, 497, 502.

MANCINI (Marie), connétable Colonna. V. COLONNA.

MANCINI (Marie-Anne). V. BOUILLON (Duchesse DE).

MANCINI (Olympe). V. SOISSONS (Comtesse DE).

MANCINI-MAZARIN (Philippe-Jules DE), duc de Nevers. État de sa maison, 247 ; — Lettres, 99, 139, 146, 217, 248, 253, 270, 287, 343, 350, 355, 356, 459 ; — Lettre en vers, 160 ; — Ordre, 251-252.

MANDAT (A.). Lettre, 379.

MANDELOT (François DE). Lettres à lui adressées, 26.

MANDERSCHEIT-BLANKENHEIM (Johann VON), évêque de Strasbourg. Lettre à lui adressée, 26.

MANDESLO (Colonel). Lettre à lui adressée, 26.

MANDON, à Arles. Lettre, 184.

MANESSIER DE MILLY, à Abbeville. Lettres, 283, 323.

MANEVILETE. V. MANNEVILLETTE.

MANGENOUST (Mme). V. ANGENOUST (M.).

MANGOT (Famille). Notice généalogique, 86.

MANGOT (Abbesse Anne). Lettres, 330, 475, 513.

MANGOT (C.). Lettres, 118, 180, 254, 258.

MANGOT (P.). Lettre, 230.

MANIBAU (Gui DE). Lettres, 260, 264.

MANIBAU (Jean DE). Lettres, 113, 126, 138, 187, 273, 278, 430.

MANIMONT (M. DE). Lettre, 320.

MANIQUET (César), 393.

MANNEVILLETTE (Pierre de Hannivel, s^r DE). Lettres, 245, 271.

MANOIR-HADIBERT. V. LE MANOIR.

MANOUE (J., s^r DE). V. O. (Jean D').

MANRIQUE, vicomte de Narbonne. V. AMAURI.

MANS (Le). V. LE MANS.

MANSE (Antoine DE). Lettres, 154, 222, 282 ; — Lettre de marine, 515.

MANSE (Louis DE). Lettres, 99, 142, 157, 517 ; — Son emprisonnement en 1662, 128.

MANSERA. Vente de moulins, II, 65.

MANSFELD (Charles, comte DE). Lettre à lui adressée, 26.

MANSFELD (Ernest, comte DE). Pièces concernant ses troupes, 14.

MANTES. Acte des officiers du grenier à sel, 199 ; — État des notaires royaux nommés en 1664, 280 ; — Tarifs pour les « évents », 399, 403.

MANTICA (Cardinal Francesco). Lettres, 37.

MANTOUE, 6, 35, 36-37 ; — Ducs, v. CHARLES, GONZAGUE, VINCENT ; — Duchesses, v. ISABELLE, MÉDICIS ; — Pensions des agents auprès des ducs, 551.

MANTOUE (Maison DE). Différends de cette maison avec celle de Savoie, 89 ; — V. GONZAGUE et MÉDICIS (É. DE).

MANUFACTURES. Exemption des tailles, pour les travailleurs des manufactures, 439 ; — Verrerie de Rouen, 448 ; — V. AMIENS, AUXERRE, AVIGNON, BOURACAN, BRODART, CAMELOT, CHATELLERAULT, CUIRS, DAMAS, DENTELLES, DRAP, FAÏENCE, GILBERT, GOBELINS, HINART, MONTARGIS, LA FERTÉ-SOUS-JOUARRE LIÉGE, LYON, ROUEN, SAVONNERIE, SÉNEZ, SERGE, SOIE, TABAC, TEINTURERIES, TOULOUSE, VERRERIES.

MANUSCRITS. Inventaires des manuscrits de Colbert, 84 ; — de Mazarin, 75 ; — V. DUCHESNE, DUPUY, MAZARIN, PÉTAU, SAINT-VICTOR, THOU.

MANYET (C.). Lettre, 444.

MANYSSON, à Lyon. Lettre, 297.

MANZIERI (Hercule), abbé d'Aurillac. Lettre, 103.

MAR (Anabella Erskin, comtesse DE). Lettre à elle adressée, 18.

MARAIS. Arrêt soumettant aux tailles les colons des marais, mis en culture, 95 ; — Dessèchement des marais voisins de Niort, 95 ; — Marais de l'élection des Sables-d'Olonne, 101 ; — V. CAEN, SEULLES.

MARANDÉ (C. DE). Lettres, 177, 226, 228, 310, 311.

MARARGUILAN (Le sr DE), à Toulon. Lettre, 215.

MARBEUF (G. DE). Lettres, 304, 360, 366 ; — Supplique en sa faveur, 247.

MARBOLIÈRE (Roger). Lettre, 261.

MARBRES, 147 ; — Lettre, au sujet des marbres de Carrare, 115.

MARC D'OR. Registres, 1665-1679, 553-554.

MARCA (Pierre DE). Mémoire donné à l'assemblée de 1655, 3.

MARCÉ (Anne de Bourgongne, dame DE). Lettre, 219.

MARCÉ (Charles, baron DE). V. GOUYON.

MARCHAND, commis de Colbert. Lettre, 144.

MARCHANDS, 388, 399 ; — V. COMMERCE, MALYNES.

MARCHANT, apothicaire. Lettre, 288.

MARCHANT (Laurent). Supplique en sa faveur, 297-298.

MARCHE (La). Supplique de la veuve du me particulier des eaux et forêts de cette province, 414.

MARCHE (Charles, comte DE LA), II, 10.

MARCHESINI, 97, 109.

MARCHEVILLE (Henri de Gournay, comte DE). Pouvoir pour traiter avec la Pologne, 22.

MARCHISIO (J.-D.). V. MARQUISIO.

MARCILLAC (Fr. DE). Lettre, 452.

MARCILLY, ou MARSILLY (Abbé DE). Lettre, 142.

MARCILLY (Claude Roux, sr DE). Arrêt le condamnant à mort, 427.

MARCILLY-DIEULAMANT. V. DIEULAMANT.

MARCILLY-MATHAREL. V. MATHAREL.

MARCK (Arnoul DE). Lettres du comte de Flandre, en sa faveur, II, 45.

MARCK (Louis DE), II, 45.

MARCQ (Catherine DE). Lettres, 294, 308, 312, 315, 321, 323, 327 ; — Lettre à elle adressée, 311.

MARCQ (Paul DE). Lettre, 373.

MARDYCK (Nord). Certificat des échevins, II, 43.

MARE (B.-H. DE). V. MARLE.

MARE (Guillaume DE). « Epistolæ et orationes, » 57.

Maréchaux de France. Assignations faites devant leur tribunal, 531 ; — Pensions (1606-1656), 551.

Maremne (Landes). Inventaire dressé par le juge de la Maremne, 464.

Marennes (Seigneurie de), en Charente - Inférieure. Estimation, 20 ; — Exportation des blés, 20.

Marennes (Martel de). V. Martel.

Mareschal, à Boulogne. Lettre, 266.

Maressal (Antoine). Lettre, 397.

Mareste d'Alge (Antoine de). Lettres, 124, 212, 231, 234, 239, 246, 249, 304, 370.

Mareuil (Chevalier de). Lettres, 438, 497, 523.

Marey (Joseph Rouxel de Médavy, comte de). V. Rouxel.

Marfi (Charles, duc de). V. Colonna.

Marfontaines (Thomas de), II, 9.

Margarita. Lettre de tradition d'un champ, II, 67.

Margoti (Cardinal Lanfranco). Lettres, 37.

Margotin, agent de Colbert. Lettre, 243.

Marguerit y Buire (Don Joseph de), marquis d'Aguilar. Lettres, 108, 278, 450, 482 ; — Mémoire sur ses pertes, éprouvées en ses propriétés de Catalogne, et requête au roi, 80.

Marguerite d'Autriche, duchesse de Parme, fille naturelle de Charles-Quint. V. Marguerite de Parme.

Marguerite d'Autriche, duchesse de Savoie, gouvernante des Pays-Bas, II, 23, 24, 54 ; Actes la concernant, II, 52 ; — Autorisation de signer des actes, pour ses affaires, II, 56 ; — Lettres, II, 55, 56 ; — Lettre à elle adressée, II, 36 ; — Lettres lui concédant le comté de Villars-les-Dombes, II, 55 ; — Lettres, révoquant des nominations faites par elle, II, 56 ; — Mariages avec le prince des Asturies, II, 53, 55 ; — avec le duc de Savoie, II, 55 ; — Pension, II, 56 ; — Pouvoirs à elle donnés, II, 52, 57 ; — Pouvoirs pour traiter avec elle, II, 23 ; — Projet de mariage avec le roi d'Angleterre, II, 35 ; — Traité avec l'Écosse, II, 43 ; — Traité de Cambrai, II, 23-27 ; — V. Cambrai.

Marguerite de Constantinople, comtesse de Flandre et de Hainaut, II, 2, 30 ; — Accord avec Bouchard d'Avesnes, II, 2 ; — Accord avec Charles d'Anjou, II, 2, 31 ; — Investiture de la Flandre à Gui de Dampierre, II, 3 ; — Lettres, II, 43, 44 ; — Lettres d'investiture en sa faveur, II, 36, 37 ; — Lettres la concernant, II, 44 ; — Lettres réservant ses droits, II, 2 ; — Paix avec Guillaume de Hollande, II, 30 ; — Sauvegarde, II, 31.

Marguerite de Dampierre. V. Marguerite de Constantinople.

Marguerite de Dieweke, II, 47.

Marguerite de Flandre, comtesse de Flandre, duchesse de Bourgogne, fille de Louis de Mâle. Différend avec la comtesse de Bar, II, 14 ; — Pouvoir donné par elle, II, 48 ; — Quittance, II, 47.

Marguerite de Flandre, comtesse de Flandre et de Hainaut, fille de Baudouin IX. Mariage avec Baudouin d'Avesnes, II, 29.

Marguerite de Flandre, fille de Gui de Dampierre, II, 33 ; — Lettres relatives à son domaine, II, 32, 33 ; — Mariages avec le prince d'Écosse, II, 32 ; — avec le comte de Gueldre, II, 32.

Marguerite de France, comtesse de Flandre, fille de Philippe V, II, 10 ; — Douaire, II, 45 ; — Lettres, II, 10, 46.

Marguerite de Lorraine. V. Orléans.

Marguerite de Parme, fille de Charles-Quint, gouvernante des Pays-Bas. Lettres, II, 59 ; — Mandement, II, 59 ; — Mariage, II, 57.

Marguerite de Valois, reine de France, 28.

Marguerite de Valois, reine de Navarre. Arrêt, relatif à ses dettes, 43.

Marguerite-Gertrude de Saint-Jean, 143.

Marguerite-Louise d'Orléans. V. Orléans.

Maria. Acte d'engagement de Vignes, II, 65 ; — Don, II, 66 ; — Vente de moulins, II, 65.

Maria (Arnaldus), II, 66.

Maria de Raxaco. II, 65.

Maria-Maggiore (Santa), à Rome, 2.

Mariage (S.). Lettres, 103, 108.

Maridor (Louis de), 138.

Marie (La), vaisseau, 364, 367.

Marie (Edmée-Geneviève). Lettre, 394.

Marie (Thomas), baron d'Avigneau, 508 ; — Interrogatoire par lui fait, 508 ; — Lettres, 244, 255, 274, 282, 289, 383, 507.

Marie, reine d'Angleterre, fille de Henri VIII. V. Marie Tudor.

Marie d'Angleterre, reine de France, fille de Henri VII. Projet de mariage avec Charles d'Espagne, II, 40, 41.

Marie d'Autriche, impératrice, fille de Charles-Quint et femme de Maximilien II. Lettre à elle adressée, 26.

Marie d'Autriche, reine de Hongrie, fille de Philippe le Beau. Lettres, II, 58 ; — Pouvoirs à elle donnés, II, 58, 59 ; — Paix avec le roi des Romains, II, 59.

Marie, duchesse de Bourgogne, fille de Charles le Téméraire. Lettres, II, 51 ; — Mariage avec Maximilien, II, 5.

Marie de Brienne, femme de l'empereur Baudouin de Courtenai. Lettres, II, 44.

Marie de Médicis, reine de France, 19, 21, 22, 29, 37, 43.

Marie de Montpensier. V. Orléans.

Marie de Nemours. V. Orléans.

Marie de Sainte-Claude. V. Sainte-Claude.

Marie Stuart, reine d'Écosse et de France. Épitaphe, 68 ; — Lettres, II, 43 ; — Oraison funèbre, 67-68.

Marie Tudor, reine d'Angleterre. Lettres, II, 43 ; — Mariage avec Philippe d'Autriche, II, 43 ; — Poésie latine, en l'honneur de son projet de mariage avec le dauphin François, 56 ; — Projet de mariage avec Charles-Quint, 42 ; — Privilèges par elle accordées, 52.

Marie-Anne d'Autriche, reine d'Espagne, 370, 371, 473 ; — Lettre, 344.

Marie-Catherine, prieure du couvent des Annonciades-Célestes de Mézières. Lettres, 162, 167.

Marie-Jeanne-Baptiste, duchesse de Savoie, 33, 226, 503, 509.

Marie-Léonore de Clèves, 14-15.

Marie-Madeleine de Jésus (Sœur) abbesse du Lis. V. L'Écuyer de La Papautière.

Marie-Thérèse d'Autriche, reine de France. Dot, 40 ; — Épithalame, 49 ; — Itinéraire, 472 ; — Lettre, 335 ; — Lettre à elle adressée, 450 ; — Lettres de régence, à elle accordées en avril 1672, 451 ; — Maison, 551 ; — Mariage, 40 ; — Mémoires sur ses droits à la succession d'Espagne, 37-40 ; — « Moïens pour invalider sa renonciation », 38 ; — Question relative à cette renonciation, 38 ; — Poésies à son sujet, 48, 50 ; — Procuration pour son mariage, 40 ; — Procès-verbal des réunions, faites sur ses droits, 39 ; — Traité d'A. de Bourzéïs sur ses droits, 47.

Marie-Galante (Ile de). Concession de cette île au comte de Carlisle, 66.

Marie-Royale (La), nom de vaisseau, 354.

Marigny (M. de), à Troyes. Lettre, 201.

Marillac (Famille de). Notice généalogique, 86.

Marillac (René de). Lettres, 327, 498, 515.

Marimont (Seigneurie de), en Meurthe), 384.

Marin, au Château - Trompette. Lettres, 122, 130, 157, 164, 188, 206, 215, 225, 229, 236, 241, 244, 251, 256, 259, 264, 279, 282, 296, 311, 314, 321, 324, 366, 373.

Marin (Arnoul). Lettres, 454, 493, 496, 498, 517, 524 ; — Note sur une de ses lettres, 487.

Marin (Denis). Lettres, 107, 145, 149, 157, 167, 199-200, 259, 272, 317, 324, 342, 348, 362, 402, 405 ; — Lettres à lui adressées, 326, 360, 387, 388 ; — Note de lui sur les heures du Conseil, 286.

Marin (Veuve Jacqueline). V. Du Tillet.

Marin (Mme M.). Lettre, 485.

Marin (P.). Lettre, 395.

Marin (Pierre). Lettres, 100, 102, 137, 145, 153, 157, 184, 215, 229, 230, 233, 234, 236, 244, 301, 324, 348.

Marine, 31-33, 370 ; — Artillerie, 419, 518 ; — Assignations relatives à la marine, 485, 486 ; — Budget, en 1677, 521 ; — Conseil, 78 ; — Combat naval de 1692, 25 ; — Division du duc de Beaufort à La Rochelle, 127 ; — État de la marine, 509 ; — État de bois pour la construction, 354 ; — État de dépense pour un navire, 494 ; — État des navires, après combat, 71 ; — Extraits des états de dépense, 491 ; — des règlements, 89 ; — Fournitures de poudres, 487 ; — Fournitures du sr Dumont, 484 ; — Frais de construction de vaisseaux, 357 ; — Frais de tables de capitaines à bord, 485 ; — Galères pouvant naviguer en 1662, 128 ; — Instruction sur le protocole maritime, 451 ; — Inventaires de papiers de marine, 468, 501, 508, 533 ; — Lettres relatives à la marine, 32, 60-61, 511, 514-515, 519, 526 ; — Listes d'officiers, 478, 519 ; — de vaisseaux, 517 ; — Magasins, 88-89 ; — Mémoires, 88 - 89, 515 ; — du secrétaire - général, 78 ; — sur la marine en 1648, 78 ; — sur la marine espagnole, 445 ; — sur la campagne de 1675, 484 ; — sur les travaux maritimes, 464 ; — Notes de Colbert sur la marine, 476 ; — sur la campagne de 1681, 476 ; — sur l'état de la marine, 472 ; — Officiers généraux, 419 ; — Ordonnance pour la paye de matelots, 414 ; — Ordres de bataille, 71-73, 414 ; — Ordre de la reine d'Espagne, pour recevoir les navires de France, 450 ; — Ordres pour les batailles navales, 414 ; — pour le mouillage d'escadres, 72 ; — Papiers de marine, 486 ; — Placets d'officiers, 464 ; — Projets de manœuvres, 492 ; — Questionnaire sur la marine, 77 ; — Radoub des vaisseaux du Perraut, 152 ; — « Rendez-vous pour les vaisseaux du Roi en Méditerranée », 147 ; — Sommes reçues par le commis du trésorier-général de la marine, 350 ; — Traité de marine entre la France et l'Espagne, 16 ; — V. Architecte, Galères, Malaga, Munitions, Officiers, Trésorier, Vaisseaux.

Marinet (Mlle de). Mémoire relatif à son procès, 465.

Marini (Claudio). Lettres à lui adressées, 37, 71.

Mariny (M. de), à Turin. Lettres, 193, 209, 255, 429.

Marion (Eustache), comte de Druy. V. Druy.

Marius (M.). Lettre, 165.

Marlac, en Languedoc. Grange, II, 62.

Marle (Aisne). Titres de propriété de Mazarin à Marle, 83.

Marle (Famille de), 86 ; — Notice généalogique, 85.

Marle (Bernard-Hector de). Lettres (1661-1666), 100, 103, 108, 167, 188, 191, 227, 291, 330, 331, 337, 342, 346, 349, 360, 362, 369, 371 ; — (1667-1669), 374, 381, 386, 394, 399, 405, 409, 413, 416, 422, 425, 429 ; — (1670-1677), 496, 500, 510, 513, 515, 517, 519 ; — Lettres à lui adressées, 333, 334 ; — Ordres à lui donnés, 528 ; — Supplique à lui adressée, 403.

Marle (Claude de). Lettres, 381, 431.

Marle (Enguerrand VII, comte de), II, 62.

Marle (Vicomte M. de). Extraits de ses lettres, 514 ; — Lettre, 496.

Marle (Marie Colbert, dame de). Lettres, 109, 248, 505, 516.

Marle de Bragelongne (Mme M. de). Lettre, 410.

Marmiesse (Bernard), évêque de Conserans. Lettres, 188, 193, 216, 234, 289, 412, 432.

Marmiesse (Président Jacques de). Lettres, 160, 168.

Marmoutier (Jean de). V. Jean.

Maroc, 528 ; — Chérif : v. Mouley-Zeidan ; — V. Saleh, Tétuan.

Marolles (Marquis de). V. La Barde (Jean de).

Marolles (L. de). Lettres, 131, 136, 182.

Marotin. Lettre, 237.

Marouys. V. Haroüys (G. de).

Marpon. Lettre, 361.

Marque (Droit de), II, 69 ; — Marque de la vaisselle d'étain, 491, 504.

Marquese (Don Raimondo). Lettre, 498.

Marquesini, à Venise. Lettres, 97, 109.

Marquesy, à Aix. Lettre, 113.

Marquin l'aîné. Lettre, 477.

Marquis (Le), nom de vaisseau, 73.

Marquisio (Jean-Dominique). Déclaration faite à la Chambre de Justice, 133 ; — Lettres, 139, 205, 326, 342 ; — Supplique, 208.

Marrot (Louis). Lettre, 359.

Mars, planète. Tables, 75.

Mars (La Tour de). V. La Tour.

Marsal (Meurthe), 49 ; — État des dépenses du camp devant Marsal en 1663, 194 ; — Poésie sur la « réduction », 48.

Marsal, à Metz. Lettre, 103.

Marsalle (Frère Vincent). Lettre, 454.

Marsan (Charles de Lorraine, comte de). Lettres, 411, 432, 437, 440, 443, 527.

Marseille, 5, 376, 396, 427, 518, 532 ; — Certificat de santé, à Marseille, 403 ; — Chargement de vaisseaux, 418-419 ; — Citadelle, 106, 128 ; — Délibération de la Chambre de Commerce, 420 ; — Description en vers, 50 ; — Évêque, v. Forbin-Janson (F. de) ; — Hôpital des galères, 133 ; — Lettres des députés du commerce, 133, 139, 158, 180, 409 ; — Lettres des échevins, 132, 139, 158, 180, 217, 225, 265, 270, 336, 401, 408 ; — Mémoires de Seignelay, pendant son séjour à Marseille, 88, 89 ; — des députés du commerce, 363 ; — Munitions pour la citadelle, 133 ; — Notes sur la situation de la ville, 311 ; — sur une lettre des échevins, 525 ; — Plan et mémoire sur les fortifications, 115 ; — Proclamation des échevins, 420 ; — Projet de banque à Marseille, 484 ; — Travaux de l'arsenal, 89.

Marsollier, à La Flèche. Lettre, 328.

Marteau (Pierre). Requête, 424.

Martel (Marquis de). V. Martel, marquis de Rénac.

Martel (Claude - Alphonsine de Guénégaud, née). Lettres, 378, 433.

Martel (Damien), marquis de Rénac. Extraits de ses lettres, 469 ; — Lettres, 235, 250, 270, 297, 395, 409, 430.

Martel (François de). Lettre, 282.

Martel (P.), à Toulon. Lettre, 337.

Martel (René), marquis des Arcis, ou Arsis. Lettres, 378, 409, 413, 418, 420, 426, 528.

Martel d'Aliès (D.). Lettre, 375 ; — Mémoire, 384.

Martel de Marennes (Mme S.). Lettres, 187, 188.

Marti de Viladamor. Lettre, 165.

Martigny (M. de), à Soissons. Lettre, 394.

Martigues (Bouches-du-Rhône), 163.

Martin IV, pape. Bulle, II, 32.

Martin V, pape. Lettres, II, 34.

Martin, employé des haras. Note sur une de ses lettres, 525.

Martin, à Paris. Mémoire pour le règlement de ses gages, 434.

Martin, à Toulouse. Lettre, 157.

Martin (Antoine). Lettre, 427.

Martin (D.). V. Marin (D.).

Martin (D.). Lettre, 402.

Martin (Hilaire). Lettre, 201.

Martin (Jacques). Lettre, 386.

Martin (Jean), 445.

Martin (N.). Lettres, 100, 134, 147.

Martin (Pierre), Restitution de sommes, relatives aux gabelles, 213.

Martina. Don à lui fait, II, 65.

Martineau. V. Du Pont.

Martinelli (Margarita). Lettre, 279.

Martinet (Jean). Lettres, 193, 249.

Martini. V. Mariny.

Martinique (Ile de la), 66, 72, 501.

Martinozzi (Anne-Marie), princesse de Conti. Lettres, 108, 118, 122, 304, 339, 346, 444.

Martinozzi (Laure), duchesse de Modène, 51 ; — Lettres, 126, 129, 268, 412, 438, 439, 455, 458, 480, 493, 530 ; — Marbre donné par elle aux religieuses de la Visitation, à Aix, 147 ; — Mémoire, 468.

Martinozzi - Mazarini (Marguerite). Lettres, 97, 380.

Martinus. Vente de vigne, II, 65.

Martinus (J.). V. Johannes.

Martinusius (Cardinal Georges). Extrait à lui relatif, 15.

Marton (Don Miquel-Jean). Lettre, 290.

Maryland (Le). Concession à Cecil Calvert, 66.

Marucell (Le sr de). Lettre, 254.

Marvis (Gautier de), évêque de Tournai, II, 29.

Marzi (Orazio). Lettre, 433.

Mascranni (Barthélemy). Lettre, 132.

Mascranni fils (Paul), 529 ; — Lettres, 132, 139, 144, 160, 168, 175, 366.

Mascranni de Montangle (Hugues). Lettres, 217, 219.

Mascranni de La Verrière (Paul). Lettres, 383, 443, 458, 459, 485, 487, 503.

Maslard d'Ulisse (Louis). Lettres, 179, 185, 192, 249, 301, 349, 352, 362, 365, 370, 379, 402 ; — Mandement à lui adressé, 376 ; — Réclamation contre lui du commis de J.-A. d'Abon, 376 ; — Sommations à lui adressées, 351, 380 ; — Traitement, 403.

Massa (Alberico Cibo, duca di). Lettres, 386, 420, 466.

Massac (Ange de). Lettres, 101, 103, 144, 226, 228, 232, 239, 263, 275, 277, 291, 295, 382, 454.

Massé (Guillaume). Déposition, 141 ; — Lettres, 137, 144.

Masselon-Masset (J.). Lettres, 229, 288.

Massia (Guillaume). Lettre, 338.

Massieu (Pierre). Note sur le nombre d'ouvriers, employés dans sa draperie, à Caen, 325.

Massieu-Burin (Mme L.). Lettre, 336 ; — Mémoire, 339.

Massini (Giulio). Placet au Roi, 286.

Massix (Gaspard). Lettre, 218.

Masson, huissier. Saisie par lui opérée, 445.

Massué (Henri de). V. Ruvigny (Marquis de).

Masucci (Le P. Antonio). Sonnets à Mazarin, 51.

Matawacks. V. Long-Island.

Mateï (Emilio). Lettre, 433.

Matelots, 208 ; — Engagements,

384 ; — Évasion de matelots, 376 ; — Levée des matelots, 376 ; — V. Marine.

Matharel (Louis de). Extraits de ses lettres, 469, 472 ; — Lettres, 104, 121, 132, 189, 241, 350, 400, 417, 462 ; — Lettres à lui communiquées ou adressées, 298, 343, 418 ; — Lettre de marine, 469.

Matharel-Marcilly (Denis de). Lettres, 121, 132, 139, 145, 150, 155, 160, 164, 168, 174, 180, 184, 207, 211, 246, 249, 254, 258, 304, 310, 313, 345, 395 ; — Mémoire sur ce qui est dû, 172.

Mathé (Claude). Extraits de ses jugements, 189, 387 ; — Lettres, 337, 369, 372, 376.

Mathé (Hugues), écuyer de Vitry-la-Ville. Lettres, 394, 412, 422.

Mathelot (Jean). Lettres, 340, 343.

Mathématiques. Recueil de traités, 73-74.

Mathilde, impératrice, 55.

Mathieu (Étienne). Lettre, 419.

Mathon (Charles). Lettre, 293.

Mathon (Michel). Lettre, 293.

Matignon (Amaury Goym de). V. La Moussaye.

Matignon (Anne de Malon de Bercy, douairière de). V. Malon.

Matignon (Charles-Auguste de). V. Gacé.

Matignon (Catherine-Thérèse de). V. Seignelay.

Matignon (François Goyon de). V. Goyon.

Matignon (Françoise Le Tellier, dame de). V. Le Tellier.

Matignon (Jacques Goyon de), comte de Torigny. V. Torigny.

Matignon (Léonor Goyon de). V. Goyon.

Matthias, archiduc d'Autriche. Lettre à lui adressée, 26.

Matthias Corvin, roi de Hongrie, II, 18 ; — Extraits des ordonnances, 90 ; — Lettres, II, 50.

Maty-Salières (Mme de). Lettre, 368.

Maubec (Marquisat de), en Vaucluse. Vente de la forêt, 421.

Maubruny (Sœur de), à Troyes. Lettre, 331.

Mauclerc (Chevalier A. de). Lettre, 480.

Maucourant (M. de). Lettre, 131 ; — Plan des fortifications de Marseille, 115.

Maugeays (Étienne). Lettre, 139.

Mauléon de Gourdan (Géraud de). Quittance, 62.

Maulévrier (Édouard-François Colbert, comte de). V. Colbert.

Maulévrier (Louis-Charles Colbert, abbé de), 77.

Maulny (François d'Estampes, marquis de). Lettres, 142, 157, 186, 310, 355.

Maulny (Jacques d'Estampes, marquis de). Lettre, 160.

Maumeschin (Du Lac de), 217, 297.

Maupas (Famille). V. Cauchon.

Maupassant (Le père E.). Lettre, 500.

Maupassant (P. de). Devis, 101 ; — Lettres (1662-1663), 122, 132, 135, 152, 163, 168, 174, 181, 185, 191, 198, 202 ; — (1664-1669), 213, 219, 231, 234, 246, 249, 259, 275, 288, 292, 293, 315, 321, 349, 361, 404 ; — Lettre à lui adressée, 333.

Maupeou (Famille de). Notice généalogique, 86.

Maupeou (G.). Lettre, 150.

Maupeou (Jean de), évêque de Chalon-sur-Saône. Lettres, 216, 241, 248, 293, 353, 428.

Maures. « Compte des neuf mores, achetés à Majorque, » 137 ; — V. Cordoue, Grenade.

Maurice de Savoie, 37, 114.

Maurin, médecin. Lettre, 146.

Mauroy (H. de). V. La Verrière.

Mauroy (René de). Lettres, 114, 171, 174, 179, 184, 186, 193, 210, 235, 254, 258, 282, 292, 297, 327, 338, 352, 359, 364, 372, 397, 408 ; — Lettres le nommant conseiller d'État, 262 ; — Requête, 364.

Maury (Jean). Poésies en l'honneur de Louis XIV, 49.

MAUSIERI (Abbé Hercule DE). Lettre, 462.

MAUSSANT (Le P. François). Lettres, 108-109.

MAUZERANT, à Tarare. Lettre, 397.

MAVYOT. V. MANGOT.

MAXIMILIEN Ier, empereur, II, 18, 21 ; — Actes, II, 20 ; — Actes et traités avec les rois d'Angleterre, II, 39, 40 ; — Actes relatifs à la paix avec l'Aragon et l'Angleterre, II, 53 ; — Bref à lui adressé, II, 35 ; — Différend au sujet de ses joyaux, II, 19 ; — Lettres, II, 51, 52, 53, 54 ; — Ligue avec le pape et l'Angleterre, II, 41 ; — Mariage avec Marie de Bourgogne, II, 51 ; — Paix avec le roi d'Aragon, II, 52 ; — Sa succession, II, 56 ; — Traités conclus avec Charles VIII, II, 19, 20 ; — Traité de Cambrai, II, 23 ; — Trêves conclues avec lui, II, 19.

MAXIMILIEN II, empereur. Lettres, II, 63 ; — Privilège par lui accordé, 15.

MAXIMILIEN-HENRI DE BAVIÈRE, archevêque de Cologne, 15.

MAY (Colonel Jean-Rodolphe). Lettres, 318, 322 ; — Lettre à lui adressée, 328 ; — Requête, 318.

MAYAUD (J.). Lettre, 336.

MAYENCE. Archevêques, v. : SCHONBORN (J.-Ph. DE), SCHWEIKARD V. KRONENBERG (J.), WAMBOLD (A.-C. VON).

MAYENNE. Lettre des officiers de l'élection, 97.

MAYENNE (Duché DE). Contrats pour les offices de ce duché, 83.

MAYNIER DE FORBIN. V. OPPÈDE.

MAYEU (E.). Lettres, 372, 423.

MAYTIE (Armand-François DE), évêque d'Oloron. Lettre, 232.

MAZARIN, ville. V. RETHEL.

MAZARIN (Famille). Histoire généalogique, 255 ; — V. LA MEILLERAYE, MANCINI, MARTINOZZI, NEVERS.

MAZARIN (Palais). Inventaire (1661), 82 ; — Legs à Colbert, 82-83.

MAZARIN (Anne-Marie). Lettres, 116, 148, 265, 291, 438, 443, 461.

MAZARIN (Armand-Charles de La Porte, duc), 24, 354 ; — Lettres (1660-1664), 100, 102, 107, 113, 116, 122, 125, 136, 142, 149, 153, 164, 168, 178, 193, 198, 214, 220, 223, 238, 245 ; — (1665-1677), 300, 303, 308-309, 334, 359, 378, 382, 394, 428, 438, 440, 452, 457, 466, 467, 470, 493, 499, 516 ; — Extraits de sa correspondance, 243 ; — Lettres à lui adressées, 32, 334 ; — Permission par lui accordée, 347.

MAZARIN (Hortense Mancini, duchesse), 166, 228, 430, 433, 452, 490, 497, 502.

MAZARIN (Cardinal Jules), 38, 49 ; — Comptes des exécuteurs testamentaires, 82 ; — Concordat, comme abbé de Cluny avec les Pères de Saint-Vanne, 106 ; — Correspondance (1646-1660), 53-54 ; — (1654-1661), 65 ; — « Les crimes du Cardinal » et autres Mazarinades, 23 - 24 ; — Dédicace de « l'Histoire du Cardinal », 24 ; — Éloge, 51-52 ; — État des recettes et dépenses de sa maison (1658), 95 ; — Frais de ses funérailles, 82 ; — Instructions, 34-35, 95, 111 ; — Inventaires des manuscrits de sa bibliothèque, 75 ; — des papiers de ses abbayes de Provence, 343 ; — de ses meubles et œuvres d'art, 83 ; — Lettres, 17, 24, 262 ; — Médaille en son honneur, 256 ; — Mémoire à lui adressé, 96 ; — Mémoire sur la marine, à lui soumis, 79 ; — Note relative à la mort de certains de ses chevaux, 336 ; — Note sur sa garde-robe, 380 ; — Sonnets à lui dédiés, 51 ; — Testament, 82 ; — V. COSTA.

MAZARIN (Philippe-Jules). V. MANCINI.

MAZARIN-ORSINI (Portia). Lettre, 99.

MAZARINADES. V. MAZARIN.

MAZARINE (Bibliothèque). V. MAZARIN.

Mazé, en Anjou. Concession de terre au maréchal-ferrant de la compagnie des gens d'armes du Roi, 148.

Mazel (Le s^r). Supplique contre lui, 350.

Mazel (Marie). V. Le Mairat.

Mazenod, à Lyon. Lettre, 274.

Mazerat (François). Mémoire, 494.

Mazerat (Jean). Lettres, 338, 420.

Mazères (Ariège), 414.

Mazière (André). Lettre, 242.

Mazuyer (Alexandre). Lettre, 131.

Méautrix (Capitaine de). Commission à lui donnée, 294.; — Lettres, 226, 234, 253, 291, 295 ; — Lettres à lui adressées, 333.

Meaux. Aides de l'élection, 148 ; — Évêques, v. Bossuet (J.-B.), Brosse (G. de), Ligny (D. de); — Réduction des notaires de la juridiction, 276.

Meaux (Bénigne de). V. Du Fouilloux.

Mecklembourg (Christian-Louis, duc de). Lettres, 467, 475.

Mecklembourg (Isabelle-Angélique de). Lettre, 485.

Médailles et objets d'art. Collection Lautier, 491 ; — Découverte de médailles d'empereurs, 140 ; — Inventaire des médailles appartenant à Colbert, 84 ; — Inventaires des collections de Le Charron, Tardieu et Bories, 69 ; — Médaille en l'honneur de Mazarin, 256.

Médailles (Cabinet des). Recueils sur le Cabinet des Médailles, 68, 69, 76.

Médard (Saint). Extrait de la translation, 59.

Médavy (François et François Bénédict Rouxel de). V. Rouxel.

Médavy (Jean Rouxel de). V. Rouxel.

Médavy (Joseph Rouxel de), comte de Marey. V. Rouxel.

Médavy (Marguerite Rouxel de). V. Rouxel.

Mediano (Belez de). V. Belez.

Médicaments. Fourniture pour les vaisseaux, 529.

Médicis (Alexandre de), cardinal de Florence. Lettres à lui adressées, 27, 28.

Médicis (Alexandre de), grand-duc de Toscane. Mariage avec Marguerite d'Autriche, II, 57.

Médicis (Catherine de), reine de France, 45 ; — Contrat de mariage, 28 ; — Lettres, 18, 20, 25, 26.

Médicis (Côme III de), grand-duc de Toscane. Lettres, 433, 438, 440, 463 ; — Ballet dansé à ses noces, 106.

Médicis (Éléonore de), duchesse de Mantoue. Lettre à elle adressée, 29.

Médicis (Ferdinand Ier de), grand-duc de Toscane, 28 ; — Lettres, 274 ; — Lettres à lui adressées, 26, 28, 29.

Médicis (Ferdinand II de), grand-duc de Toscane. Lettre à lui adressée, 33.

Médicis (Marie de), reine de France. Domaine, 21, 43 ; — Instruction à sa fille, 22 ; — Lettres à elle adressées, 27, 29, 37 ; — « Mémoires des jours de naissance de ses enfants », 19 ; — Protocole, 19.

Méditerranée, 147, 528 ; — V. Levant.

Mediumguino (Johannes), II, 67.

Meermans (Marie). Lettre, 420 ; — Requête, 410.

Mége (Pierre). Lettre, 300.

Mégines, à Moulins. Lettre, 402.

Méguyon (F. de). Lettre, 239.

Meht (R.). Lettre, 297.

Mehun-sur-Yèvre (Cher), II, 9.

Melani (Atto). Copie de lettres, 14 ; — Lettres, 13, 99, 465.

Melet-Fondelin (M. de). Lettre, 184.

Melgorio (Salomon de). V. Salomon.

Melgueil. Monnaie, II, 65, 66, 67, 68.

Mélito (Comte de). V. Mendoza.

Mellini (Cardinal Giovanni Garzia). Lettres, 37.

Mello de Torres (Don Francisco de), marquis de Sande. Lettre, 269 ; — Note sur ses négociations, 410.

MELUN. Arrêt y établissant un conseil de police, 469 ; — Enregistrement du bailliage du traité de Cambrai, II, 27 ; — Évasion de prisonniers, 418 ; — Note sur une lettre du lieutenant-général, 525.

MELUN (François DE), évêque d'Arras, II, 35.

MÉNARD, à Tours. Lettres, 270, 318, 327.

MÉNARD (Nicolas). Lettre, 380.

MÉNARDEAU (Gr.). Lettre, 422.

MÉNARS (J.-J. Charron DE). V. CHARRON.

MENDE (Lozère). Évêque, v. SERRONI (H.) ; — Rôle des pensionnaires de l'évêché, 396.

MENDOZA (Diego Hurtado DE), comte de Melito. Pouvoir à lui donné, II, 28.

MENDOZA (Juan DE), marquis de La Hinojosa, 17.

MENESEZ (Duarte DE). Lettres, 398, 402.

MÉNIER. Lettre, 405.

MÉNIN (Flandre). Droit de tonlieu, II, 60-61.

MÉNINVILLE (Marie-Madeleine DE), prieure de Sainte-Madeleine de Toulouse. Lettres, 269, 285.

MÉNISSON (Charles DE). V. SAINTE-MAURE.

MENJOT (J.). Lettre, 237.

MENJOT (Paul), sʳ de La Creuse. Lettres, 131, 154, 157, 165, 167, 172.

MENNESSIER, au Havre. Lettre, 185.

MENOUR (Le sʳ DE). Lettres, 201, 204.

MENSOT (Paul). V. MENJOT.

MENTHON (Georges DE), II, 20.

MÉRAULT (Pierre). Lettre, 149.

MERCI (Ordre de N.-D. de la). V. RÉDEMPTION.

MERCIER, à Lyon. Lettre, 114.

MERCŒUR (Le), nom de vaisseau, 354 ; — Certificat de la visite de ce vaisseau, 367.

MERCŒUR (Ph.-Em., duc DE). V. LORRAINE.

MERCŒUR (Louis de Vendôme, duc DE). V. VENDÔME.

MERCURE, planète. Tables, 75.

MERCURE (Le), nom de vaisseau. Procès-verbal de visite, 420.

MERCURIALES, de 1613 à 1615, 43.

MERCURIALLI (Annibale). Note sur son état civil, 514.

MERDESSART (M. DE), au Pont-de-L'Arche. Lettre, 203.

MÉRÉ (Antoine Gombauld, chevalier DE). Lettre, 217.

MÉRÉ (Georges de Brossin DE). Lettre, 224.

MÉREZAN (C.). Lettre, 145.

MÉRICOURT (Le sʳ DE). Note sur une de ses lettres, 525.

MÉRIGNAC-TARNEAU (Mᵐᵉ DE). Lettre, 502.

MÉRIGOT, à Nevers. Lettre, 359.

MÉRINVILLE (François des Monstiers, comte DE), 243 ; — Lettres (1661-1663), 105, 114, 116, 120, 126, 129, 136, 153, 157, 164, 186, 193, 198, 202, 205 ; — (1664-1677), 211, 214, 220, 225, 232, 242, 250, 255, 265, 275 284, 287, 294, 313, 324, 327, 337, 358, 366, 441, 443 ; — Lettre à lui adressée, 32.

MERLIN (G.). Procès, 457.

MERS (Canal des deux), 251 ; — Projets, 69 ; — V. RIQUET.

MERTS, ou MERTZ. Lettres, 129, 296, 301.

MÉRY (Marie de Vergeur, vicomtesse DE). Lettres, 97, 144, 330, 369.

MESGRIGNY (Famille DE). Notice généalogique, 86.

MESLAY (Jean DE). V. ROUILLÉ.

MESMES (Claude DE), comte d'Avaux, 6, 10, 34, 35, 36, 364.

MESMES (Jean-Antoine DE), comte d'Avaux, 228, 438, 439, 455, 471.

MESMES (Jean-Antoine DE), seigneur d'Irval. Lettre, 105.

MESNEUF. V. DU BOISGELIN.

MESSE. Interdiction aux pénitents d'assister à la messe, 9.

MESSINE, 335 ; — Lettres du Sénat de Messine, 490, 493, 505 ; — Lettre écrite de Messine, 497 ; — Mémoires sur l'expédition, 494, 495, 501, 509, 511, 512.

MESVES (Nièvre). Dîmes, 242.

MESVILLIERS-COLBERT (Présidente Marguerite). Lettres, 266, 384, 385, 416, 421 ; — Lettre à elle adressée, 332.

MÉTEZEAU (Charles). Lettres, 240, 250, 253, 258, 263, 299, 304, 307, 319, 328.

MÉTIVIER (M. DE). Lettres, 192, 206.

METTERNICH (Lothair-Frederic VON). Lettre, 293.

METZ, 101, 532, 410 ; — Abbaye de Sainte-Madeleine, 107 ; — Coutumes de l'évêché, 43-44 ; — Coutumes de la ville et du pays messin, 43 ; — Évêques, v. GEORGES DE BADE, LA FEUIL-LADE (G. DE) ; — Extrait des coutumes de l'évêché, 96 ; — Gabelles, 123, 545 ; — Inventaire de papiers de l'évêché, 11 ; — Généralité, 535, 536, 537, 538, 539 ; — Lettres des échevins, 12, 291, 301 ; — des membres du chapitre, 219, 305 ; — des trésoriers, 265, 274 ; — Mandement adressé aux échevins, II, 22 ; — Mémoire sur les dettes des communautés, 218 ; — Recettes générales des finances, 545 ; — Recueil de pièces, 12-13 ; — « Route » de Lille à Metz, 421 ; — Surséances pour les dettes des communautés, 124 ; — Trésor des chartes, 12 ; — Usurpation de villages de l'évêché en 1625, 12.

METZ (Chambre des Comptes de), 152, 542, 543.

METZ (Parlement de), 156, 161, 532, 533, 542 ; — Arrêts, 261, 512 ; — Instances des membres du Parlement, 110 ; — Lettre adressée au Parlement, 32 ; — Lettres des membres du Parlement, 138 ; — Mémoires sur les gages, 161 ; — sur les offices, 111 ; — Notes sur le Parlement, 8 ; — Pensions des officiers (1606-1656), 552 ; — Registres secrets, 44 ; — Retrait de procès au Parlement, 512.

MEUDON (Famille DE). V. SANGUIN.

MEULLES (Claude DE). Lettre, 11.

MEURDRAC (Charles DE). Lettres, 98, 255.

MEURSET DE LA TOUR, à Paris. Lettres, 189, 209, 216, 288, 301, 312, 326.

MEUSE (La), 13.

MEUXIN (D.-G.). Lettre, 260.

MEXIMIEUX (Ain). Lettres des députés, 233, 240.

MEXIQUE, 357 ; — Projets sur les places et les îles du Mexique. 41-42 ; — V. NOUVELLE-ESPAGNE.

MEYRONNET, à Aix. Lettres, 235, 270.

MÉZANGE. Ordre pour son élargissement, 494.

MÉZIÈRES. Annonciades-célestes, 162, 167.

MICHEAU, à La Rochelle. Lettre, 292.

MICHEAU DE LA BONNIÈRE, 406.

MICHAEL (Antonius). Procuration à lui donnée, II, 55.

MICHAELIS, à Aix. Lettre, 202.

MICHEL (Jacques), 476.

MICHEL (Jean). Extrait de l'*Anatomia corporis politici*, 56.

MICHEL (Jean), à Rouen. Lettre, 214.

MICHEL DE WARENGHIEN, évêque de Tournai. Lettres à lui adressées, II, 33.

MICHELET, à Metz. Lettre, 97.

MICHELLE DE FRANCE, femme de Philippe le Bon. Don à elle fait, II, 14-15.

MICHELOT (Bernard). Requête, 364.

MICROSCOPES, 518.

MIDI (Canal du). V. LANGUEDOC, MERS (Deux-), RIQUET.

MIDDELBOURG (Hollande). Lettres écrites de Middelbourg, 351, 354 ; — Liste des vaisseaux de Middelbourg, partis pour la France avec des certificats de santé, 262.

MIDORGE (Famille). 86.

MIGNARDE (Sixte DE). Lettre, 403.

MIGNÉ (Jean). Commission le nommant receveur des finances, 314 ; — Lettres, 312, 353, 379.

MIGNIER (J.) V. MORSAN.

MIGNON (J.). Lettres, 331, 452, 478, 531.

MIGNOT (Françoise), maréchale de l'Hospital. V. L'HOSPITAL (Maréchale DE).

MILAN, 434 ; II, 13 ; — Actes de l'église, 76 ; — Concession du duché à l'archiduc d'Autriche, II, 20 ; — Ducs, v. GALÉAS-MARIE, JEAN-GALÉAS SFORZA ; — Gouverneur, v. TOLÈDE P. DE) ; — Lettre des magistrats, 58 ; — Lettre sur la situation des Milanais, 411 ; — Marchandises restituées à des négociants de Milan, 218 ; — Projet de conquête du duché en 1635, 22.

MILET DE JEURE, ou JEURS (Guillaume DE). Lettres, 119, 126, 130, 192, 194, 246, 268, 274, 280, 283, 296, 308, 316, 319, 353, 355, 374, 382, 386, 391 ; — Lettre à lui adressée, 332.

MILLAU (Yves-Emmanuel, comte DE). V. ALÈGRE.

MILLE (Henri). Lettre à lui adressée, 261.

MILLET (J.). Lettre, 108, 383.

MILLET DE VALBRUN (Charles). Don à lui fait des revenus du canal de Tarascon, 156 ; — Note sur une de ses lettres, 525.

MILLOT, à Nevers. Lettres, 102, 110.

MILLOTET (M.-A.). Lettres, 206, 237, 387.

MILLY (M. DE). V. MANESSIER.

MILO (Cyclades). Lettre écrite de Milo, 373.

MILON (Alexandre). Lettres, 199, 240.

MINES et minières. Documents relatifs aux mines, 351 ; — V. BAYONNE, BELFORT, LANGUEDOC.

MINETTE (Claude), 276.

MINIMES de Nigeon (Couvent des). Aumône faite à ce couvent, 63.

MINISTRES. Pensions des ministres (1606-1656), 551.

MINORITÉ. De la minorité des rois de France, 19.

MINOTS, 119, 306.

MIOSSENS (César-Phœbus DE), maréchal d'Albret. V. ALBRET.

MIRABEAU (Chevalier DE BEAUMONT-). V. BEAUMONT.

MIRABEAU (Chevalier Fr. DE). Accord avec J.-B. Galimardet, 370.

MIRABEAU - RIQUETTI (François, chevalier DE). Lettre, 324.

MIRAILLET (Denis). État des tailles de l'élection des Sables-d'Olonne, 124.

MIRANDE. V. LA MIRANDOLE.

MIRANDE (M. DE), à La Rochelle. Lettre, 505.

MIRANDOLE. V. LA MIRANDOLE.

MIREBEAU (François Chabot de Brion, marquis DE). Quittance, 62.

MIREBEAU (Jacques Chabot DE). Quittance, 64.

MIREMONT-BERRIEUX (Le sr DE), à Reims. Lettre, 503.

MIREPOIX (Ariège). Évêque, v. VENTADOUR (L.-H. de Lévis DE) ; — Mémoire sur le revenu de l'évêché, 441.

MIRIBAUD, à Bordeaux. Lettre, 278.

MIRIBEL (Ain). Lettres des députés, 233, 240.

MIRMAND (M. DE), à Montpellier. Lettre, 287.

MIROMESNIL (Th. Hue de La Roque DE). Lettres, 496, 515 ; — Notes sur des lettres de lui, 484.

MIRON (Famille). Notice généalogique, 86.

MIRON (François - Ours). Lettre, 390.

MIRON (Robert). Lettre à lui adressée, 71 ; — Quittance, 62.

MITANTIER (J.), 161 ; — Lettres, 131, 135, 142, 160.

MITAU (Courlande). Préfet, v. VISCHER.

MITTALANEA (Ile). V. MARTINIQUE.

MITTON, à Paris. Lettre, 240.

MOCOMBLE (M. DE). V. MOROMBLE.

MODÈNE, 89 ; Duc, v. ESTE (Fr. D') ; — Duchesse, v. MARTINOZZI (L.) ; — Évêque, v. SILINGARDI (G.).

MODÈNE (Maison DE), 181.

MODÈNE (Alfonse, prince DE). Vers sur son mariage, 51.

MODÈNE (Laure, princesse DE). V. MARTINOZZI.

Modène (Mme M. de Rémond de). Lettres, 494, 497.

Modifort, ou Modyford (James), gouverneur de Sainte-Catherine. Instructions à lui données, 66.

Modifort, ou Modyford (Thomas), gouverneur de la Jamaïque Commission aux flibustiers anglais pour la course, 43 ; — Instructions à lui données, 66.

Moreau (Étienne), II, 15.

Mors (Dietrich de), II, 63.

Mohammed. V. Mahomet.

Mohammed II Tchetchekli. Lettre, 399.

Mohr (Rodolphe). Lettres, 326, 343.

Moinyer (François). Quittances, 63.

Moirot. V. Poirot (J.).

Moissac (Tarn-et-Garonne). Abbaye de Saint-Pierre, II, 62, 63 ; — Inventaire des bénéfices, 83.

Moisset (Jean de), 339.

Moissons .« Nova forma colligendi segetes », 58.

Molac (S. de), à Nantes. Lettres, 375, 391, 446, 510.

Molé (Famille). Notice généalogique, 86.

Molé (François), abbé de Sainte Croix de Bordeaux. Lettre, 157.

Molé (Madeleine), abbesse de Saint-Antoine. Lettres, 108, 516 ; — Note sur une de ses lettres, 525.

Molé (Matthieu). Lettre à lui adressée, 52 ; — Livres provenant de sa bibliothèque, 76.

Molé de Champlatreux (François). Lettre, 109.

Molé de Champlatreux (Jean). Lettres, 148, 167, 228, 409, 460.

Molin (Chevalier de). Placet, 392.

Molin (M. de), à Roanne. Lettre, 175.

Molin (Jean de), II, 48.

Molina (Signora). Saisie opérée chez elle, 445.

Molins (Le prieur de). Lettre, 306.

Mollin (Jérôme). Lettre, 225.

Mollondin (François-Louis d'Estavayer, capitaine de). Lettre, 328.

Mollondin (Philippe d'Estavayer de). Fraudes commises par les Suisses de son régiment, 147.

Molony (J. de), à Dublin. Lettres, 354, 355, 384.

Momaas (Jean de). Lettre, 311.

Monaco (Principauté de), 35.

Monaco (Louis Grimaldi, duc de Valentinois, prince de). Lettres, 135, 136, 154, 212, 266, 409, 420, 447, 450, 467 ; — Mémoire sur ses biens, 383.

Monacre (?) à Nevers. Lettres, 102, 107.

Monarchie universelle (Plan de), 80.

Monbreur de Ranes. Lettre, 140.

Monceaux (A. de). Lettres, 408, 514.

Monceaux (J. de). Lettres, 207, 235.

Moncel (Mme de). V. Le Tartier.

Monchy (Charles de). V. Hocquincourt (M..réchal d').

Monchy (Georges de.). V. Hocquincourt (Marquis d')

Monchy (Le P. P. de). Lettre, 370.

Moncourier (Le s^r de), à Rochefort. Lettre, 524.

Mondevergue (François-Louis de Lopis, marquis de). Lettres, 142, 337.

Mondin (Abbé). Instructions, 34 ; — Lettre, 108.

Mondo (Il) festeggiante, ballet, 106.

Mongaru (M. de). Lettres, 98.

Mondreville (M. de). Lettre à lui adressée, 18.

Monginot (Étienne). Lettres, 458, 474, 477, 479, 531.

Mongomery. V. Montgommery.

Monin, à Paris. Lettre, 268.

Monnaies, 200, 203, 227, 480, 511 ; — Cour des monnaies d'or espagnoles à Raucourt et à Sedan, 208 ; — Décri des monnaies étrangères, 492 ; — Estimation de monnaies anglaises en 1522, II, 42 ; — Fausses monnaies, au nom de la Grande Mademoiselle, 393 ; — Frais de transport d'argent monnayé de Montpellier à Lyon, 133 ; — Interdiction de porter des pièces

de mauvais aloi en Turquie, 394 ; — Mandement pour le cri en Flandre du cours des monnaies royales, II, 4 ; — Mémoire sur la circulation de l'or et de l'argent, 339 ; — Monnaies de Malines, II, 46 ; — de Melgueil, II, 65-68 ; — Ordonnance de Charles le Téméraire, II, 50 ; — Trafic en Périgord, 317 ; — V. ARGENT, DELOBEL, DENIERS, DOMBES, ESPAGNE, OR, PIASTRES, PISTOLES, RÉAUX, SEQUINS.

MONNERAYE (J. DE). Lettre, 422.

MONNERIE (Abraham). Lettre, 206.

MONNEROT (Nicolas). Lettres, 105, 154, 165, 173, 350.

MONNERVILLE. V. MALLIER.

MONNEY (Nicaise), II, 48.

MONNOD (Bernardin). Son procès, pour avoir abandonné la recette des tailles de Bresse, 112 ; — Ordonnances sur son procès, 119.

MONOPOLE. Lettre hostile au monopole des Compagnies de commerce, 234 ; — V. COMPAGNIES, INDES.

MONRÉAL (Jean). Son interrogatoire, 394.

MONROY (Le P. Antoine DE). Lettre, 520 ; — Note sur une de ses lettres, 521.

MONS (Belgique), 547.

MONS (Albert-Paul DE). Lettre, 268.

MONS (J. DE). Lettres, 303, 467.

MONSIEUR. V. MAISON et ORLÉANS (Gaston et Philippe D').

MONSIEUR LE DUC. V. ENGHIEN.

MONSIEUR LE PRINCE. V. CONDÉ.

MONTAGU (Milord Robert). Lettres, 422, 434 ; — « Résultat des requêtes » du comte de St-Albans et de P. Marteau, 424.

MONTAGU (Abbé Walter). Lettres, 171, 259, 320, 359.

MONTANÈGUES (Baron DE). Délibération sur son droit d'assister aux États du Languedoc, 448 ; — Lettres, 411, 498, 514 ; — Mémoire pour son interrogatoire, 441 ; — Note sur une de ses lettres, 525.

MONTANGLE (H. DE). V. MASCRANNI.

MONTANO (Horace), archevêque d'Arles. Lettre à lui adressée, 29.

MONTARGIS (Loiret). Enregistrement au bailliage du traité de Cambrai, II, 27 ; — Élection, 182 ; — Manufacture des « points de France », 403.

MONTAUBAN (Tarn - et - Garonne), 166 ; — Arrêt interdisant aux consuls de lever des impôts non portés par les commissaires du Roi, 287 ; — Distributions de sommes pour le prêt de Montauban, 186 ; — Évêques, v. BERTHIER (P. de), COLBERT DE VILLACERF (J.-B.-M.) ; — Généralité, 393, 418, 534, 535, 536, 537, 538, 539, 541 ; — Juridiction de l'évêque, 388 ; — Lettres des consuls, 225 ; — du procureur du présidial, 234-235 ; — des trésoriers, 132, 157, 164, 174, 191, 205, 214, 220, 237, 245, 254, 260, 273, 295, 299, 305, 387, 392, 401 ; — Mémoires sur les différends des seigneurs de la ville et des consuls, 415 ; — sur les forêts de la généralité, 448 ; — sur les postes, fixés aux troupes dans la généralité, 167 ; — Notes sur des erreurs de tarifs dans la généralité, 421 ; — sur l'office de lieutenant prévotal, 272 ; — Observations sur le différend de l'évêque et du juge-mage, 441 ; — Procès-verbal de la délibération du Conseil général, 388.

MONTAUBAN (Cour des Aides de), 8, 543 ; — Arrêt, 392 ; — Lettres des officiers, 178, 278 ; — Mémoire relatif à la Cour des Aides, 364 ; — Note sur une lettre du procureur, 525.

MONTAUBAN (François-Louis DE). V. SAULX (Comte de).

MONTAUBAN-JARJAYES (Henri DE). Procès-verbal sur son attitude en la cathédrale de Gap, 406.

MONTAUROUX, à Aix. Lettre, 170.

MONTAUSIER (Chevalier DE). V. LOSTANGE.

MONTAUSIER (Charles de Sainte-Maure, duc DE). Lettres, 146, 187, 195, 287, 295, 317, 326, 349, 359, 362, 366, 433, 474, 479, 481.

MONTAUSIER (Julie-Lucine d'Angennes, duchesse DE). Lettre, 336 ; — Supplique à elle adressée, 393.

MONTAUT (Jean DE). Lettre, 423.

MONTAUT-BÉNAC (Philippe DE). V. NAVAILLES.

MONTAUT-NAVAILLES (Henri DE). V. SAINT-GENIÈS (Marquis DE).

MONTBAZON (Charles de Rohan-Guéméné, duc DE), 381, 464.

MONTBAZON (Le P. Henri DE). Lettre, 524.

MONTBAZON (Hercule de Rohan, duc DE). Quittance, 64.

MONTBAZON (Marie DE). V. CHEVREUSE (Duchesse de).

MONTBÉLIARD, 95 ; — Relation de ce qui s'est passé dans le pays, 14.

MONTBRISON. Lettre des officiers de l'élection, 326.

MONTBRON (Chevalier Eustache DE). Lettre, 119 ; — Lettre à lui adressée, 332.

MONTBRON (François, comte DE). Lettre, 489, 505, 513, 515, 520, 524.

MONTBRUN (Chevalier DE), 72.

MONTBRUN (Alexandre DE). V. DUPUY-MONTBRUN.

MONTBRUN (Antoine DE). V. PINS.

MONTBRUN (Pierre DE), II, 68.

MONTCAL (Président DE). Lettre à lui adressée, 26.

MONTCHULT (DE). V. FAVENNE.

MONTCLAR (Antoine DE). Lettres, 239, 246, 248, 261, 292, 393.

MONTDEJEU (Jean, comte DE). V. SCHULEMBERG (J. de).

MONTDIDIER (Somme), II, 15, 17 ; — Lettres des procureurs du bailliage, 403.

MONTEGAY (Pierre DE), II, 4.

MONTÈGUE (M.), au Château-Trompette. Lettre, 506.

MONTÉGUT (Ariège), 141.

MONTEIL DE GRIGNAN (François-Adhémar DE), archevêque d'Arles. V. GRIGNAN.

MONTEIL DE GRIGNAN (Jacques-Adhémar DE), évêque d'Uzès. V. GRIGNAN.

MONTEIL DE GRIGNAN (Jean-Baptiste DE), coadjuteur d'Arles. V. GRIGNAN.

MONTEIL DE GRIGNAN (Louis-François-Adhémar DE). V. GRIGNAN.

MONTEILS (Jacques). Lettre, 123.

MONTÉNARD DE TRESSAN (Louis DE). V. LA VERGNE.

MONTÉNÉCOURT (Jean-Baptiste DE). Requête au Conseil d'État, 133.

MONTE-OLIVO (Petrus DE), II, 68.

MONTEPESULLANO (G. DE). V. GUILLELMUS.

MONTESQUIEU (Jean-Gaston de Secondat de La Brède DE). Lettres, 171, 261, 408, 498 ; — Note sur une de ses lettres, 525.

MONTESQUIEU (J.-H. DE). Lettre, 159.

MONTESQUIOU (Henri DE). V. ARTAGNAN.

MONTESSON (Jean-Baptiste, comte DE). Lettre, 104.

MONTFALCON (Le Sr DE). Lettres, 338, 346.

MONTFERRAT (Confrérie de Notre-Dame de), 488.

MONTFLEURY (Couvent des Dominicaines de) dans l'Isère. Lettre des religieuses, 412.

MONTFORT (Forêt de), dans l'Eure. État de bois, 484.

MONTFORT-L'AMAURY (Seine-et-Oise), 402.

MONTGAILLARD (Percin DE). V. PERCIN.

MONTGOMERY (Thomas). Lettres, II, 53.

MONTGOMERY (Philippe). Concession à lui faite de l'île Trinidad, 67.

MONTGOMMERY (Charles-Henri de Durfort, comte DE). Mémoire sur son affaire avec Mlle de Quadelen, 434.

MONTGOQUE (DE). Lettre, 233.

MONTHARS (F. DE). V. FAUVELET.

MONTHIENE (Giacomo). Lettre, 470.

MONTHOLON DE LA HAYE (Denise). Lettre, 524.

MONTIGNY (Cher). Principal de la taille, 526.

MONTIGNY (Abbé DE). V. LAVAL (François de).

MONTIGNY (Commandeur DE). Instructions, 36.

MONTIGNY (Charlotte DE). V. BLAYS (Ch.).

MONTIGNY (F. DE), à Rennes. Lettres, 203, 400, 405, 409, 496.

MONTIGNY (Jean DE), évêque de Saint-Pol-de-Léon. Lettre, 441.

MONTIGNY (Marie DE). Lettre, 207.

MONTIGNY (Philippe DE). Lettres, 132, 161, 185, 194, 271, 382, 387, 398, 400, 401, 405, 426, 445, 468, 531.

MONTIGNY DE GLARGES (C.). Lettre, 453.

MONTIGNY-EN-GOHELLE (Pas-de-Calais), II, 11.

MONTIGNY-EN-OSTREVANT (Nord), II, 48.

MONTILS (Capitainerie du château des), 411.

MONTIVILLIERS (Seine-Inférieure), II, 4 ; — Critique diplomatique des titres de l'abbaye, 7 ; — Litige de l'abbesse et de l'archevêque de Rouen, 7.

MONTJOIE (Doubs). Don au comte de la Suze, 96.

MONTJOYE, héraut d'armes, 22.

MONTLEZUN (J.-B.-Fr. DE). V. BESMAUS (Marquis de).

MONTMÉDY, 201.

MONTMIRAIL-EN-PERCHE (Sarthe), II, 43.

MONTMORENCY (Connétable Anne DE). Correspondance, 21, 25 ; — Pouvoir à lui donné, II, 28.

MONTMORENCY (Henri DE). Lettres à lui adressées, 30.

MONTMORENCY (Marie-Louise DE). dame d'Estampes. Lettres, 218, 361, 466.

MONTMORENCY-BOUTTEVILLE (François-Henri DE), maréchal-duc de Luxembourg. Érection de pairie en sa faveur, 24 ; — Lettres, 116, 144, 153, 380, 444, 449, 453, 458, 461, 510, 530 ; — Note sur une de ses lettres, 525.

MONTMORENCY-BOUTTEVILLE (Isabelle DE), duchesse de Châtillon, puis de Mecklembourg. Lettre, 485.

MONTMORIN (H. DE). Lettres à lui adressées, 26.

MONTOGE, à Autun. Lettre, 180.

MONTOLIEU (Aude), II, 65, 66, 67.

MONTOLIEU (L. DE). Lettres, 154, 202, 217, 221.

MONTORCIER (M. DE). Lettre, 238.

MONTORTIÉ (Le s^r). Extraits de ses lettres, 472.

MONTPELLIER, 133, 418 ; — Commerce II, 69 ; — Délibération des intéressés aux rôles des taxes, 347 ; — Évêque, v. BOSQUET (Fr. DE); — Généralité, 534, 535, 537, 538, 539, 541, 544 ; — Lettres des consuls, 308 ; — des consuls de mer, 308 ; — d'officiers du présidial, 287 ; — des trésoriers, 99, 126, 155, 160, 163, 178, 214-215, 253, 261, 285, 292, 346, 375, 395, 423, 497 ; — Mémoire des commerçants, 286.

MONTPELLIER (Chambre des comptes de), 8, 542, 543 ; — Arrêts, 276, 281 ; — Lettres des officiers, 117, 223, 238, 257 ; — Pensions des officiers (1606-1656), 552.

MONTPENSIER (Anne-Marie-Louise d'Orléans, duchesse DE), la Grande-Mademoiselle. Lettres, 136, 140, 145, 212, 216, 226, 255, 304, 361, 532 ; — Lettre sur ses possessions, 22 ; — Saisie de monnaies fausses, faite en son nom, 393.

MONTPENSIER (Henri du Coudray-), II, 61.

MONTPENSIER (Marie de Bourbon, duchesse DE). Mariage avec le duc d'Orléans, II, 63.

MONTPEYROUX (Fr.-E. DE). Lettres, 503, 517, 519.

MONTPEZAT (Jean-François [et non Bivel] de Trémolet de Bucelli, marquis DE). Lettres (1661-

1663), 118, 138, 163, 168, 174, 177, 183, 187, 193, 195, 202, 205 ; — (1664-1665), 211, 214, 219, 225, 229, 232, 246, 249, 253, 258, 264, 275, 277, 285, 304, 308, 312-313, 315, 320, 324, 326 ; — (1666-1677), 350, 352, 359, 362, 366, 372, 378, 390, 401, 416, 422, 432, 441, 467, 482, 510 ; — Lettres à lui adressées, 218, 334 ; — Mémoire à lui adressé, 380.

Montpezat de Carbon (Jean de), évêque de Saint-Papoul, puis archevêque de Bourges. Lettres (1661-1665), 114, 125, 146, 151, 162, 206, 223, 241, 259-260, 266, 274 ; — (1666-1671), 381, 410, 433, 440, 444, 446, 459, 471, 478, 493, 496, 514, 520, 522, 527, 530.

Montplésir (M. de), à Arras. Lettres, 279, 313.

Montreuil (Abbé P. de). Lettre, 430.

Montreuil-Bellay (Maine-et-Loire), 307.

Montreuil-sur-Mer (Pas-de-Calais). Lettre des gens d'église, II, 49 ; — Lettre du lieutenant général, 195 ; — Rapport sur un navire échoué près de la ville, 351 ; — *Vidimus* par les échevins, II, 49.

Montrichard (Loir-et-Cher). Impositions sur les habitants, 203.

Monts (J. de). Lettres, 301, 320, 395, 507.

Mont-Saint-Éloi (Abbaye du) (Pas-de-Calais). Lettre des religieux, 326 ; — Supplique, 328.

Montserrat (Ile de). Concession de cette île au comte de Carlisle, 67.

Montsoreau (Comtesse M.-G. de). Lettre, 257.

Monval (Forêt de). Voir Mormal.

Morangis (Antoine Barrillon de). Lettres, 496, 513.

Morant (Thomas). Lettres, 105, 498, 517.

Morard, à Marseille. Lettre, 342.

Morard (A. de). Lettres, 131, 180.

Moreau, à Orléans. Lettre, 395.

Moreau (Étienne), II, 15.

Moreau (Jean). Lettres, 98, 157, 162.

Moreau (Jean-Baptiste). Lettre, 236.

Moreau (L.). V. Launay.

Moreau (Pierre). Lettres, 227, 228, 405.

Moreinville (M. de Godet-). V. Godet.

Morel, à Dijon. Lettre, 260.

Morel (D.). Lettres, 169, 171, 185, 211, 310, 313, 315, 336, 375, 385, 390, 417, 481. — Lettre à lui adressée, 332.

Morel (Daniel). Lettres, 188, 242, 245, 421.

Morel (L.). Lettres, 348, 360, 377.

Morel (Pierre). V. Formentin (Sr de).

Moret. Lettres, 370, 405.

Moreus (Le sr). Lettre à lui adressée, 70.

Morgan (J.-C.). Lettre, 323.

Mori (Félix). Lettre, 349.

Morice (Marquis) (?). Lettre à lui adressée, 332.

Morice (Y.). Lettres, 253, 296.

Morin (Le sr), 227.

Morin (Étienne), 184.

Morin (Mathurin). Quittance, 62.

Morin (Nicolas). Lettres, 388.

Morintru (M. de). Correspondance diplomatique, 36-37.

Morisseau (Le sr), 529.

Morlaix (Finistère), 297.

Morlanwelz (Belgique), II, 49.

Morley (Thomas). Commission de grand-sénéchal d'Angleterre, 61.

Morlon (Antoine). Lettres, 219, 228.

Mormal (Forêt de) dans le Nord. Contrôle des ventes de bois dans ces futaies, 373, 427.

Mornay (Pierre de), évêque d'Auxerre. Lettres, II, 5.

Mornayo (Petrus de), II, 69.

Morogues (Henri de). Sa veuve, v. Caramagne (Marie de).

Morogues (Louis de), 472.

Moromble (M. de), à Toulouse. Lettres, 163, 171.

MOROSINI (Michel). Mémoire à lui communiqué, 24.

MORRA (Lucius), archevêque d'O-trante. Lettre à lui adressée, 70.

MORSAN (Jean Mignier, s^r DE). Lettres, 114, 270, 279, 303, 310.

MORTAGNE (Nord). Don de ce fief au comte de Flandre, II, 1.

MORTAGNE (Orne). État des blés, 479 ; — Lettre des officiers des eaux-et-forêts, 217.

MORTAGNE (Jean DE), II, 3.

MORTEMART (Gabriel de Roche-chouart, duc DE). Lettres, 136, 330, 402.

MORTEMART (Louis de Roche-chouart, duc DE). Ordres de bataille et de marche de sa flotte, 71, 73.

MORTEMER (M. DE), à Dieppe. Lettre, 401.

MORTON (Jacques, comte DE). V. DOUGLAS.

MORTON (Robert). Lettres, II, 53.

MORUE, 140, 509, 526 ; — Pêche de la morue, 276 ; — V. TERRE-NEUVE.

MORVAN (Pasquier). Sentence prononcée contre lui, 467.

MORVILLIERS (Jean DE), évêque d'Orléans. Pouvoirs à lui donnés, II, 28.

MOSCOU, 423.

MOSCOVIE. Arrivée d'un ambassadeur moscovite à Bordeaux, 15 ; — Guerre avec la Pologne, 10 ; — Lettre sur l'audience accordée aux ambassadeurs moscovites, 10.

MOSCOVIE (Compagnies de). Compagnies anglaise, 53 ; — française, 231.

MOSNIER, à Lyon. Lettres, 97.

MOSNIER (Président Martial). Note sur une de ses lettres, 525.

MOSNY (Marquis DE). V. MAULNY.

MOSSIANO (Pont.-Guil. DE). V. PONTIUS.

MOTHEUX (Michel Grimaudet DE), 519, 521 ; — Documents joints à ses lettres, 476 ; — Lettres,

398, 405, 432, 443, 446-447, 449, 452, 458, 462, 467, 470, 471, 474, 477, 479, 482, 490, 505, 517, 519, 520, 521, 522 ; — Lettre à lui adressée, 332.

MOTTE (Marie), 377.

MOTTEVILLE (Président Georges Langlois DE). Lettres, 219, 263, 497.

MOTTEVILLE (Nicolas Langlois, s^r DE), Lettres, 178, 290, 368, 417, 422, 444, 451, 459, 466.

MOUCHERONS (M. DE), à Landerneau. Lettre, 391.

MOUHY (M. DE). Lettres, 99, 157.

MOULCEAU (Philippe DE). Lettre, 142.

MOULEURS de bois. Mémoire pour les exempter de l'arrêt, rendu contre les acquéreurs du Domaine, 110.

MOULEY-ZEIDAN, chérif du Maroc. Lettres, 19.

MOULINS, 280 ; — Documents sur les moulins de Narbonne, II, 63, 65, 66 ; — Moulins à papier, 486, 487 ; — Moulins à poudre, 388.

MOULINS (Allier), 302 ; — Entretien du chemin de La Charité à Moulins, 427 ; — Extraits de l'ordonnance de Moulins, 322 ; — Généralité, 151, 388, 534, 535, 536, 537, 538, 539, 441 ; — Lettres des avocats du présidial, 147 ; — des directeurs de l'hôpital-général, 386 ; — des échevins, 147, 170, 228, 274 ; — des trésoriers, 140, 146, 150, 164-165, 169, 173, 179, 183, 188, 210, 214, 219, 259, 261, 271, 282, 299-300, 306, 312, 339, 355, 365, 371, 400, 426 ; — Listes des paroisses, où il faut envoyer des troupes pour le recouvrement des tailles, 156 ; — des receveurs-généraux, 403 ; — Note sur une lettre du lieutenant-général, 525 ; — Ordonnances des trésoriers, 262, 402.

MOULINS (Chambre de Justice de). Lettre sur cette Chambre, 228.

MOULINS (Le s^r), à Angoulême. Lettre, 280.

MOULLOT, à Nevers. Lettre, 107.

MOURA (Manuel DE). V. CASTEL-RODRIGO.

MOURAULT (Jean-Baptiste). Extraits relatifs à son procès, 335.

MOUSCRON (Flandre), II, 16.

MOUSLIER (François). Actes passés par-devant lui, 376 ; — Lettres (1661-1665), 126, 170, 178, 185, 187, 193, 233, 237, 289, 292, 295, 299, 305, 308, 311, 312, 315, 318, 322, 324, 327 ; — (1666-1677), 337, 339, 341, 343, 356, 362, 365, 367, 371, 378, 380, 381, 385, 397, 399, 404, 408, 412, 416 ; — Lettres à lui adressées, 297, 298, 322, 325, 326, 328, 333, 339, 340, 343, 344, 345, 349, 357, 380, 384, 389, 411, 419, 426, 428 ; — Note sur un libelle, 427.

MOUSQUETAIRES. Dépenses pour les grands-mousquetaires, 166 ; — Hôtel des mousquetaires, 110.

MOUSSET, près de Saint-Masmes (Marne). Notes sur la ruine de cette maison, 106.

MOUSSET (Chertemps DU). V. CHERTEMPS.

MOUTON, à Marseille. Lettre, 342.

MOUTONNET, à Saint-Amand. Lettre, 291.

MOUZON (Ardennes), 93, 156, 172 ; — Établissement d'un magasin à sel, 161.

MOXHAN (Valentin). Lettre, 476.

MOY (Charles DE), marquis de Riberpré. V. RIBERPRÉ.

MUCANTE (Jean-Paul). Diaire, 2.

MUHAMAD. V. MOHAMMED.

MULLOT (Le P.). Lettre, 97.

MULLOT DE BESSANCOURT. V. BESSANCOURT.

MUNICH (Bavière), 14.

MUNICH (Lucas), II, 59.

MUNITIONS, 511 ; — Envoi au Canada, 418 ; — Munitions des navires de guerre, 464, 469, 491; — V. ARSENAUX, ARTILLERIE, MARINE et ROCHEFORT.

MUNOIS (G. de). V. GUI.

MUNSTER (Westphalie), 36 ; —

Évêque, v. GALEN (Ch.-B.-M. von) ; — Mémoire sur l'interprétation du traité, 222.

MURAT. Défense faite au greffier d'exécuter des ordonnances sur des procès-verbaux du capitaine de Saint-Flour, 430.

MURATE (Claude). Lettre, 163.

MUSET (Jean), 515.

MUSIQUE. V. LULLI.

MUSIQUE (Académie de). V. ACADÉMIE.

MUSNIER (L.). Mémoire pour la réformation de la justice, 45.

MUSY (M. DE), à Metz. Lettre, 126.

MUTIGNY (P. Dubois-), 255.

MUTILÉS. Sommes payées à des mutilés, 481.

N. N. « Lettre de N. N. au landame du pays » en Suisse, 427.

NACKAËRT (N.). V. NACQUART.

NACQUART (Marie, née Motte). Lettre, 377.

NACQUART père et fils (Nicolas). Commission, à eux donnée, 177 ; — Lettres (1661-1664), 97, 114, 131, 136, 138, 144, 150, 163, 168, 173, 179, 184, 186, 196, 201, 204 ; — (1665), 215, 219, 224, 228, 235, 239, 244, 249, 269, 275, 285, 290, 299 ; — (1666-1677), 336, 347, 349, 350, 355, 352, 358, 371, 374, 382, 385 ; — Lettres à eux adressées, 211, 290, 332, 353 ; — Notes, 357, 473.

NAGU DE VARENNES (Jean DE). Lettre à lui adressée, 26.

NAMBRE (Philippe DE). Quittance, 62.

NAMUR, II, 26 ; — Actes, II, 25, 26 ; — Comte, II, 32, 36, 43, 44 ; — Consul, II, 26 ; — Coutumes du pays pour les successions, 39 ; — États du comté, II, 25 ; — Église Saint-Paul, II, 32 ; — Marquis, v. GUI DE DAMPIERRE.

NAMUR (Guillaume DE), II, 14.

NAMUR (Jean DE), II, 6, 9, 34, 44, 45.

NANÇAY (Comte DE). V. LA CHASTRE (L. DE).

NANCRÉ (Cl.-A. de Dreux, comte DE). V. DREUX (Cl.-A. DE).

NANCY (Meurthe-et-Moselle). Lettres de deux archers de Nancy au marquis de Sourches, 135.

NANFAN (Richard). Pouvoir à lui donné, II, 40.

NANTES, 136, 141 ; — Édit de Nantes, 7 ; — Évêque, v. LA-BAUME-LE-BLANC (G. DE) ; — Lettres des consuls des marchands 260 ; — des directeurs particuliers de la Compagnie des Indes à Nantes, 405, 419, 421 ; — des échevins, 295 ; — Lettre écrite de Nantes, 509 ; — Liste des évêques, 54 ; — des lieutenants du Roi au pays nantais, 91.

NANTES (Chambre des comptes de), 542, 543.

NANTEUIL (J. DE). V. COURTIN,

NANTIAT (Jean de Jaubert, sr DE). Lettre, 103.

NAPLES. Lettre écrite de Naples, 513 ; — Reine, v. GERMAINE DE FOIX ; — Rois, v. CHARLES II, FRÉDÉRIC III ; — Royaume, II, 20, 21, 35 ; — Séjour de Seignelay, 89.

NAPOING, à Nevers. Lettre, 261.

NAPOLLON (Jean). Lettres, 100, 191, 265.

NAPOLLON (Louis). Lettres, 100, 191, 265.

NAPPI (Leonardo). Mémoire, 442.

NARBONNE. Actes relatifs à Narbonne, II, 63-69 ; — Archevêques, v. ARNOLD AMAURI, AYCELIN (G.), BERNARD DE FARGIS, FOUQUET (Fr.), GUILLAUME DE BROSSE, PETRUS AMELII, PIERRE DE MONTBRUN, PIERRE DE SITULVERO, PONTUS D'ARSACE ; — Condamnations de sergents archiépiscopaux, II, 68 ; — Différend du grand-vicaire avec l'évêque d'Alet, 518 ; — Expédition de goudron de Narbonne à Toulon, 347 ; — Juifs, II, 68 ; — Juridiction de l'archevêque, II, 69 ; — Lettres des consuls, 157, 278, 412 ; — relatives à l'hérésie, II, 67 ; — des marchands, 223 ; — des officiers de l'amirauté, 285 ; — Moulins, II, 63, 65, 66 ; — Prix du blé, 167 ; — Saint-Paul, II, 65, 68 ; — Sénéchal, II, 69 ; — Vente de manse dans le comté, II, 64 ; — Vicomtes, v. AIMERI, AMAURI ; — Vicomtesse, v. ERMENGARDE ; — Vignes, II, 63-69.

NARCY (Nièvre). Dîmes, 242.

NARGONNE (Françoise DE). V. ANGOULÊME (Duchesse D').

NARP (Philibert DE). Extraits de ses lettres, 469, 472 ; — Lettres, 420, 462, 464, 489 ; — Note sur une de ses lettres, 481.

NASSAU (Adolphe DE), empereur, II, 58.

NASSAU (Engilbert, comte DE), II, 20.

NASSAU (Frédéric, prince DE). Lettres, 121, 130.

NASSAU (Frédéric-Henri DE), prince d'Orange, 16.

NASSAU (Guillaume, comte DE). Pouvoir à lui donné, II, 28.

NASSAU (Guillaume-Henri DE), prince d'Orange, 190.

NASSAU (Henri, comte DE). Certificat, II, 57.

NASSAU (Jean, comte DE). Lettre à lui adressée, 70 ; — Procès avec le duc de Lorraine pour le comté de Saarwarden, 12.

NASSAU (Louis, comte DE). Mémoire sur ses prétentions pour les comtés de Hombourg et Saarwarden, 96.

NASSAU (Maurice DE), prince d'Orange, 27 ; — Lettre à lui adressée, 70.

NATALITÉ. Privilèges pour les grandes familles, 46.

NATIVITÉ (Procession de la). V. PROCESSION.

NAU, à Lyon. Lettre, 372.

NAU, à Tours. Lettres, 139, 183.

NAUDÉ (Gabriel), 76.

NAULT (Denis). Lettres, 99, 121, 129, 312.

NAUROY (Pierre DE). Dépenses pour les grands mousquetaires, 166.

NAVAILLES (Henri de Montaut-). V. SAINT-GENIÈS.

NAVAILLES (Philippe de Montaut-Bénac, duc DE), 451. Lettres, 196, 246, 310, 338, 421, 449, 452, 460, 467, 474, 477, 479, 483, 503, 506, 517 ; — Lettres à lui adressées, 32, 334.

NAVAILLES (Suzanne de Baudéan, duchesse DE). Lettres, 117, 185.

NAVARRE (Collège de), à Paris. Réunion avec les collèges de Boncourt et de Tournai, 9.

NAVARRE (Royaume de), II, 56 ; — Catalogue des rois de Navarre, 40 ; — Chambre des Comptes, v. PAU ; — État de la recette et dépense des domaines, 542 ; — Liste des vice-rois, 91 ; — Parlement, v. PAU ; — Reine, v. MARGUERITE DE VALOIS ; — Rois, v. ANTOINE DE BOURBON, HENRI ; — V. BASQUE (Pays).

NAVARRENX (Basses-Pyrénées). Visite des logements des troupes, 137, 415.

NAVIGATION. Recueil sur la navigation en France, 69 ; — V. COMPAGNIE, MARINE et TRAFIC.

NAVIRES. V. VAISSEAUX.

NAXOS (Ile de), en Grèce, 124.

NAYVILLE (?), à Bayonne. Lettre, 298.

NAZAIRE (S. DE). V. SARTRE.

NAZARETH (Palestine). Archevêque, v. BARBERINI (M.).

NAZIANZE (Cappadoce). Archevêque, v. LE TELLIER (Maurice).

« NÉANIE, ou la piété victorieuse », pièce jouée au collège des Jésuites d'Auxerre, 508.

NÉAU, à Brouage. Lettre, 154.

NÉBOUZAN (Vicomté DE), en Gascogne. Mémoire de la députation des États, auprès du Roi, 407.

NÉEL, à Caen. Lettre, 197.

NÈGRE, à Orléans. Lettre, 320.

NÈGRES. De l'achat des nègres pour les chiourmes, 79 ; — Traite, 376.

NÉGRIER (Henri DE). Requête, 367.

NEMOURS (Seine-et-Marne). Aides de l'élection, 360.

NEMOURS (Duché de). Don à Philippe de Savoie, du duché de Nemours, 19.

NEMOURS (Charles-Amédée de Savoie, duc DE), 23.

NEMOURS (Élisabeth, duchesse DE), 23.

NEMOURS (Henri de Savoie, duc DE), 22.

NEMOURS (Marie d'Orléans, duchesse DE). Requête au sujet de la principauté de Neufchâtel, 455.

NEMOURS (Marie-Jeanne-Baptiste, duchesse DE) 33 ; — Lettres, 226. 503, 509.

NEMOURS (Philippe de Savoie, duc DE), 19.

NEOCÉSARÉE, en Mésopotamie (province d'Euphrate). Évêque, v. DUCHEMIN (Pl.-L.).

NEPVEU (David). Lettre, 283.

NERBOUNIÈRE, à Poitiers. Lettres, 169, 174, 188.

NÉRET. Lettres, 429.

NERVÈSE (François DE). Lettre à lui adressée, 70.

NERVÈSE (Suzanne DE). Lettre, 107.

NERVILE (L. DE). Lettre, 114.

NESLE (Somme), 384.

NESLE (Hôtel de), à Paris. V. PARIS.

NESLE (Jean DE), II, 2.

NESMOND (François DE), évêque de Bayeux. Lettres, 2.

NESMOND (Pierre DE). Lettre, 382.

NETS (N. DE). V. PALLOISEAU.

NEUBOURG. « Vœu du député de Neubourg », 15.

NEUBOURG (Philippe-Ludovic DE), comte palatin, 15.

NEUBOURG (Wolfgang-Guillaume, duc DE). Différend avec l'électeur de Brandebourg pour Juliers, 14 ; — Manifeste, 15.

NEUF-BRISACH (Haut-Rhin). V. BRISACH.

NEUFCHATEL, en Bray (Seine-Inférieure). Mémoire sur l'élection, 460 ; — sur les droits du sel dans la principauté, 439 ; — Requête au sujet de cette principauté, 455.

NEUFCHATEL, en Suisse. Lettre adressée au Conseil, 473.

NEUFVILLE (Famille DE). Notice généalogique, 86.

NEUFVILLE (Antoine DE). V. BORDEAUX.

NEUFVILLE (Catherine DE), comtesse d'Amagnac, 377.

NEUFVILLE (Nicolas DE). V. DUPONT.

NEUFVILLE D'ALINCOURT (Charles DE). Lettre à lui adressée, 26 ; — Quittance, 64.

NEUFVILLE DE VILLEROY (Camille DE), archevêque de Lyon. Lettres (1662-1665), 135, 148, 189, 192, 196, 201, 209, 256, 261, 264, 269, 274, 278, 282, 311, 315, 319, 323, 327 ; — (1666-1671), 336, 366, 385, 390, 397, 401, 408, 417, 432-433, 435, 443 ; — (1672-1673), 447, 450, 452, 455, 458, 461, 471, 474, 477, 479 ; — (1674-1677), 482, 489-490, 492, 498, 503, 520, 522, 527, 530 ; — Lettres à lui adressées, 32, 333, 436-437, 451.

NEUFVILLE DE VILLEROY (Ferdinand DE), évêque de Chartres. Lettres, 157, 224, 352 ; — Opposition à l'arrêt du Conseil, en faveur de Pierre Bart, 339.

NEUFVILLE DE VILLEROY (Nicolas II DE), dit Le Gendre. Comptes de l'Ordre de Saint-Michel, 87.

NEUFVILLE DE VILLEROY (Nicolas III DE), 92 ; — Comptes des Ordres du roi, 87 ; — Lettres, 28, 30, 31 ; — Lettres à lui adressées, 29, 30, 31, 37, 71.

NEUFVILLE DE VILLEROY (Nicolas V, marquis, puis duc DE). Lettre, 523.

NEUVÉGLISE (Belgique). Draperie, II, 57.

NEUILLY (Simon de Fontaines, sᵣ DE). Lettre, 253 ; — Sentence rendue contre lui, 256.

NEUILLY-LE-BISSON (Orne). Lettre du curé, 358.

NEUMAGEN (Rhénanie). Attaque de la tour de Neumagen, 484.

NEUSTADT (Rhénanie). Nouvelles, 335.

NEVERS. Comté, II, 12, 45 ; — Droit de passage levé par les échevins, 302 ; — Évêques, v. CHÉRY (E. DE), VALOT (Ed.) ; — Forteresses du comté, II, 13 ; — Inventaire du château, en 1661, 82 ; — Lettres des chanoines, 97 ; — des échevins et officiers de la « pairie », 99, 212, 275, 320 ; — Lettre relative à l'affaire des échevins, 226 ; — Liste des évêques, 54 ; — Manufacture de faïence, 193 ; — Mémoires des receveurs des tailles, 110 ; — Travaux du pont, 235 ; — Vérifications des tailles, 111 ; — V. NIVERNAIS.

NEVERS (Chambre des Comptes de). Lettres des officiers, 163 ; — Requête présentée à la Chambre, 256.

NEVERS (Agnès DE), 8.

NEVERS (Charles de Gonzague-Clèves, duc DE). Lettre à lui adressée, 70.

NEVERS (Louis DE), comte de Flandre, II, 6, 7, 8, 10, 11, 12, 39, 45.

NEVERS (Philippe-Julien Mancini, duc DE). État de sa maison, 247 ; — Lettres, 99, 139, 146, 217, 248, 253, 270, 287, 343, 350, 355, 356, 459 ; — Lettre en vers, 160 ; — Ordre, 251-252.

NEVET (Marquis René DE). Lettre, 505.

NEVIS (Ile). Concession de cette île au comte de Carlisle, 67.

NEWFOUNDLAND. V. TERRE-NEUVE.

NEW-PROVIDENCE (Ile). Concession de cette île à des lords anglais, 66.

NÉXIE. V. NAXOS.

NEYRET (A. DE). Lettre, 131.

NICAISE (J.). Lettres, 195, 202, 220.

NICAISE NONNEY, II, 48.

NICE. Consulat, 465.

NICOLAS, à Dijon. Lettre, 429.

NICOLAS IV, pape. Bulles, II, 33, 68.

NICOLAS V, pape. Lettres, II, 34.

NICOLAS, duc de Lorraine, II, 18.

Nicolas Belléan, II, 51.

Nicolas de Fontaines, évêque de Cambrai. Lettres à lui adressées, II, 30, 31.

Nicolas de La Reynie (G.). V. La Reynie.

Nicolas-François, duc de Lorraine, dit le duc François. Lettres, 104, 246 ; — Passeport, II, 62.

Nicolay (Famille de). Notice généalogique, 86.

Nicolay (Président Nicolas de). Lettres, 239, 248, 252, 285, 358, 366, 369, 374, 444.

Nicole d'Orville. Lettre, 204.

Nicollin, greffier à Tours. De la réformation de la justice, 45.

Nicolo Tron. Lettres, II, 51.

Nieppe (Nord). Châtelain, II, 47 ; — Forêt, II, 57, 61.

Niert (Jeanne de). V. Nyert.

Nieuport (Flandre). Lettres de soumission au roi de France, II, 11 ; — Note sur le canal, 373.

Nigeon. V. Minimes.

Nigot (Pierre). Affiche pour des voitures, 430 ; — Lettres, 330, 386, 493, 540 ; — Lettre à lui adressée, 332 ; — Note sur une de ses lettres, 525.

Nîmes. Évêques, v. Cohon (A.-D.), Fléchier (E.), Séguier de La Verrière (J.).

Nini (Cardinal Jacques-Philippe). Lettre, 312 ; — Lettre à lui adressée, 33.

Niort, 428 ; — Mémoire sur le dessèchement des marais, voisins de cette ville, 95.

Niozelles (F. de). Mémoire en sa faveur, 280.

Nisard (Le P.). Note sur son passage à Montpellier, 418.

Nivernais, 511 ; — Forêts, 469 ; — Lettre des officiers du duché, 198 ; — V. Nevers.

Nizon, à Cosne. Lettre, 277.

Noailles (Anne-Jules, duc de). Lettres, 157, 381 ; — Lettre sur le retranchement de sa pension, 460.

Noailles (Chevalier Jacques de). Lettre, 331.

Noblesse, 380 ; — Annoblissements, 328, 406 ; — Déclarations contre les usurpations, 243, 419 ; — Ordonnance sur la présentation des titres de noblesse, 428 ; — Pensions des nobles, 552 ; — Révocation des anoblissements, 281 ; — Titres de noblesse, 213 ; — V. Cour, Suède.

Noël (L.). Lettres, 58.

Noël (Marguerite). Lettre, 352.

Nogaret (Bernard de), duc d'Épernon. V. La Valette.

Nogaret de La Valette d'Épernon (Louis de), évêque de Carcassonne. V. La Valette.

Nogean (Jean de). V. Formages.

Nogent (Jean de), sr de Pomereau. Lettre, 110.

Nogent (Sœur Louise-Marie de). Lettre, 497.

Nogent (Nicolas B. de). V. Vaubrun.

Nogent - le - Rotrou (Eure - et-Loir). Remise du château entre les mains de Jean La Guogue, II, 46.

Noguer. Lettre, 337.

Nointel (Charles Olier, marquis de). Lettres, 452, 454, 477 ; — Mémoire, 442 ; — Voyage à Constantinople, 529.

Nointel (Louis Béchameil, marquis de). V. Béchameil.

Noiremart. Lettre, 367.

Noirmoutier (Ile de), 490.

Noirmoutier (Louis de La Trémoille, duc de). Lettres, 107 ; — Lettre à lui adressée, 32.

Noisette (Louis). Lettre, 405.

No
mény (Meurthe). Droits du Roi sur la ville et le marquisat, 106.

Nompar de Caumont (Gabriel), comte de Lauzun. Quittance, 62.

Nompar de Caumont (Gaspard), 62.

Nonces. V. Bagni (N.-G.), Bubalo (I.), Piccolomini (C.).

Nonney (Nicaise), II, 48.

Nonts (Bastien). Légitimation, II, 56.

Nord (Compagnie du), 531 ; — Lettre des directeurs, 456.

Nord (Royaumes du), 31-33.

Nore (Montagne de) dans l'Aude, Mémoire sur les bois de cette montagne, 137.

Noreu (E.). Lettre, 295.

Norfolk (Thomas, duc de). Lettres, II, 41.

Normandie, 24, 93, 172, 221, 351 ; II, 33 ; — Chambre des Comptes, v. Rouen — Conversion des protestants, 7 ; — Cour des aides, v. Rouen ; — États des forêts en 1662, 123 ; — en 1663, 167, 172 ; — Droits du tiers et danger, 435, 486, 495 ; — Ducs, v. Charles, Geoffroi, Richard, Robert ; — Gabelles, 137 ; — Liste des gouverneurs, 91 ; — Mémoires sur l'état sanitaire, 450 ; — sur un usage de la province, pour les réparations des presbytères, 76-77 ; — Parlement, v. Rouen ; — Revue des troupes en 1674, 487 ; — Supplique pour la charge de capitaine garde-côte de Basse-Normandie, 463 ; — Suppression de tabellions en 1677, 521 ; — Union du duché à la couronne, II, 13 ; — Ventes des bois en 1665, 256 ; — en 1671, 445.

Normant (Baptiste). Quittances, 63.

Norton (Samson). Pouvoir à lui donné, II, 40.

Norvège, 57, 392.

Nostitz (Johann Hartwig, comte de). Lettre à lui adressée, 370.

Notaires. Arrêt réduisant le nombre des notaires, 272, 276, 280, 293-294, 298, 302, 311, 322, 325, 339, 344 ; — Création de notaires et suppression de tabellions en Normandie, 521.

Notre-Dame-de-Cléry (Loiret), 63.

Notre-Dame-de-la-Merci (Ordre de). V. Rédemption.

Notre-Dame-des-Dunes, abbaye en Flandre, II, 57.

Notre-Dame-du-Gard (Somme). Inventaire des bénéfices de cette abbaye, 83.

Notre-Dame-de-Montferrat. Confrérie, 488.

Noüallet (F. de). Lettres, 96, 108, 138.

Nouël (Antoine), sr de Servigny. Arrêt rendu contre lui, 261 ; — Lettre, 132.

Nouël (François). Lettre, 241.

Nousargues, à Cahors. Lettre, 224.

Nouveau (Charlotte de), dame de Bourdeilles. Lettre, 510 ; — Supplique, 512.

Nouveau (Jérôme Arnoux de). Autorisation, 302 ; — Lettres, 148, 301.

Nouveau-Monde. V. Amérique.

Nouveau-Testament. Examen d'une traduction parue en 1676, 516.

Nouvelle-Écosse (La). V. Acadie.

Nouvelle-Espagne (Mexique). « Passage des gallions de la Nouvelle-Espagne en Amérique », 41 ; — Voyage de la flotte de la Nouvelle-Espagne, 357.

Nouvelles d'Alep, 7 ; — d'Amsterdam, 7, 519 ; — d'Augsbourg, 95, 96 ; — du Caire, 5, 473 ; — de Candie, 388 ; — de Cayenne, 515 ; — de Cologne, 14 ; — de Douvres, 267, 507, 508 ; — de Flandre, 353 ; — de Francfort, 243, 450 ; — de Gênes, 430, 437, 533 ; — d'Hambourg, 95 ; — de La Haye, 14, 525 ; — de la poste, 67 ; — de Londres, 7, 222, 231, 344, 351, 448, 552 ; — du Levant, 384 ; — de Passau, 243 ; — des Pays-Bas, 286 ; — de Posen, 307 ; — de Saxe, 14 ; — de Sicile, 307 ; — de Silésie, 307 ; — de l'armée de Turenne, 475, 483, 502, 504 ; — de Varsovie, 307 ; — de Venelghem, 335 ; — de Vienne, 243 ; — du camp d'Ypres, 335.

Nouy (Pierre). Lettre, 144.

Novion (Nicolas Potier de). Lettres, 128, 287, 311, 316, 318, 323, 361, 377, 446, 459, 516.

Noyer (J.). Lettre, 386.

Noyon. Arrêt sur les abus commis dans l'élection, 302 ; — Évêques,

V. CLERMONT-TONNERRE (François DE), FOUCAUT DE ROCHECHOUART ; — Lettre de soldats prisonniers à Noyon, 358 ; — Mémoires sur la taille à Noyon (de 1668 à 1670), 462 ; — Traité de 1516, II, 22, 23.

NOZEREAU. V. OZEREAU.

NOZIEUX (Jacques Charron DE). V. CHARRON.

NUCHÈZE (Commandeur François DE). Lettres, 113, 121, 125, 130, 136, 139, 142, 147, 165, 179, 275 ; — Ordonnance, 141.

NUGUET. Lettres, 266, 293.

NUIREL (Pierre), II, 47.

NUITS (Côte-d'Or). Lettres des habitants, 288, 290.

NULLY (Charles DE). Pouvoir à lui donné, II, 25.

NUMISMATIQUE. Découverte de médailles d'empereur, 140 ; — V. MÉDAILLES.

NUR-ED-DIN BITRODJI (Alpetragius). *Planetarum theoria*, 74.

NUYS (Abbé François DE). Lettre à lui adressée, 376.

NYERT (Jeanne DE). Lettre, 107, 203.

NYKOPING (Suède), 90.

O (Claude-Gabriel D'), sr de Villiers. Lettres, 517, 523.

O (François D'). Quittance, 62.

O (Jean D'), sr de Manoue. Quittance, 62.

OBJETS D'ART. V. MÉDAILLES.

OCAÑA (Espagne). Traité d'Ocaña (1622), 5.

OCCIDENT (Domaine d'). Mémoires des fermiers du domaine d'Occident (îles d'Amérique), 511.

OCHIEPPO (Comte D'). V. FERRARI (D.-G.-B.).

OCTROI, à Paris, 147.

OCHS (Jean). Lettre, 195.

ODORANNE, moine de St-Pierre-le-Vif de Sens. *Chronicon* 57 ; — *Liber opusculorum*, 56.

ŒUFS (Commerce des), 294.

OFFICES, 322 ; — Valeur des différents offices, 380.

OFFICIERS DE LA COURONNE. Pensions, 1606-1656, 551.

OFFICIERS DE MARINE. États, 78-79 ; — Liste, 478 ; — V. MARINE.

OGER (François). « In Ludovici regis... effigiem », 48.

OGERON (Bertrand D'), sr de La Bouère. Commission par lui donnée, 42 ; — Lettre, 368.

OGIER, à Paris. Lettre, 139.

OIHÉNART (B. D'). V. BELSUNCE.

« OGLI (I) della verita del politico christiano », 23.

OISE (L'). « Visite » de cette rivière, en 1654, 69.

OISEAU-VOLANT (L'), nom de vaisseau, 532.

OLD-PROVIDENCE (Ile). Concession de cette île à des comtes anglais, 66 ; — V. MODYFORD (J.).

OLDENBOURG (Antoine - Gontier, comte D'). Lettres à lui adressées, 15.

OLENA, en Achaïe. Évêque, v. JEAN.

OLÉRON (Ile d'). Château, 20 ; — Défense d'en exporter les grains et les légumes, 112 ; — Éclairage des corps de garde, 186.

OLIER (Famille). Notice généalogique, 86.

OLIER, prieur de Bréventecy. Lettre, 328.

OLIER (Charles), marquis de Nointel. V. NOINTEL.

OLIER DE BESSAT (Abbé Jean-Charles). Lettre, 454.

OLIVA (Le P. Jean-Paul). Lettre, 210.

OLIVET (H.). Lettre, 209.

OLIVIER (H.). Lettres, 117, 149, 237.

OLIVIER (Claude), 213.

OLIVIER (François). Recueil de mémoires sur les traités de François Ier et de Charles Quint, 13.

OLIVIER (Henri). Lettres, 147, 149, 215, 231, 240, 377.

OLIVIER (Jacques), II, 22.

OLLER (M. DE) (?), à Perpignan. Lettres, 123, 125.

OLLIM (Madame). Lettre, 373.

OLLIM (N.). Lettre, 348.

OLLIVIER, à Poitiers. Lettre, 427.

OLLIVIER (Alexandre). Quittances, 63.

OLONE (Achaïe). V. OLENA.

OLONNE. V. LES SABLES-D'OLON-
NE.

OLORON (Basses-Pyrénées). Évêque, v. MAYTIE (A.-Fr. DE) ; —
Mémoire sur les décimes du
clergé, 528.

OMAËR (Jacques). Lettre, 386.

OMPHALIUS (Jacobus). « Adversus
J. Omphalii maledicta, Francisci I defensio », 55.

ONDEDEI (Joseph-Zongo), évêque
de Fréjus. Lettres, 100, 105, 107,
113, 151, 198, 278, 348, 433,
452 ; — Supplique, 350.

ONDEDEI (O.). Lettre, 105.

OPPÈDE (Henri de Maynier de
Forbin, baron, puis marquis D'),
427 ; — Lettres (1660-1663), 99,
102, 113, 116, 126, 136, 139,
144-145, 149, 152, 159, 162,
168, 173, 177, 182, 186, 193,
196, 201, 205 ; — (1664-1665),
209, 213, 214, 219, 224, 232,
238, 248, 253, 257, 265, 268,
273, 277, 283, 288, 292, 296,
300, 303, 308 ; — (1666-1668),
342, 345, 348, 352, 356, 358,
359, 362, 365, 366, 368, 371,
374, 378, 381, 382, 385, 389,
394, 396, 399, 401 ; — (1669-
1677), 404, 408, 412, 416, 420,
421, 424, 425, 429, 432, 485,
493, 497, 520, 523 ; — Lettres à
lui adressées, 32, 33, 332, 333,
411 ; — Extraits de ses lettres,
514 ; — Mémoire contre lui,
424 ; — Notes, 403, 526.

OPPÈDE (Louis de Forbin D'),
évêque de Toulon. Lettres, 171,
271, 275, 379, 385, 423, 436, 444,
445, 478, 480, 482, 493, 497, 530.

OPPÈDE (Vincent de Forbin, chevalier D'). Journal d'un de ses
voyages, 529 ; — Lettre, 217 ;
— Lettres de marine, 511, 518.

OPPOSITIONS ASTRONOMIQUES. Tables des oppositions des astres,
de 1299 à 1525, 75.

OPTIQUE (Instruments d'), 518.

OR. Interdiction de porter l'or
hors du royaume, 394 ; — Manufacture d'or filé, à Lyon, 410 ;
— V. MONNAIES.

ORANGE (Maison d'). Acte des
États de Hollande, excluant cette
maison des grandes charges, 16.

ORANGE (Parlement d'). Procès-
verbaux, relatifs à la question
des péages, 147.

ORANGE (Principauté d'), 223.

ORANGE (DES ROCHES D'). V. DES
ROCHES.

ORANGE (Jean de Châlon, prince
D'), II, 51.

ORANGE (Frédéric-Henri de Nassau, prince d'), 16.

ORANGE (Guillaume-Henri de Nassau, prince D'). Son procès avec
la comtesse d'Isenghien, 190.

ORANGE (Marie, princesse douairière D'). Testament, 101.

ORANGE (Marie-Amélie, princesse
D'). Protestation aux États des
Pays-Bas, 16.

ORANGE (Maurice de Nassau, prince
D'), 27, 70.

ORBESSAN (A. D'). V. DORBESSAN.

ORCHIES (Nord), II, 13, 18 ; —
Subsides des gens d'église, II, 59.

ORDONNANCES. Chronologie des
Ordonnances, 87 ; — V. MOU-
LINS, NANTES, ORLÉANS, PRO-
CÉDURE.

ORDRES. Proposition pour créer
un Ordre militaire en Algérie,
248 ; — Ordre d'Alcantara, II,
35 ; — de Calatrava, II, 35 ; —
de Malte, 81, 255, 335, 434 ; —
de Saint-Jacques de l'Epée, II,
35 ; — de la Toison d'Or, II, 61.

ORDRES DU ROI. Comptes de la
trésorerie, 65 ; — Pensions des
chevaliers, 552 ; — *Ordre du
Saint-Esprit* : comptes, 61, 87 ;
— pièces comptables, 64-65 ;
— rôles des distributions et
quittances, 61-64 ; — *Ordre de
Saint-Michel* : comptes, 61, 87 ;
— rôle des chevaliers, 25.

ORGE. Valeur de l'orge, dans la
généralité de Rouen, 123.

ORGEMONT (Famille D'). Notice
généalogique, 86.

ORGEVAL (M. D'). Traité pour la
réformation de la justice, 45.

ORIENT. Lettre du doge de Venise
au sujet des affaires d'Orient,

II, 51.; — Nouvelles, 453 ; — V. Levant, Turquie.

Origny (Ile d'). V. Aurigny.

Orléans, 22, 93, 212 ; — Commission donnée à l'archidiacre, II, 3 ; — Défense aux rouliers d'Orléans de charger plus de cinq pièces de vin, 415 ; — Dépenses des troupes, dans la généralité durant l'hiver de 1675, 501 ; — Eaux et forêts, 176 ; — Enregistrement au bailliage du traité de Cambrai, II, 27 ; — Évêques, v. Du Cambout de Coislin (P.), Morvilliers (J. de) ; — Généralité, 151, 152, 243, 534, 535, 536, 537, 538, 539, 541 ; — Extraits des ordonnances d'Orléans, 322 ; — Lettres des échevins, 238, 253 ; — des trésoriers, 131, 136, 152, 159, 161, 169, 181, 182, 201, 202, 209, 214, 232, 240, 244, 250, 263, 282, 292, 300, 360, 366, 386, 504 ; — Listes des baillis, 91 ; — des gouverneurs, 91 ; — Note sur les poids et mesures, 504 ; — Ordonnance pour la levée des impôts en 1667, 360 ; — Procès-verbal d'un différend entre les officiers du bureau des finances et ceux du grenier à sel, 242 ; — Réception du duc de Parme, 22 ; — « Route » de Lille à Orléans, 421.

Orléans (Anne-Isabelle d'). Lettres, 331, 440, 446, 457, 462, 470, 475, 482, 520.

Orléans (Anne-Marie-Louise d'), Mᴵᴵᵉ de Montpensier. Lettres, 136, 140, 145, 212, 216, 226, 255, 304, 361, 532 ; — Lettre à son sujet, 22 ; — Saisie de monnaies fausses, faites à son nom, 393.

Orléans (Catherine-Angélique d'), abbesse de Maubuisson. Lettre, 163.

Orléans (Charles, duc d'), II, 34.

Orléans (Charlotte d'). Son mariage avec Philippe de Savoie, 19.

Orléans (Élisabeth, ou Isabelle d'), duchesse de Guise. Contrat de mariage, 24 ; — État de ses

dépenses de blanchissage, 176.

Orléans (François d'), comte de Saint-Pol. Quittance, 64.

Orléans (Gaston-Jean-Baptiste de Bourbon, duc d'), « Monsieur », 23 ; — Contrat de mariage, 23, II, 63 ; — Lettre à lui adressée, II, 61.

Orléans (Henri II d'), duc de Longueville. Lettres, 23, 107, 134, 146, 163 ; — Requête au sujet du droit du sel, au comté de Neufchâtel, 439.

Orléans (Marguerite de Lorraine, duchesse douairière d'), dite Madame-Mère, 24 ; — Contrat de mariage, 23 ; — Lettres, 107, 167, 181, 231, 251, 291, 313, 394, 433, 441, 446 ; — Lettre à elle adressée, 403 ; — Pièces sur son mariage, 24.

Orléans (Marguerite-Louise d'), dite Mᴵᴵᵉ d'Orléans, princesse de Toscane. Ballet donné, à ses noces avec Côme III de Médicis, 106 ; — Lettres, 391, 443 ; — Pièces relatives à son mariage, 24.

Orléans (Marie de Montpensier, duchesse d'), II, 63.

Orléans (Marie d'), duchesse de Nemours, 455.

Orléans (Philippe, duc d'), « Monsieur. » Lettre, 471 ; — Maison, 551 ; — Somme à lui accordées, en 1672, 471-472.

Orléans-Alençon (Élisabeth d'). Contrat relatif à son douaire, 24.

Ormeilles (Élisabeth de Cossé, dame d'). V. Cossé.

Ormesson (Famille d'). V. Le Fèvre.

Ormesson (André Le Fèvre d'). V. Le Fèvre.

Ormesson (Le Frère H. d'), minime. Lettre, 213.

Ormoy (Jules-Armand Colbert, marquis d'). V. Colbert.

Orne (L'). Projet pour rendre ce fleuve navigable, 69.

Ornements d'église. Notes sur des fournitures, 76.

Orphelins. Avoués des orphelins, 498.

ORRY (G.). Sentence prononcée contre lui, 486.

ORSINI (Ferdinando), duc de Bracciano, 33.

ORSINI (Flavio). Lettre, 490.

ORSINI (Paolo-Giordano II), duc de Bracciano. Lettre à lui adressée, 70.

ORSINI (Portia). V. MAZARIN.

ORSINI (Cardinal Vincenzo-Maria), depuis Benoît XIII. Lettre, 530.

ORSINI (Cardinal Virginio). Lettres, 284, 289, 338, 395, 405, 433, 443, 453, 457, 480, 490, 498.

ORVAL (François de Béthune, duc D'). Lettres, 216, 505, 510, 514.

ORVAL (Jean d'Albret, sr), II, 21, 22.

ORVILLE (Nicole D'). Lettre, 204.

OSNABRUCK (Westphalie). Négociations de 1648, 11.

OSSAGES, (Landes) 302.

OSSAT (Cardinal Arnaud D'). Discours pour la nullité du mariage du duc de Bar, 28 ; — Lettres à lui adressées, 27, 28, 29.

OSSELER (Johannes DE), II, 38.

OSTENDE, 347, 363, 376 ; — Attaque d'un navire anglais par les frégates ostendoises, 488 ; — Bataille d'Ostende en 1600, 27 ; — Mesures sanitaires, prises contre les navires venant d'Ostende, 353.

OTRANTE. Archevêque, v. MORRA (L.).

OT (Arnaldus), II, 66.

OTTE-GUILLAUME, fils de Hugues-le-Grand. Épitaphe, 59.

OTTON, comte de Bourgogne, II, 38.

OTTON II, comte de Gueldre, II, 37.

OTTON DE HOLLANDE, évêque d'Utrecht. Lettre à lui adressée, II, 30.

OUDART, à Metz. 12.

OUDENARDE (Flandre). V. AUDENARDE.

OUDENBURG (Flandre). Lettres du « commun » de la ville, II, 11.

OUESSANT (Ile d'), 72.

OUVEILLAN (Aude), II, 66.

OUVILLE-BEAUMONT (Le sr D'). Placet pour armer un navire en course, 448.

OUVRELEUL (J. D'). V. DOUVRELEUL.

OUZOUER-LES-CHAMPS (Loiret). État des impositions, 182.

OVIEDO. Catalogue des rois d'Oviedo, 40.

OYÉNART. V. BELSUNCE.

OYÈRES, à Bordeaux. Lettre à lui écrite, 431.

OYLEY (Edward D'). Commission de gouverneur de la Jamaïque, 60.

OYSTERFORD (Angleterre), 488.

OZEREAU (N.). Lettre, 252.

OZOU, à Melun. Lettre, 416.

P. B. Lettre, 271.

PACHAU (Nicolas). Lettres, 104, 349, 390.

PACHOT, à Vienne. Lettre, 375.

PACTIUS (Th.). V. THOMAS DE PARCÉ.

PADOUE. Consultations de la faculté de droit en 1665, 39.

PAGAN (Blaise-François, comte DE). Lettres, 117, 136, 240, 248, 309, 317, 321, 342.

PAGANI (Bernardus), II, 65.

PAGART (Raoul), II, 46.

PAGER (Le Fr.). Lettre, 380.

PAGEZ, et non PAGAZ (Louis). Lettres, 413, 420, 422, 426 ; — Lettre de change, 307.

PAIGNON DE BRIE (V.). Lettre, 188.

PAILLART-SUMANVILLE (Famille). Notice généalogique, 86.

PAILLÉ, à Poitiers. Lettre, 237.

PAILLEROLLES (M. DE). Lettres, 330, 503.

PAILLOT (Sœur Hélène). Lettre, 409.

PAILLOT (Nicolas). Lettres, 219, 228, 389, 397, 412.

PAISSAMAQUODDY (Baie de), en Amérique. Concession de ce territoire, 66.

PAIX (La), nom de vaisseau, 261.

PAIX (Traités de). V. TRAITÉS.

PALACOTI (Alphonse), évêque de Bologne. Lettre à lui adressée, 30.

PALAIS-MAZARIN (Le), à Paris, 82-83 ; — V. PARIS.

PALAIS-ROYAL (Théâtre du), à Paris, 483 ; — V. PARIS.

PALAISEAU. V. PALLOISEAU.

PALARIN, à Toulouse. Lettre, 165.

PALATINAT. Princes palatins, v. BAVIÈRE (Adolphe, Albert et Charles-Louis DE), FRÉDÉRIC IV ; — Princesses palatines, v. BAVIÈRE (Charlotte, Élisabeth et Louise DE) et GONZAGUE DE CLÈVES (Anne DE).

PALETTA et PALETTE. V. PALOTTI.

PALIANO (Duc DE). V. COLONA (M.).

PALIN. Lettre, 408.

PALISOT, à Arras. Lettres, 103, 119, 289, 293, 297, 300, 304, 309, 316, 327.

PALISSE (La). V. LA PALISSE.

PALLAS. Gouache représentant cette déesse, 81.

PALLAVICINI (Cardinal Sforza). Lettre, 339.

PALLAVICINI (Tobie, marquis). Lettre, 96.

PALLIOT (Nicolas). V. PAILLOT.

PALLIUM. Dissertation sur le pallium, 8.

PALLOISEAU (Claude de Harville, sʳ DE). V. HARVILLE (Cl. DE).

PALLOISEAU (Nicolas de Nets, prieur DE). Lettre à lui adressée, 70.

PALLU (Bertrand du Ruau-), 477.

PALLU (François), évêque d'Héliopolis. Lettres, 144, 467 ; — Extraits de ses lettres, 510-511 ;

PALLUAU (Antoine de Buade, sʳ DE). Instructions, 36.

PALLUAU (Philippe, comte DE), maréchal de Clairambault. Lettres, 226, 233, 248, 255, 296.

PALMÉ (M. DE), à Terre-Neuve. Lettre, 379.

PALOTTI (Cardinal Giovanni), archevêque de Cosenza. Lettres, 37 ; — Lettre à lui adressée, 29, 30, 33.

PALOYSEAU (Claude et Nicolas DE). V. PALLOISEAU.

PALSTRE (Jean), II, 12.

PAMIERS (Ariège), 414 ; — Évêque, v. CAULET (Fr.-E. DE).

PANCHÉ (Fr.). V. PANNETIER.

PANETIÉ (Fr.). V. PANNETIER.

PANFOU (Seine-et-Marne), 511.

PANIER, à Poitiers. Lettre, 348.

PANNEMAKERE (Jennin DE), II, 53.

PANNETIER (François). Lettres, 196, 359, 370, 382, 390, 505 ; — Lettres à lui adressées, 333, 392, 527.

PAPAREL (Le sʳ). Propositions, 335.

PAPAUTÉ, 1-2, 77 ; — De la puissance et autorité du Pape, 4, 9, II, 35 ; — Conclave de 1603, 28; — Flotte pontificale, 411 ; — V. ADRIEN VI, ALEXANDRE IV, VI et VII, BENOIT XI et XIII, BONIFACE VIII, CÉLESTIN Iᵉʳ et V, CLÉMENT IV, V, VII, VIII, IX et XI, GRÉGOIRE IX, X, XIV, et XV, HONORIUS III et IV, INNOCENT III, IV, X, XI et XII, JEAN XXII et XXIII, JULES II, LÉON X et XI, MARTIN IV et V, NICOLAS IV et V, PAUL III et V, PIE IV, SIXTE IV, URBAIN IV et VIII.

PAPIER, 512 ; — Arrêt pour la fabrication, 486-487 ; — Moulins, 486, 487 ; — Note sur des fournitures de papier et d'objets de papeterie, 512.

PAPIER TIMBRÉ, 488, 504 ; — État des sommes à payer, pour les distribution de papier timbré, 544, 546.

PAPILLON (Macé). Quittances, 63.

PAPISME. « Pactum sanctum » des sujets de la Grande-Bretagne contre le Papisme, 17.

PAPPIN, à Abbeville. Lettre, 308.

PAPUS (Jean DE). Lettres, 391, 392.

PAQUEBOTS - POSTES. Passeports pour paquebots, 480 ; — Services entre l'Angleterre et Dunkerque, 247.

PARABÈRE. V. PARDAILLAN.

PARADIS (Fr. DE). Lettres, 98, 103, 110.

PARANT (Mᵐᵉ DE). V. COIGNET (L.).

PARAT (A.). Lettre, 423.

PARAT (Claude). Lettres, 196, 303.

PARAT (P.). Lettre, 423.

PARAVICINI (Cardinal Otavio). Lettres, 37.

PARCÉ (Th. DE), 55.

PARCHEMIN, 464, 468, 512.

PARCHEMIN TIMBRÉ, 488.

PARCS et pêcheries, 351.

PARDAILLAN DE GONDRIN (Hector DE). Quittance, 62.

PARDAILLAN DE GONDRIN (Louis-Henri DE), archevêque de Sens. Lettres, 8-9, 250, 303, 308, 330, 338, 352, 378, 394, 433, 437, 440, 444, 454, 474, 477 ; — Requête à lui adressée, 456.

PARDAILLAN DE GONDRIN (Roger DE), marquis de Termes, 525 ; — Lettres, 132, 481, 489, 522.

PARDAILLAN-PARABÈRE (Alexandre de Baudéan, comte DE). Lettres, 117, 146, 151, 174, 210, 379, 497, 498 ; — Note pour sa protection, 307 ; — Ordre, 181 ; — Supplique, 393.

PARDIEU-BOISCORDIER (Michel DE). Lettres, 151, 158, 163, 169, 386, 391.

PARDO DE FIGUEROA (Baltasar). Relation des Indes occidentales, 42.

PARENT (G.). Lettres, 281, 301, 356, 366, 372 ; — Lettre à lui adressée, 334.

PARENT (Louis), 356.

PARET (M. DE), à Saintes. Lettre, 277.

PARFOMBAIX (M. DE). Lettre, 412.

PARICI (G.). V. GUILLELMUS.

PARIAGES, 93.

PARIS, 93, 199 ; — Abbayes et couvents. « Chauffages accordés » aux couvents, 172 ; — Augustins, 64 ; — « Ave-Maria », 63, 109, 266, 385, 421 ; — Carmes, 63 ; — Carmélites de la rue du Bouloi, 484 ; — Cordeliers, 63 ; — Filles-Dieu, 63 ; — Filles-Pénitentes, 63 ; — Frères-Prêcheurs, 63 ; — Jésuites, 350 ; — Minimes, 63 ; — Récollettes, 383 ; — Saint-Antoine, 108, 525 ; — Saint-Germain-des-Prés, 86, 468 ; — Saint-Marcel,

63, 57 ; — Saint-Victor, 57, 262 ; — Val-de-Grâce, 414 ; — Administration, édilité et police. Acte du gouverneur, II, 25 ; — Chevalier du guet, 469 ; — Chevaux et carrosses, saisis à Paris, 360 ; — Droit de pied-fourché, 111, 112 ; — État de Paris en octobre 1673, 478 ; — État du blé, délivré aux pauvres, 133 ; — État du vin, qui entre à Paris pour les hôpitaux, 542, 544, 545, 546 ; — Fraudes commises à l'octroi, 147 ; — Lieutenant-civil, 478 ; — Lieutenant-criminel, 69 ; — Liste des gouverneurs, 91 ; — Octroi, 147 ; — Pavement, 172, 415 ; — Poésies sur les fontaines et le nettoiement des rues, 50 ; — Prévôt, II, 14 ; — Prévôt des marchands, 334 ; — Prix du blé, 526 ; — Rentes sur l'Hôtel-de-Ville, 22, 491, 546 ; — Rôle du lieutenant-civil, 478 ; — Vols et attentats, 469, 512 ; — Archevêché. Liste des évêques et archevêques, 54 ; — Protestation de l'archevêque, contre une déclaration sur les droits seigneuriaux, 442 ; — V. DU BELLAY (J.), GONDI (P. DE), HARLAY DE CHAMPVALLON (Fr. DE), PÉRÉFIXE (H. DE BEAUMONT DE), RENAUD DE CORBEIL ; — Assemblées du clergé. Assemblées des curés de 1659, 3 ; — de 1705, 3 ; — Concile de 580, 9 ; — Différends entre curés et réguliers, 9 ; — Lettre en faveur du chapitre, 281 ; — Chambre des Comptes. V. CHAMBRE ; — Châtelet. V. CHATELET. ; — Collèges et Université. Collège de France, 552 ; — Mémoire sur l'étude du droit à Paris, 44 ; — Faculté de théologie, 9, 494 ; — Collèges de Boncourt, 9, 51 ; — de Navarre, 9 ; — de Saint-Jacques, 516 ; — de Saint-Michel, 4 ; — de Sorbonne, 8, 9 ; — de Tournai, 9 ; — Cour des aides. V. COUR ; — Cour des monnaies. V. MONNAIES ; —

Églises, prieurés et paroisses.
Arrêt sur les comptes de fabrique
9 ; — Pièces diverses, 8 ; —
Cathédrale, II, 26, 29 ; — Églises
Saint-Louis, 119 ; — Saint-Martin-des-Champs, 100 ; — Saint-
Sulpice, 167 ; — Maison de
retraite pour les prêtres, 8 ; —
Faits historiques. Conférences de
1316, II, 8 ; — Crue de la Seine,
en 1677, 518, 519 ; — Garde la
vicomté, confiée à Philippe le
Bon, II, 39 ; — Journée des
Barricades, en 1588, 82 ; —
Lettre écrite de Paris, 370 ; —
Serment de François Ier pour
le traité de Cambrai, II, 266 ;
— de Henri II, pour le traité
du Cateau, II, 29 ; — Traité de
1515, 19 ; II, 21 ; — *Familles.*
Généalogies des familles de Paris, 85, 86 ; — *Généralité*, 534,
535, 536, 537, 538, 539, 541 ; —
Note sur les poids et mesures,
504 ; — *Hôpitaux et prisons*, 32 ;
— Hôpitaux, 18 ; — Vin pour les
hôpitaux, 542, 544, 545, 546 ;
— Bastille, 20, 119, 494 ; —
For-l'Évêque, 63 ; — Hôpitaux
de la Charité des femmes (Place
Royale), 32 ; — de la Trinité,
20 ; — Hôpital du Roi, 380 ; —
Hôpital-Général, 101 ; — comptes de 1657, 4 ; — note sur une
requête, 473 ; — Hôpital Saint-
Louis, 516 ; — Hôtel-Dieu, 20,
511, 516 ; — *Métiers.* Balanciers,
532 ; — Bonnetiers, 370, 448 ;
— Libraires et imprimeurs, 76 ;
— Mouleurs de bois, 110 ; —
Négociants, 267 ; — Paveurs,
172 ; — Manufacture des Gobe-
lins, 145 ; — *Monuments.* Halle-
aux-vins, 6 ; — Hôtel des
Mousquetaires, 110 ; — Hôtel
de Nesle, 303 ; — Louvre, 82,
115, 142, 550 ; — Palais, 20 ;
— Palais-Mazarin, 82-83 ; —
Palais-Royal, 483 ; — Porte de
Richelieu, 350 ; — Tuileries, 48,
110, 354, 550-551 ; — Pont des
Tuileries, 110 ; — *Parlement.* V.
PARLEMENT ; — *Rues et places.*
Nettoiement des rues, 50 ; —

Faubourg Saint-Germain, 110 ;
— Faubourg du Temple, 475 ;
— Place Royale, 32 ; — du
Vieux - Marché - aux - Chevaux,
350 ; — « Route » de Lille à
Paris, 421 ; — Rue-aux-fers,
460 ; — Rue du Bouloi, 484 ; —
V. CHAILLOT, CLIGNANCOURT,
GOBELINS, SAVONNERIE.
PARIS (Famille DE). 86.
PARIS (Le receveur). Lettre, 234.
PARIS (Claude DE). Lettres, 132,
140, 144, 160, 171, 189, 293,
312, 383, 402, 445.
PARISOT (C.). Lettre, 205.
PARISOT (Alexandre DE). Lettre,
126 ; — Rapport sur la sédition
de Flagnac, 128.
PARKHAM. V. WILLOUGHBY.
PARLEMENT, 8 ; — « Entreprises
des parlements sur la juridiction ecclésiastique, » 9 ; —
Pièces relatives aux Parlements,
43-44 ; — V. DAUPHINÉ, DIJON,
DÔLE, GUYENNE, METZ, ORAN-
GE, PAU, PROVENCE, RENNES,
ROUEN, TOULOUSE.
PARLEMENT DE PARIS, 20, 529 ;
II, 18 ; — Actes relatifs à la
paix d'Arras, II, 15 ; — Acte
de signification par huissier,
281 ; — Arrêts, 4, 8, 43, 242,
251, 262, 271, 367, 388, 399,
445, 469, 484, 516 ; II, 69 ; —
Arrêts contre lui, 43 ; — Attributions, 43 ; — Différend, en
août 1638, avec la Chambre
des comptes, 22 ; — État des
charges à prendre sur les amendes, 542 ; — Extraits des registres, 9, 90 ; — Extraits relatifs à divers procès, 335, 501 ;
— Mandement à lui adressé,
II, 16 ; — Mercuriales, 43 ; —
Pensions des officiers (1606-
1656), 552 ; — Président et
conseillers aux requêtes, 43 ; —
Procès du sieur Hervé, 231 ; —
Rôle durant la Fronde, 23 ; —
Transfert de procès, commencés
à Metz, 512 ; — Vérification et
enregistrement des traités de
Cambrai, II, 26, 27 ; — du
Cateau, II, 29.

PARME (Duché de), 35 ; — V. FARNÈSE (O. et R.).

PARME (Marguerite DE), II, 57, 59.

PARMENTIER, à Laon. Lettre, 145.

PAROISSES. Contraventions aux contributions des habitants de paroisses, 501 ; — Mémoires sur la visite des paroisses, 76 ; — sur les trésors des paroisses, 76 ; — Projet de statistique de paroisses par élection, 373.

PARRA. Lettre, 306.

PARTIES CASUELLES, 177.

PARURES, 515 ; — V. JOYAUX.

PARVOPASSO (Frère Carlo-Francesco). Lettres, 461, 463.

PAS (Antoine DE), marquis de Feuquières. Lettres à lui adressées, 32.

PAS (François DE), abbé de Feuquières. Lettre, 441.

PAS (Henri DE), s^r de Feuquières, dit le comte de Pas. Lettres, 104, 193, 297, 455.

PAS (Isaac DE), marquis de Feuquières. Lettres, 146, 192, 366, 474, 499 ; — Lettre à lui adressée, 33 ; — Pouvoir à lui donné par le comte de Toulouse, 456 ; — Rôle d'arbitre, dans un différend, 456.

PAS (Manassès DE), marquis de Feuquières. Lettre, 193.

PAS-DE-CALAIS (Le « canal » du), 78.

PASCAL. Lettre, 129.

PASCHAL (Charles). Relation des Grisons, 27.

PASDELOU (Abbé François). Lettres, 504, 510.

PASQUIER (Fr.). Lettres, 348, 352.

PASSARO (Cap de), 424.

PASSART. Lettre, 294 ; — Recouvrement des tailles en Poitou, 286.

PASSAU (Bavière). Nouvelles de Passau, 243.

PASSEBON (M. DE), à Marseille. Lettre, 523.

PASSEMENTERIES. Réglementation pour l'entrée des passementeries venant d'Italie, 194 ; — Réglementation pour les passementiers de Rouen, 251 ; — V. DENTELLES.

PASSEPORTS. Passeports pour paquebots, 480.

PASSIACO (Renerius DE), II, 32.

PASSY (Famille DE). Notice généalogique, 86.

PASTRILLE. V. LESTRILLE (P.).

PATENTE DE LANGUEDOC. V. LANGUEDOC.

PATIN (Charles). Lettre, 458.

PATIN (Jacques). Quittance, 63.

PATOULET (Jean-Baptiste). Extraits de ses lettres, 472 ; — Lettres, 459, 471, 507.

PATRAS (Hellade) Archevêque, v. SPADA (Frédéric).

PATRIS. Lettre, 154.

PATRIZZI (Augustin). Sommaire du concile de Bâle, 1.

PATRON. Lettre, 274.

PATRU (Olivier). Lettre, 260.

PATTAWOMACKE. V. POTOMAC.

PATU. Lettre, 180.

PAU (Chambre des Comptes de). Arrêts, 276 ; — Lettres, 273, 279, 408 ; — Liste des officiers, 276 ; — Notes sur la Chambre des Comptes, 8.

PAU (Parlement de), 543 ; — Notes sur le Parlement, 8 ; — sur une lettre du Parlement, 525 ; — Pensions des officiers (1606-1656), 552.

PAUGEIRET, à Arles. Lettres, 171.

PAUL III, pape, 4, 56 ; — Bref, II, 36.

PAUL V, pape. Bref, 267 ; — Bulle, 19.

PAUL (Le chevalier), à Saumur, 111 ; — Croisière sur la côte d'Alger, 186 ; — Instructions, 36 ; — Lettres, 168, 182, 194, 197, 202, 206, 279, 316, 337, 341, 359, 363, 364, 379, 382 ; — Lettre à lui adressée, 332.

PAUL DE DIGOIN (Le Fr.). V. DIGOIN.

PAUL DE LAGNY (Le Fr.) V. LAGNY.

PAULE (Antoine DE), 81.

PAULET (William). Pouvoir à lui donné, II, 42.

PAULMY (Gabriel de Voyer DE). V. VOYER.

PAUQUET, au Mans. Lettre, 121.

PAVANT (M. DE). V. PUSSORT (H.).

PAVEMENT de Paris, 415 ; — Requête des paveurs, 172.

PAVILLON (Nicolas), évêque d'Alet. Lettre, 356 ; — Note sur son différend avec le grand-vicaire de Narbonne, 518.

PAVYOT (Claude). Lettre, 494.

PAYEN, à Meaux. Lettre, 413.

PAYOT (Edmond). V. BELLEVILLE.

PAYS-BAS ESPAGNOLS, 10, 16, 17, 34-35, 50, 189, 286 ; — Aliénation de domaines, II, 58 ; — Chambre de confiscations, II, 60 ; — Confiscations opérées à la suite des troubles, II, 60 ; — Gouverneurs, II, 60 ; — Desseins de Louis XIV pour « prendre possession », 39 ; — Mémoires sur les droits de la reine Marie-Thérèse à la succession des Pays-Bas, 38-40 ; — Mémoires sur les Pays-Bas, qui appartiennent à la Reine, 38 ; — Pensions des ambassadeurs, 551 ; — Régence, II, 52 ; — Relations avec la France, 15 ; — V. MARGUERITE D'AUTRICHE, MARGUERITE DE PARME, MARIE D'AUTRICHE, REINE DE HONGRIE.

PAYS-BAS HOLLANDAIS, 16, 17, 25, 33, 34, 35, 50, 166, 294, 351, 376, 393, 481, 525 ; II, 19, 38, 49 ; — Actes des États, 16 ; II, 25 ; — Adresses des États-Généraux à Louis XIV, 96 ; — Affaire de l'amiral avec H. d'Estivalle, 529 ; — Ambassadeurs, v. BOREEL (G.), ROMPF (G.) ; — Arrêt sur le commerce avec la Hollande, 271 ; — Arrivée de vaisseaux hollandais à Dieppe, 335 ; — Armée navale, 78 ; — Certificats sanitaires, délivrés aux vaisseaux hollandais, venant en France, 424 ; — Compagnie anglaise de Hollande, 52 ; — Correspondance des Pays-Bas, 10 ; — Déclaration de Charles II contre les Hollandais, 281 ; — Demandes faites par la France en Hollande, 1672, 453 ; — Draps, 347 ; — État en 1655, 16-17 ; — États-généraux, 347 ; — Extension aux Hollandais des privilèges accordés aux Suédois, 190 ; — Extraits des registres de résolutions des États, 189, 456 ; — Flotte, 469 ; — Guerre avec l'Angleterre, 222, 276 ; — Interdiction de commerce avec la Hollande par suite d'épidémies, 262 ; — Lettres des États, 42, 71, 203, 215, 345, 410, 431 ; — Lettre de la reine d'Espagne aux États, 344 ; — « Libre pratique », accordée aux vaisseaux venant de Hollande, 251 ; — Livres imprimés en Hollande et saisis à Bordeaux, 436 ; — Marchandises, confisquées sur un navire hollandais, 218 ; — Mémoires sur la construction d'un « navire-amiral », 79 ; — sur les événements de 1666, 344 ; — Notes sur la présence de Hollandais sur les côtes de France, 472-473 ; — sur les sentiments gallophobes du peuple, 484 ; — Nouvelles, 286 ; — Pensions des ambassadeurs, 551 ; — Relations avec la France, 15 ; — avec la Turquie, 5 ; — Requête aux États, 410 ; — Restitution de navires confisqués, 218 ; — Saisie par les Espagnols de marchandises hollandaises, 189 ; — Traités avec Alger, 134 ; — avec l'Angleterre, 78 ; — avec le Danemark, 16 ; — avec la France, 16, 22 ; — avec les villes hanséatiques, 16 ; — avec le Portugal, 41 ; — avec les fermiers des cinq grosses fermes, 363 ; — Victoire des Hollandais sur les Anglais, 354 ; — Voyage de Seignelay, 89-90 ; — V. AMSTERDAM, BRABANT, FRISE, GUELDRE, HOLLANDE, ZÉLANDE.

PÉAGES, 95, 286 ; — en Alsace, 199, 406 ; — du ressort du parlement d'Orange, 147 ; — sur la Charente, 148, 383 ; — sur la Garonne, 95, 127 ; — V. RHÔNE.

PÉAN DE MALLITARS. Lettre, 370.

PEAUX et cuirs, 344, 350, 376 ; — Brevet d'invention demandé pour les apprêter, 151 ; — V. CUIRS.

Pèbre, à Toulon. Lettre, 131.

Pêche, 427, 442 ; — Décharge du droit d'abord, en faveur des pêcheurs de France, 442 ; — Droit de pêche sur le Rhône, la Saône, la Garonne et la Dordogne, 427 ; — Pêches du hareng, 457 ; — de la morue, 140, 509, 526 ; — Pêcheries en Normandie 351 ; — V. Morue, Parcs, Poissonnerie.

Pechpeyrou de Comminges (Guillaume de). V. Guitaut (Comte de).

Pecquot (Pierre), 343 ; — Lettres, 232, 246, 349, 397 ; — Lettres à lui adressées, 297, 344.

Péculat. Mémoires sur la répression de ce crime, 44.

Pedro, et non Pedras (Jean, roi de), en Angola, 457.

Peene (Nord). V. Pesnes.

Pefeten (Charles). Lettre, 239.

Pégère (Pierre). Lettres, 226, 231.

Péguisien. Lettre, 303.

Pégourier (Guillaume). Certificat à lui accordé, 376.

Peillerault. Lettre, 182.

Peintres. Note sur des peintres engagés par la Cour, 495.

Peinture. « De pictura », 69.

Peirelongue (De). V. Peyrelongue.

Pelan (Arthur de). Lettre, 345.

Pelé, à Arques. Supplique, 407.

Peleau (Chevalier de). Poésie sur la paix, 50, 51.

Pèlerins. Rachat de pèlerins, II, 12.

Pelet. Lettre, 378.

Peleti (Petrus), II, 66.

Pélicot (Mathurin). Envoi de vaisseaux à Gotenburg, 420 ; — Lettres, 387, 390, 395, 397, 399, 404, 409, 412, 416, 419, 422, 425.

Pellejay (M. de). Fondation d'une chaire de théologie en Sorbonne, 9.

Pellerin, à Châtillon-sur-Indre. Lettre, 175.

Pellet (Jean-François), 512.

Pellissari (Claude et Georges), 115 ; — Lettres, 100, 103, 110, 117, 140, 149, 161, 206, 209, 304, 339, 359, 421, 471 ; — Lettres à eux adressées, 333 ; — Note sur une de leurs lettres, 525 ; — Ordre à eux donné, en tant que trésoriers de la marine, 124 ; — Question relative à la tutelle des enfants, 518.

Pellissier. Lettres, 219, 413, 428, 494.

Pellot (Claude Ier). Lettre, 132.

Pellot (Claude II), 427, 529 ; — Convention passée par lui, 370 ; — Jugement, 302 ; — Lettres (1660-1662), 99, 102, 109, 112, 117, 121, 125, 129, 135, 139, 143, 148, 153, 157, 162 ; — (1663-1664), 168, 174, 178, 183, 187, 191, 196, 200, 204, 210, 214, 219, 224, 228, 233, 238, 244, 248, 252, 257, 263 ; — (1665), 268, 273, 277, 281, 283, 287, 291, 296, 299, 304, 308, 312, 314, 315, 319, 323, 327 ; — (1666-1667), 331, 341, 345, 349, 353, 355, 358, 362, 365, 368, 372, 374, 375, 382 ; — (1668-1669), 391, 394, 396, 404, 407, 409, 411, 416, 420, 422, 425, 428 ; — (1670-1673), 432, 436, 438, 441, 443, 446, 448, 450, 454, 459, 461, 465, 471, 475, 478, 479 ; — (1674-1677), 481, 485, 487, 489, 493, 496, 499, 502, 505, 507, 510, 520, 524, 527, 530 ; — Lettres à lui adressées, 271, 333, 418, 421 ; — Notes, 421, 491, 521 ; — Ordonnances, 393 ; — pour les garnisaires du Poitou, 115 ; — Procédures entreprises contre les srs Castelviel, 176 ; — Rapport, 375.

Pellot (Mme Claude). Lettre, 209.

Pellot (Sœur Françoise). Lettre, 161.

Pellot (Jean-Baptiste). Lettres, 270.

Pellot (Mme Madeleine Colbert-), 494.

Peloux, à Grenoble. Lettres, 318, 398.

Pemaquid. V. Paissamaquoddy.

PEMBROKE (Comte Philippe DE). Concession à lui faite de Terre-Neuve, 66.

PENACORS (François de Veillan DE). Lettre, 187.

PENARANDA (Gaspard de Bragamonte, comte DE). Propositions pour le « renouement du traité », 1649, 24.

PENERF (Morbihan), 137.

PÉNITENTS. Interdiction d'assister à la messe, 9.

PENMARCH (Finistère), 488.

PENNAUTIER (P.-L. Reich DE). V. REICH.

PENNES (Les), 373.

PENESSAULDY, à Loches. Lettre, 310.

PENSIONS. État des pensions en 1661, 110 ; — Mémoire sur les pensions assignées, 434 ; — Pensions d'invalidité, 481 ; — Tableaux pour les pensions, de 1606 à 1656, 551.

PENTHIÈVRE (Duché de). Acte de signification de requêtes, pour s'opposer à la réunion du duché de Penthièvre, 281, 286.

PÉNY (Gautier DE). Instructions, 35.

PEPRÉLINGUE (P. DE). V. PEYRELONGUE.

PERACHON (Philibert). Lettre, 225.

PÉRARD (Jules). Lettre, 274.

PÉRAUD (R.-G., marquis DE). Lettres, 212, 217, 221, 228, 234, 242, 245, 259 ; — Mémoire, 213.

PERBONUS (Hieronymus) (Perbuono). « Epistolæ ad Johannem Langæum, » 58.

PERCEVAL DE HOTRON. Dénombrement, II, 48 ; — Mandement en sa faveur, II, 47.

PERCEVAL DE PRIMÈQUE. Son assassinat, II, 48.

PERCHE (Comté du), 20, 439.

PERCHERON. Lettre, 284.

PERCIN (Le sr DE), 434.

PERCIN DE MONTGAILLARD (Pierre-Jean-François), évêque de Saint-Pons. Lettres, 8, 444, 446, 531.

PERDREAU (Abbesse Dorothée). Lettres, 331, 493.

PÉRÉFIXE (Hardouin de Beaumont DE), évêque de Rodez, puis archevêque de Paris. Lettres, 109, 350, 432.

PÉRICARD (François DE), évêque d'Angoulême. Lettres, 471, 498, 507 ; — Lettre à lui adressée, 70.

PÉRICARD (Jean DE). Lettre à lui adressée, 70.

PÉRIER (P.). Lettres, 376, 392.

PÉRIGAL (Jacques DE). Lettres, 213, 239, 356.

PÉRIGNY (Octave DE). Lettre, 172.

PÉRIGORD, 93 ; — Enregistrement du traité de Cambrai par les officiers du pays, II, 27 ; — Note sur le trafic des deniers en cette province, 317.

PÉRIGUEUX (Dordogne). Évêque, v. VILLERS-LA-FAYE (Cyr DE) ; — Limites de la sénéchaussée, II, 62.

PERLE (La), nom de navire, 72.

PÉRONNE (Somme), 384 ; II, 15, 17, 21 ; — Lettre au gouverneur, 70 ; — Note sur le nombre des notaires de bailliage, 325 ; — Traité, II, 1, 17.

PÉROT. Lettre à lui adressée, 303.

PÉROU (Le). Voyage au Pérou, 42.

PÉROU (Lieutenant). Lettres, 413, 458, 475, 502.

PERPIGNAN (Pyrénées-Orientales). Défense aux consuls de délibérer sur d'autres affaires que celles de la police, 128 ; — Inventaire des « magasins de bouche », 156 ; — Lettres des consuls, 234, 297.

PERRAULT (Charles). Certificat, 532 ; — Lettres, 226, 230, 296, 426, 429, 458, 462, 507, 516, 522 ; — Lettre à lui adressée, 528 ; — Note, 393 ; — Poésies, 50 ; — Requête, 392 ; — Supplique à lui adressée, 335.

PERRAULT (Claude). Lettre, 482.

PERRENOT DE GRANVELLE (Cardinal Antoine), évêque d'Arras. Pouvoir à lui donné, II, 28.

PERRIER (Pierre DE). V. CRENAN (Marquis DE).

PERRIN (Pierre). Lettres, 161, 167, 175, 178, 186, 196, 210, 214, 220, 225, 228, 263, 339.

PERRIQUET, à Poitiers. Lettre, 336.

PERRO, à Provins. Lettre, 275.

PERRON (Louis). Lettre, 235.

PERRONA. Lettre à elle adressée, II, 66.

PERROT (Famille). Notice généalogique, 86.

PERROT (C.). Lettres, 286, 293, 319, 341, 345, 346, 349, 353, 359, 432.

PERROT D'ABLANCOURT (Nicolas). Lettre, 238.

PERROT DE FERCOURT (Charles). Lettre, 492.

PERROT DE LALOBE. Mandement pour le faire remettre en liberté, II, 4.

PERROUSE (D.). Lettres, 226, 228, 462.

PERRUDE (J.). Lettre, 321.

PERSE. Shah, v. ABBAS.

PERTHUIS, à Clermont - Ferrand. Lettres, 315, 324, 340.

PERTUIS (P.), à Avignon. Lettres, 210, 229, 348.

PÉRULLIER, à Montauban. Lettre, 119.

PERUSIS (Jacques DE). Lettre, 195, 202.

PESARO (Giovanni), II, 61.

PESCHEUR, à Saint-Florentin. Lettre, 286 ; — Mémoire sur les abus commis dans la levée des impôts, 45.

PESNES (M. DE), II, 11.

PESTE. V. MALADIE CONTAGIEUSE.

PESTRILLE, à Bordeaux. Lettre, 278.

PÉTAU (Alexandre). Extrait d'un de ses manuscrits, 54.

PETEGHEM (Flandre Orientale), II, 3, 10 ; — Lettre pour les habitants, II, 48.

PÉTIGOT (Abbé). Lettre, 146 ; — Lettre à lui adressée, 160.

PÉTIS DE LA CROIX (François). Lettres, 420, 477, 488, 489 ; — Traduction d'une lettre du sultan Ibrahim et de documents sur Alger, 5.

PETIT, à Étampes (Famille). Note sur cette famille, 387.

PETIT, à Morlaix. Lettre, 294.

PETIT, à Paris. Lettre, 190.

PETIT, à Pignerol. Lettre, 374.

PETIT (E.). Sentence prononcée contre lui, 488.

PETIT (Le Fr. Jean), abbé de Cîteaux. Lettre, 433.

PETIT (Jeanne). Circulaire sur sa mort, 508.

PETIT l'aîné (Louis). Lettres, (1661-1665). 171, 173, 200, 213, 219, 220, 246, 269, 293, 295, 300, 305, 317, 325, 327 ; — (1666-1677), 338, 343, 352, 355, 360, 371, 377, 398, 402, 422, 462, 471, 477, 479, 514, 520.

PETIT le jeune (Louis). Lettres (1665), 273, 286, 288, 291, 296, 301, 305, 309, 313, 315, 320, 328 ; — (1666-1677), 338, 356, 359, 365, 371, 378, 398, 429, 470, 477, 480, 510, 523, 524.

PETIT (Pierre). Poésies en l'honneur de Louis XIV, 49.

PETIT DE VILLENEUFVE. Lettre, 480.

PETITE-ÉCURIE (La). V. ÉCURIE.

PETITE-PIERRE (Georges-Jean, duc DE LA). Lettre à lui adressée, 26.

PETITIÈRE (M. DE LA). V. BÉTOULAT-PETITIÈRE et VOULLEMIN.

PETITMAIRE (Claude). Lettre, 103.

PETITPAS (Jean DE). Lettres, 251, 254, 256, 257, 326 ; — Sommation à lui adressée, 262.

PETKUM (Simon DE). Lettres, 354, 369.

PETRE (William). Pouvoir à lui donné, II, 42.

PETRÉE (Achaïe). Évêque, v. LAVAL (Fr. DE).

PETRUS. Vente, II, 64.

PETRUS AGABNI. Vente à lui faite, II, 65.

PETRUS AMARONI, II, 66.

PETRUS AMELII, archevêque de Narbonne. Compromis avec le vicomte, II, 67 ; — Hommage du vicomte à lui fait, II, 67.

PETRUS BERINGARIUS. Lettre à lui adressée, II, 65.

PETRUS BITERRENSIS. Remise à lui faite de vigne, II, 66.

PETRUS BOCA. Vente à lui faite, II, 66.

PETRUS BOCADORLI. Vente à lui faite, II, 64.

PETRUS BOVES. Acte de tradition de terres, II, 66.

PETRUS DE CASILIACO. Don à lui fait, II, 66.

PETRUS DE CORBONIA. Lettres, II, 65.

PETRUS DE CORCONA. Dette par lui due, II, 65.

PETRUS DE GRANERIIS. Dette à lui due, II, 68.

PETRUS DE MORNAYO, à Carcassonne. Lettres, II, 69.

PETRUS DE PODIO. Acte de tradition de droits à lui faite, II, 65.

PETRUS DE SANCTO-JULIANO. Don, II, 65.

PETRUS DE SANCTO-YLARIO. Testament, II, 66.

PETRUS DE SCALIS. Don, II, 65.

PETRUS DE VENRES. Mariage, II, 66.

PETRUS PELETI. Don, II, 66.

PETRUS RAIMUNDUS DE BOSCO. Échange avec Aimericus Palernis, II, 66.

PETRUS RAIMUNDUS DE MONTE OLIVO, II, 68.

PETRUS RAIMUNDUS FABER, II, 68 ; — Dons à lui faits, II, 66, 67.

PETRUS SUNIARI. Vente à lui faite, II, 64.

PETRUS UGBANDUS. Don à lui fait, II, 66.

PETRUS VITALI, II, 67.

PEULLOT, à Longres. Lettre, 146.

PEYRELONGUE (Pierre DE). Lettres, 252, 265, 311, 359.

PEYRUSSE (L.), prieur de Grandselve. Lettre, 95.

PEYRUSSE DES CARS (Anne DE), cardinal de Givry. Correspondance diplomatique, 36-37.

PÉZENAS. Lettre de consuls, 242.

PFIRT (Alsace). V. FERRETTE.

PFYFFER (Balthasar). Lettre à lui adressée, 26.

PFYFFER (Christophe). Lettres, 322, 325.

PHALSBOURG (Meurthe). Compte du receveur du domaine en 1619, 110.

PHARAMOND, 80.

PHARES. Cordouan, 124, 184 ; — Ile de Ré, 492.

PHARMACIE, 529.

PHÉLIPOT (Bonaventure). Lettre, 235.

PHÉLYPEAUX (Famille). Notice généalogique, 86.

PHÉLYPEAUX (Balthasar). V. CHATEAUNEUF.

PHÉLYPEAUX (Sœur Françoise-Élisabeth). Lettres, 293, 316.

PHÉLYPEAUX (Louis), marquis de La Vrillière. V. LA VRILLIÈRE.

PHÉLYPEAUX (Louis), comte de Pontchartrain. V. PONTCHARTRAIN.

PHÉLYPEAUX (Michel), évêque d'Uzès. Lettre, 514.

PHÉLYPEAUX (Pierre). V. LA VRILLIÈRE.

PHIFFER (Balthasar et Christophe). V. PFYFFER.

PHILIBERT II, duc de Savoie, II, 54 ; — Lettres, II, 55 ; — Mariage avec Marguerite d'Autriche, II, 55.

PHILIBERT DE VEYRE, II, 19, 20.

PHILIOMEL (Pas-de-Calais). Seigneur, v. DOGNYES (Rob.).

PHILIPEAUX (Françoise). V. PHÉLYPEAUX.

PHILIPPE LE BEAU, roi de Castille, II, 35, 53 ; — Actes le concernant, II, 20, 21 ; — Hommages au roi de France, 16, 20 ; — Lettres, II, 51, 52, 53, 54 ; — Mariages avec Anne, fille d'Édouard IV, II, 53 ; — avec l'infante Jeanne, II, 53, 54 ; — Prise de possession du comté de Flandre par ses procureurs, II, 53 ; — Traités avec Ferdinant le Catholique, II, 54 ; — avec le roi d'Angleterre, II, 40.

PHILIPPE II, roi d'Espagne. Actes, II, 25, 28, 60 ; — Acte le concernant, II, 59 ; — Lettres, II, 59, 60 ; — Mariage avec Marie Tudor, II, 43 ; — Ordonnance, II, 59 ; — Privilèges par lui accordés, 53 ; — Serment pour le traité du Cateau, II, 29 ; — « Tercias del Rey », 90.

PHILIPPE IV, roi d'Espagne. Lettres, II, 61 ; — Lettre à lui adressée, 33 ; — Mémoire à lui adressé, au sujet de la duchesse de Chevreuse, 133 ; — Octroi à la ville de Saint-Venant d'un droit sur les boissons, 115 ; — Ordre pour le ravitaillement de l'escadre du duc de Beaufort, 194 ; — Rentes sur les emprunts faits par lui en Flandre, 267 ; — Testament, 41.

PHILIPPE II AUGUSTE, roi de France. Actes, II, 1 ; — Lettre à lui adressée, II, 30.

PHILIPPE III LE HARDI, roi de France. Actes, II, 3.

PHILIPPE IV LE BEL roi de France, II, 33, 44 ; — Actes, II 3-8 ; — Lettres, II, 62, 68 ; — Traité d'Athis, II, 5.

PHILIPPE V LE LONG, roi de France, II, 34, 45 ; — Actes, 8-10.

PHILIPPE VI DE VALOIS, roi de France, II, 45 ; — Actes, II, 11-12 ; — Lettre, 12.

PHILIPPE LE BEAU, archiduc d'Autriche. V. PHILIPPE, roi de Castille.

PHILIPPE LE BON, duc de Bourgogne, II, 17, 39 ; — Dîme par lui perçue, II, 34 ; — Lettres, II, 49, 50 ; — à lui adressées, II, 34 ; — Lettres de don, à lui fait, II, 14-15 ; — Lettres, lui permettant de mettre dans ses actes « par la grâce de Dieu », II, 16 ; — Traité d'Arras, II, 15.

PHILIPPE LE HARDI, duc de Bourgogne, II, 13 ; — Accord avec Charles VI, II, 13-14 ; — Actes, II, 13, 14 ; — Actes le concernant, II, 13 ; — Différend avec la comtesse de Bar, II, 14 ; — Lettres, II, 47, 48 ; — Mandements, II, 47 ; — Pouvoir à lui donné, II, 48.

PHILIPPE DE CLÈVES, sr de Ravestein, II, 19, 57.

PHILIPPE Ier DE COURTENAI, empereur. Lettres et quittance, II, 44.

PHILIPPE DE CROY, comte de Chimay, 16 ; II, 51.

PHILIPPE DE FRANCE, fils aîné de Louis VI. Mariage avec Agnès de Nevers, 18.

PHILIPPE DE FRANCE, « Monsieur », frère de Louis XIV, 471, 472 ; — Sa maison : v. MAISON DE MONSIEUR.

PHILIPPE DE LALAING, II, 59.

PHILIPPE, comte de Lorette. Lettres, II, 44, 45.

PHILIPPE DE PRÉCY, II, 9.

PHILIPPE DE SAVOIE, 19.

PHILIPPE DE VENDÔME, 444, 463.

PHILIPPE-LUDOVIC DE NEUBOURG, 15.

PHILIPPEAUX (Le sr DE). Lettre, 369.

PHILIPPEVILLE (Algérie). Mémoire sur les fortifications, 328.

PHILIPPSBOURG. « Droit du revêtissement », 124 ; — État des réparations, 128 ; — Fortifications, 161, 242, 294 ; — Inscription en vers, 50.

PHILLEPRAUX (Sr DE). V. PHILLIPEAUX.

PHILPIN, à Langres. Lettre, 146.

PIANELLO DE LA VALETTE (Baptiste). Lettres, 114, 140, 144, 153, 164, 169, 177, 183.

PIANEZZE (Ch.-Em.-H. DE). V. SIMIANE.

PIASTRES, 398.

PIATTI (Cardinal Flaminio). Lettres, 37.

PIBRAC (G. DE). V. DU FAUR.

PIC DE LA MIRANDOLE (Alexandre). V. LA MIRANDOLE.

PICARD (Mathurin). Procès-verbal, 380.

PICARDIE, 93, 492, 512 ; II, 17, 24 ; — Avances des communautés de la généralité aux troupes,

380 ; — État des recettes des tailles de la généralité, 207 ; — Généralité, 534, 535, 536, 537, 538, 539, 541 ; — Lettres des trésoriers, 143, 151, 154, 157, 163, 169, 175, 179, 183, 187, 201, 204, 231, 241, 265, 291, 300, 301-302, 315, 345, 362 ; — Liste des gouverneurs, 91 ; — Recouvrement des impôts, 329.

PICART. Quittance, 302.

PICAULT (André). Lettre, 193, 197, 245, 280, 289, 306, 314, 315, 318, 326, 338 ; — Opposition à la saisie des revenus de sa charge, 340.

PICCOLOMINI (Celio), archevêque de Césarée. Lettre, 121.

PICCOLOMINI (Francesco), 1.

PICON (P.). V. PECQUOT.

PICON DE CHASSENEUIL. V. CHASSENEUIL.

PICCONI (Ant.). V. SAN-GALLO.

PICOT (Famille). Notice généalogique, 86.

PICQUES (Jacques). Lettres, 10, 11 ; — Lettre à lui écrite, 439.

PICQUET, à Amiens. Lettre, 221.

PICQUET (François), évêque de Cæsaropolis. Lettre, 524.

PICQUIGNY. V. PIQUIGNY.

PIE IV, pape, 2.

PIE DE SAVOIE (Cardinal), 37.

PIED-FOURCHÉ. Arrêts sur la levée de ce droit dans la généralité de Paris, 111, 112.

PIEL (Vincent). Provisions de receveur des finances de Bourges, en sa faveur, 166.

PIÉMONT, 35, 36 ; — Pensions des ambassadeurs en Piémont, 551.

PIENCOURT (Chevalier DE). Lettres, 483, 493, 496, 499, 504, 505 ; — Note, 485.

PIENNES (Antoine de Brouilly, marquis DE). Lettres, 142, 232, 308, 385, 452 ; — Accusation contre lui, 262.

PIENNES (Françoise de Godet, marquise DE). Lettres, 383, 517.

PIERRE II, roi de Portugal. Avantages remportés par ses troupes en Angola, 457.

PIERRE AURIOL, archevêque d'Aix. Vidimus, II, 34.

PIERRE BARBET, archevêque de Reims. Lettre à lui adressée, II, 32.

PIERRE BOGART, II, 51.

PIERRE DE BEAUJEU, II, 19.

PIERRE DE BRUNEMONT, abbé de Vaucelles. Lettre à lui adressée, II, 32.

PIERRE DE COLMIEU, évêque d'Albano. Lettres, II, 30.

PIERRE, BATARD DE CULANT, II, 15.

PIERRE DE LA BARRE, II, 47.

PIERRE DE MONTE-GAY, II, 4.

PIERRE DE MONTBRUN, archevêque de Narbonne. Accord avec le vicomte relatif aux juifs, II, 68.

PIERRE DE MORNAY, évêque d'Auxerre. Lettres, II, 5.

PIERRE DE SACIERGE. Pouvoir à lui donné, II, 19.

PIERRE DE SITULVERO, archevêque de Narbonne, II, 65.

PIERRE DU HOLE, II, 47.

PIERRE GROOTDUME, II, 34.

PIERRE KNŒRE. Quittance, II, 50.

PIERRE KUICK, ou QUICH, II, 35.

PIERRE NUIREL, II, 47.

PIERRE RODIER. Pouvoir à lui donné, II, 9.

PIERREBUFFIÈRE (Jean-Charles DE), marquis de Châteauneuf. Arrêt qui casse son testament, 4.

« PIÉTÉ (La) victorieuse. » V. NÉANIE.

PIÈTRE (Julien). Lettres, 140, 143, 154, 157, 175, 176, 178, 179, 183, 187, 192, 205, 211, 225, 280, 284, 325, 327, 337 ; — Lettre à lui adressée, 334.

PIGEON-VILLERUAYS (Jean). Lettres, 238, 271.

PIGNEROL. Lettres des gens du conseil, 496 ; — Lettres et remontrances des syndics, 279, 376 ; — V. PIENNES (Marquis DE).

PIJART (François). Lettres, 230, 248.

PILIS (Bernardus), II, 65.

PILLATE (Jacques). Lettre, 344.

PILLES (Jacques-André DE). Lettres, 122, 147, 181, 305, 497.

PILSON (Thomas). Lettre, 365.

PIMENTEL DE PRADO (Don Antonio). Lettres, 98, 102, 116, 123, 153.

PIN, à Tours. Lettres, 174, 192, 199, 206, 213, 243, 250, 301.

PINCGAULT (Charles). V. PINGAULT.

PINERAY (M. DE). Lettre, 148.

PINET (Jean). Compte à lui rendu, 424 ; — Lettres, 151, 168, 173, 179, 187, 226, 246, 279, 327, 352, 369, 378, 375, 378, 387, 394 ; — Mémoire sur ses quittances, 428 ; — Note par lui écrite avant son exécution, 529.

PINETTE (Nicolas). Lettre, 240.

PINEY-LUXEMBOURG (Pairie de). Érection de cette pairie, 24.

PINGAULT (Charles). Lettres, 100, 101, 102 ; — Supplique, 411.

PINGRÉ (Pantaléon). Lettres, 154, 157, 164, 169, 183.

PINGUIS (Lieutenant). Lettre, 222.

PINON (Famille). Notice généalogique, 86.

PINS-MONTBRUN (Antoine DE). Lettres, 130-131, 273, 377, 423, 426, 460.

PINTERVILLE (M. DE), à Rouen. Lettres, 122, 193.

PINTON. Décharge des accusations, qui pesaient sur lui, 407.

PINY (Le Fr. Alexandre). Lettre, 522.

PIQUART (Thiébaut), II, 48.

PIQUIGNY (Antoinette DE). V. ALBERT DE PIQUIGNY (A. DE).

PIQUIGNY (Charlotte-Eugénie d'Ailly, duchesse DE). V. AILLY.

PIQUIGNY (Sœur Marie-Louise d'Albert DE). V. ALBERT.

PIROT (Abbé Edme). Avis sur la réception des filles dans les monastères, 8.

PIRY (J.). Lettre, 359.

PISANI (Marquis DE). V. VIVONNE (J. DE).

PISCATORY. Lettres, 122, 126, 243.

PISQUET. V. PECQUOT (Pierre).

PISTOLES, 472.

PITARD D'ORTHEZ. Lettre, 193.

PITGAM (Nord). Mandement pour faire fournir aux habitants leurs contingents de bataille, II, 6.

PITHOU (Pierre). Livres provenant de sa bibliothèque, 76.

PITTAN (P.). Lettres, 230, 233, 273, 277.

PITTAN (Suzanne Le Jeune, dame DE). Lettre, 416.

PIZART. V. PIJART.

PLANÈTES. « Era planetarum, » 75 ; — « Tabula, » 74 ; — Traduction du traité d'Alpetragius sur les planètes, 74 ; — Traités sur les mouvements des planètes, 75.

PLANIMÉTRIE. Traité, 74.

PLANS. Liste de plans de villes, conservés à la bibliothèque Mazarine, 76 ; — V. CARTES, GORÉE, INDES, MADRAS et VAR.

PLANTA (M. DE). Lettre, 524.

PLANTEROSE (Marie DE). Supplique, 518.

PLASSAC (Charente). Mémoire relatif à cette terre, 329.

PLATA (Rio de la). Voyage à la Plata, 42.

PLATTES (Gabriel). Traduction de son ouvrage sur la découverte des trésors, 52.

PLATY (Mario). Lettre, 338.

PLESSIS (Familles DU). V. DU PLESSIS.

PLUYMERS (Jean). Lettres, 292, 312, 320, 373, 378, 395.

POCQUELIN (Pierre). Lettre, 269.

POCQUELIN (Jean-Louis). Lettres, 235, 238, 245, 294, 301, 327.

POCQUELIN fils (Philippe-Louis). Lettres, 230, 294, 301.

PODEVITS (Comte Henri). Lettres, 244, 251, 301, 304, 307, 310.

PODIO (Petrus DE), II, 65.

POIDS, mesures et balances, 504, 532.

POIGNANT (Sr DE). Placet, 564.

POIGNY (Jean d'Angennes, sr DE). V. ANGENNES.

POILLÉ (Comte H. DE). Accusation de fausse monnaie, portée contre lui, 203.

POILLY (C. DE). Lettre à lui adressée, 70.

Points - de - France. Interdiction aux marchands de vendre d'autres dentelles, 388 ; — V. Dentelles.

Poirot (J.). Lettre, 117.

Poisson, à Angers. Lettre, 386.

Poissonnerie. Différend entre les intéressés des gabelles et les adjudicataires des fermes, pour la sous-ferme du poisson, 314 ; — V. Hareng, Morue, Pêche.

Poissy. Assemblées de 1561, 1625 et 1635, 2.

Poissy (Cardinal Étienne de), II, 13.

Poitiers. Dépense des troupes dans la généralité, 124 ; — Diminutions à faire sur les impôts de la généralité, 186 ; — État des remèdes nécessaires pour l'hôpital de l'armée navale, 484 ; — Évêque, v. Clairambault (G. de) ; — Généralité, 534, 535, 536, 537, 538, 539, 541 ; — Lettres des trésoriers-généraux, 163, 174, 180, 183, 188, 200, 210, 233, 238, 253, 274, 283, 294, 301, 336, 377, 386, 395, 426 ; — Listes des évêques, 54 ; — des notaires de la sénéchaussée, 339 ; — Métiers à rubans, 347 ; — Procès-verbal pour la signification de l'ordonnance de la représentation des titres, signifiée aux commis des recettes, 181 ; — Receveur des finances, 395-396 ; — Troupes mises à la disposition des trésoriers, 182.

Poitiers (François de). Lettre, 316.

Poitiers (Hugues de), 59.

Poitiers (Le Fr. Polycarpe de). Lettre, 321.

Poitou, 18 ; — Ordonnance relative aux garnisaires de Poitou, 115 ; — Recouvrement des tailles dans la généralité, 286 ; — Trafic de la province, 485.

Poitraz, ou Poitvaz, à Saumur. Lettre, 375.

Poix. Note sur la sortie de France des poix grasses et maigres, 375.

Poix (D. de). Lettre, 127.

Poix (M. de), à Poitiers. Lettre, 319.

Polge (Claude). V. Alègre.

Poli (Paolo Conti, duc de). Lettres à lui adressées, 30.

Police. V. Paris.

Polignac (Louis-Armand de). Lettres, 268, 494.

Polignac (Abbé Melchior de). Mémoire contre la ville de Dantzig, 11.

Pollard. Lettre, 499.

Pollet (Le), près Dieppe. V. Le Pollet.

Pollichove (François de), II, 46.

Pologne, 22, 36, 90, 307, 486 ; — Guerre avec les Moscovites, 10 ; — « Induciæ, inter Suecum et Polonum reges conclusæ » (1635), 10 ; — Pensions des ambassadeurs en Pologne, 551 ; — Projets d'alliance avec la France, 10 ; — « Protestatio Polonorum coram mediatoribus » (1635), 10 ; — Rapports avec la France, 10 ; — Rois, v. Jean-Casimir, Sigismond, Sobieski (J.), Wladislas VII.

Polycarpe de Poitiers. V. Poitiers.

Poméhé. V. Mohr (Rod.).

Pomereu (Famille de). Notice généalogique, 86.

Pomereu (Denise de). Lettre, 236.

Pomereu de La Bretèche (Auguest-Robert de). Lettres (1661-1663), 97-98, 105, 107, 114, 119, 122, 124, 132, 138, 145, 147, 148, 153, 164, 169, 173, 178, 185, 187, 191, 196, 200, 204 ; — (1664), 209, 214, 219, 223, 232, 238, 244, 249, 254, 257, 264 ; — (1665-1677), 268, 273, 278, 288, 293, 294, 299, 304, 308, 315, 319, 323, 328, 516 ; — Lettre à lui adressée, 307 ; — Note sur une de ses lettres, 525.

Pompeux (Le), nom de vaisseau, 73.

Pomponne (M. de). V. Arnauld de Pomponne.

PONANT (Le). Armements, 533 ; — Expédition du Ponant, 511 ; — Marine, 78-79 ; — Radoub des vaisseaux de Ponant, 1662, 152.

PONCEAU. Lettre, 150.

PONCET (Pierre). Lettres, 117, 178, 199, 217, 230, 241, 278, 291, 301, 317, 346, 360, 379, 444, 498, 514, 516, 523 ; — Note, 104.

PONCET DE LA RIVIÈRE (Matthias). Lettre, 500.

PONCET DE LA RIVIÈRE (Michel), évêque d'Uzès. Lettre, 523-524 ; — Note sur une de ses lettres, 525.

PONCHER (Étienne DE), évêque de Paris, II, 21.

PONCIA. V. PONTIA.

PONCIUS. V. PONTIUS.

PONDICHÉRY, 501.

PONGNY (M. DE). V. ANGENNES.

PONS (François DE), 20.

PONS (Gobin DE), II, 14.

PONS-HEUDICOURT (Bonne DE). Lettre, 432.

PONSAINPIERRE (Dominique DE), 357 ; — Lettres (1661-1663), 113, 118, 121, 125, 132, 135, 138, 143, 148, 153, 158, 165, 170, 175, 178, 184, 186, 193, 196, 200 ; — (1664-1669), 226, 230, 235, 249, 268, 291, 346, 348, 356, 389, 422, 426 ; — Note sur une de ses lettres, 525.

PONSAINPIERRE (Lambert DE). Lettres (1661-1663), 113, 118, 121, 125, 135, 138, 143, 148, 153, 158, 165, 170, 175, 178, 184, 186, 193, 196, 200 ; — (1664-1669), 226, 230, 235, 249, 268, 291, 346, 348, 356, 389, 422, 426.

PONT-A-MOUSSON (Meurthe-et-Moselle), II, 47.

PONT-DE-L'ARCHE, 280 ; — Forêt, 203.

PONT-DE-VAUX (Ain). Lettres des députés, 233, 240.

PONT-DE-VAUX (Charles-Emmanuel de Gorrevod, duc DE). Lettre à lui adressée, 70.

PONT-DE-VEYLE (Ain). Lettres des députés, 233, 240.

PONT-L'ÉVÊQUE. Certificats sur l'épidémie, 504.

PONT-SAINT-ESPRIT (Le). Mines, 418.

PONTSAINPIERRE. V. PONSAINPIERRE.

PONTAC (Arnaud DE). Lettres (1661-1663), 104, 118, 129, 135, 149, 153, 154, 160, 165, 174, 180, 196 ; — (1664-1665), 228, 232, 238, 248, 255, 258, 264, 268, 274, 279, 284, 288, 293, 296, 300, 305, 307, 313, 319, 326 ; — (1666-1672), 337, 352, 355, 359, 362, 371, 408, 447, 454.

PONTAC (Jean DE). Lettre, 150, 165, 174, 182, 187, 191, 201, 210, 221, 224, 288, 306, 327, 382, 417 ; — Réparation pour l'offense, qui lui a été faite, 189.

PONTAC-BEAUTIRAN (Mme O. DE), 449.

PONTARLIER. Péage, II, 56.

PONTAULT (S.). V. BEAULIEU.

PONTCARRÉ. V. CAMUS.

PONTCHARTRAIN (Louis Phélypeaux, comte DE). Lettre, 521 ; — Note sur une de ses lettres, 525.

PONTET (J.). Lettre, 114.

PONTÉVÈS (François DE). Lettre, 249.

PONTHAUD (Michel DE). Lettres, 308, 327.

PONTHIEU (Le). Acte de la sénéchaussée, II, 24 ; — Juridiction des eaux et forêts, II, 16 ; — Mandement adressé au sénéchal, II, 17.

PONTHON (Charles). Lettre, 276.

PONTHUS DE LALAING, II, 59.

PONTIA. Vente, II, 64 ; — Vente de vignes, II, 65.

PONTIER (Ch.). Lettre, 395.

PONTIFICAL (État). V. PAPAUTÉ.

PONTIFICALE (Flotte), 411.

PONTIUS (Guillelmus), II, 67.

PONTIUS AMELIUS. Vente à lui faite, II, 64.

PONTIUS D'ARSACE, archevêque de Narbonne. Lettres à lui adressées, II, 65.

PONTIUS DE TURRE DE SCALIS. Actes, II, 68.

PONTIUS FABER. Don à lui fait, II, 66.

PONTIUS FURNERIUS. Traité conclu avec sa femme, II, 66.

PONTIUS GUIFFREDI DE MOSSIANO. Vente, II, 68.

PONTIUS MAGISTER, II, 67.

PONTIUS STEPHANI. Accord avec Arnaldus Vitulus, II, 67.

PONTMORY (M. DE). Comptes, 380 ; — Lettres, 279, 293, 397.

PONTOISE, II, 8 ; — Droit de quatrième, 302 ; — Lettres de la communauté de l'hôpital, 285, 289, 303 ; — de la prieure de Saint-Nicolas, 520 ; — Litige entre les échevins et l'archevêque de Rouen, 7 ; — Mémoire sur les abus des gens de guerre dans l'élection, 495.

PONTS ET CHAUSSÉES, 106, 138, 286, 328 ; — Mémoire sur l'emploi d'une somme destinée aux ponts-et-chaussées, 430 ; — V. ROUEN.

PONYNGES (Edward). Pouvoir à lui donné, II, 41.

POPULATION DE LA FRANCE. Privilèges pour les grandes famillles, 46.

POREL, à Bourg. Lettre, 233.

PORRADE (P. DE). Lettres, 99, 211.

PORRÉ, à Rouen. Lettre à lui adressée, 464.

PORT illégal de l'épée, 111.

PORTAIL (Antoine). Lettre, 118.

PORTE (La Sublime). V. TURQUIE.

« PORTELAN » (Le), vaisseau anglais, 125.

PORTIEN (Vicomte DE). V. GOMONT (N. DE).

PORTIONS CONGRUES, 77.

PORTOBELLO (Colombie). Prise de cette ville par les flibustiers, 42.

PORTO-RICO (Antilles), 43.

PORTS. Cartes de ports, 78 ; — Réparations, 127.

PORTUGAL, 36, 94, 189 ; — Catalogue des rois, 40 ; — Légation en Portugal, II, 36 ; — Pensions des agents en Portugal, 551 ; — Poésie dédiée au roi, sur des présents faits à des capitaines de vaisseaux portugais, 50 ; — Rapport sur la présence de vaisseaux portugais, sur les côtes de France, 476 ; — Rois, v. JEAN III, JEAN IV DE BRAGANCE, PIERRE II ; — Traité avec les Pays-Bas, 41.

PORTUGAL (Ferrand DE), comte de Flandre, II, 2.

PORTUGAL (Isabelle DE), II, 15.

POSEN. Nouvelles de Posen, 307.

POSTEL DU CLIVET (Bertrand). Condamnation pour sédition, 147.

POSTES, 302 ; — Exemptions pour les maîtres des postes, 325 ; — Franchise postale, 7 ; — Mandement autorisant le roi d'Espagne à établir des postes en France, II, 23 ; — Nouvelles de la poste (1647), 67 ; — Receveur à Calais, 262 ; — V. PAQUEBOTS.

POT (Guillaume), sr de Rhodes. Quittances, 62, 64, 65.

POT (Louis), II, 35.

POTESTA (Andrea DE). Lettres, 179, 203.

POTIER (Famille). Notice généalogique, 86.

POTIER (Léon), duc de Gesvres. Lettres, 315, 455 ; — Note sur une de ses lettres, 525.

POTIER (Léon), duc de Tresmes. Lettre, 315.

POTIER DE BLANCMÉNIL (Président). Lettre à lui adressée, 30.

POTIER DE NOVION (Nicolas). V. NOVION.

POTIER DE SCEAUX (Antoine). Quittances, 64, 65.

POTOMAC (Le), fleuve, 66.

POTON DE XAINTRAILLES, II, 15.

POTTER (Joachim). Sommes dues par lui à Jean de Flon, 415, 418.

POTTS (Thomas). Procès-verbal de sa comparution, 488.

POUCHET, à Montauban. Lettre, 198.

POUDENY. V. PODEVIS.

POUDRES, 361 ; — Mémoire sur

des poudres défectueuses, 339 ; — Mémoire sur les fournitures de poudres pour la marine, 487 ; — Moulins à poudre, 388 ; — V. MUNITIONS.

POUILLY-SUR-LOIRE (Nièvre). Dîmes, 242.

POULLETIER. Lettres, 141, 146, 150.

POUPARDIN (Gilles). Lettre, 180.

POUPART (J.). Lettres, 96, 102, 122, 126, 130, 134, 140, 143, 149, 154, 157-158, 165, 169, 175, 178, 182, 187, 191, 195, 205, 209, 214, 222, 225, 229, 233, 236, 245 ; — Ordre à lui donné, 137.

POUPELINIÈRE, à La Bernière. Lettres, 172, 205, 506.

POUPELINIÈRE, à Toulon. Lettre, 342.

POURFOUR (François). Lettre, 228.

POURSIN (Jacques). Lettres, 99, 102, 151, 155, 168, 221, 234, 245, 289, 300, 304, 324, 352, 372, 395, 404, 417.

POUSARGUES. V. NOUSARGUES.

POUSSART (Anne), duchesse de Richelieu. V. RICHELIEU.

POUSSIN (Artus). Lettres, 118, 162.

POUSSINEAU (Godefroy). Lettres, 237, 265.

POYANNE (Henri DE), Lettres, 188, 202, 293, 301, 353.

PRADEL (François DE). Lettres, 165, 168.

PRADO (Pimentel DE). V. PIMENTEL.

PRARIER (Capitaine). Requête sur son affaire, 453.

PRASLIN. V. CHOISEUL-PRASLIN.

PRASLIN, ou PRASLAIN. V. DU PLESSIS.

PRAT (André). Placet, 517.

PRATS (B. DE). Lettre, 164.

PRÉAULT, à Blois. Lettre, 132.

PRÉAUX, au diocèse de Lisieux. Abbaye de Saint-Pierre : inventaire des bénéfices, 63.

PRÉAUX (Ch. DE). V. LAUBESPINE.

PRÉAUX-MERCEY (Gilbert DE). Lettres, 321, 362, 365, 370, 375, 413.

PRÊCHEURS (Couvents des Frères-). Aumône faite au couvent de Paris, 63 ; — Couvent de Valen-

ciennes, II, 32 ; — V. DOMINICAINS.

PRÉCHOT (M. DE). V. DRÉCHOT.

PRÉCY (Philippe DE), II, 9.

PRÉDOMM (Guillaume). Son arrestation à Limerick, 418.

PRÉFONTAINES (A. DE). Lettres, 258, 336, 353, 522.

PRÉGENT (Robert). Lettres, 221, 244, 269, 374, 396.

PRÉLABBÉ (Antoine-Pierre-Olivier DE). Lettres, 152, 243, 253, 285.

PRÉMONTRÉ (Ordre DE). Placet du « procureur des réformés de Prémontré », 456.

PRENET (Dom Jean-Chrysostôme). Lettre, 505.

PRESBYTÈRES. Note sur les réparations de presbytères en Normandie, 76-77.

PRÉSIDIAUX. Mémoire sur les présidiaux, 87 ; — V. AUXERRE, BLOIS, CHARTRES, MONTAUBAN, MONTPELLIER, REIMS, ROUEN, SAINTES, SEDAN, SOISSONS, VALENCE.

PRESSAC (M. DE). Enquête sur son duel avec M. de la Rochecombon, 514.

« PRÊTRE INDIGNE » (Le). Lettre, 157.

PRÉTEXTAT, archevêque de Rouen, 9.

PREUILLY (Le P. Ambroise DE). Lettre à lui adressée, 495.

PREUILLY-D'HUMIÈRES (Jacob DE). V. CREVANT-HUMIÈRES.

PRÉVAL (M. DE), à Paris. Lettre, 423.

PRÉVOST (Le trésorier). Lettre, 353.

PRÉVOST (Antoine). Supplique, 532.

PRÉVOST (Jacques). Traité avec Colbert, 529.

PRÉVÔT DE L'ILE-DE-FRANCE. V. LASNIER DE LIEMBRUNE.

PRÉVÔT DES MARCHANDS, à Paris. Lettre à lui adressée, 334 ; — V. LE PELETIER, POMEREU et SÈVE.

PRÉVÔT DE SAINT-CYR (Famille). Notice généalogique, 86.

PRIE, ou PRYE (Mme X. DE). Lettres, 236, 509.

PRIÈRES (Abbaye de), en Morbihan, 97.

PRIEUR (Le sr). Lettre, 265.

PRIEURÉ (Grand-). V. GRAND-PRIEURÉ.

PRIMALDY DE BUEIL. V. GRIMALDI.

PRIMATS. Litige entre le primat de France et celui de Normandie, 7.

PRIMÈQUE (Perceval DE), II, 48.

PRIMET (Paul de Maluin, sr DE). Délibération relative à son affaire, 406 ; — Lettre, 406.

PRINCE (Le), vaisseau. Payement de l'équipage, 465.

PRINCE-HENRI (Le), vaisseau. Noms des intéressés, 351.

PRINCES. Pensions des princes (1606-1656), 151.

PRIOIX. V. BRIOIX.

PRIOLO (Benjamin). Lettres, 105, 114, 133, 144, 173, 181, 284, 328, 358.

PRISES, 483 ; — État des prises en mai 1666, 350 ; — Nomination de commissaires, pour connaître des « prises « maritimes, 60 ; — V. CORSAIRES.

PRISONS et prisonniers. Conduite de prisonniers, 403 ; — Échange de prisonniers entre la France et l'Espagne, 448 ; — Liste des prisonniers anglais, 120; — Nomination de concierges, 128 ; — V. BAGNES, BASTILLE, FORÇATS, PARIS.

PRIULI (Antonio). Lettres, II, 61.

PRIULI (Girolamo), II, 61.

PROCÉDURE et instruction criminelle (Ordonnance de). Procès-verbal de conférences pour cette ordonnance, 45.

PROCESSION. Arrêt sur la procession de la Nativité, 399.

PROCUREURS, 222.

PROFESSEURS au Collège de France. Pensions des professeurs royaux, 552.

PRONTI (Vincenzio). Lettres, 255, 452, 458.

PROPIAC. Lettre, 525.

PROTESTANTISME, 302, 421, 434 ; — Projets pour la conversion des protestants, 364 ; — Recueil de pièces, 6; — Supplique des protestants de La Rochelle, 442.

PROTOCOLE, 18 ; — Protocole de lettres royales, 19 ; — Protocole maritime, 451.

PROU (D.). Lettre, 344.

PROUVILLE DE TRACY (Alexandre). V. TRACY.

PROUVAN, à Toulon. Lettre, 524.

PROVAIS, à Dijon. Lettre, 338.

PROVENÇAL (Le), nom de vaisseau, 392.

PROVENCE, 35, 93, 396 ; — Abbayes de Mazarin en Provence, 343 ; — Abrégé des délibérations de l'assemblée des communautés, 294 ; — Aliénation du droit de fouage, 177 ; — Changement de mesures, 119 ; — Création d'offices, 402 ; — Droits de fouage, 263, 267 ; — sur les vins, 203 ; — Emprunt, 402 ; — État des affouagements, 181 ; — État des villes « qui ont satisfait en argent à la fourniture des matelots », 208 ; — Extraits du cahier de l'assemblée des communautés, 533 ; — Gabelles, 545 ; — Lettre des procureurs du pays, 170, 216, 230, 255, 294 ; — de « tous les corps » de la province, 122 ; — sur le passage de la duchesse d'York, 476 ; — Liste des gouverneurs, 91 ; — Mesures usitées pour le sel, 167 ; — Notes sur un affranchissement d'impôt, pour les héritages roturiers, 267 ; — sur les sous-fermiers, 478 ; — Ordre pour la subsistance des troupes, 172 ; — Procès-verbal d'arrestations de vagabonds, dans la province, 373 ; — Recettes des finances (1678-1680), 545 ; — Règlement sur la vente du sel, 119 ; — Rôle des compagnies de cavalerie, 172 ; — Suppression des collecteurs, 402.

PROVENCE (Chambre des Comptes de), 167, 542 ; — Gages, 544 ; — Lettres des gens de la Chambre, 123, 206, 260, 289, 291, 295, 316, 408 ; — Note sur la Chambre, 8 ; — Pensions des officiers, 1606-1656, 552.

PROVENCE (Cour des Aides de). Gages, 544 ; — Notes sur la Cour, 8 ; — Pensions des officiers, 1606-1656, 552.

PROVENCE (États de). Cahier de remontrance, 92 ; — Réponse au cahier de 1582, 92.

PROVENCE (Parlement de). Arrêts, 90, 393 ; — Gages, 544 ; — Lettres adressées aux parlementaires, 33, 71 ; — Lettres des avocats, 126, 134, 230 ; — des conseillers, 100, 128 ; — des présidents, 494 ; — des procureurs, 235 ; — Notes sur le Parlement, 8 ; — Pensions des officiers, 1606-1656, 552 ; — Vérification des traités de Cambrai, II, 26 ; — du Cateau, II, 29 ; — V. DU VAIR (G.).

PROVIDENCE (Iles). V. NEW-PROVIDENCE et OLD-PROVIDENCE.

PROVINCES. Lettre de Colbert aux commissaires, députés dans les provinces, 334 ; — Liste des gouverneurs, 91, 552.

PROVINCES-UNIES. V. PAYS-BAS.

PROVINS, 93 ; — Réductions des notaires de la juridiction, 276.

PROVOSTIER. Lettre, 109.

PRUDENT (Le), nom de vaisseau, 73.

PRUINES (P. DE). Lettre, 341.

PRUMMER. Lettre, 412.

PRUNEVAULX (Ét. DE). V. FOULLÉ.

PRUSSE, 399 ; — Ducs, v. ALBERT-FRÉDÉRIC ET HOHENZOLLERN.

PUBUSSE. Lettre, 128.

PUCHESSE (M. DE). Lettre, 523.

PUERTO-RICO (Antilles), 43.

PUFFENDORF (Samuel). Lettre, 383.

PUGEAULT. Lettre, 283.

PUGET (Pierre). Ses conditions pour travailler à l'arsenal de Toulon, 375.

PUGET DE GAU. Lettre, 368.

PUIGEOLET (Lucie DE), comtesse de Courson. V. COURSON.

PUIROBERT (M. DE). Lettre, 497.

PUISIEUX (H. DE). Lettre, 520.

PUISIEUX (Charlotte d'Estampes-Valençay, marquise DE). Lettre, 138.

PUISIEUX (Pierre Brûlart, vicomte DE). V. BRÛLART.

PUISSERGUIER (Bermond DE). V. BERMOND.

PUJOL, à Pézenas. Lettres, 171, 211, 408.

PUJOL (Gérès DE), 395.

PUSAULT, à Bordeaux. Lettre, 200.

PUSSEL (Abbé). Lettre, 284, 324.

PUSSORT (Henri), sʳ de Pavant, 44; — Lettres, 104, 338, 359, 433, 438.

PUY (Le). V. LE PUY-EN-VELAY.

PUYSÉGUR (Jacques Chastenet, sʳ DE). Lettre, 314.

PYRÉNÉES (Traité des), 24 ; — Procès-verbal des règlements des frontières à la suite du traité, 547.

PYRON (Guillaume). Lettre, 471.

QUADELEN (Mˡˡᵉ DE). Mémoire sur son affaire avec M. de Montgomery, 434.

QUALTARIUS. Vente de vignes à lui faite, II, 64.

QUANTIN (André). Lettre, 144.

QUARINUS. Vente de vignes, II, 64.

QUATRE-MÉTIERS (Les) en Flandre, II, 36, 37.

QUATRIÈME (Droit de), à Pontoise. 302.

QUÉBEC, 530.

QUÉDARNE (Le Fr. Anthelme). Lettre, 220.

QUÉLAIN (Nicolas). Mémoire sur son affaire, 380.

QUÉNET (René). Devis des réparations du moulin Saint-Ouen, au Pont-de-l'Arche, 280.

QUERCY. Mémoires sur les grêles de 1669, 407 ; — Recouvrement de l'impôt, 137 ; — Transport du charbon de terre, 393.

QUERJAN (Marquis DE). Lettre, 532.

QUERSALEUN-QUERGEORLAY (M. DE). V. KERSALAUN.

QUESNOY (Le). V. LE QUESNOY.

QUESTANT (Anselme). Procédure faite contre ouvrier, 434.

QUÊTES. Arrêt interdisant à certains individus de quêter, 488.

QUÉVEDO-VILLEGAS (D. Francesco DE). Réponse à sa lettre adressée à Louis XIII, 23.

Quiche (Pierre), II, 35.

Quiers (Loiret). État des impositions de la paroisse, 182.

Quilielmus. V. Guillelmus.

Quillebeuf, 137 ; — Certificat des pilotes, 388 ; — Lettre des officiers de l'amirauté, 285.

Quillet (Claude). Pan, « églogue », 49.

Quimper (Finistère). Évêque, v. Coetlogon (Fr. de).

Quimper (Le P. Bernardin de), V. Bernardin.

Quimperlé (Finistère). Lettre du sénéchal et du procureur du Roi, 237.

Quinault (Philippe). Réponse de Perrault à un de ses poèmes, 50 ; — Sonnet, 50.

Quincé (J. de). Lettre, 524.

Quinquet (Le P.). Lettre à lui adressée, 33.

Quintol. Vente de vignes, II, 64.

Quiriough. V. Potomac.

Qurtallus. Vente, II, 63.

R. de Saint-Fuscien. Restitution à lui faites de laines, saisies injustement, II, 4.

R. Textor. Don, II, 65.

Rabasse (Balthasar). Lettre, 126.

Rabastens (François de). Lettre, 387.

Rabat (Vicomte de). V. Foix (J.-R. de).

Rabesnières de Treslebois (M. des). Lettres, 205, 287, 363, 364, 366, 382.

Rabot (Jean). Lettre, 131.

Rabouin (Salomon). Lettre, 251.

Racan (L. de). V. Bueil.

Racine (Jean). « La Nymphe de la Seine à la Reine », 50 ; — « La renommée aux Muses, » 50.

Radolsa (G.). V. Guillelma.

Ragares (René de). Supplique en sa faveur, 532.

Raggio (Tomaso). Lettre, 276.

Ragny (Anne de La Madeleine de), abbesse de Saint-Julien d'Auxerre. Lettre, 432.

Ragny (François de La Madeleine de), 64.

Ragon. Lettre à lui adressée, 332.

Ragueneau (Louis-Philémon). Plan pour la reformation de la justice, 45.

Ragueneau (Le P. Paul). Lettres, 119, 254, 258, 310, 321, 324, 373 ; — Lettre à lui adressée, 254-255.

Raguier (Famille). Notice généalogique, 86.

Raguse. Pensions des agents envoyés à Raguse, 551.

Raigny. V. Ragny.

Raimond. Vente à lui faite, II, 64.

Raimond (Louis de). Procès-verbal, 329.

Raimunda. Acte de remise, II, 65.

Raimunda de Soricino. Testament, II, 68.

Raimundo (Ato), II, 64.

Raimundus. Donation, II, 64.

Raimundus (B. et G.). V. Bernardus, Guillelmus.

Raimundus Begs. Don, II, 66.

Raimundus de Livrano. Vente, II, 67.

Raimundus de Sancto-Egidio, II, 67.

Raimundus de Sancto-Johanne. Acte de livraison de terres à Montolieu, II, 67.

Raimundus Johannes, II, 64.

Raimundus Raterius. Mariage avec Benincasa, II, 65.

Raimundus Revellus, II, 67.

Raimundus Rohes. Accord avec Bernardus Romus, II, 64.

Rainardus. Vente à lui faite, II, 64.

Rainaut de Magny, II, 44.

Raince (Nicolas). Lettres, 20-21.

Raineval (M. de). Lettre, 319.

Rainfeugère (M. de). Lettre, 219.

Rais (Duc de). V. Retz.

Raisacho (B. de), II, 66.

Raisin (B.). Lettres, 428.

Raisin (Philippe), 526.

Raisse (Charles de), comte de Chaulnes. Quittance, 62.

Rallu (Jacques), 512.

Rambouillet (Marie). Lettre, 341.

Rambouillet (Nicolas). Lettres, 148, 170, 296.

RAMBOUILLET DES RÉAUX (Élisabeth Tallemant-). Lettres, 368, 405.

RAMFEUGÈRE (M. DE). Lettre, 219.

RANGONE (Guido), 21.

RANCHER (M. DU). V. BRÛLART.

RANCHIN (J.-A.). Lettres, 144, 240, 260, 312, 358.

RANDAN (Henri de Foix, duc DE). V. FOIX.

RANES (Mombreur DE). V. MOMBREUR.

RANES (Nicolas d'Argouges, marquis DE). Lettre, 321.

RANGUEUIL (Jacques DE). Lettre, 118, 119.

RANTOT-BEAUMONT (Chevalier DE). Placet pour armer un navire en course, 448.

RANTZAU (Comte C. DE). Lettre, 470.

RANUCE 1, duc de Parme. V. FARNÈSE.

RANUEL DE SAINT-MARTIN (Fr.). V. SAINT-MARTIN (Fr. DE).

RANVAIL. Lettre, 253.

RANVIER. Lettre, 158.

RAOUL GLABER. *Vita s. Willelmi, abbatis*, 59.

RAOUL PAGART, II, 46.

RAOUL ROUSSELET, évêque de Saint-Malo. Pouvoirs à lui donnés, II, 8.

RAPAHANNOCK, rivière, 66.

RAPHAËLIS DE ROQUESANTE (P.). V. ROQUESANTE.

RAPIN (Le P. René). Lettres, 105, 155 ; — Vers à Louis XIV, 49.

RAPINE DE FOUCHERAINNE (Pierre). Lettres, 99, 102, 125, 171, 198, 212, 241, 419, 480.

RAPPIOT, à Marseille. Lettre, 372.

RARAY (G. DE). Lettre, 421.

RASAT DU CHASSAIN. Lettre, 229.

RASMAS. Arrêt pour lui réclamer le titre, qui lui permet de lever des vivres en Saintonge, 294.

RASSE (Jean). Lettre, 349.

RASSEMGHEM. V. VAN RASSEGEM.

RASSENT (H. DE). Lettres, 177, 215.

RAT (Guillaume), II, 50.

RATABON (Antoine DE). Lettres, 136, 138.

RATERIUS (Raimundus), II, 65.

RATIONS. Rapport sur les rations du soldat, 351.

RATISBONNE (Bavière). Diète, 14 ; — Traité (1630), 14.

RATTES (Étienne DE). Lettres, 116, 260, 278, 299, 311.

RAUCOURT (Ardennes). Cours des monnaies d'or espagnoles, à Raucourt, 208.

RAULIN, à Calais. Lettre, 185.

RAVAT. Note sur ce notaire, 533.

RAVAULX (Roland), 12 ; — Commission à lui donnée, 272 ; — Lettres, 179, 197, 202, 211, 216, 230, 245, 259.

RAVAISON (Jean). Supplique, 529.

RAVEAU (Nièvre). Dîmes, 242.

RAVESTEIN. V. CLÈVES (Ph. DE).

RAVILLION, à Gravelines. Lettre, 319.

RAXACO (Maria DE). V. MARIA.

RAYMOND (A.). Lettre, 345.

RAYMUNDUS. V. RAIMUNDUS.

RAZILLY (Launay-). V. LAUNAY.

RÉ (Ile de), 95, 111, 186, 281 ; — Assignation des habitants pour le payement des aides, 111 ; — Droits des habitants, pour la nomination des syndics, 222 ; — Fanaux des phares, 492 ; — Lettre des officiers municipaux, 221 ; — Liste des prisonniers anglais, 354 ; — Mémoire sur la sédition du 4 juin 1661, 111 ; — Saint-Martin, 111, 261, 451.

RÉALS (Chevalier DE). Note sur une de ses lettres, 526.

RÉAU. Lettre à lui écrite, 431.

RÉAUX, monnaie, 500.

REBÉ (Fr. DE). Lettres, 210, 215.

REBUFI, à Manosque. Lettres, 252, 292.

REBOUL, à Montpellier. Lettres, 238, 359.

RECETTES. États des recettes et dépenses pour 1661-1679, 534-536, 537-538, 539, 541, 544.

RECEVEURS des deniers extraordinaires en Provence, 402.

RECEVEURS des greffes des confirmations en Provence, 402.

RECEVEURS des tailles, 491 ; — à Carcassonne, 194 ; — en Dauphiné, 223 ; — en Provence, 402.

RECEVEURS-GÉNÉRAUX des finances. Ordre des comptes par «états au vrai », 176.

RECEVEURS-GÉNÉRAUX du clergé. Règlements pour l'examen de leurs comptes, 77.

RÉCHICOURT (Comté de), en Meurthe, 384.

RECHIGNEVOISIN DE GURON (Louis DE), évêque de Tulle et de Comminges. Lettres, 269, 293, 297, 304, 308, 311, 381, 446, 474, 479, 482.

RÉCOLLETS (Religieux), en Flandre, 290, 321 ; — Note sur des Récollets, 511.

RÉCOLLETTES (Religieuses). Couvent de Paris, 383.

RECORD (Bernard), II, 64.

RÉCOURT (Jacques DE), bailli de Luques et de Blaton, II, 58.

RÉDEMPTION DES CAPTIFS (Ordre de la), 50 ; — à Étampes, 456.

REDENDO. V. REDONDA.

REDING-BIBEREGG (A.-C. DE). Lettres, 325, 339, 343.

REDON (Ille-et-Vilaine). Cartulaire et chronique de Saint-Sauveur de Redon, 55.

REDONDA (Ile de). Concession de cette île au comte de Carlisle, 67.

RÉFORMATION des abus, 45.

RÉFORMATION d'ordres religieux, 3.

RÉFORMATION du royaume. Ordonnance de Philippe IV pour la réformation du royaume, II, 5.

RÉFORME de l'Église. «Consilium… de emenda ecclesia » (1537), 4.

RÉFORME de la justice et de la procédure, 43, 44, 45, 46 ; — Mémoire, 294 ; — V. ORDONNANCES.

REFUGE (Famille). Notice généalogique, 86.

RÉGALE, 93 ; — Mémoires, sur la régale, 3.

RÉGIMENTS. V. ARMÉE.

REGNAUD, à Bourg-en-Bresse. Lettre, 270.

RÉGIS (Jean DE). Lettre, 163.

REGNAULD (J.). Lettre, 509.

REGNAULDIN. Lettres, 216, 244 ; — Réquisitoire, 218.

REGNAULT, à Provins. Lettre, 320.

REGNAULT (T.). Lettre, 228.

REGNAULT DE SOLLIER. Note sur une de ses lettres, 525.

RÉGNIER. Lettre, 104.

RÉGNIER (Jean). Quittances, 63.

REGNIER-JANSSE, l'aîné. Lettres, 103, 163, 169, 259, 266, 342, 369, 382, 408, 413 ; — Mémoire, 388 ; — Rapport sur la jonction des deux mers, 69.

REGNOULT (François). V. DUBOSC.

REGRATTIERS DE SEL, 203, 218, 222.

RÉGULIER (Clergé). Juridiction du clergé régulier, 2 ; — V. CLERGÉ.

RÉGUSSE (Gaspard DE). Lettres, 103, 180, 184, 191, 196, 207, 208, 235, 256, 259, 264, 305, 316, 320, 324, 408, 498.

REICH DE PENNAUTIER (Pierre-Jean-Louis). Lettres, 121, 139, 155, 171, 209, 269, 273, 365, 369, 375, 384, 408, 412, 433, 520 ; — Lettre à lui adressée, 332.

REICHENAU. V. HERMANNUS CONTRACTUS.

REICHENWEYER. V. RIQUEWIHR.

REIFFENBERG (Baron VON), comte de Werhem. Lettres, 236, 286.

REIMS, 56, 93, 137, 303, 398 ; — Abbaye de Sainte-Claire, v. COLBERT (Cl.) ; — Archevêques, v. PIERRE BARBET et RENAUD DE CHARTRES ; — Coadjuteur, v. LE TELLIER (M.) ; — Défense aux écoliers de rôder la nuit, autour de la manufacture de dentelles, 307 ; — Doyen, II, 32 ; — Lettres des Carmélites, 385 ; — des échevins, 141, 154, 197, 252, 265, 397, 429 ; — des membres du chapitre, 283 ; — des officiers de l'élection, 496 ; — des officiers du présidial, 240 ; — des religieuses de Sainte-Claire, 502 ; — Liste des femmes, employées à la manufacture de

dentelles, 388 ; — Présidial, 427.

REINECK (Philippe-Valentin VON), évêque de Bamberg. Lettre à lui adressée, 393.

REÎTRES. Contrats pour l'embauchage des reîtres, 26.

RÉMOND DE MODÈNE (Mme DE). V. MODÈNE.

« REMARQUES (Les) pour servir de responces. » Jugement sur ce livre de G. Joly, sur les droits de la Reine, 47.

REMDE (Jean), II, 50.

REMISES. Rôles de remises financières, 547-550.

REMISES, à Montpellier. Lettre, 315.

RÉMY. Lettre, 276.

RÉMY (M. DE). Placet, 463.

RÉMY DE COURCELLES (Daniel). Lettre, 524-530.

RENARD. Mémoire pour le procès du comte de Cabrières, 501.

RENART (Thomas). Lettres, 125, 130, 140, 155, 165, 184, 195, 201, 207, 229, 250, 269, 275, 292, 314, 318, 337, 372, 422 ; — Lettre à lui adressée, 217 ; — Ordonnance, 208.

RENART DE FUCHSAMBERG (Charles), marquis d'Arson. Lettres, 474 ; — Lettres à lui adressées, 217, 251, 334, 483, 507.

RENAUD (Jean). Lettre, 463.

RENAUD, comte de Gueldre. Lettres lui accordant une rente en échange de ses droits à Harfleur, II, 4 ; — Mariage avec Marguerite de Flandre, II, 32.

RENAUD DE CHARTRES, archevêque de Reims. Lettres, II, 15.

RENAUD DE CORBEIL, évêque de Paris. Lettre à lui adressée, II, 31.

RENAUT (Ignace), marquis d'Assy, 316.

RENAUTFOLIE (Flandre). Justice de cette ville, II, 49.

RENÉ DE SAVOIE, II, 21.

RENÉE DE FRANCE. Projet de mariage avec Charles-Quint, II, 22.

RENEL (Marquis L. DE). V. CLERMONT D'AMBOISE.

RENERIUS DE PASSIACO. Lettre à lui adressée, II, 32.

RENESVRE (M. DE), à Avallon. Lettre, 198.

RENI (Cardinal). V. NINI.

RENOST (Abbé). Lettre, 235.

RENNES. Comptes du concierge des prisons, 148 ; — Évêque, v. LA VIEUVILLE (Ch.-Fr. DE) ; — Généralité, 534, 535, 537, 538, 539, 541, 544 ; — Liste des lieutenants-généraux, 91 ; — Mandement portant dispense de la garde pour les habitants, 504.

RENNES (Chambre des Comptes de). Lettres de gens, 158, 170, 175 ; — Pensions des officiers (1606-1656), 152.

RENNES (Parlement de), 543 ; — Extraits des registres, 44, 286, 347 ; — Lettres du Parlement, 33 ; — de Colbert au premier président, 334 ; — des membres du parlement, 524, 525 ; — Notes du procureur-général, 511 ; — sur le parlement, 552 ; — Pensions des officiers (1606-1656), 552 ; — Requêtes, 156, 247.

RENNEVILLE (M. DE), à Toulouse. Lettres, 310, 313.

RENONCIATION, 40 ; — Mémoires contre la renonciation de la reine Marie-Thérèse à ses droits sur la couronne d'Espagne, 38, 39.

RENOUARD (César DE). Compte des « devoirs », levés sur les vins en Bretagne, 166.

RENOUARD (Michel DE). Lettre, 171.

RENOUARD DE VILLAYER (Jean). Lettre, 257 ; — De la réformation de la justice, 45.

RENTES. Mémoires des payeurs de rente du clergé, 77 ; — Notes pour les propriétaires de rentes sur le clergé, 77 ; — Permission aux étrangers d'acquérir des rentes sur l'Hôtel-de-Ville, 491 ; — Rachats de rentes, 22, 532 ; — Recueil de constitutions de rentes, 546 ; — Rentes de l'année 1681, 550 ; — sur les gabelles, 166, 542, 543.

RENTILLY (Famille DE). V. LIGNY DE RENTILLY.

RÉPARATION des églises, 76-77, 484.

« RÉPONSE (La) à l'avis sur l'État, » 24.

« RÉPONSE (La) de l'homme sans nom et sans patrie », 23.

REPOPULATION. Privilèges accoidés aux grandes familles, 46.

REQUESENS Y ZUNIGA (Luis DE). Ordonnance, II, 60.

REQUÊTES DE L'HÔTEL. V. MAITRES DES REQUÊTES.

REQUÊTES DU PALAIS, 43.

RÉSIDENCE des évêques, 4.

RESNOY (A.-L. DE). Lettres, 263, 312.

RESPIGLIOSI (Abbé Francesco). Lettre, 263.

REST (Guido). Lettre, 309.

RESTAUT (M. DE), à Grandville. Lettre, 379.

RETENSIS (Cardinalis). V. RETZ (Cardinal DE).

RETHEL (Ardennes), 12 ; — Comté, II, 45 ; — Lettre des échevins, 320.

RETHEL (Antoine, comte DE), II, 14.

RETHELOIS (Duché DE), 101.

RETTAUT (Le sr DE). V. RESTAUT.

RETRAITE (Maison de) pour les prêtres âgés, à Paris, 8.

RETZ (Catherine de Gondi, duchesse DE). Lettres, 144, 412.

RETZ (Henri de Gondi, duc DE). Démission de son duché en faveur de son gendre, 22.

RETZ (Jean-Paul de Gondi, cardinal DE). Lettres, 173, 235, 440, 450 ; — Réflexions sur sa lettre aux évêques de France, 9.

RETZ (Pierre de Gondi, duc DE), 22 ; — Lettres, 413, 443, 489, 493.

REUIL. V. REVEL.

REUILLY (Charles Hellouin, sr DE). Lettre, 123.

RÉUNION (Ile de la). V. LA RÉUNION.

REUVILLE (R. DE). Lettres, 143, 163-164, 174, 270.

REVEL (Haute-Garonne), et non Reuil, 137.

REVELLUS (Raimundus), II, 67.

REVENDEURS de sel, 203, 218, 222.

REVENUS CASUELS, 512.

RÉVÉREND (Claude). Lettre, 289.

RÉVÉREND (Laurent). Lettre, 239.

RÉVIGNY (Jean DE). Vidimus, II, 48.

RÉVILLON (Du Roux DE), 405.

REVUES de troupes, 78, 123, 203, 322.

REY. V. ROY.

REY, à Barcelone. Lettre, 426.

REY (Antoine). Lettres, 286, 392 ; — Placet, 286.

REYNEVILLE (Claude DE). V. CHATILLON.

REYNOLD (Jean-Antoine DE). Lettre, 322.

REYNON (Bernardin). Lettres, 405, 409, 493, 525.

REZ (Jean), II, 15.

RHÉTORIQUE. Notes sur la rhétorique, 67.

RHIN (Le), 262 ; — Sa source, 58.

RHODES. V. RODES.

RHODES (Guillaume de Pot, sr DE). Quittances, 64-65.

RHÔNE (Le), 213 ; — Interdiction des droits de douane sur les marchandises, transportées sur le Rhône, 141 ; — Laissez-passer pour une chaîne de forçats, descendant le Rhône, 120 ; — Source, 58.

RIANS (Cher). Principal de la taille, 526.

RIBBON (Marthe), supérieure de Sainte-Madeleine de Metz. Lettre, 107.

RIBEAUPIERRE (M. DE). Lettres, 151, 246.

RIBERPRÉ (Charles de Moy, marquis DE). Lettre, 253.

RIBEYRE (François DE), sr de Fontenilles. Lettres, 123, 129, 135, 139, 142, 165, 191, 195, 198, 238, 256, 260, 264, 268, 274, 277, 284, 295, 320, 365, 428 ; — Note sur le domaine de Lezoux, lui appartenant, 199.

RIBOT. Arrêt, qui lui ordonne de fournir ses titres pour les levées d'impôts sur les œufs en Saintonge, 294.

RICARD (A.). Lettres, 201, 202, 301, 349, 365.

RICARDUS DE MALAGATIO, II, 66.

RICHARD, empereur, fils de Jean-Sans-Terre. Lettre, II, 37.

RICHARD II, duc de Normandie, 7.

RICHARD (Abbé). Lettre, 180.

RICHARD (Gérard). Lettres, 139, 170.

RICHARD (P.). Lettre, 226.

RICHARD (Thierry). Placet, 427.

RICHARD HATTON, II, 40.

RICHEBOURG (M. DE), à Sens. Lettre, 325.

« RICHE FLEUR DE LIS » (La), joyau, II, 52.

RICHELIEU (Porte de), à Paris, 350.

RICHELIEU (Anne Poussart, duchesse DE). Lettre, 134, 462, 474, 517, 522.

RICHELIEU (Armand Du Plessis, cardinal-duc DE), 343 ; — Discours, 67 ; — Lettres, 69-71 ; — Vers à lui dédiés, 51.

RICHELIEU (Armand - Jean du Plessis, duc DE), 138 ; — Lettre, 145.

RICHELIEU (Emmanuel-Joseph de Vignerot, comte DE). Lettres, 253, 257.

RICHELIEU (François du Plessis DE). Quittance, 62.

RICHILLIS. Vente, II, 64.

RICHEMON. V. RICHMOND.

RICHEMONT (Le sᵣ DE), à la Bastille. Lettre, 181.

RICHEMONT (Le sᵣ DE), employé des gabelles. Lettre, 291.

RICHEMONT (Artur, connétable DE). Lettres, II, 15.

RICHEMONT (Jean, comte DE), II, 9.

RICHER (Jean). Lettre, 402.

RICHERIUS, chanoine, II, 65.

RICHMOND (Charles Stuart, duc DE). Lettres, 126, 445.

RICKE (Foulques DE), II, 34.

RICON (Mathieu DE). Lettre, 241, 278 ; — Observations sur les troubles de l'élection de Gap, 281.

RICQUEVILLE. V. RIQUEWIHR.

RICSUENC. Don, II, 66.

RICULFUS. Vente, II, 63.

RIDEL (René). Lettres, 163, 174.

RIEUX (Haute-Garonne). Évêque, v. BERTIER (A.-Fr. DE).

RIEUX (Baron Fr. DE). V. LA JUGYE DU PUY.

RIEUX (Comtesse J.-P. DE). Lettre, 514.

RIEZ (Basses-Alpes). Évêque, v. VALLAVOIRE (N. DE).

RIGAUD (Claude). Accusation de lèse-majesté, portée contre lui, 227.

RIGAULT, à Narbonne. Lettre, 157.

RIGOLEY, à Dijon. Lettre, 254.

RIGORDUS. Vente à lui faite, II, 64.

RIGOULESNE (M. DE), à Limoges. Lettre, 165, 169, 193, 207.

RIGOULT, à Saint-Valéry-en-Caux. Lettre, 283.

RIGUELET (M. DE). Mémoire au sujet des dîmes, dépendant de l'abbaye de La Charité, 242.

RINZIO (Bernardino). « In nuptiis Francisci I epithalamion », 55-56.

RIOM, 302, 460 ; — Gages des officiers des élections de la généralité, 190 ; — Généralité, 534, 535, 536, 537, 538, 539, 541 ; — Lettres des commis aux recettes des élections, 164 ; — des échevins, 426 ; — des officiers de l'élection, 139 ; — de trésoriers, 109, 131, 144, 153, 164, 170, 175, 179, 184, 189, 192, 200, 207, 215, 220, 232, 239, 245, 256, 258, 263, 282, 289, 292, 300, 306, 321, 371, 428 ; — Lettre, sur les abus commis dans la généralité, 234 ; — Mandement, accordant la jouissance du château de Riom aux trésoriers, 430 ; — Ordonnance sur l'exercice de la justice à Riom, 430 ; — Taxes des huissiers, employés au recouvrement des deniers dans la généralité, 181.

RIONDEAU. V. RONDEAU.

RIONS (C. DE). V. CIRON.

RIOULT (P. Douilly-). V. DOUILLY.

RIPA (Le P. Vittorio - Agostino). Lettre, 118.

RIPERT (Le Fr. François). Requête pour obtenir sa liberté, 472.

RIPPES (Les). V. LES RIPPES.

RIQUET (Jean-Matthias), baron de Bonrepos. Lettre, 459.

RIQUET (Pierre - Paul), baron de Bonrepos, 377 ; — Lettres, 146, 153, 183, 214, 257, 260, 266, 299, 304, 309, 378, 381, 398, 401, 408, 411, 416 ; — Note, 364 ; — Note sur une de ses lettres, 525.

RIQUETTI (Chevalier DE). V. MIRABEAU.

RIQUEWIHR, en Alsace. Relation de ce qui s'est passé en ce pays, 14.

RIS (Charles Faucon DE). V. FAUCON DE RIS.

RIUPEYROUS (M. DE), à Montauban. Lettre, 121, 231, 452.

RIVAROLA (Cardinal Domenico). Lettres, 37.

RIVALTA (Piémont). Abbaye, 383.

RIVEY (M. DE), à Bordeaux. Lettre, 155.

RIVI (Don Francesco). Lettre, 369.

RIVIÈRE (Famille). Notice généalogique, 86.

RIVOLLE (M. DE), à Grenoble. Lettre, 270.

ROANNAIS, ou ROANNÈZ, 24 ; — Érection du duché, 566.

ROANNAIS, ou ROANNÈZ (Artus Gouffier, duc DE). Lettres, 443, 492.

ROBERT, à Parme. Lettres, 210, 214 ; — Mémoire à lui adressé, 212.

ROBERT (Claude). Lettres, 490, 499, 500, 516, 517, 522.; — Note sur une de ses lettres, 525.

ROBERT (L.). Lettres, 400, 422, 426, 429.

ROBERT (Louis). Revue des troupes de Candie, 123-124.

ROBERT (Y.). Lettre, 235.

ROBERT LE PIEUX, roi de France, 7, 55.

ROBERT D'ARTOIS, II, 12 ; — Lettres, II, 9 ; — Règlements avec la comtesse d'Artois, Mahaut, II, 6, 9.

ROBERT, duc de Bar. Actes relatifs à sa rançon, II, 13 ; — Lettres, II, 47, 48, 49.

ROBERT DE BAVIÈRE, dit le prince Rupert, 72, 469.

ROBERT III DE BÉTHUNE, comte de Flandre, II, 10, 33 ; — Son absolution, II, 32 ; — Bulle sur son mariage, II, 31 ; — Lettres, II, 44, 45 ; — Lettres à lui adressées, II, 34, 38 ; — Lettres de rémission, II, 7 ; — Lettres en sa faveur, II, 38 ; — Mandements, à lui adressés et actes le concernant, II, 6, 7, 8 ; — Passeport, à lui accordé, II, 7 ; — Règlement de la succession de Flandre, II, 9, 10.

ROBERT II, duc de Bourgogne. Accord avec Robert de Clermont, II, 3 ; — Lettres, II, 5.

ROBERT DE FLANDRE, seigneur de Cassel, II, 12, 45 ; — Certificat à lui donné, II, 43.

ROBERT DE FRANCE, comte de Clermont. Accords avec le duc de Bourgogne, II, 3.

ROBERT II, duc de Normandie, 7.

ROBERT, abbé de Saint-Aubert de Cambrai. Lettre à lui adressée, II, 34.

ROBERT DE LA BOURSE, II, 3.

ROBERT DE LA HOUSSAYE, évêque de Senlis. Lettre à lui adressée, II, 31.

ROBERT DES PRÉZ. Lettres d'anoblissement, II, 50.

ROBERT, dit LAVOUÉ, sr de Béthune, II, 30.

ROBERT MALLIÈRE. Lettres, II, 15.

ROBERTET (Florimond Ier). Lettres à lui adressées, 21 ; — Signature, II, 52.

ROBERTET (Florimond II), sr d'Alluye, II, 29.

ROBERTI (Cardinal Carlo). Lettre, 444.

ROBERTOT. Plan pour la réformation de la justice, 45.

ROBERTOT (Thomas DE). Lettres, 292, 296, 305, 342.

ROBERTUS DE CHALUCIO. Lettres, II, 69.

ROBIN, à Rouen. Lettres, 180, 277.

ROBIN l'ainé (J.). Lettres, 196, 198.

ROBINEAU (Pierre), 512.

ROBINET (Mme). Lettre, 157.

ROBOLI (Le sr). Lettre à lui adressée, 33.

ROCABERTI (Le Fr. Jean-Thomas DE). Lettres, 475, 490, 500.

ROCCA (J. DE). V. JOHANNES.

ROCHALART (M. DE). Lettre, 523.

ROCHEFERT (V. DE). V. VALLONS.

ROCHECHOUART (Foucaud DE), II, 45.

ROCHECHOUART (François DE). Pouvoirs à lui donnés, II, 22.

ROCHECHOUART (François DE), marquis de Chandenier. V. CHANDENIER.

ROCHECHOUART (François DE). V. JARS (Chevalier DE).

ROCHECHOUART (Gabriel DE). V. MORTEMART (Duc DE).

ROCHECHOUART (Gui de Sève DE). V. SÈVE.

ROCHECHOUART (Jean DE), II, 19.

ROCHECHOUART (Louis DE). V. MORTEMART (Duc DE).

ROCHECHOUART (Louis, chevalier DE). Lettre, 523.

ROCHECHOUART (Louis-Victor DE). V. VIVONNE (Duc DE).

ROCHECHOUART (Marie-Madeleine-Gabrielle DE), abbesse de Fontevrauld. Lettres, 462, 474.

ROCHECHOUART DE CHANDENIER (Sœur Marie-Henriette DE). Lettres, 494, 505, 506.

ROCHEFORT, 72, 464, 487, 518 ; — Déchargement de navires de la Cie du Nord, 531 ; — Enquête sur un duel par le prévôt, 514 ; — États des « boîtes », faites à la fonderie du port, 335 ; — des munitions de l'arsenal, 88 ; — des officiers, 436 ; — Liste des vaisseaux, 491 ; — Mémoires de Seignelay sur Rochefort, 88 ; — « pour la jonction des vaisseaux de Rochefort avec ceux de Brest, » 486 ; — pour les matelots du port, 476 ; — sur « les affaires du département », 478, 481, 484, 486, 487, 528, 531 ; — sur les capitaines du port, 533 ; — « Table » des munitions des bâtiments, 464.

ROCHEFORT (Gui DE), 16.

ROCHEFORT (Maréchal Henri-Louis d'Aloigny DE). Lettre, 506.

ROCHEPIERRE (Baron DE). Lettres, 150, 171, 255.

ROCHER (J.). Lettre, 278.

ROCHELLE (La). V. LA ROCHELLE.

ROCHESTER (Kent). Évêque, v. FITZ-JAMES (R.).

ROCHETTE, à Arras. Lettre, 297.

ROCHETTE, à Riom. Lettre, 196.

ROCHON, à Bordeaux. Lettre, 155.

ROCQUENÉGADE (Bertrand DE), II, 9.

RODE. Compte de M. Rode à M. Pinet, 424.

RODEAU DE BRONSAY. Lettre, 402.

RODES. V. RHODES.

RODES (Jean DE), II, 44.

RODEZ. Évêque, v. PÉRÉFIXE (H. DE), PAULMY (G. de Voyer DE) ; — Limites de la sénéchaussée, II, 62.

RODIER (Pierre), II, 9.

RODLANDUS. Vente à lui faite, II, 64.

RODOAN (C.-M. DE), douairière de Cordes. Lettre, 432.

RODOLPHE Ier DE HABSBOURG, empereur. Lettres, II, 37, 38.

RODOLPHE II, empereur. Lettre à lui adressée, 26.

RODOLPHE IV, empereur. Lettres, 16.

RODOLPHE DE DIEPHOLT. Lettre à lui adressée, II, 34.

RODRIGUE DE VILLANDRANDO, II, 15.

ROEN (Assuérus). Lettre, 373.

ROGER-MARBOLIÈRE. V. MARBOLIÈRE.

ROGGENBACH (Jean-Conrad DE), évêque de Bâle. Lettre, 170 ; — Lettres à lui adressées, 32.

ROGIER (Eugène). V. VILLENEUVE (Comte DE).

ROHAN (Maison DE). Mémoire sur la maison de Rohan, 19.

ROHAN (Anne DE), princesse de Guéméné. Lettres, 452, 455, 462, 476 ; — Mémoire en sa faveur, 464.

ROHAN (Charles DE), prince de Guéméné, duc de Montbazon. Lettre, 381 ; — Mémoire contre lui, 464.

ROHAN (Henri Ier, duc DE), 37.

ROHAN (Hercule DE), duc de Montbazon. Quittance, 64.

ROHAN (Louis DE), prince de Guéméné. Mémoire relatif à son héritage, 464.

ROHAN (Marguerite, duchesse DE). Lettres, 241, 329, 381, 399.

ROHAN (Abbesse Marie-Éléonore DE). Lettres, 209, 228, 394, 463, 516.

ROHAN-CHABOT (Henri, duc DE), 483.

ROHAN-CHABOT (Louis, duc DE). Lettre, 442.

ROHAN-MONTBAZON (Marie DE). V. CHEVREUSE (Duchesse DE).

ROHAN - SOUBISE (François, duc DE). Lettre, 440.

ROHES (Raimundus), II, 67.

ROIAS (François DE). Lettres, II, 53, 55.

ROIRARGUES (M. DE), à Montpellier. Lettres, 126, 150, 155.

ROISSÉ (M. de Ferrières-). Lettre, 451.

ROLAND, à Chalons. Lettre, 202.

ROLAND HEYKIN, II, 51.

ROLANDIN, à Marseille. Lettres, 211, 261.

ROLLAND, à Dinan. Lettre, 241.

ROLLE (Guillaume DE), II, 58.

ROLLE (Jérôme DE). Légitimation, 11, 58.

ROLLERIE (Mme) (?). Lettre, 440.

ROLLET, à Paris. Lettre, 389.

ROLLET, à Riom. Lettre, 164. — V. LE BLANT.

ROLLOT (Étienne). Supplique, 434.

ROMAGNIOL (Jean). Lettre, 250.

ROMAIGOUX (M. DE). Lettre, 110.

ROMAINS (Rois des), II, 36, 39 ; — V. ALPHONSE, FERDINAND, GUILLAUME, HENRI, MAXIMILIEN, RICHARD, RODOLPHE.

ROMAINVILLE (M. DE), au Havre. Lettre, 241.

ROME, 30, 34, 35, 127, 133 ; II, 34 ; — Cour, 1-2, 511 ; — Création de légat a latere, 55 ; — « De militia romana », 69 ; — État des équipages de l'ambassadeur de Rome, 19 ; — Notes pour les dépenses de l'Académie de France, 335 ; — sur les affaires de Rome, 23 ; — Palais de Mazarin, 83 ; — Pensions des ambassadeurs, envoyés à Rome, 551 ; — Sainte-Marie-Majeure, 2 ; — Séjour de Seignelay, 89.

ROMEUS (B.), II, 64.

ROMINHAC (M. DE). Lettre, 173.

ROMMÉCOURT (A. DE). Lettre, 308.

ROMORANTIN, 192 ; — Condamnations, prononcées par le châtelain contre des drapiers de la ville, 410 ; — Lettre des échevins, 391.

ROMPF (Constantin). Lettres, 405, 416 ; — Lettre à lui adressée, 420.

RONCAL (Vallée de), en Navarre. Lettre des membres de la junte, II, 63.

RONCHEROLLES (Pierre, marquis DE). Lettres, 134, 159, 183, 192, 246, 304, 379, 513.

RONDEAU (J.). Lettre, 197.

RONDER (M. DE). Lettre, 319.

ROQUECHAN (M. DE), à Saint-Sébastien. Lettre, 431.

ROQUEFEUIL (Marcel DE). Lettre, 503.

ROQUEFORT (Mme M.-G. DE). Lettre, 509.

ROQUÉPINE. V. ROQUESPINE.

ROQUESANTE (Pierre Raphaëlis DE). Lettres, 195, 200, 211, 276.

ROQUESERVIÈRE (Hilaire DE). Lettres, 382, 386.

ROQUESPINE (F.-J. DE). Lettres, 159, 167, 234, 309, 475.

ROQUETTE (Gabriel DE), évêque d'Autun. Lettres, 98, 162, 293, 389, 438, 440, 443, 459, 465, 470, 474, 477, 523 ; — Note sur une de ses lettres, 525 ; — Supplique, 465.

Roquette (Jean de). Lettres, 159, 226, 346.

Rorté (Claude de Salles, baron de). Instructions, 340.

Rose (Étienne). Lettre, 462.

Rose (H.). Lettre, 249, 474.

Rose (Toussaint). Lettres, 113, 134, 145, 154, 175, 193, 197, 345 ; — Privilège à lui donné, 375.

Rosenhane (Schering). Lettre, 10.

Rosmadec (Chevalier de). Requête, 392.

Rosmadec (Charles de), évêque de Vannes. Lettre, 260, 481.

Rosny (Maximilien de). V. Sully (Duc de).

Rospigliosi (Camillo). Lettre, 385.

Rospigliosi (Felice). Lettres, 433, 444, 530.

Rospigliosi (Cardinal Giacomo). Lettres, 119, 429, 463, 480, 513.

Rospigliosi (Gio-Baptista). Lettres, 444, 521, 530.

Rospigliosi (Cardinal Giulio). Lettres, 265, 425, 440, 444, 452, 489, 530.

Rospigliosi (Fr. Vincenzo), 411 ; — Lettres, 433, 444, 530.

Ross (Écosse). Évêque, v. Horuse (J.).

Rossetti (Carlo), archevêque de Tarse. Lettres, 272, 280, 288.

Rossignol. Lettre, 145.

Rossignol de Lanel. Lettre, 287.

Rostaing (M.-R. de). V. Lavardin.

Rotot (Thomas Bénard, sᵣ de). Lettres, 123, 154, 160, 184.

Rotundis. V. Biscaras.

Roudil (Jacques). Certificat de ce visiteur des gabelles de Languedoc, 213.

Rouen, 262, 276, 388, 450 ; — Administration du diocèse, 6-8 ; — Affaire des tanneurs avec les marchands de Dieppe, 437 ; — Archevéché et archevêques, 7, 76 ; — V. Gilles Aycelin, Harlay (Fr. de), Prétextat, Rouxel de Médavy (Fr. de) ; — Arrêts autorisant la liberté de la circulation, 406 ; — du présidial, 347 ; — en faveur des passementiers, 251 ; — relatif aux malversations des huissiers de la généralité, 190 ; — sur les biens d'Église aliénés, 7 ; — Certificats de médecins de Rouen, 504 ; — Coadjuteur, v. Colbert (J.-N.) ; — Commerce du sucre, 217 ; — Corderie du sᵣ Attinas, 527 ; — Édit de création de douze notaires, 521 ; — États des officiers de la généralité, 161 ; — des personnes malades de l'épidémie, 403 ; — du blé délivré aux pauvres, 133 ; — du vin, qui y entre pour les hôpitaux, 542, 544, 546 ; — État sanitaire, 403, 407, 411, 415, 418, 424, 504 ; — Extraits de lettres écrites de Rouen, 411 ; — do registres de l'Amirauté, 484-485 ; — Généralité, 156, 535, 536, 537, 538, 539, 541 ; — Interdiction aux habitants de Dieppe de venir à Rouen sans « billets de santé », 424 ; — Interdiction du transport des meubles hors de la ville, 410-411 ; — Lettres, adressées aux marchands de Rouen, 251 ; — de Colbert aux trésoriers, 333 ; — des consuls des marchands, 217, 249, 259, 275, 294-295 ; — des échevins, 158, 249, 278, 399, 403, 405, 409, 425 ; — des habitants, 397 ; — des trésoriers, 136, 143, 149, 154, 158, 162, 171, 174, 187, 189, 194, 195, 201, 214, 233, 240, 243, 250, 260, 264, 270, 274, 277, 297, 299, 305, 346, 371, 374, 378, 383, 386, 429, 444 ; — des Visitandines de Rouen, 466, 496 ; — d'un marchand, 231 ; — du vice-bailli, 399 ; — Lettres écrites de Rouen, 491 ; — sur le Bureau des finances, 431 ; — Liste des baillis, 91 ; — Liste des matelots, envoyée en 1661, 120 ; — Manufacture de tabac, 504 ; — Mémoires sur la banlieue, 473 ; — sur le privilège des franc-salé

pour les arquebusiers, 504 ; — sur la suppression des contraintes sur des terres grêlées en 1658, 294 ; — Mesures à prendre contre l'épidémie, 411 ; — Ordonnance de la Chambre de santé, supprimant le commerce avec Bruges et Ostende, 347 ; — Ordre pour la visite sanitaire de Torcy, 419 ; — Pont de pierre, 376, 478 ; — Procès-verbal de l'assemblée des notaires, 272 ; — Projet d'arrêt pour les marchands, 403 ; — Répartition de la taille, 456 ; — Requête des épiciers, 488 ; — Prieuré de Saint-Cande, 7 ; — Abbaye de Saint-Ouen, 280 ; — Couvent de Sainte-Brigitte, 63 ; — Visitandines, 466, 496 ; — Valeur des céréales, 123 ; — Verrerie, 448.

ROUEN (Chambre des Comptes de), 542, 543 ; — Arrêt, 445 ; — Lettres des gens des comptes, 225, 280, 409 ; — Mémoire sur les huissiers de la Chambre des Comptes, 373 ; — Pensions des officiers (1606-1656), 552.

ROUEN (Cour des Aides de), 124 ; — Arrêts, 276, 307, 451 ; — Lettre de Colbert au procureur de la Cour, 333 ; — Liste des officiers, qui ne participent pas au commerce des Indes, 286 ; — Opposition des procureurs à un ordre d'élargissement de l'intendant, 437 ; — Pensions des officiers (1606-1656), 552.

ROUEN (Parlement de). Arrêts, 311, 322, 403, 410, 419, 424, 466, 512, 521 ; — Lettre au procureur-général, 32 ; — Notes sur le Parlement, 8, 311 ; — Pensions des officiers (1606-1656), 552 ; — Rapports avec le Parlement de Toulouse, 478 ; — Vérification des traités de Cambrai, II, 26 ; — du Cateau, II, 29.

ROUER (L. DE). V. VILLERAY.

ROUERGUE (Le). Lettre du sénéchal, 221 ; — Recouvrement de l'impôt, 137.

ROUGELANDE (M. DE), à Dieppe. Lettre, 378, 387, 309.

ROUILLÉ (Jean), comte de Meslay. Lettres, 330, 497, 510.

ROUILLÉ DU COUDRAY (Pierre). Lettres, 467, 485 ; — Lettre à lui adressée, 515 ; — Note sur certaines de ses lettres, 525, 527.

ROUJAULT. V. ROUSAULT.

ROUJOUX, à Lyon. Lettre, 405.

ROULLAND (M.), à Port-Louis. Lettre, 531.

ROUPEIROUS-FRÉZART (Abbé DE). Lettre, 433.

ROUSAULT, et non ROUJAULT. Lettre, 102.

ROUSSEAU, avocat. Lettres, 118, 246, 256, 285.

ROUSSEAU (F.). Lettres, 396, 399, 408, 412, 416, 419, 422, 425.

ROUSSEAU (Louis). Lettre, 523.

ROUSSEL (M. DE), au Havre. Lettre, 524.

ROUSSEL (Placide). Lettre, 206.

ROUSSELET, à Auxerre. Lettre, 174.

ROUSSELET (Étienne). Quittances, 65.

ROUSSELET (Louis). V. CHATEAU-RENAULT.

ROUSSELET (Raoul), évêque de Saint-Malo. Pouvoir à lui donné, II, 8.

ROUSSEREAU (François). Lettre, 238.

ROUSSET, à Conches. Lettre, 305.

ROUSSET, à Messine. Lettre, 522.

ROUSSILLON. Gabelles, 545 ; — Lettres des avocats-généraux du Conseil-souverain, 165 ; — des membres de ce Conseil, 116, 397.

ROUVIÈRE. Lettre, 348.

ROUX. Lettre, 245.

ROUX (M. DE), à Carcassonne. Lettres, 191, 379, 422.

ROUX (D.). Lettres, 132, 139, 155, 163, 429.

ROUX (Claude), s^r de Marcilly. Arrêt le condamnant à mort, 427.

ROUX (Michelle). Défense de circuler en Bretagne, 504.

ROUXEL DE MÉDAVY (François), évêque de Séez, puis archevêque

de Rouen. Avis pour « abattre la chicane », 44 ; — Lettres, 141, 160, 191, 197, 252, 258, 358, 359, 455, 462, 485 ; — Lettre à lui adressée, 42; — Supplique pour ses appointements, 528.

ROUXEL DE MÉDAVY (François-Bénédict), marquis de Grancey, 410 ; — Extraits de ses lettres, 514 ; — Lettres, 179, 183, 315, 394, 408, 452, 455, 513 ; — Ordres pour la flotte du comte d'Estrées, 72 ; — Son procès avec M. d'Hocquincourt, 501.

ROUXEL DE MÉDAVY (Jean), sr de GRANCEY. Lettres, 157, 161 ; — Lettres à lui adressées, 32.

ROUXEL DE MÉDAVY (Joseph), comte de Marey. Lettres, 268, 291.

ROUXEL DE MÉDAVY (Sœur Marguerite). Lettre, 206.

ROUVROY (Cl. DE), duc de Saint-Simon. V. SAINT-SIMON.

ROY, à Arles. Lettre, 289.

ROY, à La Rochelle. Lettres, 423, 454.

ROY, à Paris, Lettres, 365.

ROY (Antoine). V. REY.

ROY (Dom Michel). Lettre, 319.

ROYAL-ITALIEN (Régiment), 519.

ROYAL-SOUVERAIN (Le), vaisseau, 473.

ROYALE (La), nom de vaisseau, 142.

ROYARD (Bernard), II, 34.

ROYE (Somme), II, 15, 17.

ROYEL. V. ROZEL.

ROYER, à Dunkerque. Lettre, 206.

ROZAY (M. DE), à Lyons-la-Forêt. Lettre, 447.

ROZEL, à Castres. Lettre, 368.

ROZEN (Régiment de). Mémoire sur ce régiment, 392.

RUAT (J. Audenge DE). Lettres, 313, 315, 319, 349-350, 520 ; — Lettre « de marine », 515.

RUBANNERIE. Invention relative aux métiers à ruban, 347 ; — Procédures contre un ouvrier, qui a porté en Italie le secret du gaufrage des rubans, 434.

RUBEI (Imbertus), II, 67.

RUBELLES (Jacques DE). V. BONNEAU.

RUCELLAÏ (Prieur). Lettre à lui adressée, 339.

RUCLOY (Sr DE). V. DERVELOY.

RUDOLF SCHENCK. Quittance, II, 50.

RUEIL. Affaire du prieuré, 8 ; — Château, 343.

RUET (Le P.). Lettre, 370.

RUFFEC (Philippe de Châteauneuf). V. CHATEAUNEUF.

RUFFO DE THÉODOLIS (Jean), évêque de Bertinoro, II, 35.

RUFFY, à Avignon. Lettre, 214.

RUFIN, chanoine de Reims. Lettre à lui adressée, II, 32.

RUINART (Dom Thierri). Jugement sur l'origine de Géraud de La Tour, 86.

RUITER (Michel VAN). V. RUYTER.

RUPELMONDE (Flandre). Mandement au garde des sceaux du château, II, 59.

RUPERT (Robert de Bavière, dit le prince). Lettre, 469 ; — Signaux de reconnaissance, par lui envoyés, 72.

RUPIN (Le sr DE). Note sur une de ses lettres, 525.

RUS (F.-Marie DE). Lettres, 246, 257, 263.

RUSSELL (Henry). Confirmation pour lui de l'office du greffier de l'amirauté, 60.

RUSSIE. V. MOSCOVIE.

RUTHALL (Thomas), évêque de Durham. Lettres, II, 41.

RUVIGNY (Henri de Massué, marquis DE), 136, 149, 342 ; — Lettres, 265, 349, 385, 395, 402, 481, 487, 497, 500, 502 ; — Lettre à lui adressée, 504.

RUYTER (Amiral Michel VAN). Lettre, 353 ; — Notes sur sa campagne de 1675, 508, 512.

RUZÉ DE BEAULIEU (Martin). Comptes des Ordres du Roi, 87.

RUZÉ D'EFFIAT (Famille). Notice généalogique, 86.

RUZÉ D'EFFIAT (Antoine Ier Coiffier dit) marquis d'Effiat. Lettre à lui adressée, 70 ; — Lettre sur la politique anglaise, 17 ; — Mémoire sur des lettres à déchiffrer, 17 ; — Minutes, 17.

Ruzé d'Effiat (Antoine II Coiffier-), marquis d'Effiat, 351 ; — nommé grand-maître des mines, 351 ; — Lettre, 114, 305.

Ruzé d'Effiat (Abbé Jean Coiffier-). Lettre, 496.

Ryantz (Jean-Armand de), marquis de La Galaisière. Lettres, 181, 197, 200, 220.

Ryantz (Odet de), marquis de Villeray. Lettres, 225, 232, 239, 358, 433, 438, 500, 517.

Rycard (A.). V. Ricard.

Rye (M.-Fr. de). V. Valengin.

Ryseley (John). Pouvoir à lui donné, II, 39.

Saarwerden (Comté de), en Bas-Rhin, 96 ; — Inventaire des titres, conservés aux archives de l'église de Metz, et concernant le comté de Saarwerden, 12.

Sabatier (Bertrand). Commission à lui donnée, II, 25.

Sablé (Marquis de). V. Servien (Abel).

Sables-d'Olonne (Les). V. Les Sables.

Saboulin. Lettre, 467.

Sacchetti (Cardinal Giulio). Lettres, 117, 150.

Sachy-Séjourné. Extraits de ses lettres, 469, 498, 514, 518 ; — Lettres, 493.

Sacierge (Pierre de), II, 19.

Sadoc fils (Antoine). Lettre, 383.

Sadoc père (Antoine). Lettre, 383.

Sage (Le), vaisseau. Payement de l'équipage, 465.

Sagredo (Alvise). Lettre, 251.

Saguez (Jean). Lettres, 213, 273, 288 ; — Mémoire, 218 ; — Placets, 267, 276.

Saignes. Lettre, 283.

Saillet (Jean-Baptiste). Ordonnance, 439.

Sainctonge (M. de). Lettre, 429.

Sainctot (Nicolas), sr de Vémars. Lettres, 323, 492.

Sainneterre. V. Tureau.

Saint-Abre. V. Saint-Fabre.

Saint-Aignan (Duché de). Protestation contre l'érection en duché du comté de Saint-Aignan, 392.

Saint-Aignan (Antoinette de Beauvillier, duchesse de). Lettre, 459.

Saint-Aignan (François de Beauvillier, duc de), 120, 427, 485, 521 ; — Lettres (1661-1666), 129, 137, 145, 155, 159, 168, 188, 192, 199, 211, 219, 231, 264, 284, 355, 360, 363, 365, 368, 372 ; — (1667-1673), 433, 438, 449, 450, 451, 454, 457, 461, 466, 469, 470, 474, 477, 479 ; — (1674-1677), 481, 485, 487, 488, 490, 501, 503, 505, 507, 509, 513, 517, 520, 522, 526, 527, 530 ; — Lettres à lui adressées, 230, 469, 475, 490 ; — Mémoires, 393 ; — contre le sr de Blanques, 481 ; — Notes sur le commerce du Hâvre, 393 ; — sur certaines de ses lettres, 469, 491 ; — sur ses appointements, 460 ; — Requête contre lui, 251.

Saint-Aignan (Henriette Colbert de Beauvillier, duchesse de). Lettres, 447, 465.

Saint-Aignan (Paul de Beauvillier, comte de). Don à lui fait des revenus sur le canal de Tarascon, 156 ; — Lettres, 459, 465, 471, 475, 493.

Saint-Aignan (Pierre de Beauvillier, chevalier de). Lettres, 148.

Saint-Aignan-en-Berry (Loir-et-Cher). Pont, 360.

Saint-Albans (Charles, duc de). Lettres, 258-259, 391.

Saint-Albans (Henry Jermyn, comte de). Concession à lui faite de territoires en Amérique, 66 ; — Lettres, 140, 152 ; — Requête, 424.

Saint-Albert (Le Fr. Innocent de). Lettre, 290.

Saint-Amand (Cher). Enregistrement dans cette élection de l'arrêt, réduisant le nombre des notaires, 293-294.

Saint-Amand (Le P. de). Lettres, 100, 107.

Saint-Amans (M. de). Lettre, 486.

Saint-Ambroise (M. de). V. Colin (Jacques).

SAINT-ANDELAIN (Nièvre). Dîmes, 242.

SAINT-ANDEX. V. SANTANDER.

SAINT-ANDRÉ (Le), nom de vaisseau, 418.

SAINT-ANDRÉ (Prieuré de), près Château - Landon. Résignation par l'abbé de Grasse, 194.

SAINT-ANDRÉ (Jacques d'Albon, maréchal de). Pouvoirs à lui donnés, II, 28.

SAINT-ANDRÉ (Nicolas DE). Lettres, 429, 431.

SAINT-ANDRÉ (Pierre DE). Lettres, 148, 198, 245, 264, 178, 320, 325, 343, 355, 368, 375, 378, 482, 398, 405, 409, 416, 482, 503, 504 ; — Notes, 472.

SAINT-ANDRÉ-LÈS-CLERMONT (Abbaye de), 255.

SAINT-ANDRÉ-LA ROCHE. V. LA ROCHE.

SAINT-ANDRÉ-MONTBRUN (Alexandre DE). V. DU PUY-MONTBRUN.

SAINT-ANGE (M.). Adjudication de bois à lui faite, 518.

SAINT-ANTOINE (Abbaye de), à Paris, 108, 525 ; — V. MOLÉ.

SAINT-ANTOINE-DE-PADOUE (Le), nom de vaisseau, 376.

SAINT-AOUST (M. DE). Instructions, 35.

SAINT-AOUST (Armand DE). Lettre, 145.

SAINT-AUBERT, près Cambrai (Abbaye DE), II, 30.

SAINT-AUBIN (S. DE). Lettres, 198, 253, 264 ; — Lettre à lui adressée, 267.

SAINT-AUBIN D'INFREVILLE (Louis Leroux d'Escroville DE). Lettres, 342, 366, 404, 408, 419, 425.

SAINT-AUNÈZ (Henri, marquis DE). Lettre, 434 ; — Requête, 434.

SAINT-AUGUSTIN (Ordre de), II, 35 ; — Réformation, 3.

SAINT-AVOLD (Moselle). Droits du Roi sur cette terre, 106.

SAINT-BARTHÉLEMY (Ile). Concession de cette île au comte de Carlisle, 67.

SAINT-BARTHÉLEMY (Le), navire de Marseille, 5.

SAINT-BAVON, à Gand, II, 34, 60.

SAINT-BENOÎT (Ordre de). Réformation, 3 ; — V. SAINT-MAUR.

SAINT-BENOÎT-SUR-LOIRE (Loiret), 468.

SAINT-BERNARD (Ile). Concession de cette île à M. de Montgomery, 67.

SAINT-BERNARD (Marguerite DE). V. DUFOUR.

SAINT-BERTIN (Abbaye de), près Saint-Omer, II, 11, 51.

SAINT-BERTRAND-DE-COMMINGES (Haute-Garonne). Évêques, v. CHOISEUL (G. DE), et RECHIGNE-VOISIN (L. DE).

SAINT-BONNET (Jean DE). V. TOIRAS.

SAINT-BRICE D'ORTIÈRES (M. DE). Extraits de ses lettres, 511.

SAINT-BRIEUC. Évêque, v. FORTIN DE LA HOGUETTE (H.) ; — Lettre du théologal, 363.

SAINT-CANDE-LE-VIEIL (Exemption de), à Rouen. Mémoire sur cette exemption, 7.

SAINT-CHAMOND. Lettre des consuls, 242.

SAINT-CHAMOND (Melchior de Chevrières, marquis DE). Relation du voyage du cardinal Fr. Barberini, 85.

SAINT-CHRISTOPHE (Ile). Concession de cette île au comte de Carlisle, 66 ; — Poésie sur la défaite des Anglais, 49.

SAINT-CHRISTOPHE-SUR-LE-NAIS (Indre-et-Loire). Mémoire sur la baronnie, 322.

SAINT-CIRE (Tabouret DE). Épuration de ses comptes, 207 ; — Lettre, 177.

SAINT-CLAIR (A. DE). V. TURGOT.

SAINT-COSTHÈS (M. DE). V. LA BÉZIADE.

SAINT-CYR (Famille de). V. PRÉVÔT DE SAINT-CYR.

SAINT-CYRAN (Abbé DE). V. DUVERGIER.

SAINT-CYPRIEN (Le), nom de vaisseau, 388, 392.

SAINT-DENIS. Inventaire des bénéfices de l'abbaye, 83 ; — Lettre des receveurs des tailles, 99.

Saint-Denis (Hurault de). V. Hurault.

Saint-Didace (Agnès de), supérieure de l'*Ave Maria*. Lettres, 109, 206, 385, 421.

Saint-Dizier. Abbaye des Cisterciennes, II, 45.

Saint-Domingue (Ile de). Prisonniers, envoyés de Saint-Domingue à Nantes, 436.

Saint-Dominique (Le), nom de vaisseau, 220.

Saint-Éloy-Fouais, ou Fouare (M. de), à Barfleur. Lettres, 337, 506.

Saint-Esprit (Ordre du). Cérémonies (1582 à 1588), 61 ; — Comptes de la trésorerie, 61, 87 ; — Rôles des distributions et quittances des chevaliers, 61-64 ; — Pièces comptables, 64-65.

Saint-Étienne-en-Forez. Lettre des échevins, 249, 258.

Saint-Eustache (Ile de). Concession de cette île au comte de Carlisle, 67.

Saint-Fabre (M. de), à Rochefort. Lettre, 153.

Saint-Florentin (Yonne), 45 ; — Aides de la ville et de l'élection, 110 ; — Lettres des officiers du grenier à sel, 206.

Saint-Flour. Évêque, v. La Motte-Houdancourt (J. de) ; — Procès-verbaux des gardes, 430.

Saint-François (Le), nom de navire. Requête pour faire sortir le navire de Saint-Malo, 450.

Saint-François (Ordre de). V. Franciscains et Franciscaines.

Saint-François (Marie de). V. L'Écuyer de la Papautière.

Saint-Fulgent (Baron de). Note relative à ses crimes, 340.

Saint-Fuscien (R. de), II, 4.

Saint-Gall (Canton de). Lettres des députés, 185, 357.

Saint-Gelais (Marie-Madeleine de). V. Vassé.

Saint-Genêt (Sr de). V. Thourane.

Saint-Geniès (Henri de Montaut-Navailles, marquis de). Lettres, 95, 98, 109, 114, 186, 259, 274, 314, 323, 401, 409, 432, 493, 510, 520 ; — Mémoire à Mazarin, 96.

Saint-Georges (Commissaire). Lettre, 514.

Saint-Georges (Le), vaisseau, 488.

Saint-Germain (Faubourg), à Paris. Acquisition de la halle de ce faubourg, pour construire l'hôtel des Mousquetaires, 110.

Saint-Germain (J. de). Lettre, 234.

Saint-Germain-de-la-Coudre (Sarthe), 307.

Saint-Germain-des-Prés (Abbaye de), 86, 468.

Saint-Germain-en-Laye, 46 ; — Capitainerie, 111 ; — Maîtrise des eaux et forêts, 231.

Saint-Gilles (Nicolas de). Placet, 392.

Saint-Girons (Ariège), 370.

Saint-Gobain (Aisne). Titres de propriété de Mazarin à Saint-Gobain, 83.

Saint-Gothard (Bataille du). Relation en espagnol, 251.

Saint-Hérem (François-Gaspard, marquis de). Lettres, 171, 287, 330, 444, 474.

Saint-Hilaire (P. de). Lettre, 409.

Saint-Honorat de Lérins (Abbaye de), 83, 97.

Saint-Jacques (Collège), à Paris. Réforme, 516.

Saint-Jacques (M. de). Lettre, 429.

Saint-Jacques de l'Épée (Ordre de), II, 35.

Saint-Jean, près Brouage. Moulin à poudre, 388.

Saint-Jean (Le), nom de vaisseau, 357.

Saint-Jean (M. de). Lettre, 345.

Saint-Jean (Le P. Léon de). V. Léon.

Saint-Jean (Sœur Marguerite-Gertrude de). Lettre, 143.

Saint-Jean-de-Jérusalem. V. Malte (Ordre de).

SAINT - JEAN - DE - LIVERSAY (Charente-Inférieure). Mémoire sur la sédition de 1661, 111.

SAINT-JEAN-DE-LUZ. Délibération des jurats, 242 ; — Lettres des jurats, 207, 240, 319, 337 ; — Requête des habitants, 329.

SAINT-JEAN-PIED-DE-PORT. Visite des logements des troupes, 137.

SAINT-JEMES-NAVAILLES (Marquis DE). V. SAINT-GENIÈS.

SAINT - JUSSIEN (Haute - Vienne), 171.

SAINT-LARY (Roger DE). V. BELLE-GARDE.

SAINT-LAURENT (Chevalier DE). Lettre, 348.

SAINT-LÉON (Ch. DE). Lettre, 348.

SAINT-LÉON (X. DE). Lettre, 312.

SAINT-LÉONARD (Louis Léger DE). V. SÉDILHAC.

SAINT-LEU (M. DE). Note sur une de ses lettres, 525.

SAINT-LIZIER (Ariège). V. CONSERANS.

SAINT-LOUIS (Église), à Paris. Contrat d'une fondation de service, 119.

SAINT-LOUIS (Hôpital), à Paris, 516.

SAINT-LOUIS (Le), nom de galère. Son inspection, 133.

SAINT-LOUIS (Le), nom de vaisseau, 72.

SAINT - LOUP (Nicolas Le Page DE). V. LE PAGE.

SAINT - LUC (François d'Épinay, marquis DE), 298 ; — Lettres (1661-1664), 120, 129, 138, 147, 149, 153, 159, 164, 170, 188, 191, 195, 202, 205, 215, 241, 245, 250, 252, 258, 264 ; — (1665). 268, 272, 278, 283, 287, 292, 296, 299, 304, 309, 315, 320, 327 ; — (1666-1677), 336, 345, 352, 356, 359, 363, 366, 370, 373, 381, 432, 434 ; — Lettre à lui adressée, 311.

SAINT-MACAIRE (Gironde). Acquits de droits sur le tabac, 161.

SAINT-MALO, 395 ; — Évêques, v. DU GUÉMADEUC (S.), ROUSSELET (R.), VILLEMONTÉE (Fr. DE) ; — Lettres de Colbert aux échevins, 334 ; — des habitants, 390, 410, 429 ; — des officiers de l'amirauté, 515 ; — Note sur des navires, qui restent à Saint-Malo, 450 ; — Requêtes des échevins sur la saisie des corderies de Solidor et du Talart, 364, 367 ; — Travaux du château, 495.

SAINT-MARCEL (Couvent des Cordeliers de), à Paris. V. PARIS.

SAINT-MARD, ou MARS. V. COLBERT.

SAINT-MARS (Bénigne d'Auvergne, sʳ DE). Lettres, 274, 282, 306, 350.

SAINT-MARTIN, en Dauphiné, 170,

SAINT-MARTIN (Ile). Concession de cette île au comte de Carlisle, 67.

SAINT-MARTIN (A. DE). Lettre. 117.

SAINT-MARTIN (Daniel BARÈS, abbé DE). Lettres, 153, 182, 207, 221, 233, 235, 252, 258, 278, 292, 313, 326, 362-363, 387, 391, 400 ; — Lettre à lui adressée, 388 ; — Procès-verbal, au sujet de la Bidassoa, 24 ; — Réponse à lui faite par H. d'Artagnan, 298 ; — Requête à lui adressée, 329.

SAINT-MARTIN (François Du Busc-), 304, 424.

SAINT-MARTIN (François Ranuel DE). Lettres, 132, 216, 224, 239, 249, 358.

SAINT-MARTIN (Guichard DE). V. DÉAGEANT.

SAINT-MARTIN-DE-CORES, ou de CURES (Abbaye de), au diocèse d'Autun. Abbé, v. BOURZÉÏS (A. DE).

SAINT - MARTIN - DE - RÉ, 261, 451 ; — Contraventions, pour port illégal d'épée dans ce bourg, 111.

SAINT-MARTIN-DES-CHAMPS, prieuré à Paris, 100.

SAINT-MAUR (Congrégation de). Lettres-patentes en sa faveur, 8.

SAINT - MAURICE (Thomas - François Chabod, marquis DE). Lettres, 244, 341.

SAINT-MESME (François DE). Lettre, 524.

SAINT-MICHEL (Collège de), à Paris, 4.

SAINT-MICHEL (Ordre de). Rôle des chevaliers, 25 ; — Comptes de la trésorerie, 61, 87.

SAINT-MICHEL (Le), vaisseau, 526.

SAINT-MICHEL (Sœur Gabrielle DE). Lettre, 383.

SAINT - MICHEL - EN - L'HERM (Vendée), 136 ; — Inventaire des bénéfices de l'abbaye, 83, 390.

SAINT-NAZAIRE-BEAUFORT (Var). Requête des habitants, 424.

SAINT-NECTAIRE (Abbé DE). V. LA FERTÉ-SENECTÈRE.

SAINT-NICOLAS (Le), nom de vaisseau, 78, 389.

SAINT-OMER, 547 ; II, 1 ; — Mandement en faveur des bourgeois, II, 7 ; — Note sur les régiments, cantonnés à Saint-Omer, 380 ; — Abbaye de Saint-Bertin, II, 11, 51.

SAINT-OUEN (Abbaye de), à Rouen. 280.

SAINT-OUEN (Jean, sᵣ DE). V. BELESCARE.

SAINT-PAPOUL (Aude). Évêques, v. GRAMMONT (L. DE), MONTPEZAT (J. DE).

SAINT-PAUL. V. SAINT-POL.

SAINT-PÉE (Jean DE). Lettre, 434, 450.

SAINT-PÉRAY (Rhône). Avis sur les vins de cette localité, 448.

SAINT-PÈRE (Nicolas DE). Lettre, 107.

SAINT-PHILIPPE (Le), nom de vaisseau, 72.

SAINT-PICQ (N. Jolly DE). V. JOLLY.

SAINT-PIERRE (Le), vaisseau. Noms des intéressés, 351.

SAINT-PIERRE (Madame DE), 533 ; — Note sur la terre de Chanron, 325.

SAINT-PIERRE-LE-MOUTIER (Nièvre). Enregistrement au bailliage du traité de Cambrai, II,

27 ; — Jugement du bailli, 415 ; — Lettres des officiers du présidial, 97 ; — Réduction des notaires, 302 ; — Travaux pour le chemin, menant à La Charité, 302.

SAINT-PIERRE-LE-VIF, à Sens, 56, 57, 59.

SAINT - PIERRE - MARREL (B. DE). Lettre, 108.

SAINT-POL (Le), nom de vaisseau, 259.

SAINT-POL (Comté de), en Flandre, II, 1.

SAINT-POL (Élisabeth, comtesse DE), II, 1.

SAINT-POL (François d'Orléans, comte DE). Quittance, 64.

SAINT-POL (Louis, comte DE), 20.

SAINT-POL (Valéran de Luxembourg, comte DE), II, 14, 48.

SAINT-POL-DE-LÉON. Évêques, v. MONTIGNY (J. DE), VISDELOU (Fr.) ; — V. LÉON.

SAINT-PONS (Bouches-du-Rhône). Évêques, v. PERCIN DE MONTGAILLARD (P.-J.-Fr.) et TUBEUF (M.).

SAINT - POUENGES (Jean - Baptiste Colbert, sᵣ DE). V. COLBERT.

SAINT-POURÇAIN (Allier), 302.

SAINT-QUENTIN. Impôt sur le vin, II, 17 ; — Lettres des échevins, 212, 259 ; — Mandement adressé au bailli, II, 17 ; — Mémoire de réparations à faire à Saint-Quentin, 182.

SAINT-RAMBERT (Loire). Prieur, v. NEUFVILLE (F. DE).

SAINT-RIQUIER (Somme). Lettres des échevins et des gens d'église, II, 49.

SAINT-ROMAIN (Melchior de Harod, abbé DE). Instructions, 35, 36 ; — Lettres, 395, 400, 443, 473, 497-498, 504 ; — Lettres à lui adressées, 77, 334, 533.

SAINT-SAËNS (Seine-Inférieure). V. COLBERT DE SAINT-POUENGES (Madeleine).

SAINT-SATUR-SOUS-SANCERRE (Abbaye de), au diocèse de Bourges. Mémoire relatif à cette abbaye, 528.

SAINT-SAUVEUR (Le), nom de vaisseau, 165.

SAINT-SAUVEUR (Ordre du). V. TERMONDE (Sainte-Brigitte DE).

SAINT-SAUVEUR (M. DE), à Honfleur. Lettre, 350 ; — Procès-verbal, 392.

SAINT-SEINE (Abbaye de), au diocèse de Langres. Inventaire des bénéfices, 83.

SAINT-SERVAN. V. SAINT-MALO.

SAINT-SEVER (Landes). Gabelles, 194.

SAINT-SIMON (Charles de Rouvroy, marquis DE). Compte-rendu, 472 ; — Lettre, 470.

SAINT-SIMON (Claude de Rouvroy, duc DE). Lettres, 130, 169, 181, 188, 195, 202, 245, 400, 436, 437, 463, 499, 505 ; — Mémoire sur le procès à lui fait, pour le comté de Blaye, 437.

SAINT-SORLIN (M. DE). V. DESMAREST.

SAINT-SULPICE, à Paris. Lettres des prêtres et missionnaires, 167.

SAINT-SUPLIX (Pierre, sr DE). V. COSTÉ.

SAINT - THOMÉ - DE - COROMANDEL (Inde), 468 ; — Plan, 495.

SAINT-TRIVIER-DE-COURTES (Ain). Lettres des députés, 233, 240.

SAINT-VAAST (Abbaye de) (Pas-de-Calais), II, 26 ; — Mémoire sur la grange de « La-Court-aux-Bois », 111.

SAINT-VAL. V. DESJARDINS (Fr.).

SAINT-VALÉRY-SUR-SOMME (Somme), 360 ; — Lettres des échevins, 234, 254.

SAINT-VANNE (Congrégation de). Concordat avec Cluny, 106 ; — Lettres des « présidens et visiteurs », 126-127 ; — V. SAINT-AMAND (Le P. DE).

SAINT-VENANT (Pas-de-Calais), 115.

SAINT-VICTOR (Abbaye de), à Paris. Extraits de mss. de la bibliothèque, 57 ; — V. TACONNET.

SAINT-VICTOR (Jacques DE). Lettres, 280, 338, 342, 344, 349, 363, 417, 466 ; — Sentence pour les détenteurs de pêcheries, 351.

SAINT-VÉRIN (Abbé DE). Lettre, 381.

SAINT-VINCENT (Le Cap). Liste des vaisseaux qui s'y rendent, escortés par des navires de guerre, 328.

SAINT-VINCENT (Ile de). Concession de cette île au comte de Carlisle, 66.

SAINT-VINCENT (M. DE), à Brest. Lettre, 519.

SAINTE-ANNE (La), nom de navire, 124.

SAINTE-ANNE, près Bruges (Couvent de), II, 59.

SAINTE-BEUVE (Jacques DE). Avis sur la réception des filles dans les monastères, 8.

SAINTE-BRIGITTE (Abbaye de). à Termonde, II, 51, 52, 54.

SAINTE-BRIGITTE (Couvent des religieuses de), à Rouen. Aumône à ce couvent, 63.

SAINTE-CATHERINE (Fort de), en Savoie, 28.

SAINTE-CATHERINE (Ile de). V. OLD-PROVIDENCE.

SAINTE-CATHERINE (La), nom d'un vaisseau hollandais, 111.

SAINTE-CLAUDE (Sœur Marie DE). Lettre, 373.

SAINTE-COLOMBE (M. DE). Lettre, 236.

SAINTE-COLOMBE (Chevalier de). Lettres, 420, 422.

SAINTE-CROIX (Chevalier DE). Lettre, 523.

SAINTE-CROIX (Coutumes de). V. VERDUN.

SAINTE-CROIX (Famille DE). V. CHARPY.

SAINTE-CROIX (Ile de), 42.

SAINTE-CROIX (Rivière), au Canada. Concession des territoires situés autour de cette rivière au duc d'York, 66.

SAINTE - HÉLÈNE (François Le Cormier DE). V. LE CORMIER (Fr.).

SAINTE-LUCIE (Ile). Concession de cette île au comte de Carlisle, 66.

SAINTE-MADELEINE (Abbaye de), à Metz. Lettre de la supérieure, 107.

SAINTE-MARIE (Baron DE), 39.

SAINTE-MARIE (Jacques DE), 108, 403 ; — Lettre, 493.

SAINTE-MARIE (Le Fr. Louis DE). Lettres, 224, 231.

SAINTE-MARIE-MADELEINE (Le Fr. Jacques DE). Lettre, 109.

SAINTE-MARTHE (Prévôt DE). Lettre, 458.

SAINTE-MARTHE (Abel DE. Lettre 344.

SAINTE-MARTHE (Abel-Louis DE). Lettres, 402, 463, 458, 466, 514, 516 ; — Lettre de créance, 516.

SAINTE-MARTHE (Pierre Gaucher, dit Scévole III DE). Vice-rois, gouverneurs, baillis de France et Navarre, 91.

SAINTE-MAURE (Alexis DE). V. JONZAC (Comte DE).

SAINTE-MAURE (Charles DE). V. MONTAUSIER (Duc DE).

SAINTE-MAURE (Léon DE). V. JONZAC (Marquis DE).

SAINTE-MAURE-MÉNISSON (Charles DE). Lettre, 176.

SAINTE-MENNE (Jérôme DE). V. JÉROME.

SAINTE-SUZANNE-LA-VARANE (R. DE). Lettre, 158.

SAINTE-URSULE (Abbaye de), à Chaumont, 409.

SAINTES. Enregistrement au présidial de l'état des notaires, 344 ; — Évêques, v. BASSOMPIERRE (L. DE) ; — Lettres des officiers de l'élection, 300 ; — Réparations du pont, 227 ; — Note sur une lettre des officiers de Saintes, 525.

SAINTES (Ile des). Concession de ces îles au comte de Carlisle, 66.

SAINTONGE, 93 ; — Abonnement des habitants des îles de Saintonge, 120 ; — Commerce des œufs, 294 ; — Assiette du département, par Colbert de Terron, 516 ; — Lettre au sujet d'emprisonnement d'officiers de Saintonge, 360 ; — Sénéchal, II, 19 ; — Trafic de la province, 485.

SAISIES. Bureau des saisies mobilières, 335 ; — Défense de saisir les meubles et les instruments de travail, 137 ; — Mémoire sur les formalités des saisies, 392.

SAISSAC (Terre de) dans l'Aude, 414.

SAISSAC (M. DE). Lettres, 433, 435, 444.

SALAMANQUE (Université de), 41.

SALAMPARD. Note sur une de ses lettres, 526.

SALEH (Maroc), 89 ; — Liste des vaisseaux de guerre, 528 ; — Mémoires sur cette ville et la côte environnante, 529.

SALES (Chevalier DE). Lettre, 340.

SALIGNAC (François DE). V. FÉNELON.

SALIGNY (Gaspard et Jean DE). V. COLIGNY.

SALIGNY (Jean Lourdin, sr DE). Convention avec le comte de Carrara (1416), 6.

SALINES, 101, 127, 152, 167 ; II, 65 ; — Lettres des anciens fermiers des salines de Bourgogne, 395 ; — Salines de Bourgogne, 543, 544, 545 ; — Salines de Lorraine, 543, 544, 545 ; — V. SEL.

SALINS, 267 ; — Dames, v. JEANNE et MARGUERITE ; — Péage, II, 56.

SALIQUE (Loi). Mémoire sur la loi salique, 79, 80.

SALLERNES (Lieutenant), à Dunkerque. Lettre, 319.

SALLES (Charente). Mémoire sur cette terre, 329.

SALLES (Claude DE). baron de Rorté. V. RORTÉ.

SALLIES (Jean du Haut DE). V. DU HAUT DE SALLIES (J.).

SALLO (Denis DE). Mémoire pour savoir s'il faut nommer la reine Marie-Thérèse, d'Espagne ou d'Autriche, 38.

SALLUZ (J. DE). Lettre, 185.

SALM (Princesse Marie-Éléonore DE). Lettre, 171.

SALOMON, à Hambourg. Lettres, 254, 301, 305.

SALOMON DE LALANNE (J.). Lettres, 198, 202, 211, 217, 220, 224, 235, 248, 257, 264, 309, 321, 350, 369, 401.

Salomon de Melgorio. Vente, II, 67.

Salpêtres. V. Poudres.

Saluces (Marquisat de), 15 ; — Échange avec la Bresse, 115.

Saluces (Frédéric de), II, 34.

Saluzzo (Giambattista). Mémoire à lui adressé, 35.

Salvaing de Boissieu (Denis de). V. Boissieu.

Salvius (Jean Adler). Lettres, 10, 11.

Sambize. V. Chambige.

Sampson (Richard). Lettre à lui adressée, II, 42.

San-Andres (Ilôt de). Concession de cet ilôt à des lords anglais, 66.

San Gallo (Antonio Picconi da). Dessin d'une fenêtre, 69.

San-Luca de Barameda, 357.

San-Luis de Providenzia. V. Old-Providence.

San-Severino (Cardinal A. Sperelli de). Lettre à lui adressée, 70.

San-Thomé. V. Saint-Thomé.

Sancta-Croce (Benedetto di). Lettre, 531.

Sanctis (Abbé de). Lettres, 409, 459, 531.

Sancto-Egidio (Raimundus de), II, 67.

Sancto-Johanne (Raimundus de), II, 67.

Sancto-Juliano (Petrus de), II, 65.

Sancto-Nazario (G.-A. de). V. Guillelmus.

Sancto-Sebastiano (G.-B. de). V. Guillelmus.

Sancto-Ylario (Petrus de), II, 66.

Sande (Marquis de). V. Mello.

Sandes (William). Pouvoir à lui donné, II, 42.

Sandoval (Bernard), archevêque de Tolède. Bref à lui adressé, II, 36.

Sandwich (Edward, comte de). Commission de vice-amiral, 60.

Sanguin (Mme M.). Lettres, 162, 369.

Sanguin de Livry (Famille). Notice généalogique, 86.

Sanguin de Mafflier (Famille). Notice généalogique, 86.

Sanguin de Meudon (Famille). Notice généalogique, 86.

Sanguinier. Mémoire à lui adressé, 101.

Sani (Marquis). Lettres à lui adressées, 30.

Sannazari (Comte). Mémoire pour traiter avec lui de la vente du duché de Rethelois, 101.

Sannazari (Baldassare). Lettres, 98.

Sannesi (Cardinal Jacopo). Lettres, 37.

Sanson fils. Lettres, 251, 357, 415.

Sanson pére. Lettre, 236.

Santa-Catalina (Ilôt de). Concession de cet ilôt à des lords anglais, 66.

Santa-Cruz. V. Sainte-Croix.

Santander (Province de Bilbao). Mémoire relatif aux canons construits à Santander, 377.

Santarel (Le P. Antoine). Condamnation de sa doctrine, 9.

Santé. V. Certificats, Maladies.

Santhenay (Marquis de). V. La Berchère (D. Le Goux de).

Santo-Domingo (Claude de), s^r de Villeneuve. V. Villeneuve.

Santo-Domingo (Yves de), s^r de La Bouveraye. V. La Bouveraye.

Sanuto (Luigi), 82.

Saturne, planète. Tables, 75.

Sanvitani (Angelo). Placet, 507.

Saporta, à Montpellier. Lettre, 142.

Sarazin (Pierre). V. Sarrazin.

Sarcus (Jean de). Mandement à lui adressé, II, 23-24.

Sarmiento-Salvatiera (Louise de). V. Isenghien.

Saron de Champigny (François Bochart de). V. Champigny.

Saron de Champigny (Jean Bochart de). V. Champigny.

Sarra. Vente de vignes, II, 64.

Sarrazin (Pierre). Lettre, 244.

Sarrebourg (Meurthe), 110.

Sartre de Nazaire. Lettre, 148.

Satallieh. V. Adalia.

Sauba-Haristeguy (M. de). Lettre, 153 ; — Mémoire sur sa demande d'armer en course, 448 ; — Pouvoirs à lui donnés, pour exercer la police sur la frontière basque, 155, 156.

SAUCOURT. V. SOYÉCOURT.

SAUER. V. SAVER

SAUJON (Comte DE). Lettre, 309.

SAULGER (Geneviève). Lettre, 287.

SAULI (Cardinal Antonio). Lettres, 37.

SAULTRAY (Abbé DE). Lettre, 183.

SAULX (François-Louis de Montauban, comte DE). Quittance, 62.

SAULX-TAVANNES (Guillaume DE). Quittance, 62.

SAUMAISE (Claude DE). Extraits de son livre : *De primatu papæ*, 76.

SAUMAISE-CHASSAN (Bénigne DE). V. CHASSAN.

SAUMAISE-CHASSAN (Charlotte DE), dame de Brégy. Lettres, 138, 142, 296, 378, 391, 397, 454, 466.

SAUMERY (Jacques Johanne de La Carre, marquis DE). Lettres (1661-1665), 98, 104, 108, 165, 182, 192, 216, 220, 236, 273, 293, 305, 309, 312, 321 ; — (1666-1677), 330, 373, 387, 400, 427, 432, 443, 446, 450, 452, 454, 463, 477, 482, 490, 505, 507, 517 ; — Lettres à lui adressées, 479 ; — Procès-verbal, 484.

SAUMIER. Lettre, 404.

SAUMUR, 20 ; — Lettre des échevins, 250 ; — Lettre du gouverneur, 185 ; — Ouvrages à faire pour les « levées et turcies » de l'élection, 138.

SAUNHAC, 314.

SAUNIER (J.). Lettres, 196, 304.

SAUSIGNY (Commissaire DE). Extraits de ses lettres, 469, 472, 514 ; — Lettres de « marine », 469, 480 ; — Observations sur les classes des marins d'Olonne, 511.

SAUSSEY, au Hâvre. Lettre, 274.

SAUSSOY (Abbé Pierre-Charles). Lettre, 196.

SAUT (Chevalier DE). V. JARS.

SAUTEREAU (M. DE). Lettre, 496.

SAUTOIRE (A.). Lettre, 342.

SAUVAGE (Jean-Baptiste). Lettre, 342 ; — Note à lui relative, 344 ; — Requête, 344.

SAUVAN (Abbé F.). Lettre, 497.

SAUVÉ (Mme). Lettres, 143, 157.

SAUVECANE (M. DE). Lettre, 300.

SAUVE-MAJEURE (La). V. LA SAUVE-MAJEURE.

SAUVÉRÉAL (Canal de). V. SYLVÉRÉAL.

SAUVIGNY. V. SAUSIGNY.

SAUZIN (Louis). Lettre, 144.

SAVARON (François). Lettres, 131, 140, 164.

SAVARY. Lettre, 192.

SAVARY DE BRÈVES (François). Instruction, 30 ; — Lettres à lui adressées, 29.

SAVER (Martin). Lettres, 149, 154. 158.

SAVOIE, 5, 6, 27, 30, 33, 34, 36, 37 ; — État de la « mâture », venue des forêts de Savoie, 389 ; — Exclusion des princes de Savoie de la succession des Pays-Bas, 39 ; — Mémoire de l'ambassadeur de Savoie, pour un paiement à faire au duc de Mantoue, 110 ; — Pensions des ambassadeurs en Savoie, 551 ; — Relations sur la cour de Savoie en 1639, 5 ; — Route du Jura, II, 56 ; — Traités avec Henri IV, 28.

SAVOIE (Maison de). Différends de cette maison avec celle de Mantoue, 89.

SAVOIE (Amé IV, ou Aimon, comte DE), II, 5, 8, 45.

SAVOIE (Amé IX, duc DE), II, 18.

SAVOIE (Charles-Amédée DE), duc de Nemours. Contrat de son mariage avec Mlle de Vendôme, 23.

SAVOIE (Charles-Emmanuel Ier, duc DE). Lettre à lui adressée, 37 ; — Ratification d'un projet de ligue avec le pape et la France, 6 ; — Traités avec Henri IV, 28.

SAVOIE (Charles-Emmanuel II, duc DE). Lettres, 251, 375, 451.

SAVOIE (Chrétienne, ou Christine de France, duchesse DE). Ses favoris, 5 ; — Lettre, 150.

SAVOIE (Emmanuel-Philibert, duc DE), II, 29.

Savoie (Eugène-Maurice de), comte de Soissons. Lettres, 191, 304, 324.

Savoie (Henri de), duc de Genevois et Nemours. Convention avec Louis XIII, 22.

Savoie (Jacques |de). V. Jacques.

Savoie (Henriette-Adélaïde de), électrice de Bavière, 14.

Savoie (Louise de), duchesse d'Angoulême, 21, 55 ; II, 22, 23, 24.

Savoie (Louise-Chrétienne de), princesse de Bade, 414, 431.

Savoie (Louise - Marie - Christine de). Lettre, 114.

Savoie (Marguerite d'Autriche, duchesse de), II, 23-27, 33, 35, 36, 43, 52, 53, 54, 55, 56, 57.

Savoie (Marie - Jeanne - Baptiste, duchesse de). Lettres, 226, 503, 509 ; — Lettre à elle adressée, 33.

Savoie (Cardinal Maurice de), 114 ; — Lettres, 37.

Savoie (Philibert II, duc de), II, 54, 55.

Savoie (Philippe de). Don à lui fait du duché de Nemours, 19.

Savoie (Cardinal Pie de). Lettres, 37.

Savoie (René, bâtard de). Signature, II, 21.

Savoie (Thomas, comte de), II, 2.

Savon. Note et mémoire sur la réduction des fabriques de savon, 367.

Savonnerie (La). V. Lourdet.

Saxe. Nouvelles (1656), 14.

Saxe (Anne, duchesse de), II, 50.

Saxe (Auguste, électeur de). Lettre à lui adressée, 26.

Saxe (Georges, duc de), 57.

Saxe (Guillaume, duc de), II, 50.

Saxe-Weimar (Bernard, duc de). Lettres, 184, 244, 284.

Sayssac (Terre de). V. Saissac.

Sbarra (Francesco). Lettres, 143, 150, 179, 199 ; — Lettre à lui adressée, 141.

Scalae, villa, près de Narbonne, II, 63.

Scaliger (Joseph-Juste). De militia Romana, 69 ; — Mémoire sur la jonction des mers (?) 69 ; — Correspondance, 69.

Scalis (Bernardus et Pontius de Turre de), II, 66, 67, 68.

Scalis (Petrus de), II, 65.

Scanson, à Bordeaux. Lettre, 202-203.

Scarlatti (Alessandro). Lettre, 298.

Scarlatti (Abbé Pompeo). Lettre, 298.

Scarron (Pierre), évêque de Grenoble. Lettre, 160.

Scarron de Longne (A.). Lettres, 159, 201, 271, 383, 409, 467, 505.

Sceau (Officiers du). V. Chancellerie.

Sceaux. Descriptions de sceaux (XIVe-XVIe s.), 86 ; — Sceaux détachés, II, 69 ; — Sceaux divers de Flandre, Bourgogne et France, II, 1-29, 43-54, 55-61 ; — d'Angleterre et Écosse, II, 39-43 ; — des empereurs, II, 36-39 ; — d'Espagne et Autriche, II, 55-61 ; — V. Bulles.

Sceaux (Seine). Inventaire du cabinet de Colbert, 84.

Sceaux (Antoine Potier de). V. Potier.

Sceptre (Le), nom de vaisseau, 72.

Schalis (P. de). V. Scalis

Schack (Colonel de). Lettre, 130.

Schaffhouse (Canton de). Lettres des conseillers, 131, 177, 185.

Scheinau. Lettre, 114.

Schenck (Rudolf). II, 50.

Schering-Rosenhane, 10.

Scherwiller (Bas-Rhin), 96.

Schestedt (Annibal de), 15 ; — Lettres, 160, 192, 195, 200, 204, 211, 219, 230, 240, 251

Schlezer. Lettre, 219.

Schomberg (Maréchal Frédéric-Armand de), 162 ; — Lettres, 207, 244, 298, 322, 379, 491, 493, 497, 498, 500 ; — Mémoire en sa faveur, 521.

SCHOMBERG (Colonel Gaspard DE). Lettre à lui adressée, 26.

SCHOMBERG (Guillaume DE). Lettre, 390.

SCHOMBERG (Jeanne DE), duchesse du Plessis-Liancourt. Lettre, 109.

SCHOMBERG (Jeanne-Élisabeth DE). Lettres, 162, 441.

SCHOMBERG (Marie de Hautefort, maréchale DE). Lettres, 100, 509, 520.

SCHOMBERG (Wolf DE). Lettre à lui adressée, 26.

SCHONBORN (G.-Fr. DE). Lettre, 307.

SCHONBORN (Jean-Philippe DE), archevêque de Mayence. Lettres, 153, 181, 235, 257, 269, 289, 307, 432 ; — Lettre à lui adressée, 32.

SCHULEMBERG (Jean DE), comte de Montdejeu. Lettres, 132, 158, 170, 174, 177, 182.

SCHWEIKARD VON KRONENBERG (Johann), archevêque de Mayence. Lettre à lui adressée, 71.

SCHWYZ (Canton de). Déclaration du conseil, 410 ; — Lettres des conseillers, 177, 185 ; — Manifeste des magistrats, 430.

SCONACKER (Bernard), 481.

SCORBIAC (Thomas DE). Lettres, 259, 279, 301, 305, 309.

SCOT, ou SCOTIA (Jean). Lettres, 352, 358, 366, 400, 417 ; — Note, 367.

SCULPTEURS, 500 ; — Note sur des sculpteurs engagés, 495 ; — V. LE BRUN, PUGET.

SÉBEVILLE (Capitaine DE). Lettre, 522 ; — Note sur une de ses lettres, 525.

SECCA-D'ARAGONA (Th.). Lettre, 6.

SECONDAT DE LA BRÈDE DE MONTESQUIEU (Jean DE). V. MONTESQUIEU.

SECQUEVILLE (R. DE). Lettres, 401, 412, 416, 420, 428, 430.

SECRÉTAIRES D'ÉTAT. Recueil de lettres, 69-71.

SECRÉTAIRES DU CONSEIL. Mémoire relatif à cette charge, 307.

SECRÉTAIRES DU ROI, 221, 222 ; — Difficultés avec les secrétaires du parlement de Dijon, 469-470 ; — V. CHANCELLERIE.

SÉCULIER (Clergé). V. CLERGÉ.

SEDAN, 35, 532 ; — Arrêt du présidial, 172 ; — Bataille du 6 juillet 1641, 23 ; — Cours des monnaies espagnoles, dans la principauté, 208 ; — Création du présidial, 208 ; — Mémoire sur le présidial, 152 ; — Supplique des ouvriers de la manufacture des « points-de-France », 373.

SÉDILHAC DE SAINT-LÉONARD (Louis Léger DE). Différend avec le chevalier de La Villette, 111.

SEELANDE. V. ZÉLANDE.

SÉEZ. Évêque, v. ROUXEL DE MÉDAVY (Fr.) ; — Mémoire sur le grenier à sel, 407.

SEGARIUS. Vente d'alleu, II, 64.

SEGLA (B. DE). Lettre, 157, 164, 174.

SEGNI (Alexandre Sforza, duc DE). Lettre à elle adressée, 29.

SEGNI (Éléonore Sforza, duchesse DE). Lettre à lui adressée, 29.

SEGONDAT (Jean DE). V. MONTESQUIEU.

SÉGUIER (Famille). Notice généalogique, 86.

SÉGUIER (Charlotte). V. VERNEUIL (Duchesse DE).

SÉGUIER (Pierre), duc de Villemor, 19 ; — Lettres, 193, 228.

SÉGUIER DE LA VERRIÈRE (Jacques), évêque de Lombez. Lettres, 202, 340.

SÉGUIER DE LA VERRIÈRE (Jean-Jacob), évêque de Nîmes. Lettres, 413, 446, 493.

SEGUIN, à Senlis. Lettres, 197, 277.

SÉGUIN (François). Commission à lui adressée, 137 ; — Lettre, 176, 192, 342.

SÉGUIN (Le P. Joseph). Lettre, 96.

SÉGUIRAN (Henri DE), sʳ de Bouc. Lettres, 105, 107, 116, 123, 165, 171, 228, 235, 258, 282, 289, 303, 344, 371, 410, 417, 426.

Séguyn (Pierre). Lettres, 239, 378.
Sehested. V. Schestedt.
Seigle. Valeur du seigle dans la généralité de Rouen, 123.
Seignelay (Yonne). Achat de chanvres de Seignelay, 491 ; — Mémoire en italien, sur la chapelle, 101 ; — V. Poursin.
Seignelay (Catherine-Thérèse de Matignon, marquise de), 84.
Seignelay (Jean-Baptiste Colbert, marquis de). Bijoux à lui fournis, 515 ; — Lettres, 331, 433, 435, 453, 465, 475, 487, 493, 527, 528 ; — Lettres à Colbert, 88, 476 ; — Lettres, à lui adressées, 9, 332, 335, 450, 457, 461, 469, 475, 478, 484, 487, 488, 490, 491, 495, 498, 500, 501, 502, 506, 508, 509, 515, 519, 521, 526 ; — Lettres « sur lesquelles il faut consulter mon père », 526 ; — Mémoires, 486, 494, 495 ; — à lui adressés, 464, 518 ; — par Colbert, 472, 473 ; — de marine, 501, 508, 533 ; — des expéditions signées par lui ou à lui envoyées, 473 ; — « des ordres généraux, donnés par son père » 526 ; — des « traités » à lui confiés, 89 ; — sur les armements du Ponant, 533 ; — sur les juridictions, les ordonnances, les États, les lettres de sceau, le droit et le clergé, 87-88 ; — sur l'expédition de Messine, 502 ; — sur ses séjours dans les ports, 88-89 ; — Notes, 486, 518 ; — Placets à lui adressés, 517, 533 ; — Relations de ses voyages en Angleterre, Hollande et Italie, 89-90 ; — Table faite sur le premier registre de sa charge, 90.
Seigneuret (Charles de). Requête, 406.
Seigneuriaux (Droits). Déclaration sur l'aliénation, 488 ; — Édit sur les droits des seigneurs au sujet de biens, acquis par le Roi dans leurs censives, 442.
Seine (La), 50 ; — Crue de 1677 à Paris, 518 ; — Enquête sur l'état du fleuve à Rouen, 276 ; — Requête des propriétaires des parcs, à partir de la vallée de la Seine et le long de la côte, 351.
Seinsheim (Alsace). Campement des troupes, 475.
Séjournant (H. de). Lettres, 202, 312, 313, 316, 318, 323, 327, 336, 341, 349, 372, 377, 389.
Sel, 154, 156, 161, 167, 303, 347, 384 ; — Droits sur le sel au comté de Neufchâtel, 439 ; — États du sel, délivré à titre gratuit, 542, 543, 544, 545 ; — Note sur le prix du sel, 297 ; — Ordonnance sur la pesée du sel en Lyonnais, 306 ; — Revendeurs, 203, 218, 222 ; — « Tirage du sel, contremont le Rhône, » 213 ; — Ventes du sel en Bourgogne, 418 ; — en Lorraine, 127 ; — en Provence, 119 ; — V. Auxerre, Bourges, Faux-Sauniers, Gabelles, Greniers a sel, Mantes, Mouzon, Regrattiers, Saint-Florentin, Salines.
Sélingne (Florent), 488.
Selle (M. de). Lettre à lui écrite, 491.
Selles-Saint-Denis (Loir-et-Cher). Lettre des échevins, 363.
Sellori (Giuseppe). Lettres, 100, 104, 117, 123.
Sellot. V. Pellot.
Selve (Jean de), 21 ; — Pouvoir à lui donné, II, 23.
Sembrera. V. Sombrero.
Sémonville (Fr.-B. Huguet de). V. Huguet.
Semur. Liste des notaires conservés dans le bailliage, 294.
Sénary-Beauport. V. Saint-Nazaire.
Sénault. V. Perrault.
Sénault, ou Sévault (E.). Lettres, 398, 401.
Sénault, ou Sévault (R.). Lettres, 398, 401.
Sendredus. Vente de terres, II, 64.
Sénéchaussées. Liste de sénéchaux, 91 ; — Mémoire sur les sénéchaussées, 87.

SENECTÈRE. V. LA FERTÉ-SENEC-
TÈRE.

SENESCHAL. Lettres, 99.

SÉNÉGAL (Compagnie du). Requêtes et lettres des intéressés,
329, 525.

SENEUZE (Arnoul). Prisée des
livres de Colbert, 84.

SENÈZ (Basses-Alpes). Évêque, v.
AUBERT DE VILLESERIN (L.-
A.) ; — Projet de manufactures
de chapeaux et bas de laine,
518.

SENLIS, II, 8 ; — Compte rendu
sur les affaires de la ville, 472 ;
— Enregistrement au bailliage
du traité de Cambrai, II, 27 ;
— Évêques, v. CALUAU (J.),
ROBERT DE LA HOUSSAYE ; —
Lettre des échevins, 408 ; —
Mandement du bailli de Senlis,
II, 17.

SENNETERRE. V. LA FERTÉ.

SENOCQ (Philippe). Lettres, 182,
212, 216 ; — Placet de ses héritiers, 402.

SENS. Archevêques, v. PARDAILLAN
DE GONDRIN (L.-H. DE), PICCO-
LOMINI (Fr.) ; — Chanoine, v.
PATRIZZI (A.) ; — « Chronicon »
de Clarius, 59 ; — Enregistrement au bailliage du traité de
Cambrai, II, 27 ; — Extraits du
« De gestis archiepiscoporum, »
59 ; — du « Chronicon Senon-
nense », 19 ; — Lettre des échevins, 369 ; — Liste des archevêques, 54 ; — Requête du pro-
moteur du diocèse, 456 ; —
Saint-Pierre-le-Vif, 56, 57, 59.

SÉQUINS, 335.

SÉRAIL. V. CONSTANTINOPLE.

SÉRAUCOURT (Chevalier DE). V.
DEY.

SÉRÉ-LAFOREST (Philippe). Lettre,
278 ; — Déclaration de ses
rentes, 281.

SERGEANT (Thomas). Lettre à lui
adressée, 317.

SERGENTS ROYAUX, 222.

SERGES (Manufactures des). État
des manufactures, 449 ; — Mémoire sur leur établissement,
267.

SÉRIGNAN (Hérault). Lettre des
officiers de marine, 229.

SÉRIZY (Louis DE). V. FROIDOUR DE
SÉRIZY.

SERLE (Alexander). Commission de
notaire de l'amirauté en sa
faveur, 60.

SERMAIZE (Marne). Procès-verbal,
fait au bureau, du refus de capitaines de cavalerie de payer les
droits, 495.

SERMENT. Formules de serments,
43.

SERPAUD. Lettre, 464.

SERRA (Cardinal Jacopo). Lettres,
37.

SERRANT (Guillaume Bautru, comte DE). Lettres, 300, 309, 330,
331, 435, 531 ; — Mémoires,
392 ; — sur son différend avec
Lefèvre de Laizeau, 511.

SERRANT (Madeleine Bautru DE).
V. COLBERT DE MAULÉVRIER.

SERRE (Ingénieur DE). Lettres, 104,
158, 165, 191, 211.

SERRONI (Hyacinthe), évêque de
Mende. Lettres (1661-1665), 114,
122, 124, 146, 158, 164, 168,
173, 181, 206, 210, 230, 252,
258, 266, 270 ; — (1666-1677),
389, 395, 413, 444, 446, 447,
451, 462, 479, 490, 493, 507,
513, 514.

SERRY. Lettres, 346, 348, 359, 369.

SERVI. V. SERVIEN (Ennemond).

SERVIEN (Abel), marquis de Sablé.
Lettres, 31, 341, 368, 374, 381,
385, 398, 440, 443, 459, 467,
503 ; — Lettre à lui adressée,
370.

SERVIEN (Ennemond). Lettres,
161, 162, 221, 233, 248, 254,
272, 299 ; — Lettres à lui adressées, 33, 333.

SERVIEN (Abbé Hugues). Lettres,
443, 462, 500, 531 ; — Mémoire
sur cet abbé, 484.

SERVIEN (Louis-François). Lettres,
130, 136 ; — Lettre à lui adressée, 334.

SERVIÈRE (Fr. DE). Lettres, 232,
279, 294, 308.

SERVIÈRES (Antoine DE). V. GRO-
LIER.

SERVIGNY (Ant. DE). V. NOUËL.

SERVOIS (Le Fr. Richard). Lettre, 358.

SÉRY (François de Beauvillier, comte DE). Lettres, 164, 216, 230, 395 ; — Supplique, 350.

SESEMUNDUS. Vente, II, 65.

SESMAISONS (Fr. DE). V. LA PLISSE.

SETON. Lettre à lui adressée, 18.

SEUIL (Pierre Chertemps DE). Extraits de ses lettres, 469, 472, 498 ; — Lettres (1661-1664), 140, 145, 150, 154, 180, 183, 187, 191, 198, 221, 223, 227, 232, 241 ; — (1665-1677), 345, 349, 353, 354, 359, 371, 374, 402, 410, 412, 417, 419, 422, 425, 462, 464, 481, 491, 506, 523 ; — Lettres à lui adressées, 243, 334, 347, 418, 427 ; — Lettres « de marine », 469, 508, 511, 514 ; — Mémoire, 354 ; — Notes sur certaines de ses lettres, 518, 521, 525-526.

SEULLES, rivière du département du Calvados. Attribution des terres d'alluvion à la princesse de Bade, 414.

SÈVE (Famille DE). Notice généalogique, 86.

SÈVE (Alexandre DE). Lettres, 108, 117, 131, 160, 185, 189, 206, 223, 252, 309, 359, 362, 379, 499, 506, 507 ; — Observations sur son avis pour un différend à Montauban, 441 ; — Notes sur des lettres de lui, 484, 498.

SÈVE (Guillaume DE), sr de Châtillon. Lettres, 150, 397, 430, 454, 496, 503 ; — Libelle à lui adressé, 504, 506 ; — Supplique, 370.

SÈVE D'AUBEVILLE (François DE), Lettres, 126, 164, 175, 313, 315, 319, 325, 378, 383, 386, 420, 493 ; — Lettre à lui envoyée, 33.

SÈVE DE ROCHECHOUART (Gui DE). évêque d'Arras. Lettres, 452, 467, 496-497, 505.

SEVERINO (Don Luigi). Lettres, 232, 240, 289.

SÉVIN (Nicolas), évêque de Cahors. Lettres, 187, 236, 433.

SEYRON. Lettre, 410.

SEYSSAC (Marquis DE) V. CLERMONT.

SÉZANNE (Marne). Mémoire sur les exploits et contraintes en l'élection de Sézanne, pour le recouvrement des impôts, 171-172.

SEYMOUR (Édouard II), comte de Hertford, 30.

SFORZA (Alexandre), duc de Segni, 29.

SFORZA (Éléonore), duchesse de Segni, 29.

SFORZA (Galéas-Marie), duc de Milan, II, 18.

SFORZA (Jean-Galéas). Contrat de mariage, 55.

SFORZA (Ludovic-François-Marie), duc de Milan. Lettre, 509.

SIBOURE. V. CIBOURE.

SICILE, 6 ; — Rois, v. CHARLES II, FERDINAND Ier, JACQUES DE SAVOIE, JEAN D'ARAGON.

SIGISMOND, roi de Hongrie. Extraits des ordonnances, 90.

SIGISMOND Ier, roi de Pologne. « Contributio a singulis capitibus », 90.

SIGNAUX pour les vaisseaux, 72, 73.

SILANO (Vincenzo). Lettre, 146.

SILÉSIE. Nouvelles de Silésie, 307.

SILHON (Jean DE), 16 ; — Lettre à lui adressée, 23.

SILINGARDI (Gaspar), évêque de Modène. Lettre à lui adressée, 29.

SILIVRI (Turquie). Évêque, v. THOMAS, prieur de Carswell.

SILLERY (Louis Brûlart). V. BRÛLART.

SILLERY (Nicolas Brûlart DE). V. BRÛLART.

SILLERY (Noël Brûlart, commandeur DE). V. BRÛLART.

SILLY (Régiment de). Revue en 1663, 203.

SILLY (Antoine DE). V. LA ROCHEPOT.

SILLY (Henri DE), comte de la Rocheguyon. Quittance, 62.

SILLY (Jacques, marquis DE). Différend avec J. du Carouge, 434 ; — Lettre, 522 ; — Lettre de marine, 515.

SILVAMAJOR. V. LA SAUVE-MAJEURE.

SILVECANE (Constant DE). Lettres, 102, 116, 150, 175, 184, 188, 215, 221, 257, 275, 280, 318, 328, 341, 348, 350, 359, 385, 401, 405, 413, 421, 426.

SILVECANE (Marie DE). Lettre, 422.

SILVESTRE (Israël). Lettres, 96, 163, 312, 235, 321.

SIMIANE (Charles-Emmanuel-Hyacinthe DE), sr de Pianèzze. Lettre, 375.

SIMIANE DE GORDES (Louis-Marie-Armand DE), évêque de Langres. Lettres, 517, 519.

SIMIANE DE PONTÉVÈS (François DE), marquis de Gordes-Carces. Lettre, 313 ; — Mémoire pour la capitainerie de Saint-Germain-en-Laye, 111 ; — pour le flottage des bois, qui lui appartiennent, 350 ; — Mémoire, en sa faveur, 424.

SIMIANS-PLAUCKE (L.-H. DE). V. SIMIANE (Ch.-Em.-H. DE).

SIMON, à La Rochelle. Note sur le nommé Simon, 354.

SIMON, à Soissons. Lettres, 135, 160.

SIMON (F.). Lettre, 255.

SIMON DU PUIS, II, 5.

SIMON, dit LAUWAERD. Mandement au comte de Flandre de lui rendre ses biens, II, 4.

SIMON DE TRIENGNEL. Mission en Flandre, II, 4.

SIMONET (Louis). Lettre, 379.

SIMONET (Pierre). Lettres, 234, 280, 304, 306, 309, 313.

SINET (Jean DE), II, 61.

SINSON. Requête, 410.

SINTE-MARIEN-TROENE. V. TERMONDE (Sainte-Brigitte DE).

SIRI (Abbé Vittorio). Lettres à lui adressées, 68.

SIRLETO (Cardinal Guillelmo). « Discorso sopra molte cose di Roma », 2.

SITULVERO (Pierre DE), II, 65.

SIXTE IV, pape. Bulle, II, 34 ; — Brefs, II, 34, 35.

SMITH (Thierri). Lettre, 317.

SMYRNE (Turquie). État des marchandises mises sur les vaisseaux de Smyrne, 294 ; — Lettre écrite de Smyrne, 393.

SOBIESKI (Jean), roi de Pologne, 486.

SOIE, 414, 511 ; — Manufacture, v. ISNARD ; — Procédure contre un ouvrier qui a transporté en Italie le secret du lustrage des soies, 434 ; — Réglementation pour l'entrée des soies, venant d'Italie, 194.

SOISSAN DE RUS (Mme F. DE). Lettre, 228.

SOISSONNAIS, 512.

SOISSONS, 247, 396 ; — Comte, v. ENGUERRAND DE COUCY ; — Contrôle du greffe du présidial, 101 ; — Évêques, v. BOURBON (Ch. DE), GUI DE LA CHARITÉ ; — Généralité, 151, 534, 535, 537, 538, 539, 541 ; — Inventaire des bénéfices de l'abbaye de Saint-Médard, 83 ; — Lettres des échevins, 247 ; — des officiers du présidial, 277, 284 ; — des trésoriers de France, 109, 118, 131, 135, 141, 160, 162, 183, 189, 192, 201, 230, 242, 250, 255, 261, 266, 282, 286, 288, 292, 299, 305, 341, 355, 400, 413, 429.

SOISSONS (Charles de Bourbon, comte DE). Quittance, 62.

SOISSONS (Eugène-Maurice de Savoie, comte DE). Lettres, 191, 304, 324.

SOISSONS (François de Vintimille-), 420.

SOISSONS (Olympe Mancini, comtesse DE). Lettres, 309, 447.

« SOLDAT SUÉDOIS » (Le), 13.

SOLDE. Extraits de brevet, de taille et solde (1661), 106.

SOLEIL (Le). Tabulæ oppositionum solis, etc., 74-75.

SOLEURE (Canton de), 33 ; — Lettre de conseillers, 177, 478 ; — Projet de traité à conclure avec ce canton, 382.

SOLIDOR (Corderie de), près Saint-Malo. Saisie de cette corderie, 364, 367.

SOLIMAN II, sultan. Lettres à lui adressées, 58.

SOLIMAN-AGA, 529.

SOLLETZ (Anne DE). Mariage avec N. du Bois, II, 62.

SOLLIER (R. DE). V. REGNAULT.

SOLSTICES. Note sur ces phénomènes, 74.

SOLU, à Lyon. Lettre, 283.

SOMAIZE (Antoine DE). Lettre, 126.

SOMBOS, à Gex. Lettre, 260.

SOMBRERO (Ile). Concession de cette île au comte de Carlisle, 67.

SOMBRIN (M. DE), à Abbeville. Lettre, 283.

SOMME (La), II, 18 ; — Villes de la Somme, cédées à Charles le Téméraire, II, 17.

SOMMELSDIER (Marquis DE). V. VAN SOMMELSDIJCK.

SONNENBERG (Alphonse DE). Lettres, 190, 298, 318, 322, 325, 343.

SONNYNG (Jean-Baptiste DE). Lettre, 416.

SORBET (Jacques). Sommation à lui faite pour débarquer des marchandises à Dieppe, 403.

SORBIÈRE (Samuel). Lettres, 148, 249, 340.

SORBON (M. Dorigny-), 193.

SORBONNE (Collège de), 8 ; — Création de chaires, 9 ; — « Ordo sociorum Sorbonicorum, » en 1682, 9 ; — « Statuta, » 9.

SORICINO (B. et R. DE). V. BERNARDUS, RAIMUNDA.

SORLINGUES (Iles), 72.

SOTTEGEM (Géraud DE), II, 6.

SOTTEGEM (Hugues DE), II, 6.

SOUASTRE (R. DE), Lettre, 291.

SOUBISE (Charente-Inférieure). Bois proposés pour les magasins du port, 120.

SOUBISE (Prince DE). V. ROHAN.

SOUCANGE (François DE). Lettre, 145.

SOUCHAY (Élisabeth DE). Lettre, 142.

SOUCHAY (René DE). Lettres, 108, 147, 270, 313, 385, 396.

SOUCHE (DE). Lettres, 459, 461.

SOUCHET, à Montauban. Lettre, 304.

SOUCHON. Lettre, 341 ; — Lettres à lui adressées, 343.

SOUDÉ (J. DE). Lettre, 231.

SOUDEC (David). Note sur sa succession, 373.

SOULANGE-GARNIER (M. DE). Sa veuve, v. LAPORTE DE VÉZINS.

SOULENGE (Madame). Note sur la tentative de vol, faite sur elle, 506.

SOULZBACH (Prince Chrétien-Auguste DE). Lettre, 409.

SOURCHES (Jean de Bouschet, marquis DE), 502 ; — Lettres, 155, 503, 505 ; — Lettre à lui adressée, 135.

SOURDÉAC (Mme DE). Lettre, 399.

SOURDIS (François d'Escoubleau, cardinal DE). Lettre à lui adressée, 71.

SOURDIS (François d'Escoubleau, chevalier DE). Quittance, 62.

SOURDIS (François d'Escoubleau, marquis DE). Lettre à lui adressée, 333.

SOURDIS (Henri d'Escoubleau DE), archevêque de Bordeaux. Instructions, 34.

SOURDIS (Henri d'Escoubleau DE), marquis du Coudray-Montpensier, II, 61.

SOURDIS (Paul d'Escoubleau DE), marquis d'Alluye, 485, 505.

SOURDIS (René-Charles d'Escoubleau, marquis DE). Lettres, 130, 337.

SOUSSIN (Jean). Lettre, 396.

SOUS-LE-VENT (Iles). Capitaine, v. WILLOUGHBY (Francis).

SOUVIGNY (M. DE), à Briare. Lettre, 239.

SOUVRÉ (Gilles DE). Quittances, 62, 64.

SOUVRÉ (Commandeur Jacques DE). Instructions, 36 ; — Lettres, 155, 230, 255, 283, 289, 294, 327, 346, 378, 400 ; — Lettre à lui adressée, 255.

SOUZA-VASCONCELLOS (Don Luis

DE). V. CASTELMELHOR (Comte DE).

SOYÉCOURT (Maximilien-Antoine de Belleforière, marquis DE). Lettre, 504.

SOYROT. Lettre, 126.

SPADA (Cardinal Frédéric), archevêque de Patras. Lettre, 532.

SPAGNET (Lazare). Certificat médical, 411 ; — Lettres, 411.

SPARRE (E.). Lettre à lui adressée, 476.

SPERELLI (A.), cardinal de San-Severino. V. SAN-SEVERINO.

SPIFAME (Famille), 86.

SPINELLI (Cardinal Filippo). Lettres, 37.

SPINOLA (Cardinal Orazio). Lettres, 37.

SPINOLA (Philippe). Lettre, 493.

SPIRE, 12 ; — Évêques, v. HATTENSTEIN (M. VON), METTERNICH (L.-Fr. VON).

SPIRETANI. Lettre, 415.

SPIRITIBUS (Andreas DE), II, 35.

SPYNELL (Thomas). Traité par lui conclu, II, 41.

STANLEY (Thomas). Lettres, II, 53.

STATIA. V. SAINT-EUSTACHE.

STATISTIQUE. Modèle de statistique de paroisse, 373.

STAVELOT (Abbaye de), au diocèse de Liège, II, 34.

STEIN (Baron VON). Lettre, 389.

STEPHANUS VACHERIUS, II, 67.

STEPHANI (Pontius), II, 67.

STIEGGI-GONZAGA (Vincenzo). Lettres, 277, 291, 301.

STIGLIANO (Louis II Caraffa, prince DE). Lettre à lui adressée, 29.

STOBIER. Lettre, 23.

STOCKHOLM. Diète de 1682, 11.

STOPPA (Pierre). Lettres, 386, 402.

STORA (Abraham). Lettre, 488.

STRADA PIA, 69.

STRASBOURG (Alsace), 14, 33 ; — Évêques, v. FURSTEMBERG (Fr.-Égon DE), MANDERSCHEIT (J. VON).

STRATÉGIE. Traité sur « deux places... à prendre », 13.

STREGGI-GONZAGA. V. STIGGI.

STRIKER (Jean-Gaspard). Lettres, 321, 328.

STROZZI (Abbé Luigi). Lettres, 99, 102, 117, 123, 126, 175, 187, 239, 252, 433, 462, 513, 520, 522, 525, 531 ; — Lettre à lui adressée, 33 ; — Notes sur certaines de ses lettres, 515.

STUART (Famille) V. JACQUES, rois d'Angleterre et d'Écosse, et MARIE.

STUART (Charles). V. RICHMOND (Charles, duc DE).

STUART (Jacques) V. YORK.

STUART (Marie). V. MARIE.

STUART D'AUBIGNY (Louis). Lettre, 310.

SUBLEAU (Olivier), 494.

SUBLET (Michel), marquis d'Heudicourt. Sa femme, v. PONS (B. DE).

SUBSISTANCES des troupes, 356, 500.

SUCCESSION (Droits de). De la succession en Espagne, 38 ; — aux Pays-Bas, 39.

SUCRE. Remarques sur le commerce des sucres, à Rouen, 217.

SUDE (Baie de la), en Candie, 427.

SUDUIRAUT (Blaise DE). Lettres, 114, 134, 157, 220, 260, 266, 270, 401.

SUÈDE, 34, 190, 212, 384, 392 ; — Dialogue suédois, 467 ; — États du royaume, tenus à Nykoping, 90 ; — « Induciæ inter Suecum et Polonum reges conclusæ, » 10 ; — Nobiliaire de Suède, 11 ; — Pensions des ambassadeurs en Suède, 551 ; — Privilèges accordés aux Suédois par François II, 11 ; — Rapports avec la France, 10-12, 120 ; — Reines, v. CATHERINE, CHRISTINE ; — Rois, v. CHARLES XI, GUSTAVE Ier, JEAN III ; — Supplique de patrons suédois, dont les navires sont retenus à Saint-Valéry, 360 ; — Traités avec la France, 11, 23.

SUÈVE (Madeleine DE), abbesse de Charonne. Lettres, 248, 300.

SUILLY. V. SULLY.

SUISSE, 5, 30, 31-33, 34, 427 ; — Lettres adressées aux seigneurs des cantons, 26, 33, 322, 343, 351 ; — Lettres des commissaires des levées, 445 ; — des délégués des « Gardes Suisses, » 377 ; — des membres des conseils des cantons, 118, 177, 221, 225, 269, 310, 339, 347 ; — Mémoires sur les troupes suisses en France, 392 ; — Négociations du maréchal de Bassompierre, 23 ; — Paye des Suisses, 354 ; — Pensions, pour maintenir les cantons dans la ligue de 1516, II, 41 ; — des ambassadeurs en Suisse, 552 ; — Réceptions d'ambassadeurs suisses à Dijon et Langres, 199, 208 ; — Traités avec la France, 57, 110 ; — V. APPENZELL, BALE, BERNE, FRIBOURG, GARDES - SUISSES, GLARIS, LIGUES, LUCERNE, MAY, MOLLONDIN, SCHAFFHOUSE, SOLEURE, SCHWYZ, UNDERVALD, URI, VALAIS, ZUG, ZURICH.

SULLY (Charlotte Séguier, duchesse DE). V. VERNEUIL (Duchesse DE).

SULLY (Maximilien de Béthune, s^r de Rosny, duc DE). Lettre à lui adressée, 29.

SULLY-LA-TOUR (Nièvre). Dîmes, 242.

SULTANS. V. AHMED, IBRAHIM, MAHOMET, SOLIMAN.

SUMMER (Georges). Concession à lui faite de territoires américains, 66.

SUND (Détroit du). 16.

SUNIARI (Petrus), II, 64.

SURCHAPELLE, en Flandre (Le s^r DE), II, 11.

SURGERIIS (Bondia DE), II, 67, 68.

SURVIE père (M. DE). Lettre, 421.

SUZE (Tyrol). Route de Lyon à Suze, 176.

SUZE (Joseph de La Baume, comte DE). V. LA BAUME.

SUZE (Louis-François de La Baume DE). V. LA BAUME.

SYLVA (Ruy Gomez DE). V. GOMEZ.

SYLVÉRÉAL (Canal de), dans le Gard. État des dépenses, 151.

SYLVIUS (Jean DE). Lettre, 144.

SYMON (P.). Lettre, 197.

SYMONET. V. SIMONET.

SYNODES. Mémoires, 88 ; — Règlements pour le synode, 76 ; — V. CHARENTON.

TABAC, 161, 506 ; — Mémoires des marchands de Rouen, sur le projet de l'établissement de manufacture de tabac, 504 ; — Note sur la ferme du tabac, 514.

TABAGO (Ile de). Concession de cette île au comte de Montgomery, 57.

TABELLIONS. Suppressions des tabellions en Normandie, 521.

TABLES astronomiques, 74.

TABOURET. V. SAINT-CIRE.

TABOURET (Martin). Lettres, 297, 354, 362 ; — Mémoire, 364.

TACONNET (Abbé F.). Certificat délivré à un religionnaire converti, 262.

TAFFETAS LUSTRÉS. Procédure contre un ouvrier, qui a transporté en Italie le secret de cette fabrication, 434.

TAGLIACOZZO (Duc DE). V. COLONNA (M.).

TAILLE, 95, 111, 115, 124, 127, 137, 151, 156, 166, 172, 176, 181, 189, 194, 204, 207, 212, 223, 243, 286, 322, 326, 328, 329, 388, 439, 442, 456, 478, 491, 499, 526, 532, 546 ; — Brevets (1661-1688), 106, 137, 533, 539-541 ; — V. GARNISAIRES et IMPOSITIONS.

TAILLON. Extraits du brevet, 106, 222 ; — Projets pour 1664 et années suivantes, 537, 538.

TALART (Corderie du), près Saint-Malo. Saisie de cette corderie, 364.

TALLEMANT (Anne Bigot), dame de Boisneau. Lettre, 387.

TALLEMANT (Élisabeth). V. RAMBOUILLET.

TALLEMANT (Abbé François). Poésies, 50.

TALLEMANT (Gédéon). Lettre, 135.

TALLEMANT (Gédéon) s^r des Réaux. V. TALLEMANT (Élisabeth).

TALLEMANT DE LUSSAC (Paul). Lettre, 107, 108.

TALLEMENT, à Calais. Lettre, 185.

TALON (Famille). Notice généalogique, 86.

TALON (Claude). État des adjudications du domaine du Roi en Artois, faites par devant lui, 106 ; — Procès-verbal du règlement des frontières d'Artois et Flandre, 547.

TALON (Denis). Lettres, 171, 185, 309, 311, 319, 326, 345 ; — « Réformation de la justice, » 45 ; — Réponse de Fouquet à son « inventaire de production, » 44.

TALON (Isabelle). V. DU LAC-TALON.

TALON (Jean). Lettres, 316, 319, 322, 428, 447, 519 ; — Mémoire sur le Hainaut, 39.

TALON (Matthieu). Lettre, 189.

TALON (Philippe), 138 ; — Lettres (1661-1664), 99, 105, 108, 112, 128, 135, 139, 160, 185, 220, 241, 245, 253, 266 ; — (1665-1677), 293, 321, 326, 336, 345, 398, 400, 421, 517 ; — Lettres à lui adressées, 332, 399 ; — Note sur une de ses lettres, 525.

TALON (Pierre). Lettres, 308, 368, 382.

TAMISE (La). Note sur les cygnes de la Tamise, 525.

TANOUARN (Ille-et-Vilaine). Titres concernant la forêt, 298.

TAPPAHANNOCK, rivière, 66.

TARADE. Lettre, 362.

TARASCON, 350 ; — Canal de Tarascon à l'étang de Berre, 156 ; — Construction du pont, 410.

TARBES. Évêque, v. MALLIER (Claude).

TARDIEU (Jacques). Inventaire de ses médailles, 69.

TARENTE (Charles - Belgique - Hollande de La Trémouille, prince DE). Lettre, 480.

TARENTE (Émilie de Hesse, princesse DE). Lettre, 480.

TARENTE (Henri-Charles de La Trémouille, prince DE), 480 ; —

Lettre, 241 ; — Lettre à lui adressée, 33.

TARIFS. Erreurs de tarifs, dans la généralité de Montauban, 421 ; — Liste des marchandises, exemptées du tarif de 1667, 393.

TARMOND (M. DE). Lettre, 274.

TARON. Lettre, 448.

TARREIL (M. DE). V. TOURREIL.

TARSE (Anatolie). Archevêque, v. ROSSETTI (C.).

TARTANES, 290 ; — Note sur des tartanes, 509.

TASSARD DE L'ESTAIGNE. Lettres d'ajournement à lui adressées, II, 15.

TASSART (L. DE). Lettre à lui adressée, 33.

TAULIGNAN. Lettre, 331.

TAUNAY-DURAND (M. DE). V. LAUNAY-DURAND.

TAUPADEL (Axel VON), 389.

TAVANNES. V. SAULX-TAVANNES.

TAVERNA (Cardinal Ferdinando). Lettres, 37.

TAVORA (Francesco DE), 457.

TAXES. Règlement sur la levée des deniers royaux et taxes des huissiers et clercs à Riom, 181 ; — Taxe des parties casuelles, 518.

TAXIS (Comte Sébastien DE). Lettre, 512.

TEINTURERIES. Mémoires sur leur établissement, 267.

TELLES TELLO Y GUZMAN (Gaspard). V. LA FUENTE.

TELLIER (Capitaine DE). Lettre, 517.

TEMERMANS (Catherine). Légitimation, II, 59.

TEMERMANS (Lucie). Légitimation, II, 60.

TEMPLE (Faubourg du), à Paris, 475.

TEMPLE (Ordre du), 93 ; II, 5.

TEMPOREL. Mémoire sur le temporel de l'Église, 2.

TENTES. Tentes d'infanterie, 354.

TERCELET DE LA BARRE, II, 47.

TERLON (Hugues, chevalier DE). Certificats, 256, 262 ; — Lettres (1661-1664), 97, 103, 118, 140,

145, 152, 159, 162, 168, 216, 254, 257, 264 ; — (1665-1666), 274, 277, 282, 289, 292, 295, 304, 308, 314, 317, 320, 338, 356, 365, 368 ; — (1667-1677), 375, 378, 381, 385, 391, 435, 444, 490, 496, 517.

TERMES DE GONDRIN (Roger de Pardaillan, marquis DE). Lettres, 132, 481, 489, 522 ; — Note sur une de ses lettres, 525.

TERMONDE (Flandre). Abbaye de Sainte-Brigitte, II, 51, 52, 54 ; — Bailli, II, 57 ; — Mandement au capitaine, II, 13.

TERNES (Jean d'Espincha, marquis DE). Lettres, 119, 136, 151, 154, 163, 189, 196, 232, 245, 293, 299, 341, 363, 379, 381, 386, 389 ; — Lettres à lui adressées, 33, 333 ; — Ordonnance, 190.

TÉROUANNE. V. THÉROUANNE.

TERRE-NEUVE (Ile de), 140, 509, 526 —; Concession à des seigneurs anglais, 66 ; — Liste de vaisseaux, qui vont pour la pêche à Terre-Neuve, 509.

TERRE-SAINTE (La), 518 ; — Aide pour la Terre-Sainte, II, 68.

TERRIERS, 521 ; — Constitution d'un terrier, dans l'intendance de Dunkerque, 177.

TERRON (Colbert DE). V. COLBERT.

TERRON (Le), nom de navire, 339.

TERSMITTES (Henri). Lettres, 293, 413, 420, 422, 423, 426, 442 ; — Mémoire, 407.

TESSÉ (G.-Ph. DE), V. FROULAY.

TESTAMENT (Nouveau). V. NOUVEAU-TESTAMENT.

TESTARD DE LA GUETTE (Louis). Lettres, 96, 102, 109, 113, 116, 121, 125, 129, 134, 139, 142, 149, 155, 162, 170, 188, 191, 195, 201, 205, 208, 222, 268, 286 ; — Lettres à lui adressées, 32, 189, 194 ; — Ordonnance, 133 ; — Réponse aux administrateurs de l'hôpital des galères, à Marseille, 133.

TESTE, à Avignon. Lettre, 214.

TESTU (Claude). Lettre, 168.

TESTU (J.). Lettres, 108, 240, 372, 397, 404, 413, 477.

TESTU-MAUROY (Jean DE). Sonnet au cavalier Bernin, 50.

TÉTUAN (Maroc), 472.

TEUDEMARUS. Donation, II, 64.

TEUZA. Échange de terres, II, 63.

TEXIER. Lettre, 189 ; — Note sur une de ses lettres, 525.

TEXIER (Étienne). V. HAUTEFUEILLE.

TEXTILES (Plantes). V. CHANVRE.

TEXTOR (R.), II, 65.

THANN (Seigneurie de). Titres de propriété, 83.

THÈBES, en Béotie. Lettres de l'archevêque, Pietro Bargellini, nonce en France, 77, 428, 482, 490, 514.

THÉODERIC, comte de Clèves, II, 37.

THÉOLOGIE. Lettres relatives à la condamnation de thèses théologiques soutenues à la faculté de Paris, 494 ; — Mémoires sur la faculté de théologie, 9, 494.

THÉROUANNE (Pas-de-Calais), II, 34 ; — Décimes de l'évêché, II, 12.

THÉSUT (M. DE). Lettre, 184.

THEVALÉ (Jean DE). Lettre à lui adressée, 26.

THÉVENARD. Lettre, 372.

THÉVENIN (Abbé). Lettre, 403.

THÉVENIN (Paul). Lettres, 112, 158.

THÉVENOT (Melchissédech). Lettre, 420 ; — Mémoire sur lui, 420.

THIBAUD DU PATY. Lettres, 187, 318, 353, 419 ; — Lettre à lui adressée, 354.

THIBAULT, à Saint-Vérain. Lettre, 123.

THIBAULT (Fr.). Lettre, 164.

THIBOUST (Famille). Notice généalogique, 86.

THIÉBAUT PIQUART, II, 48.

THIELT (Belgique), 414 ; — Coutumes, II, 60.

THIENNES (Nord). V. TIENNES.

THIERNUT (M. DE), à Reims. Lettres, 270, 309.

THIERRIAT (C.). Affiche pour le service de ses voitures, 430 ; — Lettres, 420, 428, 510.

THIERS (Puy-de-Dôme). Lettre des consuls, 250.

THIERRY, à Amiens. Lettres, 316, 321, 323, 417.

THIERRY, à Honfleur. Lettres, 254, 376, 464.

THIERRY DE BIÈVRE. Chatelain de La Mothe, II, 49 ; — Lieutenant du duc de Bar, II, 49 ; — Quittances, II, 49.

THIERRY GHERBODE, ou GHERBOUDE. Mandement à lui adressé, II, 49.

THIERRY LE ROY. Conseiller du duc de Bar, II, 48 ; — Quittance, II, 48.

THIERVER (Brigadier). Procès pour son meurtre, 271.

THILMAN DE BLOCQ (François). Promesse relative à la ferme d'Ath, 431.

THIONVILLE (Moselle), 101, 410, 472 ; — Conséquences de la prise de Thionville, 16 ; — Impositions sur cette ville, 124.

THIROUX. Lettre, 248.

THIZY - EN - BEAUJOLAIS (Rhône). Mémoire sur les faux-monnayeurs, 398.

THODARO (Marquis S.). Lettre, 513.

THOMAS, à Auxerre. Lettre, 278-279.

THOMAS (Adrien). Lettres, 345, 347.

THOMAS (Jean). Lettres, 244, 285.

THOMAS, prieur de Carswell, évêque de Silivri, II, 35.

THOMAS DE MARFONTAINES. Pouvoir à lui donné, II, 9.

THOMAS DE PARCÉ (Pactius). *Gesta comitum Andegavensium*, 55.

THOMAS, comte de Savoie. Accord avec la comtesse de Flandre, II, 2.

THOMÉ (Dirick). Lettres, 399.

THONIER (Gilbert). Lettre, 324.

THOREAU (Abbé). Lettres, 520, 522 ; — Note sur une de ses lettres, 525.

THOREAU (Matthieu), évêque de Dol. Lettres, 114, 127, 186, 308, 420, 430, 432, 446, 452, 496, 520, 523 ; — Note sur une de ses lettres, 525.

THOREAU (Pierre) s^r d'Assay, 129.

THORIGNY (François DE). Lettres, 331, 459, 461, 475, 480.

THOROULDE. Lettre, 99.

THOSSÉ (François DE), 354 ; — Lettres, 185, 217, 227, 339, 345, 348, 352, 372 ; — Lettres à lui adressées, 334, 527.

THOU (Bibliothèque de). Extraits de manuscrits, 54, 59, 74.

THOU (Famille DE). Notice généalogique, 86.

THOU (Christophe DE). Consultation, 39.

THOU (Jacques-Auguste DE). Instructions, 17 ; — Lettres, 97, 108, 118, 122, 234, 252, 283, 287, 295, 328, 358, 366 ; — Lettres à lui adressées, 33, 69.

THOU (René DE), s^r de Bonnœil. Lettre, 228.

THOUARS (Duchesse DE). V. LA TRÉMOUILLE.

THOUMAZEAU DE LA BROSSE. V. LA BROSSE.

THOURANE (M. DE), s^r de Saint-Genet. Lettre, 348.

THUISY (J. DE). V. GOUJON.

THUN (H.). Somme dûe par lui à Jean de Flon, 415, 418.

THURELLES (François DE). Instructions, 88, 354 ; — Lettres, 365, 366, 419.

THURIN (Famille DE). Notice généalogique, 86.

THURIN-LUSARCHE (Jean-Baptiste DE). Lettres, 180, 184, 187.

THURINGE (Béatrice DE), II, 31.

THURINGE (Guillaume, landgrave DE), II, 50.

THURY (Sœur DE). V. LEROUGE.

TIBÉRIADE (Archevêque de). V. THÈBES.

TIENNES (Le s^r DE), II, 11.

TIERCELIN (Adrien), s^r de Brosse, 62.

TIERS et DANGER (Droit de), 435, 453, 486, 495.

TIGER (Le s^r DE). Lettre, 473.

TIGRE (Le), nom de vaisseau. Relation de son voyage, 406.

TILLADET (Jean-Baptiste de Cassaguet, marquis DE), 501.

TILLERIA (S. DE). Lettre, 384.

TILLIÈRES (Tanneguy Le Veneur de Carouge, comte DE). Lettre à lui adressée, 70.

TILLY (François-Julien DE). Requête, 438.

TILMONT. V. TIRLEMONT.

TIMBRE, 491 ; — Projet des actes soumis au timbre, 478 ; — V. PAPIER TIMBRÉ et PARCHEMIN TIMBRÉ.

TINSEAU (J.-A.). Lettre, 495.

TIRLEMONT (Brabant). Lettre écrite de ce camp, 468.

TITON (Maximilien). Lettre, 312.

TITRES DE NOBLESSE. Nomination de contrôleurs, pour les opérations des vérificateurs des titres, 213 ; — V. NOBLESSE.

TITRES SCELLÉS. Recueil d'analyses, 86.

TODOSANTOS, au Brésil. Prise de la ville, 42.

TODOSANTOS (Ile de). V. SAINTES (Ile des).

TOILES, 463.

TOIRAS (Jean de Saint-Bonnet, s^r DE). Serment comme gouverneur d'Aunis, 19.

TOISON D'OR (La), nom de vaisseau, 453.

TOISON D'OR (Ordre de la), II, 61.

TOLÈDE. Archevêque, v. SANDOVAL (B.) ; — Catalogue des archevêques, 40 ; — Conférence de Tolède, pour la délivrance de François Ier, 21 ; — Église de Sainte-Marie-Majeure, II, 54.

TOLÈDE (D. Pierre DE). Lettres à lui adressées, 37 ; — Mémoire sur son ambassade, 68.

TOMBELAINE (Ilôt de). Mémoire sur la démolition du château, 340.

TOMBELLE. Lettre, 118.

TONBIE (L.). V. TONTY (L.).

TONKIN (Le), 511.

TONNAY-CHARENTE (Charente-Inférieure), 120, 393, 528.

TONNERRE. V. CLERMONT-TONNERRE.

TONTI (Lorenzo). Lettres, 129, 170, 173, 196, 239, 261, 297, 309, 346, 499.

TORCELLO (Vénétie). Évêque, v. GRIMANI (A.).

TORCY-LE-GRAND (Seine-Inférieure). Distribution de blé aux pauvres, 424 ; — Interdiction de tenir le marché de Torcy, à cause de la peste, 419 ; — Inspection de cette paroisse, 419.

TORIGNY (Jacques Goyon de Matignon, comte DE). Lettres, 449, 452.

TOROGLIONI (Vincenzo). Lettre, 440.

TORQUATUS (Alexander-Julius). Lettres, 411.

TORRADA (G.). V. GUILLELMA.

TORRÈS (Mello DE). V. MELLO.

TORTEL (Barthélemy). Mémoires de ses gages, pour des travaux à Versailles, 419.

TORTUE (Ile de la), 43.

TOSCANE, 6 ; — Grand-ducs, v. MÉDICIS (Alexandre, Côme III, Ferdinand I et II DE) ; — Grande-duchesses, v. LA ROVÈRE (V. DE) et LORRAINE (Chr. DE) ; — Princesse, v. ORLÉANS (Marg.-L. D') ; — V. FLORENCE.

TOSCHI (Cardinal Domenico). Lettres, 37.

TOUL, 101 ; — Évêque, v. DU SAUSSAY (André) ; — Gabelles, 123 ; — Inventaire des bénéfices de l'abbaye de Saint-Mansuy, 83 ; — Recueil de pièces, 12-13 ; — Surséances, pour le paiement des dettes des communautés, 124.

TOULON, 72, 73, 78, 89, 95, 137, 152, 203, 350, 376, 396, 419 ; — Arsenal, 375 ; — École de canonniers, 182 ; — État des vaisseaux, qui sont dans le port, 88 ; — Évêque, v. FORBIN D'OPPÈDE (Louis DE) ; — Expédition de goudron de Narbonne à Toulon, 347 ; — Fermeture du port en 1667, 375 ; — Lettres des consuls, 102, 236, 297, 412,

420, 426 ; — Liste des vaisseaux du Roi, 515 ; — Mémoire de Seignelay, pendant son séjour à Toulon, 88 ; — Remontrances des lieutenants du Roi, 398 ; — Requête des consuls, 101.

TOULON (Le), nom de vaisseau, 392.

TOULONJON (Comte DE). V. GRAMONT (H. DE).

TOULOUSE, 356, 511 ; — Archevêques, v. ANGLURE DE BOURLÉMONT (Ch.-Fr. D'), BONZY (P. DE), MONTPEZAT (J. DE) ; — Conseil tenu à l'Hôtel-de-Ville, 107 ; — Délibération du chapitre, au sujet de la vacance du siège archiépiscopal, 156 ; — Gages des officiers des cours souveraines, 544 ; — Généralité, 534, 535, 537, 538, 539, 541, 544 ; — Grande-maîtrise des eaux et forêts, 448 ; — Lettres des capitouls, 100, 165, 207, 241, 271, 278, 284, 290, 327, 365, 387, 412, 525 ; — Lettres des trésoriers, 157, 159, 163, 169, 175, 180, 205, 313, 342 ; — Limites de la sénéchaussée, II, 62 ; — Manufacture des soies, 414 ; — Procès-verbal du conseil de bourgeoisie de Toulouse, 413 ; — Requête des capucins, 396 ; — Union du comté à la couronne, II, 13.

TOULOUSE (Parlement de), 543 ; II, 25, 26, 63 ; — Extraits du greffe criminel, 434 ; — Gages, 544 ; — Notes sur le Parlement, 8 ; — Pensions des officiers (1606-1656), 552 ; — Rapports avec le parlement de Rouen, 478 ; — Vérification des traités de Cambrai, II, 26 ; — du Cateau II, 29 ; — V. VERDUN (N. DE).

TOUPIGNON, à Toulouse. Lettres, 157, 338.

TOUQUES (Calvados). Lettre des officiers de l'amirauté, 283.

TOUR-ET-TAXIS (Comte DE). V. TAXIS.

TOURAINE, 137 ; — Arrêt contre les trésoriers de la généralité, 111 ; — Duché, II, 13 ; — V. TOURS.

TOURAUDE (Chevalier DE). V. GOUYON (Cl.).

TOURBILLON (Le), nom de vaisseau, 436.

TOURNAI, 430 ; II, 7, 8, 35 ; — Aliénation des biens du chapitre, II, 31 ; — Chancelier de l'église, II, 33 ; — Diocèse, II, 30, 32, 33 ; — Doyen de l'église, II, 33 ; — Évêques, v. GAUTIER DE MARVIS, GUILLAUME FILLASTRE, JEAN BUCHIAU, MICHEL-PHILIPPE DE WARENGHIEN ; — Frères-Mineurs, II, 32 ; — Hommage du châtelain à l'évêque, II, 3 ; — Lettres adressées à l'archidiacre, II, 31 ; — à l'official, II, 33 ; — Mandement adressé au bailli, II, 16 ; — Réunion à la Flandre, II, 56 ; — Saint-Martin, II, 34 ; — Extraits des chroniques, 56.

TOURNAI (Collège de), à Paris. Réunion au collège de Navarre, 9.

TOURNIER, à Toulouse. Lettre, 474.

TOURNON (François DE), archevêque d'Embrun. Instruction, 21 ; — Lettres, 25 ; — Pouvoir à lui donné, II, 23.

TOURREIL (J. DE). Lettres, 150, 169, 178, 225, 250, 271, 273.

TOURREIL (Jean-Abraham DE). Lettres, 157, 240, 362.

TOURS, 137, 141 ; — Archevêques, v. AMELOT DE GOURNAY (M.), BOUTHILLIER (V.) ; — Arrêt en faveur des officiers de l'élection, 111 ; — « Chronicon Turonense breve, » 54 ; — Extraits des pancartes et archives de Saint-Martin, 54, 55 ; — Généralité, 534, 535, 536, 537, 538, 539, 451 ; — « Historia consulum Turonensium », 55 ; — Lettres des échevins, 279, 459 ; — des trésoriers, 131, 135, 139, 144, 159, 165, 168, 180, 183, 200, 204, 216, 234, 241, 265, 279, 282, 288, 299, 327, 336, 369, 379, 383, 386, 390, 425 ; — Liste des archevêques, 54 ; — Ouvrages entrepris dans la géné-

ralité, 101 ; — Procès-verbaux des trésoriers, 171, 175.

TOURVILLE (Manche), 411 ; — Mémoires sur les événements, qui s'y sont déroulés, 406, 410, 417.

TOURVILLE (Aimé Hilarion de Cotentin, chevalier DE). Lettres, 329, 391, 408, 517, 524 ; — Ordre signé de lui, 73.

TOUSTAIN (M. D'Héberville-). V. HÉBERVILLE.

TOUZELET, à Angoulême. Lettre, 227.

TRACONNE (Forêt de la), dans la Marne, 414.

TRACY (Alexandre de Prouville, marquis DE). Lettres, 132, 136, 143, 165, 195, 207, 382, 395, 396, 400.

TRACY (François d'Estut DE). Lettres, 105, 117, 322.

TRADEL (C.). Lettres, 394, 401, 429.

TRAINEL. V. TRIENGNEL.

TRAINEL, ou TREIGNEL (François des Ursins, marquis DE). V. DES URSINS.

TRAITE DES NÈGRES, 79, 376.

TRAITÉ de l'autorité des Coutumes, 47.

TRAITES de Charente, 141 ; — foraines, 177 ; — en Languedoc, 138 ; — exemption de ces traites, 280-281 ; — Procédures devant le tribunal des traites, 513.

TRAITÉS de PAIX d'Alger, 5 ; — d'Anvers, II, 39 ; — d'Arras, II, 15 ; — d'Athis, II, 5 ; — de Bruxelles, II, 23 ; — de Calais, II, 23 ; — de Cambrai, II, 23, 24, 42, 52, 57 ; — du Cateau-Cambrésis, II, 28-29 ; — de Crépy, II, 25-27, 58 ; — de Londres, 56 ; II, 21, 23, 40 ; — de Lyon, 115 ; — de Madrid, 5, 58 ; II, 24, 25, 27 ; — de Munster, 11, 14, 222 ; — de Noyon, II, 22, 23 ; — d'Ocana, 5 ; — de Paris, 19 ; II, 21 ; — de Péronne, II, 1, 17 ; — des Pyrénées, 24, 547 ; — Traités entre la France et l'Angleterre, 46 ; — et l'Espagne, 13, 16, 17, 24, 25 ; — et la Suède,

11, 23 ; — et la Suisse, 57, 110 ; — entre Henri VIII et Charles-Quint, II, 41, 42 ; — entre la Hollande et divers pays, 16, 22, 41, 78, 134.

TRANCARDIÈRE (M. DE), à Coutances. Lettre, 342.

TRANSIT. État du transit à Lille, en octobre 1669, 430 ; — V. COMMERCE.

TRANSPORTS (Projets d'affiches pour les), 430.

TRANSYLVANIE. Pensions des ambassadeurs en Transylvanie, 552.

TRAUTMANSDORFF (Maximilien, comte DE), 36.

TRAUTZON (Jean-François), comte de Falkenstein, II, 61.

TRÉCOURT (M. DE), à Douai. Lettre, 412.

TRÉGUISIEN. V. PÉGUISIEN.

TREIGNEL. V. TRAINEL et TRIENGNEL.

TRÉMEAULX (Chevalier Charles DE). Lettre, 359.

TRÉMOLET DE BUCELLI (Jean-François DE). V. MONTPEZAT.

TRÉNAT, à Romans. Lettre, 324.

TRENTE (Italie). Concile, 1, 90.

TRENTE-ANS (Guerre de). Motifs et conduite de la France en cette guerre, 79 ; — V. REITRES, WESTPHALIE.

TRESLEBOIS (M. DE). V. RABESNIÈRES.

TRESMES (Léon Potier, duc DE). Lettre, 315.

TRÉSOR. États de la dépense et recette du Trésor (1662-1681), 547-550 ; — Garde du Trésor, 395.

TRÉSOR DES CHARTES, 12, 90 ; — Inventaire de Dupuy et Godefroy, 93-94 ; — V. METZ.

TRÉSORIERS DES FINANCES. Troupes mises à leur disposition, 182.

TRÉSORIERS DE FRANCE. Arrêt du Conseil, relatif à certaines de leurs commissions, 326 ; — Lettres, 103, 107 ; — à eux adressées, 334 ; — V. AIX, ALENÇON, BOURGES, BOURGOGNE, BRESSE, CAEN, CHAMPAGNE, DAUPHINÉ, GUYENNE, LIMOGES, LYON,

MONTAUBAN, MONTPELLIER, PRO-VENCE, RIOM, ROUEN, SOISSONS, TOURS.

TRÉSORIERS DE LA MARINE. État de deniers à lui remis, 483.

TRÉSORIERS DES PARTIES CASUEL-LES. V. PICART.

TRESSAN (Louis de Monténard, abbé DE). V. LA VERGNE (L. DE).

TRÈVES, II, 8, 9 ; — de Bomy, II, 28 ; — de Cercamp, II, 28 ; — de 1528, II, 42 ; — entre la France et l'Angleterre, II, 24, 45 ; — et Charles-Quint, II, 24 ; — et la Flandre, II, 5, 30.

TRÈVES (Province du Rhin). Ar-chevêque, v. DER LEYEN (K.-K. VON).

TRIDENT (Le), nom de vaisseau, 88.

TRIENGNEL (Simon DE), II, 4.

TRINIDAD (Île de), 43 ; — Con-cession de cette île au comte de Montgomery, 67.

TRINITÉ (Île de la). V. TRINIDAD.

TRINITÉ (Hôpital de la), à Paris. Échange avec l'Hôtel-Dieu, 20.

« TRIOMPHE (Le) de la piété », ballet représenté au collège des Jé-suites, à Auxerre, 508.

« TRIOMPHE (Le) de la science », bal-let représenté au collège des Jé-suites, à Auxerre, 508.

TRIPOLI (Afrique). Lettre adressée au sultan de Tripoli, 33.

TRIVULZIO (Cardinal Antonio). Let-tres, 21.

TRIVULZIO (Theodoro). Lettres, 21.

TROBAT. Lettre, 165.

TROCHON (Le Fr. Louis). Lettre, 274.

TRONÇON (Famille). Notice généa-logique, 86.

TROMP (Amiral Corneille). Copie de lettre, 487 ; — Son expédition contre les Barbaresques, 190.

TRON (Nicolo). Lettres, II, 51.

TRONCHON DU VAL (Rémi). Lettre, 193.

TROUILLARD, ou TROUILLART (D.). Lettres, 179, 263 ; — Lettre à lui adressée, 302.

TROUIN (René). Lettre, 374.

TROUPES, 356, 393, 500 ; — Ordon-nance réglant les fournitures aux troupes, 213 ; — V. ARMÉE, ARTILLERIE, CAVALERIE, INFAN-TERIE, MARINE, SUBSISTANCES.

TROUSSEAUVILLE (Henri DE), II, 46.

TROYES. Instructions pour re-mettre l'ordre à Troyes, 171 ; — Listes des baillis, 54 ; — des évêques, 91.

TRUBERT (André-François), 141 ; — Lettres, 118, 123, 125, 130, 135, 139, 182, 235, 351, 362, 365, 368, 372, 389, 395, 400, 404, 417, 420, 422, 426 ; — Lettre à lui adressée, 367.

TRUCHOT (Jean), sʳ des Forgettes. Note à lui relative, 402.

TRUCHOT (Nicolas), sʳ de La Belle-grange. Lettres, 149, 226, 296 ; — Note à lui relative, 402.

TRUDAINE (Antoine). Lettres, 154, 164.

TSCHUDY (Jean - Henri). Lettre, 344.

T'SERCLAES (Charles). Lettres, 98.

TUBEUF (Charles). Lettres (1661-1665), 113, 114, 301, 305, 306, 309, 311, 312, 315, 316, 317, 320, 321, 324, 326, 327 ; — (1666-1667), 332, 337, 338, 341, 345, 348, 349, 353, 355, 359, 362, 365, 371, 379, 382 ; — (1668-1671), 391, 401, 404, 407, 412, 416, 420, 422, 425, 458, 479, 489, 515 ; — Lettre à lui adressée, 407 ; — Ordonnance, 410.

TUBEUF (Jacques). Lettres, 100, 103, 139, 144, 290, 301.

TUBEUF (Michel), évêque de Saint-Pons, puis de Castres. Lettres, 140-141, 149, 170, 266, 269, 274, 285, 385, 444, 446, 450, 459 ; — Placet, 329.

TUCAS (M. DE), 72.

TUDERT (Famille). Notice généa-logique, 86.

TUDERT (Jean), II, 15.

TUDOR (Marie). V. MARIE.

TUILERIES (Grange des), au dio-cèse d'Albi, II, 62.

TUILERIES (Les), à Paris. Ouvrages de maçonnerie faits aux Tuile-

ries de 1666 à 1670, 550-551 ; — Poésie sur ce palais, 48 ; — Pont, 110 ; — Projets d'inscriptions, 354.

TULLE (Corrèze), 171 ; — Évêque v. RECHIGNE-VOISIN (L. DE) ; — Note sur l'essai de l'acier à Tulle, en 1665, 294.

TULLES (Jean-Vincent DE), évêque de Lavaur. Lettres, 113, 158, 163, 176, 187, 207, 225, 234, 255, 265, 270, 278, 282, 296, 301, 310, 325, 327, 386, 462 ; — Lettre à lui adressée, 332.

TUNIS, 89, 99, 418 ; — Avis sur les affaires de Tunis, 436 ; — Lettre adressée au bey, 33 ; — Lettre écrite de Tunis, 393.

TUNSTAL (Cuthbert). Pouvoirs à lui donnés, II, 40 ; — Traité par lui conclu, II, 40.

TURBERVILLE (Jean). Pouvoir à lui donné, II, 40.

TURELLE (François DE). V. THURELLE.

TURENNE (Henri de La Tour d'Auvergne, maréchal DE), 185 ; — Lettres, 142, 188, 274, 387 ; — Nouvelles de son armée, 475, 483, 502, 504.

TURENNE (Henri de La Tour d'Auvergne, vicomte DE), puis duc de Bouillon, 70, 71 ; — Mémoires, 4.

TURGIS (Gilles). Lettre, 202.

TURGIS (Nicolas DE). V. COLBERT.

TURGOT DE SAINT-CLAIR (Antoine). Lettres, 502, 503.

TURINO. Lettre à lui adressée, 332.

TURNOR (Edward). Commission de baron de l'Échiquier, 60.

TURPIN. Lettres, 390, 463.

TURPIN (Mme). Lettre, 167.

TURQUIE, 33, 79, 411, 469, 529 ; — Achats de Turcs, à Malte, 485 ; — Bataille du Saint-Gothard, 251 ; — Capitulations avec la Hollande, 5 ; — Compagnie anglaise, 53 ; — Frégates turques dans la Manche, 347 ; — Lettre adressée au grand-vizir, 34 ; — Ligue contre le Turc, en 1519, II, 42 ; — Mémoire sur les capitulations, signées avec la Porte, 442 ; — Pensions des ambassadeurs en Turquie, 551 ; — Poésies sur la défaite des Turcs, 48, 49 ; — Projet de croisade contre les Turcs, II, 34 ; — Récit de la sortie du sultan « pour aller sous son pavillon », 453 ; — Relations avec la France, 4-6 ; — V. AHMED, CONSTANTINOPLE, IBRAHIM, MAHOMET, SOLIMAN.

TURRE DE SCALIS (B. et P. DE). V. SCALIS.

TURREAU, dit Sainneterre, 244.

TUSCO (D.). V. TOSCHI.

TUSCULUM. Évêque, v. EUDES DE CHATEAUROUX.

UCANIS (Ile). V. LUCAYA.

UDALGARUS. Vente, II, 64.

UGBANDUS (Petrus). II, 66.

UGBERTUS. Vente de terres, II, 64.

UGO ADALBERTUS. Acte de guerpissement, II, 64.

ULIN (Clapisson d'). V. CLAPISSON.

ULISSE (Louis d'). V. MASLARD.

UNIGENITUS (Bulle), 6.

UNIVERSITÉ D'ALCALA, 41.

UNIVERSITÉ DE DÔLE, II, 59, 60.

UNIVERSITÉ DE LOUVAIN, 259.

UNIVERSITÉ DE PARIS. Projets de rétablissements des facultés de droit, 44 ; — V. BONCOURT, NAVARRE, SAINT-JACQUES, SAINT-MICHEL, SORBONNE, TOURNAI.

UNIVERSITÉ DE SALAMANQUE, 41.

UNTERWALDEN (Canton d'). Lettres des conseillers, 177, 185.

URBAIN IV, pape. Bulle, 11, 31.

URBAIN VIII, pape, 6, 85 ; — Bulle, 4 ; — Élection, 2 ; — Lettres, 36.

URBANISTES (Religieuses). Arrêt sur l'élection de leurs abbesses, 502.

URFÉ (Famille D'). Requête des cadets de cette famille, 448.

URFÉ (Charles-Emmanuel de Lascaris, marquis D'). Lettres, 436, 447, 449, 483.

URFÉ (Geneviève D'), duchesse de Croy, 71.

Urfé (Marie-Françoise de Lascaris d'), 492.

Uri (Canton d'). Lettres des conseillers, 177, 185, 357.

Urre (Rostang d'), marquis d'Aiguebonne. Instructions, 35.

Urrea (Pierre d'). Lettres, II, 52.

Ursins (Des). V. Des Ursins et Orsini.

Usès. V. Uzès.

Uskan, prêtre arménien, 431, 434.

Ussage. V Bastan·

Ussé (L. d'). V. Valentinay.

Usseau (Vienne), 181.

Usson de Bonrepaus (François d'). Lettre, 503.

Utrecht (Hollande). Diocèse, II, 30, 32, 33 ; — Évêque, v. Rodolphe de Diepholt ; — Lettre au prévôt de l'église, II, 35.

Uzès. Évêques, v. Grignan (J.-A. de Monteil de), Phélypeaux (M.), Poncet de la Rivière (M.).

Uzès (Emmanuel, duc d'). V. Crussol.

Vacherius (Stephanus), II, 67.

Vachmeister (Johan). Lettre, 10.

Vacquereau. Lettre, 275.

Vagnon (Georges). Lettre, 260.

Vaignon de Brie. V. Laignon.

Vaillant (A.). Lettre, 266.

Vaillant (François). Lettres, 143, 151, 154, 157, 169, 175, 179, 183, 265.

Vaise, près Lyon, 199.

Vaisseaux, 376 ; — Armement, 88, 472 ; — Arrestation de vaisseaux anglais à Dieppe, 395 ; — Charges de navires marchands partis de Cadix en 1673, 473 ; — Construction, 456, 481 ; — Construction du « navire du Roi » à Versailles, 419 ; — Construction d'un « navire de cent pieds », 88 ; — Construction d'un vaisseau-amiral et vice-amiral, en Hollande, 79 ; — Description et états de vaisseaux, des 1er au 5e rangs, 78 ; — États de vaisseaux, 438 ; — en Angleterre, 89 ; — en Hollande, 90 ; — Garniture d'un vaisseau de mille tonneaux, 88 ; — Jaugeage de vaisseaux étrangers, 376 ; — Liste de vaisseaux, 491, 517 ; — de vaisseaux du Roi, 89, 510, 515 ; — de vaisseaux de la flotte du comte d'Estrées, 488 ; — de vaisseaux, stationnant au Maroc, 528 ; — à Marseille, 419 ; — Mâts de navires, 399, 418, 430, 473, 484, 517 ; — Mémoires sur les médicaments, 529 ; — sur les ports d'attache, 510 ; — sur les vaisseaux, 78, 485 ; — sur deux navires suédois, 384 ; — Noms donnés aux vaisseaux, 78, 89 ; — Noms des parties d'un vaisseau, 88 ; — Notes sur des vaisseaux, envoyés à Terre-Neuve, 509 ; — Prix de navires de guerre, 373 ; — Vente de bâtiments, 483 ; — V. Chaloupe, Escadres, Flottes, Galères, Marine.

Val-de-Grace (Abbaye du), à Paris. Fondation de places gratuites, 414.

Valasse (Abbaye du). V. Le Valasse.

Valavoire. V. Vallavoire.

Valbelle (Chevalier Jean-Baptiste de). Lettres, 152, 211, 273, 313, 342, 346, 362, 369, 382, 408, 422, 424, 458, 498 ; — Lettre à lui adressée, 334, 427.

Valbelle-Montfuron (Chevalier Bruno de). Lettre, 497.

Valbrun (Ch. Millet de). V. Millet.

Valdor (Jean). Lettres, 248, 339, 404.

Valembourg (M. de). Lettre à lui adressée, 71.

Valençay (Charlotte d'Estampes de), 138.

Valençay (Henri d'Estampes de) grand-prieur. Lettres, 132, 359, 368, 432.

Valençay (Marie-Louise d'Estampes de). Lettres, 228, 361, 466.

Valence (Drôme). « Douane de Valence », 133 ; — État des villes des environs, dont les habitants ont été désarmés,

421 ; — Fragment d'un compte de la sénéchaussée, 95 ; — Évêque, v. Cosnac (D. de) ; — Jugement et lettre des délégués de la Chambre de justice au présidial, 218, 223 ; — des officiers de l'élection, 318.

Valenciennes (Nord), II, 16 ; — Frères-Prêcheurs, II, 32 ; — Lettre des prévôts, II, 59.

Valenciennes (Jean de), II, 43.

Valengin (Comté de). Droits du sel dans le comté, 439.

Valengin (Marc-François de Rye, sʳ de). Lettre à lui adressée, 70.

Valens (Pierre). Lettres de provision de lecteur en langue grecque, 67.

Valenti (Abbé de). Lettre, 108.

Valenti (Cardinal Erminio). Lettres, 37.

Valentinay (Louis de Bernin d'Ussé, sʳ de). Lettres, 100.

Valentine, II, 51.

Valentinois (Duc de). V. Monaco (Prince de).

Valentinois (Catherine-Charlotte de Gramont, duchesse de). Lettre, 117.

Valentigny-les-Aix (Cher). Principal de la taille, 526.

Valeran de Luxembourg, comte de Saint-Pol, II, 48 ; — Accord avec le duc de Bourgogne, II, 14.

Valéry, 93.

Valhebert (R. de). Lettre, 470.

Vallavoire (François-Auguste, marquis de). Lettre, 399.

Vallavoire, et non Vallars (Marie de). Lettre, 274.

Vallavoire (Nicolas de), évêque de Riez. Lettre, 97.

Vallens de Rochebert. Lettre, 313.

Valleton (François). Lettre, 300.

Valleton (N.). Lettre, 238.

Vallette (A.). Lettre, 197.

Vallier. Certificat, 504.

Valmary, à Mayenne. Lettres, 103, 140.

Valois (Adrien de). Vers latins en l'honneur de Louis XIV, 49.

Valois (Charles de). V. Charles.

Valois (Henri de). Poèmes en l'honneur de Louis XIV, 49.

Valois (Louis-Emmanuel de), comte d'Alais. V. Alais.

Valois (Marguerite de). V. Marguerite.

Valon (Jacques). Lettres, 98, 116, 123, 127.

Valossière (M. de). Supplique, 335.

Valot (Édouard), évêque de Nevers. Lettre, 500 ; — Mémoires sur son procès contre Mᵐᵉ de Caramagne, 469, 472.

Valperga (Antonio-Mauritio). Lettres, 100, 144, 222, 233, 290, 291, 299, 301, 324, 368, 397 ; — Lettre à lui adressée, 384.

Valsery (Abbé de). V. Lorry (D. de).

Valteline (Vallée de la). Affaire de la Valteline, 5.

Valtier, et non Galtier (Pierre). Lettre, 103.

Van Beuningen (Conrad). Lettres, 130, 216.

Van der Meulen (Antoine-François). Lettre, 312.

Van der Tocq (Adrien). Lettre, 16.

Van Heinsberg (Jean), II, 34.

Van Heinskerq. Placet, 533.

Van Huele (François). Lettre, 290.

Van Langren (Michel-Florent). Lettres, 341, 353.

Van Mere (G.-A.). Lettre, 325 ; — Supplique, 326.

Van Rainingen (C.). V. Van Beuningen.

Van Rassegem, II, 19.

Van Ruyter (Michel), 353, 508, 512.

Van Sommelsdijck (Corneille Aëersens, marquis). Requête à la Chambre des comptes de Nevers, 256.

Vandart, à Dieppe. Lettre, 185.

Vandières (Nicolas Colbert de). V. Colbert.

Vandy (Claude de), comte d'Aspremont. Lettres, 108, 130, 162,

176 ; — Mémoire pour la distraction des baux du comté d'Aspremont d'avec ceux du duché de Bar, 166.

VANDY D'ASPREMONT (Mᵐᵉ DE). Lettre, 197.

VANGUEVILLE (M. DE), à Poitiers. Lettres, 118, 151, 169, 173, 180, 191, 212.

VANIER (Hannequin), II, 47.

VANNES, 156 ; — Évêque, v. ROSMADEC (DE).

VAR (Le). Carte du cours de cette rivière, 155 ; — Mémoires sur les droits du Roi sur cette rivière, 155.

VARAIGNES (Isarn DE). V. ISARN.

VARDES (François-René du Bec, marquis DE), 262 ; — Lettres, 259, 269, 330, 395, 432, 435, 446, 496, 498, 520.

VARENNE (Guillaume Foucquet, sʳ DE LA). V. LA VARENNE.

VARENNES (Le sʳ DE). Lettres, 200, 286, 310, 316, 379.

VARENNES (Jean DE). V. NAGU.

VARENNES - SUR - ALLIER (Allier). Entretien du chemin, de Varennes à La Palisse, 427.

VARGAS (François DE), II, 23.

VARIN (Jean), V. WARIN.

VARNIER (Charles). Arrêt en sa faveur, 384 ; — Lettres, 263, 382.

VAROQUIER (François DE). Lettre, 107.

VARSOVIE, 36 ; — Correspondance de la diète de Varsovie, 10 ; — Nouvelles de Varsovie, 307.

VARTAFIET (Uskan). Lettre, 431 ; — Note sur ses demandes, 434.

VASCONCELLOS (Luis DE). V. CASTELMELHOR (Comte DE).

VASSAL, à Rodez. Lettre, 253.

VASSAL, à Toulon. Lettre, 129.

VASSAL (Olympe-Catherine DE). V. BROGLIA.

VASSAN (Pierre DE). Lettre à lui adressée, 69.

VASSÉ (Jean DE). Quittance, 62.

VASSÉ (Marie-Madeleine de Saint-Gelais, marquise DE). Lettre, 462.

VATEL (Jean). Panégyrique de Charles IX, 81.

VATOT (Claude). Placet contre lui, 402.

VAUBAN (Sébastien Le Prêtre DE). Devis pour les fortifications de Brisach, 218.

VAUBOURG (J.-B. DE). V. DESMARETS.

VAUBRUN (Nicolas Bautru de Nogent, marquis DE). Lettres, 320, 323, 273, 337, 353, 358, 365, 369, 375, 378, 431, 440, 443, 446, 455, 497.

VAUCELLAS (A.-M. de Cochefilet DE). V. COCHEFILET.

VAUCELLES, au diocèse de Cambrai. Abbaye, II, 32.

VAUDÉMONT (Louise DE). Lettre, 18.

VAUDETAR (Famille). Notice généalogique, 86.

VAUDRICOUR DE L'AULNAY. Lettres, 459, 463.

VAUGHAN (John). Commission de lord chief-justice du Banc du Roi, 61.

VAUHALAN (DE). V. CORBÉNIN.

VAUJOURS (Indre-et-Loire). Mémoire sur la baronnie, 322.

VAULT (Jean). Placet, 427.

VAUQUELIN (Jean). Sommation, 403.

VAUROSE (J. DE). Lettres, 211, 309.

VAUROSE (M. Le Bé, dame DE). Lettre, 300.

VAUSSÈRE (Ch. et J. DE). V. DES ADRETS.

VAUTORTE. V. BRÛLART et CAZET.

VAUVRÉ (Jean-Louis Girardin DE). État des poulies à employer dans les navires de guerre, 77-78 ; — Lettres, 495, 503 ; — Extraits de ses lettres, 469, 509, 511, 515.

VAUX (CHERTEMPS DE). V. CHERTEMPS.

VAUX - DE - CERNAY (Abbaye des), 399.

VAZET. V. VASSAN.

VÉDEAU, à Avignon. Lettre, 236.

VEDOA (Antoine DE). Lettre à lui adressée, 34.

VEDOA (Paul DE). Lettres, 219, 236, 257, 278, 316, 324, 397, 400, 404, 417.

VEILLAN (Fr. DE). V. PENACORS.

VELAI (Comte DE). V. BÉTHUNE (Arm. DE).

VÉMARS (Nicolas Sainctot, sr DE). V. SAINCTOT.

VENAISSIN (Comtat-). V. COMTAT-VENAISSIN.

VENCESLAS. V. WENCESLAS.

VENDÔME, II, 63 ; — *Chronicon Vindocinense*, 54 ; — Lettre et supplique de la veuve du prévôt de Vendôme, 298, 302 ; — V. LORRIEUX (Mageleine DE).

VENDÔME (Maison DE). Mémoire sur cette maison, 24.

VENDÔME (Antoine de Bourbon, duc DE), puis roi de Navarre, 20, 25.

VENDÔME (César, duc DE). Légitimation, 24 ; — Lettres, 118, 122 ; — Ordres, 124, 261.

VENDÔME (Charles de Bourbon, duc DE), II, 24 ; — Lettres, 25 ; — Titres produits contre lui pour le duché d'Alençon, 20.

VENDÔME (Élisabeth DE). Contrat de son mariage avec le duc de Nemours, 23.

VENDÔME (François de Bourbon-), duc de Beaufort. V. BEAUFORT.

VENDÔME (Louis DE), duc de Mercœur, puis cardinal de Vendôme. Lettres (1661-1663), 104, 114, 117, 130, 134, 138, 144, 148, 153, 158, 162-163, 169, 173, 179, 184, 185, 188, 192, 195, 201, 206 ; — (1664-1665), 212, 213, 220, 229, 246, 266, 268, 272, 279, 284, 287, 296, 300, 303 ; — (1666-1677), 352, 358, 362, 368, 374, 375, 381, 382, 385, 400, 401, 412, 416, 422, 425, 427 ; — Lettre à lui adressée, 276 ; — Mémoire de sommes par lui reçues, 110 ; — Ordonnance, 172.

VENDÔME (Chevalier Philippe DE). Lettres, 444, 463.

VENDÔMOIS (L., dame de). Mandement, relatif à son rachat, II, 26.

VENEL (Mme M. DE). Lettres, 101, 143.

VENELGHEM (Flandres). Nouvelles du camp, 335.

VÉNERIE DU ROI, 551.

VENISE, 34, 35, 94 ; — Ambassadeur, v. MOROSINI ; — à Venise, v. BONZY ; — en Espagne, 40 ; — Doges, v. CORNER (G.), ERIZZI (Fr.), PRIULI (Ant.), TRON (N.) ; — Lettres adressées au doge, aux « conseillers-recteurs » et au Conseil des dix, 82 ; — Lettres des doges, II, 61 ; — du secrétaire de l'ambassade à Paris, v. MARQUESINI ; — Notice sur l'arsenal, 89 ; — Pensions des agents, envoyés à Venise, 552 ; — Prix des blés, en 1664, 212 ; — Séjour de Seignelay à Venise, 89.

VENRES (Petrus DE), II, 66.

VENTADOUR (Anne de Lévis, duc DE). Quittance, 64.

VENTADOUR (F. de Lévis-), II, 62.

VENTADOUR (Louis-Hercule de Lévis DE), évêque de Mirepoix. Lettres, 114, 210, 266, 270, 285, 343, 349, 368, 377, 401, 404, 413, 429, 432, 436, 440, 444, 446, 455, 459, 466, 479, 494.

VENTRUDI (B. et G.). V. BERNARDUS, GUILLELMA.

VÉNUS, planète. Tables, 75.

VÉNY D'ARBOUZE (Gilbert DE). V. ARBOUZE.

VERA (Jean DE). Lettre à lui adressée, II, 35.

VERALLO (Cardinal Fabrizio). Lettres, 37.

VERCHEROY. Lettre, 291.

VERDAIN DE BEAUMANOIR. Note sur ce voleur, 506.

VERDERONE (Cl. DE). V. LAUBESPINE.

VERDAN. Lettre, 284.

VERDILLE (Chevalier DE). Lettres, 241, 418.

VERDIN (F.). Lettre, 417.

VERDON (M. DE). Lettre, 327.

VERDUN, 101 ; — Arrêt du Conseil, rendu à la requête des habitants, 13 ; — Chapitre, 33 ; — Coutumes de Sainte-Croix, 43-44 ; — Gabelles, 123 ; — Gouverneur, v. HAUSSONVILLE ; —

Recueil de pièces, 12-13 ; — Remontrances du procureur du roi, 12 ; — Saint-Vanne, 106, 127 ; — Surséances pour le paiement des dettes des communautés, 124.

Verdun (François, prince de). Lettre à lui adressée, 71.

Verdun (Nicolas de). Lettres à lui adressées, 30.

Vère, ou Veyre (Philibert de), II, 19, 20.

Vère, ou Veyre (Philippe de). II, 54.

Vergani. V. Vergons.

Vergeur (Marie de), vicomtesse de Méry. Lettres, 97, 144, 330, 369.

Vergons (J.-B. de). Lettres, 222, 249, 260, 260, 278, 289, 342, 356, 413, 417.

Vergons (M. de). Lettre, 154.

Verjus (Louis de), comte de Crécy, 473 ; — Lettres, 449, 455, 475, 483, 494, 500.

Vermandois (Bailliage de), II, 14 ; — Enregistrement du traité de Cambrai, II, 27 ; — Mandements au bailli, II, 3, 12, 17 ; — Ordonnance du lieutenant-général, 307.

Vermisselle. V. Voormezeele.

Vernesson. Lettre, 386.

Verneuil (Eure). État des blés, 479 ; — Vicomté, 439.

Verneuil (Charlotte Séguier, duchesse de Sully, puis de). Lettres, 236, 444, 462, 530.

Verneuil (Henri de Bourbon, duc de). Lettres, 321, 369, 386, 390, 398, 408, 413, 433, 435, 444, 447, 459, 462, 493, 497, 508, 514, 524 ; — Lettres de « marine », 515 ; — Mémoire, 399.

Vernon de Bonœil (Ch.). V. Arpajon (Marquise d').

Verreries. V. Guillain, Rouen.

Verrier, à Auxerre, 508.

Verrier de la Paizerie. Lettres, 175-176, 185.

Verronneau. Lettres, 14.

Versailles, 50 ; — Construction du navire du Roi, 419 ; — État des travaux, en 1672, 453 ; —
Plans d'étangs, 526 ; — Théâtre construit à Versailles, 483 ; — Visite des maîtres - balanciers, pour réparer les poids de Versailles, 532 ; — Travaux, pour la conduite des eaux des étangs, 439.

Versoris (Famille). Notice généalogique, 86.

Vert (Jean de). Ses appointements, comme charpentier de la marine, 124.

Verteillac (Capitaine de). Lettre, 513.

Verthamon (François de). Lettres, 149, 157.

Verthamon (Michel de). Lettres, 135, 180.

Vertunien (François). Lettre à lui adressée, 69.

Vertus (François, bâtard de), II, 15.

Vertus (Gian-Galeazzo Visconti, comte de), 55 ; II, 62-63.

Vervins. Procès-verbal du lieutenant du roi, à Vervins, sur les injures aux gardes des gabelles, 384.

Vésian. Somme par lui remise à M. Malgoire, 137.

Vésin de Fontenelle. Lettre, 308.

Véson (D.). V. Vezon (Jean).

Veston (Capitaine). Lettre, 259.

Vétéran. Lettres de vétéran, 484.

Veuves. Délais accordés aux veuves et héritiers des officiers, 177.

Veyre V. Vère.

Vézelai (Abbaye de), au diocèse d'Autun. Histoire et chronique, 59 ; — Sécularisation en 1531, 56.

Vezilly (Mme de). Lettre, 204.

Vézins (Famille de). V. Laporte.

Vezou (Jean). Lettre, 349.

Vialar de Herse (Félix), évêque de Chalons. Lettres, 155, 389, 440, 446, 452, 461, 471, 480, 490, 510.

Vialet (Claude). Lettres, 146, 169 ; — Supplique, 529.

Vianden (Comte de). Refus de lui accorder la neutralité en 1655, 16.

Viart (J.). Lettres, 145, 192, 198, 209, 217.

Viborg (Jutland), 399.

Vic (Meurthe). Inventaire des titres de la ville, 12.

Vic (Méry de). Lettres, 30 ; — Lettres à lui adressées, 26.

Vicart (N.-Fr.). Lettre, 112.

Vice-Amiral (Vaisseau). Construction en Hollande, 79.

Vice-Rois. Liste de vice-rois et de gouverneurs, 91.

Vicence (Vénétie). V. Dolfini (G.).

Vichy (Gaspard de), comte de Champrond. V. Champrond.

Vico (Giacomo). Lettres à lui adressées, 82.

Vicovaro (Paolo Bolognetti, prince de). Lettre, 496.

Victor-Amédée I, duc de Savoie. Traité avec Louis XIII, 22.

Vidale (Gio-Battista). « La pace trattata per le nozze della Ma Christianissima con l'Infanta », 51.

Vidard (Matthieu). Lettres, 180, 183.

Vidauban (Var). État des goudrons des magasins de la fabrique royale, 356.

Vidaud, à Tournai. Lettre, 382.

Vidaud-la-Tour, à Lyon. Lettres, 241, 299, 321, 390.

Viel (S.). Lettre, 195.

Vieille-Chapelle (Pas-de-Calais). V. Surchapelle.

Vieira-Dauréou (Le R. P. Damien). Relation sur l'état des Indes, 41.

Vienne, en Autriche, 12, 267 ; — Nouvelles, 243.

Vienne, en Dauphiné. Dessin de la cathédrale Saint-Maurice, 68 ; — Mémoire sur la douane de Valence en cette ville, 133.

Vienne (Antoine de). Quittance, 62.

Viennois (Dauphin de), 19.

Vierge (La), nom de vaisseau. Sommation du capitaine de ce vaisseau, 111 ; — V. Virgin.

Vierset (M. de). Note sur une de ses lettres, 525.

Vieuxville (R. de). Lettre, 431.

Vigier (J.-P.). V. Wigier.

Viglius de Zuichem (Président), II, 50 ; — Pouvoir à lui donné, II, 28.

Vigneron (Barthélemy). Lettres, 103, 131.

Vignerot (Emm.-Jos. de), comte de Richelieu. V. Richelieu.

Vignerot (Marie de). V. Aiguillon.

Vignes (Basses-Pyrénées), 476.

Vignier (H.). Lettre, 420.

Vignier (N.). Lettre, 420.

Vignier (Nicolas). Mémoires généalogiques sur la maison de Luxembourg, 16 ; — Réfutation de l'Histoire de Bretagne de B. d'Argentré, 19.

Vignobles. V. Narbonne, Vins.

Vignoles (Ch. de). V. Des Vignolles.

Vigoreux. Lettre, 395.

Viladamor. V. Marti.

Vilain de Gand. V. Isenghien.

Villa, ou Ville (Giron-François), marquis de Cigliano. Lettres, 132, 205, 253, 310.

Villacerf (Édouard Colbert, marquis de). V. Colbert.

Villadiego (Alphonse de). Notes sur son mariage et son procès au sujet de la dot de sa femme, 38-39.

Villamaria (G.). V. Guillelmus.

Villaminon (Jean de), II, 14.

Villandrando (Rodrigue de), II, 15.

Villard-Saint-Pancrace (Isère). Vérification des titres de la communauté, 256.

Villars (Des Roches de). V. Des Roches.

Villars (Pierre, marquis de). Extraits de ses lettres, 472 ; — Lettres, 117, 121, 188, 227, 256, 329, 416, 419, 428, 444, 446, 449, 454, 457, 476, 520.

Villars-les-Dombes (Ain). Comté, II, 55.

Villaviciosa (Nouvelle-Castille). Lettres relatives au siège de 1665, 298.

Villayer (J. de). V. Renouard.

VILLEBAGUE-ÉON (M. DE). Requête, 450.
VILLEBOIS (M. DE). Lettre, 331, 421.
VILLE-BRESSIEU (Étienne DE). Placet, 251.
VILLE-DE-PARIS (La), nom de vaisseau, 367.
VILLE-DE-ROUEN (La), nom de vaisseau. Relation de son voyage, 406.
VILLEDIEU-LES-POÊLES (Manche). Mémoire sur le commerce, 367.
VILLEDO (Michel). Lettre, 108.
VILLEDON (M. DE). Lettre, 504.
VILLEFRANCHE (M. DE). Lettre, 259.
VILLEMAUR, ou VILLEMOR (Pierre Séguier, duc DE). V. SÉGUIER.
VILLEMONTÉE (François DE), évêque de Saint-Malo. Lettres, 234, 362, 527.
VILLENEUVE (Capitaine DE). Lettre, 154 ; — Lettre de « marine », 515.
VILLENEUVE (Eugène Rogier, comte DE). Lettres, 225, 239.
VILLENEUVE (Fr. DE). Lettres, 142, 161, 200-201 ; — Mémoire sur son affaire, 166.
VILLENEUVE-DE-BERG (Ardèche), 95.
VILLENEUVE DE SANTO-DOMINGO (Claude DE). Lettre, 306.
VILLENEUVE-SAINT-SALVE (Yonne). État de la seigneurie, 156.
VILLEPARS (M. DE). Lettre, 363, 366.
VILLEPAUX (M. DE). Lettres, 308, 323.
VILLEQUIER (Artus DE), 20.
VILLERAY (Odet, marquis DE). V. RYANTZ (O. DE).
VILLERAY (Louis Rouer DE). Lettres, 254, 261.
VILLERAY DU JUGLART (M. DE). Lettre, 191.
VILLEROY (Camille de Neufville DE). V. NEUFVILLE.
VILLEROY (Ferdinand de Neufville DE). V. NEUFVILLE.
VILLEROY (Nicolas de Neufville, duc DE). V. NEUFVILLE.
VILLERS (Anne DE), dame Girardin. Lettres, 172-173, 338.

VILLERS (Claude). Supplique, 335.
VILLERS-LA-FAYE (Cyr DE), évêque de Périgueux. Note sur sa mort, 317.
VILLERY (Jacques). Prisée des livres de Colbert, 84.
VILLERUAYS (Pigeon-). V. PIGEON.
VILLESABLON (M. DE). Lettre, 150.
VILLESAVIN (M. DE). Lettre, 357.
VILLESERIN (Aubert DE), 8, 516.
VILLETTE (Charles DE). Lettres, 168, 191, 200, 216, 226, 236, 250, 391.
VILLETTE (Claude). Lettres, 272, 286 ; — Arrêt pour lui faire payer une somme, 276.
VILLETTE (Germain). Lettres, 287, 291, 295, 299.
VILLIERS. V. ILLIERS (L.).
VILLIERS (Cl.-G. DE). V. O.
VILLIERS (Georges). V. BUCKINGHAM.
VILLIERS (Jean DE), évêque de Lombez, II, 19.
VILLIERS-SAINT-POL (Charlotte DE). V. LANNOY (Comtesse DE).
VILLONS (M. DE), à Dieppe. Lettre, 433.
VIMEU (Prévôté de), II, 17, 18.
VINCENNES, près Paris, 506 ; — Dépenses pour les constructions, 128 ; — Inventaire du château, en 1661, 82 ; — Mémoire sur la ménagerie, 103.
VINCENT, agent de Mazarin. Lettre, 318.
VINCENT, à Courtrai. Lettre, 423.
VINCENT, à l'île de la Grenade. Lettre, 287.
VINCENT (Charles), sr du Plessis-Saint-Falier. Mémoire contre lui, 212.
VINCENT Ier, duc de Mantoue. V. GONZAGUE.
VINCENTII (J.). V. JOHANNES.
VINEUIL (Louis Ardier DE). Lettre, 496.
VINS, 166, 415 ; — Arrêt relatif à l'augmentation sur les vins, 151 ; — Défense de faire sortir les vins du Bordelais, 152 ; — Droits sur le vin à Saint-Venant, 115 ; — en Provence, 177, 203 ; — État du vin, qui entre à Paris

et à Rouen pour les couvents et hôpitaux (1670-1679), 542, 544, 545, 546 ; — Interdiction du débit des vins étrangers à La Rochelle, 533 ; — V. Cornas, Côte-Rotie, Halle, Hermitage, Narbonne, Saint-Péray.

Vintimille (François de). Lettres, 291, 523.

Vintimille - Soissons (François de). Lettre, 420.

Viole (Famille), 86.

Vire (Calvados). Lettre des officiers des eaux et forêts, 113.

Virey, à Châlon. Lettre, 148.

« Virgin » (The), vaisseau. Mémoire sur ce navire de Londres, 387 ; — V. Vierge (La).

Virginie (La). Nomination d'un Conseil de commerce, 60.

Virnot (V.). Lettres, 331, 335.

Virtemberg (E., duc de). V. Wurtemberg.

Vischer (George). Lettre, 10.

Visconti (Cardinal Alphonse). Lettres à lui adressées, 29.

Visconti (Galéas II), duc de Milan, II, 13.

Visconti (Jean-Galéas), comte de Vertus et duc de Milan, 55 ; II, 62-63 ; — Contrat de mariage avec Isabelle de France, 55.

Visdelou (François), évêque de Saint-Pol-de-Léon. Lettre, 346.

Viscot (Sœur Marie). Lettre, 450.

Viset (J. de), et non Deniset. Lettre, 253.

Viseu (Jean de), II, 50.

Visitandines (Religieuses). V. Rouen.

Vitali (Petrus), II, 67.

Vitallis (Antoine). Lettre, 528.

Vitry (Famille de). Notice généalogique, 86.

Vitry (F.-M. de). Lettres, 301, 458, 461, 483.

Vitry (Nicolas, duc de). V. L'Hospital.

Vitry-la-Ville. V. Mathé (H.).

Vitry-le - François. Enregistrement au bailliage du traité de Cambrai, II, 27 ; — Extraits du département des taxes pour les tailles, 212 ; — Mandement au bailli, II, 17.

Vitulus (Arnaldus), II, 67.

Vittajona (Salvator). Lettre, 207.

Vivarais (Le). Condamnations prononcées contre ceux, qui ont assisté aux assemblées du Vivarais, 434 ; — Désarmement des villes, 421.

Viviani (Vincenzio), Lettres, 118, 527.

Vivien (Famille). Notice généalogique, 86.

Vivien, à Avranches. Lettre, 487.

Vivier (Famille). Notice généalogique, 86.

Viviers (Ardèche). Évêque, v. La Baume de Suze (L.-Fr. de).

Vivonne (Jean de), marquis de Pisani. Correspondance, 25, 26.

Vivonne (Louis-Victor de Rochechouart, comte de). Lettres (1664-1669), 209, 293, 341, 344, 356, 358, 387, 399-400, 404, 423, 429 ; — (1670-1677), 458, 477, 479, 483, 485, 490, 493, 495, 497, 498, 500, 509, 510, 521, 526 ; — Lettre à lui adressée, 334 ; — Liste de lettres perdues, 55 ; — Mémoire, 481 ; — Notes sur certaines de ses lettres, 495, 519 ; — Ordres de marches et de bataille de ses flottes, 71-72.

Vladislas. V. Wladislas.

Vlamertinghe, en Flandre, II, 14.

Vlissingen (Hollande). V. Flessingue.

Voies et communications, 328.

Voisin (Vamille). Notice généalogique, 86.

Voisins (François de Gélas de), marquis d'Ambres. V. Ambres.

Voiture (Lettres de), 262.

Voormezeele (Flandre), II, 19.

Voringen (Hermann de). V. Hermannus Contractus.

Vossem (Brabant). Lettres de ce camp, 468.

Vossius (Isaac). Lettre réinsérée en 1920, au volume 156 *bis*, fol. 443 *bis*.

Voué, ou Vour. V. Bon.

Voullemin (Marie de Bétoulat-), dame de La Petitière. Lettres, 349, 352, 369, 370, 371, 385, 390, 394, 397, 398, 404, 413, 417, 419, 420, 423, 429, 455, 458, 483, 490 ; — Lettres à elle adressées, 395.

Voyer d'Argenson (Famille), 86.

Voyer d'Argenson (René Ier de). Instructions, 35.

Voyer d'Argenson (René II, comte de). Lettre, 249.

Voyer de Paulmy (Gabriel de), évêque de Rodez. Lettre, 467.

Voyneau, à La Rochelle. Lettres, 265-266.

Voysembert (Le P. Olivier). Lettre, 318 ; — Placet, 322.

Voysin (Daniel). Lettres (1661-1664), 105, 108, 113, 144, 149, 162, 228, 233, 239, 246, 255, 264 ; — (1665-1677), 270, 275, 286, 288, 291, 296, 300, 305, 355, 359, 365, 375 ; — Lettre à lui adressée, 333.

Voysin de La Noiraye (Jean-Baptiste). Lettres (1664-1665), 226, 228, 232, 239, 245, 248, 253, 257, 263, 268, 273, 277, 282, 289, 292, 295, 300, 305, 307, 313, 316, 318, 325, 327 ; — (1666-1677), 336, 341, 344, 349, 355, 359, 362, 365, 369, 372, 374, 379, 381, 385, 389, 394, 396, 400, 404, 407, 412, 417, 527 ; — Lettre à lui adressée, 334.

Vrévin (Louis de). Certificat, 467-468 ; — Lettres, 209, 350, 426.

Vuardes (François-René du Bec, marquis de). V. Vardes.

Vulcob (Claude de). Lettre à lui adressée, 25.

Waës (Pays de), en Flandre, II, 36.

Wambold (Anselme-Casimir von), archevêque de Mayence. Lettres, 15.

Warenghien (Michel de), II, 33.

Warham (William). Pouvoir à lui donné, II, 40.

Warin (Jean). Lettres, 146, 157, 312, 337 ; — Sur le buste du Roi, par lui sculpté, 48.

Warty (Pierre de). Pouvoir à lui donné, II, 23.

Warwick (Comte Robert de). Concession à lui faite d'îles des Antilles, 66.

Waselin du Puis, II, 5.

Waser (Jean-Henri). Lettre, 270.

Watenes (Sr de). V. Watten.

Waterloos (D.). Lettre, 404.

Watten, près Bourbourg (Flandre), II, 11; — Requête du recteur du collège des Jésuites, 436.

Weerde (Louis de), II, 57.

Weimar. V. Saxe-Weimar.

Wenceslas, roi des Romains. Traité avec Charles V, 55.

Wenceslas, archiduc d'Autriche. Lettre à lui adressée, 26.

Wennenborg. V. Viborg.

Werdmuller (Conrad). Lettre, 328.

Werhem (Comte de). V. Reiffenberg.

Wermuyden (J.). Lettre, 413.

Wernoes. Lettre, 405.

Westerburg (Georges, comte de). Lettre à lui adressée, 26.

Westfrise. Acte des États, 16.

Westphalie. Négociations, 11, 222; — Traités de Westphalie : précautions à considérer dans la conférence pour la paix, 14 ; — V. Munster et Osnabrück.

Wetselader (Abraham). Lettre, 302.

Whitehill (Adrien). Pouvoir à lui donné, II, 40.

Wicquefort (Abraham de). Lettre, 121.

Wigier (Jean-Philippe). Lettres, 260, 269, 284.

Wignacourt (Alof de), 17 ; — Lettres, 27 ; — Lettre à lui adressée, 29.

Wilde (R. de). Lettre, 399.

Willelmus, diacre. Don à lui fait, II, 65.

Willelmus (Hermannus). Procuration à lui donnée, II, 55.

Williamson. Lettre, 465.

WILLOUGHBY DE PARKHAM (Lord) Francis). Commission de capitaine des îles Sous-le-Vent, 61.

WILTHEIM (Eustache). Procès-verbal de règlement des frontières d'Artois et Flandre, 547.

WINCHESTER (Angleterre). Évêque, v. GARDINER (Étienne).

WINGHE (Jérôme DE). Lettre, 56.

WINTGENS (G.-H.). Lettre, 466.

WITHEYN, ou WITREYN (Jean), 410, 420.

WITT (Jean DE), 16 ; — Prétendue lettre de Louis XIV à lui adressée, 453.

WLADISLAS, roi de Hongrie. Extraits des ordonnances, 90.

WLADISLAS VII WASA, roi de Pologne. Lettres, 15.

WOERDEN (M.-A. DE). Lettre, 516.

WOLFGANG - WILHELM, duc de Neubourg, 14 ; — Lettre à lui adressée, 32.

WOLSEY (Thomas), archevêque d'York. Lettres, II, 41.

WORMS. Évêque, v. BETTENDORF (Th. VON).

WRIOTHESLEY (John). Commission d'assesseur de l'amirauté en sa faveur, 60.

WULFAERT DE CRUDENARE, II, 52.

WURMAN (Marguerite). Notes sur son mariage, 38, 39.

WURTEMBERG (Éverard, duc DE). Lettres, 242, 336, 451.

WURTEMBERG (Marianne, duchesse DE). Lettres, 463, 466, 521 ; — Note sur une de ses lettres, 525.

X. V. BÉCHAMEIL, BERRYER et GIORI.

XAINTES. V. SAINTES.

XAINTRAILLES (Poton DE), II, 15.

Y (E. DE). Lettre, 107.

YBRAHIM. V. IBRAHIM.

YEU (Ile d'), 513.

YOLANDE DE FLANDRE, comtesse de Bar, II, 13, 14 ; — Différend avec le duc de Bourgogne, II, 14 ; — Lettres, II, 46, 47 ; — Lettres à elle adressée, II, 13 ;

— Lettre de sauvegarde en sa faveur, II, 14 ; — Lettres relatives à son douaire, II, 13 ; — Mandement, II, 46.

YORK (Angleterre). Archevêque, v. WOLSEY (Th.).

YORK (James Stuart, duc D'). Concession à lui faite de terres en Amérique, 66 ; — Commissions de grand - amiral, 60; — Instructions, 73 ; — Lettre, 453 ; — Liste des navires de sa flotte, 453 ; — Ordre de marche en août 1672, 72.

YORK (Marie - Béatrice - Éléonore d'Este, duchesse D'). Lettres sur son passage en Provence, 476.

YPRES, II, 18, 45, 46 ; — Bailli, II, 48 ; — Érection de l'église en cathédrale, II, 36 ; — Lettres de pardon pour les habitants, II, 10 ; — de protection, II, 4 ; — des échevins, II, 44 ; — défendant aux habitants de sortir en armes, II, 4 ; — de soumission du roi de France, II, 11 ; — Nouvelles du camp, 335.

YSARN DE GRÉZÉ. V. ISARN.

YSSAD. Lettre, 165.

YVON. V. IVON.

YVRAY. Lettre, 416 ; — Mémoire, 418.

ZACHARIA (J.-B.). Lettre, 122.

ZAESLIN (Jean-Henri). Lettre, 466.

ZANE (Domenico). « Relatione... dalla corte di Spagna », 40.

ZANTE (Ile de). Évêque, v. COMMENDONE (G.-Fr.) ; — Lettre, écrite de Zante, 396.

ZAPATA (Cardinal Antonio). Lettre, 37.

ZEGRIN. Lettre, 185.

ZÉLANDE, 392, 472 ; II, 37, 49 ; — Arrêt sur la liberté du commerce avec la Zélande, 271 ; — Compagnie anglaise, 52 ; — État de la Zélande en 1673, 472 ; — Facture de diamants, à vendre en la chambre de Zélande, 322 ; — Lettres des conseillers, 249, 253, 361 ; — Lettre du roi d'Angleterre aux États, 340 ; — Mémoire, adressé au Conseil

de l'amirauté de Zélande, sur des prises de vaisseaux, 281 ; — Otages envoyés à Bruges, II, 36.

ZILIOLO. Lettres à lui adressées, 82.

ZISSELLES (Jean DE), II, 12.

ZORZI (Giorgio), II, 61.

ZUG (Canton de). Lettres des conseillers, 177, 185.

ZULICHEM. V. HUYGENS.

ZULKIN (M. DE). Lettre, 223.

ZUNIGA (L. DE), II, 60.

ZURICH (Canton de), 311 ; — Lettres des conseillers, 114, 131, 146, 177, 185, 310, 340, 533 ; — Lettre adressée aux conseillers, 339.

ZURLAUBEN (Béat-Jacques). Lettres, 259, 325.